Die Deutschen

Fifth Edition

Die Deutschen

Vergangenheit und Gegenwart

Fifth Edition

Wulf Koepke
Texas A&M University

Holt, Rinehart and Winston
A Division of Harcourt College Publishers
Fort Worth Philadelphia San Diego New York Orlando Austin San Antonio
Toronto Montreal London Sydney Tokyo

Publisher	Phyllis Dobbins
Associate Acquisitions Editor	Jeff Gilbreath
Market Strategist	Kenneth S. Kasee
Project Editor	Louise Slominsky
Art Director	Burl Dean Sloan
Production Manager	James McDonald

ISBN: 0-03-021039-9
Library of Congress Catalog Card Number: 99-64302

Address for Domestic Orders
Holt, Rinehart and Winston, 6277 Sea Harbor Drive, Orlando, FL 32887-6777
800-782-4479

Address for International Orders
International Customer Service
Holt, Rinehart and Winston, 6277 Sea Harbor Drive, Orlando, FL 32887-6777
407-345-3800
(fax) 407-345-4060
(e-mail) hbintl@harcourtbrace.com

Address for Editorial Correspondence
Harcourt College Publishers, 301 Commerce Street, Suite 3700, Fort Worth, TX 76102

Web Site Address
http://www.harcourtcollege.com

Printed in the United States of America

0 1 2 3 4 5 6 7 8 039 9 8 7 6 5 4 3 2

Holt, Rinehart and Winston
Harcourt College Publishers

Preface

The Fifth Edition

Considerable changes were made for this edition, beyond the necessary updating of facts and figures. In the *Vergangenheit* part, the most conspicuous change is the division of the former chapter 9, "Der deutsche Nationalstaat," into two chapters, with 1848 as the dividing line. This division afforded the opportunity to add more background in social and cultural history. It was obvious that the last chapter had to be expanded, while parts of the previous chapter could be shortened. Past history does not change, but our perspectives on history does, and each time I take a new look at the text I find new reasons for change and improvement. Other chapters that have undergone substantial changes are chapters 2 and 3, chapter 5 on the Reformation, and the chapter on National Socialism.

In the *Gegenwart* part, the most conspicuous revisions were the amalgamation of the previous chapters 7 and 8 into one, and the addition of a new chapter on the mass media. Chapter 3 on the family was completely rewritten, chapter 8 on the economy was restructured, and many chapters were partially rewritten, such as those on universities, sports, cultural life, the churches, as well as those on Austria and Switzerland, which were expanded.

New features appear in the part *Übungen.* Factual questions and composition topics appear directly after the text of each chapter. The previous "Lesehilfe" was replaced by introductory questions for the orientation of the students. The "Übungen" proper in the back of the book were reduced in number, but the essential categories were preserved: exercises on vocabulary and on grammar, one or two items of realia, and topics for the students' independent work. The goal remains to activate the reading material, so that students may profit from it for the improvement of their speaking and writing skills.

This book has endured beyond all expectations. One of the reasons may be that much time, thought, and effort have been placed into each new edition, and this edition was no exception. I hope that students and instructors will appreciate the result and enjoy the reading and all that goes with it.

It is a pleasant duty to express my sincere gratitude for much needed help and ideas, from the reviewers, but especially from the editors: let me mention Elke Herbst who started the project, and especially AnnElise Makin who carried it through, not to forget all the other helpful people of Holt, Rinehart and Winston.

I wish to thank all my colleagues who have commented on my book over the years and given me good advice. It has been more than thirty years since I first worked on this book, and I am indeed pleased and surprised about its longevity, now reaching into the next millenium! As long as German Studies are needed, we need a text like this one. Let me conclude with my best wishes for all students and instructors who devote their time and efforts to this area. I hope that this book will help them in their endeavors.

There are two major suggestions from various colleagues that could not be followed: one, an abridged version of this book, presumably in simpler language; second, an English version for German culture and civilization courses in that language. Both suggestions have their obvious merits and appeal, and both would mean writing a new text, because an English text simply could not be a translation. Nobody undertakes such projects, except on demand. I cannot foresee this, but if the demands are loud and urgent enough, who knows?

To the Instructor

It may be useful for me to paraphrase and explain what I had written in 1971 for the first edition of this book: This is a multipurpose book. While I have used it in the past for fourth-semester language courses, I will readily concede that in today's environment its main uses will be in different courses on the third-year level, especially courses in German culture and civilization. The book can also be a resource for composition and conversation courses, for literature courses (to provide the historical background), for courses or workshops preparing students for programs in Europe, and for graduate reading courses. Different programs and different instructors have different needs. This text is flexible enough to allow for various selections and a focus on specific problems. The chapters are largely independent of each other, so that the instructor can structure the text in new ways. The teaching of history does not have to be chronological, and the choice and sequence of the *Gegenwart* chapters is left to the teacher. Even within chapters, choices and selections can be made. Equally, the book lends itself to a use together with other texts, be they literary or documentary.

The short *Geografie* part offers basic facts on Germany's location, climate, landscape, population, natural resources, and economy. Each of the *Vergangenheit* chapters is preceded by a "Zeittafel," stating the most important dates and events during that period. The Section A of the *Übungen* for each chapter (see below) contains a list of key words that may be useful for an orientation as well. In order to prepare and help focus the students on the content of each chapter, they are preceded by questions designed to recall previous knowledge of the subject matter and to provoke students' opinions on the matter.

The *Vergangenheit* part offers a chronological history of Germany's roughly 1200 years, divided into fifteen chapters. Efforts have been made to integrate political, social, cultural, and religious facts and developments. Any in-depth discussion is, of course, impossible, but the instructor is free to take the facts mentioned as points of departure for further explorations. I have tried to combine specifics and the description of more general trends and ideas. The last chapter arrives at the threshold of history, with the new federal government of 1998 and Europe and the world poised for the introduction of the Euro, the common currency.

The *Gegenwart* part tries to offer an overview of the country and the life of its population today, with a detailed description of the German "Länder," of economic, social, cultural, and political conditions, of the German "national character," of German family life, German festivities and leisure activities, of institutions such as Vereine, Verbände, trade unions, political parties, and churches, and of the Germans' views of other cultures and peoples, as well as their own assessment where they stand in this world. The last two chapters take the reader to Austria and Switzerland (plus Liechtenstein); both chapters have been expanded for a better understanding of these countries' histories, economic and social conditions, and specific cultural aspects and achievements.

The *Übungen* appear in a new form. Factual questions and "Aufsatzthemen" have been appended to the text of each individual chapter. The Aufsätze are designed much less for a summary of facts than for an expression of the students' own views on specific problems, inviting them for the most part to compare their own heritage with German traditions and present conditions.

The *Übungen* part at the end of the book is much shorter this edition. Its features are A, an understanding of key concepts needed for the particular chapter, B, C, and sometimes D, exercises on the use of words, idioms, plus grammar exercises, as in previous editions, then D, and sometimes E, realia, that is, original texts from previous ages, and/or pictures and texts commenting on the different aspects of life today. Each of these items is followed by factual questions, but the instructor is invited to devise any other activities to go with these items. Finally, the topics for oral presentations or written homework involve independent research of the students. They have to find their own sources, and they will hopefully go beyond encyclopedias and handbooks. The *Bücher zum Nachschlagen* may be useful for this purpose, and they may also be of help for the instructors.

The exercises are based on the text, that is, the vocabulary and grammatical features occurring in that particular chapter. Their general purposes are to review those features that need reinforcing, especially at this level, and to activate the reading material, so that the words and phrases can be used in the students' own conversations and compositions. Suggestions for class activities that were contained in the last edition were dropped, as they seem to have found a rather cool response. This does not mean that instructors and students could not develop their own ideas about role playing, inventing dialogues and debates, and writing skits and other fictional texts. I still cling to the original idea of the book, which is to combine cultural understanding with language learning, since for me there is no real cultural understanding without a thorough familiarity with the language and its uses.

The *Vokabular* has remained in the same format, with the addition of new words from the new text. Also, the *Register* has remained the same, with considerable additions in the "Personenregister" and "Sachregister."

In conclusion, I wish all instructors much enjoyment and success with this book. It is a text that they can use and shape in their own way, allowing for creative and innovative approaches, and combining "das Angenehme mit dem Nützlichen," or so I hope.

W. K.

Inhalt

Geografie

Maße und Gewichte

Zur Orientierung:

In Deutschland benutzt man das Dezimalsystem für Maße und Gewichte. Zur Erinnerung vergleichen wir:

1. Ein Zoll = _____ Zentimeter
2. Eine Meile = _____ Kilometer
3. Eine Quadratmeile = _____ Quadratkilometer
4. 68 Grad Fahrenheit = _____ Grad Celsius
5. Ein Pint = _____ Liter
6. Ein amerikanisches Pfund = _____ Kilogramm

Deutschlands Lage

Deutschland liegt im nördlichen Mitteleuropa. Der 49. Breitengrad,° der die Grenze zwischen den USA und Kanada bildet, geht durch Süddeutschland, etwa bei Stuttgart. Frankfurt am Main liegt auf dem gleichen Breitengrad wie Winnipeg.

Breitengrad *(degree of) latitude*

Im Westen beginnt Deutschland östlich des 6. Längengrads und reicht bis zum 15. Längengrad.° Zwischen New York und Frankfurt sind sechs Stunden Zeitdifferenz. Wenn es in New York 12 Uhr ist, ist es in Frankfurt schon 18 Uhr.

Längengrad *(degree of) longitude*

Deutschland liegt in der Mitte Europas. Die Straßen von Skandinavien nach Italien, von Frankreich nach Russland oder Südosteuropa führen durch Deutschland. Deutschland grenzt an folgende Länder: Dänemark, Holland, Belgien, Luxemburg, Frankreich, die Schweiz, Österreich, Tschechien und Polen. So viele Nachbarn hat kein anderes Land in Europa.

Die Größe

Deutschland hat heute eine Ausdehnung von 357 000 Quadratkilometern, oder 138 000 Quadratmeilen. Das ist etwa so viel wie Montana oder etwas mehr als die Hälfte von Texas, ein Zwanzigstel der USA.

Düsseldorf: Im Vordergrund das Schauspielhaus mit Restaurant

Deutschland ist heute viel kleiner als vor 100 Jahren. Durch den Ersten und Zweiten Weltkrieg verlor es viele Gebiete. 1945 kam ein Viertel des Landes zu Polen und Russland.

Frankreich ist 551 000 km^2 groß, Spanien 504 000, Polen 312 00, Italien 301 000, Großbritannien 242 000, Deutschland gehört also immer noch zu den großen Ländern Europas.

Die Bevölkerung

Deutschland ist dicht bevölkert. Vor der Wiedervereinigung lebten in der Bundesrepublik 247 Menschen auf einem Quadratkilometer gegenüber 26 Menschen pro Quadratkilometer in den USA. Die Bundesrepublik hatte die Bevölkerungsdichte° von Massachusetts. Nicht ganz so beengt° waren die Menschen in der DDR. Hier lebten 155 Menschen auf einem Quadratkilometer. Die frühere DDR umfasst 30% des deutschen Gebiets, aber nur 23% der Bevölkerung. Die Bevölkerungsdichte ist jetzt bei 229 Menschen pro Quadratkilometer.

Bevölkerungsdichte *population density*

beengt *cramped, crowded*

Deutschland hat 82 Millionen Einwohner, etwa so viel wie New York, Kalifornien, Pennsylvania, Illinois, New Jersey und Texas zusammen. Deutschland ist aber nur halb so groß wie Texas.

Die Landschaft

Deutschland hat nur im Süden und im Norden natürliche Grenzen. Im Norden wird es von der Nordsee und der Ostsee begrenzt, im Süden läuft die Grenze quer durch die Alpen.

Die Westgrenze und die Ostgrenze haben sich in der deutschen Geschichte oft geändert; sie verlaufen quer durch Ebenen° und Mittelgebirge.° Einen Teil der deutschen Westgrenze bildet heute der Rhein. Die Ostgrenze verläuft entlang der Lausitzer Neiße und der Oder.

Ebenen *plains*

Mittelgebirge *uplands, foothills*

Es lassen sich in Deutschland mehrere Landschaftsformen unterscheiden: Der Norden ist ein Teil der großen Tiefebene, die sich bis Russland erstreckt; der mittlere Teil umfasst eine große Vielfalt von Gebirgszügen, Einzelbergen und kleinen Ebenen, die zusammen Mittelgebirge genannt werden. Nördlich der Alpen erstreckt sich eine Hochebene,° das Alpenvorland genannt. Den südlichen Abschluss bildet das Hochgebirge der Alpen.

Hochebene *elevated plain*

Die heutige Gestalt der Landschaft ist das Ergebnis der Eiszeit.° Die skandinavischen Gletscher° bedeckten damals Norddeutschland; die Gletscher der Alpen lagen auf dem Alpenvorland. So entstanden die Ebenen, die Flüsse und viele Seen.

Eiszeit *glacial period, ice age*

Gletscher *glaciers*

In Norddeutschland und Bayern gibt es mehrere Seengebiete.° Der größte deutsche See, der Bodensee, wird vom Rhein gebildet. Der zweitgrößte See, die Müritz, ist ein Teil des Seengebiets im östlichen Mecklenburg; der drittgrößte ist der Chiemsee, das „bayerische Meer“. Die Donau, die durch

Seengebiete *lake districts*

Hallig Gröde an der deutschen Nordseeküste

Süddeutschland fließt, hat ihre Quelle im Schwarzwald und fließt nach Osten. Sie berührt noch sechs andere Länder, bevor sie ins Schwarze Meer mündet. Alle anderen großen Flüsse in Deutschland fließen von Südosten nach Nordwesten: der Rhein, die Weser, die Elbe, die Oder.

Nur die Weser hat ihre Quelle° und Mündung° in Deutschland. Alle anderen Flüsse entspringen in einem anderen Land. Der Rhein, der aus der Schweiz kommt, hat seine Mündung auch im Ausland, und zwar in Holland. Der Rhein ist Deutschlands bekanntester und wirtschaftlich wichtigster Fluss.

***Quelle** source*

***Mündung** river mouth*

Diese großen Flüsse haben größere und kleinere Nebenflüsse. Die bekanntesten Nebenflüsse des Rheins sind: der Neckar, der Main, die Lahn, die Ruhr und die Mosel. Die Ruhr ist durch das Industriegebiet, das nach ihr benannt ist, bekannt. Nebenflüsse der Donau sind zum Beispiel der Inn und die Isar, an der München liegt. Bekannte Nebenflüsse der Elbe sind die Saale und die Havel. Die Havel hat ihrerseits einen Nebenfluss, die Spree, an der Berlin liegt. Die größten deutschen Inseln in der Ostsee heißen Rügen, Usedom und Fehmarn; die bekannteste Insel in der Nordsee ist Sylt.

In den Mittelgebirgen sind die höchsten Gipfel° nicht über 1 500 Meter° hoch. Der berühmte Brocken im Harz hat 1 100 Meter, die Wasserkuppe in der Rhön nur 950 Meter, der Feldberg im Schwarzwald, der höchste Berg der Mittelgebirge, hat 1 492 Meter Höhe. Die höchsten Gipfel der Alpen liegen nicht in Deutschland. Deutschlands höchster Berg, die Zugspitze, erreicht nicht ganz 3 000 Meter. Die Zugspitze liegt an der österreichischen Grenze. Ein anderer bekannter Berg ist der Watzmann bei Berchtesgaden.

***Gipfel** summits, peaks*

Burg Katz und die Lorelei am Rhein

Das Klima

Deutschland hat ein kühles, gemäßigtes° Klima. Die Temperaturunterschiede zwischen Sommer und Winter sind geringer als in Nordamerika. Durch den warmen Golfstrom und die Landschaftsformen ist das Klima wärmer als in den gleichen Breitengraden der USA. Die durchschnittlichen Temperaturen im Sommer sind um 18° Celsius (64° Fahrenheit). Am wärmsten ist es am Rhein, am Main, am Neckar und am Bodensee. Im Januar liegt die Temperatur durchschnittlich bei −2° Celsius (29° Fahrenheit). Am kältesten ist es in den Gebirgen; dort fällt auch der meiste Schnee und Regen. Deutschlands Klima ist vorwiegend maritim; nach Osten wird es kontinental. Im Osten Deutschlands sind also die Sommer wärmer und die Winter kälter.

gemäßigtes *moderate*

Die Landwirtschaft

Deutschlands Landschaft ist eine Kulturlandschaft. Wegen der Dichte der Bevölkerung wird nach Möglichkeit jedes Fleckchen° Land ausgenutzt. 55% des Bodens werden für Felder und Wiesen genutzt, 31% sind Wald, 14% Wohnflächen und Straßen. Sämtliche Wälder werden bewirtschaftet und die

Fleckchen *little piece (of land)*

Forstwirtschaft ist genau geplant. Die Bedingungen für die Landwirtschaft sind verschieden gut. Weite Flächen und guten Boden gibt es in Ostdeutschland und in Norddeutschland. Hier sind die Felder groß, ebenso die Bauernhöfe und Güter.

Traditionell hatten die meisten Bauern eine Gemischtwirtschaft,° das heißt, sie bauten Getreide° an und züchteten Vieh. Die heutigen Marktbedingungen verlangen mehr Spezialisierung. Für die Erhaltung° des Bodens ist jedoch eine Gemischtwirtschaft mit Fruchtfolge° besser. Es gibt auch Monokulturen wie in Amerika, besonders in Ostdeutschland.

Die wichtigsten Getreidesorten sind Roggen, Weizen, Gerste und Hafer. Außer Getreide werden viele Kartoffeln° angebaut, ebenfalls viele Rüben.° Zuckerrüben gedeihen in einigen Gegenden, wo sich der Boden dafür eignet. In Süddeutschland wird auch Hopfen° angebaut. Neuerdings findet man auch Maisfelder und Ölfrüchte, zum Beispiel Raps.°

Mit den Feldern wechseln die Wiesen ab. In einigen Gegenden gibt es nur Wiesen, zum Beispiel an der Nordsee oder in den Alpen. Rinderzucht° und Milchwirtschaft sind dabei besonders wichtig; an zweiter Stelle steht die Schweinezucht.

In den Mittelgebirgen sind die Voraussetzungen° für die Landwirtschaft oft nicht so gut. Die Felder sind klein und uneben, und das Klima ist rauh. Es ist schwierig und meistens unrentabel, moderne Maschinen einzusetzen. Sehr günstig hingegen ist das Klima in den Flusstälern des Rhein- und Maingebietes. Die Felder sind allerdings sehr klein. So ist hier die Bewirtschaftung besonders intensiv und besteht vorwiegend aus Wein-, Obst- und Gemüsebau. Deutschland hat die nördlichsten Weinbaugebiete° Europas. Der Wein gedeiht nicht überall in der Ebene, sondern mehr an den Berghängen.

Bodenschätze

Deutschland ist nicht reich an Bodenschätzen.° Es hat vor allem Kohle, und zwar an der belgischen Grenze, im Ruhrgebiet, im Saarland und in Sachsen. Es handelt sich vorwiegend um Steinkohle,° bis auf die großen Braunkohlevorkommen° in Sachsen und einige Braunkohlelager an der belgischen Grenze. Es gibt geringe Eisenvorkommen im Siegener Land südlich des Ruhrgebiets. Heute muss der größte Teil des Eisenerzes aus dem Ausland eingeführt werden, während früher Eisenerz aus Lothringen und Oberschlesien verfügbar war. Eisenerz mit geringerem Eisengehalt gibt es im östlichen Niedersachsen. In den Moorgegenden von Nordwestdeutschland findet man etwas Erdöl und

Gemischtwirtschaft *agriculture with fields and stock*

Getreide *farming/grain*

Erhaltung *conservation*

Fruchtfolge *rotation of crops*

Kartoffeln *potatoes*

Rüben *beets*

Hopfen *hops*

Raps *rape*

Rinderzucht *cattle breeding*

Voraussetzungen *preconditions*

Weinbaugebiete *wine-growing regions*

Bodenschätzen *mineral resources*

Steinkohle *pit coal*

Braunkohlevorkommen *lignite deposits*

Erdgas. Neuerdings kommt Öl auch aus der Nordsee; doch der wichtigste Teil der Ölfunde ist nicht im deutschen Gebiet. Der größte Teil des Öls muss aus dem Nahen Osten eingeführt werden.

In früheren Zeiten hatte Deutschland reiche Vorkommen von Kupfer und Silber. Die Silberproduktion ist seit langem gering; Kupfer wird noch bei Mansfeld östlich des Harzes abgebaut.

Reich ist Deutschland an Salzen; es hat sehr bedeutende Kalisalzlager.° In den östlichen Mittelgebirgen gibt es Sand und Gestein, die sich zur Herstellung von Porzellan und zum Glasblasen eignen.

Die Bergwerksindustrie° spielt traditionell in Deutschland eine große Rolle, und der Beruf des Bergmanns ist alt und hochgeschätzt. Die moderne Industrie in Deutschland lebt jedoch hauptsächlich von der Verarbeitung° eingeführter Rohstoffe.°

Kalisalzlager *potash deposits*

Bergwerksindustrie *mining industry*

Verarbeitung *manufacture*

Rohstoffe *raw materials*

Industriegebiete

Industrie gibt es in allen Teilen des Landes. Die Gebiete, in denen sie besonders stark konzentriert ist, werden Industriegebiete genannt. Ihre Konzentration und die Art der Industrie sind dabei sehr verschieden.

Das bekannteste deutsche Industriegebiet ist das Ruhrgebiet am rechten Ufer des Niederrheins, zwischen den Flüssen Wupper und Lippe. An der deutsch-französischen Grenze liegt das Saargebiet. Diese beiden Industriegebiete

Das bekannteste deutsche Industriegebiet ist das Ruhrgebiet

befinden sich in der Nähe von Bergwerken. Die Industrie im Neckartal um Stuttgart hat sich ohne diese Rohstoffgrundlage entwickelt. In den letzten vierzig Jahren ist zwischen Hannover und Braunschweig im östlichen Niedersachsen ein neues Industriegebiet entstanden, dessen größte Fabrik das Volkswagenwerk in Wolfsburg ist. Eine starke Konzentration von Industrie findet sich ebenfalls am Rhein und Main um Frankfurt.

In Ostdeutschland zieht sich ein Industrigebiet durch Sachsen-Anhalt, vor allem um Halle. Industrieschwerpunkte sind ebenfalls in Sachsen und an der Oder, im südlichen Brandenburg und in Thüringen.

Alle deutschen Großstädte sind auch Industriestädte. Während die Industrieschwerpunkte früher mehr in Norddeutschland waren, hat die Elektronik ihren Sitz vor allem in Süddeutschland, mit den Zentren München und Stuttgart.

Die Verkehrswege

Deutschland hat als Durchgangsland° Europas wichtige Verkehrswege. Dazu gehören die Wasserwege, ganz besonders der Rhein, Europas verkehrsreichster° Fluss. Die natürlichen Wasserwege, die Flüsse, werden durch ein Kanalsystem ergänzt. Flüsse und Kanäle werden ständig für die Schifffahrt instand gehalten. Ein Netz von Kanälen verbindet alle großen Flüsse vom Rhein bis zur Oder. Der Rhein-Main-Donau-Kanal ermöglicht Schifffahrt von Holland bis zum Schwarzen Meer. Die Nordsee und die Ostsee sind durch den Nord-Ostsee-Kanal verbunden, der von der Elbemündung bis nach Kiel geht.

So sind für die deutsche Wirtschaft die Flusshäfen° ebenso wichtig wie die Seehäfen. Von den Flusshäfen haben Duisburg-Ruhrort und Mannheim-Ludwigshafen am meisten Schiffsverkehr. Auch Berlin gehört zu den wichtigsten Binnenhäfen. Die wichtigsten Seehäfen sind Hamburg, Bremen/Bremerhaven, Wilhelmshaven und Emden an der Nordseeküste und Kiel, Lübeck und Rostock an der Ostsee.

Das Eisenbahnnetz° war am Ende des 19. Jahrhunderts fertig ausgebaut. Die größten Bahnhöfe sind die von Frankfurt am Main und Leipzig. Berlin hat mehrere Bahnhöfe. Andere wichtige Eisenbahnknotenpunkte° sind Hamburg, Köln, Stuttgart, München, Hannover und Magdeburg. Die bisher staatliche Eisenbahn ist 1994 privatisiert worden. Die Deutsche Bahn betreibt Buslinien, wo die Eisenbahn nicht mehr rentabel ist.

Flugplätze° haben die Städte Hamburg, Bremen, Hannover, Köln, Düsseldorf, Stuttgart, München, Nürnberg, Dresden, Leipzig und vor allem Berlin

Durchgangsland *"transit country"*

verkehrsreichster *busy, full of traffic*

Flusshäfen *inland harbors*

Eisenbahnnetz *railway network system*

Eisenbahnknotenpunkte *railway junctions*

Flugplätze *airports*

Ferienverkehr mit Stau auf der Autobahn

und Frankfurt am Main. Der Rhein-Main-Flughafen in Frankfurt ist der größte in Deutschland und der zweitgrößte in Europa.

Deutschland hat ein Netz von Autobahnen, das bereits in den zwanziger Jahren geplant wurde. Die Nationalsozialisten forcierten den Autobahnbau, vor allem aus militärischen Gründen. Heute sind die Autobahnen oft überlastet,° denn Deutschland ist ein Durchgangsland für viele Europäer, und die Zahl der Autos in Deutschland wächst immer noch. Die wichtigsten Autobahnstrecken führen von Schleswig-Holstein über Hamburg und Frankfurt nach Basel; vom Ruhrgebiet über Frankfurt und Nürnberg nach München; von Karlsruhe über Stuttgart und München nach Salzburg (und weiter nach Wien); vom Ruhrgebiet über Hannover nach Berlin und Frankfurt an der Oder; von München über Nürnberg und Leipzig nach Berlin und weiter Richtung Nordosten, d.h. Polen; von Bautzen über Dresden durch Thüringen Richtung Gießen und Frankfurt; von Berlin nach Hamburg und von Berlin nach Rostock. Außer den Autobahnen gibt es natürlich auch ein dichtes Netz von anderen Straßenverbindungen.

überlastet *overcrowded*

Stadt und Land

Die Deutschen machen einen klaren Unterschied zwischen einer „Stadt" und einem „Dorf". Die meisten Landbewohner leben in Dörfern, nicht auf

Einzelhöfen. Viele Dörfer und Städte sind alt. Manche Städte im Western und Süden stammen aus der Zeit der Römer, sind also bis zu zweitausend Jahren alt. Viele Städte und Dörfer sind Gründungen des Mittelalters. Es gibt nur wenige ganz moderne Städte, wie die Volkswagenstadt Wolfsburg oder Eisenhüttenstadt an der Oder.

Knapp ein Drittel der Menschen lebt in Städten mit mehr als 100 000 Einwohnern, die in Deutschland als „Großstädte" definiert sind. Davon gibt es 84. Drei von ihnen sind Millionenstädte: Berlin mit 3,5 Millionen Einwohnern, Hamburg mit 1,7 Millionen und München mit 1,25 Millionen. Die nächstgroßen Städte sind Köln, 960 000 Einwohner, und Frankfurt am Main, 670 000 Einwohner. In Ortschaften zwischen 2 000 und 100 000 Einwohnern, Kleinstädten und mittelgroßen Städten, wohnen 47 Millionen, also die Mehrheit der Bevölkerung. Der Rest lebt in Dörfern, also ein Zehntel der Deutschen. Dabei verwischt sich der Unterschied zwischen Stadt und Land. Die Großstädte haben an Bevölkerung verloren, weil manche Menschen lieber in kleinere Orte ziehen. Dörfer werden zu Vororten° der Städte. Auch eine weitreichende Verwaltungsreform° der Bundesrepublik hatte Folgen: sie reduzierte die Zahl der selbständigen Gemeinden, vorher mehr als 24 000, auf ein Drittel. Es bildet sich in Deutschland ein Stadt-Land-Kontinuum.

Die deutsche Bevölkerung zeigt seit 1945 keinen Geburtenzuwachs mehr. Der Bevölkerungszuwachs° kommt von Zuwanderern.° Außer Menschen deutscher Abstammung° aus Osteuropa sind auch viele Ausländer nach Deutschland gekommen. 7,3 Millionen Ausländer leben in Deutschland, darunter knapp 2 Millionen Türken. Zweisprachige Minderheiten im Land sind die slawischen Sorben in Sachsen und Brandenburg und die Friesen an der Nordseeküste.

Die wachsende Mobilität bringt es mit sich, dass die Landesgrenzen ihre Bedeutung verlieren und immer mehr Menschen in einem anderen Lande wohnen als wo sie arbeiten. Die Wirtschaftsgebiete entsprechen nicht mehr den Landesgrenzen.

Vororten *suburbs*

Verwaltungsreform *administrative reform*

Bevölkerungszuwachs *population increase*

Zuwanderern *immigrants*

Abstammung *ancestry*

FRAGEN ZUM TEXT

1. In welchem Teil Europas liegt Deutschland?
2. Was kann man über die Bevölkerungsdichte sagen?
3. Welche Landschaftsformen unterscheidet man in Deutschland?
4. Was sind die wichtigsten Produkte der Landwirtschaft?

5. Welche Bodenschätze findet man in Deutschland?
6. Was sind die wichtigsten Industriegebiete?
7. Wo sind die wichtigsten Verkehrsknotenpunkte?
8. Aus welchem Zeitalter stammen viele Städte und Dörfer?
9. In welchen Ortschaften lebt die Mehrheit der Bevölkerung?
10. Wodurch entsteht das Stadt-Land-Kontinuum?

Wir vergleichen:

1. Deutschland und die USA: Größe, Einwohnerzahl, Lage (Breitengrad) und Grenzen.
2. Mit welcher Region der Vereinigten Staaten kann man die Größe der deutschen Länder vergleichen?
3. Warum nennt man manchmal die Texaner die amerikanischen Bayern?
4. Was halten Sie von der Idee von Stadtstaaten? Sollte die Stadt New York zum Beispiel ein eigenes Land sein? Oder die Region von Los Angeles?

Geografie-Quiz über Deutschland:

1. Einwohnerzahl:
2. Hauptstadt:
3. Der höchste Berg:
4. Der größte See:
5. Drei große Flüsse:
6. Drei Nebenflüsse des Rheins:
7. Drei deutsche Mittelgebirge:
8. Die deutschen Millionenstädte:
9. Drei deutsche Seehäfen:
10. Fünf Nachbarländer:

Vergangenheit

1 Der Beginn der deutschen Geschichte

9 n. Chr.	Sieg des Cheruskerfürsten Arminius im Teutoburger Wald über drei römische Legionen.
451	Schlacht auf den katalaunischen Feldern (Châlons-sur-Marne) gegen die Hunnen unter Attila.
481–515	Frankenkönig Chlodwig I.
768–814	Karl der Große.
772–799	Sachsenkriege.
800	Kaiserkrönung in Rom.
842	Straßburger Eide.
843	Dreiteilung des Frankenreiches im Vertrag von Verdun.
870	Zweiteilung des Frankenreiches in Frankreich und Deutschland im Vertrag von Mersen.
911	Ludwig das Kind, der letzte Karolinger in Deutschland, stirbt.

Karl der Große (Albrecht Dürer, 1512)

Was wissen Sie, was meinen Sie?

1. Wie alt sind Städte in den USA? Und in Deutschland? Was ist der Grund für die Unterschiede?
2. Was sind „natürliche" Grenzen eines Landes? Hat Deutschland natürliche Grenzen oder nicht? Was bedeutet das für seine Geschichte?
3. Was, denken Sie, haben die Römer mit der deutschen Geschichte zu tun?
4. Wissen Sie etwas von Charlemagne/Karl dem Großen?
5. Warum, glauben Sie, nennen die Engländer die Holländer „Dutch" und die Deutschen „Germans"?
6. Was meinen Sie, wie eine Nationalsprache entsteht? Wer bestimmt, welche Sprache die offizielle Sprache des Landes ist?
7. Ähnliche Wö-verschiedene Bedeutungen. Erklären Sie: römisch/romanisch, fränkisch/französisch, nordisch/nördlich, teutonisch/deutsch, geistlich/geistig.

Germanen und Römer

Im Jahre 98 nach Christus beschrieb der römische Geschichtsschreiber° Cornelius Tacitus in einem kleinen Büchlein Land und Leute von Mitteleuropa. Für ihn, den Römer, waren die Kultur und die Sitten dieser Menschen sehr ähnlich, und so beschrieb er sie als ein Volk, als „Germanen". Sein Buch heißt „Germania". Eine politische Einheit bildeten diese Germanen allerdings nicht. Sie lebten in kleinen Gruppen, und sie waren sehr auf ihre Unabhängigkeit° bedacht. Es war sehr schwer, sie zu einem gemeinsamen Unternehmen zu bringen, und es war noch schwerer, sie zu beherrschen.

Diese Erfahrung hatte der Cheruskerfürst Hermann, oder Arminius, gemacht. Hermann lebte zur Zeit des Kaisers Augustus. Er war in Rom erzogen und ausgebildet worden. Zu seiner Zeit bildete der Rhein die Grenze zwischen dem römischen Reich und den Germanen. Die Römer wollten die Grenze bis an die Elbe vorschieben. In Böhmen erstrebten sie eine Linie von Norden nach Süden entlang der Moldau. Hermann gelang es, drei römische Legionen—das römische Weltreich hatte insgesamt nur 30 Legionen—in dem Waldgebirge,° das heute Teutoburger Wald heißt, zu vernichten. Dieser Sieg machte ihn keineswegs beliebt; er erweckte nur Misstrauen gegen ihn, und Hermann war nicht imstande, ein größeres Reich zu gründen. Seine Frau und sein Sohn wurden von den Römern gefangen, er selbst schließlich von einem Verwandten ermordet.

Die Römer verzichteten° allerdings darauf, nach anderen erfolglosen Versuchen, dieses Waldland mit seinen unruhigen Bewohnern erobern zu

Geschichtsschreiber *historian*

Unabhängigkeit *independence*

Waldgebirge *wooded mountains*

verzichteten, verzichten *to renounce, to give up*

wollen. Der Rhein und die Donau blieben die Grenze ihres Reiches. Um sich ihrerseits vor den Raubzügen° der Germanen zu schützen, bauten sie zwischen Rheinbrohl nördlich von Koblenz und Kelheim bei Regensburg an der Donau einen gewaltigen Grenzwall, den Limes. Reste davon sind noch heute an manchen Stellen sichtbar.

Der größte Teil Deutschlands blieb also außerhalb der römischen Kultur. Nur südlich der Donau und westlich des Rheins wurden römische Städte angelegt. Solche römischen Gründungen sind Augsburg, Kempten, Worms, Straßburg und vor allem Trier. In Trier sind viele römische Bauten erhalten: ein Stadttor,° Porta Nigra genannt, eine „Basilika", das heißt, eine Kaiserhalle, die seitdem als Kirche dient, Ruinen des großen Bades und eine Arena. Trier wurde in der spätrömischen Zeit sogar eine der Hauptstädte des Reiches.

Am Rhein und an der Donau bauten die Römer Grenzfestungen.° Dazu gehörten die heutigen Städte Köln, Bonn, Koblenz, Mainz, Regensburg und Wien. Die Römer brachten ihre Kultur mit in diese fernen Provinzen. Sie bauten Wasserleitungen° und sorgten für fließendes heißes und kaltes Wasser und für Kanalisation° in ihren Wohnungen und Bädern. Für den kalten Winter hatten sie die zentrale Warmluftheizung° erfunden. Wo das Klima es erlaubte, also am Rhein, an der Mosel, in der Pfalz, am Kaiserstuhl und am Bodensee, pflanzten sie Wein.

Raubzügen *raid, maurauding incursion*

Stadttor *city gate*

Grenzfestungen *border fortresses*

Wasserleitungen *aqueducts*

Kanalisation *sewer system*

Warmluftheizung *hot-air heating system*

Die Porta Nigra *(das Schwarze Tor) in Trier, das bekannteste Stadttor aus der Römerzeit, Wahrzeichen der Stadt*

Als das römische Weltreich zerfiel, entstanden neue Staaten unter germanischer Herrschaft. Germanische Stämme° gingen auf die Wanderung und eroberten nach langen Kämpfen Teile des römischen Reiches. Die Goten gelangten bis nach Italien und Spanien, die Wandalen bis nach Nordafrika. Die Angeln und Sachsen ließen sich in England nieder; die Franken und Burgunder in Frankreich, die Alemannen und Bajuwaren im heutigen Süddeutschland, Österreich, Elsass und der Schweiz. Diese Wanderungen und Kämpfe werden die „Völkerwanderung"° genannt. Zu dieser Zeit gelangten die aus Asien stammenden Hunnen nach Europa. Außerdem war es die Epoche, in der sich das Christentum in Westeuropa durchsetzte.

Stämme *tribes, peoples*

Völkerwanderung *period of migrations*

Von den vorchristlichen Germanen gibt es nur sehr wenige schriftliche Dokumente; denn ihre Religion, Gesetze und Literatur wurden mündlich überliefert. Die Missionare und Mönche sahen darin natürlich heidnischen Aberglauben, der beseitigt werden musste. Wir wissen von den Germanen also nur durch die Beobachtungen der Römer, archäologische Funde und Volksbräuche oder Sagen. Zur Zeit von Tacitus hatten die Germanen in Dorfgemeinschaften gelebt. Zu jeder Hausgemeinschaft gehörten neben den freien Männern und ihren Frauen auch abhängige Knechte. Rinder waren der wertvollste Besitz einer Familie. Der Grund und Boden gehörte der Dorfgemeinde, und die Gemeinde verteilte jedes Jahr die Felder neu, so dass niemand bevorzugt oder benachteiligt war. Wichtige Entscheidungen eines Stammes wurden auf Versammlungen von allen freien Männern getroffen. Die Männer wählten Führer für Kriegszüge, die sie Herzöge und später Könige nannten. Bei langen Wanderzügen ganzer Völker wurde eine festere Organisation und Hierarchie notwendig. Die Taten solcher Führer in der Zeit der Völkerwanderung leben in den deutschen Heldensagen° fort. Die bekannteste Heldensage, die Geschichte der Nibelungen, stammt eigentlich aus Nordeuropa. Die deutsche Fassung handelt von dem Helden Siegfried aus dem Norden und den blutigen Kämpfen der Burgunder gegen die Hunnen. In dieser Sage kommt auch der Ostgotenkönig Dietrich von Bern vor, der in der Geschichte Theoderich der Große (471–526) heißt und in seiner langen Herrschaft Italien und die westlichen Balkanländer regierte.

Heldensagen *heroic legends*

Das Reich Karls des Großen

Zur Zeit Theoderichs wurde Chlodwig aus dem Hause der Merowinger König der Franken. Er brachte zuerst die Franken in ein Reich zusammen, später besiegte er die germanischen Nachbarstämme und unterwarf sie: die Alemannen, die Burgunder, die Thüringer, die Bajuwaren und die Friesen. Chlodwig war der erste germanische Herrscher, der sich dem Papst in Rom anschloss und die römisch-katholische Form des Christentums in seinem Land einführte. Im heutigen Frankreich, Chlodwigs Stammland,° lebten die Franken auf Einzelhöfen. Außer ihnen waren viele der bisherigen Einwohner dort geblieben. Die Germanen waren keine Stadtbewohner, sie hatten eine ganz andere Kultur als die Römer. Sie brauchten kein so kompliziertes Wirtschaftssystem, wie es die Römer hatten. Der Handel der Germanen, so weit es ihn gab, war überwiegend Tauschhandel.° Also verfielen° die römischen Stadtanlagen, und die Verwaltung und die Währung° kamen in Unordnung. Lange Zeit noch wurden die römischen Bauten als Steinbrüche° benutzt; die Eisenklammern° an den Mauern haute man heraus, um sich daraus Waffen und Werkzeuge zu schmieden. Nur die Gebäude blieben stehen, die man als Kirche oder, als es wieder Städte gab, als Stadttor benutzen konnte.

Städte, oder besser Märkte, waren als Handelszentren notwendig. Hier lebten Kaufleute und Handwerker. Also gab es im Reich germanische und nichtgermanische Stadtbewohner, zu denen Juden gehörten, die seit der römischen Zeit im Rheinland und in Südwestdeutschland ansässig gewesen sind.

Chlodwig übernahm so viel von den römischen Einrichtungen wie nötig war. Er führte eine neue Währung ein. So vereinigten die Franken ihre eigene Kultur mit der römischen Zivilisation. Das geschah nicht nur unter den Merowingern, sondern genauso unter den Karolingern, die die Merowinger im 8. Jahrhundert ablösten. Zugleich begann das neue Rom, nämlich die christliche Kirche, eine wichtige Rolle zu spielen. Neben den Burgen und Herrenhöfen° wurden jetzt die Klöster° die Mittelpunkte des Landes. Die Mönche konnten lesen und schreiben; sie richteten Schulen ein; sie bemühten sich, dem Volk die Grundbegriffe des christlichen Glaubens zu erklären. Dazu gehörte, dass sie die Begriffe der lateinischen oder griechischen Quelle in die Landessprache übersetzten. Zwar blieb das Latein die Sprache der Mönche, doch ihre Tätigkeit beeinflusste die Entwicklung der deutschen Sprache.

Die Klöster dienten auch als Unterkunft° für Reisende und als Zufluchtsstätten° in Kriegszeiten. In den Klöstern lernten die Einwohner den Gartenbau, den Hausbau, den Weinbau, das Bierbrauen sowie die Krankenpflege.° Die Mönche und Nonnen betrieben viele Handfertigkeiten und Künste: Malen, Schnitzen,° Musizieren, Weben, Sticken. Der wichtigste Mönchsorden dieser Jahrhunderte war der Benediktinerorden. Zu den großen deutschen Benediktinerklöstern dieser Zeit gehörten: Fulda, St. Gallen, die Insel Reichenau im Bodensee, St. Emmeran in Regensburg, Tegernsee, Benediktbeuern und Weißenburg im Elsass.

Der größte Herrscher aus der Familie der Karolinger war Karl der Große (768–814). Sein Reich umfasste schließlich das heutige Frankreich, Belgien,

Stammland *country of origin*

Tauschhandel *barter trade*

verfielen, verfallen *to fall into ruins*

Währung *currency*

Steinbrüche *quarries*

Eisenklammern *iron clamps*

Herrenhöfen *manors*

Klöster *monasteries, convents*

Unterkunft *accommodation*

Zufluchtsstätten *places of refuge*

Krankenpflege *caring for the sick*

Schnitzen *carving*

Maria Laach in der Eifel, Benediktinerkloster aus dem 11. Jahrhundert

Holland, Luxemburg, die Schweiz, Deutschland bis östlich zur Elbe und Saale und Nord- und Mittelitalien—also den Kern des Okzidents, des „Abendlandes", der heutigen Europäischen Union. Karl unterwarf° in jahrzehntelangen Kämpfen die Sachsen im heutigen Westfalen und Niedersachsen und bekehrte° sie zum Christentum. In Spanien kämpfte er gegen die Araber. Diese Kämpfe beschäftigten die Phantasie der Völker, und sie erzählten sich Sagen darüber, von denen die Rolandsage am bekanntesten ist. Diese im altfranzösischen Rolandslied gestaltete Sage beruht auf den Kämpfen zwischen Karl dem Großen und den spanischen Arabern im Pyrenäengebiet und handelt vom Heldentod der fränkischen Nachhut° unter Rolands Führung im Tal von Roncesvalles.

Karl versuchte bewusst, die römische und germanische Tradition zu verbinden. Er ließ germanische Dichtungen sammeln; gleichzeitig richtete er Lateinschulen ein. Er selbst lernte noch als Erwachsener Latein.

Am Weihnachtsabend des Jahres 800 krönte der Papst in Rom Karl den Großen zum Kaiser. Damit erkannte er den Frankenherrscher als seinen Schutzherrn° an. Von nun an hatte das Abendland neben dem geistlichen auch einen weltlichen Herrn.

unterwarf, unterwerfen *to subjugate*

bekehrte, bekehren *to convert*

Nachhut *rear guard*

Schutzherrn *protector*

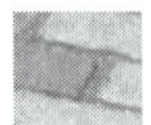

Die Teilung des Reiches

Karl der Große steht am Anfang der französischen wie der deutschen Geschichte. Er selbst war weder Deutscher noch Franzose, sondern Franke. In seinem Reich wurden viele germanische und romanische Sprachen gesprochen. Es war keineswegs ein Nationalstaat. Karl der Große war der Schutzherr des gesamten Abendlands.

Nun war es allerdings schwer, ein so großes Reich zusammenzuhalten. Die Straßen waren schlecht, die Verbindungen schwierig; die Verwaltung beschränkte° sich auf das Notwendigste. Der Kaiser musste viel im Land umherreisen, um an Ort und Stelle Entscheidungen zu treffen und Streitigkeiten zu beenden. Er konnte sein Reich nicht von einer Hauptstadt aus regieren.

beschränkte, sich beschränken *to limit oneself*

Die fränkische Tradition erschwerte außerdem den Weiterbestand des Gesamtreiches. Bei den Franken bestand nämlich das Gesetz der Erbteilung. Nach dem Tod eines Herrschers wurde das Reich unter die Söhne geteilt. Nun hatte es mehrere Generationen nur einen überlebenden Sohn gegeben. Sollte jetzt der älteste Sohn allein erben? Karl der Große hatte drei Enkel. Nach seinem Tode 814 regierte sein Sohn Ludwig der Fromme. Schon zu dessen Lebzeiten stritten und bekämpften sich die Erben. Da Lothar, der älteste, das gesamte Reich beanspruchte, verbündeten sich die jüngeren Brüder gegen ihn. Ludwig, der Deutsche, wollte den östlichen Teil; Karl, der Kahle, den westlichen. Nach einem Sieg über den Bruder beschworen° sie ihr Bündnis 842 in Straßburg. Jeder Bruder schwor in der Sprache des anderen Landesteils, damit die Gefolgsleute des anderen Bruders ihn verstehen konnten: Karl auf althochdeutsch,° Ludwig auf altfranzösisch. Ein Jahr später einigten sich die drei Brüder und teilten das Reich in drei Teile. Als Lothars Söhne gestorben waren, wurde 870 ihr Gebiet zwischen Ost- und Westfranken aufgeteilt. Karl III., der Dicke, war wenige Jahre lang noch einmal Herrscher des gesamten karolingischen Reiches, aber von 887 an hörten die Versuche, das Reich zusammenzuhalten, auf. In Deutschland ging bald die Herrschaft an andere Familien über, 911 an den Franken Konrad, 919 an den Sachsenherzog Heinrich I.

beschworen, beschwören *to confirm with an oath*

althochdeutsch *Old High German*

So vollzog° sich die Spaltung° des Frankenreiches in Frankreich und Deutschland in mehreren Phasen. Man könnte bereits das Jahr 843, die erste Teilung, als Beginn der deutschen Geschichte ansetzen, oder das Jahr 911. Aber gewöhnlich betrachten die Deutschen das Jahr 919 als den Anfang ihres „ersten Reiches".

vollzog, sich vollziehen *to happen, to take place*

Spaltung *separation*

Zu dieser Zeit bestand Deutschland aus fünf Herzogtümern: Sachsen, Franken, Bayern, Schwaben und Lothringen. Die Ostgrenze verlief an der Elbe und Saale, also etwas weiter im Osten, als vor 1989 die Grenze zwischen der BRD und der DDR verlief. Im Süden gehörten Teile von Österreich und der Schweiz dazu, im Westen Holland und Belgien sowie das Elsass und Lothringen. Die Sprachgrenze hat sich seitdem geändert, doch schon damals wurde in Teilen von Lothringen französisch gesprochen. Die anderen Gebiete, die zur

Erbschaft Lothars gehörten, Burgund und Italien, wurden erst später von den deutschen Kaisern beansprucht.° Deutschland war also ein Land mit vielen Verschiedenheiten. Es ist durch die Vereinigung° mehrerer Stämme und dann durch die Spaltung eines großen Reiches entstanden. Die Stämme haben in der deutschen Geschichte eine große Rolle gespielt. Die Einwohner Deutschlands im Jahre 900 haben sich als Sachsen, Friesen, Franken, Thüringer, Bayern, Schwaben, Lothringer gefühlt, aber kaum als „Deutsche".

beanspruchen, beanspruchen *to claim*

Vereinigung *union*

DAS WORT „DEUTSCH"

Der schwierige Prozess, durch den die Deutschen ihre Einheit erreicht haben, zeigt sich auch in der Bedeutung° und Geschichte des Wortes „deutsch". Alle diese Stämme, die in Deutschland lebten, sprachen ihre eigenen Sprachen, die allerdings miteinander verwandt waren. Heute leben sie als Mundarten oder Dialekte fort, und wenn die Deutschen nur ihre Mundarten sprächen, hätten sie gewiss Schwierigkeiten, sich miteinander zu verständigen.

Bedeutung *meaning*

Dass die Sprachen der germanischen Stämme etwas Gemeinsames hatten, bemerkten zuerst die Bewohner der deutsch-französischen Sprachgrenze. Im Gegensatz zu den „welsch" sprechenden Menschen bezeichneten° sie ihre Sprache als „deutsch"—das heißt eigentlich „zum Volk oder Stamm gehörig". In dieser Bedeutung ist das Wort aus dem 8. Jahrhundert bekannt.

bezeichneten, bezeichnen *to designate*

Zur Zeit Karls des Großen bezeichnete das Wort „deutsch" bereits Sprecher, das heißt Leute, also alle germanisch sprechenden Stämme im Reich. Als diese Stämme dann ihr eigenes Reich, nämlich Deutschland, bildeten, begannen sie, nicht nur Sprache und Volk mit diesem Wort zu bezeichnen, sondern auch das Land, in dem sie lebten. Im Laufe des 10. und 11. Jahrhunderts setzte sich „deutsch" als Bezeichnung für die kulturelle und politische Einheit der Deutschen durch, und ebenfalls als Name für ihr Land, Deutschland. Für die Mönche, deren Schriften wir diese Wortgeschichte° entnehmen, hatte „deutsch" noch eine weitere Bedeutung: Es bezeichnete die Sprache des Volkes, im Gegensatz zum Latein der Kirche. Dabei hielten die Mönche „deutsch" für das gleiche Wort wie „teutonisch"—den Namen eines germanischen Volkes, das zwischen 113 und 101 vor Christus das römische Reich bedroht hatte. Für die Mönche war deutsch also auch „barbarisch" im Vergleich zu ihrer christlich-lateinischen Kultur.

Wortgeschichte *word history*

Das Wort „deutsch" hat also zuerst eine Sprachgemeinschaft° bezeichnet, dann die Menschen, und dann erst ein Land. Längst nicht alle Ausländer nennen die Deutschen bei ihrem eigenen Namen. Die Franzosen nennen sie

Sprachgemeinschaft *linguistic community*

the northern part of Germany

„Alemannen", die Finnen „Sachsen", die Engländer „Germanen" und die Russen „Ausländer".

FRAGEN ZUM TEXT:

Germanen und Römer

1. Was beschrieb Tacitus in seinem Buch?
2. Wie lebten die Germanen zu seiner Zeit?
3. Welche Erfahrung hatte Arminius mit den Germanen gemacht?
4. Was war der Limes, und zu welchem Zweck diente er?
5. Welche Einrichtungen hatten die Römer in ihren Städten in Deutschland?
6. Warum mussten die Germanen in der Völkerwanderungszeit Könige wählen?
7. Was wird im deutschen Nibelungenlied erzählt?

Das Reich Karls des Großen

8. Was erreichte Chlodwig?
9. Was war die Bedeutung der Klöster in dieser Zeit?
10. Welche heutigen Länder gehörten zum Reich Karls des Großen?
11. Was waren die Bedeutung und die Folgen der Kaiserkrönung Karls des Großen?

Die Teilung des Reiches

12. Was erlaubte den Enkeln Karls des Großen, das Reich zu teilen?
13. Warum wurden die Straßburger Eide in verschiedenen Sprachen geschworen? In welchen?
14. Aus welchen Herzogtümern bestand Deutschland?
15. Welches Ereignis bedeutete die endgültige Trennung von Frankreich und Deutschland?

Das Wort „deutsch"

16. Wo benutzte man „deutsch" zuerst? Warum?
17. Was bedeutete „deutsch" für die Mönche?
18. Was bezeichnete „deutsch" zuerst, welche Bedeutung war die zweite, und welche die dritte?

Aufsatzthemen:

1. Der größte Teil von Deutschland blieb außerhalb des Römischen Reiches. Glauben Sie, dass das ein Vorteil oder ein Nachteil für die deutsche Geschichte war? Wie wäre es gewesen, wenn die Römer die Germanen in Deutschland „kolonisiert" hätten?

2. Mit dem Reich Karls des Großen war das westliche Europa eine politische Einheit. Warum denken Sie, dass eine solche Einheit nicht erhalten blieb? Ist es gut, solche großen Staaten zu haben?
3. Wie sehen Sie die Bedeutung der Nationalsprache für die Geschichte eines Landes? Warum ist es schwerer, mehrere Sprachen zu haben?
4. Wie stehen Sie zur Idee eines Klosters? Wie würden Sie die Aufgaben eines Klosters im frühen Mittelalter und heute sehen?

Ritterliche Spiele; Manessische Handschrift, 14. Jahrhundert

2 Ritter, Bauern und das Heilige Rom

919–936	Heinrich I., der erste Sachsenkönig.
955	Otto I. besiegt die Ungarn auf dem Lechfeld bei Augsburg.
962	Kaiserkrönung Ottos I., „Heiliges Römisches Reich" unter einem deutschen Kaiser.
1033	Burgund Teil des Reiches.
1077	Bußgang Heinrichs IV. nach Canossa.
1096–1099	Erster Kreuzzug nach Palästina.
1122	Wormser Konkordat.

Was wissen Sie, was meinen Sie?

1. Was verstehen Sie unter dem Ausdruck „das Heilige Römische Reich"?
2. Wie sehen Sie heute die wichtigsten Unterschiede zwischen Deutschland und Italien? Warum fahren immer noch viele Deutsche gern nach Italien?
3. Woran denken Sie, wenn Sie das Wort „Feudalsystem" hören? Mit welcher Zeit und welchen Menschen verbinden Sie diese Vorstellung?
4. Welche Eigenschaften eines Menschen sind für Sie „ritterlich"?
5. Was nennen Sie einen „Kreuzzug"?

6. Was bedeutete und bedeutet Jerusalem für einen Christen?
7. Was musste und müsste ein Ritter lernen, um ein echter Ritter zu sein? Geben Sie Beispiele.

DIE GRENZEN IM OSTEN UND WESTEN

König Heinrich I. (919–36), genannt der „Vogler",° sah sich in viele Kriege verwickelt. Er hatte Feinde im Osten und im Westen. Die Herzöge sahen ihn keineswegs als ihren Oberherrn an und leisteten oft keine Gefolgschaft. Ja, sie verbündeten sich° sogar gegen ihn. Unklar war vor allem die Stellung des Herzogs von Lothringen, der die Position zwischen Frankreich und Deutschland zu größerer Selbständigkeit benutzen wollte. Nach einem Sieg Heinrichs über Lothringen blieb das Herzogtum ein Teil des deutschen Reiches.

Vogler *fowler*

sich verbinden *to form an alliance*

An der Ostgrenze dauerten die Kämpfe zwischen den Deutschen und den slawischen Wenden, vor allem aber mit den angriffslustigen Ungarn. Heinrich richtete ein System von Grenzbefestigungen ein. Es gelang ihm schließlich 933 an der Unstrut ein ungarisches Heer zurückzuschlagen.

Auch Heinrichs Sohn und Nachfolger Otto I. (936–973) richtete zunächst wenig gegen die Ungarn aus, weil er gegen die deutschen Herzöge kämpfen musste. Er versuchte es damit, dass er die Herzöge absetzte und seine Verwandten° zu Herzögen machte; aber auch seine Verwandten blieben ihm nicht treu. Endlich, im Jahr 955, konnte Otto den Ungarn mit einem starken Heer entgegentreten, ohne Verrat° befürchten zu müssen. Am 10. August besiegte er die Ungarn auf dem Lechfeld, zwischen den Flüssen Lech und Wertach, nicht weit von Augsburg.

Verwandten *relatives*

Verrat *treason*

Dieser Sieg gab dem deutschen König eine Vormachtstellung° im östlichen Europa. Jetzt wurden die Deutschen aus Verteidigern zu Angreifern; denn schon damals führte die Vermehrung der Bevölkerung zu Mangel an Platz im Heimatland. Die Deutschen richteten im Osten „Marken" ein, Grenzbezirke,° die von jungen Deutschen aus dem Westen besiedelt wurden, um das bisherige Deutschland zu schützen. Die Deutschen brachten das Christentum mit. Die bisherigen Einwohner, vor allem Slawen, wurden an einigen Stellen mit Gewalt verdrängt.° An anderen Stellen übernahmen sie das Christentum und die deutsche Kultur und vermischten sich mit den Einwanderern.

Vormachtstellung *hegemony*

Grenzbezirke *border districts*

verdrängt, verdrängen *to displace*

Solche Marken waren die „Ostmark" östlich von Bayern, aus der sich Österreich entwickelte; Sachsen an der oberen Elbe; an der mittleren Elbe wurde die Mark Brandenburg der Anfang des späteren Preußens; die Marken an der Ostsee sind heute Schleswig-Holstein und Mecklenburg. Bis ins 14. Jahrhundert verschob° sich die deutsche Grenze immer weiter nach Osten. Erst

verschob, sich verschieben *to be moved, changed*

wurde das Land zwischen der Elbe und der Oder deutsch, dann drangen die Deutschen bis über die Weichsel und ins Baltikum vor. Dieser Vorgang, Kolonisation des Ostens genannt, endete um 1350, als der Widerstand der slawischen Nationalstaaten zu groß wurde, und als die Pest° die Bevölkerung Deutschlands so vermindert hatte, dass kein Bedürfnis° nach Auswanderung mehr vorhanden war. Von da an blieben die Sprachgrenzen bis ins 20. Jahrhundert im großen und ganzen unverändert.

Pest *(bubonic) plague*

Bedürfnis *need*

Der Landesausbau und das bäuerliche Leben

Es war nicht nur die Kolonisierung des Ostens, die Deutschland größer und mächtiger machte. Die Grundherren und die Bauern im „alten" Deutschland brauchten mehr Land. Um 1050 in Süddeutschland und um 1100 im Norden begann eine Landnahme (der „Landesausbau"): Wald und andere ungenutzte Ländereien wurden in Ackerland und Wiesen verwandelt. Viele Ortsnamen erinnern an diese entscheidend wichtige Veränderung. Da man die Wälder rodete,° gibt es Dörfer und Städte mit der Endung -rode, -rade oder -roth. Die Veränderung der deutschen Landschaft machte aus dem feuchten Waldland mit seinen Nebeln und Sümpfen,° das die Römer kannten und fürchteten, eine übersichtliche Kulturlandschaft. Zusammen mit der Entwicklung der Städte sorgte die Landnahme für eine starke Vermehrung der Bevölkerung. Deutschland wurde ein dicht besiedeltes Land.

rodete, roden *to root out, clear*

Sümpfen *swamps*

Die Urbarmachung° neuen Landes lohnte sich auch deshalb, weil das wirtschaftliche System für die Landwirtschaft günstig war. Der Handel blühte auf, man konnte landwirtschaftliche Produkte verkaufen, die Preise dafür stiegen, und vom 12. bis zum 14. Jahrhundert sah es im allgemeinen gut für die Bauern und für die Grundherren aus. Üblich war das System der „Dreifelderwirtschaft", wo ein Feld alle drei Jahre brach° liegen blieb, damit der Boden sich erholte.

Urbarmachung *clearing*

brach *fallow*

Die Grundbedingung des bäuerlichen Lebens war: ein Bauer musste genug Land haben, damit die Menschen im Haushalt davon leben konnten. Je mehr Menschen zur Familie gehörten, desto größer musste der Besitz sein. Diese Tendenz führte zu zwei unterschiedlichen Lebensformen: der Dorfgemeinde freier Bauern und dem herrschaftlichen Besitz. In der Dorfgemeinde hatten die einzelnen Bauern ihren eigenen Landbesitz, während die Gemeinde den umliegenden Wald besass. Zur herrschaftlichen Wirtschaft gehörten abhängige Bauern, die den Schutz des Gutsherrn genossen. Dafür schuldeten sie ihm Dienste, sie mussten frönen, oder sie entrichteten Abgaben, gewöhnlich „den Zehnten“,° also ein Zehntel der Ernte. Auch die Kirchen und Klöster hatten abhängige Bauern, die Abgaben bezahlen und frönen mussten.

den Zehnten *tithe*

Nicht nur die Macht, sondern auch die wirtschaftlichen Vorteile waren ein Anreiz für die Grundherren, Bauern in ihre Abhängigkeit zu bringen. Doch freie Bauern gab es in allen Teilen des Reiches. Sie kämpften wenn nötig um ihre Unabhängigkeit. Der folgenreichste Widerstand freier Bauern war der Kampf der schweizerischen Waldkantone Uri, Schwyz und Unterwalden im Jahre 1291 gegen die österreichische Territorialherrschaft.

Das Leben in den Burgen und Dörfern Deutschlands war damals einfach und ohne viel Bequemlichkeit. Erst die Entwicklung der Städte und die Bekanntschaft mit Italien und anderen Mittelmeergebieten brachte bequemeres Mobiliar und reichere Kleidung. In der Nahrung und anderen Lebensnotwendigkeiten versorgten sich die Hausgemeinschaften selbst, soweit es möglich war. Es waren vor allem Gewürze, Salz zum Beispiel, sowie Waffen und Werkzeuge, die getauscht oder gekauft werden mussten.

Das Lehenssystem

Das Lehenssystem oder Feudalsystem, nach dem die Gesellschaft des früheren Mittelalters lebte, erwuchs aus den wirtschaftlichen und geistigen Bedingungen der Zeit. Es beruhte auf der Idee des „Dienstes“ und schuf ein System der gegenseitigen Verpflichtung.° Wer ein Vorrecht, ein Privileg, bekam, hatte dadurch zugleich eine Verpflichtung. Ideal gesehen waren die Stände, der Herrscher, der Adel, die Kirche und die Bauern füreinander verantwortlich. Der deutsche König belehnte seine Gefolgsleute,° zuallererst die Herzöge. Er gab ihnen ein Lehen.° Dafür gelobten sie ihm Treue und Gefolgschaft. Sie wiederum belehnten ihre Gefolgsleute, bis zu dem Adligen, der Herr über das nächste Dorf war. Alle freien Männer mussten in den Krieg ziehen, wenn sie gerufen wurden. Daher war es ein Vorteil für abhängige Bauern, dass sie diesen Dienst gegen andere Dienste oder Abgaben eingetauscht hatten.

Verpflichtung *commitment*

Gefolgsleute *vassals*

Lehen *fief*

Es ist allerdings verständlich, dass Fürsten und Adlige ihre Lehen auf die Dauer als erblichen Besitz ansahen, und dass sie ihre eigene Politik trieben. Daher folgten sie keineswegs jedem Ruf des deutschen Königs. Der König wiederum, zugleich Kaiser des Heiligen Römischen Reiches, musste viel im Lande herumreisen, um persönlich Entscheidungen zu treffen, bevor im späteren Mittelalter schriftliche Dekrete die mündlichen ersetzten. Bei seinen Reisen wohnte der Kaiser in „Kaiserpfalzen“. Seine Macht war manchmal nur

Kaiserpfalz Goslar

symbolisch. Jeder Kaiser brauchte eine reale „Hausmacht", und das war sein eigenes Herzogtum.

Eine große Hilfe für den König waren die Geistlichen.° Die Geistlichen hatten weniger persönliche Interessen als weltliche Fürsten; sie hatten den Frieden lieber als den Krieg; sie konnten lesen und schreiben und waren deshalb unersetzlich° in der Verwaltung. Otto I. begann deshalb damit, den Bischöfen größere Lehen zu geben. Sie wurden damit zu Reichsfürsten, und die Kirche war noch enger an das Reich gebunden. Das Lehenssystem oder Feudalsystem war für diese Epoche der Naturalwirtschaft notwendig. Es beruhte darauf, dass sich beide Partner, König und Adel, Adel und Bauern, gegenseitig verpflichteten, einander zu helfen und zu schützen. Wer ein Vorrecht, ein Privileg, erhielt, bekam damit auch zugleich eine Pflicht, eine Verpflichtung.

Geistlichen *clergy, clerics*

unersetzlich *irreplaceable*

Die Einheit des Reiches beruhte also weitgehend auf Traditionen, Symbolen und Verpflichtungen, während die einzelnen Landesteile eine festere Verwaltungsstruktur entwickelten. Damit brachte das System einen inneren

Konflikt zwischen den einzelnen Territorien und dem Gesamtreich, so wie das Heilige Römische Reich in sich den Konflikt zwischen der weltlichen und geistlichen Macht enthielt.

Konflikte der geistlichen und weltlichen Macht

Als Otto I. in Deutschland Ruhe geschaffen hatte, zog er nach Italien. 962 wurde er in Rom vom Papst zum Kaiser gekrönt. Der oströmische Kaiser in Konstantinopel erkannte die Macht dieses Barbarenkönigs an; als Zeichen dafür wurde Ottos Sohn Otto II. mit der griechischen Prinzessin Theophano verheiratet. Damit entstand das „Heilige Römische Reich", dessen weltlicher Herrscher der deutsche König war. Der Papst geriet dabei in Abhängigkeit vom Kaiser.

Italien lockte die deutschen Könige nicht nur deshalb an, weil sie dort Kaiser werden und damit mehr Autorität gewinnen konnten. Es war auch ein Teil der karolingischen Erbschaft.° Seit Karl dem Großen hatten sich italienische, burgundische, französische und deutsche Herrscher um die Kaiserkrone und damit um eine starke Stellung im Land bemüht. Italien war wirtschaftlich viel weiter entwickelt als Deutschland, und man konnte dort mehr Steuern° erhalten und angenehmer leben.

Erbschaft *heritage*

Steuern *taxes*

Die deutsche Kaiserkrone, angefertigt um 962

Kaiser Heinrich IV. geht nach Canossa. Nach einem Gemälde aus dem 19. Jahrhundert

Die Autorität des Kaisers erreichte ihren höchsten Punkt im 11. Jahrhundert, als die fränkische Familie der Salier regierte. Konrad II. gewann Burgund und das „Arelat", die heutige Provence, zurück; sein Sohn Heinrich III. machte Böhmen zu einem Teil des Reiches. Die übrigen europäischen Herrscher erkannten ihn als Kaiser an, und er setzte nach Belieben Päpste ein und ab.°

absetzen *to depose*

Heinrich III. war ein frommer Mann. Er unterstützte eine Reformbewegung in der Kirche, die von dem burgundischen Kloster Cluny ausging und sich in Lothringen und Burgund verbreitete. Die Reformer wollten das geistliche Leben reinigen. Die Priester sollten wirklich an das Seelenheil° denken und nicht an Geld und Besitz. Das Zölibat sollte durchgeführt, die Glaubensregeln° sollten streng befolgt werden. Die Simonie, das heißt der Verkauf geistlicher Ämter, sollte verboten werden. Alle diese Vorschläge bedeuteten, dass das geistliche Leben strenger vom weltlichen Leben getrennt wurde. Aber das musste sich gegen die Autorität des Kaisers richten, denn der Kaiser war ebenso geistliche wie weltliche Autorität. Als dann die Forderung erhoben wurde, dass kein Geistlicher mehr von einem Laien eingesetzt werden sollte, begann der Kampf zwischen dem Kaiser und dem Papst.

Seelenheil *salvation*

Glaubensregeln *church precepts, doctrine*

Der erste Papst, der diese Auffassungen durchsetzen° wollte, hieß Hildebrand, stammte aus einer toskanischen Bauernfamilie und nannte sich als Papst Gregor VII. Heinrich IV. war erst sechs Jahre alt, als sein Vater Heinrich III. starb. Die deutschen Fürsten wollten ihn nicht anerkennen, und Gregor unterstützte sie. Heinrich versuchte nun, wie es sein Vater getan hatte, den Papst

durchsetzen, durchsetzen *to enforce*

abzusetzen, doch der Papst belegte ihn mit dem Bann. Jetzt waren die deutschen Fürsten nicht mehr verpflichtet, ihm zu folgen. Um Macht zu gewinnen, musste Heinrich den Papst zwingen, ihn vom Bann zu lösen. So zog Heinrich im Winter des Jahres 1077 im Bußgewand° vor das Schloss Canossa in Oberitalien und wartete dort, bis der Papst ihn freisprach. Es war eine schwere Demütigung° für den Kaiser, und noch heute redet man von einem „Canossa-Gang", wenn man eine schwere Demütigung meint. Politisch jedoch war es ein geschickter Schachzug. Heinrich brachte die Fürsten hinter sich, und er kämpfte weiter gegen den Papst. Später stellte er einen Gegenpapst auf, und Papst Gregor VII. starb im Exil.

Der letzte Salier, Heinrich V., schloß 1122 in Worms einen Kompromiss mit dem Papst, das Wormser Konkordat. Beide, der Papst und der Kaiser, setzten von nun an zusammen die Bischöfe ein.

Bußgewand *penitent's attire*

Demütigung *humiliation*

Das Rittertum

Für den Adel wurde bei diesen vielen Kriegszügen das Kriegshandwerk° zum eigentlichen Beruf. Aus Gutsherren wurden Ritter. Die jungen Ritter wurden von Kind auf als Pagen im guten Benehmen und in der Kriegskunst ausgebildet. Durch den Ritterschlag° im 21. Lebensjahr wurden sie in die Ritterschaft aufgenommen. Unehrenhaftes Verhalten führte zum Verlust der Ritterwürde. Die Ritter verbrachten ihre freie Zeit auf der Jagd; ihre Feste wurden zu Kriegsspielen, zu Turnieren. Sie gewannen mehr Selbstbewusstsein, und sie entwickelten ihre eigene Lebensanschauung° und Kultur. Auch diese Kultur war tiefreligiös, wie die der Mönche; aber die Ritter lebten nicht im Kloster, sondern führten ein aktives Leben, so musste ihre Kultur weltlich sein. Sie dichteten Liebeslieder, eigentlich Lieder der Frauenverehrung,° die im geselligen Kreis vorgetragen wurden, und die wir „Minnelieder" nennen. Die deutschen Ritter lernten die neuen Kunstformen von den provenzalischen, burgundischen und italienischen Rittern, die ja auch zum Deutschen Reich gehörten. Die Ritter dichteten nicht in lateinischer Sprache, sondern in ihrer Muttersprache. Der immer stärkere Gebrauch der eigenen Sprache in der Literatur, in der Verwaltung und in der Wirtschaft beförderte die Entwicklung der lokalen Dialekte zu Regionalsprachen und schließlich Nationalsprachen. Die deutsche Sprache dieser Epoche wird Mittelhochdeutsch genannt; sie steht dem heutigen Deutsch schon viel näher als das Althochdeutsch aus der Zeit Karls des Großen. Die Deutschen sprachen jedoch weiter ihre Stammessprachen, die Dialekte. Auch die Dichtung hatte sicherlich Kennzeichen der Dialekte.

Kriegshandwerk *military profession*

Ritterschlag *knighting*

Lebensanschauung *view of life*

Frauenverehrung *admiration for women*

Spätere Handschriften und Drucke haben die frühen Texte vereinheitlicht. So ist der Eindruck entstanden, dass es wirklich ein einheitliches „Mittelhochdeutsch" gab. Die regionalen Unterschiede waren immer noch sehr groß.

Außer mit den Liedern unterhielten sich die Ritter auch mit langen Epen in Versen, in denen das Leben der Ritter beschrieben wird. In diesen Epen werden Regeln und Beispiele gegeben, wie ein richtiger Ritter sich verhalten und nicht verhalten soll: Er muss tapfer im Kampf sein, aber die Regeln des Kampfes einhalten und den Gegner fair behandeln; er soll den Schwachen helfen, die Armen beschenken; er soll freigebig° zu seinen Gästen sein, er beschützt und verehrt die Frauen; er ist fromm und kämpft für seinen Glauben. Er folgt den gesellschaftlichen Regeln und lernt Selbstbeherrschung.° Glaube, Ehre, Treue, Mut, Freigiebigkeit, Bescheidenheit° und Selbstbeherrschung sind seine höchsten Tugenden. Wir nennen diese Haltung heute noch „ritterlich"— sie ist ein Teil der abendländischen Kultur geworden.

freigebig *generous*

Selbstbeherrschung *self-control*

Bescheidenheit *modesty*

Seine eigentliche Aufgabe bekam das Rittertum, als im Jahr 1095 Papst Urban II. zu einem Kreuzzug nach Jerusalem aufrief, um den christlichen Pilgern zum Heiligen Grab Schutz und Geleit zu geben. Nach sieben blutigen und oft grausamen Kreuzzügen gegen die Araber bis 1270 war das christliche Königreich Jerusalem wieder verschwunden. Aus den Kreuzzügen gingen die Ritterorden hervor, die Templer, die Johanniter und der Deutsche Orden, der im 13. Jahrhundert seine Kreuzzüge nach Osteusopa verlegte und Ostpreußen und die baltischen Länder beherrschte. 1226 begann dieser preußische Ordensstaat, dessen Stammburg, die gewaltige Marienburg an der Nogat, einem Mündungsarm der Weichsel, noch heute die Macht dieses missionarischen Christentums symbolisiert. Das Ordensland Preußen blieb außerhalb des Reiches, auch als es längst säkularisiert und evangelisch geworden war. Der exotische Orient brachte den europäischen Kaufleuten und Rittern die Bekanntschaft mit einer fremden und sehr faszinierenden Kultur.

In Deutschland erreichte das Rittertum seinen Höhepunkt um das Jahr 1200 unter den Kaisern aus dem Haus der Hohenstaufen.

Fragen zum Text:

Die Grenzen im Osten und Westen

1. Gegen wen kämpfte Heinrich I. im Osten?
2. Warum brauchte Otto I. lange, bis er Deutschland gegen die Ungarn verteidigen konnte?
3. Was waren „Marken" an der deutschen Ostgrenze?
4. Bis zu welcher Zeit dauerte die deutsche Kolonisation des Ostens? Warum hörte sie auf?

Der Landesausbau und das bäuerliche Leben

5. Warum wurde der Landesausbau nötig?
6. Welches System wurde in der Landwirtschaft üblich?
7. Was bedeutete der „Zehnte"?
8. Warum war die Freiheit der Bauern bedroht?

Das Lehenssystem

9. Auf welchem Grundsatz beruhte das Lehenssystem?
10. Wozu brauchte der König die Geistlichen?
11. Wo wohnte der König?

Konflikte der geistlichen und weltlichen Macht

12. Warum war Italien für die deutschen Könige wichtig?
13. Welche Kirchenreform kam damals in Gang und was wollte sie erreichen?
14. Was versteht man heute unter einem Canossa-Gang?

Das Rittertum

15. Wo lernten die deutschen Ritter die neuen Formen von Liedern kennen?
16. Warum waren Kreuzzüge die höchste Aufgabe der Ritter?
17. Was entstand während der Kreuzzüge in Palästina?

Aufsatzthemen:

1. Die Idee von „Besitz": Glauben Sie, dass Besitz nur „geliehen" ist und eine Verpflichtung für die Gesellschaft und Umwelt mit sich bringt, oder gibt ein Besitz die Freiheit, alles damit zu tun was man will?
2. Das mittelalterliche Abendland hatte einen geistlichen Herrscher, den Papst, und einen weltlichen Herrscher, den Kaiser. Wäre es möglich gewesen, dass beide ohne unlösbare Konflikte miteinander ausgekommen wären, oder muss die Verbindung von Kirche und Staat zu solchen Konflikten führen?
3. Hätten Sie ein Ritter sein wollen? Wie stellen Sie sich das wirkliche Leben von deutschen Rittern vor?
4. Welche Folgen hat Ihrer Ansicht nach die große Bevölkerungsdichte für die deutsche Geschichte gehabt? Wie würden Sie die USA damit vergleichen?

Der Bamberger Reiter, Sinnbild des staufischen Königtums

3 Barbarossa

1152–1190	Friedrich I., „Barbarossa".
1176	Schlacht bei Legnano, Niederlage des Kaisers.
1180	Niederlage Heinrichs des Löwen, Teilung des Herzogtums Sachsen, Wittelsbacher in Bayern.
1189–1190	Barbarossas Kreuzzug und Tod.
1197	Tod Heinrichs VI.
1212–1250	Friedrich II.
1268	Hinrichtung des letzten Staufers Konradin in Neapel.

Was wissen Sie, was meinen Sie?

1. Kennen Sie keltische Sagen, z.B. die Geschichte von Parzival und von Tristan und Isolde?
2. Was stellen Sie sich unter einem Minnesänger vor?
3. Verbinden Sie etwas mit dem Namen „Hohenstaufen"?
4. Was denken Sie, wenn Sie große Kathedralen aus dem Mittelalter sehen? Warum waren sie für die Menschen damals so wichtig, dass sie sie gebaut haben?
5. „Mittelalter" bedeutet oft ein rückständiges Zeitalter ohne Freiheit. Denken Sie, dass das richtig ist oder nicht so ganz?

Der Kyffhäuser

Der Kyffhäuser ist ein kleiner Bergrücken° in Thüringen, vom Harz durch die „Goldene Au" getrennt. Sein höchster Gipfel ist 477 Meter hoch, und in seinem Inneren hat man Höhlen° entdeckt. In einer dieser Höhlen soll, so geht die Sage, der Kaiser Barbarossa sitzen und schlafen, die Krone auf dem Kopf, das Schwert an der Seite. Der Kopf ist auf die Steinplatte des Tisches vor ihm gesunken, der lange Bart schon durch diese Tischplatte gewachsen. Eines Tages, wenn das Reich in Not ist, wird Barbarossa aufwachen; er wird erscheinen, das Reich erneuern und ihm den Frieden geben.

Barbarossa war schon im Mittelalter eine Sagenfigur. Für die Deutschen war die Zeit zwischen 1150 und 1250, die Zeit der Hohenstaufen, der Höhepunkt ihrer politischen Geschichte. Von den drei Kaisern, die in dieser Glanzzeit° herrschten, hießen zwei Friedrich. Beide hatten einen rotblonden Bart und wurden deshalb von den Italienern „Barbarossa" (Rotbart) genannt. Das Mittelalter erzählte sich vor allem Geschichten über den zweiten Friedrich. Nach 1500 versetzte° die Phantasie des deutschen Volkes den ersten Friedrich in das „grüne Herz Deutschlands", nach Thüringen, und ließ ihn hier auf das neue deutsche Reich warten. Als die Deutschen im 19. Jahrhundert um ihre nationale Einheit kämpften, erinnerten sie sich daran, und Barbarossa wurde in Gedichten gefeiert.

Bergrücken *mountain ridge*

Höhlen *caves*

Glanzzeit *brightest period*

versetzte, versetzen *to transpose*

Die Kultur der Stauferzeit

In der Stauferzeit erreichte die ritterliche Kultur ihren Höhepunkt. Die deutschen Dichter gestalteten nach dem Beispiel der Franzosen die keltischen Sagenstoffe. Einer von ihnen war Wolfram von Eschenbach aus der Nähe von Ansbach in Franken, der den „Parzival" neu dichtete; Gottfried von Straßburg schrieb „Tristan und Isolde". Neben der Dichtung der Ritter und Bürger erhielten sich auch Epen nach germanischen Sagen, die von Spielleuten° neu gedichtet wurden. Das bekannteste Epos dieser Art ist das Nibelungenlied, die Geschichte von Siegfried und den Burgundern. Neben den Epikern standen die Liederdichter, die Minnesänger. Sie waren wirklich „Sänger", denn sie komponierten Melodien zu ihren Gedichten und trugen diese Lieder einem Publikum von Rittern vor. Walther von der Vogelweide, der größte deutsche Minnesänger, hatte ein besonders abenteuerliches Schicksal: Er war wahrscheinlich in Tirol geboren, zog in vielen Teilen Europas umher, nahm mit politischen

Spielleuten *minstrels*

Liedern aktiv an den politischen Kämpfen seiner Zeit teil und war froh, als er sich endlich auf einem kleinen Lehen bei Würzburg zur Ruhe setzen konnte. In einem Lied jubelte er:

Ich hân mîn lêhen, al die werlt, ich hân mîn lêhen
nun enfürchte ich niht den hornunc an die zêhen,
und wil alle boese hêrren dester minre flêhen.

Allerdings sah er im Alter eher elegisch auf sein Leben zurück und schrieb:

Owê war sint verswunden allie mîniu jâr!
ist mir mîn leben getroumet, oder ist ez wâr?
daz ich ie wânde ez waere, was daz allez iht?
dar nâch hân ich geslâfen und enweiz es niht.

Manchmal trafen mehrere Sänger zu einem Sängerwettkampf zusammen. Richard Wagners Oper „Tannhäuser", handelt von einem solchen Sängerkrieg, der auf der Wartburg, der Stammburg° des Landgrafen von Thüringen, stattgefunden haben soll. An diesem Wettkampf° sollen auch Walther von der Vogelweide und Wolfram von Eschenbach teilgenommen haben.

Stammburg *family castle*

Wettkampf *contest*

Der Dom in Trier. Der Bau geht bis ins 4. Jahrhundert, also in die römische Zeit, zurück. Die wichtigsten Teile sind im romanischen Stil.

Von der kaiserlichen Macht zeugen die großen romanischen Dome, die Ende des 12. Jahrhunderts gebaut worden sind, zum Beispiel in Mainz, Worms, Speyer, Bamberg und Braunschweig. Während in Deutschland der romanische Baustil auf seinen Höhepunkt kam, setzte sich in Westeuropa bereits der neue gotische Stil durch. Nicht nur die Architektur hatte in Deutschland eine Blütezeit, sondern auch die Kirchenskulpturen. Ihre berühmtesten Beispiele, der Reiter im Bamberger Dom und die Stifterfiguren° in Naumburg, stammen aus dem frühen 13. Jahrhundert. Zum wertvollen Kunsthandwerk aus dieser Epoche gehört die Buchmalerei, die Elfenbeinschnitzerei° und die Goldschmiedekunst.

Stifterfiguren *sculptures of the founders*

Elfenbeinschnitzerei *ivory carving*

Die Hohenstaufen und ihre Feinde

Die Mischung des Alten und des Neuen kennzeichnet auch die Politik. Die Politik der Hohenstaufen war darauf ausgerichtet,° die Macht des Kaisers, wie sie zur Zeit der Salier gewesen war, wiederherzustellen. Sie beriefen sich auf Karl den Großen und kämpften um die Bewahrung des Feudalismus. Sie waren moderne Herrschergestalten mit einer konservativen Politik. Ihre natürlichen Gegner waren neben dem Papst die Herrscher der anderen europäischen Nationalstaaten und die Bürger der Städte, vor allem Italiens. Der vergebliche° Versuch der Hohenstaufenkaiser, das „Heilige Römische Reich" zu bewahren, führte zu einem mehr als hundertjährigen Krieg mit dem Papst und seinen Verbündeten, in dem das Reich für kurze Zeit seine größte Macht und Ausdehnung erreichte.

Das Wormser Konkordat hatte den Streit zwischen Kaiser und Papst nicht lange ruhen lassen. Weder wollte der Papst dulden,° dass der Kaiser in der Kirche mitbestimmte, noch der Kaiser, dass der Papst sich in Angelegenheiten des Reiches einmischte. Für den Kaiser war die Reichskirche seine Kirche; die Bischöfe sah er als Reichsfürsten an. Dem Papst konnte wenig daran liegen,° dass der Kaiser die Oberherrschaft über Westeuropa beanspruchte.

Zu den außenpolitischen Schwierigkeiten des Kaisers kamen die alten Streitigkeiten mit den Herzögen. Zwei Familien rivalisierten miteinander: die Hohenstaufen und die Welfen. Beide Familien stammten aus Schwaben. Die Welfen waren im 12. Jahrhundert Herzöge von Sachsen und Bayern geworden, und sie hatten große Besitzungen in Italien. Sie strebten ebenso wie die Hohenstaufen nach der Kaiserkrone. 1152, als der erste Hohenstaufen-Kaiser Konrad III. starb, hatte dieser Streit das Reich in Unordnung gebracht. Der Hohenstaufe Friedrich I., der jetzt zum König gewählt wurde, war ein Kompromisskandidat. Seine Mutter Judith war eine Welfin. Der Welfenherzog Heinrich,

ausgerichtet, ausrichten auf *to orient toward*

vergebliche *fruitless*

dulden *to tolerate*

liegen, es liegt . . . daran *it matters, it is important* genannt der Löwe, war sein Vetter und sein Freund. Friedrich erreichte, was man von ihm erwartete: Er schlichtete° die Streitigkeiten im Reich. Der wichtigste Streitpunkt war Bayern, das außer den Welfen auch die Babenberger beanspruchten. Friedrich gab Bayern den Welfen; aber er trennte Österreich von Bayern ab und belehnte die Babenberger damit.

schlichtete, schlichten *to settle*

FRIEDRICHS HERRSCHAFT

Die Kämpfe gegen den Papst spielten sich in Italien ab. Die Bevölkerung Italiens war dabei in zwei Parteien gespalten. Der Landadel unterstützte den Kaiser. Es gab jedoch bereits reiche und mächtige Handelsstädte, die unabhängig vom Adel sein wollten, und die deshalb gegen den Kaiser kämpften. Auch die Normannen, die sich in Unteritalien niedergelassen hatten, unterstützten den Papst.

Friedrich war zu immer neuen Feldzügen nach Italien gezwungen. Zwar errang er viele Siege, aber es gab keine Ruhe im Land. Er griff sogar zu radikalen Mitteln: 1162 ließ er Mailand, die größte der Handelsstädte in Oberitalien, vollständig zerstören und die Bewohner umsiedeln. Doch vier Jahre später war er bereits wieder mit einem Heer in Italien. Dieses Heer war in Rom, als die Pest ausbrach. Die meisten Ritter starben, darunter der Kanzler des Kaisers, Rainald von Dassel, der Erzbischof von Köln.

Löwen-Standbild, von Heinrich dem Löwen errichtet. Burg Dankwarderode, Braunschweig

Die deutschen Fürsten hatten schließlich keine Lust mehr, so oft für den Kaiser nach Italien zu ziehen. Sie hatten ihre eigenen Interessen in Deutschland, und da der Kaiser oft nicht in Deutschland war, kam es zu manchen Streitigkeiten. Heinrich der Löwe trieb in Norddeutschland seine eigene Politik. Er eroberte neues Land im Osten, und er betrachtete die anderen deutschen Fürsten als seine Gefolgsleute. Er setzte sogar Bischöfe ein, was eigentlich nur der Kaiser tun konnte. Der Erzbischof von Magdeburg beklagte sich beim Kaiser. Aber der Kaiser unterstützte seinen Freund. Schließlich musste Friedrich wieder einmal in Italien kämpfen. Heinrich der Löwe weigerte sich,° ihn zu begleiten. Friedrich wusste, dass er ohne Heinrich nicht stark genug sein würde—er bat seinen Freund auf den Knien. Heinrich blieb bei seiner Weigerung. Friedrich wurde 1176 in der entscheidenden Schlacht bei Legnano besiegt und musste nun dem Papst nachgeben.°

Als Friedrich darauf nach Deutschland zurückkehrte, besiegte er den Welfenherzog in einem kurzen Bürgerkrieg. Sachsen wurde aufgeteilt; Bayern erhielt Otto von Wittelsbach, dessen Familie dort bis 1918 regieren sollte.

Am Ende seines Lebens zog Friedrich Barbarossa mit einem großen Heer nach Palästina. Zusammen mit dem englischen König Richard Löwenherz und dem französischen König Philipp August wollte er Jerusalem von Sultan Saladin zurückerobern.° Kaiser Friedrich ertrank° beim Baden im Fluss Saleph in der Türkei. Sein Sohn, Herzog Friedrich von Schwaben, führte den Sarg nach Palästina mit. Auch er starb dort, und niemand weiß, wo Barbarossa begraben° liegt. So haben ihn die Deutschen in den Kyffhäuser versetzt.

sich, sich weigern *to refuse*

nachgeben *to give in*

zurückerobern *to reconquer*

ertrank, ertrinken *to drown*

begraben *to bury*

Die späteren Staufer

Friedrichs Sohn Heinrich VI. war mit der Normannin Constanze, Erbin des Reiches in Süditalien, verheiratet. Er scheute keine Mittel, weder Grausamkeit noch List, um mit seinen Gegnern fertig zu werden, und so beherrschte er bald den Papst und ganz Europa. Er war gefürchtet, aber er wurde nicht geachtet oder gar geliebt, wie sein Vater. Als er mit 32 Jahren kurz vor dem Aufbruch° zu einem Kreuzzug starb, sprach man von Gift. Seine Anhänger wandten sich von seiner Familie ab,° und das Reich brach auseinander.

In Deutschland begann erneut der Kampf zwischen den Hohenstaufen und den Welfen. Die Welfen bekamen Unterstützung von ihren Verwandten in England, und die Kriege hörten nicht auf. Erst als Heinrichs Sohn Friedrich II. alt genug war, um selbst die Herrschaft zu übernehmen, kehrte wieder Ruhe in Deutschland ein.

Aufbruch *departure*

wandten ab, sich abwenden *to turn away*

Im Jahre 1268 wird der letzte Staufer Konradin in Neapel öffentlich enthauptet.

Dieser zweite Friedrich war kein Deutscher mehr. Er war in Sizilien aufgewachsen, dichtete italienische Kanzonen, interessierte sich für jüdische und arabische Philosophie und die Naturwissenschaften und baute in Sizilien eine zentralisierte moderne Staatsverwaltung auf. Er kam nur zweimal nach Deutschland, und er erschaffte sich Ruhe im Reich, indem er den Fürsten und Freien Städten mehr Privilegien gab. Ebenso geschickt arrangierte er sich mit dem Sultan, als er endlich 1228 den langversprochenen Kreuzzug nach Palästina unternahm. Dadurch war er frei zum dauernden Kampf gegen den Hauptgegner,° den Papst, und seine französischen und italienischen Bundesgenossen. Die letzten zehn Regierungsjahre des Kaisers waren ganz diesem Kampf gewidmet.° Der Papst versuchte, den Kaiser abzusetzen; aber die „Gegenkönige",° die er unterstützte, gewannen in Deutschland keine Macht.

Hauptgegner *chief enemy*

gewidmet, widmen *to devote*

Gegenkönige *rival kings*

Erst nach Friedrichs Tod, 1250, blieb der Papst siegreich. Friedrichs legitime und illegitime Söhne konnten sich nicht mehr als Herrscher behaupten. Sein Enkel Konrad, genannt Konradin, wurde schließlich 1268 in Neapel öffentlich enthauptet, und damit endete dieses heroische Geschlecht und die Rolle des deutschen Königs und Kaisers als Herrscher des Abendlandes. Aus dem „Heiligen Römischen Reich" wurde das „Heilige Römische Reich Deutscher Nation". Für Europa begann die Zeit der Nationalstaaten. Das Deutsche Reich hatte aber nicht die Verfassung° eines Nationalstaates. Seine Verfassung erleichterte es den Fürsten, ihre Macht innerhalb Deutschlands zu vergrößern; aber sie erschwerte es den Kaisern, Deutschland zu einem zentral regierten Einheitsstaat zu entwickeln, wie das in Frankreich, England und Spanien geschah. Unter den Teilstaaten° Deutschlands begannen jetzt, vom 13. Jahrhundert an, die östlichen, auf „Kolonialboden" gegründeten Länder eine führende Rolle zu spielen: Böhmen, Österreich, Sachsen und schließlich auch Brandenburg-Preußen.

Verfassung *constitution*

Teilstaaten *states within a larger country*

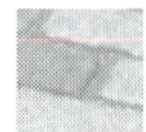

Fragen zum Text:

Der Kyffhäuser

1. Was ist der Kyffhäuser und wo liegt er?
2. Warum wurden die beiden Kaiser „Barbarossa" genannt? Von wem?

Die Kultur der Stauferzeit

3. Was für ein Leben hatte Walther von der Vogelweide?
4. Was war seine große Freude, als er alt wurde?
5. Auf welcher Burg soll ein Sängerkrieg stattgefunden haben? Wer war dabei?
6. Welcher Baustil war damals in Deutschland vorherrschend? Und in Frankreich?

Die Hohenstaufen und ihre Feinde

7. Wer waren die Feinde des Kaisers in Italien?
8. Welche Länder beherrschte Heinrich der Löwe?
9. Was geschah mit Bayern am Anfang der Herrschaft Friedrich I. und am Ende?

Friedrichs Herrschaft

10. Warum ließ Barbarossa Mailand zerstören?
11. Warum musste Barbarossa gegen Heinrich den Löwen Krieg führen?
12. Was wollte Barbarossa in Palästina erreichen?

Die späteren Staufer

13. Was baute Friedrich II. in Sizilien auf?
14. Was erlangten die deutschen Fürsten und Städte von Friedrich II.?
15. Was geschah mit dem letzten Hohenstaufen, der in Italien um die Herrschaft kämpfte?
16. Welche deutschen Länder begannen im späteren Mittelalter eine Rolle zu spielen?

Aufsatzthemen:

1. Wie stellen Sie sich das Leben der Menschen in Deutschland um 1200 vor? Nehmen Sie das Beispiel eines Baumeisters, eines Bauern, einer Nonne, der Frau eines Ritters oder andere.
2. „Parzival", „Tristan und Isolde" und das „Nibelungenlied" mit seinem Helden Siegfried waren die großen Epen der ritterlichen Kultur. Stellen Sie sich vor, Sie haben eine unbekannte Handschrift aus der Stauferzeit entdeckt. Wie heißt der Held, seine Gegner, die Geliebte oder andere Personen? Erfinden Sie eine Abenteuer-Episode.
3. Schreiben Sie eine Geschichte mit dem Titel „Als Barbarossa im Jahr 1900 plötzlich aus dem Schlaf erwachte . . ."

Rathaus in Bremen. Spätgotischer Bau mit Renaissance-Fassade

4 Der Totentanz

1226	„Reichsfreiheit“ für Städte, z. B. Lübeck.
1291	Schweizer „Eidgenossenschaft“ der Kantone Uri, Schwyz und Unterwalden.
1348	Gründung der Universität Prag.
1356	Goldene Bulle, Grundgesetz des Reiches.
1349–1350	Pest („Schwarzer Tod“) in Deutschland und vielen Teilen Europas.
1370	Friede von Stralsund, Sieg der Hanse über Dänemark, Höhepunkt ihrer Macht.
1386	Schlacht bei Sempach. Sieg der Schweizer Eidgenossen über das Ritterheer Österreichs.
1471–1528	Albrecht Dürer.

Was wissen Sie, was meinen Sie?

1. Wann gründet man eine neue Stadt? Zu welchen Zwecken braucht man sie?
2. Welche Bedingungen müssen vorhanden sein, damit Kaufleute Handel treiben können?
3. Was sagen Ihnen die Begriffe „Faustrecht“ und „Raubritter“?
4. Womit verbinden Sie den Namen „Habsburg“?

5. Wie können Professoren in einer Universität lehren, wenn die Studenten keine Bücher haben?
6. Was für ein Lebensgefühl haben Menschen, die erwarten, dass sehr bald das Jüngste Gericht kommt? Wie leben sie von Tag zu Tag?
7. Welche Personen, Einrichtungen und Gebäude waren früher unbedingt für eine Stadt notwendig, und welche braucht man heute? Zum Beispiel: Bürgermeister, Markt, Stadttor.

Entwicklung der Städte

Zu den hartnäckigen° Gegnern Barbarossas in Italien hatten die oberitalienischen Städte unter Führung von Mailand gehört. Die Gesellschaft bestand nicht mehr allein aus Adel, Geistlichkeit und Bauern; jetzt kamen die Bürger hinzu. Die Bürger in den Städten wollten sich nicht mehr dem Adel unterwerfen;° sie wollten unabhängig sein.

In Italien, wo die römische Stadtkultur erhalten geblieben war, konnte das Bürgertum schneller Bedeutung erlangen als in Deutschland. In Deutschland begann sich im 11. Jahrhundert die Stadtkultur von Westen her auszubreiten. Aachen war schon lange wegen seiner Heilquellen° berühmt; Köln war zur Zeit Barbarossas eine bedeutende Handelsstadt. Die sächsischen und salischen Kaiser hatten auch Bergwerksorte gefördert, wie Goslar im Harz, oder Städte, von denen die Kolonisierung und Christianisierung des Ostens und Nordens ausging: Bremen, Magdeburg, Bamberg sind dafür Beispiele. Die Fürsten entdeckten, dass die Städte Geld brachten und außerdem ein gutes Gegengewicht° gegen den Landadel bildeten, so gründeten oder förderten sie weitere Städte. Heinrich der Löwe kümmerte sich um die Entwicklung von Braunschweig und Lübeck; er entriss° mit Barbarossas Hilfe dem Erzbischof Otto von Freising das gerade gegründete München und die Brücke über die Isar. Allerdings musste Heinrich dem Bischof ein Drittel der Zölle von den Salztransporten, die auf dem Weg von Salzburg nach Augsburg durch München kamen, abgeben. Frankfurt erhielt eine Burg und wurde als Stadt angelegt. So wurden ältere Siedlungen zu Städten entwickelt, und neue Städte wurden gegründet. Die Städte lagen an den großen Verkehrswegen, vor allem an Flussübergängen;° sie entwickelten sich im Schutz von Kaiserpfalzen und Burgen.

Der Plan der mittelalterlichen Städte war einfach und zweckmäßig. Die Stadt hatte zwei Achsen, zwei große Straßen: eine Straße von Norden nach Süden und eine von Osten nach Westen. Am Schnittpunkt der Achsen, im Zentrum der Stadt, lagen der Markplatz, das Rathaus° und daneben die wichtigste Kirche. Die anderen Straßen gingen gewöhnlich von Osten nach Westen. Die ganze Stadt bildete ein Oval. Wenn es möglich war, benutzte man natürliche

hartnäckigen *stubborn*

sich unterwerfen *to submit*

Heilquellen *medicinal springs*

Gegengewicht *counterbalance*

entriss, entreißen *to snatch away*

Flussübergängen *river crossings*

Rathaus *city hall*

Lagevorteile. Man baute die Stadt auf einem Hügel, an einem Fluss. Zur Sicherheit war sie mit einer Stadtmauer umgeben. Später kamen Befestigungswälle° mit Gräben hinzu. Zuerst umschlossen die Stadtmauern noch offenes Land, und es gab Bauernhöfe in den Städten. Im späteren Mittelalter vermehrte sich die Bevölkerung. Die armen Leute lebten gedrängt in Hinterhöfen° und „Gängen". Nach heutigen Begriffen waren diese Städte klein, Großstädte hatten kaum über 20 000 Einwohner, und typische Kleinstädte vielleicht 2 000, wenn nicht weniger. Aber es gab wesentliche Unterschiede zwischen einer Stadt und einem Dorf. „Stadtluft macht frei", hieß es.

Befestigungswälle *ramparts*

Hinterhöfen *backyards*

Die Bürger waren tatkräftige Leute. Sie wollten ihre Städte selbst regieren und nicht von einem Fürsten oder Bischof abhängig sein. Im 13. und 14. Jahrhundert kam es zu vielen Kämpfen zwischen den Bürgern und ihren Oberherren. Der Kaiser unterstützte meistens die Städte, denn sie halfen ihm gegen die Fürsten. Friedrich II, begann damit, den Städten die „Reichsfreiheit"° zu geben: Eine Freie Stadt regierte sich allein und war nur dem Kaiser verantwortlich. Die Städte richteten ihre Regierung nach dem Vorbild von Rom ein. Sie wählten ein Parlament, die Bürgerschaft, und sie wählten ihre Regierung, den Senat. In Lübeck am Holstentor steht noch heute die Formel Roms: „SPQL"; die Übersetzung dieser lateinischen Formel bedeutet: „Senat und Volk von Lübeck".

Reichsfreiheit *freedom from any master except the emperor*

Als Demokratien im heutigen Sinne dürfen wir uns diese mittelalterlichen Stadtrepubliken nicht vorstellen. Die Bevölkerung teilte sich in zwei Klassen: die Patrizier, das heißt die reicheren Bürger, die Kaufleute, Bankiers oder später Industrielle waren, und die ärmeren Bürger: Handwerker,° Bauern, Arbeiter. In Italien sind solche Patrizierfamilien manchmal Fürsten geworden, wie die Medici. In Deutschland war das nicht der Fall; aber manche Patrizier hatten mehr Geld und Macht als viele Fürsten. Die reichsten Bürger gab es in den süddeutschen Städten, vor allem in Nürnberg und in Augsburg, wo die Fugger und die Welser zu großem Reichtum kamen. Die Bürger wurden besonders mächtig, als sich die Städte zu Städtebünden° zusammenschlossen. Der norddeutsche Bund der Hanse, dessen wichtigste Stadt Lübeck war, vereinigte zeitweise weit über hundert Städte. Die Hanse hatte eigene Niederlassungen, vor allem in London, Brügge, Bergen und Nowgorod; sie führte Kriege, um ihre Handelsprivilegien zu bewahren, am meisten gegen Dänemark. Ihr wirtschaftlich wichtigstes Gebiet war Flandern. In „Hansetagen", gewöhnlich in Lübeck, wurden die wichtigen gemeinsamen Fragen beraten.

Handwerker *craftsmen*

Städtebünden *leagues of cities*

In den meisten Städten regierten die Patrizier. Die Handwerker wollten jedoch auch mitbestimmen,° und so kam es an vielen Orten zu inneren Kämpfen, kaum dass die Städte unabhängig waren. Das Ergebnis dieser Kämpfe war an jedem Ort verschieden: An vielen Orten regierten die Patrizier

mitbestimmen *to determine together*

weiter, an einigen übernahmen die Handwerker die Regierung; in den meisten Städten kam es zu einem Kompromiss.

Das wirtschaftliche Leben im Mittelalter

Durch die Städte entwickelten sich der Handel und die Geldwirtschaft. Das wirtschaftliche Leben war im Mittelalter genau durch Privilegien, durch Vorrechte, geregelt. Wenn eine Stadt das Marktrecht bekam, so wurden darin Märkte abgehalten; wenn die Stadt das Stapelrecht° hatte, so musste jeder durchreisende Kaufmann seine Ware zum Verkauf anbieten, bevor er weiterziehen konnte. Das Münzrecht bedeutete, dass die Stadt Münzen prägen° durfte.

Stapelrecht *staple right*

prägen *to coin*

Die meisten Handelsverträge wurden mündlich abgeschlossen. Zwar richteten die Städte ihre eigenen Lateinschulen ein, aber nicht alle Leute konnten gut lesen und schreiben, und die Rechenkunst° war auch nicht sehr hoch entwickelt. Dabei gehörte Ehrlichkeit zum Geschäft. Die Maße und Gewichte wurden genau beachtet. Die Menschen konnten Vertrauen zueinander haben.

Rechenkunst *arithmetic*

Abschluss eines Handels auf dem Markt. Holzschnitt aus Rodericus Zamorensis „Spiegel des menschlichen Lebens", Augsburg, um 1475

Auch das Leben der Handwerker hatte seine festen Regeln. Sie waren in Berufsgruppen, in Zünfte,° eingeteilt, und wer ein Handwerk ausüben wollte, musste es vorher viele Jahre lang gelernt haben. Der Handwerker begann als Lehrling. Nach mehreren Jahren wenn er genug gelernt hatte, wurde er Geselle. Ein Geselle musste „wandern“: Er musste eine Zeitlang an anderen Orten arbeiten, um auch andere Methoden kennen zu lernen. Wenn ein Geselle lange genug tätig gewesen war, konnte er Meister werden. Doch die Zahl der Meister war für jede Stadt beschränkt, und so wurde gewöhnlich der Sohn oder der Schwiegersohn des Meisters sein Nachfolger. Viele Gesellen konnten also nie Meister werden. Die Handwerker des gleichen Gewerbes° wohnten oft in der gleichen Straße zusammen. Das zeigen heute noch die Straßennamen in älteren Städten, wie Bäckerstraße, Schuhmacherstraße, Böttcherstraße oder Gerberstraße—die letztere liegt gewöhnlich am Wasser, wo die Gerber° die Häute einweichten.° Vielfach stellten die Handwerker ihre Arbeiten zusammen aus. Die Preise waren festgelegt, ebenso die Zahl der Gesellen und Lehrlinge; die ein Meister nehmen konnte. Die Konkurrenz war also eng begrenzt.

Auch die Kaufleute hatten ihre Gruppen, ebenso die Seeleute.° Die Gruppen hatten ihre eigenen Gasthöfe; sie hatten ihre eigenen Kirchenstühle,° ja, wenn sie reich waren, ihre eigenen Kirchen.

Der Transport war in dieser Zeit schwierig und gefährlich. Die Schiffe waren klein; auf dem Land dauerte er lange, und an allen Grenzen, bei allen Flussübergängen und Städten musste man Zoll bezahlen. Die Waren mussten also sehr wertvoll sein, wenn es sich lohnen sollte, sie zu transportieren. Waffen gehörten zum Handelsgut, Pelze, Schmuck, kostbare Stoffe und Spitzen.° Ebenso wichtig waren die Gewürze. Salz machte eine Stadt wie Salzburg reich, und von dem Salztransport profitierten alle Städte, die an der Salzstraße von Salzburg durch Oberbayern nach Augsburg lagen. Der Pfeffer, der aus dem Orient eingeführt wurde, war so wichtig, dass die Kaufleute von ihm ihren Spitznamen bekamen: Sie hießen nämlich „Pfeffersäcke“. Die Speisen im Mittelalter waren für den heutigen Geschmack sehr scharf gewürzt. Vielleicht liebten die Menschen diesen kräftigen Geschmack, vielleicht sollten die Gewürze halb verdorbene° Speisen verbessern. Da scharfe Gewürze Durst machen, waren auch die Getränke wichtig. Es wurde viel Wein gehandelt, später auch Bier. Es wurde viel Fleisch gegessen. Zur Fastenzeit brauchte man dafür Ersatz, und so wurden getrocknete oder gesalzene Fische gehandelt.

Im 14. und 15. Jahrhundert stieg der Wohlstand in den deutschen Städten. Mit dem Wohlstand stiegen die Ansprüche.° Die Möbel, die vorher einfach waren, sollten jetzt schöner und bequemer sein. Die Bürger schmückten die Wände mit Gemälden. Die Kleidung wurde reicher. Bücher waren noch sehr

Zünfte *guilds*

Gewerbes *trade*

Gerber *tanners*

einweichten, einweichen *to soak*

Seeleute *sailors*

Kirchenstühle *pews*

Spitzen *lace*

verdorbene, verderben *to spoil*

Ansprüche *claims, expectations*

selten, denn Bücher waren künstlerisch gestaltete Pergamenthandschriften° mit schönen Illustrationen, gewöhnlich das Werk von Mönchen und Nonnen.

Pergamenthandschriften *manuscripts on parchment*

Durch die wachsende Geldwirtschaft wurden die sozialen Unterschiede in den Städten immer größer. Selbständige Handwerker wurden zu Lohnarbeitern, und neben die reichen Kaufleute traten die reichen Industrieherren. Das war keine Industrie mit Maschinen; doch hatte die Textilwirtschaft bereits ein kapitalistisches System. Große Gewinne kamen aus dem Betrieb von Bergwerken, vor allem Silberbergwerken, und dem Münzrecht, also dem Prägen von Geldmünzen. Am beliebtesten wurde die zuerst 1515 in Joachimstal in Böhmen geprägte Silbermünze, kurz der „Taler" genannt, die zur offiziellen Währung des Reiches wurde und noch heute als „Dollar" der Vereinigten Staaten weiterlebt.

Der Anreiz des Geldes führte auch zu vielen technischen Verbesserungen, sowohl in der Wirtschaft als auch in der Waffentechnik. In den Städten rivalisierte der Geist der Erneuerung mit dem Geist der Tradition.

Adel und Bürgertum

Je mehr die Bürger zu Wohlstand kamen, desto schlechter ging es den adligen Herren. Sie mussten immer höhere Preise für Waffen und Textilien zahlen; aber für ihre landwirtschaftlichen Produkte bekamen sie nur wenig. Militärisch war die Zeit der Ritterheere vorbei. Die Schweizer Bauern siegten im 14. Jahrhundert gegen die österreichischen Ritter, im 15. gegen die burgundischen. Die Stellung der Ritter in der Gesellschaft wurde unsicher. Manche Ritter zogen in die Stadt und wurden Bürger. Andere wurden zu „Raubrittern":° Sie überfielen Kaufleute, die unterwegs waren, und nahmen ihnen ihre Waren oder Lösegeld ab. Auf diese Weise entstand ein dauernder Kleinkrieg: Das „Faustrecht"° regierte. Einer dieser Raubritter hat diese Zustände in seiner Autobiographie sehr lebendig geschildert. Er lebte um 1500 und hieß Götz von Berlichingen. Seine Burg Jagsthausen zwischen Heilbronn und Würzburg steht noch heute. Goethe hat nach dieser Autobiographie sein Drama „Götz von Berlichingen" geschrieben.

Raubrittern *robber knights*

Faustrecht *law of the (stronger) first*

Unter diesen Umständen mussten die Bürger zu Feinden der Ritter werden. Sie machten sich auch über die Kultur der Ritter, das Minnelied oder das Epos, lustig, und sie verfassten Parodien. Viele Dichtungen des späteren Mittelalters übten Gesellschaftskritik. Dabei wurden die Prosaformen immer wichtiger, besonders Fabeln und Satiren, und schließlich Sagen und Romane. In den Städten entwickelte sich das Theater. Die Bürger führten an den kirchlichen

Feiertagen biblische Dramen auf, vor allem die Passion Christi, Oster- und Weihnachtsspiele. Doch neben die biblischen Stoffe traten Marien- und Heiligenlegenden sowie allegorische Spiele, schließlich die „Mysterienspiele“. Die ernsten Dramen hatten oft komische Einschübe°. Selbständige komische Spiele waren für die Fastnachtszeit gefragt, sie wurden daher Fastnachtsspiele genannt.

Einschübe *episodes*

Wie die Dichtung, so wandte sich auch die bildende Kunst dem wirklichen Leben zu. Der Stil wurde immer realistischer. Die großen Maler um 1500, Albrecht Dürer, Hans Holbein, Lucas Cranach und Matthias Grünewald, malten Porträts, Landschaften und Tiere, sie stellten die biblischen Geschichten in ihrer eigenen Umgebung dar und nahmen Menschen ihrer Zeit als Modell für die Heiligen. Ebenso realistisch verfuhren die Holzschnitzer, unter denen Tillman Riemenschneider am bekanntesten ist.

Die meisten Künstler arbeiteten für die Kirche. Die größen Dome wurden im späteren Mittelalter nicht mehr vom Kaiser gebaut, sondern von den Bürgern selbst; und ihnen verdanken wir die Bauten der gotischen Kunst in Deutschland: die Dome und Münster in Köln, Straßburg, Ulm, Freiburg, Nürnberg, Lübeck, die Frauenkirche in München, die Marienkirche in Danzig—um nur einige zu nennen. Ebenso prächtig waren die Rathäuser der Städte. Für die Ausstattung der Kirchen stifteten die Bürger Geld und gaben den Künstlern Gelegenheit zu ihren Schöpfungen.°

Schöpfungen *creations*

Die Hausmacht

Kaiser Friedrich II. hatte angefangen, den Territorialherren und Städten mehr Rechte zu geben. Inzwischen zerfiel das Reich in immer mehr Territorien, und die Fürsten wurden immer unabhängiger. Es gab nun keine Kämpfe mehr zwischen mächtigen Herzögen und gewaltigen Kaisern, sondern lokale und territoriale Auseinandersetzungen. Da das Land so zersplittert war, wollten tatkräftige Herrscher ihre „Hausmacht“, ihr eigenes Territorium, vergrößern. Dem gegenüber gab es Versuche, die Verwaltung des Reiches zu verbessern und die Einheit zu bewahren. Die komplizierte politische Struktur und die wirtschaftliche Entwicklung veränderten die Beziehungen der Menschen und der Institutionen. Das alte Gewohnheitsrecht° reichte nicht mehr aus, geschriebene Gesetze und Verträge traten immer mehr an die Stelle der mündlichen. Juristen° bekamen mehr Gewicht und sorgten für die Einführung der Prinzipien des Römischen Rechts. Gesetze, und Verträge° wurden jetzt auf deutsch geschrieben. Für den Kaiser und seine Kanzlei, seine Verwaltung, entstand das Problem: welches Deutsch? Denn eine wirkliche gemeinsame Sprache gab es nicht.

Gewohnheitsrecht *common law*

Juristen *lawyers*

Vertäge *contracts*

Lateinischer Text der „Goldenen Bulle"; Prachthandschrift um 1400

Eine wichtige Reform kam 1356, die „Goldene Bulle". Kaiser Karl IV. aus der Familie der Luxemburger, der Prag zu seiner Hauptstadt machte, setzte eine neue Wahlordnung durch. Der deutsche König und römische Kaiser wurde von sieben „Kurfürsten" gewählt, nicht etwa von allen Reichsständen. Es waren vier „weltliche" Kurfürsten: der König von Böhmen, der Pfalzgraf vom Rhein und die Markgrafen oder Herzöge von Brandenburg und Sachsen; dazu drei „geistliche" Fürsten, die Erzbischöfe von Mainz, Köln und Trier.

Es war kein Zufall, dass drei von vier weltlichen Kurfürsten aus dem Osten kamen. Hier konnten sich größere Staaten bilden. Auch war die Macht der anderen Stände, des Adels, der Bürger und der Bauern, weniger stark, so dass die Herrscher ihre Verwaltung leichter zentralisieren konnten. Am bemerkenswertesten unter diesen Territorien im späten Mittelalter ist die Entwicklung Österreichs.

Österreich und die Entstehung der Schweiz

Im 13. Jahrhundert, 1246, starb der letzte Babenberger. Österreich war eine willkommene Beute° für neue ehrgeizige Herrscherfamilien. Zuerst war es der König von Böhmen, Ottokar II., der Österreich an sich riss. Dann aber sah Rudolf von Habsburg aus der Schweiz, deutscher Kaiser von 1273 bis 1291, hier eine gute Gelegenheit, eine Hausmacht zu gründen. Er besiegte Ottokar 1278 auf dem Marchfeld bei Wien und verteilte die österreichischen Herzogtümer an seine Söhne. Außer dem eigentlichen Österreich, Nieder- und Oberösterreich, handelte es sich um die Herzogtümer Kärnten, Krain und die Steiermark. 1363 kam noch Tirol hinzu. Allmählich erwarb Österreich auch Vorarlberg, hauptsächlich durch Kauf. Es dehnte° sich ebenfalls nach Süden, nach Triest und Istrien, aus. 1437 erbten die Habsburger Länder der Luxemburger Familie, vor allem Böhmen und Ungarn. Im späten 15. Jahrhundert verwickelten Heiraten die Habsburger in die Weltpolitik, nämlich Verbindungen mit dem burgundischen und dann mit dem spanischen Herrscherhause. Ab 1438 bis zum Ende des Heiligen Römischen Reiches deutscher Nation im Jahre 1806 stellten die Habsburger die deutschen Kaiser.

Beute *prey*

dehnte, sich ausdehnen *to expand*

Das ist eine außerordentliche Erfolgslinie, wobei es keineswegs nur tüchtige und tatkräftige Herrscher gab. Auf die Dauer konzentrierte sich die Macht des Habsburger Reiches allerdings in Südosteuropa, wo der Konflikt mit den Türken jahrhundertelang dominierte. 1453 hatten die Türken Konstantinopel erobert. Durch den Sieg bei Mohacs 1526 beherrschten sie dann große Teile von Ungarn. 1529 belagerten° sie Wien, ohne es jedoch erobern zu können. Österreich stand damit an der Spitze des Kampfes gegen die „Ungläubigen".

belagerten, belagern *to besiege*

Eine unerwartete Niederlage erlitt die Habsburger Familie in ihrem Stammland, der Schweiz. In dem Versuch, die Verwaltung zu verbessern und modernere Verbindungsstraßen durch die Alpen nach Süden zu schaffen, trafen sie auf den Widerstand der rückständigen° Bauern. Unerwarteterweise behaupteten sich die Waldkantone gegen Österreichs starke Macht. Der Sieg der Schweizer bei Morgarten im Jahre 1315 über ein starkes Ritterheer hatte weitreichende Folgen. Er signalisierte entscheidende Änderungen in der Waffentechnik. Die Ritterrüstungen mussten immer fester und schwerer werden, um gegen immer starkere Geschosse° zu schützen. Doch jetzt wurden die Ritter zu unbeweglich gegen ein Infanterieheer mit langen Spießen. Für die

rückständigen *backward*

Geschosse *missiles*

Nachbarn der Waldkantone war der Sieg eine Ermutigung, sich ihnen anzuschließen. 1332 kam Luzern dazu, 1351 als die erste Reichsstadt Zürich, 1352 Glarus und Zug und 1353 Bern. Es waren diese acht alten Kantone, die im 14. Jahrhundert gegen Burgund kämpften. Da das Deutsche Reich von den Habsburgern vertreten wurde, lockerte sich die Verbindung der Schweizer zum Reich immer mehr. Rechtlich blieb die Eidgenossenschaft bis 1648 ein Bund von reichsunmittelbaren Kantonen, also Gebieten, die keinem Territorialherrscher, sondern unmittelbar dem Kaiser unterstanden. Dieser Bund wuchs an Umfang und Macht. 1481 wurden Freiburg und Solothurn aufgenommen, 1501 Basel und Schaffhausen, 1513 Appenzell.

Die Eidgenossenschaft beherrschte dann auch andere Territorien außerhalb der Kantone. Macht, Reichtum und Prestige bezog sie ganz besonders aus dem Ruf der Schweizer Infanterie, die als Söldnertruppe° zu einem wichtigen Faktor der europäischen Machtpolitik wurde.

Söldnertruppe *mercenary force*

Universitäten

Kaiser Karl IV gründete 1348 in Prag die erste Universität des Reiches nördlich der Alpen. Auch diese Gründung war ein Zeichen des wachsenden Nationalismus in Europa. Bisher waren die deutschen Studenten zu den italienischen Universitäten des Reiches, Padua und Bologna, oder nach Paris gegangen. Jetzt spielten die „Nationen" unter ihnen, das heißt die Gruppen der Landsmannschaften,° eine wachsende Rolle. In Prag wurde das auch nicht anders. 1409 zogen die „deutschen" Studenten nach einem Nationalitätenstreit aus und gründeten die Universität Leipzig. Zu dieser Zeit gab es im Deutschen Reich bereits die Universitäten Wien (1365), Heidelberg (1386), Köln (1388) und Erfurt (1392), und etliche andere folgten dann im 15. Jahrhundert, wie Tübingen, Freiburg, Rostock und Basel.

Landsmannschaften *groups from the same country*

Die Verwaltung der Universitäten lag weitgehend° in den Händen der Studenten, die oft lange Jahre an den Universitäten blieben. Die Sprache war Latein. Nach einem Kurs in den Artes Liberales, der zum Bakkalaureat (B.A.) führte, konnte der Student in die höheren Fakultäten, Theologie, Jura und Medizin, aufsteigen. Gelernt wurde nach Autoritäten, nach vorgeschriebenen° Lehrbüchern. Der Professor las das Buch vor und kommentierte es, die Studenten schrieben mit und lernten ihre Lektionen auswendig. Auch damals gab es nicht wenige Studenten, die Geldschwierigkeiten hatten und solche, die ein lustiges Leben dem Studium vorzogen. Wir kennen Studentenlieder aus dem Mittelalter, die von einem solchen Leben erzählen, vor allem die „Carmina

weitgehend *mostly*

vorgeschriebenen, vorschreiben *to prescribe*

Burana", die Lieder, die im Kloster Benediktbeuern in Bayern gefunden worden sind.

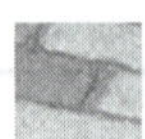

Lebenslust und Totentanz

Der Lebensstandard in den Städten stieg, während er auf dem Lande sank. Doch die Häuser waren überall voll von Menschen, und es gab kaum eine „private" Sphäre: alles spielte sich in der ganzen Hausgemeinschaft ab. Hygiene, Wasserversorgung und Kanalisation hielten nicht Schritt mit der Vergrößerung der Städte. Das Leben wurde freizügiger, zumal im sexuellen Bereich; aber der enge Kontakt brachte auch Seuchen,° Krankheitsepidemien. Die schlimmste war die Pest um 1350, die weite Teile Europas heimsuchte° und die Bevölkerung dezimierte.

***Seuchen** epidemics*

***heimsuchte, heimsuchen** to afflict*

Die Pest führte zu religiösen Massenbewegungen und Exzessen, etwa der Bewegung der Flagellanten, der Geißler. Opfer des religiösen Fanatismus wurden vor allem die Juden, die in den deutschen Städten lebten. In den deutschen Städten am Rhein hatte es bereits unter den Römern jüdische Gemeinden gegeben. Seit der Zeit Karls des Großen waren Juden aus Frankreich und Italien eingewandert, die die besten Verbindungen für den Handel bis zum Orient hatten. Während sie im Laufe des Mittelalters aus anderen Berufen, besonders dem Handwerk, hinausgedrängt wurden, brauchten die Christen sie für das Geldleihen, solange Christen keine Zinsen nehmen durften. Judenverfolgungen in größerem Umfang begannen mit den Kreuzzügen. Später gab es örtliche Verfolgungen und viele Einschränkungen, Sondergesetze und Sondersteuern. Aus den Judengassen wurden schließlich Gettos, und den Juden wurde eine Judentracht auferlegt. Das jüdische Proletariat überlebte durch Hausieren, also den Verkauf von Waren von Dorf zu Dorf. Jetzt, in der Not der Pest von 1348, wurden die Juden als Urheber beschuldigt und eine große Anzahl von Judengemeinden ermordet oder zumindest verbannt. Viele deutsche Juden flohen nach Osteuropa, besonders Polen und Litauen, wo ihnen die Herrscher Toleranz versprachen, und wo sie andere Berufe, Landwirtschaft und Handwerk, ausüben konnten. Sie nahmen ihre Kleidung, ihre Sitten und ihre Alltagssprache, spätmittelterliche deutsche Dialekte, mit. Daraus hat sich das Jiddische entwickelt, das viele slawische und hebräische Wörter aufnahm.

Trotz der Epidemien, der Unsicherheit der Straßen und der Kriege wurde im späteren Mittelalter mehr gereist. Die Straßen waren besser, es gab mehr Städte, die Schutz boten, und die Menschen waren wohlhabender. Beliebt waren Heilquellen, Kurorte, wo sich oft ein reges Leben entwickelte. Auch die Frauen hatten mehr Bewegungsfreiheit und Rechte, vor allem Witwen. Die

Der Totentanz von Lübeck

satirische Literatur der Zeit findet, dass Frauen putzsüchtig° sind, leichtgläubig, gern Streit anfangen, und längst nicht genug ihren Männern gehorchen. Vor allem aber fehlte es wohl bei beiden Geschlechtern nicht selten an der ehelichen Treue. Auch gegessen wurde reichlich, und noch mehr Bier und Wein getrunken. Eine Änderung der Sitten brachte besonders die Angst vor der Ansteckung° mit der „Franzosenkrankheit", der Syphilis, die sich seit dem Ende des 15. Jahrhunderts verbreitete.

Die Angst vor dem Tode wuchs. Überall am Hauptportal der Kathedralen finden wir furchterregende° Darstellungen des Jüngsten Gerichtes.° Die Verdammten werden von den Teufeln in den Höllenrachen° hinabgestoßen, während die Geretteten in den Himmel emporsteigen. Gott der Richter steht majestätisch im Mittelpunkt. Noch deutlicher machen die „Totentänze"° das Lebensgefühl der Zeit sichtbar. Es sind Wandmalereien oder Tafelmalereien in der Kirche, auf denen zu sehen ist, wie der Tod alle Menschen bei der Hand führt: den Papst, den Kaiser, die Fürsten, den Adel, den Bürger, den Bauern, Mann, Frau, selbst das kleine Kind in der Wiege. Die Menschen waren eben, wie die Satire sagte, nur Narren.° Die einzigen ewigen Werte schienen innen zu liegen, in der Seele selbst, wie es die Mystiker ausdrückten. Die Unordnung des Reiches und der Zweifel an den Autoritäten trugen daher zur Beschäftigung mit der Religion bei und zur großen Veränderung Deutschlands durch die Reformation.

putzsüchtig *addicted to expensive dresses*

Ansteckung *infection*

furchterregende *horrifying*

des Jungsten Gerichtes *Last Judgment*

Höllenrachen *jaws of hell*

Totentänze *dances of death*

Narren *fools*

Fragen zum Text:

Entwicklung der Städte

1. Warum bekam das Bürgertum in Italien früher Bedeutung als in Deutschland?
2. Was war im Mittelpunkt einer mittelalterlichen Stadt?
3. Welchem Vorbild folgten die Städte in ihrer Verfassung?
4. Was war der Hauptzweck der Städtebünde?

Das wirtschaftliche Leben im Mittelalter

5. Was war die Grundlage des wirtschaftlichen Lebens im Mittelater?
6. Wie war die Laufbahn eines Handwerkers?
7. Warum waren die Handelsgüter im Mittelalter teuer?
8. Für welche Zeit im Jahr wurden viele Fische gebraucht?

Adel und Bürgertum

9. Was hat Götz von Berlichingen geschildert?
10. Welche Arten von Theaterstücken wurden in den Städten aufgeführt?
11. Wie stellten um 1500 die Künstler die biblische Geschichte dar?

Die Hausmacht

12. Was legte die „Goldene Bulle“ fest?
13. Welche Änderungen gab es im Rechtswesen?

Österreich und die Entstehung der Schweiz

14. Was erreichte Rudolf von Habsburg?
15. Seit wann und bis wann blieben die Habsburger deutsche Kaiser?
16. Wo erlitten die Habsburger eine große Niederlage?
17. Welchen Namen gab sich der Bund der Schweizer Kantone? Warum?

Universitäten

18. Warum gab es bis 1348 im Reich keine Universität nördlich der Alpen?
19. Welche Universität ist die älteste im heutigen deutschen Staatsgebiet?
20. In welcher Sprache studierten die Studenten?

Lebenslust und Totentanz

21. Wer war das bevorzugte Opfer des religiösen Fanatismus?
22. Was wurde an den Hauptportalen der Kirchen dargestellt?
23. Welche Krankheit trug zur Änderung der Sitten bei?

Aufsatzthemen:

1. Welche Vorteile bot eine mittelalterliche Stadt ihren Bürgern, und was bietet eine Stadt heute?
2. Wie arbeiteten und lebten Handwerker im Mittelalter? Welche guten und welche schlechten Seiten sehen Sie darin?
3. Was haben die Habsburger aus Österreich gemacht? Wie würden Sie das beurteilen?
4. Können Sie sich das Leben eines Studenten im späteren Mittelalter vorstellen? Warum, meinen Sie, wurde man überhaupt Student?
5. Die Vorstellungen vom Totentanz und von Jüngsten Gericht waren überall gegenwärtig. Wie kann man das mit heutigen Vorstellungen vom Ende unseres Planeten vergleichen?

Martin Luther

5 Die Reformation

1517	Anschlag der 95 Thesen Martin Luthers über den Ablasshandel in Wittenberg, Beginn der Reformation in Deutschland.
1521	Reichstag in Worms, Reichsacht gegen Luther.
1521–1534	Luthers Bibelübersetzung.
1524–1525	Der große Bauernkrieg.
1529	Erste Belagerung Wiens durch die Türken.
1534	Gründung des Ordens der Jesuiten in Spanien.
1534–1535	Wiederstäufer in Münster.
1546–1547	Schmalkaldischer Krieg.
1546	Luther stirbt.
1555	Religionsfriede in Augsburg.
1556	Abdankung Kaiser Karls V.
1545–1563	Konzil von Trient.
1568	Beginn des Freiheitskampfes der Niederländer gegen Spanien.

Was wissen Sie, was meinen Sie?

1. Welche Vorstellung haben Sie von Martin Luther?
2. Welche Bedeutung hat Ihrer Meinung nach der Buchdruck im Vergleich mit handgeschriebenen Büchern?
3. Was sind Ihrer Ansicht nach wichtige Ereignisse in der Zeit um 1500 außer Luthers Reformation?
4. Kennen Sie außer Martin Luther andere weltgeschichtliche Persönlichkeiten, die um 1500 gelebt haben?
5. Welchen Namen hat die Zeit um 1500 gewöhnlich? Warum?
6. Glauben Sie an den Teufel und an Hexen? Was denken Sie von jemandem, der daran glaubt?

Martin Luther

Die Reformation Martin Luthers ist eines der wichtigsten Ereignisse der deutschen Geschichte, ganz gleich, ob man mehr die positiven oder die negativen Folgen der Kirchenspaltung ins Auge fasst. Zwar bringt eine umfassende geistliche Macht, wie es die katholische Kirche war, immer wieder „Ketzer" hervor, doch Luthers Gründung einer eigenen Kirche bedeutete den Beginn des Protestantismus, also einer neuen Art christlicher Kirchen. Luthers Reformation begann zu einer Zeit, als es viel Unzufriedenheit mit dem Zustand der katholischen Kirche gab. Luther hatte zunächst keineswegs die Absicht, eine neue Kirche zu gründen. Vielmehr wollte er bei der Reform der Kirche mitwirken. Dabei machte ihn ein im Grunde unwichtiger Anlass zu einer weltgeschichtlichen Persönlichkeit.

Es ging um den Ablass. Der Ablass, die Erlassung von zeitlichen Bußen, war im späteren Mittelalter mit Geld verquickt worden. Zuerst konnten Almosen den Ablass begünstigen, dann wurde den Büßern nahegelegt, gute Werke zu finanzieren, zum Beispiel den Bau von Kirchen. So sah der Ablass mehr wie ein Geschäft aus, und der Missbrauch setzte ein. Papst Leo X. brauchte viel Geld für den Bau der Peterskirche in Rom und teure, heute bewunderte, Anschaffungen für seine Bibliothek. Eine wichtige Einnahmequelle war der Ablasshandel. Luther gehörte zu den frommen Christen, die dieser Missbrauch empörte. Am 31. Oktober 1517 forderte er zu einer akademischen Disputation über dieses kontroverse Thema auf. Nach dem Brauch seiner Zeit schlug er 95 lateinisch geschriebene Thesen an der Schlosskirche in Wittenberg an der Elbe an. Die Disputation wurde jedoch ganz und gar unakademisch. Die Thesen wurden ins Deutsche übersetzt und als Flugblatt in ganz Deutschland verbreitet.

Luther wurde am 10. November 1483 in Eisleben am östlichen Rand des Harzes geboren. Eisleben, heute eine Stadt von etwa 32 000 Einwohnern, liegt in einer wirtschaftlich wichtigen Gegend. Der gute Lössboden schafft vorteilhafte Bedingungen für die Landwirtschaft. Die Kupfervorkommen bei dem nahen Mansfeld, wo die Familie Luther dann wohnte, werden heute noch abgebaut. Luthers Vater, der aus Thüringen stammte, hatte sich hier vom Bauernsohn zum Mitbesitzer von Kupferbergwerken, also zu einigem Wohlstand, emporgearbeitet. Er konnte daher seinen hochbegabten Sohn Martin auf gute Schulen in Magdeburg und Eisenach schicken, und dann auf die Universität Erfurt.

Zu Luthers Zeit war der Einfluss der Humanisten an den deutschen Universitäten groß. Die Humanisten waren Lehrer der antiken Sprachen und der klassischen Literatur und Rhetorik. Statt des mittelalterlichen Lateins der Mönche pflegten sie das Latein von Cicero und Horaz. Ihnen war die antike Philosophie und Moral wichtiger als das Dogma der Kirche. Manche von ihnen waren sehr angesehen,° wie Erasmus von Rotterdam oder Luthers Freund Philipp Melanchthon; andere zogen als Abenteurer umher, wie Dr. Faust, das Vorbild zur Faustsage. In Erfurt hatten die Humanisten zu Luthers Zeit viel Einfluss, und sie verschafften der Universität für kurze Zeit einen bedeutenden Ruf.

Luther erwarb hier, wie es damals üblich war, sein Bakkalaureat und seinen Magistergrad (M.A:) Er sollte dann Jura studieren, denn Juristen hatten die besten beruflichen Aussichten.° Ein Dr. jur. wurde oft einem Adelstitel gleichgesetzt.° Auf diese Weise sollte Luther den sozialen Aufstieg seiner Familie vollenden.

Der junge Mann wurde jedoch, wie viele Menschen in dieser unruhigen Zeit, von starken Glaubenszweifeln° gequält. Er wusste keine Antwort auf die Frage: Wie kann der Mensch wirklich ein Leben führen, das Gott wohlgefällig° ist? Nun geschah etwas, was wie eine Legende klingt, aber historisch bezeugt ist: Auf einer Fahrt von Mansfeld nach Erfurt geriet Luther in ein heftiges Gewitter; da gelobte er: „Hilf, heilige Anna, ich will ein Mönch werden!" Die heilige Anna, die Mutter Marias, wurde damals allgemein verehrt, besonders als Schutzpatronin der Bergleute und Kaufleute.

Luther trat zwei Wochen später ins Augustinerkloster in Erfurt ein. Er war ein eifriger Mönch und befolgte genau die strengen Regeln. Man ließ ihn Theologie studieren, und er wurde zum Priester geweiht. Der Orden gebrauchte ihn bei wichtigen Verhandlungen und schickte ihn 1510–11 als Abgesandten nach Rom. Aber Rom wurde eine große Enttäuschung° für Luther. Er suchte Frömmigkeit, und fand große Pracht und ein sehr weltliches Leben.

Als Professor für Exegese, Bibelauslegung, an der Universität Wittenberg vertiefte sich Luther weiter in die katholischen Glaubenslehren° und in die

angesehen *respected*

Aussichten *chances*

gleichgesetzt, gleichsetzen *to consider equal to*

Glaubenszweifeln *doubts in matters of faith*

wohlgefällig *agreeable, pleasing*

Enttäuschung *disappointment*

Glaubenslehren *dogmas*

Bücher spätmittelalterlicher Mystiker. Er kam dabei zu einigen Auffassungen, die den Dogmen der Kirche widersprachen. Er glaubte, dass der Mensch nicht von sich aus durch gute Werke und die Vermittlung der Kirche die Erbsünde° abschütteln könne. Nur Gott allein durch seine Gnade könne dem Menschen Erlösung° geben. Das ist eine harte Lehre. Sie nimmt alle Mittelspersonen° zwischen Gott und dem einzelnen Menschen fort. Kein Priester, kein Papst, kein Konzil kann die Autorität sein, nur Gott selbst kann dem Menschen helfen, und nur sein eigenes Gewissen konnte den Menschen leiten. Luther wusste, dass er damit dem geltenden Dogma widersprach, doch er glaubte, für seine Anschauungen einen Platz in der Kirche zu haben.

Er dachte keineswegs an eine Trennung von der Kirche und noch weniger an die Gründung einer eigenen Kirche. Es war damals eine allgemein verbreitete Ansicht, dass eine Reform der katholischen Kirche notwendig sei, und es hatten bereits mehrere Reformkonzilien° stattgefunden. Doch etwas Enscheidendes war nicht geschehen. Der Anlass, der den Zusammenstoß des Mönchs und Theologieprofessors mit den kirchlichen Autoritäten brachte, schien ziemlich geringfügig zu sein. Der Papst brauchte Geld für seine großen Bauten, besonders die Peterskirche in Rom. Eine seiner Einnahmequellen° war der Ablasshandel.° Es sah so aus, als könnte man sich die Befreiung von seinen Sünden erkaufen. Menschen mit einem so innerlichen Glauben wie Luther musste das empören. Dass Luther keineswegs der einzige Mensch war, den der Ablasshandel störte, zeigte der völlig unerwartete Erfolg seiner Thesen.

Erbsünde *original sin*

Erlösung *redemption*

Mittelspersonen *intermediaries*

Reformkonzilien *reform councils*

Einnahmequellen *sources of income*

Ablasshandel *selling of indulgences*

Zeitalter des Umbruchs°

Die Kirche griff erst ein,° als es nicht mehr zu vermeiden war. Sie behandelte Luther nicht als Reformator, sondern als Rebellen gegen die kirchliche Autorität. Ihr Ziel war: Er sollte widerrufen.° Luther wurde verhört, man disputierte mit ihm. Man war mild und entgegenkommend genug, ihn nicht einmal nach Rom vorzuladen. Der päpstliche Kämmerer° von Miltitz und Luthers Landesherr, der mächtige und reiche Kurfürst Friedrich der Weise von Sachsen, versuchten zu vermitteln. Doch Luther beharrte auf seinen Lehren, und die Gegensätze verschärften sich. Als der Papst seine Autorität mit Gewalt behauptete und in einer päpstlichen Bulle Luther den Bann androhte, falls er nicht widerrufen würde, verbrannte Luther öffentlich die päpstliche Bulle und zwang damit den Papst, den Bann auszusprechen. Das

Umbruchs *drastic changes*

gritt ein, eingreifen *to intervene*

widerrufen *to retract*

Kämmerer *chamberlain*

bedeutete zugleich eine Aufforderung an den Kaiser, die Reichsacht über Luther zu verhängen.

Es traf sich, dass 1519 ein neuer Kaiser gewählt worden war, Karl V. Kaiser Karl gehörte zum spanischen Zweig der Habsburger Familie. Ihm waren die deutschen Verhältnisse fremd. 1521 hielt er in Worms einen Reichstag ab, um dort die deutschen Angelegenheiten zu regeln. Dazu gehörten die religiösen Streitigkeiten, die die politische und wirtschaftliche Stabilität bedrohten. Martin Luther war keineswegs der einzige Rebell. Bereits 1518 hatte Ulrich Zwingli (1484–1531) in seinen Predigten in Zürich Ideen verkündet, die denen Luthers ähnlich waren. Vor allem aber war die Erinnerung an Jan Hus (1370–1415) noch lebendig. Hus, Priester und Professor an der Universität Prag, hatte Reformen vorgeschlagen, denen Luther weitgehend gefolgt ist. Mit dem Versprechen eines freien Geleits fuhr Hus zum Kirchenkonzil in Konstanz (1414–1418). Dort wurden seine Lehren verurteilt, und er selbst wurde als Ketzer verbrannt. Unter seinen Anhängern in Böhmen, vor allem Tschechen, führte die Verurteilung zu Aufständen und langen Kriegen, bekannt als Hussitenkriege, in denen sie ihren Glauben behaupten wollten.

Als Luther nach Worms fuhr, um dort vor dem Kaiser verhört zu werden, war er sich der Gefahr bewusst. Er verteidigte sich in einer mutigen Rede. Der Schlusssatz: „Hier stehe ich, ich kann nicht anders. Gott helfe mir. Amen“, ist in Deutschland ein „geflügeltes Wort“ geworden. Kaiser Karl war ein gläubiger Katholik und Vertreter unbedingten Autorität. Er sah in Luther den Rebellen, nicht den Reformator, und er fürchtete die weitere Zersplitterung des Reiches. Also belegte er Luther mit der Reichsacht.

Dieser Schritt bewirkte allerdings das Gegenteil, nämlich die politisch-religiöse Spaltung. Immer wieder hatten seit der Zeit der Hohenstaufen die Kaiser versucht, die Institutionen des Reichs gegenüber den Fürsten zu stärken. Karls Vorgänger und Großvater, der Habsburger Kaiser Maximilian I. (1493–1519), auch „der letzte Ritter“ genannt, hatte besondere Anstrengungen zur Reform des Reiches unternommen. Der Reichstag in Worms von 1495 beschloss einen „Ewigen Landfrieden“, eine Reichssteuer und die Einrichtung eines Obersten Gerichts, des Reichskammergerichts. In diesem Gericht galt das Römische Recht. 1512 folgte eine Einteilung des Reiches in zehn Kreise, die regionale Selbstverwaltung bekamen. Die mächtigeren Fürsten behaupteten jedoch ihre Stellung. Vor allem die Kurfürsten konnten bei der Wahl ihre Bedingungen stellen. Die Wahl Kaiser Karls im Jahre 1519 war ein schwieriger Handel gewesen, wobei das Geld der Fugger eine wichtige Rolle spielte. Den Ausschlag gab die Stimme des Kurfürsten von Sachsen, Friedrich der Weise (1486–1525). Der Kurfürst beschloss, nach dem Reichstag in Worms sein

Landeskind Luther zu schützen. Er ließ ihn auf die Wartburg in Thüringen bringen, und dort lebte er verkleidet als „Junker Jörg".

Erfindungen und Entdeckungen

Eine der ersten Aufgaben bei der Errichtung seiner neuen Kirche war für Luther die Verdeutschung der Heiligen Schrift, damit jeder Mensch direkten Zugang dazu haben konnte. Er benutzte die erzwungene Ruhepause auf der Wartburg, um das Neue Testament zu übersetzen. Seine Übersetzung wurde schnell gedruckt und noch schneller verkauft. Es war die Erfindung des Buchdrucks mit beweglichen Lettern, die die schnelle Verbreitung der neuen Ideen ermöglichte. Um 1450 hatte Johann Gutenberg die ersten Bücher gedruckt, und jetzt bekam die Erfindung eine entscheidende Bedeutung. Neben den Büchern waren vor allem die Flugblätter wichtig, mit denen der Kampf für und gegen den neuen Glauben geführt wurde.

Um sich in allen Teilen des deutschen Sprachgebietes verständlich zu machen, musste Luther erst eine einheitliche deutsche Sprache schaffen. Die Sprache der mittelhochdeutschen Dichtung der Stauferzeit war eine reine Literatursprache gewesen. Im späteren Mittelalter wurde eine deutsche

„Hier stehe ich, ich kann nicht anders. Gott helfe mir. Amen."
Martin Luther vor Kaiser Karl V. auf dem Reichstag in Worms, 1521

Verwaltungssprache° nötig; aber auch diese wurde nicht die Umgangssprache° im Alltagsleben. Die Menschen sprachen und schrieben ihren Dialekt. Luther nahm sich die Verwaltungssprache in den Formen zum Vorbild. Wittenberg, wo er lebte, ist eine Gegend mit mitteldeutschen Sprachformen. Eisleben, sein Geburtsort, lag jedoch noch im niederdeutschen° Sprachgebiet. So nahm Luther seinen Wortschatz nicht nur aus einem Teil des deutschen Sprachgebietes, sondern aus mehreren. Seine Sprache war leicht verständlich, und sie wurde das Muster für die hochdeutsche Einheitssprache.

Luther schrieb eine ganze Reihe von Streitschriften.° Seine Sprache ist nicht elegant und gar nicht prüde, aber außerordentlich bilderreich,° kräftig und lebendig. Seine Gegner mussten diese Sprache annehmen, wenn sie ihn bekämpfen wollten. Allerdings—ein Misstrauen gegen diese Sprache des Ketzers und Rebellen Luther blieb bei den Katholiken zurück. Es hat bis zur Mitte des 18. Jahrhunderts gedauert, bis die Deutschen sich endgültig über die Form ihrer Sprache einig waren.

Der Buchdruck war längst nicht die einzige Erfindung dieses Zeitalters. Die Menschen suchten damals die Geheimnisse der Natur zu enträtseln und neue Länder der Erde zu entdecken. Es war das Zeitalter der Entdeckungen und Erfindungen. Vasco da Gama fand den Seeweg nach Indien um Afrika herum, Kolumbus entdeckte Amerika. Kopernikus in Thorn beschrieb, wie sich die Erde um die Sonne dreht.

In der Kriegstechnik begann das Schießpulver° eine Rolle zu spielen, aus Nürnberg kamen die ersten Taschenuhren.° Der Arzt Theophrastus Bombastus von Hohenheim, genannt Paracelsus (1494–1541), scheute sich nicht, als akademischer Arzt chirurgische Operationen auszuführen. Er erforschte Gewerbekrankheiten,° seelische Krankheiten und benutzte chemische Medikamente. Das naturwissenschaftliche und technische Wissen wurde auch in der Wirtschaft angewendet, und es half den reichen Leuten, wie den Fuggern, noch reicher zu werden. Die armen Leute jedoch blieben arm. Die Ritter hatten keinen Einfluss mehr auf die Gesellschaft. Der letzte von ihnen, der eine Rolle spielen wollte, war Franz von Sickingen, der einen Ritterbund gegen den Erzbischof von Trier führte. Er unterlag. Noch schlimmer stand es mit dem Volk, den Handwerkern und vor allem mit den Bauern.

Verwaltungssprache *administrative language*

Umgangssprache *colloquial language*

niederdeutschen *Low German*

Streitschriften *polemic treatises*

bilderreich *full of imagery*

Schießpulver *gunpowder*

Taschenuhren *pocket watches*

Gewerbekrankheiten *occupational diseases*

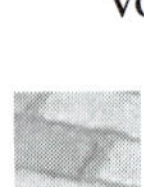

Volkskirche und Landeskirche

Luthers Lehre wurde sofort als Evangelium des kleinen Mannes aufgefasst. Wer die Gesellschaft verändern wollte, hoffte auf Luther. Luther dachte in erster Linie an die Religion, aber die Bauern und Handwerker verstanden ihn anders. So führte die Reformation mit zu dem großen Bauernkrieg, der 1524 ausbrach. Luther ermahnte die Fürsten und Adligen, den Bauern bessere Lebensbedingungen zu geben. Währenddessen verbreitete sich der Krieg durch ganz Franken und Schwaben, denn jetzt wollten sich die Bauern mit Gewalt nehmen, was man ihnen nicht geben wollte. Ihre Führer waren in ihren Forderungen gemäßigt; allerdings gab es unter ihnen auch radikale Sozialrevolutionäre, wie Thomas Müntzer, der eine Wirtschaftsordnung mit gemeinsamem Eigentum einführen wollte. Nach der Niederlage der Thüringer Bauern bei Frankenhausen wurde Müntzer gefangen genommen und enthauptet. Die radikalen Bibelchristen, von ihren Gegnern Wiedertäufer, Anabaptisten, genannt, folgten dem Prinzip der Gewaltlosigkeit, doch 1534 entstand eine gewaltsame Wiedertäuferherrschaft in Münster, die 16 Monate dauerte, bis die Stadt vom Bischof erobert wurde.

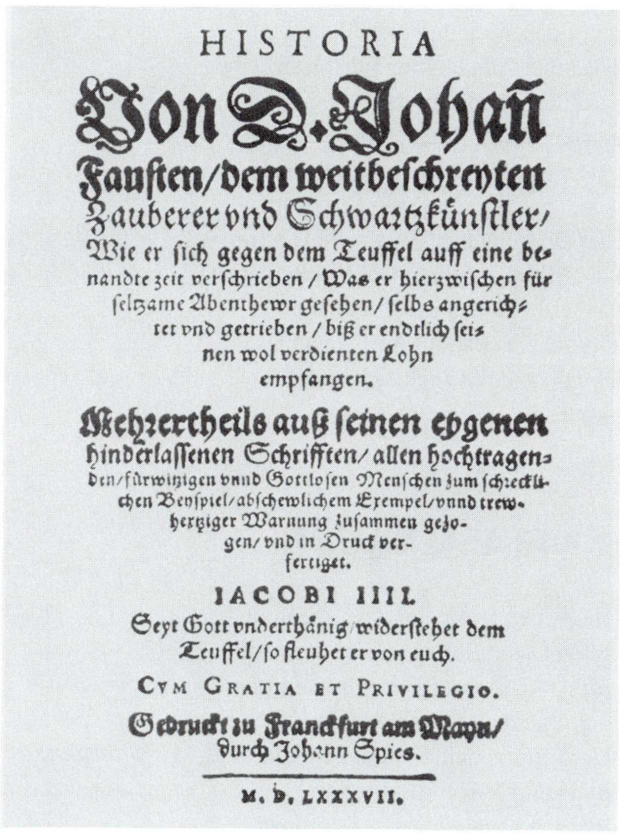

HISTORIA
Von D. Johann
Fausten/dem weitbeschreyten
Zauberer vnd Schwartzkünstler/
Wie er sich gegen dem Teuffel auff eine benandte zeit verschrieben / Was er hierzwischen für seltzame Abenthewr gesehen/ selbs angerichtet vnd getrieben / biß er endtlich seinen wol verdienten Lohn empfangen.

Mehrertheils auß seinen eygenen hinderlassenen Schrifften/ allen hochtragenden/fürwitzigen vnnd Gottlosen Menschen zum schrecklichen Beyspiel/abschewlichem Exempel/vnnd trewhertziger Warnung zusammen gezogen/ vnd in Druck verfertiget.

IACOBI IIII.
Seyt Gott vnderthänig/widerstehet dem Teuffel/so fleuhet er von euch.

CVM GRATIA ET PRIVILEGIO.

Gedruckt zu Franckfurt am Mayn/ durch Johann Spies.

M. D. LXXXVII.

Titelblatt der ersten Ausgabe des Volksbuches von Doktor Faustus

Die Gewalttaten,° die Unordnung und solche revolutionären Ideen erschreckten nicht nur die Adligen, sondern auch die Bürger. Luther trat auf die Seite der Fürsten und wandte sich gegen die Bauern. Die Bauern wurden völlig besiegt und gewaltsam unterdrückt. Luthers Kirche wurde aus einer revolutionären Volkskirche° jetzt eine Landeskirche unter dem Schutz der Landesfürsten. „Gebet dem Kaiser, was des Kaisers ist, und Gott, was Gottes ist", war ihr Grundsatz. Luther brauchte Zeit, um seine neue Kirche aufzubauen, und die Fürsten waren die einzigen, die ihn gegen den Papst und Kaiser schützen konnten. Damit wurden die Landesherren zum Oberhaupt ihrer Landeskirche. Die Fürsten dekretierten die Einführung der lutherischen Kirche und errichteten evangelische Universitäten. Die erste davon entstand in Marburg.

Gewalttaten *violent actions*

Volkskirche *church of the (common) people*

Es gibt allerdings auch eine Kehrseite des glänzenden Zeitalters der Erfindungen und Entdeckungen. Martin Luther und seine Zeitgenossen sahen überall das Werk des Bösen, personifiziert in Luzifer oder Satan und den Tausenden von Teufeln, die das Reich der Hölle bevölkern. Evangelische Geistliche verfassten „Teufelsbücher", um vor den Wirkungen der Teufel zu warnen. 1587 erschien in Frankfurt das Volksbuch vom Doktor Faustus als eine eindrucksvolle Abschreckung vor der Versuchung eines Teufelspakts.

Das Zeitalter glaubte an die Wirkungen der Magie. Magie konnte befreiend und wohltätig sein, doch die schwarze Magie war ein Werk des Teufels. Der Teufel bediente sich der Zauberer und Hexen, um den Menschen Böses anzutun. 1486 beschrieb der „Hexenhammer" der Dominikaner Heinrich Institoris und Jakob Sprenger das Hexenwesen und die Mittel zu seiner Bekämpfung. Vom Papst sanktioniert und mit Hilfe der Foltermethoden der kirchlichen Inquisition wurde der Hexenhammer die Grundlage von tausendern von Hexenprozessen, die der Hexenwahn bis ins 18. Jahrhundert nach sich zog. Kein Land und keine Kirche blieben davon verschont.

Der alte und der neue Glaube

Während die deutschen Fürsten sich um Kirche, Religion und das Eigentum der Kirche stritten, während der Herrscher von Österreich versuchte, seine Länder gegen die Türken zu verteidigen, eroberten die westeuropäischen Länder neue Kontinente. Portugal und Spanien gingen voran, England, Frankreich und die Niederlande folgten. Sie sicherten sich Stützpunkte° in Indien und Ostasien, sie bauten Festungen in Afrika, und vor allem erkundeten die Spanier, auf der Suche nach Gold und Silber, den neuentdeckten Kontinent Amerika. Karl V. beherrschte ein Weltreich. Es gehörten nicht nur große Teile

Stützpunkte *footholds, bases*

Landsknechte von heute bei der „Landshuter Fürstenhochzeit". Das historische Schauspiel wird alle drei Jahre im Gedenken an die Hochzeit des bayerischen Erbprinzen Georg mit der polnischen Prinzessin Jadwiga im Jahr 1475 gefeiert.

Europas dazu, sondern Besitzungen in Afrika, Ostasien und das weite Land von Mexiko bis Chile. Mit Recht konnte er sagen; „In meinem Reich geht die Sonne nicht unter." Die einzige deutsche Beteiligung an dieser kolonialen Expansion im 16. Jahrhundert kam nicht von den Fürsten, sondern von dem Handelshaus der Welser in Augsburg, die 1528 Expeditionen nach Venezuela schickten und dort bis zum Tode Karls V. ihr Eroberungsrecht und Handelsprivileg behaupteten.

In Europa kämpfte Karl V. gegen den französischen König Franz I. um die Vorherrschaft. Auch in dieser Auseinandersetzung war Deutschland eigentlich unwichtig. Wichtig war allein, dass es den Kaiser unterstützte und nicht störte. Doch es war schwer, bei den deutschen Fürsten Ruhe und Unterstützung zu erhalten. Sie fanden in der Kirchenspaltung neue Möglichkeiten für mehr Macht, Besitz und Unabhängigkeit. Im Todesjahr Luthers, 1546, begann der erste Krieg zwischen den protestantischen und katholischen Fürsten, der Schmalkaldische Krieg genannt. Der Kaiser und seine katholischen Verbündeten siegten ohne Mühe. Das aber passte Moritz von Sachsen nicht. Er war Protestant, aber er unterstützte den Kaiser, um den Kurfürstentitel seines Vetters Friedrich zu bekommen. Als Moritz Kurfürst war, wandte er sich gegen den Kaiser und erzwang° einen Kompromiss zugunsten der Protestanten.

erzwang, erzwingen *to win by force*

Karl V. verzweifelte an der Welt und zog sich 1556 in ein spanisches Kloster zurück.

Der Religionsfriede wurde 1555 in Augsburg geschlossen. Die katholische und die lutherische Kirche waren von jetzt an in Deutschland gleichberechtigt,° nicht jedoch die kalvinistische Kirche. Der Grundsatz des Augsburger Friedens hieß „cuius regio, eius religio", das heißt übersetzt: Wessen Land, dessen Religion; und das bedeutete: Wenn der Fürst katholisch war, blieben die Untertanen katholisch. Die Untertanen eines protestantischen Herrschers mussten protestantisch werden. Nur für die Untertanen in den geistlichen Fürstentümern war die Wahl der Konfession frei, da ja ein Bischof nicht gut Protestant werden konnte. So konnten jeder Fürst, jeder Reichsritter und jede Stadt entscheiden, zu welchem Glauben sie gehören wollten.

gleichberechtigt *having equal rights*

Luthers Lehre fand viele Anhänger. Sieben Zehntel der Bevölkerung im Reich bekannten sich zu ihr. Sogar ein Kaiser aus dem Hause Habsburg, Maximilian II. (1564–1576), dachte an den Übertritt, der jedoch aus politischen Gründen unmöglich war.

Inzwischen aber hatte die katholische Kirche in dem großen Reformkonzil von Trient (1545–1563) die Glaubenslehren neu bestimmt und festigte ihre Organisation. Sie begann, verlorene oder strittige° Gebiete wieder für sich zu gewinnen. Dieser Vorgang heißt in Deutschland die Gegenreformation.°

strittige *disputed*

Gegenreformation *counter-reformation*

Der wichtigste Träger der Gegenreformation war der 1534 gegründete Orden der Jesuiten. Die Jesuiten bekamen Einfluss auf viele Fürsten; sie übernahmen die katholischen Universitäten, und sie hatten ausgezeichnete Schulen, in denen sie die Elite der Länder erzogen. Außerdem arbeiteten sie mit Massenveranstaltungen.° Dazu gehörten vor allem Theateraufführungen in ihren Kirchen, die sehr wirkungsvoll waren, obwohl sie lateinische Texte benutzten. Sie entwickelten die Gestik der Schauspieler und arbeiteten mit neuartigen Lichteffekten, die den Glanz des Himmels auf die Erde zu bringen schienen. Ein Hauptmoment ihrer Stücke war die Bekehrung zum Glauben, und viele indifferente Katholiken und Protestanten wurden durch diese Beispiele bekehrt.

Massenveranstaltungen *events for the masses*

Die Entdeckung Amerikas und die Glaubenskriege hatten eine negative Wirkung auf die deutsche Wirtschaft. Der Handel verlagerte° sich nach Spanien und Portugal, und dann nach England und Holland, das sich in einem langen Krieg ab 1568 von der spanischen Herrschaft befreite. Die deutschen Länder hatten keine Kolonien; die deutsche Industrie blieb zurück; die Silberbergwerke in Ungarn und Böhmen waren längst nicht so reich wie die amerikanischen. Der Kirchenkonflikt stand im Mittelpunkt des Interesses. Trotz des Augsburger Friedens wollten die Streitigkeiten nicht enden. Sie

verlagerte, sich verlagern *to shift, to change places* führten schließlich zu einer der schrecklichsten Perioden der deutschen Geschichte, zum Dreißigjährigen Krieg.

Fragen zum Text:

Martin Luther

1. Mit welchem Ereignis begann die Reformation in Deutschland?
2. Aus welchem Land stammte Luthers Vater?
3. Was lehrten die Humanisten?
4. Welches Fach sollte Luther studieren?
5. Welche Position hatte Luther, als er mit der Kirche in Konflikt kam?

Zeitalter des Umbruchs

6. Was wurde Luther vom Papst angedroht? Wie reagierte er?
7. Was sollte für Luther auf dem Reichstag in Worms entschieden werden?
8. Warum fühlte sich Luther in Worms in großer Gefahr?
9. Wozu benutzte Luther den Aufenthalt auf der Wartburg?
10. Welche Einrichtungen von 1495 sollten das Reich reformieren?

Erfindungen und Entdeckungen

11. Welche Art von Texten ermöglichte der Buchdruck?
12. Welche Theorie stellte Kopernikus auf?
13. Was sind wichtige Erfindungen der Zeit um 1500?

Volkskirche und Landeskirche

14. Was dachte das Volk von Luthers Lehre?
15. Welche Haltung nahm Luther im Bauernkrieg ein?
16. Welche Ziele verfolgte Thomas Müntzer?
17. Was dachten die Menschen über das Böse?
18. Warum war der Hexenglaube so schlimm?

Der alte und der neue Glaube

19. Was sagte Karl V. von seinem Reich?
20. Mit welchem Frieden endete der Schmalkaldische Krieg?

21. Was bewirkten die Jesuiten mit ihren Theateraufführungen?
22. Was waren die Folgen der Entdeckung Amerikas für die deutsche Wirtschaft?

Aufsatzthemen:

1. Was halten Sie für die wichtigsten Leistungen Martin Luthers? Warum?
2. Wie beurteilen Sie die Folgen der Reformation für die Geschichte der Menschheit?
3. Um 1500 wurde klar, dass Deutschland, anders als England, Frankreich und Spanien, keine eigentliche politische Einheit erreichen konnte. Wie beurteilen Sie die Folgen davon für Deutschland?
4. Deutschland war bis zum 19. Jahrhundert praktisch von der europäischen Kolonisation ausgeschlossen. Wie würden Sie diese Tatsache bewerten?
5. Glauben Sie, wie viele Menschen um 1500, dass das Menschenleben und die menschliche Geschichte ein Kampf zwischen dem Guten und dem Bösen ist? Was denken Sie über die Furcht vor dem Bösen?

Albrecht von Wallenstein, Herzog von Friedland. Stich nach dem Porträt von Anton von Dyck

6 Der Fenstersturz von Prag

1618–1648	Dreißigjähriger Krieg.
1632	Schlacht bei Lützen. Der schwedische König Gustav Adolf fällt.
1634	Wallenstein in Eger ermordet.
1640–1688	Regierung des Kurfürsten Friedrich Wilhelm von Brandenburg („der Große Kurfürst").
1683	Belagerung Wiens durch die Türken.
1688–1697	Kriege Frankreichs (Ludwig XIV.) gegen Deutschland, besonders um die Pfalz und das Elsass.

Was wissen Sie, was meinen Sie?

1. Was verstehen Sie unter dem Wort „barock"?
2. Wie verstehen Sie den Unterschied zwischen einer Burg und einem Schloss? Wozu dient ein Schloss?
3. Welche Persönlichkeiten der europäischen Geschichte aus dem 17. Jahrhundert kennen Sie?
4. Es gab in verschiedenen europäischen Ländern im 16. und 17. Jahrhundert Kriege, die mit Religion zu tun hatten. Was wissen Sie davon?
5. Was bedeutet für Sie das Wort „Absolutismus"?
6. Welche Einwanderer kamen im 17. Jahrhundert von Europa nach Nordamerika? Warum?

Der Dreißigjährige Krieg

Die Habsburger, also auch der Kaiser, waren besonders darauf bedacht, ihr Land wieder katholisch zu machen. In Böhmen jedoch war noch die hussitische Lehre lebendig, die manche Ähnlichkeiten mit dem Protestantismus hatte. Manche Adligen hatten das Recht behalten, eigene Kirchen zu bauen und den Gottesdienst zu bestimmen, doch das wollte der Kaiser ihnen entziehen. Als im Mai 1618 in der Prager Burg darüber verhandelt wurde, wurden in der Leidenschaft° des Streites zwei Statthalter° und ein Geheimschreiber° des Kaisers aus dem Fenster geworfen. Obwohl alle drei unverletzt blieben, war diese Tat eine Majestätsbeleidigung und wurde der Anlass für den Dreißigjährigen Krieg. 1619 wurde nicht Kaiser Ferdinand II. zum König von Böhmen gewählt, sondern der Kalvinist Kurfürst Friedrich V. von der Pfalz. Friedrich V. wird der „Winterkönig“ genannt, denn bereits im Jahr 1620 war seine Herrschaft zu Ende, als die kaiserlichen Truppen ihn in der entscheidenden Schlacht bei Prag besiegten. Damit begann der eigentliche Krieg. Nacheinander beteiligten sich Dänemark, Schweden und Frankreich auf der protestantischen Seite daran, und Spanien auf der katholischen Seite. Ganz Europa nahm also an dem Krieg teil, doch er spielte sich vorwiegend auf deutschem Boden ab. Die Zivilbevölkerung war ebenso davon betroffen° wie die Soldaten. Der Krieg wurde sehr grausam geführt. Städte und Dörfer wurden zerstört, Menschen gefoltert und getötet. In weiten Gegenden kam die Hälfte der Bevölkerung um.

Leidenschaft *passion, heat*

Statthalter *governors*

Geheimschreiber *private secretary*

betroffen, betreffen *to affect*

Der bekannteste Heerführer der Protestanten war der schwedische König Gustav Adolf, der 1632 in der Schlacht bei Lützen gegen die kaiserlichen

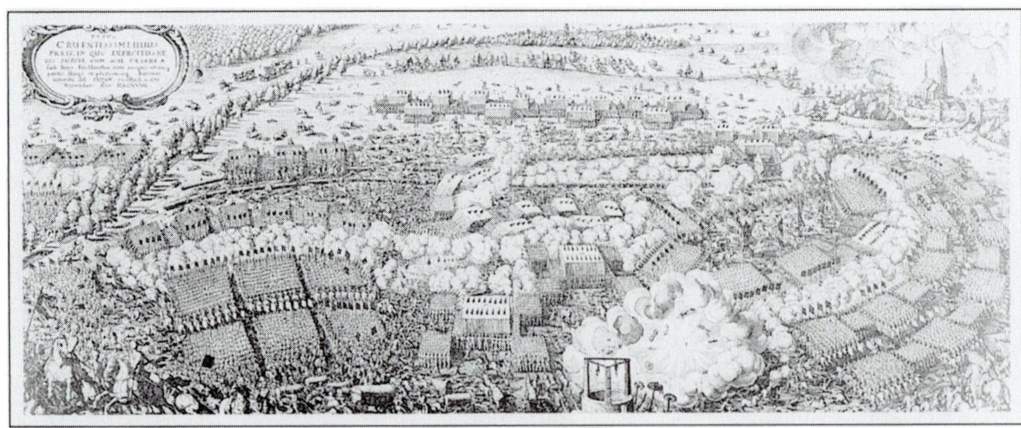

Schlacht bei Lützen am 16. November 1632. Tod des schwedischen Königs Gustav Adolf

Truppen fiel; bei den Katholiken war es Albrecht von Wallenstein aus Böhmen, später Herzog von Friedland. Wallenstein wurde 1634 in Eger ermordet, als er dabei war, sich mit den Schweden gegen den Kaiser zu verbünden. Friedrich Schiller hat das Ende Wallensteins in einer Dramentrilogie dargestellt.

1644 wurden die Friedensverhandlungen in Münster und Osnabrück eingeleitet. Es dauerte jedoch vier Jahre, bis der Friedensschluss° zustande kam und der Dreißigjährige Krieg durch den Westfälischen Frieden beendet wurde. Die Menschen atmeten auf, denn die Heere waren durch das Land gezogen und hatten geplündert;° überall herrschte Armut, niemand war seines Lebens sicher. Endlich, nach dreißig Jahren, sollte man wieder ruhig leben können.

Friedensschluss *conclusion of the peace treaty*

geplündert, plündern *to loot*

Deutschland im 17. Jahrhundert

Der Friedensschluss war sehr nachteilig für das Deutsche Reich. Die Landesfürsten erhielten volle Souveränität, so war das Reich kaum mehr als ein Name. Holland und die Schweiz, seit langem praktisch-unabhängig, lösten sich jetzt auch staatsrechtlich° vom Reich. Schweden und Frankreich erzielten bedeutende Gewinne; auch einige deutsche Landesfürsten kamen gut dabei weg, vor allem Sachsen, Bayern und Brandenburg. In Brandenburg regierte seit 1640 Friedrich Wilhelm I., der Große Kurfürst. Dieser energische Hohenzoller richtete eine moderne Verwaltung ein, setzte die Macht des Fürsten gegen Adel und Bürger durch, erwarb Hinterpommern und Magdeburg, besiegte sogar die Schweden und entwickelte sein kleines Land zu einem Machtfaktor° in der europäischen Politik.

Die konfessionellen Verhältnisse waren 1648 im wesentlichen die gleichen wie 1618. Manche Fürsten wie Ludwig XIV. von Frankreich und der Erzbischof von Salzburg verfolgten auch später noch Protestanten; und die Mitglieder von Sekten hatten ein unsicheres Leben, aber die Zeit der großen Religionskriege war vorbei. Es begann die Zeit der Staatsräson.° Der Fürst beachtete die alten Privilegien und Traditionen nur noch wenig; er regierte absolut. Der Adel wurde zum Hofadel° und damit vom Fürsten abhängig.

Der Dreißigjährige Krieg führte in der europäischen Politik zu einem Gleichgewicht der Mächte. Zu den Großmächten gehörten England, Holland, Frankreich, Spanien, Schweden, während Deutschland als Ganzes keine Rolle mehr spielte. Seine größeren Länder Österreich, Bayern, Hannover, Sachsen und Brandenburg traten selbständig auf—für oder gegen das Reich, wie es der Vorteil verlangte. Nur bei einer Gelegenheit demonstrierte das Reich seine Einheit: als die Türken 1683 zum letzten Mal Wien belagerten. Den Österreichern

staatsrechtlich *constitutionally, officially*

Machtfaktor *power factor*

Staatsräson *reason of state*

Hofadel *court nobility*

kam außer dem polnischen Heer auch die Reichsarmee zu Hilfe, und es gelang, nicht nur Wien zu befreien, sondern auch Ungarn endgültig den Türken zu entreißen.° Weniger einig waren sich die deutschen Fürsten bei den dauernden Kriegen gegen Frankreich. Während der letzten großen Auseinandersetzung, dem Spanischen Erbfolgekrieg,° der 1701 bis 1714 dauerte, stand Bayern auf der Seite Frankreichs gegen den Kaiser.

entreißen *to snatch away*

Erbfolgekrieg *war of succession*

Der Fürstenstaat

Insgesamt verlor Deutschland durch den Dreißigjährigen Krieg die Hälfte der Bevölkerung und die Hälfte des Volksvermögens.° Einige Gebiete, wie der Nordwesten oder das Alpenland, blieben weitgehend verschont; andere Gebiete litten umso mehr. Es gibt Gegenden in Deutschland, die erst im 20. Jahrhundert die Bevölkerungsdichte des 16. Jahrhunderts erreichten. Städte und vor allem Dörfer waren entvölkert,° und Ackerland blieb ungenutzt und wurde zur Wildnis. Um den Wiederaufbau zu ermöglichen, mußten die Fürsten planen und zentrale Maßnahmen treffen. Nicht mehr die einzelnen Gemeinden, sondern die Zentralregierungen bestimmten, was geschehen sollte. Die lokale Selbstverwaltung verlor ihre traditionelle Bedeutung.

Volksvermögens *national wealth*

entvölkert *depopulated*

In dem neuen europäischen Staatensystem brauchten die Fürsten auch ein stehendes Heer, eine Berufsarmee. Dafür waren höhere Staatseinnahmen wichtig. Es entwickelte sich der Stand der Beamten, und der Staat verlangte regelmäßige Abgaben, nämlich Steuern.° Wenn der Fürst repräsentieren, militärisch stark sein und noch wirtschaftlich investieren wollte, brauchte er immer mehr Geld. Der Staat verlangte Zölle von Einfuhrwaren, Steuern auf Luxusgegenstände und Einkommensteuern. Allerdings waren die Steuern nie gerecht. Die Kirchen und der Adel waren befreit oder zahlten wenig Steuern. Während die Landstände,° die Vertretung des Adels (und manchmal der Bürger), ihre allgemeine Bedeutung verloren, behielten sie noch Rechte, Steuern festzulegen. Die Konflikte zwischen den Fürsten und dem Adel im 17. und 18. Jahrhundert hatten gewöhnlich ihre Ursache in Steuerproblemen.

Steuern *taxes*

Landstände *estates*

Es war wichtig für die Fürsten, bessere Informationen über die Bevölkerung und die Wirtschaft zu erhalten. So begann die Zeit der Statistiken. Die Fürsten sahen die Vermehrung der Bevölkerung und die Gründung von Manufakturen als vordringlich° an. Auch wurden die Finanzen besser geregelt: Staatsbanken überwachten den Geldumlauf. Die menschenleeren Gegenden lockten Einwanderer an.° Schweizer wanderten nach Südwestdeutschland; österreichische Protestanten zogen in andere protestantische Länder. Als die

vordringlich *urgent, a priority*

lockten an, anlocken *to attract*

französischen Protestanten, die Hugenotten, Ende des 17. Jahrhunderts ihr Land verlassen mussten, fanden sie in Deutschland Aufnahme, ganz besonders in Brandenburg-Preußen.

Alle diese Maßnahmen verlangten Geld, viel Geld; staatliche Manufakturen, Straßenbau, Armeen und vor allem teure Schlossbauten und ein großer Hofstaat waren schwer zu finanzieren. Die Fürsten förderten die Gewerbe, die Exportgewinne versprachen, und sie erhoben Zoll auf eingeführte Waren. Hohe Zölle führten allerdings zu Schmuggel, der nicht zu kontrollieren war. Da in den meisten Ländern die Steuern von den Ständen festgesetzt wurden, hatten auch absolute Fürsten darin nur begrenzte Macht. Der Adel genoss manche Steuerprivilegien und versuchte, Steuern bei den armen Bauern zu erheben, die dazu am wenigsten im Stande waren. Die Städte waren mit wenigen Ausnahmen ebenfalls arm. Bis weit ins 18. Jahrhundert standen viele Häuser leer. So stand die Armut der Bevölkerung dem Glanz der Schlösser und Kirchen gegenüber.

In dieser Zeit der fürstlichen Machtpolitik und zentralisierten Verwaltung, des Absolutismus also, hatten die deutschen Staaten immer noch keinen Anteil am Kolonialsystem und am Welthandel. Das brandenburgische Fort Großfriedrichsburg an der Küste von Guinea in Afrika bestand nur von 1683 bis 1717 und brachte Brandenburg wenig Gewinn. Der Ostseehandel ging zurück; Hamburg wurde vor allem für die Einfuhr englischer Waren wichtig.

Die Hierarchie der Gesellschaft übertrug sich auf die Lebensformen. Neue Anredeformen kamen auf, von denen sich die „Sie"-Form, eigentlich die dritte Person Plural, erhalten hat. Die „Höflichkeit" des Hofes wurde Vorbild des Benehmens, und sie bedeutete oft die Nachahmung ausländischer Sitten. Frankreich wurde vorbildlich, und die Höfe begannen Französisch zu sprechen. Erst allmählich im 18. Jahrhundert gewannen die Bürger neuen Wohlstand und neues Selbstvertrauen, und noch viel später die Bauern. Armut und Menschenmangel halfen dazu, den allmächtigen Staat und die Gesellschaftshierarchie zu bilden.

Barockkultur

Der Tod war der ständige Gedanke vieler Menschen des 17. Jahrhunderts. Ihr Leben war von der Idee erfüllt, dass alles vergeht und nichts auf dieser Erde bleiben kann. Während der Mensch vergänglich° ist, ist Gott jedoch ewig; und Gott hat der Welt eine feste Ordnung gegeben. Für die Gesellschaft war der Fürst Gott; er regierte absolut; er stand im Mittelpunkt. Die Kunst des 17.

vergänglich *transitory*

Die Barockschlösser des Absolutismus: Schönbrunn bei Wien

Jahrhunderts, deren Stil Barockstil genannt wird, zeigt die Ordnung und Spannungen° der Gesellschaft. Es ist ein festlicher Stil, der den Glanz Gottes oder des Fürsten zeigen soll. Die Macht des Fürsten zeigt sich in den Stadtplänen der damals gegründeten Residenzstädte. Sie sind regelmäßig angelegt, und in ihrem Mittelpunkt steht das Schloss. Deutsche Beispiele sind Mannheim, Karlsruhe, Erlangen und Ludwigsburg. Ebenso regelmäßig und prunkvoll waren die Schlösser, die die deutschen Fürsten anlegten; Schönbrunn bei Wien, Nymphenburg bei München und der Zwinger in Dresden sind die bekanntesten. Ihr Vorbild war das Schloss des französischen Königs in Versailles. Ludwig XIV. von Frankreich, der Sonnenkönig, gab in seiner Lebensweise das Beispiel, das von allen deutschen Fürsten im 17. Jahrhundert nachgeahmt wurde.

Spannungen *tensions*

Nicht nur die Fürsten bauten sich festliche Gebäude, auch Gott wurden große festliche Dome gebaut, wie der Salzburger Dom, die Frauenkirche in Dresden und die Theatinerkirche in München. Und die alteren Kirchen wurden, so weit es ging, im Innern im Barockstil umgestaltet.

Auch die Dichtung wurde zum Fürstenlob;° sie diente der Verherrlichung° des Herrschers oder Gottes, wenn sie nicht die Vergänglichkeit beklagte. Gott war der Herrscher, der Fürst, wie es im Kirchenlied von Jachim Neander (1650–1680) tönt: „Lobe den Herrn, den mächtigen König der Ehren" und: „Lobe den Herrn, der alles zu herrlich regieret." Das war ein großer

Fürstenlob *praise for the prince*

Verherrlichung *glorification*

Unterschied zur Literatur des 16. Jahrhunderts, die die kräftige Sprache Luthers benutzt hatte und für das ganze Volk bestimmt war. Typisch waren dafür die „Teufelsbücher"° gewesen, und ganz besonders das 1587 erschienene „Volksbuch" vom Doktor Faustus, seinem Teufelspakt° und seinem schrecklichen Ende. Die Humanistenliteratur des 16. Jahrhunderts im „höheren" Stil war durchweg auf Latein abgefasst. Jetzt im 17. Jahrhundert sollte die deutsche Literatur elegant und „hoffähig"° werden und dadurch Anschluss an die bedeutende Nationalliteratur in Frankreich, Italien, Holland und England gewinnen.

„Teufelsbücher" *"devil books"*

Teufelspakt *compact with the devil*

hoffähig *presentable at court*

Die Musik war gleichfalls zur Erhöhung des fürstlichen Glanzes bestimmt. Höhepunkt fürstlicher Feste waren Aufführungen von Balletten oder von Opern. Heinrich Schütz (1586–1672), der als Komponist von Kirchenmusik bekannt ist, komponierte 1627 die Musik zur ersten deutschen Oper, „Daphne". Der Textdichter war Martin Opitz (1597–1639), allerdings war sein Text eine Übersetzung aus dem Italienischen. Martin Opitz stammte aus Schlesien. Schlesien gehörte zu Österreich, doch ursprünglich hatte es aus mehreren Ländern bestanden. Die Bevölkerung war konfessionell gemischt; es gab sogar Anhänger verschiedener Sekten. Es hatte einen mächtigen Adel und in den Städten ein selbstbewusstes Bürgertum, denn es war wirtschaftlich wichtig. Da es an der deutsch-polnischen und der deutsch-tschechischen Sprachgrenze lag, bestand viel kultureller Austausch und eigenes Kulturbewusstsein. Die österreichische Regierung versuchte, die Protestanten zu verdrängen oder zu bekehren. Sie hatten zum Beispiel keine eigene Universität im Land; also waren sie gezwungen, im Ausland zu studieren. Wer genug Geld hatte, studierte an der Universität Leiden in Holland, wo die modernen Naturwissenschaften gelehrt wurden, und wo religiöse Toleranz herrschte. Martin Opitz lernte durch diese Kontakte die europäische Literatur kennen. Sein Werk besteht vorwiegend aus Übersetzungen. Damit gab er das Vorbild für eine neue Dichtung in rein deutscher Sprache für ein gebildetes Publikum und zeigte den deutschen Dichtern eine neue Richtung, die zum Anschluss an die europäische Tradition führte.

Die späteren schlesischen Dichter blieben auf dieser Bahn. Der bedeutendste unter ihnen ist Andreas Gryphius (1616–1664), der auch in Leiden studierte, dort sogar Dozent für Naturwissenschaften wurde, dann aber nach längeren Reisen durch Frankreich und Italien in seine Heimatstadt Glogau zurückkehrte, um als Syndikus° der Stände für die Protestanten zu kämpfen. Gryphius' wichtigstes Thema ist die Vergänglichkeit, viele seiner Dichtungen handeln davon.

Syndikus *trustee, representative*

In der Tradition der volkstümlichen° Literatur steht die größte Dichtung des 17. Jahrhunderts: der Roman „Simplicius Simplicissimus" von Hans Jakob Christoph von Grimmelshausen (1621–1676), in dem das Leben während des

volkstümlichen *popular*

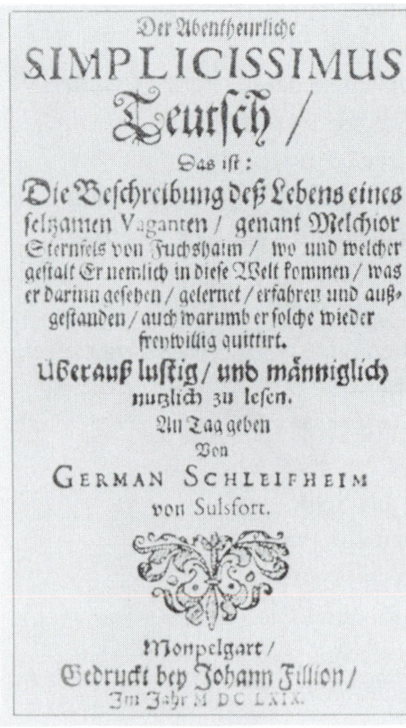

Der Abentheurliche
SIMPLICISSIMUS
Teutsch /
Das ist:
Die Beschreibung deß Lebens eines seltzamen Vaganten / genant Melchior Sternfels von Fuchshaim / wo und welcher gestalt Er nemlich in diese Welt kommen / was er darinn gesehen / gelernet / erfahren und außgestanden / auch warumb er solche wieder frenwillig quittirt.
Überauß lustig / und männiglich nutzlich zu lesen.
An Tag geben
Von
GERMAN SCHLEIFHEIM
von Sulsfort.
Monpelgart /
Gedruckt bey Johann Fillion /
Im Jahr M DC LXIX.

Titelseite des Romans „Simplicius Simplicissimus" von Hans Jacob Christoffel von Grimmelshausen, 1669

Dreißigjährigen Krieges beschrieben wird. Der Roman handelt von einem Jungen, der bei Bauern und Einsiedlern aufwächst, dann als Soldat den grausamen Krieg erlebt, bis er sich am Ende von der Welt zurückzieht und schließlich als frommer Robinson auf einer Insel bei Ostafrika sein Leben beschliesst.

Grimmelshausen hatte viel Erfolg mit diesem Roman und schrieb daher noch mehrere derartige Geschichten, darunter „Die Landstörtzerin Courasche", deren Namen Bert Brecht für sein Theaterstück „Mutter Courage und ihre Kinder" benutzt hat, das im Dreißigjährigen Krieg spielt und die Atmosphäre der Bücher Grimmelshausens wiedergibt.°

wiedergibt, wiedergeben *to render*

Fragen zum Text:

Der Dreißigjährige Krieg

1. In welchem Land begann der Dreißigjährige Krieg?
2. Welche europäischen Länder waren an diesem Krieg beteiligt?

3. Wer waren die bekanntesten Heerführer des Krieges?
4. Wie wird der Friede am Ende des Krieges genannt?

Deutschland im 17. Jahrhundert

5. Welche Länder schieden damals aus dem Reich aus?
6. Was bedeutete die Idee der Staatsräson?
7. Wozu führte der Krieg in der europäischen Politik?
8. Bei welcher Gelegenheit zeigte das Reich noch einmal seine Einheit?

Der Fürstenstaat

9. Warum waren die Menschen in Deutschland jetzt mehr auf den Staat angewiesen als vorher?
10. Was waren wichtige Elemente des neuen Verwaltungssystems?
11. Wofür brauchten die Fürsten hohe Einnahmen aus Steuern und Zöllen?
12. Wie drückte sich die Hierarchie der Gesellschaft in den Umgangsformen aus?

Barockkultur

13. Welcher König wurde Vorbild für die deutschen Fürsten?
14. Was zeigte sich in der Anlage der neuen Residenzstädte?
15. Wer schrieb und wer komponierte die erste deutsche Oper?
16. Welchen Stil hatte die deutsche Dichtung des 16. Jahrhunderts gehabt?
17. Wo studierten viele protestantische Schlesier? Warum?
18. Was wird im „Simplicissimus“ erzählt?

Aufsatzthemen:

1. Wenn Sie Barockkirchen und Barockschlösser sehen, was meinen Sie, war den Menschen wichtig, die diese Gebäude bauen ließen?
2. Können Sie sich einen Krieg vorstellen, der dreißig Jahre lang dauert? Was würde das für Ihr Leben bedeuten?
3. Denken Sie, dass in Krisenzeiten wie nach 1648 eine staatliche Planung und Verwaltung nötig ist? Welche Alternativen können Sie sehen?
4. Verstehen Sie, warum das Thema „Vergänglichkeit“ in der Literatur des 17. Jahrhunderts so wichtig war? Warum? Bedeutet dieses Thema etwas für Sie?

Die Tafelrunde von Sanssouci, Gemälde von Adolf von Menzel

7 Die Staatsräson

1701–1714	Spanischer Erbfolgekrieg.
1701	Königreich Preußen.
1717	Eroberung Belgrads durch Prinz Eugen von Savoyen.
1740–1786	Regierung Friedrichs II. in Preußen.
1740–1780	Maria Theresia Kaiserin in Österreich.
1756–1763	Siebenjähriger Krieg.
1781	Immanuel Kant veröffentlicht die „Kritik der reinen Vernunft".
1789	Beginn der Französischen Revolution.

Was wissen Sie, was meinen Sie?

1. Was denken Sie, wenn Sie das Wort „Preußen" hören?
2. Wofür ist die Stadt Berlin bekannt?
3. Welches sind die Grundideen der amerikanischen Verfassung und der Französischen Revolution? Welche Form der Gesellschaft fordern sie?
4. Was ist ein „freier Schriftsteller", und unter welchen Bedingungen kann er existieren?
5. Verstehen Sie den Unterschied zwischen einem „Söldner" und einem „Soldaten"? Wie würden Sie ihn definieren?

6. Haben Sie von deutschen Einwanderern gehört, die vor 1800 nach Nordamerika kamen? Was brachte sie in die Vereinigten Staaten, und wo ließen sie sich nieder?

DIE AUFKLÄRUNG°

Aufklärung *Enlightenment*

Mit dem 18. Jahrhundert fängt die moderne Zeit an. Die Menschen wollten nicht mehr so leben und denken wie ihre Vorfahren; sie wollten die Welt verändern und das Leben verbessern. Das Selbstbewusstsein° der Menschen wuchs. Sie fühlten sich nicht mehr als reuige° Sünder, sondern als Höhepunkt von Gottes großartiger Schöpfung. Diese Würde° sei allen Menschen gemeinsam, meinten sie, dem König wie dem Bettler.°

Selbstbewusstsein *self-confidence*

reuige *repentant*

Würde *dignity*

Bettler *beggar*

Die Tendenzen der Kultur des 18. Jahrhunderts werden gewöhnlich unter dem Begriff „Aufklärung" zusammengefasst. Das Symbol der Aufklärung war die aufgehende Sonne. Die Vernunft gibt dem menschen seine Würde, und das Licht der Vernunft möglichst vielen Menschen gebracht werden. Die Menschen sollten gebildet, aufgeklärt werden; sie sollten lernen, ihren eigenen Verstand zu gebrauchen und sich nicht mehr auf Autoritäten zu verlassen. Die Menschen waren überzeugt, dass Gott in seiner Güte und Weisheit den Menschen gut geschaffen hatte. Der Mensch sei von Natur gut, nur müsste er seine Vorurteile° überwinden. Wenn alle Menschen vernünftig handelten, so dachten die Philosophen, könnte ein Paradies auf Erden entstehen.

Vorurteile *prejudices*

In England, Holland und Frankreich stand hinter dieser Säkularisierung und Emanzipationsbewegung ein wohlhabendes und mächtiges Bürgertum, das dabei war, die Methoden der modernen Industrie zu entwickeln. Es dachte rational und wollte die Naturwissenschaften für die Wirtschaft ausnutzen. Um sich weiterentwickeln zu können, brauchte man wirtschaftliche und politische Freiheit. In Frankreich, wo am wenigsten von dieser Freiheit vorhanden war, waren die Ideen am radikalsten. Jean-Jacques Rousseau gewann großen Einfluss durch seine Kulturkritik.° Schließlich befreiten sich die Franzosen 1789 durch eine Revolution und proklamierten den Grundsatz, dass alle Menschen frei und gleich seien und Brüder sein sollen.

Kulturkritik *criticism of civilization*

DAS DEUTSCHE BÜRGERTUM

In Deutschland lagen die Verhältnisse anders. Das Reich war in über 300 Einzelstaaten zersplittert.° Viele mittelalterliche Lebensformen hatten sich erhalten. Das Bürgertum war weder wohlhabend noch mächtig. Die Industrialisierung hat

zersplittert *fragmented*

in Deutschland erst im 19. Jahrhundert stattgefunden. Politische Freiheit gab es nicht. Nicht einmal eine wirkliche Hauptstadt, wie Paris oder London, war vorhanden.

Um 1700 war die französische Kultur in Deutschland vorherrschend. An den Höfen wurde nur Französisch gesprochen. Es wurde in Frage gestellt,° ob die deutsche Sprache zu einer bedeutenden Literatur geeignet sei. Die Sprache der Universitäten war Latein. Christian Thomasius (1655–1728) erregte großen Unwillen,° als er 1687 in Leipzig eine öffentliche Vorlesung in deutscher Sprache abhielt. Er verließ Leipzig und ging an die neugegründete Universität Halle, wo er seine neuen Ideen leichter durchsetzen konnte.

in Frage gestellt, in Frage stellen *to question*

Unwillen *indignation*

Der größte deutsche Wissenschaftler und Philosoph dieses Zeitalters, Gottfried Wilhelm Leibniz (1646–1716), schrieb ein gutes Deutsch und setzte sich für den Gebrauch der deutschen Sprache ein; aber auch er musste seine Hauptwerke auf Latein und Französisch abfassen. Leibniz war ein Mensch, der alle Wissensgebiete beherrschte: Er war Philosoph, Mathematiker, Sprachwissenschaftler, Naturwissenschaftler, Historiker, Jurist und Theologe. Er war als Diplomat tätig, und er gründete 1700 die Akademie der Wissenschaften in Berlin, um das wissenschaftliche Leben in Deutschland zu entwickeln.

Die neue deutsche Literatur hatte also wichtige gesellschaftliche Aufgaben. Sie sollte die kulturelle Einheit Deutschlands demonstrieren und verstärken, aber auch das Ansehen° der Deutschen in Europa heben und ihnen Selbstvertrauen° geben. Da der Adel als Stand an dieser Aufgabe nicht interessiert war, fiel sie dem Bürgertum zu. Das Bürgertum benutzte dabei seine literarische Bildung auch, um die Standesschranken° zu überwinden. Zwar konnte dieses deutsche Bürgertum nicht daran denken, die Gesellschaft radikal zu verändern und die politische Macht an sich zu reißen, aber es konnte versuchen, mehr Freiheit und Gleichberechtigung im kulturellen Bereich zu erkämpfen. Handelsstädte mit wohlhabenden und politisch aktiven Bürgern waren die ersten Zentren dieser neuen Literatur, vor allem Hamburg, Zürich und Leipzig.

Ansehen *prestige*

Selbstvertrauen *self-confidence*

Standesschranken *social barriers*

Leipzig wurde dabei besonders einflussreich. Es hatte eine wichtige Universität, galt als die Stadt der Mode, und war nicht nur das Zentrum der Pelzindustrie, sondern auch des Buchhandels. Zweimal im Jahr reisten die deutschen Buchhändler nach Leipzig, um neue Bücher zu verkaufen und zu kaufen, und um zu erfahren, welche neuen Ideen diskutiert und welche neuen Entdeckungen gemacht wurden. An der Universität lehrte Johann Christoph Gottsched (1700–1766), der nicht nur „Weltweisheit", Philosophie, auf deutsch und gemeinverständlich erklärte, sondern vor allem Lehrbücher für die deutsche Sprache und Literatur schrieb: eine Grammatik, eine Redekunst und eine „kritische Dichtkunst". In Zeitschriften vom Typ der „moralischen

Wochenschriften“ verbreitete er Bildung und Muster° für richtiges Verhalten° in einem weiteren Kreis. Ganz besonders lag ihm das Theater am Herzen. Er versuchte, es nach französischem Muster zu verbessern und verbannte den beliebten Clown, den Hanswurst; von der Bühne.

Muster *models*

Verhalten *behavior*

So sehr Gottscheds Lehren und Regeln Eindruck machten, so wenig überzeugten seine eigenen Dichtungen. Sehr beliebt wurde hingegen ein anderer Leipziger Professor, Christian Fürchtegott Gellert (1715–1769), durch Fabeln, Erzählungen und Gedichte und durch seine praktische Moral. Er wusste lebendig zu schreiben, und er zeigte an einfachen Beispielen; wie der Mensch sich im Leben verhalten soll.

Solche Beispiele wie die von Gottsched und Gellert halfen, die deutsche Sprache zu bereichern und sie wieder zur Literatursprache zu entwickeln. Der Fortschritt und die neuen Ideen kamen dabei zuerst in den protestantischen Teilen Deutschlands auf. Dabei spielten die Pfarrhäuser° eine wichtige Rolle. Der Pfarrer im Dorf oder in der Kleinstadt war gewöhnlich der einzige Mensch, der Bücher kaufte und las. Seine geistliche° Autorität gab ihm einige geistige Freiheit. Er war zwar selten wohlhabend, hatte aber genug Zeit, sich mit wissenschaftlichen oder literarischen Fragen zu beschäftigen. Theologie war das einzige Fach, für das die begabten Söhne armer Eltern Stipendien bekommen konnten. So gab es unter den Pfarrern viele lebendige und fortschrittliche Geister. Das Leben eines Pfarrers war meistens ärmlich, und der Weg dorthin konnte lang und mühevoll sein. Ein Theologe verließ die Universität als „Kandidat“ und begann sein Berufsleben als Lehrer, entweder an einem Gymnasium oder als „Hofmeister“. Ein Hofmeister war ein Hauslehrer, der Söhne von Adligen und reichen Bürgern erzog, die nicht auf öffentliche Schulen gehen wollten. In diesen Stellungen warteten die jungen Theologen, bis eine Pfarrstelle frei wurde, die der Adlige oder der Stadtrat, von denen sie abhängig waren, besetzten. Hofmeister waren gebildete und oft selbstbewusste junge Männer; aber sie wurden als Bediente behandelt. Das führte zu vielen Konflikten, die gewöhnlich mit der Entlassung der Hofmeister endeten.

Pfarrhäuser *parsonages*

geistliche *clerical, ecclesiastic*

Nicht wenige der Theologen fanden keinen Platz mehr in der Kirche. Nur wenige davon schafften es, Professoren an Universitäten zu werden; die meisten schlugen sich als freie Schriftsteller, Übersetzer, Buchändler und Journalisten durch,° wenn sie nicht gar als Schauspieler oder—noch schlimmer—als Soldaten endeten. Jedoch aus diesem unsicheren Stand von Intellektuellen rekrutierten sich die bedeutenden Schriftsteller und Philosophen Deutschlands.

schlugen sich durch, sich durchschlagen *to fight one's way through*

Erziehung, Bildung des Menschen, wurde ein entscheidender Punkt der Aufklärung in Deutschland. Durch Bildung kämpften die Aufklärer für eine neue Menschenwürde und Freiheit; Bildung sollte die starren° Standesgrenzen überwinden. Statt der ererbten Privilegien des Geburtsadels° sollten die Verdi-

starren *rigid*

Geburtsadels *nobility by birth*

enste eines geistigen Adels gelten. Die Einteilung der Gesellschaft in Adel, Bürgertum und Bauern mit vielen Unterteilungen sollte durch die Einteilung in „Gebildete" und „Ungebildete" ersetzt werden. Die Gebildeten hatten die Aufgabe, Wohlfahrt und Glückseligkeit° zu verbreiten.

Glückseligkeit *happiness*

Der bürgerliche Lebensstil

Der bürgerliche Lebensstil wurde im Laufe des 18. Jahrhunderts vorherrschend. Man spricht davon, dass auch der Adel „verbürgerlichte". Aber was bedeutet das? Wichtig wurde vor allem die stärkere Trennung des Lebens in eine private und eine öffentliche Sphäre. In den Häusern wurden Schlafzimmer und Badezimmer, sobald es sie gab, von den Wohnräumen getrennt. Das Familienleben bekam eine zentrale Bedeutung. Es war noch nicht die Kleinfamilie des 20. Jahrhunderts, von der die Rede ist; aber die Pflicht der Eltern, sich selbst um ihre Kinder zu kümmern, wurde betont. Rousseau brachte große Veränderungen in der französischen Oberschicht hervor, als er forderte, dass die Mütter ihre Kinder selbst nähren° sollten. Das Leben sollte „natürlicher" werden. Wichtige Änderungen zeigten sich auch in der Ehe. Es war vorher keine Frage gewesen, dass Ehen aus gesellschaftlichen, wirtschaftlichen und praktischen Gründen geschlossen wurden. Die Tochter eines Handwerksmeisters heiratete den Nachfolger° des Vaters. Zwei Adelsfamilien suchten eine politisch wichtige Verbindung. Ein Kaufmann brauchte eine Frau mit einer Mitgift,° mit Kapital. Diese Gründe blieben bestehen; aber die Partner sollten jetzt auch verträglich° sein, oder sogar einander lieben. Viele Romane des Jahrhunderts stellen solche Konflikte dar.

Die Lage der Frau kam überhaupt mehr ins öffentliche Bewusstsein. In den letzten Jahrhunderten hatte sich die rechtliche Stellung der Frau verschlechtert. Auch als Witwe brauchte sie jetzt einen Vormund° für die Erziehung der Kinder. Schlimm war das Schicksal von weiblichen Dienstboten. Die Zahl der unehelichen Kinder war groß, und ein uneheliches Kind bedeutete oft Elend und Ausstoßung.° Daher die Zahl der Kindesmorde, durch die sich die armen Mädchen retten wollten. An diesem Beispiel, das Goethe später im „Faust" dramatisierte, knüpften die Reformer an,° um eine humanere Justizverwaltung zu erreichen.

Geldfragen spielten natürlich eine große Rolle. Für den Bürger war Sparsamkeit° wichtiger als Repräsentation und Luxus. Sein Einkommen sollte aus Arbeit kommen. Nicht plötzlicher Reichtum war erwünscht, sondern langsam wachsender solider Wohlstand. Sicherheit ging vor Spekulation.

nähren *to nurse*

Nachfolger *successor*

Mitgift *dowry*

verträglich *compatible*

Vormund *guardian*

Ausstoßung *expulsion*

knupften an, anknüpfen *to refer to*

Sparsamkeit *economy, money saving*

„Häusliche Lektion", von Daniel Chodowiecki, dem bekanntesten Buchillustrator der Zeit

Besonders schlimm fanden die Bürger das Glücksspiel,° das an den Höfen und im Adel weit verbreitet war und oft Riesensummen kostete. Das bürgerliche Ideal dieser Zeit fand nicht nur große Armut schädlich, sondern auch allzu großen Reichtum.

Glücksspiel *gambling*

Der Bürger war durchaus berechtigt, ja verpflichtet, seine Interessen zu wahren, für sich und seine Familie zu sorgen. Aber das durfte nicht Selbstsucht, Egoismus, sein. Er hatte gleichfalls die Pflicht, „gemeinnützig" für seine Gemeinde und Gesellschaft zu wirken. Dieser Ausgleich der eigenen und allgemeinen Interessen bildete die Grundlage der städtischen Selbstverwaltung und des kulturellen Lebens in den Städten, ebenso wie der Wohltätigkeit.

Diese Werte und Ideale waren keineswegs neu; neu war allerdings die Idee der Familie und des Einzelmenschen, des Individuums. Die Menschen empfanden mehr ihre individuelle Würde, und die Gefühle wurden wichtiger in den menschlichen Beziehungen.

Österreich und Preußen

Unter den deutschen Staaten war Österreich die einzige europäische Großmacht. Wien war die einzige Großstadt im Deutschen Reich. Andere deutsche Fürsten mussten ins Ausland gehen, um größere Macht zu gewinnen. Der Kurfürst von

Hannover wurde König von England, der Kurfürst von Sachsen König von Polen. Der Kurfürst von Brandenburg wollte nicht zurückbleiben, und er machte sich 1701 selbst zum König von Preußen. Ostpreußen gehörte zwar zu Brandenburg, aber es lag außerhalb des Deutschen Reiches, und so brauchte der Kurfürst von Brandenburg nicht die Zustimmung des Kaisers zu seiner neuen Würde. Es war das Zeitalter der Staatsräson, in dem die Wünsche der Untertanen wenig galten. Auch von einem nationalen Interesse war nicht die Rede, nur von dem Interesse des Fürsten und seines Staates. Die Großmächte bildeten in Europa ein Gleichgewicht,° und sie achteten darauf, dass keine Macht zu stark wurde. Im Spanischen Erbfolgekrieg von 1701 bis 1714 sorgten Österreich und England dafür, dass Frankreich nicht die Vorherrschaft in Europa bekam. Obwohl Frankreich militärisch besiegt war, endete der Krieg mit einem Kompromiss: Auch Österreich sollte nicht zu stark werden.

Gleichgewicht *balance of power*

Der Held dieses Krieges war außer dem englischen Herzog von Marlborough der österreichische Heerführer Prinz Eugen von Savoyen. Prinz Eugen hatte als Nachbar Frankreichs zuerst in die französische Armee eintreten wollen, aber weil er sehr klein, fast verwachsen° war, wurde er in Versailles nicht ernst genommen. So ging er nach Österreich, und er war es dann, der bei Höchstädt, Oudenaarde und Malplaquet die Franzosen schlug. Später führte er die österreichische Armee auch gegen die Türken, wobei ihm die Eroberung von Belgrad gelang. In seinem letzten Krieg führte er 1738 am Oberrhein den späteren Preußenkönig Friedrich II. in die Kriegskunst ein.

verwachsen *deformed*

Prinz Eugen baute sich in Wien das Belvedere, eines der schönsten Schlösser Österreichs. Er war an den neuen Ideen seiner Zeit interessiert; Leibniz zum Beispiel schrieb seine „Monadologie" auf, um dem Prinzen Eugen eine kurze Zusammenfassung seiner Philosophie zu geben. Auf seinen Gütern versuchte Prinz Eugen, neue Methoden in der Landwirtschaft zu entwickeln.

FRIEDRICH II.

Zwei große Veränderungen fanden während des 18. Jahrhunderts im europäischen Staatensystem statt: Im Nordischen Krieg am Anfang des Jahrhunderts schied Schweden als Großmacht aus, und an seine Stelle trat Russland. Die zweite Veränderung betrifft Deutschland. Während der Regierungszeit des Königs Friedrich II. von Preußen (1740–1786) wurde Preußen eine europäische Großmacht. Preußen war 1740 noch ein eher kleiner and vor allem armer Staat. Friedrichs Vater, Friedrich Wilhelm I., hatte eine wirksame und staatstreue° Verwaltung eingeführt. Er hatte eine große Armee aufgebaut und durch fanatische Sparsamkeit viel Geld in der Staatskasse gesammelt. Friedrich

staatstreue *devoted to the state*

Kaiserin Maria Theresia mit Kaiser Franz und ihren Kindern, links neben der Kaiserin der zukünftige Kaiser Joseph II. Die Kaiserin liebte es, als Mutter im Familienkreis dargestellt zu werden.

Wilhelm I. war ein ungebildeter, naiv gläubiger, dabei brutaler und herrschsüchtiger° Mann. Sein Sohn Friedrich hingegen war sehr musikalisch; er wurde ein ausgezeichneter Flötenspieler und ein guter Komponist. Er sprach und schrieb sehr gut Französisch, ja er hatte großen Ehrgeiz als Schriftsteller. Das Militär schien ihn überhaupt nicht zu interessieren und die Verwaltung nicht viel mehr. Dem einfachen Christenglauben seines Vaters stand er sehr früh mit rationaler Skepsis gegenüber. Vater und Sohn verstanden sich gar nicht, und es kam zu Konflikten, als Friedrich sich gegen den Willen des Vaters mit einer englischen Prinzessin verheiraten wollte. Schließlich versuchte er, aus

herrschsüchtiger *domineering*

Preußen zu fliehen. Die Flucht misslang ihm, und er wurde gefangen gesetzt, sein Begleiter Katte sogar hingerichtet.

Jetzt gab der Prinz äußerlich nach. Er arbeitete in der Verwaltung mit, und er akzeptierte die vorgeschlagene Heirat mit Elisabeth von Braunschweig-Bevern. Der Vater gab ihm die Freiheit wieder, und der Prinz konnte im Schloss Rheinsberg in der Mark ungezwungen° seinen eigenen Hof halten. In dieser Zeit schrieb er ein Werk über den idealen Herrscher. Er schien der Fürst zu sein, den die Aufklärung erträumte: Ein Herrscher, der gebildet ist, der Kunst und Wissenschaft fördert, der die Schulen verbessert, der die Wirtschaft seines Landes entwickelt, der Freiheit der Meinung und der Religion duldet; kurz, der ein Paradies auf Erden erstrebt—und der keine Kriege führt.

Solch ein Herrscher ist Friedrich nicht geworden. 1740, als er an die Regierung kam, starb auch Kaiser Karl VI.; und Friedrich gehörte sofort zu denen, die der Kaiserin Maria Theresia Schwierigkeiten bereiteten: Er marschierte in Schlesien ein und eroberte es. Damit erwarb er eine reiche Provinz, die er als Grundlage für eine europäische Politik unbedingt brauchte. Preußen wurde Großmacht, und es entstand in Deutschland der Dualismus der zwei Länder Österreich und Preußen, der mehr als hundert Jahre dauerte, nämlich bis Österreich im Jahre 1866 aus Deutschland ausschied.° Für Österreich war diese Konkurrenz Preußens unerträglich,° und deshalb folgten diesem ersten schlesischen Krieg noch zwei weitere. Der letzte dieser Kriege (1756–1763) heißt der Siebenjährige Krieg. Preußen hatte sich gegen Österreich, Frankreich, Russland, Sachsen und Schweden zu wehren; nur England war mit ihm verbündet. Es war nicht nur ein europäischer Krieg; England und Frankreich kämpften auch um den Besitz von Kanada und von Indien. Friedrich errang bedeutende Siege und erlitt ebenso schwere Niederlagen.° Wirtschaftlich konnte er den Krieg nur durchhalten, weil er das reiche Sachsen besetzt hielt und Kriegssteuern° erhob. Er wurde dadurch gerettet, dass die russische Zarin Elisabeth starb und Russland sich vom Krieg zurückzog. Friedrich behielt Schlesien; Preußens Stellung war gesichert.

Nach dem Siebenjährigen Krieg beschäftigte sich Friedrich fast nur noch mit der Verwaltung seines Landes. Diese preußische Verwaltung wurde bald in anderen Staaten nachgeahmt.° Die preußische Armee war jetzt berühmt und gefürchtet. Friedrich leitete die Reform der Justiz in Preußen ein; er übte religiöse Toleranz und ließ jeden Untertan „nach seiner Fasson selig werden". Er kümmerte sich um die Preußische Akademie der Wissenschaften; kurzum, Friedrich betrachtete sich als den „ersten Diener seines Staates". Die Meinungsfreiheit° hatte in seinem Staat allerdings ihre Grenzen: Nachdem er am Anfang seiner Regierung die Zensur für die Zeitungen aufgehoben hatte, führte er sie bald wieder ein.

ungezwungen *unconstrained*

ausschied, ausscheiden *to be separated, leave*

unerträglich *intolerable*

Niederlagen *defeats*

Kriegssteuern *war contributions*

nachgeahmt, nachahmen *to imitate*

Meinungsfreiheit *freedom of opinion*

Berlin

Zur Zeit Friedrichs entwickelte sich Berlin zu einem kulturellen Zentrum, in dem Buchhandlungen, Theater und Schulen einen guten Ruf bekamen. Berlin trat damit an die Seite von Leipzig. Friedrichs Leistungen, die Heldentaten der preußischen Armee, die wirtschaftliche Entwicklung Preußens machten das Land zu einem Musterland° für das deutsche Bürgertum. Die preußischen Siege wurden als patriotische Taten gefeiert, obwohl Friedrich ja Gegner des Kaisers und damit eigentlich ein Rebell gegen das Reich war, und obwohl durch seine Politik das Reich noch mehr auseinander fiel. Der Siebenjährige Krieg stärkte das Selbstbewusstsein der Deutschen. Friedrich „der Große" wurde Hauptfigur vieler Anekdoten, die ihn zu dem erträumten idealen Herrscher machten. Dabei stand Friedrich den Deutschen und besonders der deutschen Kultur kritisch gegenüber. Er sprach und schrieb Französisch; sein Vorbild war Voltaire, mit dem er korrespondierte und den er nach Berlin einlud. Eine klassische Dichtung in deutscher Sprache hielt er für unmöglich, wie er noch 1780 in einer französischen Streitschrift schrieb.

Musterland *model country*

Friedrichs mangelndes° Verständnis für die deutsche Kultur zeigt sich in seiner Beziehung zu den Schriftstellern seiner Hauptstadt. In den fünfziger Jahren waren es vor allem drei junge Männer, die für die Zukunft wichtig wurden: der Buchhändler, Verleger° und Schriftsteller Friedrich Nicolai (1733–1811), der Philosoph Moses Mendelssohn (1729–1786) und der Schriftsteller Gotthold Ephraim Lessing (1729–1781). Nicolais Bedeutung als Verleger und Herausgeber wird immer noch unterschätzt. Anerkannt, aber umstritten, bleibt die außergewöhnliche Bedeutung von Moses Mendelssohn. Seine Persönlichkeit und der Rang seiner philosophischen Schriften machten ihn zur Symbolfigur. Sie widerlegten das weit verbreitete verächtliche° Vorurteil gegen Juden. Moses Mendelssohn wollte die deutschen Juden aufklären. Sie sollten aus ihrem Getto heraustreten und sich in die deutsche Kultur integrieren. Sie folgten seinem Ruf und wechselten in einer Generation von ihrem „Judendeutsch" zur deutschen Sprache. Ärzte, Kaufleute und Bankiers konnten als erste zu Wohlstand und Ansehen kommen. Mit Moses Mendelssohn begann der Versuch der „deutsch-jüdischen Symbiose".

mangelndes *lacking, missing*

Verleger *publisher*

verächtliche *contemptible*

Gotthold Ephraim Lessing stammte aus Sachsen. Nach dem Studium in Leipzig lebte er als freier Schriftsteller und Journalist in Berlin. Während des Siebenjährigen Krieges war er sogar bei der Militärverwaltung in Schlesien tätig. Doch die Stelle eines Hofbibliothekars° ging weder an ihn noch an Johann Jakob Winckelmann, den in Preußen geborenen Wiederentdecker der klassischen griechischen Kunst.

Hofbibliothekars *court librarian*

Moses Mendelssohn, kurz vor seinem Tode 1786

Lessing vollendete Gottscheds Werk. Er setzte nicht nur als Kritiker und Theoretiker der deutschen Literatur neue Maßstäbe,° er gab ihr nicht nur eine neue Orientierung im Anschluss an die englische Literatur, er gab auch dem deutschen Theater die ersten Beispiele eines bedeutenden Dramas. Seine Komödie „Minna von Barnhelm" behandelte aktuelle Probleme nach dem Siebenjährigen Krieg, die Tragödie „Emilia Galotti" stellte despotische Herrscher dar, und am Ende seines Lebens forderte er in „Nathan der Weise" die Verwirklichung der Aufklärungsideale der Menschlichkeit, der religiösen und gesellschaftlichen Toleranz und der klugen und weisen Regierung zum Wohl der Menschheit. Lessings Leben war eine Kette von Kämpfen und Schwierigkeiten; er lebte am Ende müde und resigniert im abgelegenen° Wolfenbüttel bei Braunschweig, überzeugt, dass seine Zeit noch nicht reif sei für die Ideale der Aufklärung, aber ebenso sicher, dass die Menschheit einer besseren Zukunft entgegengehe.

Maßstäbe, Maßstäbe setzen *to set standards*

abgelegenen *remote*

Auch im Reich Friedrichs des Großen musste sich also die Kultur abseits° von der Regierung oder in Opposition zu ihr entwickeln. Ein ebenso deutliches Beispiel wie das Leben von Lessing ist das Leben des Philosophen Immanuel Kant (1724–1804). Kant war in Königsberg (heute Kaliningrad) geboren, wo er außer einigen Jahren als Hauslehrer sein ganzes Leben verbrachte. Obwohl seine Begabung früh bekannt wurde, musste er sich mühsam als Privatdozent° und Hilfsbibliothekar durchschlagen, bis er endlich eine

abseits *apart*

Privatdozent *private lecturer*

Professur erhielt, die ihm erlaubte, sich mit der Abfassung° seiner Hauptwerke zu beschäftigen. Seine „Kritik der reinen Vernunft“, die 1781 veröffentlicht wurde, leitete eine neue Epoche der Philosophie ein.

Abfassung *writing*

Trotz der wirtschaftlichen Schwierigkeiten, trotz der mangelnden Hilfe der Fürsten, entwickelte sich diese bürgerliche Kultur außerordentlich schnell; sie führte um das Jahr 1800 zu einem Höhepunkt, zur Goethezeit.

Deutsche in Amerika

Schon frühzeitig waren einzelne Deutsche nach Nordamerika ausgewandert. Peter Minnewit oder Minuit, der 1626 Manhattan von den Indianern kaufte, stammte aus Wesel. Unter den Holländern in Nordamerika waren nicht wenige Deutsche; denn die Grenzen waren ja offen. Auch unter den Einwohnern von Jamestown waren deutsche Handwerker. Die erste organisierte Auswanderergruppe kam allerdings mit dem Schiff „Concord“ 1683 nach Philadelphia. Diese Auswanderer stammten aus Krefeld nahe der holländischen Grenze, und einige von ihnen hatten holländische Namen. Unter Führung von Franz Daniel Pastorius (1651–1720) aus Sommerhausen bei Würzburg gründeten sie

Altes Haus—Germantown Avenue, Philadelphia, Pennsylvania

Friedrich Wilhelm von Steuben in Amerika

Germantown in der Nähe von Philadelphia. Im 18. Jahrhundert folgten viele andere Gruppen; besonders christliche Gemeinschaften, die mit den Staatskirchen in Konflikt kamen: Mennoniten, Herrnhuter und andere Pietisten, darunter auch die Amischen. Sie suchten Religionsfreiheit, und die fanden sie vor allem in Pennsylvanien. Dorthin ging ein Großteil der deutschen Auswanderer im 18. Jahrhundert, so dass zur Zeit des amerikanischen Unabhängigkeitskrieges ein Drittel der Bevölkerung Pennsylvaniens aus Deutschen bestand. Andere deutsche Gruppen ließen sich in den südlichen Staaten und im westlichen New York nieder, nur wenige siedelten sich in Neuengland an.

Die Deutschen, so weit sie nicht in Kommunen lebten, waren Bauern und Handwerker. Sie hatten kaum Bedarf für Sklaven und waren meistens gegen Sklaverei. Schon 1688 veröffentlichte Pastorius einen Protest gegen die Sklaverei.

Der Unabhängigkeitskrieg der Vereinigten Staaten fand ein lebhaftes Echo in Deutschland. Durch die Deutschen in Philadelphia kamen die Dokumente, wie die Unabhängigkeitserklärung, und die Nachrichten schnell nach Deutschland. Franklin und Washington wurden auch in Deutschland populär. Die sich gerade entwickelnde politische Presse fand darin ein gutes Thema, um den deutschen Absolutismus indirekt zu kritisieren. Ein besonders empörendes Kapitel deutscher Fürstenpolitik war der Verkauf von Soldaten an England für den Militärdienst in Amerika. Zu diesen Fürsten gehörten die Herrscher von Braunschweig, Ansbach-Bayreuth, und vor allem Hessen-Kassel und Hessen-Hanau. Diese 30 000 Soldaten, in Amerika „Hessen" genannt, waren gewiss keine begeisterten Kämpfer. Ungefähr 7 500 starben im Kampf oder an Krankheiten, etwa 5 000 blieben in Amerika.

Die Begeisterung für die gute Sache brachte einen preußischen Offizier in die Vereinigten Staaten: Friedrich Wilhelm von Steuben (1730–1794). Er hatte unter Friedrich II. in zwei Kriegen gedient. 1777 kam er nach Amerika, und 1778 wurde er Generalinspekteur von Washingtons Armee. Sein Hauptverdienst ist die Organisation der amerikanischen Armee.

Um das Jahr 1825 wurde ein Antrag im Landtag von Pennsylvanien eingebracht, die deutsche Sprache als zweite offizielle Sprache neben der englischen zuzulassen. Der Antrag wurde mit einer Stimme Mehrheit abgelehnt. Aus dieser Episode entstand die in Deutschland lange verbreitete Sage, Deutsch sei beinahe die Nationalsprache der Vereinigten Staaten geworden! In Pennsylvanien wurde im 19. Jahrhundert trotzdem Deutsch neben Englisch in manchen amtlichen Dokumenten benutzt.

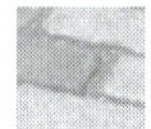

Fragen zum Text:

Die Aufklärung

1. Welche Überzeugung hatte die Aufklärung von der Natur des Menschen?
2. Welche Gesellschaftsklasse wollte die Ideen der Aufklärung verwirklichen?
3. In welchen europäischen Ländern war die Aufklärung besonders wirksam?

Das deutsche Bürgertum

4. Welche Sprache wurde um 1700 an den deutschen Höfen gesprochen?
5. Auf welchen Gebieten ist Leibniz bekannt geworden?
6. Worin bestand Gottscheds Bedeutung?
7. Worin bestand die kulturelle Bedeutung von Leipzig?
8. Was war ein Hofmeister, und warum war seine Stellung oft unbefriedigend?

Der bürgerliche Lebensstil

9. In welchem Kreis verbrachten die Bürger in erster Linie ihr Leben?
10. Welcher Konflikt wurde oft in Romanen dargestellt?
11. Welches weibliche Verbrechen war typisch für die Zeit und warum?

Österreich und Preußen

12. Was tat der Kurfürst von Brandenburg im Jahre 1701?
13. In welchem Krieg wurde Prinz Eugen berühmt?

Friedrich II.

14. Was erwartete man von Friedrich II., als er an die Regierung kam?
15. Um welche Provinz kämpften Österreich und Preußen?
16. In welchen Teilen der Welt wurde während des Siebenjährigen Krieges gekämpft?

Berlin

17. Wie beurteilten viele Deutsche die preußischen Siege im Siebenjährigen Krieg?
18. Was sollten nach Moses Mendelssohns Auffassung die Juden in Deutschland tun?
19. In welchem Bereich der Literatur machte sich Lessing einen Namen?
20. Was charakterisiert die Laufbahn des Philosophen Kant?

Deutsche in Amerika

21. Wann kam die erste deutsche Gruppe nach Nordamerika und was tat sie?
22. Was war ein besonders empörendes Kapitel deutscher Fürstenpolitik?
23. Welcher Antrag wurde 1825 im Landtag von Pennsylvanien eingebracht?

Aufsatzthemen:

1. Wie stehen Sie zu den Ideen der Aufklärung? Glauben Sie, dass der Mensch gut ist und nur Bildung und positive Bedingungen braucht, damit Friede und Harmonie herrschen?
2. Moses Mendelssohn glaubte, dass Aufklärung, Bildung und eine gemeinsame Sprache der Juden und Deutschen das Problem des Antisemitismus lösen würden. Glauben Sie, dass man auf diese Weise Vorurteile beseitigen kann?
3. Unter König Friedrich II. wurde Preußen zur Großmacht, und es entstand der Dualismus Österreich-Preußen. Wie beurteilen Sie die Folgen davon für die deutsche Geschichte?
4. Warum war Ihrer Meinung nach das deutsche Bürgertum begeistert von Benjamin Franklin und Washington und nahm Partei gegen England?

Johann Wolfgang von Goethe

8 Die Goethezeit

1749–1832	Johann Wolfgang von Goethe.
1775	Goethe kommt nach Weimar.
1789	Französische Revolution.
1806	Ende des Heiligen Römischen Reiches Deutscher Nation.
1806–1807	Krieg zwischen Frankreich und Preußen, Niederlage Preußens.
1807	Beginn der preußischen Reformen.
1811	Gründung der Universität Berlin.
1813–1815	Befreiungskriege gegen Frankreich.
1814–1815	Wiener Kongress.

Was wissen Sie, was meinen Sie?

1. Goethe gilt als der bedeutendste deutsche Autor und als einer der Großen in der Weltliteratur. Was wissen Sie von ihm?
2. Zu Goethes Zeit war die klassische Epoche der deutschen Musik. Kennen Sie die Namen von Komponisten aus dieser Zeit?

3. Die deutschen Romantiker interessierten sich für Volksdichtung. Welche berühmte Märchensammlung entstand damals? Was wissen Sie davon?
4. Was wissen Sie von Napoleon I.?
5. Was verstehen Sie unter den Wörtern „romantisch“ und „Romantik“?
6. Was würde für Sie zu einer romantischen Landschaft gehören? Wie müßte man sie malen?
7. Wie können Sie sich eine romantische Naturphilosophie vorstellen?

GOETHE

Johann Wolfgang von Goethe, 1782 durch Kaiser Joseph II. geadelt, wurde am 28. August 1749 in Frankfurt am Main geboren. Frankfurt, eine der Freien Städte, war die deutsche Krönungsstadt,° und Goethe erlebte als junger Mensch die letzten bedeutenden Zeremonien des Heiligen Römischen Reiches Deutscher Nation mit. Frankfurt war ein bedeutendes Zentrum des Handels und der Industrie. Im Gegensatz zu anderen deutschen Dichtern dieser Zeit stammte Goethe nicht aus dem Kleinbürgertum,° sondern aus einer wohlhabenden Familie. Sein Vater hatte Jura studiert und promoviert, und er hatte die Tochter des Frankfurter Schultheißen° geheiratet. Er bekam den Titel eines Kaiserlichen Rates; aber er befasste sich nur mit der Verwaltung seines Vermögens, der Ordnung und Vermehrung seiner Sammlungen und der Erziehung seiner Kinder.

Der junge Wolfgang erhielt Privatunterricht und wurde bereits mit sechzehn Jahren nach Leipzig auf die Universität geschickt, um Jura zu studieren. Hier lernte er zeichnen, befasste sich bei Professor Gellert mit deutscher Stilistik, bemühte sich um gesellschaftliche Eleganz und veröffentlichte seine ersten Gedichte. Als er drei Jahre später krank nach Hause zurückkehren musste, hatte er nur wenig Jura gelernt. Das wurde auch auf der Universität Straßburg nicht anders, wo Goethe 1770 bis 1771 studierte. Hier begegnete er Johann Gottfried Herder (1744–1803), der aus Ostpreußen stammte, bei Kant studiert hatte, Theologe und Lehrer war, aber sich vor allem als Literaturkritiker und Geschichtsphilosoph° einen Namen machte. Herder vermittelte° Goethe einen neuen Begriff von der Dichtung, ja vom Leben überhaupt. Goethe begeisterte sich für Homer, Shakespeare, für die dichterischen Vorzüge der Bibel und vertiefte sich in das Zeitalter der Renaissance.

Er beendete sein Studium als Lizentiat der Rechte° und begründete nach dem Wunsch seines Vaters in Frankfurt ein Rechtsanwaltsbüro.° Doch er hatte nur wenig Interesse an seiner Praxis und der Rechtswissenschaft; das änderte

Krönungsstadt *place of coronation*

Kleinbürgertum *petty bourgeoisie*

Schultheißen *chief magistrate*

Geschichtsphilosoph *philosopher of history*

vermittelte, vermitteln *to communicate*

Lizentiat der Rechte *graduate of law*

Rechtsanwaltsbüro *attorney's office, law practice*

sich auch nicht, als der Vater ihn zur weiteren Ausbildung an das oberste deutsche Gericht, das Reichskammergericht in Wetzlar, schickte. Er dramatisierte die Geschichte des Götz von Berlichingen, und er verfasste den Briefroman° „Die Leiden des jungen Werthers", der ihm europäischen Ruhm brachte. Die berühmten Männer, ja die Fürsten kamen nach Frankfurt, um Goethe zu besuchen. Unter ihnen war der Herzog Carl August von Sachsen-Weimar. Carl August war etwas jünger als Goethe, ein ehrgeiziger, weitdenkender° Fürst mit einem kleinen Land von etwa 100 000 Einwohnern, dessen Hauptstadt Weimar etwa 6 000 Einwohner hatte und dessen Universitätsstadt Jena noch kleiner war. Carl Augusts Erzieher war der Schriftsteller Christoph Martin Wieland (1733–1813) gewesen, dessen Verserzählungen° und Romane das Beispiel eines vorbildlichen deutschen Stils gegeben hatten. Wieland suchte, wie alle Schriftsteller seiner Zeit, die Hilfe eines Fürsten, um von der Schriftstellerei leben zu können; denn bei den kleinen Auflagen° waren die Honorare damals sehr klein. Wie Lessing fand Wieland weder in Preußen noch in Österreich eine Stellung; nur das kleine unbedeutende° Sachsen-Weimar bot ihm eine Lebensmöglichkeit.

__Briefroman__ epistolary novel

__weitdenkender__ far-thinking

__Verserzählungen__ stories in verse

__Auflagen__ editions

__unbedeutende__ insignificant

Carl August forderte jetzt Goethe auf, nach Weimar zu kommen. Goethe folgte 1775 diesem Ruf, und damit wurde Weimar zum Mittelpunkt der deutschen Literatur. Goethe bekam bald als Minister Carl Augusts eine wichtige Stellung im Lande. Er holte Herder nach Weimar und half mit bei Berufungen an die Universität Jena.

Die deutsche Klassik und Romantik

Nachdem Goethe mehr als zehn Jahre in der Verwaltung des Herzogtums gearbeitet hatte, brach er im Sommer 1786 heimlich nach Italien auf.° Er brauchte neue Anregung,° und er wollte sich ganz der Kunst widmen, seinen Zeichnungen und seinen Schriften. In Italien erlebte Goethe die Welt der Antike und der Renaissance: ebenfalls die klare Landschaft und die südliche Sonne. Alles das wollte er in der Dichtung auf den deutschen Boden verpflanzen. Goethe lernte Friedrich von Schiller (1759–1805) kennen, der damals Professor für Geschichte in Jena war und als Dramatiker und Literaturtheoretiker bekannt wurde. 1794 begann die enge Freundschaft dieser beiden Männer, die bis zum Tod Schillers im Jahre 1805 dauerte. Gemeinsam versuchten die beiden, den Deutschen klassische Werke zu geben, in denen echte Menschlichkeit in einer vollendeten° Form dargestellt werden sollte. Zu Schillers Dramen aus dieser Zeit gehören außer „Wallenstein" auch „Maria Stuart", „Die Jungfrau von

__brach auf, aufbrechen__ to depart

__Anregung__ stimulation, inspiration, stimulus

__vollendeten__ accomplished, perfect

Orleans“ und „Wilhelm Tell“. Goethe veröffentlichte seinen Bildungsroman° „Wilhelm Meisters Lehrjahre“, und er beendete den ersten Teil seines Dramas „Faust“. Den zweiten Teil dieses großen Werkes schloss er erst kurz vor seinem Tod im Jahre 1832 ab.

Bildungsroman *novel of educational development*

Französischen und englischen Kritikern erscheinen „Faust“ und „Wilhelm Meister“ romantisch. Tatsächlich waren die deutschen Romantiker von diesen beiden Werken begeistert. Die deutsche Romantik entwickelte sich zur gleichen Zeit wie die Klassik, und ebenfalls in Jena. Die erste Gruppe von Romantikern, zu denen Friedrich von Hardenberg, genannt Novalis, Friedrich Schlegel und August Wilhelm Schlegel gehörten, fand sich in Jena zusammen, wo sie studierten. Sie waren eine Generation jünger als Goethe. In Jena trafen sie zusammen mit den Philosophen, die dabei waren, die Philosophie Kants zu dem System zu entwickeln, das der „deutsche Idealismus“ genannt wird: Johann Gottlieb Fichte (1762–1814), Friedrich Wilhelm Schelling (1775–1854) und schließlich Georg Wilhelm Friedrich Hegel (1770–1831), der zwar älter war als Schelling, aber erst später seine dialektische Methode und sein idealistisches System ausarbeitete. Schelling und Hegel hatten zusammen in Tübingen studiert, und mit ihnen der Dichter Friedrich Hölderlin (1770–1843), der den Briefroman „Hyperion“, große Hymnen und Elegien schrieb.

Die Romantik sah sich im Gegensatz zum engstirnigen Bürgertum und glaubte nicht mehr wie die Aufklärung an die Macht des Verstandes. Was der Verstand erfassen kann, sei nur die Oberfläche, sagten die Romantiker, wichtig sei, was über den Verstand hinausgehe. Alles in der Welt stehe im Zusammenhang; die Natur und die Menschheit seien in einer ständigen Entwicklung zu höheren Stufen. So träumten die Romantiker von der Religion und der Gesellschaft der Zukunft, die sie schaffen wollten. Die romantischen Ideen und Pläne sind utopisch geblieben, haben jedoch große Wirkung ausgeübt.

Die Vertiefung in die Natur führte zu einer romantischen Naturphilosophie, einer romantischen Medizin und zur romantischen Malerei, die geheimnisvolle Stimmungen wiedergeben wollte. Insbesondere Caspar David Friedrich (1774–1840) hat in seinen Landschaften dem romantischen Lebensgefühl Ausdruck gegeben. Die Tradition der romantischen Stimmung in der Landschaftsmalerei lebte weiter, wie man es bei den amerikanischen Landschaften des deutschen Auswanderers Albert Bierstadt (1830–1902) sehen kann.

Erstaunlich war, dass sich solche Ideen in so engen Verhältnissen entwickeln konnten. Das fiel besonders der französischen Schriftstellerin Germaine de Staël auf, als sie in den ersten Jahren des 19. Jahrhunderts durch Deutschland reiste und erstaunt diese neue deutsche Kultur entdeckte. Im Vergleich mit Frankreich schien ihr das Land eine friedliche Idylle zu sein. Die

Wirtschaft war rückständig;° von Militär war—außer in Preußen—nicht viel die Rede; die Städte waren klein und ruhig; die Menschen beschäftigten sich mit Religion, Philosophie und Dichtung. So jedenfalls stellte sie es in ihrem viel gelesenen Buch „Über Deutschland" dar, in dem sie Deutschland das „Land der Dichter und Denker" nennt.

rückständig *backward*

Das traf nicht ganz zu, und die Idylle bestand vor allem aus Enge und Armut und wenig politischer Freiheit. Finanzielle Schwierigkeiten waren das tägliche Brot, nicht nur der Bürger, sondern auch der Fürsten. Carl August von Sachsen-Weimar konnte den Professoren in Jena kein ausreichendes Gehalt bezahlen, und so dauerte die Blütezeit° der Universität nicht lange. Er gewährte viel, wenn auch keineswegs unbegrenzte Freiheit, und so kamen viele Gelehrte und Schriftsteller in sein Land. Anderswo war die Zensur streng, und die Regierung duldete keine Meinungsfreiheit. Das Bürgertum war nirgendwo an der Regierung beteiligt. So ist es kein Wunder, daß 1789 viele der gebildeten Deutschen die Französische Revolution begrüßten. Auch sie hatten Voltaire und Rousseau gelesen; ihre Ideale waren denen der Franzosen ähnlich. Allerdings schienen ihnen die Methoden nicht immer richtig zu sein; die Deutschen erhofften sich mehr von friedlichen Reformen als von einer Revolution. Als die Franzosen ihren König Ludwig XVI. verurteilten und hinrichteten,° wandten sich in Deutschland die meisten Anhänger der neuen Ideen von der Französischen Revolution ab.°

Blütezeit *golden age*

hinrichteten, hinrichten *to execute*

Die strenge Polizei und Zensur in den deutschen Ländern brachte es mit sich, dass sich die Kultur, besonders Philosophie und Literatur, ganz verschieden entwickelte. Die katholischen Länder setzten der Aufklärung am meisten Widerstand° entgegen, doch der österreichische Kaiser Joseph II. (1780–1790) begünstigte die Meinungsfreiheit und das literarische Leben in Wien. Joseph wollte seinen Ländern Toleranz, Freiheit und eine wohltätige Verwaltung bringen. Die Macht der Tradition verwehrte° ihm zwar wirkliche Erfolge, doch der „Josephinismus" wurde ein bleibender Einfluss im politischen Leben Südosteuropas.

wandten sich ab, sich abwenden *to turn away*

Widerstand *resistance*

verwehrte, verwehren *to deny*

Zu Josephs Zeit wurde Wien, die glänzende Großstadt des Reiches, vor allem die Hauptstadt der Musik. Hier findet man die neue Form der Kammermusik, die Sonate, die Symphonie als die herrschende Form der Orchestermusik und die neue Oper. Der erste bekannte Komponist in Wien war Joseph Haydn (1732–1809). Christoph Willibald Ritter von Gluck (1714–1787), der Begründer eines neuen Stils in der Oper, wirkte viele Jahre lang in Wien. Das Genie der Wiener Musik war jedoch der in Salzburg geborene Wolfgang Amadeus Mozart (1756–1791), ein Wunderkind° und ungemein schöpferischer Geist, der auf allen Gebieten der Musik tätig war und besonders durch seine großen Opern wie „Die Hochzeit des Figaro", „Don Giovanni" und „Die

Wunderkind *child prodigy*

Wolfgang Amadeus Mozart, das Wunderkind, im Alter von 12 Jahren

Zauberflöte" bekannt ist. Nach Wien zog der in Bonn geborene Ludwig van Beethoven (1770–1827), der hier seine neun Symphonien und seine Oper „Fidelio" komponierte. In Wien entstand die musikalische Romantik, besonders mit dem Werk von Franz Schubert (1797–1828), der vor allem durch seine Lieder bekannt ist, aber auch Symphonien und Kammermusik komponiert hat.

Napoleon und die Freiheitskriege

Seit 1789 stand die deutsche Idylle im Gegensatz zu den Kämpfen der Französischen Revolution und Napoleons, und die Ideen der deutschen Klassik und Romantik, ja selbst die Musik der Zeit, bilden eine Auseinandersetzung° mit diesen Ereignissen. Direkt berührt wurden die Deutschen jedoch erst durch die Kriege Napoleons gegen Österreich, die dazu führten, dass sich das Deutsche Reich auflöste. 1806 dankte der Kaiser ab,° und das Heilige Römische Reich Deutscher Nation bestand nicht mehr.

Vom Heiligen Römischen Reich hatten die Deutschen selbst nicht viel gehalten, aber ihr Nationalstolz° wurde durch die österreichischen Niederlagen gegen Frankreich getroffen, und noch mehr durch den Krieg Preußens gegen Frankreich 1806–1807, der nach der Schlacht bei Jena und Auerstädt mit einer vollständigen Niederlage endete. Napoleon hatte nun nicht nur das Prestige des

Auseinandersetzung *critical reaction*

dankte ab, abdanken *to abdicate*

Nationalstolz *national pride*

„Märchenerzählerin". Radierung für die Ausgabe von Grimms Märchen

preußischen Militärs zerstört, er wollte auch Preußen als Machtfaktor ausschalten.° Preußen musste denkbar harte Friedensbedingungen hinnehmen. Kein Wunder, dass Napoleon sich damit keine Freunde machte.

ausschalten *to eliminate*

In dem Widerstand gegen Napoleons Frankreich entdeckten die Deutschen ihre politische Gemeinsamkeit. Sie begannen jetzt, unter „Vaterland" mehr zu verstehen als Preußen, Sachsen, Hessen-Nassau oder Schaumburg-Lippe. Deutschland sollte nicht nur kulturell, sondern auch politisch eine Einheit werden. Ein neues Deutsches Reich wurde zum großen politischen Ziel der progressiven Schichten. Dabei besann man sich auf die gemeinsame Vergangenheit, und besonders die Romantiker wurden aus Weltbürgern° zu deutschen Patrioten, die gegen Frankreich kämpfen wollten. Die Dichter Achim von Arnim und Clemens Brentano sammelten Volkslieder, die sie in der Sammlung „Des Knaben Wunderhorn" veröffentlichten; die Brüder Grimm schrieben Volksmärchen auf; Sagen wurden gesammelt, und man begann die deutsche Geschichte, besonders das Mittelalter, zu erforschen. Dieser neue

Weltbürgern *cosmopolites*

Nationalismus des Bürgertums verband sich mit den fortschrittlichen liberalen Ideen, wie sie der Französischen Revolution entsprachen,° und so versuchten die Deutschen, eine Verbindung ihrer alten Traditionen mit der modernen Zeit zu schaffen.

Die fortschrittlichen Nationalisten bekamen nach 1807 die Oberhand in Preußen. Der bedeutendste Politiker dieser Richtung war der Reichsfreiherr° Karl vom und zum Stein. Er stammte aus Nassau und war der Abkömmling° eines Reichsrittergeschlechts mit souveränen Rechten. Er studierte Jura an der englisch beeinflussten Universität Göttingen und trat, angezogen von der großen Persönlichkeit Friedrichs II., in den preußischen Staatsdienst ein. Doch auch als preußischer Beamter fühlte er sich als ein freier Deutscher und nicht als ein Untertan des Königs. Freiherr vom Stein zeichnete sich als Finanz- und Wirtschaftsexperte aus.° Er verwaltete die preußischen Teile Westfalens und legte dort den Grund zur späteren Entwicklung des Ruhrgebietes. Er galt als unbequemer° Beamter; doch wegen seiner hervorragenden Sachkenntnis wurde er zum Finanzminister ernannt. Bei der katastrophalen Niederlage Preußens lebte er zurückgezogen in Nassau—seine Anschauungen unterschieden sich zu sehr von denen der anderen Minister. 1807 jedoch war es klar, dass nur radikale Reformen Preußen retten und auf eine spätere Revanche vorbereiten konnten.

Freiherr vom Stein wurde zum verantwortlichen Staatsminister berufen; und mit ihm andere vorher kaltgestellte° Reformer: Scharnhorst und Gneisenau für die Armee, Wilhelm von Humboldt für das Schulwesen. Stein konnte nur wenig mehr als ein Jahr als Minister tätig sein, da er zu offen gegen Napoleon konspirierte. In diesem Jahr leitete er die entscheidenden Reformen ein: Die Erbuntertänigkeit° der Bauern wurde aufgehoben; die Städte erhielten Selbstverwaltung; die Verwaltung wurde modernisiert. Dazu kamen größere Gewerbefreiheit,° bürgerliche Gleichstellung der Juden (1812) und die Reform des Schulwesens. Vorbildlich wurde die 1811 gegründete Universität Berlin, deren erster Rektor Fichte war, und die für eine Elite geplant wurde. Zu ihrem Lehrsystem gehörte die „akademische Freiheit“: Freiheit des Forschens, Lehrens und Lernen. Um das Niveau der Universität zu sichern, führte Preußen ab 1812 eine allgemeine Abschlussprüfung im Gymnasium als Zugang zur Universität, nämlich das Abitur, ein. Die Neuerung verbreitete sich nach und nach in ganz Deutschland.

Steins Reformen beschnitten die Autorität des Königs und seiner Beamtenhierarchie. Umstritten war besonders die Mitwirkung der Bevölkerung an der Verwaltung und Regierung. So dauerte es viele Jahre, bis Steins Plan einer Volksvertretung, eines Parlaments, zur Ausführung kam.

Stein war kein Preuße, sondern ein deutscher Patriot. Er hoffte auf einen deutschen Einheitsstaat. Es gab einigen Grund zu dieser Hoffnung, denn viele

entsprachen, entsprechen *to agree with*

Reichsfreiherr *baron of the (Holy Roman) Empire*

Abkömmling *descendant*

zeichnete sich aus, sich auszeichnen *to excel*

unbequemer *troublesome*

kaltgestellte, kaltstellen *to remove from power*

Erbuntertänigkeit *serfdom*

Gewerbefreiheit *freedom for private enterprise*

Die Teilnehmer des Wiener Kongresses 1815, darunter Wellington, Metternich, Talleyrand, Hardenberg

deutsche Fürsten waren ja Verbündete Napoleons, und nachdem Napoleon 1813 bis 1815 in den Freiheitskriegen besiegt worden war, war zu erwarten, dass sie ihre Länder verlieren würden. Aber es kam anders. Auf dem Wiener Kongress 1814–1815, wo die europäische Landkarte und gleichfalls die deutsche Landkarte neu gestaltet wurde, wurden die meisten Fürsten wieder in ihre Rechte eingesetzt. Es gab kein Deutsches Reich, sondern nur einen „Deutschen Bund", einen Staatenbund° von 39 souveränen Fürstenstaaten und Freien Städten. In diesem Deutschen Bund war Österreich die führende Macht, und der österreichische Staatskanzler Fürst Metternich, auch ein Reichsritter vom Rhein, die beherrschende Gestalt. Freiherr vom Stein schied 1815 aus der Politik aus.° Reformer waren nicht mehr erwünscht. Die Fürsten, die vorher eine liberale Verfassung versprochen hatten, wollten sich jetzt nicht mehr daran erinnern. Nur wenige Fürsten hielten ihr Versprechen. Zu ihnen gehörte, außer den Herrschern der süddeutschen Staaten Bayern, Württemberg und Baden, auch wieder Carl August von Sachsen-Weimar.

Auf die konfliktreiche Zeit der Französischen Revolution und der Befreiungskriege folgte die äußerlich ruhige Epoche der „Restauration". Das europäische Gleichgewicht war wie vor 1789; die Fürsten regierten; die Menschen schienen ruhig. Aber das täuschte. Die moderne Zeit ließ sich nicht aufhalten.°

Staatenbund *confederation*

schied aus, ausscheiden *to withdraw*

aufhalten *to stop, to retard*

Fragen zum Text:

Goethe

1. Wo wuchs Goethe auf und was erlebte er dort mit?
2. Durch welches literarische Werk wurde Goethe berühmt?
3. Welches Ereignis im Jahre 1775 bestimmte sein weiteres Leben?

Die deutsche Klassik und Romantik

4. Welche Absicht hatten Goethe und Schiller mit ihren Werken nach 1794?
5. Wovon träumten die Romantiker?
6. Welche Philosophen lehrten in Jena zur Zeit der Romantik?
7. Als was stellte Madame de Staël Deutschland dar?
8. Welche Formen entwickelten sich in der Musik? Wo vor allem?

Napoleon und die Freiheitskriege

9. Wann und wodurch entstand der politische Nationalismus in Deutschland?
10. Für welche Volksdichtungen interessierten sich die Romantiker? Was waren die wichtigsten Sammlungen?
11. Auf welchen Gebieten der Verwaltung hatte sich der Freiherr vom Stein ausgezeichnet?
12. Welche Reformen fanden nach 1807 in Preußen statt?
13. Welche Universität wurde in Deutschland vorbildlich? Warum?
14. Welche Verfassung bekam Deutschland nach 1815?
15. Wie wurde die Zeit nach 1815 genannt?

Aufsatzthemen:

1. Die deutsche Romantik und ihre Utopien: Wie stehen Sie zu solchen Ideen und Projekten?
2. Der deutsche Nationalismus: Glauben Sie, dass es einen guten und einen bösen Nationalismus gibt? Wie würde man sie unterscheiden?
3. Die Zeit um 1800 ist ein Höhepunkt in der deutschen Kulturgeschichte. Glauben Sie, dass die deutsche Kultur Wirkung in anderen Ländern ausgeübt hat? Finden Sie auch Einflüsse auf die amerikanische Kultur?

Das Wartburgfest 1817, Verbrennung der Symbole des Despotismus

9 Einigkeit und Recht und Freiheit

1815	Bundesakte des Deutschen Bundes als Staatenbund von 35 souveränen Fürsten und 4 Freien Städten.
1817	Wartburgfest.
1830	Julirevolution in Paris.
1832	Hambacher Fest.
1833	Deutscher Zollverein.
1835	Erste deutsche Eisenbahn von Nürnberg nach Fürth.
1848/49	Liberale Umsturzversuche und liberale Länderregierungen, Nationalversammlung in Frankfurt.
1848	Kommunistisches Manifest von Karl Marx und Friedrich Engels.

Was wissen Sie, was meinen Sie?

1. Was verstehen Sie unter einem „Polizeistaat"? Was soll Ihrer Meinung nach die Polizei tun und was darf sie nicht tun?
2. Bei vielen politischen Demonstrationen und Revolutionen sind Studenten aktiv. Glauben Sie, dass Studenten eine besondere politische Verantwortung tragen?

3. Viele Menschen im 19. Jahrhundert hatten Angst vor der Geschwindigkeit der Eisenbahnen und glaubten, sie wäre schädlich für die Gesundheit. Womit könnte man das heute vergleichen?
4. Was bringt die Industrialisierung eines Landes für das Leben der Menschen mit sich?
5. Glauben Sie, man kann eine Revolution mit Ideen machen, also mit einer neuen Verfassung und mit Wahlen, oder braucht man immer Gewalt?
6. Haben Sie schon etwas von den deutschen „Forty-Eighters" in den USA gehört? Was wissen Sie darüber?

DAS WARTBURGFEST

Der Tag der dreihundertjährigen Wiederkehr der Reformation Luthers fiel fast mit dem Jahrestag der Völkerschlacht bei Leipzig von 1813 zusammen. An der Universität Jena hatte sich 1815 eine neue Stundenverbindung° gebildet, liberal und patriotisch, gegen die traditionellen Landsmannschaften gerichtet: die „Burschenschaft". Sie bestand vor allem aus Studenten, die 1813 freiwillig in den Krieg gezogen waren. Für die Burschenschaftler bedeutete der Name „Luther" in erster Linie deutsche Einheit und Freiheit. Das neue Deutsche Reich blieb immer noch ein Traum; sogar Verfassungen in den deutschen Ländern und eine beschränkte Pressefreiheit sollten versagt° werden. Die Jenaer Studenten riefen zu einer Gedenkfeier auf der Wartburg auf, wo Martin Luther das Neue Testament übersetzt hatte. Am 18. Oktober zogen 500 Studenten aus vielen deutschen Universitäten mit Genehmigung des Landesherrn, des Großherzogs Carl August, auf die Burg und feierten den Tag mit patriotischen Reden und Liedern. Abends stiegen sie noch einmal hinauf, mit Fackeln in der Hand. Ein Feuer wurde entzündet, und ebenso wie Luther die Bulle der Bannandrohung verbrannt hatte, warfen die Studenten verhasste Bücher und Gegenstände, die den Polizei- und Militärstaat symbolisierten, in das Feuer.

Stundenverbindung *fraternity*

versagt, versagen *to deny*

Diese Demonstration wirkte beunruhigend. Ein Jahr später gründeten die Studenten in Jena die „Allgemeine Deutsche Burschenschaft". Am 23. März 1819 ermordete der radikale Buschenschaftler Karl Ludwig Sand den Schriftsteller August von Kotzebue, der als Sprachrohr der Regierungen, ja als russischer Spion galt. Das gab den deutschen Regierungen den Vorwand° für die „Karlsbader Beschlüsse" von 1820: das Verbot der Burschenschaften, Polizeiüberwachung° und eine allgemeine Zensur. Die Gegner des Regimes, „Demagogen" gennant, wurden überwacht und verfolgt. Dazu gehörten auch die Turnvereine. Ihr Gründer, der „Turnvater" Ludwig Jahn, der 1811 mit dem Turnen

Vorwand *pretext*

Polizeiüberwachung *surveillance by the police*

die Jugend kriegstüchtig für einen Krieg gegen Napoleon machen wollte, bekam jetzt eine lange Festungsstrafe.

Längst nicht alle deutschen Länder waren glücklich über diese vom Fürsten Metternich gesteuerten Polizeimaßnahmen. Die süddeutschen Länder, deren Grenzen sich radikal verändert hatten, brauchten die Mitwirkung ihrer Bürger, um sich zu konsolidieren. Sie erließen Verfassungen, während in Norddeutschland erst der Schock der Julirevolution in Frankreich von 1830 Verfassungen bewirkte.

Der Deutsche Bund bestand aus 39 Staaten, 35 Fürstentümern und 4 Freien Städten. Die Beschlüsse des Bundestages in Frankfurt mussten einstimmig sein. Zwar dominierte der politische Einfluss Österreichs, doch Preußens Macht war bedeutend, besonders durch seine neuen „Rheinprovinzen": Westfalen, das Ruhrgebiet und das Rheinland. So lange sich Österreich und Preußen einigen konnten, konnte der Deutsche Bund bestehen, immerhin fünfzig Jahre lang.

Biedermeier und Junges Deutschland

„Biedermeier" nennen wir den Stil der Kunst, der Möbel und der Kleidung nach 1815, bis zur Mitte des Jahrhunderts. Das Wort erschien zuerst als Pseudonym für den Verfasser ironischer Verse in der humoristischen Zeitschrift „Fliegende Blätter". Biedermeier bedeutete den Rückzug aus der unangenehmen und gefährlichen Politik in die Sicherheit und Stabilität des Privatlebens. Es brachte mehr Freude, sich schöne Möbel und Bücher zu kaufen, den Garten zu pflegen und die Abende mit Kammermusik, Liedern, Unterhaltung und Spielen zu verbringen. Eine beliebte Unterhaltung waren die „Lebenden Bilder", die Darstellung berühmter Gemälde oder historischer Szenen. Die Genre-Malerei der Zeit hat diese Szenen eingefangen. Ein beliebter Maler war Ferdinand Georg Waldmüller (1793–1865), ein anderer war Carl Spitzweg (1808–1885), dessen humoristische Szenen auch heute noch eine unerreichte Popularität genießen, die vielleicht mit der von Norman Rockwell zu vergleichen wäre. Spitzwegs „Armer Poet" gilt als ein Symbol des Biedermeiers.

Das intensive Musikleben war besonders durch Gesangsvereine und Liedersänger gekennzeichnet. Sie sangen die Kompositionen von Schubert, von Felix Mendelssohn-Bartholdy (1809–1847) und Robert Schumann (1810–1856), nach Texten von Joseph von Eichendorff (1788–1857) und Wilhelm Müller (1794–1827), dessen Liederzyklen Schubert vertont hat. Eichendorffs Novelle „Aus dem Lebens eines Taugenichts" gestaltet ebenso

„Der arme Poet", Gemälde von Carl Spitzweg

die Biedermeier-Atmosphäre wie die Gedichte von Eduard Möricke (1804–1875) und manche der Novellen und Romane von Adalbert Stifter (1805–1868).

Wenn man darin die deutsche „Innerlichkeit" und weltabgewandten Idealismus sehen will, so war das nur die eine Seite des kulturellen Lebens. Eine neue Generation von Schriftstellern proklamierte eine engagierte Literatur, mit Feuilletons, gesellschaftskritischen Reportagen und Reisebeschreibungen, politischen Liedern, politischen Theaterstücken und Romanen. Das Wort „Junges Deutschland", 1834 zuerst gebraucht, diente 1835 dem Bundestag als allgemeine Bezeichnung der subversiven Schriftsteller, deren Werke besondere Überwachung und Verbote verdienten. Spezieller Anlass der Verfolgung war der im gleichen Jahr erschienene Roman „Wally die Zweiflerin" von Karl Gutzkow (1811–1878), den die eine Partei als Aufruf zur Frauenemanzipation auffasste, die andere jedoch als unmoralisch, wenn nicht obszön ansah. Auch Frauen begannen damals in ihren Schriften für die Emanzipation einzutreten, wie Bettina von Arnim (1785–1859) und die viel gelesenen Romanautorinnen Fanny Lewald (1811–1889) und Ida von Hahn-Hahn (1805–1880).

Das „Junge Deutschland“ ist kaum eine „Gruppe“ zu nennen, und die literarisch bedeutendsten Autoren blieben Einzelgänger: Ludwig Börne (1786–1837), Heinrich Heine (1797–1856) und Georg Büchner (1813–1837). Ludwig Börne, im Frankfurter Getto geboren, wurde von der Restauration nach 1815 in den Schriftstellerberuf gezwungen und musste 1830 nach Paris emigrieren. Seine „Briefe aus Paris“ verglichen den politischen Aktivismus in Frankreich mit der deutschen Passivität und forderten zu Taten auf. Für Börne hatte die Literatur nur Berechtigung als Waffe im politischen Kampf.

Georg Büchner stammte aus Darmstadt und studierte in Straßburg und Gießen Medizin. Nach einer Flugblattaktion, die die hessischen Bauern aufforderte, gegen die hohen Steuern zu revoltieren, floh er vor der Polizei nach Straßburg. Bereits mit 23 Jahren Privatdozent an der Universität Zürich, starb der viel versprechende Naturforscher und geniale Autor am Typhus. Erhalten geblieben sind sein Drama „Dantons Tod“, die Komödie „Leonce und Lena“, die abgebrochene Erzählung „Lenz“ und das Fragment des Dramas „Woyzeck“.

Heine sprach besonders eindrucksvoll das zwiespältige Lebensgefühl seiner Epoche aus. Die Mitglieder seiner Generation fühlten sich als Erben der Klassik und Romantik; aber sie waren sich darüber klar, dass sie nicht bloße Epigonen bleiben konnten, sondern neue Ideen, neue literarische Formen und ein neues Lebensgefühl ausdrücken mußten. Heine fühlte diese „Zerrissenheit“° besonders deutlich, da er Jude war und trotz der offiziellen Gleichberechtigung der Juden ein Außenseiter° in der bürgerlichen Gesellschaft blieb, und da er später als Emigrant in Paris auch zwischen den Nationen stand. In seinen Gedichten, von denen das „Buch der Lieder“ sehr großen Erfolg hatte, drückte Heine die Sehnsucht aus in den romantischen Gefühlen leben zu können—und die Gewissheit, dass das nicht mehr möglich war, woraus seine Ironie entstand. Seine Reisebücher beschreiben das Europa seiner Zeit und nehmen Stellung zu den Tagesfragen. Solche Urteile waren im damaligen Deutschland unerwünscht, so dass Heine emigrieren musste. In den letzten Jahren seines Lebens, als er krank im Bett lag, enstanden seine bedeutendsten Gedichte.

Zerrissenheit *contradictions*

Außenseiter *outsider*

Soziale Probleme der Industrialisierung

1831 starb Hegel, 1832 Goethe, 1835 wurde die erste Eisenbahn in Deutschland zwischen den Städten Nürnberg und Fürth eröffnet. Heine sagte voraus, dass nun ein neues Zeitalter beginne. Das neue Zeitalter wurde zuerst in der

Die erste deutsche Eisenbahn zwischen Nürnberg und Fürth

Wirtschaft spürbar. Für die deutsche Industrie war die Frage der Verkehrswege entscheidend wichtig. So war der Kampf um den Bau von Eisenbahnen ein Kampf um den Fortschritt der Industrie. Einer der Kämpfer für diesen Fortschritt war der Nationalökonom Friedrich List (1789–1846), der wegen seiner Ideen als Professor in Tübingen abgesetzt wurde, als württembergischer Abgeordneter wegen „staatsfeindlicher Aufreizung"° ins Gefängnis kam und nur befreit wurde, weil er versprach, in die USA auszuwandern. In Amerika kam er zu einigem Wohlstand, und 1830 kehrte er als amerikanischer Konsul nach Deutschland zurück, um seine Ideen zu verwirklichen. Er entwarf° ein deutsches Eisenbahnnetz, er kämpfte um den Bau der Linie von Leipzig nach Dresden und um die deutsche Zollunion. List war Nationalist und kritisierte den wirtschaftlichen Liberalismus. Er hatte wenig unmittelbare Erfolge, und unzufrieden und unglücklich endete er sein Leben durch Selbstmord.°

Dabei waren seine Ideen bereits auf dem Wege der Verwirklichung. Private Unternehmer trieben den Bau neuer Eisenbahnen voran. Die Fürsten und ihre Regierungen sahen das neue Verkehrsmittel allerdings vor allem aus der militärischen Perspektive. Noch im französisch-deutschen Krieg von 1870

Aufreizung *instigation*

entwarf, entwerfen *to devise, to plan*

Selbstmord *suicide*

ermöglichte das weite Eisenbahnnetz in Deutschland den überraschend schnellen Transport von Truppen an die französische Grenze.

Der Bau von Eisenbahnen erforderte großes Kapital. Das musste entweder von großen Banken kommen oder durch die Bildung von Aktiengesellschaften. Aktiengesellschaften wurden von nun an die typische Form großer Industriebetriebe.

Die meisten frühen Lokomotiven mussten aus England importiert werden. Diesen technischen Rückstand aufzuholen wurde eine Sache der nationalen Ehre, so dass sich der Patriotismus mit den Namen von Stahlwerken und Fahrzeugfabriken identifizierte, vor allem Krupp, Borsig, Henschel, Maffei und Harkort.

Die Regierungen standen allerdings einem noch dringenderen Problem gegenüber: wie konnte die allzu schnell wachsende Bevölkerung ernährt werden. Dazu war die „Agriculturchemie" des Professors Justus von Liebig (1803–1873) in Gießen von so großer Bedeutung, der sowohl die bessere Erhaltung der Lebensmittel erforschte als auch die Verwendung von künstlichem Dünger. Doch die Regierungen förderten auch die Industrie im allgemeinen, zum Beispiel durch Industrieausstellungen.

Die Industrie erforderte die Ergänzung der Schul- und Universitätsreformen im Geiste Humboldts. Technische Fachleute, Ingenieure wurden gebraucht. Bisher hatte es in Freiberg und Clausthal Bergwerksakademien und in Braunschweig und Berlin Technische Hochschulen gegeben. Die Jahre um 1830 führten zur Gründung neuer Technischer Hochschulen in Hannover, Dresden, Darmstadt, Stuttgart und München. Aus Gewerbeschulen entwickelten sich Fachschulen. Zu den zwei Schultypen der achtklassigen Volksschule und des Gymnasiums trat jetzt als dritte die zehnjährige Mittelschule oder Realschule. Die traditionelle Handswerkslehre wurde durch Berufsschulen ergänzt. Diese notwendigen Neuerungen waren ein Teil der Wirtschaftspolitik, für die die Länderregierungen verantwortlich wurden.

Dass eine moderne Wirtschaftspolitik nötig war, wurde von vielen deutschen Ländern eingesehen. Man musste ja noch Zoll bezahlen, wenn man von einem deutschen Staat in den anderen wollte. So betrieb Preußen ab 1818 eine deutsche Zollunion, die 1833 zum Deutschen Zollverein wurde, dem so wichtige Länder wie Bayern, Württemberg und Sachsen beitraten. Mit der Entwicklung der Industrie entstanden jedoch gleichzeitig soziale Probleme. Wie in anderen Ländern Europas vermehrte sich auch in Deutschland die Bevölkerung während des 19. Jahrhunderts beträchtlich. Aus knapp 30 Millionen Menschen um 1800 wurden 65 Millionen um das Jahr 1900. Dabei ist noch zu berücksichtigen, dass viele Deutsche während des 19. Jahrhunderts auswanderten, weil sie in Deutschland keine Arbeit finden konnten. Die meisten von

Deutsche Auswanderer im Hamburger Hafen; Holzschnitt, Harper's Weekly, vom 7. November 1874

ihnen gingen in die USA, und es wird geschätzt, dass zwischen 1820 und 1930 6.5 Millionen Deutsche in die Vereinigten Staaten gekommen sind. Die Mehrzahl von ihnen waren Bauern, die eigenes Land suchten. Sie gingen vor allem in die nördlichen Grenzländer, also in den Mittleren Westen: zuerst nach Ohio, später nach Wisconsin, Illinois, Missouri, Iowa, und dann nach Nebraska und in die Dakotas. Aber deutsche Ortschaften gab es bald auch anderswo, z.B. in Texas.

In Deutschland vergrößerten sich die Städte, denn die Industrie lockte viele Bauernsöhne und Landarbeiter an. Die Umstellung° war jedoch sehr schwer. Obwohl die deutsche Industrie sich schnell, ja überstürzt entwickelte, gab es nicht genug Arbeitsplätze. Die Fabrikanten zahlten niedrige Löhne, die Arbeitsstunden waren lang; nicht nur die Männer arbeiteten, auch Frauen und Kinder. Die Konkurrenz der Fabrikanten, erst aus England, dann aus Deutschland, führte zu einer Krise in der deutschen Hausindustrie.° In den gebirgigen Gegenden, wo die Menschen nicht von der Landwirtschaft allein leben konnten, wie zum Beispiel in Schlesien, Thüringen und Württemberg, hatten die Bewohner eine Hausindustrie entwickelt: Sie hatten zu Hause Linnen gesponnen, Stoffe gewebt, Spielzeug gebaut und Holzwaren wie Kuckucksuhren, Möbel und Musikinstrumente angefertigt. Die Fabrikwaren waren natürlich

Umstellung *adaptation*

Hausindustrie *home industry*

billiger, und so mussten sich auch diese Heimarbeiter umstellen und ihre Waren mit modernen Methoden herstellen.

Mit der Industrialisierung trat in Deutschland der „Pauperismus", nämlich eine neue Art der Massenarmut, auf. Die Hungersnot kam nicht mehr von schlechten Ernten, sondern von Arbeitslosigkeit und niedrigen Löhnen. Die Hungerlöhne für Fabrikarbeit und Heimarbeit waren der Grund dafür, dass die Familien trotz 16 Stunden Arbeit am Tag, trotz Frauen- und Kinderarbeit nicht genug Nahrung kaufen konnten. 1844 brach unter den Webern in Schlesien eine Hungerrevolte aus, der Heinrich Heine ein aufrüttelndes Gedicht widmete, und die fünfzig Jahre später Gerhart Hauptmann in seinem Drama „Die Weber" festgehalten hat.

Bei der Indifferenz oder Hilflosigkeit der Staatsverwaltung kam Hilfe zuerst aus dem Bereich der Kirchen. Johann Hinrich Wichert (1808–1881) errichtete 1833 bei Hamburg das „Rauhe Haus" zur Ausbildung von Waisenkindern. Er war auch 1848 an der Gründung der Inneren Mission der evangelischen Kirche beteiligt. Adolf Kolping (1813–1865) gründete Heime für wandernde katholische Handwerksgesellen.

Die Entwicklung der Industrie führte daher zu Krisen. Die Menschen mussten sich fragen, ob die liberale Idee, dass unbeschränkte Freiheit von selbst zum Fortschritt und Wohlstand führen würde, richtig sei. Dabei kämpfte das liberale Bürgertum immer noch um diese Freiheit; es hatte sie noch nicht erreicht.

Die Revolution des guten Willens

August Heinrich Hoffmann von Fallersleben (1798–1874), Professor der Germanistik und Dichter der Sammlung „Unpolitische Lieder", schrieb 1841 ein „Lied der Deutschen", das mit den mißverstandenen, verhängnisvollen° Worten begann: „Deutschland, Deutschland über alles,/ Über alles in der Welt". Außerdem nannte er, in Nachahmung eines Liedes von Walther von der Vogelweide aus dem Mittelalter, die Grenzflüsse des Deutschen Bundes: die Maas, die Memel und die Etsch—alle drei Flüsse fließen heute weit außerhalb der deutschen Grenzen, und Hoffmanns Geographie klingt aggressiv. Sein Lied wurde 1922 zur deutschen Nationalhymne erklärt. Die Bundesrepublik beschränkte sich 1952 auf die dritte Strophe. Deren erster Vers lautet: „Einigkeit und Recht und Freiheit". Damit verlangte Hoffmann zu viel; 1842 verlor er sein Amt und musste Preußen verlassen. Er dachte daran, nach Texas auszuwandern und dichtete „Texanische Lieder", denn Texas sollte ein Gebiet für

verhängnisvollen *fateful*

freiheitliche Deutsche werden. 1848 gab Preußen ihm allerdings eine Pension, und 1871 brachte ihm sein Lied große Ehren.

Hoffmann sprach aus, was das deutsche Bürgertum wollte: es wollte ein einiges deutsches Reich. Dieses Reich sollte auch eine Verfassung haben und Freiheit gewähren: Pressefreiheit, Versammlungsfreiheit und gleiche Rechte für alle Bürger. Die deutschen Bürger erwarteten friedliche Reformen in ihren Ländern: Verfassungen, Volksvertretungen und liberale Regierungen. Natürlich gab es Vertreter konservativer Ideen, vor allem der unbeschränkten Souverität der Fürsten. Doch die Stimmung der Mehrheit kann als „nationalliberal" bezeichnet werden, für eine liberalistische Gesellschaft und Wirtschaft und für ein mächtiges Vaterland. Es gab noch keine politischen Parteien und daher keine organisierte Opposition. Die Opposition kam in einzelnen Demonstrationen und in Schriften zum Ausdruck. 1832 führte das „Hambacher Fest" in der Pfalz, eine Massenversammlung von 30 000 Menschen zum bayerischen Verfassungstag, zu Forderungen nach Freiheit und Gleichheit. Viel Anteil erregte der Protest von sieben Professoren in Göttingen, unter ihnen die Brüder Grimm, gegen die Einführung einer repressiven Verfassung in Hannover im Jahre 1837. Die Professoren wurden entlassen, und direkte politische Folgen gab es nicht.

Doch die Februarrevolution in Frankreich 1848, die die zweite französische Republik erzwang, führte zur Volkserhebung in den größeren deutschen Ländern. Der Kaiser in Wien und der bayerische König dankten ab, sogar der allmächtige Metternich musste zurücktreten. Liberale Regierungen gewährten Freiheiten und beriefen° Volksversammlungen ein. In Österreich wurde die Einheit des Landes in Frage gestellt, als die Tschechen, Italiener und vor allem die Ungarn Autonomie verlangten.

beriefen ein, einberifen *convene*

Für die Deutschen war das höchste Ziel ein neues Reich. Ein „Vorparlament" in Frankfurt berief eine Nationalversammlung, die am 18. Mai erstmalig in der Paulskirche zusammentrat. Die Nationalversammlung ernannte einen „Reichsversweser", den Habsburger Erzherzog Johann, der auch eine Regierung ernannte. Es zeigte sich allerdings, dass die Nationalversammlung und ihre Regierung keine Macht gewannen. Die Deutschen widersetzten sich dem Versuch Dänemarks, das Herzogtum Schleswig zu annektieren, und preußische Truppen kämpften siegreich gegen die dänische Armee. Doch nach internationalem Druck zog sich Preußen zurück, und die Frankfurter blieben unentschlossen. Am Ende, 1850, wurde eine Freiwilligenarmee von Dänemark besiegt.

Große Meinungsverschiedenheiten gab es bei der Ausarbeitung der Reichsverfassung. Die große Mehrheit der Abgeordneten stimmte für eine konstitutionelle Monarchie, was die „Republikaner" zum Verlassen der

Die Deutsche Nationalversammlung in der Paulskirche, Frankfurt am Main, 1848, das erste gesamtdeutsche Parlament

Versammlung veranlaßte. Unlösbar blieb die Frage „großdeutsch" oder „kleindeutsch": sollte das Reich die deutschsprachigen Teile Österreichs (oder gar Österreich insgesamt) mit umfassen oder nicht? Aus der Begeisterung für Großdeutschland wurde am Ende ein Sieg der realistischen Kleindeutschen. Die Verfassung enthielt die bürgerlichen Grundrechte. Das Reich sollte ein Bundesstaat mit einem erblichen Monarchen, einem Zweikammersystem und dem allgemeinen gleichen Wahlrecht werden. Der preußische König Friedrich Wilhelm IV., dem die Nationalversammlung die Kaiserkrone anbot, lehnte sie allerdings ab. Die Verfassung wurde von 28 deutschen Ländern akzeptiert, doch nicht von den großen Monarchien.

Die Unzufriedenheit der „Republikaner" führte 1849 zu mehreren Aufständen; zuerst in Sachsen und dann vor allem in Baden und der Pfalz, wo im Sommer 1849 ein erbitterter Krieg gegen preußische Truppen stattfand. Nach der Niederlage mussten 80 000 Menschen aus Baden auswandern. Viele von ihnen gelangten in die USA, wo die „Achtundvierziger" unter den Deutschamerikanern eine führende Rolle spielten, zumal zur Zeit Lincolns. Ihr bekanntester Vertreter wurde Carl Schurz (1829–1906), Journalist, General im Bürgerkrieg, Gesandter in Spanien, Senator für Missouri und Innenminister unter Präsident Hayes.

Die liberalen Regierungen verschwanden, politische Freiheiten wurden eingeschränkt oder zurückgenommen; doch das Beispiel der Frankfurter Versammlung, ihrer Verfassung und schwarzrotgoldenen Farben, blieb richtunggebend für eine zukünftige deutsche Demokratie.

Fragen zum Text:

Das Wartburgfest

1. Welche Studentengruppe organisierte das Wartburgfest?
2. Was bestimmten die Karlsbader Beschlüsse?
3. Warum brauchten die süddeutschen Länder mehr die Mitarbeit ihrer Bürger?

Biedermeier und Junges Deutschland

4. Welche Szenen malte Carl Spitzweg?
5. Welche Musik war damals besonders beliebt?
6. Warum erregte Gutzkows „Wally die Zweiflerin" einen solchen Skandal?
7. Warum musste Georg Büchner aus Hessen fliehen?

Soziale Probleme der Industrialisierung

8. Wofür kämpfte Friedrich List?
9. Warum waren die Forschungen von Justus von Liebig so wichtig?
10. Welche Bildungseinrichtungen wurden bei der Industrialisierung wichtiger?
11. Wie viele Deutsche wanderten in die USA aus? Wohin vor allem?
12. Welche Hungerrevolte wurde in der Literatur mehrfach dargestellt?

Die Revolution des guten Willens

13. Hoffmann von Fallersleben schrieb das „Lied der Deutschen". Welche Zeilen sind oft missverstanden worden?
14. Welche drei politischen Forderungen waren dem deutschen Bürgertum am wichtigsten?
15. Was war die erste Aufgabe der Nationalversammlung in Frankfurt?
16. Welche Kontroverse der Nationalversammlung blieb ohne Lösung?

Aufsatzthemen:

1. Wieviel politische Freiheit ist für das Studium an der Universität notwendig? Warum waren die deutschen Studenten nach 1815 so unzufrieden?
2. In der deutschen Literatur zwischen 1815 und 1848 gibt es zwei gegensätzliche Tendenzen: die Poesie des Biedermeier und engagierte Literatur. Wie beurteilen Sie die Aufgabe der Literatur? Was soll sie den Menschen bringen?
3. Ist eine freie Marktwirtschaft zu allen Zeiten für ein Land gut, zum Beispiel während einer Industrialiserung, wenn viele Menschen entwurzelt werden und sehr arm sind?
4. Was ist Ihr Urteil über die Reformer in der Frankfurter Paulskirche 1848/49? Hätten sie sich anders verhalten sollen oder nicht?

Bismarck-Denkmal in Hamburg

10 Die verspätete Nation

1862	Otto von Bismarck preußischer Ministerpräsident.
1863	Allgemeiner Deutscher Arbeiterverein.
1866	Letzter deutscher Bürgerkrieg Preußen-Österreich, Ende des Deutschen Bundes.
1870/71	Krieg der deutschen Länder gegen Frankreich.
1871	18. Januar: Ausrufung des deutschen Kaiserreiches („Zweites Reich") in Versailles; Bismarck Reichskanzler.
1881	Beginn der Sozialgesetzgebung in Deutschland.
1888	Wilhelm II. deutscher Kaiser.
1890	Ausscheiden Bismarcks als Reichskanzler.

Was wissen Sie, was meinen Sie?

1. Was sagt Ihnen der Name Karl Marx?
2. Was geschah in den USA, während Bismarck versuchte, ein deutsches Reich zu gründen?
3. Warum gab es so lange Konflikte zwischen Frankreich und Deutschland um Elsass-Lothringen?
4. Was bedeutet für Sie Sozialismus?

5. Welche sozialen Fragen sollte Ihrer Meinung nach der Staat regeln und welche nicht?
6. Bismarck war von 1871 bis 1890 Reichskanzler. Was glauben Sie, warum er so lange blieb, und was bedeutete das für das Reich?

Die Arbeiterklasse und der Sozialismus

Die Industrialisierung brachte einschneidende soziale Änderungen. Sie machte aus Landarbeitern und Handwerkern Industriearbeiter, die in die schnell wachsenden Städte zogen und dort unter miserablen Bedingungen hausten. Zwar gab es Unternehmer, die es als Vorteil ansahen, ihren Arbeitern bessere Lebensumstände zu ermöglichen, unter ihnen Alfred Krupp (1812–1887), der Leistungsprämien zahlte, eine Krankenkasse errichtete und Werkswohnungen bauen ließ; oder Werner von Siemens, der Pionier der Elektrotechnik und Elektroindustrie. Doch typischerweise waren die Arbeiter auf Selbsthilfe angewiesen. Das ging dem Mittelstand nicht anders. Hermann Schulze-Delitzsch (1808–1883) gründete gerwerbliche Genossenschaften, Friedrich Wilhelm Raiffeisen (1818–1888) organisierte Genossenschaften für die um ihre Existenz kämpfenden Bauern. Die Vereine der Arbeiter, zuerst Bildungsvereine und Krankenkassen, entwickelten sich nach 1860 zu Gewerkschaften, zuerst entstand 1865 der Allgemeine Zigarrenarbeiterverein. Die Arbeiter mussten hart um ihre Koalitions- und Streikrechte kämpfen. Sie waren überzeugt, dass nur eine Revolution, eine Ablösung des Kapitalismus durch Gemeineigentum, ihnen ein menschenwürdiges Leben geben würde.

Dieses Endziel hatten die Freien Gewerkschaften, doch sie unternahmen konkrete Schritte, um die bestehenden Zustände zu verbessern. Radikaler waren die sozialistischen Parteien. Als erste Partei bildete sich 1863 der Allgemeine Deutsche Arbeiterverein, zu dessen Präsident Ferdinand Lassalle (1825–1864) gewählt wurde. Er starb in einem Duell, bevor sich seine Organisation gefestigt hatte. Dauernden Bestand hatte die 1869 von August Bebel (1840–1913) und Wilhelm Liebknecht (1826–1900) gegründete Sozialdemokratische Arbeiterpartei.

Der entscheidende Theoretiker des Sozialismus wurde Karl Marx (1818–1883). Einflüsse der Schüler Hegels, besonders des materialistischen Philosophen Ludwig Feuerbach (1804–1872) führten Marx zu einem dialektischen Materialismus, der die Geschichte als Folge von Klassenkämpfen sah. Revolutionäre Bewegungen mussten herrschende Wirtschaftsordnungen ablösen. Marx sagte die Selbstzerstörung° des herrschenden Kapitalismus voraus, der durch eine klassenlose Gesellschaft ersetzt werden würde. Ein

Selbstzerstörung *self-destruction*

Karl Marx

eindrucksvolles Dokument der Schattenseiten des Kapitalismus sah Marx in dem Buch „Die Lage der arbeitenden Klassen in England“ (1845) des Fabrikanten Friedrich Engels (1820–1895), mit dem er eng befreundet blieb. Zusammen verfaßten sie 1848 „Das Kommunistische Manifest“. Sie widmeten ihr Leben dem Aufbau einer sozialistischen Internationale. Im Exil in London schrieb Marx sein Hauptwerk, die Analyse des Kapitalismus unter dem Titel „Das Kapital“, dessen drei Bände 1867, 1885 und 1894 erschienen.

Realismus und Realpolitik

Trotz der enttäuschten Hoffnungen von 1848/49 hörte das Streben nach einem deutschen Reich nicht auf. 1859, beflügelt durch den nationalen Enthusiasmus der Feiern zum hundertsten Geburtstag von Friedrich Schiller, wurde der Deutsche Nationalverein gegründet, der die Ziele der Frankfurter Nationalversammlung vertrat. Entscheidend wurden jedoch die politischen Auseinandersetzungen in Preußen, wo Wilhelm I. 1858 als Prinzregent, 1861 als König amtierte. Er wollte im Einvernehmen mit dem liberalen Abgeordnetenhaus regieren, doch die Pläne einer Vergrößerung und Modernisierung der Armee führten zu einem unlösbaren Konflikt mit dem Parlament. 1862 berief der König Otto von Bismarck zum Ministerpräsidenten. Das war eine Kampfansage an den Liberalismus.

Otto von Bismarck, 1815 geboren, aus einem alten Adelsgeschlecht, hatte nach wilden Studentenjahren einsehen müssen, dass er nicht zum Beamten geeignet war. So wurde er Gutsbesitzer in Pommern und begann, von hier aus eine Rolle im öffentlichen Leben zu spielen. Er vertrat konservative Ansichten, trat aber 1848 für einen realpolitisch günstigen Kompromiss ein. Seine diplomatischen Fähigkeiten brachten ihm die Ernennung zum Vertreter Preußens beim Bundestag° in Frankfurt, später die Ernennung zum Gesandten in Russland und Frankreich. Bei seiner großen Begabung galt Bismarck als schwieriger Mensch mit extremen Ansichten, und König Wilhelm I. berief ihn 1862 nur deshalb zum Ministerpräsidenten, weil er keinen Ausweg° mehr aus seinem Konflikt mit dem liberalen Landtag sah. Das Abgeordnetenhaus° lehnte das vorgeschlagene Budget ab, da es eine Modernisierung und Vergrößerung der Armee vorsah.

Bundestag *Diet of the German Confederation*

Ausweg *way out, solution*

Abgeordnetenhaus *House of Representatives*

Bismarck brach die Verfassung. Er regierte jahrelang ohne einen vom Abgeordnetenhaus bewilligten Etat. Unterstützung fand er bei den Banken, zumal seinem jüdischen Bankier Bleichröder, der mit dem Haus Rothschild eng verbunden war. Bismarck, der Meisterdiplomat, nutzte indessen die Gelegenheit für außenpolitische Erfolge. Zusammen mit Österreich eroberte Preußen 1864 Schleswig-Holstein von Dänemark zurück. Während Bismarck den deutschen Patriotismus dabei auf seiner Seite hatte, war die Mehrzahl der Deutschen misstrauisch gegen ein Kleindeutschland unter seiner antiliberalen Führung. Die Krise im Deutschen Bund spitzte sich zu, als eine Reform unter Österreichs Führung von Preußen sabotiert wurde. 1866 kam es zum Krieg, dem letzten Krieg deutscher Staaten gegeneinander. Die preußische Armee unter der Führung von Helmuth von Moltke erzielte in der Schlacht bei Königgrätz einen schnellen Sieg. Die Mehrzahl der deutschen Länder war auf Österreichs Seite.

Der in Prag geschlossene Friede bedeutete das Ende des Deutschen Bundes. Österreich trennte sich von Deutschland. Preußen annektierte Hannover, Kurhessen, Nassau und die Freie Stadt Frankfurt. Bismarck gründete den Norddeutschen Bund der Länder nördlich des Mains, mit einem Reichstag, einem Bundesrat der Länder und dem Bundeskanzler Bismarck. Die Mehrheit des preußischen Abgeordnetenhauses erteilte dem Kanzler eine „Indemnität" für seinen Verfassungsbruch. Wegen dieser Frage teilte sich allerdings die liberale Partei in den oppositionellen „Fortschritt" und die für Bismarck stimmende „nationalliberale" Partei.

Kaiser Napoleon III. von Frankreich, beunruhigt durch die neue Großmacht, erhob Einspruch° gegen eine weitere Expansion Preußens. Bismarck sah einen Krieg mit Frankreich als unvermeidlich. Gegen den „Erbfeind" Frankreich verbündeten sich 1870 alle süddeutschen Länder mit dem Norddeutschen Bund. Nach der Schlacht bei Sedan am 2. September und der Gefangennahme

erhab Einspruch, Einspruch erheben *to raise an objection*

Die Ausrufung des Königs von Preußen zum deutschen Kaiser und Proklamation des neuen deutschen Reiches in Versailles, 1871; im Mittelpunkt Bismarck

Napoleons trat die Dritte Republik an die Stelle des französischen Kaiserreiches, doch der Krieg ging weiter, mit einer monatelangen Belagerung von Paris. Währenddessen traten die deutschen Fürsten zusammen und riefen am 18. Januar 1871 den preußischen König Wilhelm I. zum deutschen Kaiser aus. Damit war ein neues deutsches Reich entstanden, nicht durch eine Entscheidung des Volkes und eine Nationalversammlung, sondern „von oben", durch militärische Entscheidungen, Bismarcks Diplomatie und eine Einigung der Fürsten.

Der Friedensvertrag mit Frankreich brachte eine bedeutende Geldentschädigung und die Abtretung der „Reichslande" Elsass-Lothringen, deren Anschluss an Deutschland die nationale Stimmung, aber auch die Generäle verlangten, die es schwer gehabt hatten, die Grenzfestungen zu erobern.

Bismarcks Deutsches Reich

Dem Enthusiasmus der Reichsgründung folgte ein wirtschaftlicher Boom, charakterisiert durch die Gründung neuer Aktiengesellschaften. Daher bekamen die Jahre 1871–1874 den Namen „Gründerzeit"; länger dauerte der Aufschwung nicht. Ihm folgte eine schwere Wirtschaftskrise mit vielen Konkursen, die zu einem härteren Wirtschaftskampf zwischen Arbeitern und Unternehmern, und zwischen den verschiedenen Wirtschaftszweigen führte.

Das Auf und Ab ist typisch für die Stimmung der deutschen Gesellschaft. In den sechziger Jahren fand der Pessimismus des Philosophen Arthur Schopenhauer (1788–1860) Anklang. In seinen satirischen Bildergeschichten° entwarf Wilhelm Busch (1832–1908) ein wenig schmeichelhaftes Bild des deutschen Bürgers; vor allem aber hielt er nicht viel von der menschlichen Natur, und Millionen von Lesern müssen ihm seitdem zugestimmt haben. Die Generation der meist vor 1820 geborenen realistischen Schriftsteller sprach die Angst vor dem Tod und das Unbehagen° vor der modernen Welt aus, wenn auch mit einem ausgleichenden° Humor. Schriftsteller wie Theodor Storm, Gottfried Keller, Luise von François, Theodor Fontane und Wilhelm Raabe bevorzugten kleinere Prosaformen wie die Novelle oder schrieben kürzere Romane mit eng begrenzten Schauplätzen. Ihre Beschreibungen waren genau und sorgfältig, sie hielten eigene Urteile zurück. Resignation war der Grundton° dieser Werke, selbst bei Gottfried Keller, der allerdings die Entwicklung der Schweiz optimistischer beurteilte.

Daneben wurde im neuen Reich großes Pathos wieder modern. Die deutsche Geschichte, besonders das Mittelalter, sollte beweisen, dass die Männer Helden waren. Richard Wagners Opern, die germanisches Heldentum zu erneuern schienen, passten in diese Zeit, ebenso die pompösen Schlösser von König Ludwig II. von Bayern, der das Mittelalter und das 17. Jahrhundert sichtbar erneuern wollte. Die Deutschen bekamen Vertrauen in ihre Leistungen, und sie leisteten in der Tat viel in Naturwissenschaft, Medizin und Technik. Andererseits kann man nicht übersehen, wie künstlich und übertrieben° das neue Pathos war. Die Unsicherheit war genau so groß wie die Begeisterung. Der pessimistische Unterton wich nicht mehr aus der deutschen Kultur.

Bismarck sah, dass diese neue und so dynamische Großmacht Deutschland das europäische Gleichgewicht erschüttern musste. Er glaubte an dieses Gleichgewicht, und er sah mit großer Sorge in die Zukunft. Sein ganzes Streben war von jetzt an darauf gerichtet, den Frieden in Europa zu erhalten und Deutschland vor einer Einkreisung,° vor einem Zweifrontenkrieg° zu bewahren. Er war der Überzeugung, dass Frankreich immer Deutschlands Feind bleiben würde. Deshalb bemühte sich Bismarck, Frankreich zu isolieren, um es an einer Revanche zu hindern. Er schloss Bündnisse mit verschiedenen Staaten, die untereinander keineswegs Freunde waren: mit

Bildergeschichten *picture stories, cartoons*

Unbehagen *uneasiness*

ausgleichenden *counterbalancing*

Grundton *basic tenor*

übertrieben *exaggerated*

Einkreisung *encirclement*

Zweifrontenkrieg *war on two fronts*

Österreich, Italien, Russland, England. Er bemühte sich, die Eifersucht° der älteren Großmächte zu vermeiden, indem er keine Kolonien erwarb—es nützte ihm nichts: Ab 1884 übernahm das Reich mehrere Gebiete in Afrika und im Pazifik, die deutsche Kaufleute und Forscher erworben hatten. Immerhin gelang es Bismarck, das labile Gleichgewicht der Mächte zu erhalten und bei Konflikten eine Vermittlerrolle zu spielen.

Eifersucht *jealousy*

Innenpolitisch war Bismarcks Linie sehr viel problematischer. Die Verfassung des Reiches—der Verfassung des Norddeutschen Bundes nachgebildet—war ein seltsamer Kompromiss. Eigentlich sollten der Kaiser und der von ihm berufene Reichskanzler das Reich regieren. Ihnen zur Seite stand der Bundesrat, die Vertreter der Fürsten und der Freien Städte. Die finanzielle Kontrolle lag beim Reichstag, dem Parlament, das aus freien, geheimen und gleichen Wahlen hervorging. Es herrschte das Mehrheitswahlrecht, und die Wahlkreise waren sehr ungleich, denn die Bevölkerung der Städte vermehrte sich schnell. Nun stellte sich heraus, dass der Bundesrat wenig Initiative entwickelte, so dass die Entscheidungen zwischen dem Reichskanzler und dem Reichstag ausgekämpft wurden. Der Kanzler gehörte keiner Partei an. Er war auch nicht dem Reichstag verantwortlich, obwohl dieser das Geld bewilligen musste. Auch wenn die Opposition gegen den Reichskanzler die Mehrheit im Reichstag besass, gab es keine Aussicht auf einen Regierungswechsel. Nur der Kaiser konnte den Kanzler entlassen.

In mehreren Konflikten zeigte sich, dass Bismarck nicht der Mann war, der parlamentarische Gegner respektierte und mit Kompromisslösungen die neue Gesellschaft integrieren wollte. Das Reich führte einheitliche Maße und Gesetze ein; außerdem sollte nach dem Wunsch der Liberalen eine stärkere Trennung von Staat und Kirche erfolgen. Der Staat stellte alle Schulen unter staatliche Aufsicht und führte die Zivilehe ein. Dann aber erklärte er es als sein Recht, die Ausbildung der Priester zu beaufsichtigen und politisch gemeinte Predigten zu verbieten. Das führte zu schweren Konflikten mit dem katholischen Teil Deutschlands und dem Papst. Das Sprachrohr der Opposition war die katholische Partei, Zentrum genannt. Diese Konflikte zogen sich bis in die achtziger Jahre hin, bis Bismarck einlenken und einige Gesetze zurücknehmen musste. Der Streit bekam den Namen „Kulturkampf", da es um die Gestaltung des kulturellen Lebens ging.

Das Deutsche Reich war eher aggressiv in der Behandlung von Minderheiten. Der polnischen Minderheit im Osten wurde Deutsch als Schul- und Geschäftssprache aufgezwungen. Die Verwaltung der Reichslande Elsass-Lothringen tat nichts, um die Sympathie und Mitarbeit der Bevölkerung zu gewinnen.

Am schärfsten ging Bismarcks Regierung gegen die Arbeiterklasse, die Gewerkschaften und die Sozialdemokratische Partei Deutschlands (SPD) vor. 1878 gaben zwei Attentate auf Kaiser Wilhelm den Vorwand zum „Sozialistengesetz", das sozialistische Versammlungen und Vereinigungen verbot, ebenfalls ihre Schriften, und die Führer mit Gefängnis bestrafte. Gleichzeitig wollte die Regierung versuchen, durch eine Sozialgesetzgebung die Gesinnung der Arbeiterklasse zu ändern. 1881 proklamierte der Kaiser das Programm einer Sozialversicherung. Sie begann 1883 mit einer staatlichen Krankenversicherung. 1884 folgte eine Unfallversicherung, 1889 eine Invaliditäts- und Altersversicherung, 1891 ein „Arbeiterschutzgesetz" mit Bestimmungen über Sonntagsruhe und Beschränkung der Arbeitszeit für Frauen und Kinder. Die Sozialgesetze änderten nichts an der Solidarität der Arbeiter, die weiter Abgeordnete der SPD wählten; aber die Gewerkschaften und die SPD sahen jetzt, dass Reformen des Systems in ihrem Sinne möglich waren.

Bismarcks Wirtschaftspolitik schwankte zwischen liberalistischem Freihandel und einer Schutzzollpolitik im Interesse der Landwirtschaft. In seiner Taktik gegenüber dem Reichstag zeigte sich, dass er die demokratischen Institutionen wenig achtete. Er befürwortete ein starkes Militär und einen militärischen Geist der Bevölkerung. Der deutsche Staat bot viel Meinungsfreiheit, Wohlstand und Aufstiegschancen, doch er blieb in seiner Verwaltung und Einstellung ein Klassen- und Obrigkeitsstaat, in dem demokratische Aktivitäten nur geduldet waren. Dieser widerspruchsvolle Kompromiss konnte nicht lange dauern.

Bismarck hielt mit seiner mächtigen Persönlichkeit das Reich zusammen. Kaiser Wilhelm I. unterstützte ihn dabei, so lange er lebte. Er starb 1888, und sein Sohn, Kaiser Friedrich III., war todkrank und lebte nur noch 100 Tage. Sein Sohn und Nachfolger Wilhelm II., der Enkel des ersten Kaisers Wilhelm I., war hochbegabt und voll von hochfliegenden Plänen, doch impulsiv, labil und das Gegenteil eines Diplomaten und Realpolitikers. Er wollte selbst entscheiden und nicht mehr dem alten Kanzler folgen müssen. 1890 nahm Bismarck seinen Abschied. „Der Lotse verläßt das Schiff", sagte damals eine weit verbreitete englische Karikatur.

Bismarck, nun zum Fürstenstand erhoben, zog sich auf sein Gut Friedrichsruh bei Hamburg zurück. Jetzt, nachdem er aus dem politischen Kampf ausgeschieden war, wurde er als „eiserner Kanzler" ein wirklicher Volksheld,° dessen Bild überall im Wohnzimmer hing, von dem Anekdoten erfunden und erzählt wurden. Ähnlich wie König Friedrich II. wurde er fast eine Sagenfigur.° Die Menschen pilgerten° nach Friedrichsruh, und als er 1898 starb, herrschte allgemeine Trauer. Sein Reich und sein System des europäischen Gleichgewichts überlebten ihn nur 20 Jahre.

Volksheld *popular hero*

Sagenfigur *legendary figure*

pilgerten, pilgern *to make a pilgrimage*

Fragen zum Text:

Die Arbeiterklasse und der Sozialismus

1. Was taten einige deutsche Unternehmer, um die Lage der Arbeiter zu verbessern?
2. Welche Institutionen entstanden für den Mittelstand?
3. Wie hieß die erste deutsche Arbeiterpartei, und wann wurde sie gegründet?
4. Was sah Karl Marx als das Prinzip der menschlichen Geschichte?
5. Was sagte er voraus?

Realismus und Realpolitik

6. In welchem Bereich zeichnete sich Bismarck bis 1862 aus?
7. Was war Bismarcks politisches Ziel bis 1871?
8. Durch welche Entscheidung wurde das Deutsche Reich gegründet?

Bismarcks Deutsches Reich

9. Wie nannte man die ersten Jahre nach 1871? Warum?
10. Zwischen welchen Gegensätzen schwankte das deutsche Lebensgefühl?
11. Warum war das Mittelalter damals so attraktiv?
12. Wer waren die Gegner im Kulturkampf? Worum ging es?
13. Was wollte Bismarck durch die Sozialgesetze erreichen?
14. Welche Sozialgesetze wurden erlassen?
15. Wie kann man den jungen Kaiser Wilhelm II. charakterisieren?

Aufsatzthemen:

1. Wie erscheint Ihnen Bismarcks Einfluss auf die deutsche Geschichte? Welche positiven Folgen und welche Probleme entstanden durch seine Persönlichkeit und seine Politik?
2. Wie kann man die Ideen von Karl Marx und der Arbeiterklasse des 19. Jahrhunderts verstehen? Haben sie noch Bedeutung für die heutige Zeit?
3. Den Deutschen des 19. Jahrhunderts war die Gründung eines neuen Reiches wichtiger als das politische System. Wie würden Sie diese Prioritäten verstehen?
4. Deutschland hatte zur Zeit Bismarcks eine starke Armee, und die meisten Deutschen mussten drei Jahre Wehrdienst leisten. Welchen Einfluss hat Ihrer Meinung nach eine solche Bedeutung des Militärs auf eine Gesellschaft?

Otto Dix (1891–1963), Radierung aus der Serie „Der Krieg“

11 Weltpolitik

1885	Auto von Carl Benz.
1888–1918	Wilhelm II. regiert
1904, 1911	Marokkokrisen.
1905	Relativitätstheorie Albert Einsteins.
1914–1918	Erster Weltkrieg.
1917	Revolution in Russland.

Was wissen Sie, was meinen Sie?

1. Was, denken Sie, war nötig,um eine deutsche Großindustrie hervorzubringen, z.B. eine chemische Industrie?
2. Wenn Sie eine Karikatur des deutschen Mannes machen würden, wie würde sie aussehen?
3. Was ist für Sie das Interessanteste an der Lehre von Sigmund Freud?
4. Was verbinden Sie mit dem Namen Nietzsche?
5. Wissen Sie, seit wann in den USA Frauen an Universitäten studieren dürfen? Seit wann haben sie das Wahlrecht?
6. Welche technischen Erfindungen vor und nach 1900 haben das Leben im 20. Jahrhundert grundlegend verändert?

7. Was verstehen Sie unter moderner Kunst?
8. Was sagt Ihnen das Wort „Erster Weltkrieg"?

MADE IN GERMANY

Die 26 Jahre, die Kaiser Wilhelm II. bis zum Ausbruch des Ersten Weltkriegs regierte, gehörten äußerlich zu den glanzvollsten Epochen der deutschen Geschichte. Die Naturwissenschaften und Technik kamen der Industrie zugute, die großen Teilen der Bevölkerung wachsenden Wohlstand brachte. Eisenbahnen und Kanäle stellten ein gutes Transportsystem dar. Gas und später Elektrizität wurden für immer neue Zwecke benutzt. Deutsche Erfinder taten sich in der Elektroindustrie hervor, zum Beispiel Werner von Siemens in Berlin, und ebenso in der optischen Industrie. Der Handwerksmeister Carl Zeiß hatte in Jena mit Hilfe des Professors Ernst Abbe damit angefangen, optische Messinstrumente° zu verbessern und auf dieser Basis eine Fabrik aufzubauen. Die Erfindung künstlicher, d. h. chemischer Farben trug zur Entwicklung der deutschen chemischen Industrie bei. Carl Benz und Gottlieb Daimler konstruierten, unabhängig voneinander, einen Verbrennungsmotor°, und Carl Benz

Messinstrumente *instruments of measurement*

Verbrennungsmotor *internal combustion engine*

Carl Benz am Steuer eines „Phaeton", 1895

gelang es 1885; mit einem solchen 1 PS-Motor einen Wagen zu bewegen. Dieses erste Auto steht heute im Deutschen Museum in München. Viele andere historische Automobile kann man im Museum der Daimler-Benz AG in Stuttgart besichtigen. Dort laufen in den neuen Fabrikgebäuden heute die Mercedes-Fahrzeuge vom Band.

In ihrer Entwicklung musste die deutsche Industrie eine schwierige Phase durchlaufen. Am Anfang wurden in Deutschland die damals führenden englischen Produkte nachgeahmt, und zwar billiger und schlechter. Das erregte den Zorn der englischen Wirtschaft, die verlangte, dass man ihre soliden Produkte von den deutschen Nachahmungen unterscheiden konnte. Die deutschen Produkte hatten daraufhin die Aufschrift° zu tragen: Made in Germany. Jedoch bewies die deutsche Industrie bald, dass man aus einem Schimpfwort° einen Ehrennamen machen kann. Nach kurzer Zeit wurde „Made in Germany" ein Zeichen für gute Qualität. In Deutschland zählte jetzt die Leistung, und man war ehrgeizig genug, es besser machen zu wollen als die anderen.

Aufschrift *inscription label*

Schimpfwort *insult*

Gesellschaftskritik

Der erfolgreiche deutsche Bürger wurde zu einer beliebten Karikatur, die man heute noch oft genug findet. Der „typische Deutsche" war in dieser Zeit nicht mehr der weltfremde Dichter und Denker, sondern der Neureiche.° Dieser Neureiche isst Wurst und fettes Fleisch mit Sauerkraut, trinkt Unmengen° Bier, ist sehr eingebildet, laut, humorlos und taktlos. Im Dienst oder Geschäft ist er stets korrekt gekleidet und handelt ebenso korrekt—bis zur Unmenschlichkeit. Außer Dienst will er nichts als „Gemütlichkeit" in Hemdsärmeln. Er ist sehr unterwürfig gegenüber seinen Vorgesetzten, dem Militär (und überhaupt jeder Uniform) und der Staatsgewalt. Seine Untergebenen beherrscht er wie ein Diktator. Heute nennt man das einen „Radfahrer": nach oben den Buckel krumm, nach unten treten. Widerspruch gibt es nicht. Zu seinen Untergebenen gehören auch Frau und Kinder. Sie haben zu schweigen und zu gehorchen. Als Lehrer beherrscht er ebenso die Schüler: Sie sitzen stramm auf ihrer Bank und reden nur, wenn sie gefragt werden. Dann aber springen sie auf wie der Blitz und reden laut und im ganzen Satz.

Neureiche *nouveau riche*

Unmengen *large quantities*

Das ist eine Karikatur, also eine Ubertreibung. Doch dass jedenfalls um 1900 diese Karikatur der Wirklichkeit nahe kam, beweisen die vielen Satiren und ebenso verschiedene Reformbewegungen. Die Literatur hatte sich in der Richtung des Naturalismus endlich der Großstadt und den Problemen der Arbeiter zugewandt. Die jüngeren Schriftsteller sahen ein, dass das Leben in der Großstadt nicht schön war, und ihnen wurde Wahrheit wichtiger als Schönheit und Trost. In Deutschland hat der Naturalismus selbst keine großen Werke hervorgebracht, doch er hat neue Ideen und Formen bekannt gemacht. Die bedeutenden Schriftsteller dieser Zeit haben alle vom Naturalismus gelernt. Das gilt besonders für den Dramatiker Gerhart Hauptmann (1862–1946), der die Konflikte von Menschen aus dem Volk ergreifend° darzustellen verstand. Auch die Brüder Heinrich und Thomas Mann gingen in ihren Darstellungen des deutschen Bürgertums von den Voraussetzungen des Naturalismus aus. Heinrich Mann schuf mit seinem Roman „Der Untertan" die treffendste Satire der deutschen Gesellschaft um 1900. Oft dargestellt wurden die Verhältnisse an den deutschen Oberschulen. Die Erlebnisse im Gymnasium nehmen in Thomas Manns „Buddenbrooks" breiten Raum ein, und Heinrich Manns „Professor Unrat", später als „Der blaue Engel" verfilmt, machte den Typ des Schultyrannen weltbekannt. Auch Hermann Hesse schilderte in einem seiner ersten Romane, „Unterm Rad", die quälenden Ereignisse der Schulzeit.

ergreifend *movingly*

Die Gesellschaft hatte ihre glanzvolle Fassade, einen zur Schau gestellten Optimismus und Reichtum—und dem standen Armut und ungelöste Konflikte gegenüber. Die großen Bauten der Zeit, durchweg im neuromanischen, neugotischen oder nachgeahmten Renaissancestil, wirken inzwischen unecht und überladen.° Mehr Verständnis hat die heutige Zeit für den ornamentalen Jugendstil, der sich neben Architektur und Malerei vor allem in der neuen Kunst der Plakate durchsetzte. Der Jugendstil brachte viele Neuerungen und verarbeitete nicht zuletzt außereuropäische Anregungen. Das frühe 20. Jahrhundert fand besonderen Geschmack an der fernöstlichen Kunst.

überladen *florid, overdone*

Die doppelte Moral der herrschenden Schichten wurde nicht nur von den Sozialisten angegriffen. Der Psychiater Sigmund Freud in Wien stellte fest, dass viele der seelischen Konflikte und Krankheiten seiner Patienten mit der bürgerlichen Moral zusammenhingen, die nicht nur unnatürlich war, sondern auch verbot, über viele Themen zu sprechen, so dass die Menschen mit sich selbst unehrlich wurden.

Freud stellte ebenfalls fest, dass viele Konflikte aus der Kindheit stammen. Die Erziehung und der Konflikt der Generationen bildeten ein Hauptthema dieser Zeit. Vielen jungen Leuten war die Lebensweise der Elterngeneration unerträglich;° sie wollten sich nicht mehr der Diktatur des Vaters beugen, und sie wollten eigene Gruppen bilden. 1899 entstand in Berlin die erste Gruppe von „Wandervögeln",° der viele andere folgten. Diese Wanderbewegung der Jugend, die in vielem den Pfadfindern ähnlich war, wird „Jugendbewegung" genannt und hat bis 1933 die junge Generation in Deutschland sehr beeinflusst.

unerträglich *intolerable*

„Wandervögeln" *"migratory birds," wanderers*

Die jungen Leute wanderten; sie entdeckten die Natur; sie bauten sich Jugendherbergen;° sie sangen Volkslieder zur Gitarre; sie fühlten sich als die

Jugendherbergen *youth hostels*

kommende Elite einer neuen Gesellschaft. Sie hatten klare moralische und pädagogische Ideen; weniger klar waren ihre politischen Vorstellungen, zumal viele Jugendliche mit den bürgerlichen Konventionen und Einrichtungen wie der Bürokratie auch die moderne Welt der Industrie überhaupt ablehnten. Freiheit war die Hauptidee, und so war die Jugendbewegung immer in kleine Gruppen aufgespalten, deren Verbindungen untereinander sehr locker waren. Selten kam es zu gemeinsamen Aktionen und Demonstrationen; erst kurz vor 1933, als die nationalsozialistische Gefahr akut wurde, entstand eine festere Organisation.

Bedeutenden Einfluss hatte die Jugendbewegung auf die Pädagogik, wo sie mit anderen Reformideen zusammentraf. Die dadurch entstandene Reformpädagogik wollte aus dem Schultyrannen° den Freund der Schüler machen; Lehrer und Schüler sollten zusammen eine Lerngemeinschaft° bilden. Ein freier, dem einzelnen Schüler angepasster Lehrplan sollte den Drill ersetzen. Die Schüler sollten nicht mehr auswendig lernen, sondern zu einem Verständnis der Probleme geführt werden. Im staatlichen Schulwesen in Deutschland setzten sich diese Ideen erst nach 1918 allmählich durch, jedoch gibt es private Gründungen aus der Zeit vorher, wie die Odenwaldschule, die die neuen Ideen ausprobierten und die bis heute ihre Anziehungskraft bewahrt haben.

Schultyrannen *school tyrant*

Lerngemeinschaft *learning community*

Sehr stark war damals der Einfluss der Philosophie von Friedrich Nietzsche (1844–1900). Nietzsche stammte aus Thüringen. Er wurde sehr jung als

Friedrich Nietzsche

Professor für griechische Sprache und Literatur an die Universität Basel berufen. Auch er träumte vom neuen Deutschen Reich und nahm 1870 freiwillig als Krankenpfleger° am Krieg teil. Aber das Reich Bismarcks entsprach nicht seinen Erwartungen, und seine Kritik an Deutschland wurde immer beißender. Er war. ein empfindlicher, kranker Mensch, und er erkannte, wie viel in der Kultur und Lebensform seiner Zeit auf Schwäche, Ressentiment und Krankheit beruhte. Nietzsche pries dagegen die Lebenskraft.° In seinem Werk „Also sprach Zarathustra“, das in einem biblischen Stil seine Philosophie enthält, schilderte er den „Übermenschen“° der Zukunft; und dieser Übermensch, die „blonde Bestie“, voll Vitalität und Willenskraft, machte großen Eindruck auf die Zeitgenossen. Ebenso beeindruckt waren die Menschen von Nietzsches Ruf „Gott ist tot!“ und von seiner Prophezeiung des nihilistischen Zeitalters. Er schrieb in Aphorismen und in Hymnen; so war es leicht, einige Teile seiner Philosophie zu isolieren und für jeden beliebigen Zweck zu benutzen. Das taten besonders die Rassenideologen und Antisemiten, allen voran Nietzsches Schwester Elisabeth, die seine Werke herausgab und dabei manche judenfreundliche und antideutsche Bemerkung wegließ.° Nietzsche fühlte sich mit Heine verwandt und hob die kulturelle Bedeutung der Juden hervor—er wurde dennoch zum Propheten der Antisemiten. Thomas Mann, der sich sein Leben lang mit Nietzsche beschäftigte, hat ihm 1947 im Roman „Doktor Faustus“ eine bedeutende Würdigung° gegeben und Nietzsches Leben mit der Entwicklung Deutschlands in Parallele gesetzt.

Krankenpfleger *(male) nurse; medic*

Lebenskraft *vitality*

Übermenschen *superman*

wegließ, weglassen *to leave out*

Würdigung *appreciation*

DIE DEUTSCHE FRAUENBEWEGUNG

Nach langer mühsamer Arbeit hatte jetzt auch die deutsche Frauenbewegung entscheidende Erfolge. Seit der Goethezeit war die Frage der Frauenbildung ein ständiges Diskussionsthema geblieben. Zunächst ging es darum, ob Mädchen überhaupt in öffentliche Schulen gehen sollten. Dann verlagerte sich° die Diskussion auf die Frage, ob es so etwas wie eine „Frauenbildung“ gab, und schließlich, ob Mädchen Schulen besuchen durften, die zum Abitur und damit zum Studium an der Universität führten. Erst 1889 begründete Helene Lange in Berlin das erste Mädchengymnasium, und erst um 1900 begannen Frauen in größerer Zahl an den Universitäten zu studieren. Andere Länder, wie z.B. die Schweiz, waren Deutschland darin vorausgegangen.

Auf dem Wege zur politischen Gleichberechtigung° bedeutete die Revolution von 1848 einen wichtigen Schritt, auch wenn sie keine unmittelbaren Folgen hatte. 1865 wurde der Allgemeine Deutsche Frauenverein gegründet,

verlagerte sich, sich verlagern *to shift*

Gleichberechtigung *equal rights*

Presseempfang eines Berliner Frauenvereins um 1909

dessen treibende Kraft Luise Otto-Peters war. Luise Otto-Peters (1819–1895) hatte 1848–1850 die erste „Frauenzeitung" herausgegeben. Ihre Ziele waren Gleichberechtigung in der Bildung und als Staatsbürgerinnen und humane Gesetze für die Frauenarbeit. Die elende Lage der Arbeiterinnen war ebenso ein Hauptmotiv der Frauenemanzipation wie die versperrte° Bildung. Luise Otto-Peters war als Journalistin tätig und schrieb auch Romane und politische Bücher.

versperrte, versperren *to block, deny*

In den achtziger und neunziger Jahren des 19. Jahrhunderts vermehrten sich die Frauenvereine, so dass 1894 ein Bund deutscher Frauenvereine entstehen konnte. Einen Höhepunkt der Bewegung bildete der Deutsche Frauenkongress im Jahre 1912. Der Erste Weltkrieg zwang viele Frauen in die Berufsarbeit; aber dadurch entstand auch der entscheidende Druck, so dass die Weimarer Verfassung von 1919 die politische Gleichberechtigung der Frau festlegte. Diese Gleichberechtigung war jedoch noch keine juristische Gleichberechtigung. Die Gesetzbücher, die zwischen 1871 und 1914 geschrieben wurden, insbesondere das Bürgerliche Gesetzbuch, das 1900 in Kraft trat, enthielten viele Beschränkungen für Frauen. Dennoch begann das neue 20. Jahrhundert mit einer neuen Idee für das Verhältnis von Mann und Frau: sie sollten in der Zukunft Partner sein, und die Sphäre der Frau war nicht mehr allein das Haus und der Haushalt.

Die Moderne

Nach 1900 begann der Lebensrhythmus sich schnell zu ändern. Die Autos traten an die Stelle der Pferdekutschen;° der Mensch verwirklichte den alten Traum vom Fliegen. Auf die Erfindung des Telefons und der Telegrafie folgte die des Radios. Man begann, Häuser aus Beton zu bauen. Die Entdeckung des Radiums, die Relativitätstheorie von Albert Einstein und die neuen Atomtheorien veränderten die Grundbegriffe° der Naturwissenschaften. Bisher ungeahnte° Möglichkeiten wurden sichtbar. Zugleich bekamen die Menschen ein Gefühl der Unsicherheit, der Entfremdung, der Bedrohung, ja der Angst. Die neue Zeit war ihnen unheimlich° wie ein Ungeheuer.°

Die Kunst gestaltete sehr bald dieses neue Lebensgefühl. Nach 1910 stellte die Gruppe des „Blauen Reiters“ in München, zu der Franz Marc, Wassily Kandinsky und Paul Klee gehörten, abstrakte Bilder aus. Arnold Schönberg entwickelte seine „Zwölftonmusik“. Lyriker wie Georg Trakl und Georg Heym schrieben neuartige Gedichte, die den Expressionismus einleiteten, und Franz Kafkas erste Geschichten entstanden.

Neue Kunstformen begannen aus den technischen Möglichkeiten zu entstehen, vor allem die Fotografie und der Film. Auf Schallplatten konnte man Musik und Stimmen von Menschen aufnehmen und aufbewahren.° Die Technik drang also in die Kunst selbst ein.

Pferdekutschen *horse carriages*

Grundbegriffe *basic concepts*

ungeahnte *unthought of*

unheimlich *uncanny*

Ungeheuer *monster*

aufbewahren *to keep, preserve*

Albert Einstein

Kino in Berlin, Frankfurter Allee, 1903

Das Lebensgefühl kam einer Krise gleich. Man spürte die Bedrohung,° man fühlte sich machtlos, ja passiv. Die Menschen sehnten sich nach der Möglichkeit der großen befreienden Tat. Die Luft war schwer und drückend; man erhoffte geradezu das gewaltige Unwetter, das die Atmosphäre reinigen sollte. So wirkte der Erste Weltkrieg 1914 zuerst wie eine Befreiung, und viele Menschen zogen jubelnd in den Krieg. Sie opferten sich für ihr Land, ohne auch nur nach dem militärischen Wert des Opfers zu fragen. Erst allmählich wurden sie sich bewusst, dass die Kriegstechnik den Krieg völlig verändert hatte: Nicht mehr der persönliche Heldenmut° entschied die Schlachten, sondern die technische Vorbereitung und das Kriegsmaterial.

Bedrohung *threat*

Heldenmut *bravery*

DIE GROßE KRISE

Kaiser Wilhelm II. war nicht die Persönlichkeit, die ein Land führen konnte, besonders in einer Zeit der Krise. Er war ein glänzender° Redner; er wollte überall bewundert werden. Er trug gern prächtige Uniformen und reiste viel in der Welt herum. Es klingt wie ein Symbol seiner Herrschaft, wenn man daran denkt, dass er einen Geburtsfehler hatte, nämlich einen verkrüppelten° Arm, den er bei jedem öffentlichen Auftreten verstecken musste. Er war sehr launenhaft und sagte viele Dinge, die politisch nicht zu verantworten waren. Da die

glänzender *brilliant*

verkrüppelten *crippled*

Verfassung ihm sehr viel Macht gab und er das Staatsoberhaupt war, wurden seine Reden im Ausland ernst genommen und brachten Deutschland oft diplomatische Schwierigkeiten. Wilhelm II. hatte weder die Vorsicht noch die klare außenpolitische Linie Bismarcks; er wollte „Weltpolitik" treiben.

Die schnelle Expansion der Schwerindustrie, die stärkere Finanzkraft Deutschlands und die immer noch stark wachsende Bevölkerung gaben die Basis für vermehrte imperialistische Tendenzen. Der Aufbau einer starken deutschen Kriegsflotte° unter Führung des Admirals Alfred von Tirpitz, 1898 und 1900 vom deutschen Reichstag bewilligt, wurde als Schutz des deutschen Welthandels und der deutschen Kolonien in Afrika und im Pazifik deklariert; aber Großbritannien sah darin eine große Gefahr. Rechtsstehende Kreise in Deutschland, wie der „Alldeutsche Verband", hofften, nordfranzösische Bodenschätze und Gebiete östlich von Deutschland zu annektieren. Die sozialen Spannungen in Deutschland waren noch stark und brachten politische Frontstellungen zwischen den konservativen Parteien und den Sozialdemokraten, wobei die liberalen Parteien des Bürgertums immer schwächer wurden. Eine Verfassungsreform schien notwendig; aber kam nicht zustande. Sogar das „Dreiklassenwahlrecht" in Preußen bei den Landtagswahlen blieb bestehen. Die Wähler waren hier nach ihrem Einkommen in drei Klassen eingeteilt: ein einziger Wähler der ersten Klasse konnte ebenso viel Gewicht haben wie hunderte von Wählern der dritten Klasse. Die starke Armee und der dreijährige Militärdienst führten zu stärkerer „Militarisierung" der Gesellschaft. Das wiederum beklagten° weite Kreise des Bürgertums und der Arbeiterklasse.

Kriegsflotte *navy*

beklagten, beklagen *to lament, complain about*

Deutschlands Stärke und seine expansive und unberechenbare° Politik führten zu wachsender außenpolitischer Isolierung; das konnte man bei allen politischen Krisen ab 1900 bemerken. 1911 annektierte Italien das zum Türkischen Reich gehörende Libyen. Die türkische Niederlage ermutigte die Länder auf dem Balkan 1912 zum Kampf gegen die Türkei, dem ein Kampf gegen den Sieger Bulgarien folgte. Da Österreich das seit 1878 besetzte Bosnien 1908 formell annektiert hatte, entstanden Spannungen zwischen Österreich und Serbien, dessen Politik ein Großserbien erstrebte.

unberechenbare *unpredictable*

Nun hatte es bereits mehrere Krisen unter den Großmächten gegeben, vor allem die zwei Marokkokrisen 1904 und 1911 zwischen Frankreich und Deutschland, doch die Diplomaten hatten stets Kompromisse gefunden. Als jedoch ein serbischer Nationalist den österreichischen Thronfolger Franz Ferdinand 1914 in Sarajewo ermordete, stellte Österreich unannehmbare Forderungen an Serbien, und der Dominoeffekt wurde wirksam: Russland stellte sich hinter Serbien, Deutschland hinter Österreich, Frankreich und England hinter Russland, und die Türkei trat auf die Seite Deutschlands. Italien schwankte, bis

Das Gesicht des deutschen Soldaten im Ersten Weltkrieg

es sich dann 1916 gegen Österreich erklärte. Ein Weltkrieg war in Sommer 1914 ausgebrochen, den niemand beabsichtigt hatte. Imperialistische Tendenzen gab es in vielen Ländern, besonders Deutschland, doch diese Katastrophe war nicht geplant.

Als der Krieg einmal im Gang war, offenbarte er schnell die Schwächen des europäischen Herrschaftssystems. Der russische Staat stand auf ebenso schwachen Füßen wie der österreichische. Deutschland, Österreichs Verbündeter, schien hingegen siegreich zu bleiben. Die Deutschen drangen weit nach Frankreich vor, und sie siegten gegen die russische Armee. In Frankreich allerdings wurde der Krieg zu einem Stellungskrieg° ohne entscheidende Schlachten. Neue Gegner traten auf: Italien, Rumänien und schließlich die Vereinigten Staaten von Amerika. 1917 brach in Russland die Revolution aus, und der Krieg an der Ostfront endete. Aber die Versuche, durch große Offensiven im Frühjahr 1918 in Frankreich eine Entscheidung zu erzielen, scheiterten. Im Herbst 1918 wurde es deutlich, dass Deutschland den Krieg militärisch nicht gewinnen konnte.

Stellungskrieg *trench warfare*

Die ganze Zeit während des Krieges hatte es Friedensversuche gegeben. In Deutschland war die öffentliche Meinung geteilt. Die Konservativen verlangten einen „Sieg-Frieden"; sie wollten noch weitere Gebiete Frankreichs annektieren. Die Liberalen und Sozialisten verlangten einen „Verständigungsfrieden",° einen Frieden ohne Sieger und Besiegte. Die Opposition konnte sich aber nicht durchsetzen. Ja, nicht einmal die Zivilregierung traf die Entscheidungen, sondern die militärische Führung, besonders ab 1916, als Paul von Hindenburg Oberbefehlshaber wurde und Erich von Ludendorff sein Generalstabschef.° Der Kaiser trat in den Hintergrund. Die Regierung näherte sich dem Reichstag, und es wurden die ersten Schritte zu einer Verfassungsreform unternommen, die dem Reichstag mehr Macht geben sollte. Doch die Reformen kamen zu spät. Als 1918 der Krieg verloren war, streikten die Matrosen auf den deutschen Kriegsschiffen. Überall bildeten sich Arbeiter- und Soldatenräte,° wie es in Russland der Fall gewesen war. Der Kaiser musste abdanken. Der Sozialdemokrat Philipp Scheidemann rief in Berlin die Republik aus. Die Monarchie in Deutschland hatte zu spät an Reformen gedacht und musste nun verschwinden. Dem Kaiser folgten die Landesfürsten.° Unerwartet fiel also plötzlich der Opposition, den Sozialdemokraten vor allem, die Macht in die Hände. Und als der letzte Kanzler des Kaisers, Prinz Max von Baden, am 9. November 1918 dem Vorsitzenden der Sozialdemokratischen Partei, Friedrich Ebert, die Regierung übergab und ihn mit bewegten° Worten bat, Deutschland zu erhalten, konnte Ebert antworten, dass er ein ebenso guter Patriot war wie die Fürsten, und dass zwei seiner Söhne für Deutschland gefallen waren. Ebert hat sein Versprechen gehalten und die Einheit des Reiches bewahrt.°

Verständigungsfrieden *peace by compromise*

Generalstabschef *chief of general staff*

Arbeiter- und Soldatenräte *workers' and soldiers' councils*

Landesfürsten *rulers of a state*

bewegten *emotional*

bewahrt, bewahren *to preserve*

FRAGEN ZUM TEXT:

Made in Germany

1. Welche Zweige der deutschen Industrie entwickelten sich besonders um 1900?
2. Warum entstand die Aufschrift „Made in Germany"?

Gesellschaftskritik

3. Wie benahm sich der deutsche Vater seinen Kindern gegenüber, wenn man der Karikatur glaubt?
4. Welche Zustände wurden in der Literatur oft dargestellt?
5. Was stellte Sigmund Freud fest?
6. Was waren typische Aktivitäten der Jugendbewegung?

7. Auf welchem Gebiet hatte die Jugendbewegung dauernden Einfluss?
8. Was dachte Nietzsche über sein Zeitalter?

Die deutsche Frauenbewegung

9. Was war das erste Ziel der Frauenbewegung?
10. Welche drei Ziele verkündete die „Frauenzeitung"?
11. Welchen Höhepunkt erreichte die Frauenbewegung vor 1914?
12. Was sagte das Bürgerliche Gesetzbuch über die Rechte der Frau?

Die Moderne

13. Wodurch änderte sich der Lebensrhythmus nach 1900?
14. Welche Kunststile stehen am Anfang der Moderne?
15. Welche Kunstformen entwickelten sich aus der Technik?
16. Warum empfanden viele Menschen 1914 den Krieg als Befreiung?

Die große Krise

17. Welchen körperlichen Geburtsfehler hatte Kaiser Wilhelm II.?
18. Was offenbarte der Krieg sehr schnell?
19. Wann begann in Deutschland die Verfassungsreform?
20. Wem fiel 1918 in Deutschland die Macht in die Hände?

Aufsatzthemen:

1. In Deutschland stand vor 1914 der Konflikt zwischen Vätern und Söhnen im Vordergrund. Wie ist eine Gesellschaft beschaffen, die einen solchen Konflikt hervorbringt?
2. Deutschland war damals wissenschaftlich und technisch mit an der Spitze; aber die Jugendbewegung suchte das natürliche Leben. Wie bringen Sie diesen Widerspruch zusammen?
3. Wie stellen Sie sich zur Philosophie von Friedrich Nietzsche?
4. Der Erste Weltkrieg wurde ein Materialkrieg mit Millionen Toten. Glauben Sie, dass es in einem solchen Krieg „Helden" geben kann?
5. Im Ersten Weltkrieg griffen die USA zum ersten Mal in die europäische Geschichte ein. Finden Sie es gut, dass die USA bestimmen wollen, was in Europa geschieht?

Ausrufung der deutschen Republik, November 1918

12 Weimar und Potsdam

9. Nov. 1918	Ausrufung der deutschen Republik.
1919	Nationalversammlung, Weimarer Verfassung.
1919	Friedensvertrag von Versailles.
1923	Inflation, Stresemann Reichskanzler.
1925	Vertrag von Locarno.
1925	Hindenburg Reichspräsident.
1930	Beginn der großen Wirtschaftskrise.
1933	Adolf Hitler Reichskanzler.

Was wissen Sie, was meinen Sie?

1. Nach 1918 sollten die Grenzen in Europa nach dem Prinzip der Selbstbestimmung der Völker bestimmt werden. Warum war das so schwierig?
2. Wann besteht die Gefahr einer „ethnischen Säuberung"?
3. Ein wichtiger Faktor bei den politischen Krisen in Deutschland während der Zwanziger Jahre war die schlechte wirtschaftliche Lage. Was hätten die Alliierten tun sollen?
4. Kennen Sie deutsche Filme und deutsche Bücher aus der Zeit zwischen 1918 und 1933? Wovon handeln sie?

5. Was sagt Ihnen der Name „Bauhaus“? Wissen Sie, welche Ziele diese Kunstschule hatte, und warum man in Amerika von ihr spricht?
6. Was meinen Sie, würde in den USA passieren, wenn ein Drittel der arbeitenden Menschen arbeitslos wäre?

Die Nationalversammlung

Die SPD war Ende 1918 nicht mehr die revolutionäre Massenpartei, die sie früher gewesen war. Sie hatte sich in die „Mehrheitssozialisten“ unter Eberts Führung, die „Unabhängige Sozialdemokratische Partei Deutschlands“ (USPD) und die „Kommunistische Partei Deutschlands“ (KPD) gespalten. Die SPD erstrebte eine neue Gesellschaftsordnung und soziale Reformen; aber sie wollte die parlamentarische Demokratie erhalten und den Willen der Mehrheit des Volkes respektieren. Ebert ließ eine Nationalversammlung wählen, die die Verfassung ausarbeiten sollte. Weil die Nationalversammlung 1919 in Weimar tagte wurde die neue Verfassung des Reiches deshalb oft „Weimarer Verfassung“ genannt. Weimar bedeutete gleichfalls die geistige Tradition Deutschlands im Sinn Goethes und Schillers; es bedeutete Humanität und Freiheit.

Die Weimarer Verfassung bemühte sich um möglichst viel Freiheit und Gerechtigkeit. Das Wahlsystem war bisher sehr ungerecht gewesen, denn die Wahlkreise° waren verschieden groß. So wurde das Verhältniswahlrecht° eingeführt, so dass jede Partei genau die Zahl der Sitze im Parlament bekam, die der Zahl der Stimmen entsprach. Die Regierung war dem Parlament verantwortlich. Um die Rechte des einzelnen Menschen zu garantieren, enthielt die Verfassung die Grundrechte.° Die Macht des Reichspräsidenten, der an die Stelle des Kaisers trat, war zwar begrenzt, aber immer noch sehr groß. Vor allem konnte der Reichspräsident in Notzeiten das Parlament zeitweise ausschalten und mit „Notverordnungen“° regieren.

Wahlkreise *electoral districts, precincts*

Verhältniswahlrecht *proportional representation system*

Grundrechte *basic human rights*

Notverordnungen *emergency decrees*

Es war nicht nur die Tradition der deutschen Klassik, die die Nationalversammlung nach Weimar brachte. Das Land war in Unordnung. Kommunisten und Rechtsradikale versuchten Aufstände. In Berlin konnte eine Nationalversammlung nicht ruhig und sicher tagen. Die Idee der „Notverordnung“ entsprach der Zeit, aus der die Verfassung geboren wurde. Um die Ordnung zu erhalten, verbündete sich die Regierung mit der Armee. Die Armee sorgte für die Ordnung in Deutschland; aber sie tat es nicht, weil sie die Republik schützen wollte. Im Gegenteil, die meisten Offiziere und Generäle der Armee dachten monarchistisch. Sie lebten in der militärischen Tradition Preußens, die in der Soldatenstadt Potsdam bei Berlin entstanden war und jetzt mit dem Wort

Rosa Luxemburg

„Potsdam" bezeichnet wurde. So war die Armee geneigt, gegen kommunistische Revolutionäre viel schärfer vorzugehen als gegen rechtsradikale. Das zeigte sich bei der sinnlosen Ermordung der Kommunistenführer Rosa Luxemburg und Karl Liebknecht im Januar 1919. Das zeigte sich ebenfalls, als 1920 die Armee bei dem rechtsradikalen „Kapp-Putsch" in Berlin nicht eingriff.° Die Republik wurde durch einen Generalstreik der Arbeiter und Angestellten gerettet. Das Bündnis der Sozialdemokraten mit der Armee war ein Bündnis ungleicher Partner, und es zeigte, wie viele Menschen und Einrichtungen es in Deutschland gab, die die neue Staatsform grundsätzlich ablehnten.

eingriff, eingreifen *to intervene*

DIE INFLATION

Die Gegner der Republik hatten es nicht schwer, die Schwächen des Systems zu zeigen. Das Verhältniswahlsystem brachte viele kleine Parteien in den Reichstag. Es gab nie klare Mehrheiten, und alle Regierungen von 1919 bis 1933 waren Koalitionsregierungen, die stets in Gefahr waren, wegen unwichtiger Meinungsverschiedenheiten° auseinander zu brechen. Außerdem hatte Deutschland den Krieg verloren. Die Deutschen setzten große Hoffnungen auf die „14 Punkte" des amerikanischen Präsidenten Wilson. Aber bei den Friedensverhandlungen in Versailles gab es Gleichberechtigung° und Selbstbestimmung° nur für die Sieger, nicht für die Besiegten. In Osteuropa wurden

Meinungsverschiedenheiten *differences of opinion*

Gleichberechtigung *equal rights*

Selbstbestimmung *self-determination*

auf dem Gebiet von Russland und Österreich neue Staaten gebildet: Estland, Lettland, Litauen, Polen, die Tschechoslowakei, Jugoslawien, Ungarn. Es wurden Abstimmungen° abgehalten, welche deutschen Gebiete sich Dänemark oder Polen anschließen wollten, doch Danzig durfte nicht deutsch bleiben, und den Deutsch-Österreichern wurde verboten; sich mit Deutschland zu verbinden. Die Deutschen wurden als „schuldig" am Ersten Weltkrieg erklärt, und sie mussten Reparationen zahlen. Die deutschen Kolonien und bisher türkische Gebiete wurden als „Mandate" anderen Staaten, vor allem England und Frankreich, übergeben. Die Friedensbedingungen waren also für Deutschland sehr hart und entwürdigend,° und der Versailler Friede hieß in Deutschland nur das „Friedensdiktat", Revanche für Versailles wurde in den rechtsgerichteten Kreisen der erste Programmpunkt.

Abstimmungen *plebiscites*

entwürdigend *degrading*

Die deutsche Armee durfte nicht mehr als 100 000 Mann haben. Schwere Waffen, Flugzeuge und große Kriegsschiffe waren verboten. So erprobte die deutsche Armee verbotene Waffen insgeheim in der Sowjetunion, und neben der regulären gab es auch eine „schwarze" Reichswehr. Außerdem zogen „Freikorps" durch das Land, Söldnertruppen, die dort kämpften, wo es Krieg gab: in den baltischen Staaten, an der deutsch-polnischen Grenze, innerhalb Deutschlands gegen die Kommunisten. Diese ehemaligen Soldaten fanden nicht mehr den Weg zurück ins Zivilleben und schon gar nicht in einen demokratischen Staat; sie wurden militärische Abenteurer, bereit, für den zu kämpfen, der sie bezahlte, und stets auf der Suche nach einem neuen Krieg.

Schwierigkeiten hatte auch die deutsche Wirtschaft. Sie verlor durch den Friedensvertrag alle ihre Patente, und sie wurde auf dem Weltmarkt diskriminiert. Gerade jetzt aber war der Export wichtig, denn Deutschland sollte ja Reparationen bezahlen. Das Reich hatte jedoch viele Rohstoffe verloren, sowohl in den Kolonien als auch in den verlorenen deutschen Provinzen wie Elsass-Lothringen und Oberschlesien. Der Großteil der Reparationen sollte in Geld bezahlt werden; doch eine weit verbreitete Schutzzollpolitik behinderte deutsche Exporte, die Devisen für die Zahlung erbracht hätten.

Die deutsche Wirtschaft stagnierte. Der deutsche Staat konnte weder die Kriegsschulden in Deutschland noch Reparationen zahlen, und so verlor die deutsche Reichsmark an Wert. Die Inflation stieg bis zu grotesken Höhen, als 1923 die Franzosen den Rhein überschritten und als Sanktion für nicht bezahlte Reparationen außer dem linken Rheinufer auch das Ruhrgebiet besetzten. Die Reichsregierung rief zu einem „passiven Widerstand" auf. Das Geld verlor täglich an Wert; Löhne und Gehälter wurden jeden Tag gezahlt, da die Menschen sonst nichts mehr für ihr Geld kaufen konnten. Der deutsche Mittelstand verlor sein Vermögen und sein Selbstvertrauen; viele kleine Firmen gingen zu Grunde. Die Großindustrie allerdings profitierte eher von der Geldentwertung.°

Geldentwertung *monetary devaluation*

Die Inflation im Herbst 1923: ein Gutschein der Eisenbahn

Die wirtschaftliche Krise hatte unmittelbare politische Auswirkungen.° Eine „Separatistenbewegung." versuchte, das Rheinland vom Reich zu trennen und rief sogar eine unabhängige rheinische Republik aus. Die deutsche Reichswehr unterdrückte die linksradikalen Parteien und Regierungen in Sachsen, Thüringen und Hamburg. Ein Putsch der Nationalsozialisten unter Adolf Hitler in München schlug fehl, weil das Militär auf der Seite der Regierung blieb.

Auswirkungen *consequences*

Im Sommer 1923 hatte Reichspräsident Ebert Gustav Stresemann zum Reichskanzler berufen. Stresemann, der bedeutendste deutsche Politiker der Zeit, erhielt die Einheit des Reiches, seine parlamentarische Regierungsform und führte am 1. Januar 1924 eine neue Währung ein, die „Rentenmark".° Die deutsche Reichsmark wurde im Verhältnis 1:1 Billion abgewertet. Diese Maßnahmen beendeten die Zeit der Revolution und Putschversuche und leiteten eine Periode der Ruhe und relativen Stabilität ein. Auf die Politik der Konfrontation mit den Alliierten folgte ein Versuch der Versöhnung° mit den ehemaligen Gegnern.

Rentenmark *monetary unit based on land values*

Versöhnung *reconciliation*

Locarno

Stresemann blieb bis zu seinem Tod im Jahr 1929 Deutschlands Außenminister. Um eine Verständigung° mit Frankreich zu erreichen, akzeptierte er im Westen die in Versailles geschaffenen Tatsachen und erkannte die neuen Grenzen an. Frankreich hingegen verzichtete auf weitere Gewaltakte, wie die Besetzung des

Verständigung *agreement, understanding*

Ruhrgebiets, und zog seine Truppen vorzeitig vom linken Rheinufer zurück. Deutschland wurde als Mitglied in den Völkerbund° aufgenommen, und neue Abmachungen° über die Reparationszahlungen wurden erreicht. Der Höhepunkt dieser Verständigungspolitik war der Vertrag von Locarno 1925. Jetzt schien eine Epoche der Verständigung, ja der Freundschaft, anzubrechen. Die Deutschen und Franzosen bemühten sich, ihre Feindschaft zu überwinden.

Völkerbund *League of Nations*

Abmachungen *agreements*

Die internationale Anerkennung machte Deutschland wieder kreditfähig. Die deutschen Länder und Gemeinden brauchten viel Geld. Sie wollten nicht nur nachholen, was seit 1914 liegen geblieben war, sondern viele ehrgeizige Pläne verwirklichen: neue Straßen für den modernen Verkehr und Schulen, in denen Lehrer und Schüler in einer neuen Weise zusammenarbeiten konnten. Sie wollten die alten Städte sanieren und statt der „Mietskasernen“° Siedlungen bauen, in denen sich die Menschen wohlfühlten. Sie brauchten Altersheime, Ferienheime, Kindergärten. Die Idee des sozialen Staates verband sich mit dem Konzept einer Stadt, in der die Menschen freier und gesünder leben konnten.

Mietskasernen *large tenements*

Das waren große Pläne für ein armes Land wie Deutschland; doch die Länder und Gemeinden borgten in ihrem Optimismus viel Geld, besonders aus den USA. Während sich die Sozialdemokraten in der Reichspolitik nur selten durchsetzen konnten, hatten sie in vielen Ländern und Städten die Mehrheit

Außenminister Stresemann vor dem Völkerbund in Genf, September 1926

und konnten ihre kulturpolitischen und sozialpolitischen Pläne durchführen. Damit versöhnten sie zwar nicht die Gegner der Republik; aber sie schafften eine größere Stabilität. Wie wenig Vertrauen die Deutschen zu ihrer Republik hatten, zeigte sich 1925, als Reichspräsident Ebert starb und Generalfeldmarschall Paul von Hindenburg zu seinem Nachfolger gewählt wurde. Hindenburg war gewiss kein Demokrat, und er stand der Republik und der parlamentarischen Regierungsform fern. Jedoch versuchte er, mit preußischer Pflichttreue° sein Amt zu verwalten, und damit enttäuschte er vorerst die Gegner der Republik, die gehofft hatten, er würde helfen, die Monarchie wieder einzuführen. Konnte jedoch ein so alter Mann das richtige Staatsoberhaupt° in einer Krise sein?

Pflichttreue *dutifulness*

Staatsoberhaupt *head of state*

Die Goldenen Zwanziger Jahre

Kulturell war die Zeit zwischen 1918 und 1933 eine der interessantesten Epochen in Deutschland. Im Rückblick ist deshalb die Bezeichnung „die Goldenen Zwanziger Jahre“ üblich geworden. Bei den vielen politischen und wirtschaftlichen Schwierigkeiten ist die Bezeichnung „golden“ eher problematisch. Doch die politische Freiheit begünstigte kühne und großartige Experimente in allen Künsten. Im Theater setzte sich die Glanzzeit von vor 1914 fort, ja sie gipfelte jetzt in vielen neuen Ideen im Zeichen des Expressionismus, die auch auf die neue Kunst, den Film, übertragen wurden. Die Theaterkultur kam gleichfalls dem Rundfunk zugute, der ab 1923 ein regelmäßiges Programm sendete und im Hörspiel° eine eigene literarische Form entwickelte. Auch die Schriftsteller experimentierten mit den Formen, mit den Themen, ja mit der Sprache selbst. Sie wollten in ihren Dichtungen das neue Lebensgefühl des Menschen in der Großstadt ausdrücken, und sie wollten Visionen einer besseren Zukunft und eines neuen Menschen aufzeigen. In den späteren zwanziger Jahren wandten sich die Schriftsteller mehr der Gegenwart zu und nahmen Stellung zu politischen und sozialen Fragen. Hermann Hesse begeisterte die Jugend mit „Demian“ und „Steppenwolf“. Alfred Döblin schrieb den Großstadtroman „Berlin Alexanderplatz“; Thomas Manns „Zauberberg“ wurde ein unerwartet großer Erfolg; Bert Brecht gewann durch seine „Dreigroschenoper“. Weltruhm. Carl Zuckmayer schrieb in seiner Komödie „Der Hauptmann von Köpenick“ eine Satire auf den deutschen Polizeistaat; Erich Kästner schilderte im Roman „Fabian“ die moralische Unordnung seiner Zeit und in seinen Gedichten die Lächerlichkeiten des Bürgertums. Der Stil dieser Werke wurde „Neue Sachlichkeit“ genannt.

Hörspiel *radio play*

„Der Hauptmann von Köpenick", deutscher Film von 1931 nach dem Theaterstück von Carl Zuckmayer. Max Adalbert (links) als Wilhelm Voigt, der sich selbst zum Hauptmann ernannt hat.

Nicht nur die Literatur suchte nach neuen Formen. Die Architektur entdeckte die vielen Möglichkeiten des Betonbaus. Die bildenden Künste fanden einen Mittelpunkt im „Bauhaus", einer Schule für alle bildenden Künste; nicht nur Malerei, Bildhauerei, Architektur, sondern auch Industrieform,° Weben, Drucken, Innenarchitektur, Möbelherstellung. Das Bauhaus betonte den Zusammenhang von Handwerk und Kunst; es bemühte sich um klare, funktionelle Formen und bekämpfte alle überflüssigen° Dekorationen. Das Bauhaus hatte viele Gegner, bereits in den zwanziger Jahren, und so musste es von Weimar nach Dessau umziehen, und schließlich nach Berlin, wo es 1934 aufgelöst wurde. Seine Architekten wie Gropius und Mies van der Rohe emigrierten, ebenso Maler wie Klee und Kandinsky; sie verbreiteten die Ideen und Stilvorstellungen des Bauhauses in der ganzen Welt.

Industrieform *industrial design*

überflüssigen *superfluous*

Die Tiefenpsychologie Freuds wurde jetzt angewandt und weiter entwickelt; in der Philosophie begründeten Karl Jaspers und Martin Heidegger mit dem Existentialismus eine neue Denkrichtung,° die erst viel später, auf dem Weg über Frankreich, in das allgemeine Bewusstsein dringen sollte. In

Denkrichtung *philosophical movement, trend*

der Physik waren Max Plancks. Schüler auf dem Weg zu entscheidenden Fortschritten in der Atomphysik. Überall war eine starke Dynamik zu spüren.

Als 1930 in Deutschland die wirtschaftliche und politische Krise begann, mussten die Künstler und Wissenschaftler Partei ergreifen. Die Mehrzahl von ihnen hat nach 1933 Deutschland verlassen und anderswo, vor allem in den USA, eine neue Heimat gefunden. Man könnte sagen, dass zwischen 1941 und 1945 Los Angeles der eigentliche Mittelpunkt der deutschen Literatur war, wo Heinrich und Thomas Mann, Franz Werfel, Alfred Döblin, Bert Brecht und viele andere Schriftsteller lebten. In der Architektur, den bildenden Künsten, der Musik und verschiedenen Wissenschaftszweigen hat die Emigration der Welt manche Anregungen und neue Ideen gebracht. Schwieriger war es im Theater, denn der deutsche Stil passte nicht auf den Broadway; manche Emigranten hatten jedoch in Hollywood Erfolg.

Mit dieser Emigration ist in Deutschland eine kulturelle Tradition abgebrochen. Es hat in Deutschland nach 1945 eine langwierige,° mühsame und oft indirekte Wiederaufnahme der Ideen und Formen der Weimarer Zeit gegeben, aber von einer Kontinuität kann man auf keinen Fall sprechen. Insbesondere fehlte nach 1945 ein entscheidendes Element: die Weimarer Zeit brachte durch die politische Gleichstellung der Juden die eigentliche Blütezeit der „deutsch-jüdischen Symbiose", und der kreative Anteil der jüdischen Mitbürger war außerordentlich. Ebenfalls gab es bis 1933 eine kulturelle „Hauptstadt": es war die große Zeit von Berlin als Zentrum der Modernität. Demgegenüber war die Kultur nach 1945 wieder viel regionaler, manchmal provinzieller.

langwierige *lengthy, protracted*

Das Ende der Republik

Der „Schwarze Freitag" an der Börse in New York, der 25. Oktober 1929, hatte auch für Deutschland unmittelbare Folgen. Er löste eine Wirtschaftskrise aus, wie sie das Land noch nicht erlebt hatte. Die meistens kurzfristigen ausländischen Kredite wurden gekündigt. Die Arbeitslosigkeit stieg 1930 auf 4 Millionen, Anfang 1932 überschritt sie 6 Millionen. Ihnen standen 12 Millionen Beschäftigte gegenüber, ein Drittel war also arbeitslos. Beamten- und Angestelltengehälter wurden gekürzt. Zwischen 1928 und 1932 ging die Produktion auf die Hälfte zurück, der Wert der Aktien fiel auf ein Drittel.

Seit 1928 regierte eine „große Koalition", die aus sehr verschiedenen Parteien von der SPD bis zur Volkspartei bestand. 1930 brach sie auseinander. Der Anlass war die Finanzierung der Arbeitslosenversicherung. Der

Zentrumspolitiker Heinrich Brüning regierte dann mit Notverordnungen. Er hoffte, durch Neuwahlen eine Mehrheit im Reichstag zu erhalten; doch die Wahlen im September 1930 hatten ein katastrophales Ergebnis. Sie brachten große Erfolge für Parteien der radikalen Opposition. Eine bisher im Reichstag unbedeutende Splittergruppe wurde zu einer der stärksten Parteien: die Nationalsozialistische Arbeiterpartei, die NSDAP unter Führung von Adolf Hitler.

Brüning hatte außenpolitische Erfolge; vor allem erreichte er ein Moratorium der Reparationszahlungen. Eine 1931 abgeschlossene Zollunion mit Österreich stieß allerdings auf das Veto von Frankreich. Doch die Politik der Sparsamkeit und Deflation stützte zwar den Wert des Geldes, aber verschlimmerte die Arbeitslosigkeit. Auch wohlmeinende Arbeitsbeschaffungsmaßnahmen der Gemeinden und Länder blieben wirkungslos. Bankzusammenbrüche° im Jahre 1931 zogen neue Konkurse nach sich. Die Politiker und Wirtschaftsexperten sagten zwar das Ende der Krise voraus, doch die Bevölkerung hatte das Vertrauen zu ihnen verloren. Die politischen Auseinandersetzungen fanden jetzt vor allem in Straßenkämpfen und Saalschlachten statt. Alle politischen Parteien hatten ihre Kampforganisationen. Turbulent wurde die Wahl des Reichspräsidenten im Jahre 1932. Die NSDAP stellte Adolf Hitler als Kandidaten auf, die KPD ihren Vorsitzenden Ernst Thälmann. Alle anderen Parteien unterstützten schließlich die Wiederwahl Hindenburgs, um die Wahl Hitlers zu verhindern.

Bankzusammenbrüche *bank crashes*

Nach Hindenburgs Wiederwahl entließ er den Kanzler Brüning. Die jetzt folgenden Präsidialregierungen unter Franz von Papen und Kurt von Schleicher hatten keinen Rückhalt im Reichstag und halfen sich mit Tricks, z.B. zwei Auflösungen des Reichstags. Dabei wurden die Nationalsozialisten zur stärksten Fraktion. Hitler führte moderne, höchst wirksame Wahlkämpfe, mit Massenversammlungen und mit Benutzung der Massenmedien. Er versprach dem demoralisierten Volk alles, was es hören wollte. Im Reichstag trieben die Nazis vor allem Sabotage. Sie wirkten mit in „negativen Mehrheiten", um Gesetze abzulehnen und Regierungen zu stürzen; wenn es sein musste, auch zusammen mit dem Todfeind, der KPD.

Hindenburgs Berater strebten einen autoritären Ständestaat an. Für die Beseitigung der Demokratie brauchten sie die Unterstützung der Massen, und die konnte ihnen nur einer zuführen: Adolf Hitler. Sie waren sicher, dass sie Hitler und seine Partei durch den Reichspräsidenten, die Reichswehr, die Politiker ihrer Partei, der Deutschnationalen Volkspartei, und die Industriellen unter Kontrolle halten könnten. Davon überzeugten sie schließlich Hindenburg, der sich lange gegen den ihm unangenehmen Hitler gesträubt hatte.

Am 30. Januar 1933 übernahm eine Koalition der NSDAP und der DNVP die Regierung. Der Reichskanzler hieß Adolf Hitler.

Fragen zum Text:

Die Nationalversammlung

1. Warum tagte die Nationalversammlung in Weimar und nicht in Berlin?
2. Mit wem musste sich die SPD-Regierung verbünden?
3. Was war eine „Notverordnung", und warum war sie in der Verfassung enthalten?

Die Inflation

4. Was war die Folge des Verhältniswahlsystems?
5. Nach welchem Grundsatz sollten 1918 die Grenzen der Staaten bestimmt werden?
6. Welche Beschränkungen gab es für die deutsche Armee?
7. Warum waren die Reparationen ein großes Problem für die deutsche Wirtschaft?
8. Welche Maßnahmen leitete Gustav Stresemann als Reichskanzler ein?

Locarno

9. Was akzeptierte Deutschland im Vertrag von Locarno, und welche Folgen hatte das?
10. Welche Pläne hatten viele deutsche Gemeinden?
11. Was zeigte die Wahl Hindenburgs zum Reichspräsidenten?

Die Goldenen Zwanziger Jahre

12. Welche neuen Bereiche profitierten von der hohen Theaterkultur?
13. Auf welchen Gebieten arbeitete das Bauhaus und was waren seine Ziele?
14. Wo war zwischen 1941 und 1945 der eigentliche Mittelpunkt der deutschen Literatur?

Das Ende der Republik

15. Welche Zahlen drücken das Ausmaß der deutschen Wirtschaftskrise aus?
16. Was löste 1930 die politische Krise in Deutschland aus?
17. Warum konnte Heinrich Brüning nur mit Notverordnungen regieren? Von wem war er dabei abhängig?
18. Welche Form des Staates erstrebten die Konservativen?
19. Was erhofften die Konservativen von einer Koalition mit Hitler?

Aufsatzthemen:

1. Deutschland bekam 1919 eine demokratische und fortschrittliche Verfassung. Warum, glauben Sie, waren so viele Menschen unzufrieden mit dem Staat, der daraus entstand?

2. In der Inflation von 1923 verloren Millionen von Deutschen ihr Vermögen. Was für Folgen kann ein solches Ereignis haben?
3. Wenn man von der Kultur der Weimarer Jahre spricht, so denkt man an die Großstadt Berlin. In anderen Teilen Deutschlands gab es jedoch Widerstände gegen die Moderne, die die Nazis als „entartete Kunst" bezeichneten. Gibt es „gute" und „richtige" Kunst, und wer würde das bestimmen?
4. In der Krise um 1930 dachten viele Deutsche, dass Ruhe und Ordnung wichtiger war als Freiheit. Könnte man in einer chaotischen Zeit Ordnung schaffen, ohne die Freiheit einzuschränken?

SA marschiert auf dem Reichsparteitag in Nürnberg 1938

13 Der Nationalsozialismus

30. Jan. 1933 Adolf Hitler wird Reichskanzler.

1934 Tod Hindenburgs, Hitler „Führer“ und Reichskanzler.

1938 Anschluss Österreichs.

9. Nov. 1938 Kristallnacht.

1939–1945 Zweiter Weltkrieg.

1941 Krieg Deutschlands gegen die Sowjetunion und die USA.

1942 Beginn der „Endlösung“ der Judenfrage.

1944 Invasion der Alliierten in Frankreich.

20. Juli 1944 Attentat gegen Hitler, Umsturzversuch.

8. Mai 1945 Kapitulation der deutschen Truppen, Waffenstillstand.

Was wissen Sie, was meinen Sie?

1. Was sagt Ihnen der Name Adolf Hitler?
2. Hitler wurde Reichskanzler einer Regierung, die die Mehrheit im Reichstag hatte, aber er hatte erklärt, dass er die Demokratie beseitigen wollte. Was hätten seine Gegner tun sollen und können?

3. Was gehört zu einer „totalen" Diktatur?
4. Wie unterscheidet sich Ihrer Meinung nach der Zweite Weltkrieg militärisch von früheren Kriegen?
5. Was wissen Sie von der Judenverfolgung des Nationalsozialismus?
6. Welche Fragen würden Sie einem Deutschen Ihrer Generation über den Nationalsozialismus stellen?

ADOLF HITLER

Adolf Hitler, Deutschlands „Führer", wurde 1889 in Braunau am Inn als Sohn eines österreichischen Zollbeamten° geboren. Hitlers Vater war der uneheliche° Sohn einer Bauernmagd gewesen; er hatte sich mit bemerkenswerter Energie und Intelligenz zum mittleren Beamten und zu einigem Wohlstand hochgearbeitet. Dabei half ihm mit, dass er seinen mütterlichen Namen Schicklgruber in den seines vermutlichen Vaters Hitler umändern konnte. Er heiratete dreimal; sein Sohn Adolf stammte aus der letzten Ehe. Hitler hatte mehrere Geschwister, die jedoch später nicht seine Anhänger wurden. Adolf war ein guter Schüler, bis er auf die Realschule in Linz kam, wo der Vater nach seiner Pensionierung lebte. Hier blieb er sitzen° und musste schließlich die Schule verlassen. Inzwischen war sein Vater gestorben, und seine Mutter ließ ihm die Freiheit, nichts zu tun als von gigantischen Opern im Stil Richard Wagners und von gewaltigen Städtebauten zu träumen. Adolf Hitler bewarb sich an der Kunstakademie in Wien; aber er wurde abgewiesen. Er hatte das Ziel, Architekt zu werden, doch dafür fehlte ihm die Schulbildung. Also blieb er in Wien, ohne einen Beruf zu erlernen. Er lebte erst vom Erbteil° seiner Familie, dann, als das Geld seiner Mutter und seiner Tante zu Ende war, geriet er in Not. Er malte Ansichtskarten,° die von jüdischen Händlern verkauft wurden. Er musste längere Zeit in einem „Männerheim"° wohnen. In seinem Buch „Mein Kampf" hat er später diese Notzeit dramatisch geschildert, ohne allerdings zu erklären, warum er in Not geraten war.

In seiner Wiener Zeit las Hitler sehr viel, und zwar besonders Broschüren, die damals von politischen Agitatoren verteilt wurden. Zum Beispiel gab es einen Mann, der sich Lanz von Liebenfels nannte, auf einer Burg wohnte und von blonden und blauäugigen Ariern träumte—solche Schriften haben Hitler beeindruckt. Er bildete sich eine eigene Weltanschauung. Alle Kultur, alles Wertvolle und Positive sei von nordischen Ariern geschaffen worden. Der Todfeind° der Arier sei das Judentum, das die Weltherrschaft anstrebe und die Arier vernichten wolle. Die Juden seien eine negative, zersetzende°

Zollbeamten *customs official*

uneheliche *illegitimate*

blieb sitzen, sitzenbleiben *to have to repeat a grade in school*

Erbteil *inheritance*

Ansichtskarten *picture postcards*

Männerheim *asylum for men*

Todfeind *deadly enemy*

zersetzende *destructive*

Rasse. In der Zukunft werde es einen entscheidenden Kampf zwischen den arischen Lichtmenschen° und den jüdischen Untermenschen geben. Die Arier seien heroisch; sie liebten Kampf, Krieg und Tod; sie kämpften um ihre Ehre. Die Arier bildeten Gemeinschaften, die aus Führer und Gefolgschaft bestehen. Die Führer seien Ausnahmemenschen° und die Massen, die Gefolgsleute,° seien verpflichtet, ihnen blind zu folgen. Ihre höchsten Tugenden seien Treue und Gehorsam. Unsere Zeit sei dekadent, und die nordische Rasse habe sich mit anderen Rassen gemischt. Das müsse geändert werden. Die neue Elite der Arier sei bewusst auszuwählen, ja zu züchten.° Hitler selbst war keineswegs groß, blond und blauäugig, doch er hielt sich ohne Zweifel für den von der Vorsehung auserwählten Führer, der die Arier zur Weltherrschaft führen und die Juden vernichten sollte.

Hitler wollte dem österreichischen Militärdienst entgehen, und so zog er 1913 nach München. 1914 jedoch, als der Weltkrieg ausbrach, wurde auch Hitler von der großen Begeisterung ergriffen; er wurde als Freiwilliger in ein bayerisches Regiment aufgenommen. Unter den Soldaten war er ein Einzelgänger,° verschlossen, humorlos. Er war tapfer und bekam das Eiserne Kreuz 1. Klasse. Führungseigenschaften° besass er wohl nicht, denn er wurde nur Gefreiter, nicht einmal Unteroffizier. Bei Kriegsende lag er, für kurze Zeit erblindet, mit einer Gasvergiftung° im Lazarett. Nach seiner Rückkehr nach München beschäftigte ihn die Armee in ihrer politischen Abteilung: Er erstattete Berichte über die vielen politischen Parteien, die damals neu entstanden. Eine solche Partei war die „Deutsche Arbeiterpartei", eine rechtsradikale Splittergruppe, die vorwiegend aus Handwerkern bestand. Hitler trat dieser Partei bei; er wurde in den Vorstand gewählt und schließlich ihr Führer. Er organisierte die Partei um und begann, Massenversammlungen abzuhalten, in denen er durch seine wilden Reden und durch die Saalschlachten seiner „Sturm-Abteilungen" (SA) Aufsehen° erregte.

Lichtmenschen *"men of light"*

Ausnahmemenschen *exceptional human beings*

Gefolgsleute *followers*

züchten *to breed*

Einzelgänger *loner*

Führungseigenschaften *leadership abilities*

Gasvergiftung *gas poisoning*

Aufsehen *sensation, stir*

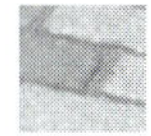

Hitlers Aufstieg zur Macht

Hitlers Ziel war es, die parlamentarische Demokratie zu beseitigen. Die Nationalsozialistische Deutsche Arbeiterpartei (NSDAP), wie sie jetzt hieß, war keine Partei, sondern eine „Bewegung".° Sie hatte eine „Weltanschauung" und benutzte viele religiöse Zeremonien und Symbole. Ein Parteiprogramm hingegen hatte die NSDAP eigentlich nicht. Ganz zu Anfang wurden einmal „20 Punkte" verkündet, die sehr allgemein und vage waren. Aber Hitler sprach von „Rache für Versailles". Er lockte die Bauern mit der Idee von „Blut und

Bewegung *movement*

Boden", das heißt, der bäuerliche Grundbesitz° sollte geschützt werden. Er sprach von einer neuen nordischen Elite. Den Arbeitern bot er den Satz an: „Gemeinnutz° geht vor Eigennutz",° die „Arbeiter der Stirn und der Faust" sollten eine Gemeinschaft bilden, das heißt, die Klassen der Gesellschaft sollten verschwinden. Außerdem versprach er Ruhe und Ordnung. Er prophezeite, das „Dritte Reich", das tausend Jahre dauern sollte, herbeizuführen und den Todfeind, die Juden, aus Deutschland zu vertreiben.

Grundbesitz *landed property*

Gemeinnutz *public utility*

Eigennutz *private use*

In der unruhigen Anfangszeit versuchte es Hitler mit einem Putsch. Aber sein Putsch vom 9. November 1923 in München, an dem Erich von Ludendorff teilnahm, brach schnell zusammen. Hitler wurde gefangen genommen und verurteilt; jedoch nicht, wie zu erwarten war, als Ausländer ausgewiesen.° Hitler ist übrigens erst 1932 deutscher Staatsbürger geworden. Hier im Gefängnis in Landsberg am Lech schrieb Hitler sein Buch „Mein Kampf", in dem er sein Leben schilderte und seine Anschauungen erklärte. Nach 1933 wurden Millionen von Exemplaren davon in Deutschland verteilt. 1925, als Hitler aus dem Gefängnis kam und die Partei neu organisierte, änderte er die Taktik: Er wollte „legal" an die Macht kommen. Die Wirtschaftskrise gab Hitlers Propaganda Glaubwürdigkeit.° Ab 1930 gewann die NSDAP in den Reichstagswahlen immer mehr Sitze, und trotz einer Krise im Jahr 1932 blieb sie die stärkste Partei. Hitlers Berufung zum Reichskanzler im Jahr 1933 war nach den Regeln des parlamentarischen Staates richtig. Nur hatte Hitler das demokratische System lediglich benutzt, um es zu zerstören.

ausgewiesen, ausweisen *to expel*

Glaubwürdigkeit *credibility*

In den ersten Monaten seiner Regierung erließ er Gesetze, die der Regierung die Macht gaben, alles zu tun was sie wollte. Er brauchte formell die Weimarer Verfassung nicht aufzuheben. Sie ist auch bis zum Ende von Hitlers Herrschaft in Kraft geblieben, obwohl alle wesentlichen Bestimmungen,° die Grundrechte der Bevölkerung und die Teilung der Gewalten, missachtet wurden.

Bestimmungen *provisions*

Die Diktatur

Hitler verbot alle Parteien außer der NSDAP; ebenfalls die Gewerkschaften, an deren Stelle er die „Deutsche Arbeitsfront" setzte. Er sorgte dafür, dass alle Länder in Deutschland nationalsozialistische Regierungen bekamen, und er zentralisierte die Verwaltung. Er beschäftigte die Massen durch ständige Veranstaltungen: Aufmärsche,° Demonstrationen, Volksabstimmungen, in denen 99% für die Regierung waren, und seine Reden. Die politischen Gegner wurden durch die Folterungen° der „Gestapo" (Geheime Staatspolizei) und durch die Einrichtung von Konzentrationslagern terrorisiert. Im Reichstag waren nur

Aufmärsche *parades*

Folterungen *tortures*

noch Abgeordnete der NSDAP. Sie hörten sich Reden an, stimmten mit „Ja" und sangen zum Schluss die deutsche Nationalhymne, weshalb der Reichstag der „teuerste Gesangverein der Welt" genannt wurde. Um die Arbeitslosigkeit zu beseitigen, unternahm die Regierung neue öffentliche Arbeiten. Deutschland kümmerte sich nicht mehr um das internationale Währungssystem und finanzierte mit Krediten ohne viel Sicherheit. Moore wurden entwässert, Arbeitersiedlungen gebaut, und Hitler machte Ernst mit dem Bau der Autobahnen, die bereits geplant worden waren. Die erste Strecke zwischen Bonn und Köln war auf Initiative des Oberbürgermeisters von Köln, Konrad Adenauer, fertiggestellt worden. Für Hitler waren die Autobahnen nicht nur Verkehrswege, sondern auch Transportwege für die neue Armee. Er kümmerte sich nicht mehr um die Bestimmungen des Versailler Vertrags und begann mit der Wiederaufrüstung° Deutschlands. Da Hitler in vielen technischen Fragen modern und unvoreingenommen° dachte, gefiel ihm auch die Idee des „Volkswagens", eines

Wiederaufrüstung *rearmament*

unvoreingenommen *unprejudiced*

Adolf Hitler bieschtigt die Ausstellung „Entartete Kunst" 1937 im Hofgarten in München.

billigen Autos für weniger als 1 000 Mark, das sich jeder Arbeiter leisten könnte. Für den Bau dieses Autos wurde eine neue Fabrik und für die Fabrik eine neue Stadt, Wolfsburg, gebaut. Die Leistungen und Hoffnungen während der ersten Jahre von Hitlers Regierung überzeugten viele Menschen, besonders weil Hitler und sein Propagandaminister Goebbels es verstanden, alle Kommunikationsmittel so zu manipulieren, dass die Taten der NSDAP dauernd gelobt wurden. Selbst viele Ausländer waren beeindruckt, als 1936 in Berlin die Olympischen Spiele abgehalten wurden. Diese Spiele, in denen Jesse Owens seine Goldmedaillen gewann, erscheinen im offiziellen Film von Leni Riefenstahl als Triumph blonder deutscher Sportler. Die nationalsozialistische Propaganda hatte 1933 sofort alle kulturellen Bereiche unter ihre Kontrolle gebracht. Alle politisch verdächtigen und alle jüdischen Künstler, Autoren, Architekten, Filmemacher und Journalisten wurden ausgeschlossen und bedroht, so dass viele von ihnen emigrierten. Die Nazis „säuberten" die Museen und Bibliotheken, und 1936 stellten sie eine Kunstausstellung zusammen, die die Dekadenz der modernen Kunst beweisen sollte. Sie wurde zuerst in München gezeigt und „Entartete Kunst" genannt. Die Ausstellung hatte großen Zulauf, aber nicht ganz die gewünschte Wirkung: viele Zuschauer gingen hin, weil es die einzige Gelegenheit war, diese Kunst zu sehen.

Hitler verstand es, die Schwächen seiner außenpolitischen Gegner ebenso auszunutzen wie die seiner Gegner in Deutschland. In England und Frankreich war das Bewusstsein weit verbreitet, dass der Friedensvertrag von Versailles nicht gerecht gewesen war. So hinderte niemand Hitler daran, gegen die Friedensbestimmungen das entmilitarisierte Rheinland zu besetzen; niemand verhinderte die Aufrüstung, ja nicht einmal den „Anschluss"° Österreichs an Deutschland im Jahr 1938, der 1919 verboten worden war. Zu einer ersten Krise kam es, als Deutschland im Herbst 1938 von der Tschechoslowakei die Abtretung° der deutschsprachigen Grenzgebiete, des „Sudetenlandes", verlangte. Überall in den Ländern Osteuropas und Südosteuropas, besonders im früheren Österreich-Ungarn, gab es deutschsprachige Minderheiten, Volksdeutsche° genannt, da sie nicht die deutsche Staatsangehörigkeit besaßen. Auch diese Deutschen waren von Hitlers Versprechungen beeindruckt, denn er verkündete,° er wolle Großdeutschland errichten und alle Deutschen „heim ins Reich" holen. Da England und Frankreich der Friede wichtiger war als die Tschechoslowakei, erhielt Hitler das Sudetenland. Bis jetzt konnte er behaupten, dass er nur deutschsprachige Gebiete angliedern wollte. Aber im Frühjahr 1939 besetzte er „Böhmen und Mähren" und errichtete eine faschistische Diktatur in der Slowakei. Als Deutschland im September 1939 Polen angriff, erklärten Frankreich und England dem Deutschen Reich den Krieg.

Anschluss *joining, annexation*

Abtretung *cession*

Volksdeutsche *ethnic Germans*

verkündete, verkünden *to proclaim*

Der Zweite Weltkrieg

Die Deutschen eroberten Polen in einem „Blitzkrieg"° von wenigen Wochen. 1940 führten sie weitere Blitzkriege gegen Dänemark, Norwegen, Frankreich, Belgien, Luxemburg und Holland. Es machte Hitler nichts aus, dass alle Länder außer Frankreich neutral gewesen waren. Die Deutschen gewannen jedoch nicht die Luftschlacht über England, und Hitler wagte keine Invasion Englands. 1941 eroberten die Deutschen Jugoslawien und Griechenland, und mit ihren italienischen Verbündeten kämpften deutsche Soldaten in Libyen und Ägypten gegen die Engländer, ohne jedoch ihr Ziel, den Suezkanal, zu erreichen.

Blitzkrieg *"lightning war"*

1941 griff Deutschland auch seinen bisherigen Verbündeten,° die Sowjetunion, an, und im gleichen Jahr traten die USA nach dem japanischen Angriff auf Pearl Harbor in den Krieg. Jetzt wurde der Krieg zum Weltkrieg, in dem Deutschland und Japan versuchten, ihre Kräfte mit den USA und der Sowjetunion zu messen. Die Deutschen kamen in Russland bis kurz vor Moskau und Leningrad, bis an die Wolga und in den Kaukasus. Doch nach der Niederlage von Stalingrad um die Jahreswende 1942–1943, wo eine deutsche Armee eingeschlossen und dann zur Kapitulation gezwungen wurde, begann der deutsche Rückzug. Auch in Afrika wurden die Deutschen geschlagen, und die Alliierten landeten zuerst in Italien und im Juni 1944 auch in Frankreich.

Verbündeten *ally*

Der Krieg war nicht nur auf die Fronten beschränkt. Die Deutschen begannen mit Luftangriffen auf englische Städte, um die Zivilbevölkerung zu erschrecken; die Alliierten antworteten mit immer stärkeren Luftangriffen, bis 1945 fast alle größeren deutschen Städte weitgehend zerstört waren.

Je länger das Regime Hitlers dauerte, desto schlimmer wurde die Unterdrückung der innenpolitischen Feinde. Die Judenverfolgungen° begannen bereits 1933, aber sie fanden noch einigen Widerstand. Das erste Ziel der Nazis war, die Juden zur Auswanderung zu zwingen. Die „Nürnberger Gesetze" von 1935 verboten Heiraten zwischen Juden und Deutschen. Allmählich wurden den Juden immer mehr berufliche Beschränkungen auferlegt.° Der Terror begann mit der Zerstörung von Geschäften und Synagogen in der „Kristallnacht"° im November 1938, die wegen des zerbrochenen Glases so genannt wird. 1941 wurden alle Juden gezwungen, einen gelben „Judenstern" zu tragen, Hitler befahl die Vernichtung der Juden, in Auschwitz begannen Vergasungen, und die „Wannseekonferenz" im Januar 1942 arbeitete die Pläne für die „Endlösung" der europäischen „Judenfrage" aus, für die die SS unter Heinrich Himmler verantwortlich war. In den Vernichtungslagern wie Auschwitz wurden dabei Methoden entwickelt, die es möglich machten, in der kurzen Zeit bis 1944 mehr als 6 Millionen Menschen umzubringen.

Judenverfolgungen *persecution of Jews*

auferlegt, auferlegen *to impose*

„Kristallnacht" *"crystal night"*

Mahnmal im Konzentrationslager Dachau bei München

Die Verfolgungsmaßnahmen in Polen begannen bereits 1939. Nicht nur die SS und Polizei-Einheiten, sondern auch die Wehrmacht war an „Säuberungen" und Deportationen beteiligt. Schwer zu entscheiden ist, wie viele Deutsche aus Begeisterung, aus Pflicht oder aus Angst mitgemacht haben. Noch schwerer zu sagen ist, wie viel die Deutschen im allgemeinen und im besonderen „wussten". Allgemein bekannt war die Existenz von Konzentrationslagern wie Buchenwald, Dachau, Bergen-Belsen und Ravensbrück, die zuerst für politische Gegner, also Deutsche, eingerichtet wurden, und in denen später unterschiedslos religiöse Gegner, Zigeuner, Juden, Homosexuelle und Schwerverbrecher zusammengepfercht wurden. Hunderttausende starben hier durch Hunger, Folterungen, Hinrichtungen und diabolische medizinische Experimente. Doch da es gefährlich war, von solchen geheimgehaltenen Dingen zu reden, und da die Deportationen der Juden in den Osten als „Umsiedlung" erklärt wurden, wollte die Mehrheit der Deutschen wohl lieber wegsehen und auch nach 1945 nicht glauben, dass das deutsche Volk einen Völkermord begangen hatte.

Die deutsche Polizei unterstand dem Reichsführer der SS, Heinrich Himmler. Die SS (Schutz-Staffel) hatte sich nach 1933 aus der Leibwache° Hitlers zu einer der mächtigsten Organisationen entwickelt. Sie wollte die neue Elite erziehen. Sie bildete auch eine eigene Armee, die Waffen-SS, die neben der bisherigen Armee bestand. Sie verwaltete die Konzentrationslager. Ihr Terror machte jede Opposition in Deutschland aussichtslos, ja fast unmöglich.

Leibwache *bodyguard*

Julius Leber, einer der führenden Widerstandskämpfer gegen Hitler, vor dem Volksgerichtshof

Dennoch hat es politischen Widerstand in Deutschland gegeben, wenn er auch wenig erfolgreich war. Er kam von einzelnen Menschen, nicht von Institutionen und Organisationen. Die organisierte Tätigkeit einer illegalen KPD und SPD in Deutschland erwies sich als unmöglich. Evangelische und katholische Geistliche sprachen von der Kanzel gegen Maßnahmen des Regimes. Mit dem Ausbruch des Zweiten Weltkriegs bildeten sich Widerstandsgruppen. Eine dieser Gruppen, unter dem Namen „Rote Kapelle" bekannt, wurde 1943 entdeckt, ihre Mitglieder wurden hingerichtet oder mit Zuchthaus bestraft. Bekannter geworden ist die Studentengruppe „Die Weiße Rose" um Hans und Inge Scholl, die 1943 die Studenten der Universität München mit Flugblättern dazu aufforderte, den Wahnsinn des Krieges zu beenden. Doch nur Führungskräfte in der Armee konnten wirklich hoffen, die nationalsozialistische Herrschaft zu beseitigen. Im Lauf des Krieges verstärkte sich der Widerstand in der Armee, wie auch die Opposition innerhalb der christlichen Kirchen stärker wurde. Frühere Nationalsozialisten begannen, an ihrer Weltanschauung und an Hitler zu zweifeln. Schließlich fand sich diese Opposition nach mühseligen° und gefährlichen Vorbereitungen zu einer Verschwörung zusammen, an der alle politischen Richtungen beteiligt waren. Das Attentat auf Hitler am 20. Juli 1944 misslang; der größte Teil der Verschwörer wurde gefangen und hingerichtet.

mühseligen *difficult*

Seit der Niederlage von Stalingrad Anfang 1943, seit dem Vormarsch der Alliierten in Italien 1943/44 und schließlich seit der Invasion in Frankreich im Juni 1944 musste klar sein, dass der Krieg für Deutschland verloren war. Die Nationalsozialisten gaben jedoch nicht auf, bis ganz Deutschland von den alliierten Truppen besetzt war. Erst am 8. Mai 1945 wurde die bedingungslose° Kapitulation der deutschen Wehrmacht unterzeichnet.

Hitler hatte am 30. April in Berlin Selbstmord begangen, kurz bevor die sowjetischen Truppen den Führerbunker erreichten. Die Herrschaft der Nationalsozialisten unter Hitlers Führung dauerte zwölf Jahre. Sein Traum von Großdeutschland, von der Weltherrschaft des nordischen Menschen und sein Hass gegen andere Rassen führten die Deutschen in die totale militärische Niederlage, die Zerstörung ihres Landes und das Ende eines „Deutschen Reiches“.

bedingungslose *unconditional*

Wie war es möglich?

Noch heute ist die Frage akut: Wie war es möglich? Oft wird die Frage in dieser Form gestellt: Wie konnte das Volk von Luther, Kant, Goethe und Beethoven solche Untaten° begehen? Darauf gibt es keine Antwort, denn die Fragestellung° ist falsch. In ihrer großen Mehrheit haben die Deutschen nach 1945 gesagt, sie hätten während des Nationalsozialismus und des Krieges nur ihre Pflicht getan. Als die Alliierten 1945 die Kollektivschuld° aller Deutschen proklamierten, fühlten sich die meisten Deutschen unschuldig. Der erste Bundespräsident Theodor Heuß sprach statt dessen von „Kollektivscham“;° aber gewiss kann weder Scham noch Schuldgefühl befohlen werden. Alle guten Vorsätze und Ansätze zur „Bewältigung° der Vergangenheit“ sind nach 1945 schnell vergessen worden. Wichtige Fragen bleiben immer noch ungeklärt, wie zum Beispiel: Wieviel hat der einzelne Deutsche wirklich von den Verbrechen seines Volkes gewusst? Lange Zeit benutzten die Deutschen Hitler als Alibi: Er sei der Verbrecher gewesen und habe sie verführt. Der wirtschaftliche Aufstieg Deutschlands nach 1949 hat dazu beigetragen, die peinliche Vergangenheit zu verdrängen. Die Deutschen konzentrierten sich auf ihr Privatleben. Es waren vor allem Schriftsteller und Intellektuelle, die die unbequemen Themen zur Sprache brachten. In den sechziger Jahren begann auch die Jugend, die erste Nachkriegsgeneration, Fragen zu stellen. Sie wollte wissen, was die Eltern getan und gedacht hatten und warum die Lehrer in der Schule das Thema vermieden.° Seitdem wird das Thema in den Schulen behandelt, und Wissenschaftler packen peinliche Fragen an. Museen veranstalten Ausstellungen darüber. Seit den

Untaten *misdeeds*

Fragestellung *(formulation of the) question*

Kollektivschuld *collective guilt*

Kollektivscham *collective (sense of) shame*

Bewältigung *overcoming*

vermieden, vermeiden *to avoid*

achtziger Jahren hat sich das Interesse auf die Lokalgeschichte und die Rolle des einzelnen Menschen verlagert. Insbesondere gibt es immer mehr Geschichten über die jüdischen Gemeinden in Deutschland.

Der wachsende zeitliche Abstand macht es leichter zuzugeben, dass viel mehr Menschen in den Völkermord verwickelt waren als es früher den Anschein hatte. Allerdings: die Verbrecher, die Mittäter, die Mitläufer leben nicht mehr. Die heute in Deutschland lebenden Deutschen fragen nach dem, was ihre Eltern, Großeltern, ja Urgroßeltern getan oder unterlassen haben und warum. Ja, warum haben sie denn mitgemacht?

Das heißt aber nicht, dass das deutsche Volk „freigesprochen"° worden ist. Jeder Deutsche, der mit Ausländern umgeht und ausländische Zeitungen liest, weiß, dass „Hitler" und „Nazi" sprichwörtlich° für Verbrechen gegen die Menschheit geworden sind. Selbst diejenigen, die wenig oder nichts von Geschichte wissen, kennen diese beiden Wörter und auch „Auschwitz". Die Deutschen hoffen, dass sie eines Tages wie andere Menschen unter den Völkern leben werden; aber noch ist es nicht so weit. Immer wieder werden sie an die Nazizeit erinnert. Jede politische Veränderung, wie die Wiedervereinigung des Landes, weckt die Ängste der Nachbarn. Bei jeder deutschen Wahl wird gefragt, ob nicht etwa eine Neonazi-Partei eine nennenswerte Zahl von Stimmen erhalten habe. Jeder Vorfall gewaltsamer Ausländerfeindlichkeit in Deutschland ruft die Frage wach, ob die Deutschen noch Antisemiten seien oder sich seit 1945 geändert hätten. Werden die wachsenden jüdischen Gemeinden in Deutschland sich normal integrieren können oder nicht?

freigesprochen, freisprechen *to acquit, absolve*

sprichwörtlich *proverbial*

Für die Deutschen hat das Trauma der Nazizeit und der Erinnerung daran eine radikale Anderung in der Einstellung zur Gesellschaft gebracht. Während vorher das Ideal des Staates die „Gemeinschaft" war, eine Gruppe von Menschen, die durch positive Bindungen zusammengehört, wo der Gemeingeist regiert und nicht eine zahlenmäßige Mehrheit, sehen die meisten Deutschen heute im Staat nur ein notwendiges Übel, und sie finden, dass die parlamentarische Regierungsform noch am besten für das Privatleben des Einzelnen ist. Patriotismus äußert sich eigentlich nur bei Sportveranstaltungen, und die Lebensziele der Deutschen sind ganz individuell und privat geworden—außer dass sie für den Frieden und die Erhaltung der Umwelt sind. Der Nationalsozialismus hat die Deutschen zu einem sehr pragmatischen und nüchternen Volk gemacht.

Wie war es möglich? Die Geschichtswissenschaften forschen weiter nach der Wichtigkeit des Antisemitismus, der Ablehnung der parlamentarischen Demokratie, der Wirtschaftskrise, des Ressentiments gegen die Feinde des Ersten Weltkriegs. Die Gründe werden vielfältiger und differenzierter. Für die Deutschen bleibt das Fazit: es war möglich, es ist geschehen. Für sie gibt es keinen spontanen Patriotismus mehr. Es ist verständlich, dass jede neue Generation sagen möchte: „Was habe ich damit zu tun? Ich war noch nicht am Leben.“ Sie möchten ein „normales“ Leben führen, wie Menschen in jedem anderen Land, in Frieden, in einer sauberen Umwelt, als Teil eines zusammenwachsenden Europas. Aber sie wissen dabei: etwas ist geschehen, was nie wieder geschehen darf, und es ist hier und durch unser Volk geschehen.

Fragen zum Text:

Adolf Hitler

1. Aus welcher Gegend stammte Hitler?
2. Was war die Laufbahn seines Vaters?
3. Wo kam Hitler mit den Ideen des Antisemitismus in Berührung?
4. Was tat Hitler am Anfang des Weltkriegs?
5. Was ist bemerkenswert an seiner militärischen Laufbahn?

Hitlers Aufstieg zur Macht

6. Wie ging der Putsch am 9. November 1923 aus?
7. Was tat Hitler im Gefängnis?
8. Zu welcher Zeit wurde das Programm der Nationalsozialisten glaubwürdig?
9. Wie wurde Hitler Reichskanzler?
10. Wie lange ist die Weimarer Verfassung formell gültig geblieben?

Die Diktatur

11. Warum nannte man den Reichstag während des Nationalsozialismus einen „Gesangverein“?
12. Was war neu an der Idee des „Volkswagens“?
13. Was verkündete Hitler als sein außenpolitisches Ziel?

Der Zweite Weltkrieg

14. Was war das Ziel der ersten Maßnahmen gegen die Juden?
15. Was bedeutete die „Endlösung“?
16. Was war die Waffen-SS?
17. Aus welchen Gruppen kam der Widerstand gegen den Nationalsozialismus?

Wie war es möglich?

18. Was begann in den sechziger Jahren?
19. Warum bekommen die deutschen Neonazis so viel Aufmerksamkeit?
20. Wie hat der Nationalsozialismus auf die Auffassung von Staat und Gesellschaft gewirkt?

Aufsatzthemen:

1. Warum, glauben Sie, ist eine Bewegung wie der Nationalsozialismus in Deutschland nach dem Ersten Weltkrieg entstanden?
2. Worin sehen Sie die Ursachen des Antisemitismus?
3. Wie könnte sich ein Volk von einer totalen Diktatur befreien?
4. 1918 glaubten viele Menschen, dass dies der „letzte Krieg" gewesen sei, und 1945 war eines der Ziele der UNO: „Kein Krieg mehr!" Glauben Sie, dass das möglich ist?

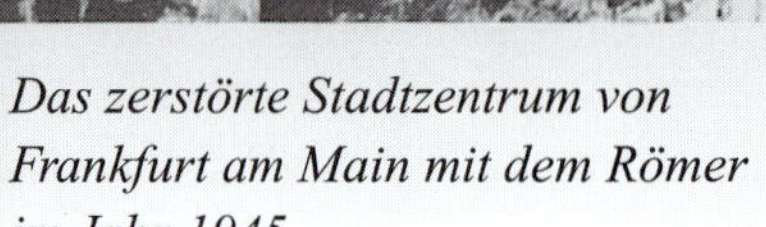

Das zerstörte Stadtzentrum von Frankfurt am Main mit dem Römer im Jahr 1945

Wiederaufgebaute historische und moderne Bauten am Römerberg in Frankfurt am Main

14 Das Wirtschaftswunder

1945 Potsdamer Konferenz, vier Besatzungszonen, Oder-Neiße-Linie als Ostgrenze.

1948 Währungsreform der Westzonen.

1948–1949 Blockade Berlins, Luftbrücke.

1949 Gründung der BRD und der DDR.

17. Juni 1953 Streiks und Aufstand in der DDR.

1955 Souveränität der BRD, Mitglied der NATO.

1957 Gründung der EWG.

13. Aug. 1961 Bau der Mauer in Berlin.

Was wissen Sie, was meinen Sie?

1. Was verursachte die Teilung Deutschlands nach 1945?
2. Warum gab es ein Problem mit Westberlin?
3. Was würden Sie unter einem „Wirtschaftswunder" verstehen?
4. Die Deutschen hatten bis 1948 sehr wenig zu essen und konnten fast keine Kleidung kaufen. Viele Familien hatten ihre Wohnungen und Wohungseinrichtungen verloren. Was glauben Sie, taten die Menschen, als sie wieder „normal" leben konnten?

5. In der DDR gab es viele Menschen, die unzufrieden waren und das Land verlassen wollten. Was konnte Ihrer Ansicht nach die Regierung tun, um sie im Land zu behalten?
6. Was wissen Sie von der Berliner Mauer? Warum wurde sie ein Symbol?
7. Welche Namen von Persönlichkeiten aus der Zeit von 1945 bis 1961 in Deutschland sind Ihnen bekannt? Wofür?

Die Stunde Null

Das Jahr 1945 wird in Deutschland auch „die Stunde Null" genannt, da der Aufbau des Landes in diesem Jahr begann und ebenfalls eine ganz neue Epoche der deutschen Geschichte.

1918, als der Kaiser abdankte, gab es eine Opposition, die die Regierung übernehmen konnte; 1945 lag die Macht allein bei den Alliierten USA, Großbritannien, Frankreich und Sowjetunion. Die vier Mächte hatten gemeinsame Ziele: Deutschland sollte daran gehindert werden, jemals wieder eine Gefahr für den Weltfrieden zu werden. So sollte es nicht nur vom Nationalsozialismus „gereinigt" werden, sondern auch vom Militarismus. Außerdem sollte Deutschland nach Möglichkeit die ungeheuren Kriegsschäden° bezahlen. Wie diese Ziele zu erreichen seien, und wie Deutschland verwaltet werden sollte, ja über die Grenzen eines zukünftigen Deutschland gab es verschiedene Ansichten.

Kriegsschäden *war damages*

Im Juli und August 1945 trafen die Regierungschefs der USA, Großbritanniens und der Sowjetunion—Frankreich war nicht vertreten—auf Schloß Cecilienhof in Potsdam zu einer Konferenz zusammen. Sie beschlossen, Deutschland in vier Besatzungszonen° aufzuteilen und innerhalb der Besatzungszonen neue Länder zu bilden. Preußen wurde aufgelöst.° In Berlin, der Hauptstadt, sollte eine deutsche Zentralverwaltung eingerrichtet werden, die die Anordnungen der gemeinsamen Militärregierung der Alliierten auszuführen hatte. Berlin sollte deshalb gemeinsam von allen vier Alliierten besetzt werden. Die Grenzen der Besatzungszonen entsprachen° nicht ganz den Linien, die die einzelnen Armeen erreicht hatten: Die Amerikaner zogen sich aus Sachsen und Thüringen nach Westen zurück. Die Volksdeutschen in Ost- und Südosteuropa, so wurde beschlossen, sollten nach Deutschland umgesiedelt werden, damit das Minderheitenproblem, das zu Hitlers Zeit viele Probleme schaffte, endgültig gelöst würde. Diese Umsiedlung hat in den ersten Nachkriegsjahren, teilweise unter sehr schlechten Bedingungen, stattgefunden, und es sind viele Menschen dabei umgekommen oder verschollen,° sicherlich mehr als eine Million. So leben heute kaum noch Volksdeutsche in Polen, den Staaten auf dim

Besatzungszonen *occupation zones*

aufgelöst, auflösen *to dissolve*

entsprachen, entsprechen *to correspond with*

verschollen *missing*

Gebiet von Jugoslawien, Tschechien und der Slowakei, während Ungarn und Rumänien noch immer deutschsprachige Minderheiten haben.

Die Frage der deutschen Ostgrenzen wurde auf der Konferenz zwar nicht juristisch, aber doch praktisch entschieden. Die Sowjetunion hatte 1939 als Verbündeter Deutschlands Ostpolen annektiert, jetzt sollte Polen durch deutsche Gebiete entschädigt° werden. Die Sowjetunion erhielt das nördliche Ostpreußen, Polen das restliche Ostpreußen und alle Gebiete bis zur Oder und der Lausitzer Neiße, d. h. die Provinzen Schlesien, Hinterpommern und einen Teil der Mark Brandenburg. Auch die „Freie Stadt" Danzig, zwischen den beiden Weltkriegen ein eigenes Land, wurde Teil von Polen. Die meisten deutschen Einwohner wurden ausgewiesen oder verließen diese Gebiete, doch längst nicht alle, und außerdem war nicht immer klar, wer eigentlich „Deutscher" und wer „Pole" war.

entschädigt, entschädigen *to recompense*

Ein eigentlicher Friedensvertrag, der die Frage der Grenzen geregelt hätte, wurde nie abgeschlossen. Jedoch gibt es eine Reihe von Verträgen mit den vier Alliierten. Das wiedervereinigte Deutschland hat schließlich die deutsch-polnische Grenze anerkannt.

Die Teilung Deutschlands

Die Militärregierung der vier Alliierten konnte keine gemeinsame Politik ausarbeiten, da die Regierungen der vier Länder völlig verschiedene Auffassungen über die Zukunft Deutschlands hatten. Eine deutsche Zentralverwaltung wurde nicht eingerichtet. Neben den Militärgouverneuren bemühten sich die vier Außenminister in vielen Konferenzen um eine Lösung des Deutschland-Problems.

Währenddessen regierte jedes Land seine Besatzungszone nach seinen eigenen Vorstellungen. Viele der noch vorhandenen Industrieanlagen wurden als Reparationsleistungen abmontiert und abtransportiert. Die übrig gebliebenen Betriebe versuchten Haushaltswaren und Kleidung zu produzieren; doch von einem Aufbau der Wirtschaft war keine Rede. Die Währung, die Reichsmark, besass kaum noch Wert. Die eigentliche Währung war die des Schwarzen Marktes, die „Zigarettenwährung", denn der Wert einer Ware wurde meistens nach der Zahl der Zigaretten berechnet, die man dafür geben musste. Alle Lebensmittel, Textilien und Haushaltswaren waren rationiert und sehr knapp; so entwickelte sich ein Schwarzer Markt, auf dem andere Preise galten, und der meistens als Tauschhandel funktionierte. Die große Not in Deutschland rief im Ausland, vor allem in den USA, das Mitleid wach: Hilfsprogramme und private Sendungen retteten viele Menschen.

Bereits im Jahr 1945 entstanden wieder politische Parteien, zuerst in der sowjetischen Zone: die Sozialdemokratische Partei Deutschlands (SPD), die Kommunistische Partei Deutschlands (KPD), die Freie Demokratische Partei (FDP)—in der sowjetischen Zone Liberaldemokratische Partei (LDPD) genannt, da sie die liberale Tradition fortsetzte—und schließlich die Christlich-Demokratische Union (CDU), eine Partei, die in der Tradition der Zentrumspartei steht, aber nicht rein katholisch ist, sondern mehrere Konfessionen vereinigt und allgemein eine christliche Weltanschauung vertritt. Rechtsparteien gab es zunächst nicht. In jeder Besatzungszone bildete die Besatzungsmacht neue Länder, und sie ließ Wahlen abhalten; zuerst Gemeindewahlen, dann Landtagswahlen.° Die große Überraschung bei diesen Wahlen war der Misserfolg der KPD. Man hatte erwartet, dass sie eine der stärksten Parteien würde. Am meisten Stimmen bekamen jedoch die SPD und die CDU. Das war selbst bei den Gemeindewahlen in der Sowjetzone so, wo die Besatzungsmacht die KPD unterstützte. Da die Sowjetregierung entschlossen war, ihr eigenes System in ihrer Zone einzuführen, griff sie auf die Politik der „Volksfront" zurück. 1946 vereinigten sich die KPD und SPD, die Parteien der Arbeiterklasse, zur Sozialistischen Einheitspartei Deutschlands, der SED. Sie

Landtagswahlen *state legislature elections*

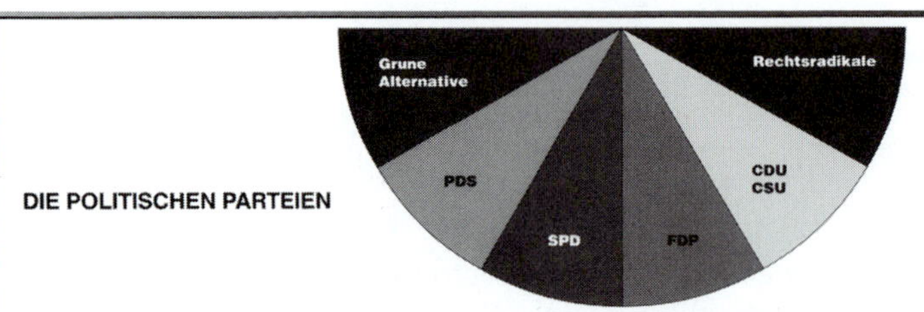

Die politische Tradition in Deutschland kennt Parteien mit den folgenden Richtungen: Konservative, Liberale, Christliche, Sozialistische, Unabhängige Linke und Rechtsradikale Parteien. Die Namen dieser Parteien haben oft gewechselt, und mit dem Wechsel der Zeiten änderten sich auch die Programme. Doch die Orientierung ist gleich geblieben. Sie entspricht den Parteien der meisten anderen Länder Europas.

Hier die wichtigsten Namen nach 1945 bis heute:

UNABHÄNGIGE LINKE	SOZIALISTISCHE	LIBERALE	CHRISTLICHE	KONSERVATIVE	RECHTSRADIKALE
Die Grünen, Umweltparei mit dem Programm einer Basisdemokratie Bündnis 90, Vereinigung von Gruppen der früheren DDR, die in Opposition zum SED-Regime standen Alternative Listen, Gruppe unabhängiger Sozialisten, die sich in einigen Städten und Ländern zusammenschließen	Sozialdemokratische Partei Deutschlands (SPD), ab 1946 nicht mehr in der Sowjetzone und DDR vorhanden; Partei eines Reform-sozialismus Kommunistische Partei Deutschlands (KPD), bis 1946 in der Sowjetzone; in der BRD 1956 verboten Deutsche Kommunistische Partei (DKP), kommunistische Partei in der BRD ab 1968 Sozialistische Einheitspartei Deutschlands (SED) führende Partei der DDR ab 1946, entstanden durch den Zusummenschluß von SPD und KPD Partei für demokratischen Sozialismus (PDS), sozialistische Partei, vor allem im östlichen Deutschland, nach der Auflösung der SED	Freie Demokratische Partei (FDP) Liberal-demokratische Partei Deutschlands (LDPD) in der DDR, nach 1989 absorbiert von der FDP	Zentrum: katholische Partei, absorbiert von der CDU Christlich-Demokratische Union (CDU), christliche Partei für alle Konfessionen, mit konservativen Tendenzen Christlich-Soziale Union (CSU), eigen-ständige Organisation der CDU in Bayern	Deutsche Partei (DP), absorbiert von der CDU	Sozialistische Reichspartei (SRP), 1952 verboten Nationaldemokratische Partei Deutschlands (NPD), zweitweise stark um 1970 Die Republikaner Deutsche Volksunion (DVU)

bildeten mit den anderen Parteien einen antifaschistisch-demokratischen Block, der dann nach der Gründung der DDR zur „Nationalen Front" wurde, die alle Parteien und Massenorganisationen umfasste. Die Nationale Front wurde Träger der Wahlen zur Volkskammer der DDR, bei denen die Zahl der Abgeordneten jeder Organisation vorher festgelegt war. Die Wähler stimmten „Ja" oder „Nein" zur Einheitsliste. Die SED bestimmte die Politik des Staates.

Die SPD in den Westzonen sprach sich gegen eine Fusion mit der KPD aus. Auch die SPD der Westsektoren in Berlin widersetzte sich der Vereinigung. Diese Konflikte zeigten, wie gering die Chancen für eine zentrale Verwaltung Deutschlands waren. Eine Rede des amerikanischen Außenministers James Byrnes in Stuttgart im September 1946, in der er betonte, Deutschland dürfe nicht das Armenhaus Europas werden, signalisierte eine Unterstützung des deutschen Wiederaufbaus. Die „Truman-Doktrin" zementierte den Kalten Krieg. Während Konferenzen der Außenminister der vier Alliierten ergebnislos verliefen, bauten die westlichen Alliierten eine gemeinsame wirtschaftliche Verwaltung ihrer Zonen auf, die den Deutschen übertragen wurde und wachsende Befugnisse erhielt.

Im Juni 1948 führten die Westzonen eine neue Währung, die „Deutsche Mark", ein. Jeder Deutsche bekam 40 DM „Kopfgeld" zum Anfang, während das übrige Geld 10:1 abgewertet wurde. Gleichzeitig setzte es der Wirtschaftsdirektor Ludwig Erhard durch, dass bald darauf Rationierungen und Wirtschaftsplanungen aufgehoben wurden. Eine freie Marktwirtschaft sollte der Motor des Wiederaufbaus sein. Weder das erwartete Chaos noch Hungersnot und Inflation waren die Folge, sondern, nach vorübergehenden Problemen mit Arbeitslosigkeit, ein wirtschaftlicher Aufbau, der bald als „Wirtschaftswunder" bezeichnet wurde.

1948 gaben die westlichen Alliierten auch die Zustimmung,° eine Verfassung für einen neuen deutschen Staat auf dem Gebiet ihrer Besatzungszonen auszuarbeiten. Und so tagte in der Pädagogischen Akademie in Bonn der „Parlamentarische Rat" unter dem Vorsitz von Konrad Adenauer und verfasste das „Grundgesetz",° das eine provisorische Verfassung für diesen provisorischen Staat bilden sollte. Im Mai 1949 wurde diese Verfassung von den Länderparlamenten angenommen, und so konnten am 14. August 1949 die ersten Wahlen zum Bundestag stattfinden. Ein neuer deutscher Teilstaat, die Bundesrepublik Deutschland, war entstanden.

Zustimmung *consent*

„Grundgesetz" *"basic law"*

Es war klar, dass die Sowjetunion solche einseitigen Maßnahmen nicht ohne Antwort lassen würde. 1948 war China im Bürgerkrieg, der zur Gründung der Volksrepublik führte. Durch einen Putsch riss die kommunistische Partei der Tschechoslowakei die Macht an sich. Die Währungsreform der Westzonen beantwortete die Sowjetunion mit der Einführung einer neuen Währung in ihrer Zone und verlangte, dass auch die Westsektoren Berlins diese Währung annehmen sollten. In Berlin vollzog sich eine Spaltung der Stadtregierung, als die SED die Wahl von Ernst Reuter, SPD, zum Oberbürgermeister nicht anerkannte. Die Abgeordneten der Westsektoren zogen in das Rathaus Schöneberg. Zur gleichen Zeit gründeten Studenten und Professoren der Berliner Humboldt-Universität in Dahlem eine eigene, die „Freie Universität".

1948–1949 wurde Berlin neun Monate lang über die „Luftbrücke" versorgt.

Die Krise kam mit der Währungsreform. Die Sowjetunion bekräftigte° ihre Forderung durch eine Blockade der Land- und Wasserwege nach Berlin. Daraufhin versorgten die westlichen Alliierten die 2 Millionen Westberliner durch die Luft, mit einer „Luftbrücke", bis nach neun Monaten die Sowjetunion zu einer Vereinbarung° bereit war. Die Luftbrücke war ein entscheidendes Ereignis, nicht nur für Deutschland, und seitdem blieb die Verteidigung Berlins ein festes Ziel der amerikanischen Politik. Als Gegenstück° zur Bundesrepublik Deutschland folgte im Oktober die Gründung der Deutschen Demokratischen Republik, DDR, auf dem Boden der sowjetischen Besatzungszone.

bekräftigte, bekräftigen *reaffirm*

Vereinbarung *agreement*

Gegenstück *counter-part*

Die deutsche Bevölkerung nach dem Krieg

Der Waffenstillstand im Mai 1945 brachte für die Deutschen ein kurzes Aufatmen.° Der Krieg war überstanden, man gehörte nicht zu den 7 Millionen, die den Krieg, die Flucht und die Vertreibung nicht überlebten. Allerdings waren die praktischen Probleme enorm. Schon das weitere Überleben allein kostete große Anstrengungen. Viele Menschen hatten ihre Wohnungen verloren, ja ihre Heimat. Familien waren auseinander gerissen und suchten einander durch Zettel in Bahnhöfen und durch das Rote Kreuz. Die Lebensmittelrationen

Aufatmen *sigh of relief*

waren zu gering. Das stoische Durchhalten,° das der Krieg erfordert hatte, setzte sich fort. Irgendwann musste das Leben ja wieder normal werden.

Durchhalten *endurance*

Wo die Menschen so mit sich selbst und ihren Überlebensproblemen beschäftigt waren, blieben die Nachrichten aus der Welt, die sie im Radio hörten und auf den wenigen Seiten der Zeitungen lasen, im Hintergrund. Der Abwurf der Atombomben in Japan, ja selbst die Enthüllungen über die Konzentrationslager und die ungeheuren Verbrechen der Nazizeit kamen wie von weit her.

An erster Stelle stand das Überleben, Ernährung, Kleidung, Wohnung. Dazu gehörte der Schwarze Markt, die Tauschwirtschaft und Bestechungen.° Für Lebensmittel bekam man bessere Zeugnisse in der Schule und Zuzugsgenehmigungen° in eine Stadt. Gleichzeitig jedoch bestand ein Heißhunger nach Kultur. Theater, Konzerte, Vorträge in ungeheizten und behelfsmäßigen Räumen waren überfüllt. Den Eintritt musste man manchmal mit Brennholz oder einem Ziegel für den Wiederaufbau bezahlen. Man wollte kennen lernen, was in der Nazizeit verboten gewesen war. Doch vor allem steckte darin der Wunsch, ein sinnvolleres Leben zu führen. Wenn man die Katastrophe überlebt hatte, so musste das Leben einen besseren Sinn haben. Nie wieder Krieg! Nie wieder eine fanatische politische Ideologie! Die Menschheit sollte in Frieden miteinander leben.

Bestechungen *bribes*

Zuzugsgenehmigungen *residence permits*

Diese Überzeugungen, die besonders die Jugend teilte, hatten jedoch keine direkten politischen Folgen. Die Alliierten waren überzeugt, dass der Geist der jungen Generation von den Nazis vergiftet sei. Sie verließen sich auf diejenigen, die vor 1933 politisch aktiv gewesen waren, um ein demokratisches Deutschland aufzubauen. Für ihre Verwaltung nahmen sie kompetente deutsche Beamte, auch wenn sie Nazis gewesen waren. Das war allerdings in der sowjetischen Zone anders. Hier wurden zurückkehrende Emigranten, Widerstandskämpfer und Überlebende der Konzentrationslager, Sozialisten und Kommunisten, eingesetzt, auch wenn sie keine fachliche Erfahrung hatten.

Die Bevölkerung im allgemeinen verhielt sich wie gebrannte Kinder: abwartend, misstrauisch gegen die Besatzungsmächte, aber willig, eine neue Wirtschaft und Verwaltung aufzubauen und zur Wahl zu gehen. Die Normalisierung des Lebens in den Westzonen nach der Währungsreform bedeutete daher eine Restauration, die Wiederherstellung der früheren Zustände. Eine Wohnungseinrichtung, wie man sie einmal gehabt hatte, möglichst schöner, mit einem Eisschrank und einer Waschmaschine. Fahrräder waren bald nicht mehr genug, und wer ein Motorrad hatte, wollte auch ein Auto haben. Jetzt waren wieder Ferienreisen möglich, zuerst in Deutschland, doch bald auch ins Ausland. Für die Politik waren andere Leute zuständig, alte Männer, die darin Erfahrung hatten.

Die Wirtschaftswundermentalität, der deutsche „Materialismus", kommt einerseits aus der Enttäuschung über die politische Entwicklung. Die großen Hoffnungen von 1945, die die UNO symbolisierte, waren zu nichts geworden. Andererseits war die wirtschaftliche Leistung auch der Versuch, die Deklassierung zu überwinden, ja sie war etwas wie eine Antwort auf die Demütigung der Niederlage und die schweren Anklagen gegen das deutsche Volk: Wir haben wieder etwas geschafft, worauf wir stolz sein können.

Die deutschen Schriftsteller haben nach dem Krieg die Stimmung der deutschen Bevölkerung, die Hoffnungen und Enttäuschungen, präzise geschildert. Wer Werke von Wolfgang Borchert, Heinrich Böll, Wolfgang Koeppen, Gerd Gaiser, Günter Grass, Martin Walser und Günter Eich liest, bekommt einen Eindruck von den Zweifeln und Problemen der Bevölkerung. Die Politik der neuen Regierung war zwar sehr erfolgreich, aber sie war auch demoralisierend. Wie konnte ein Deutscher um 1950 akzeptieren, dass Deutschland wieder eine Armee aufbauen sollte? Wie konnte er verstehen, dass die alten Nazis besser behandelt wurden als die Opfer des Nationalsozialismus? Von dem „Mann auf der Straße" her gesehen waren die fünfziger Jahre, die Jahre des Wirtschaftswunders, eine Zeit des Zweifels. Man kümmerte sich um seine persönlichen Angelegenheiten und glaubte nicht an den Rest. Es dauerte bis nach 1960, bevor die Bevölkerung begann, an der Politik der Bundesrepublik Anteil zu nehmen.

1949: die ersten Volkswagen werden exportiert.

In der sowjetischen Zone und der DDR wurde allerdings schrittweise ein neues Gesellschaftssystem aufgebaut. Mit der Bodenreform und anderen darauf folgenden Maßnahmen wurden Industrie und Landwirtschaft Volkseigentum oder Gemeineigentum. Die Großgrundbesitzer, die Kapitalisten waren enteignet. Das betraf allmählich die ganze Mittelklasse. Dazu kam, dass die stalinistische Politik wenig oder keine Freiheit und Unabhängigkeit erlaubte, einen eigenen deutschen Weg zum Sozialismus sollte es nicht geben. Wer nicht der Parteilinie folgte, rannte gegen eine Mauer. So kam es, dass viele Menschen „mit den Füßen abstimmten": sie verließen ihre Heimat und gingen in die westlichen Zonen. Die Zahl der Flüchtlinge oder Zuwanderer in die Westzonen bzw. zur Bundesrepublik beträgt mehr als 3,5 Millionen.

Die Deutschen fühlten sich meist als Objekt, ja als Opfer der Geschichte. Die Gegenwart und Zukunft betrachteten sie mit Nüchternheit,° ohne allzu große Erwartungen. Es lohnte sich, die gegebenen Chancen zu nutzen. Nie wieder Krieg, nie wieder Militär. Eine deutsche „Nation"? Ja, wenn sie zusammen mit Frieden, Freiheit, sozialer Gerechtigkeit und Sicherheit käme. Doch das schien zu viel verlangt.

Nüchternheit *soberness*

Der Kalte Krieg in Deutschland

Seit 1949 gab es also zwei deutsche Staaten, die Bundesrepublik Deutschland (BRD) und die Deutsche Demokratische Republik (DDR). Beide Staaten integrierten sich in ein anderes, gegensätzliches Staatensystem, beide Staaten entwickelten eine gegensätzliche Wirtschafts- und Gesellschaftsordnung. Der „Eiserne Vorhang" des Kalten Krieges ging quer durch Deutschland. Die Grenze zwischen den beiden deutschen Staaten war willkürlich und zerriss ein zusammengehöriges Land. Doch je länger die Teilung dauerte, und das wurden schließlich mehr als vierzig Jahre, desto größer wurden die Unterschiede, und desto fremder wurden sich die Menschen. Die politische Möglichkeit für eine Wiedervereinigung schien immer geringer zu werden. Die Menschen richteten sich in ihrem Teil Deutschlands ein und versuchten, die Grenze zu ignorieren.

Dabei wäre es möglicherweise auch anders gegangen. So zeigte es jedenfalls das Beispiel Österreich. Österreich konnte sich allerdings auf eine Erklärung der Alliierten stützen, die besagte, dass das Land in den Grenzen von 1938 wiederhergestellt werden sollte. 1945 wurde sofort eine österreichische Bundesregierung gebildet. Doch zunächst blieb das Land von den alliierten Truppen besetzt. Es gab vier Besatzungszonen und vier Sektoren in der Hauptstadt Wien. Die österreichische Regierung konnte 1955 einen „Staatsvertrag" mit den Alliierten abschließen. Die alliierten Truppen, auch die der Sowjetunion, zogen ab. Österreich nahm an keinem Militärbündnis teil und blieb neutral im Ost-West-Konflikt.

Eine ähnliche Lösung hatte die Sowjetunion 1952 für Deutschland vorgeschlagen, und bis 1960 erneuerte sie ihre verschiedenen Vorschläge zur Wiedervereinigung. Der Westen, sowohl die Alliierten als auch die Bundesregierung, lehnte ab. Sie misstrauten dem Konzept der Neutralisierung. Bei den ersten Wahlen zum Bundestag errang überraschenderweise die CDU den Sieg, und ihr Vorsitzender° Konrad Adenauer wurde Bundeskanzler. Im Gegensatz zur SPD war Adenauers Politik nicht in erster Linie auf das Ziel der Wiedervereinigung gerichtet sondern auf die Versöhnung und Gleichberechtigung mit den westlichen Nationen.

Vorsitzender *chairman*

Adenauers Politik war erfolgreich. 1955 bekam die Bundesrepublik ihre volle Souveränität. Sie baute eine neue Armee auf, die Bundeswehr, und integrierte ihre Truppen in die NATO. 1957 wurde sie Mitglied der ursprünglichen EWG, der Europäischen Wirtschaftsgemeinschaft, und anderer europäischer Gremien. Trotz der Vorbehalte° gegen den verabscheuten° Feind von gestern wurde die Bundesrepublik als Partner akzeptiert. Das geschah natürlich nicht aus Freundschaft und Menschenliebe, sondern aus politischer Notwendigkeit. Der Westen brauchte in Mitteleuropa ein starkes Bollwerk° gegen den Feind im Osten.

Vorbehalte *reservations*

verabscheuten, verabscheuen *to detest*

Bollwerk *bastion*

„Der deutsche Zeigefinger": Ludwig Erhard und Konrad Adenauer

Unerwarteterweise entwickelte sich nämlich die Bundesrepublik schnell zu einem Land mit einer starken Wirtschaft. Ludwig Erhard, Adenauers Wirtschaftsminister, galt als der Vater des Wirtschaftswunders. Seine Erfolge verhalfen der CDU zu weiteren Siegen bei den Bundestagswahlen von 1953 und 1957. Natürlich gibt es kein „Wirtschaftswunder". In der Bundesrepublik half eine Kombination von günstigen Bedingungen und praktischer Wirtschaftspolitik. Es gab mehr als genug erfahrene Fachleute° in Deutschland, die nur darauf warteten, wieder arbeiten zu können. Alle waren es gewohnt, auch mit den schwierigsten Bedingungen fertig zu werden; war es doch seit der Wirtschaftskrise um 1930 nie mehr „normal" in Deutschland zugegangen. 1944, als die Zerstörungen des Krieges ihren Höhepunkt erreichten, hatte die industrielle Produktion ihren höchsten Stand. In dieser Hinsicht war der Luftkrieg der Alliierten ein Fehlschlag° gewesen. Jetzt hatten diese Fachleute nicht nur den Wunsch, das Land wieder aufzubauen, sondern vor allem Geld zu verdienen, um ihre eigenen Wünsche zu befriedigen. Da jeder Deutsche sich neu einzurichten wünschte, da Millionen Häuser und öffentliche Gebäude zu bauen waren, war der Binnenmarkt denkbar aufnahmefähig. Aber auch die Bedingungen für den Export waren gut. Die deutsche Industrie war gezwungen, sich die neuesten Anlagen anzuschaffen, denn die alten waren zerstört oder von den Alliierten demontiert worden. Also produzierte man besser und billiger. Der Korea-Krieg kam zur rechten Zeit, um der deutschen Industrie den Zugang zum Weltmarkt zu erleichtern.

***Fachleute** specialists*

***Fehlschlag** failure*

Das größte Problem hätte das Anfangskapital sein können. Der deutsche Staat war arm, und der Industrie fehlte es an Geld. Hier sprangen die USA ein; die Kredite des Marshall-Plans kamen gerade zur rechten Zeit. Nachdem einmal der Anfang gemacht war, „lief" die Wirtschaft. Sie erlaubte es dem Staat, die vielen Millionen von Flüchtlingen und Vertriebenen° zu integrieren und zu entschädigen, und ebenfalls Entschädigung für zerstörte Gebäude zu leisten. Die Bundesrepublik honorierte die deutschen Schulden der Vergangenheit und wurde ein solider und zuverlässiger Partner.

***Vertriebenen** expellees*

Viel schwieriger war der Anfang in der sowjetischen Zone, der späteren DDR. Die DDR hatte viel weniger wirtschaftliche Möglichkeiten als die BRD. Die Sowjetunion, die der Zweite Weltkrieg 20 Millionen Menschenleben und gewaltige Schäden gekostet hatte, demontierte mehr Fabriken als die westlichen Alliierten, verlangte Lieferungen aus der laufenden Produktion und holte Fachleute aus Deutschland zur Anleitung russischer Arbeiter. Schwerindustrie gab es viel weniger als in Westdeutschland. Die Wirtschaftsplanung war oft alles andere als zweckmäßig. Die Bevölkerung ließ sich nicht so leicht für den Sozialismus begeistern. Der Vergleich mit dem Westen machte die Menschen oft unzufrieden.

Eine Erhöhung der Arbeitsnormen° führte am 17. Juni 1953 zu Streiks in Ost-Berlin und dann einem allgemeinen Aufstand in der DDR. Die Bevölkerung forderte eine Änderung des Regimes. Die Sowjetarmee griff ein, und die SED-Regierung stabilisierte sich. Doch die Unzufriedenheit der Menschen war nicht beseitigt. In der Bundesrepublik gab es viel Arbeit. Immer mehr Menschen verließen die DDR. Die DDR sperrte die deutsch-deutsche Grenze mit Stacheldraht, Wachttürmen und Minenfeldern ab. Dazu kam ein Streifen Niemandsland und Sperrgebiete. Doch Berlin, die Vier-Mächte-Stadt, war immer noch offen. Als um 1960 neue Maßnahmen auf dem Wege zum Sozialismus weitere Menschengruppen betrafen und die Zahl der Flüchtlinge wuchs, musste die DDR zu einer radikalen Maßnahme greifen: am 13. August 1961 baute sie eine Mauer quer durch Berlin. Trotz aller dramatischen Fluchtversuche machte das für die meisten Menschen die Flucht aus der DDR unmöglich.

Arbeitsnormen *norms for average workload*

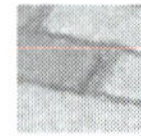

Fragen zum Text:

Die Stunde Null

1. Was waren die Hauptunterschiede zwischen der politischen Lage in Deutschland 1918 und 1945?
2. Welche gemeinsamen Ziele hatten die Alliierten 1945?
3. Welches Problem wurde auf der Potsdamer Konferenz nur „vorläufig" entschieden?

Die Teilung Deutschlands

4. Was verhinderte die Einrichtung einer deutschen Zentralverwaltung?
5. Wie wurde auf dem Schwarzen Markt der Wert einer Ware berechnet?
6. Welche politischen Parteien wurden 1945 gegründet?
7. Was lehnte die SPD in den Westzonen und in Westberlin ab?
8. Warum erwarteten 1948 nach der Währungsreform viele Kritiker Inflation und Chaos?
9. Wodurch wurde die Luftbrücke nach Berlin notwendig?

Die deutsche Bevölkerung nach dem Krieg

10. Wie verhielt sich die deutsche Bevölkerung zur Demokratie?
11. Welche beiden Faktoren brachten die „Wirtschaftswundermentalität" hervor?
12. Warum waren viele Menschen mit dem Sozialismus der DDR nicht einverstanden?

Der Kalte Krieg in Deutschland

13. Was war das Hauptziel der Außenpolitik Konrad Adenauers?
14. Warum war die CDU in den Wahlen so erfolgreich?
15. Warum hatte die DDR viele wirtschaftliche Schwierigkeiten?
16. Was war der Anlass des Aufstandes in der DDR am 17. Juni 1953?
17. Welches Beispiel zeigte, dass es Alternativen zum Kalten Krieg gab?
18. Was waren die Folgen des Baus der Mauer in Berlin?

Aufsatzthemen:

1. 1945 wollten die Alliierten das deutsche Volk bestrafen. Warum war Ihrer Ansicht nach eine solche Politik nicht möglich?
2. Die Deutschen mussten 1945 ein neues Leben anfangen. Was wäre Ihnen in einer solchen Situation am wichtigsten, und wie könnte man das verwirklichen?
3. Kennen Sie deutsche Bücher und Filme aus der Zeit zwischen 1945 und 1961, die Ihnen Einsicht in die Mentalität der deutschen Bevölkerung geben? Was fällt Ihnen dabei auf?
4. Welche Folgen hat es Ihrer Meinung für eine Familie, wenn sie in zwei Teilen eines Landes wohnt, die zu feindlichen Blöcken gehören, wie die BRD und die DDR? Können Sie sich ein Beispiel vorstellen?

Das Brandenburger Tor in Berlin, vom Westen her gesehen: zur Zeit der Teilung der Stadt und, als das Volk die Mauer überkletterte

15 Die Berliner Mauer und ihr Fall

1969	Willy Brandt Bundeskanzler, Koalition der SPD und FDP.
1970	Verträge der BRD mit Polen und der Sowjetunion.
1972	Grundvertrag zwischen BRD und DDR.
1973	BRD und DDR Mitglieder der UNO.
1976	Erich Honecker, erster Parteisekretär seit 1971, wird Staatsratsvorsitzender.
1982	Koalitionsregierung der CDU/CSU und FDP, Bundeskanzler Helmut Kohl.
1989	9. November: Öffnung der Berliner Mauer und der deutsch-deutschen Grenze.
1990	18. März: Wahlen in der DDR.
	1. Juli: Währungseinheit der BRD und DDR.
	3. Oktober: Wiedervereinigung Deutschlands.
	2. Dezember: erste Wahlen zum gesamtdeutschen Bundestag, Wahlsieg der CDU/CSU, neue Regierung Helmut Kohl.

1991 20. Juni: der Bundestag stimmt für Berlin als Sitz der Regierung und des Bundestages.

1998 Koalitionsregierung der SPD und der Grünen, Gerhard Schröder Bundeskanzler.

Was wissen Sie, was meinen Sie?

1. Welche deutschen Politiker aus der Zeit seit 1961 sind Ihnen bekannt? Was haben sie getan?
2. Kennen Sie die deutsche Parallele zur „Détente" von 1970? Worum ging es in Deutschland?
3. Was ist das große Ereignis der deutschen Geschichte der letzten Jahrzehnte? Was war die Voraussetzung dafür?
4. Können Sie sich vorstellen, was die Deutschen in der DDR erhofften, als die Grenzen offen waren?
5. Welche Schwierigkeiten würden Sie bei der Vereinigung eines Landes nach 40 Jahren Trennung erwarten?
6. Deutschland hat eine hohe Arbeitslosenrate. Welche Gründe könnte es dafür geben?
7. Glauben Sie, dass die Beziehungen zwischen den USA und Deutschland heute wichtig sind? Warum oder warum nicht?

Das deutsch-deutsche Verhältnis auf dem Weg zur Entspannung

Das Jahr 1961 brachte den Beginn einer Neuorientierung der deutschen Politik. Der Bau der Mauer in Berlin machte deutlich, dass die Politik der Bundesregierung nicht die Wiedervereinigung bringen konnte, wie die Propaganda der CDU es der Bevölkerung erzählt hatte. Die Teilung Deutschlands schien unwiderruflich.° Die SPD, die die wichtigen Entscheidungen Adenauers, vor allem die Bundeswehr und Integration in den Westen, abgelehnt hatte, akzeptierte jetzt die neue Situation. Ihr „Godesberger Programm" machte aus ihr eine moderne, reformistische Volkspartei. Bei den Bundestagswahlen 1961 hieß ihr Kanzlerkandidat Willy Brandt, der Regierende Bürgermeister von Berlin. Er fand die aktive Unterstützung vieler Schriftsteller und Professoren und der jungen Generation. Adenauer gewann die Wahl, aber seine Autorität war in Frage gestellt. Es gab eine Alternative zur CDU und ihrer Politik. 1962 führten Übergriffe° des damaligen Verteidigungsministers Franz-Josef Strauß gegen die Zeitschrift „Der Spiegel" zu den ersten politischen Demonstrationen von Studenten. Adenauer trat 1963 zurück. Sein Nachfolger Ludwig Erhard

unwiderruflich *irrevocable*

Übergriffe *encroachments, illegal actions*

„Der Warschauer Kniefall": Bundeskanzler Willy Brandt 1970 am Denkmal des früheren Gettos in Warschau

musste bereits 1966 aufgeben, ausgerechnet wegen einer Wirtschaftskrise. Ihm folgte eine „Große Koalition" der CDU und SPD, und 1969 gelang es der SPD, in einer Koalition mit der FDP die Bundesregierung zu bilden. Der Bundeskanzler hieß Willy Brandt.

Ähnlich wie Adenauers Regierung im Jahr 1949 stellte Brandts erste Regierung die Weichen° für die folgende Entwicklung. Die Integration in den Westen war vollzogen; sie hatte mit zur Entwicklung der Europäischen Gemeinschaft, seit 1993 Europäische Union, geführt, der inzwischen 15 Länder angehören: Belgien, Dänemark, die BRD, Finnland, Frankreich, Griechenland, Großbritannien, Irland, Italien, Luxemburg, die Niederlande, Österreich, Portugal, Schweden und Spanien. Andere Länder in Osteuropa wollen beitreten. Sie hatte die Bundesrepublik zum Mitglied der NATO gemacht. Sie hatte eine Versöhnung mit Frankreich bewirkt und eine friedliche Lösung des Saarproblems gebracht. Das Saarland war 1957 nach einer Abstimmung Bundesland geworden.

die Weichen, die Weichen stellen *used here: to make the basic decisions*

Hingegen waren die Beziehungen zum Ostblock rein negativ. Zwar war Konrad Adenauer 1955 mit einer Delegation nach Moskau gefahren und hatte diplomatische Beziehungen zur Sowjetunion aufgenommen, um die restlichen Kriegsgefangenen aus der Sowjetunion nach Deutschland zurückzubringen, aber trotzdem blieb die „Hallstein-Doktrin" vorherrschend. Die Bundesrepublik erkannte die DDR nicht an. Offiziell war sie nicht vorhanden. Es gab nur die „sogenannte DDR". Jedes Land, das diplomatische Beziehungen zur DDR aufnahm, wurde von der Bundesrepublik ignoriert, Wirtschaftshilfe wurde abgeschnitten.° Diese defensive und negative Politik wurde ab 1966 vorsichtig revidiert, aber erst ab 1969 wagte die Regierung Brandt ihre neue „Ostpolitik". Sie schloss 1970 Verträge mit der Sowjetunion und Polen ab, in denen die Bundesrepublik sich verpflichtete, die deutschen Ostgrenzen nicht mit Gewalt zu ändern. Das bedeutete eine faktische Anerkennung der heutigen Staatsgebiete. Diese Anerkennung bedeutete die Grundlage für eine Politik der Entspannung, der Détente. Volksdeutsche aus Polen und der Sowjetunion konnten jetzt die Erlaubnis bekommen, zu ihren Angehörigen° in der Bundesrepublik umzusiedeln. Die Verträge sahen bessere wirtschaftliche Beziehungen und kulturellen Austausch vor. Den diplomatischen Beziehungen zu Polen folgten die zu den anderen Ländern Ost- und Südosteuropas.

abgeschnitten, abschneiden *to cut off*

Angehörigen *relatives*

Gleichzeitig änderten sich auch die deutsch-deutschen Beziehungen. Eine neue Epoche begann mit dem Grundvertrag von 1972. Diesem war 1971 ein Vier-Mächte-Vertrag über den Status von Berlin vorausgegangen. Auch hier sollte Entspannung an die Stelle der Konfrontation treten. Es wurden neue Möglichkeiten geschaffen, dass Bundesdeutsche, und vor allem Westberliner, nach Ostberlin und in die DDR reisen konnten. Auch hier waren Austausch und Zusammenarbeit vorgesehen.

Der real existierende Sozialismus der DDR

Die DDR hatte einiges Interesse daran, auf diese Ostpolitik einzugehen. In den fünfziger Jahren hatte es noch Auseinandersetzungen in der Führung der SED um den richtigen Kurs gegeben; aber nach der letzten Krise von 1957 war Walter Ulbricht die unbestrittene° Führerfigur. 1960 starb der Staatspräsident Wilhelm Pieck. Jetzt wurde Ulbricht auch der Vorsitzende des Staatsrates und damit der Repräsentant des Staates nach außen. Der staatliche Aufbau der DDR war eher verwirrend: es gab ein Parlament, die Volkskammer. In ihr waren fünf politische Parteien vertreten, außer der SED, der CDU und der LDPD die Demokratische Bauernpartei Deutschlands (DBD) und die Nationaldemokratische Partei Deutschlands (NDPD). Auch die sogenannten „Massenorganisationen", die „Freie Deutsche Jugend" (FDJ), die Gewerkschaften, der Demokratische Frauenbund und der Deutsche Kulturbund, schickten Abgeordnete in die Volkskammer. Die Zahl der Abgeordneten für jede Partei und Organisation war vorher festgelegt, denn sie bildeten

unbestrittene *undisputed*

zusammen eine „Nationale Front"; aber die Wähler konnten ihren Abgeordneten als Person ablehnen. Es gab einen Ministerrat, der die Beschlüsse° der Volkskammer ausführte und das Land verwaltete. Die Volkskammer tagte nur selten. In der Zwischenzeit machte der Staatsrat die Gesetze und bestimmte die Politik. Diese Politik kam aus der Führung der SED, und deren Generalsekretär wurde der Erste Vorsitzende des Staatsrats.

Beschlüsse *decrees*

Manchmal gab es allerdings Änderungen. 1971 verlor Walter Ulbricht seine Führungsposition in der SED, aber blieb Vorsitzender des Staatsrates. Erst einige Jahre nach seinem Tod 1973 konnte sein Nachfolger Erich Honecker wieder die Staats- und Parteiämter vereinigen.

Der Bau der Mauer in Berlin war ein wichtiges Datum für die DDR. Jetzt konzentrierte sie sich auf den Aufbau einer sozialistischen Wirtschaft. Dabei gab die Regierung ab 1963 den Wirtschaftsexperten mehr freie Hand bei der Planung und Wirtschaftsorganisation. In den sechziger und siebziger Jahren wurde die DDR zu einer beachtlichen wirtschaftlichen Macht, an zweiter Stelle im Ostblock hinter der Sowjetunion. Die bessere Versorgung mit Konsumgütern machte die Bevölkerung zufriedener; aber sie verstärkte auch die Tendenz, sich vor allem um die eigenen privaten Angelegenheiten zu kümmern. Der Sozialismus, das hatte die Partei immer gelehrt, verlangte einen „neuen Menschen", einen Menschen, der zuerst an die Gemeinschaft dachte und begriff, dass der Fortschritt der Gemeinschaft am Ende auch das individuelle Glück bringen würde. Diesen neuen Menschen und den Aufbau des Sozialismus darzustellen sollte die Aufgabe der Literatur sein.

Für ein sozialistisches Deutschland hatten vor 1933 viele Schriftsteller gearbeitet. 1933 wurden sie verfolgt und mussten emigrieren. Nun waren sie zurückgekommen und hofften, ihren Traum zu verwirklichen. Jedoch der real existierende Sozialismus war nicht unbedingt so, wie sie es sich gedacht hatten. Dennoch lebten etliche prominente Schriftsteller in der DDR und vertraten ihren Sozialismus, vor allem Bert Brecht (1898–1956) und Anna Seghers (1900–1983). Die Partei wollte nun, dass diese Rückkehrer und die neue Generation über die Gegenwart schrieben, und zwar realistisch, aber positiv. In den späten fünfziger Jahren animierte die Partei auch die Arbeiter dazu, selbst zu schreiben. Etliche jüngere Schriftsteller arbeiteten eine Zeitlang in Fabriken. In den sechziger Jahren erschienen Bücher, die das neue Leben interessant darstellten, darunter. „Der geteilte Himmel" von Christa Wolf (1963), „Die Aula" von Hermann Kant und „Ole Bienkopp" von Erwin Strittmatter. Aber bald behandelten die Schriftsteller vorzugsweise die Menschen, die nicht richtig in die Gesellschaft passten, und ihre oft sehr privaten Probleme. Solche kritischen oder nicht „positiven" Bücher wurden nicht gern gedruckt und erschienen manchmal nur im Westen. Sogar Christa Wolf „enttäuschte" durch ihren nächsten Roman „Nachdenken über Christa T." (1968). Der Bestseller unter den nicht angepassten Büchern wurde „Die neuen Leiden des jungen W." von Ulrich Plenzdorf (1971), in zwei Fassungen als Theaterstück und Erzählung. In den siebziger Jahren drang das Fantastische in die DDR-Literatur ein, und in den realistischen Werken wurde die Wendung zu privaten Problemen deutlich.

Das war kein Zufall. Die „Ostpolitik" brachte für die DDR zuerst große Vorteile, aber sie hatte einen Preis. Der wichtigste Vorteil war die internationale Anerkennung. Die Bundesrepublik gab ihre bisherige Politik auf. Sie erkannte die Existenz zweier deutscher Staaten an, blieb aber dabei, dass es nur eine deutsche Nation gebe; während die DDR darauf bestand, die beiden deutschen Staaten seien endgültig getrennt. Ein Deutscher, der von der DDR in die BRD kam, besaß automatisch ihre Staatsangehörigkeit, nicht aber umgekehrt. Nun gab es Botschaften der DDR in den westlichen Ländern, und beide deutschen Staaten wurden Mitglied der UNO.

Die DDR musste als Preis für ihre Anerkennung als Staat erlauben, dass es wieder Besuchsverkehr in Deutschland gab, dass wenigstens Verwandte miteinander reden konnten. Deutsche aus der BRD konnten Visen nach Ostberlin und in die DDR erhalten. Westberliner konnten Ostberlin besuchen. Allmählich gab es auch mehr Möglichkeiten für Deutsche aus der DDR. Zuerst erlaubte die Regierung den Rentnern, einmal im Jahr vier Wochen in den Westen zu reisen. Später gab es Reiseerlaubnis für wichtige Familienanlässe.° Durch solche Reisen und durch das Fernsehen aus dem Westen, das man in großen Teilen der DDR empfangen konnte, erfuhren die Bewohner der DDR, was es alles im Westen zu kaufen gab. Die Regierung richtete sogar in der DDR „Intershops" ein, wo man westliche Waren kaufen konnte, wenn man westliches Geld hatte. So stand die Regierung ständig unter dem Druck der Bevölkerung, mehr Konsumgüter zu beschaffen. Warum sollte man sieben, ja zehn Jahre warten, bis man sich ein Auto kaufen konnte? Warum fehlten so oft Ersatzteile?° Die Unzufriedenheit der Menschen wuchs mit dem Wohlstand. Zu lange hatte man ihnen gesagt, dass in der Zukunft, „in Kürze", alles so reichlich vorhanden sein würde wie im Westen.

Familienanlässe *family occasions*

Ersatzteile *spare parts*

In den sechziger Jahren war die Wirtschaft neu organisiert und modernisiert worden. In den siebziger Jahren begann jedoch im Westen die elektronische Revolution, und ebenfalls begannen immer mehr Menschen, sich über die Erhaltung der Umwelt Gedanken zu machen. Die Planer und Verwalter der DDR, wie der anderen Ostblockstaaten, kümmerten sich kaum um Umweltprobleme, und die Elektronik war zu teuer. Das Wirtschaftssystem des Ostblocks funktionierte irgendwie, und innerhalb dieses Systems hatte die DDR einen gesicherten Platz. Doch die Produktivität, verglichen mit dem Westen, war niedrig. Die Verfassung der DDR enthielt das Recht auf Arbeit. Es wurden viele Menschen in Stellungen beschäftigt, die nicht unbedingt nötig waren. Außerdem gab es zu viel Arbeitsausfall.° Entweder kam das Material nicht, oder die Maschinen mussten repariert werden. Offensichtlich wurde nicht genug Geld für neue Maschinen und neue Entwicklungen ausgegeben.

Die Probleme einer zentral geplanten Wirtschaft zeigten sich besonders im Wohnungsbau. Es gab nicht genug Wohnungen. Die Regierung konzentrierte sich auf Hochhäuser am Rande der Städte, die im schnellen Fertigbau° errichtet werden konnten. Währenddessen verfielen° die Innenstädte. So weit es noch Privathäuser waren, bekamen die Besitzer nicht das Geld, sie zu erneuern. Die Mieten waren sehr niedrig und von der Regierung festgelegt. Je länger die Häuser auf Reparaturen warten mussten, um so schlimmer sahen sie aus, vor allem von außen.

Arbeitsausfall *loss of work hours*

Fertigbau *construction with prefabricated elements*

verfielen, verfallen *to fall into disrepair*

Reformen und Krisen

Brandts Reformen in der Bundesrepublik betrafen keineswegs nur die Deutschlandpolitik. Die sechziger Jahre waren die Zeit der Studentenbewegung. Die neue Generation der Studenten wollte nicht mehr von den Ordinarien,° den alten Professoren abhängig sein. Die Zahl der Studenten vergrößerte sich rapide, und die Studenten wollten bestimmen oder wenigstens mitbestimmen, was in der Universität geschah. Neue Universitäten waren notwendig, und sie sollten anders aussehen. Jeder sollte eine Chance bekommen. Neben die Universitäten traten die „Gesamthochschulen", so wie neben die traditionellen Gymnasien auch „Gesamtschulen" traten. Gegen Ende der sechziger Jahre wurde die Studentenbewegung immer mehr politisiert. Der Vietnamkrieg brachte auch in Deutschland viele Proteste hervor. Die Studenten erstrebten eine radikale Änderung der Gesellschaft.

Dazu ist es nicht gekommen. Doch der Lebensstil in Deutschland hat sich merklich verändert. Das Privatleben ist freier geworden. Sexuelle Tabus sind gefallen. Eine neue Partei ging gleichfalls aus diesen und ähnlichen Bestrebungen hervor: die Grünen. Es ist eine Gruppe, die zum Schutz der Umwelt entstand. Sie versuchte auch gleichfalls, ein Ideal der sechziger Jahre zu verwirklichen: die „Basisdemokratie". Die Grünen wollten nicht, dass ihre Abgeordneten in Bonn und in den Landtagen eine Beamtenhierarchie bilden sollten. Diese Abgeordneten sollten der Basis verantwortlich bleiben und nach kurzer Zeit abgelöst° werden. Leider funktioniert das in der praktischen Politik nicht so gut. Insgesamt sind die Grünen, die viele Stimmen junger Wähler

Ordinarien *full professors*

abgelöst, ablösen *to replace*

bekommen, ein wichtiges und belebendes Element der deutschen Politik geworden.

Einige der sozialistisch gesinnten Idealisten gaben es auf, diese Gesellschaft reformieren zu wollen, sei es in den Institutionen, sei es durch eine „außerparlamentarische Opposition". Sie glaubten, nur durch Gewalt und Terror könne die Gesellschaft destabilisiert und die Bevölkerung aufgerüttelt° werden. So gab es seit den frühen siebziger Jahren in Deutschland eine Verschwörergruppe, die durch Bombenanschläge oder Entführungen° und Ermordungen prominenter Politiker und Wirtschaftsführer von sich reden machte. Diese Aktivitäten gingen bis vor wenigen Jahren fort; aber sie hatten ihren Höhepunkt um 1970, unter der Führung von Andreas Baader und Ulrike Meinhof, die in einem langen Prozess in Stuttgart-Stammheim 1975/1976 verurteilt wurden. Die Aktionen dieser Gruppen, so störend sie manchmal waren, hätten die Gesellschaft kaum erschüttern können; aber die Regierungen, die Polizei und große Teile der Bevölkerung antworteten darauf mit einem Verfolgungseifer,° der manchmal die Freiheit des Rechtsstaates in Frage stellte. Die guten Absichten der Politik Willy Brandts wurden dadurch auch in Frage gestellt. Die Justizreform kam ins Stocken, und alle Reformen wurden verdächtig. Das Verbot der kommunistischen Partei in der BRD war aufgehoben worden; aber linksradikale „Elemente" waren inzwischen verdächtig. Die Länderregierungen beschlossen 1972, dass Bewerber für den Öffentlichen Dienst also auch Lehrer, abgewiesen werden konnten, wenn ihre „Verfassungstreue"° nicht sicher war. Durch diesen „Radikalenerlass" wurde eine Atmosphäre der Verdächtigung° geschaffen. Die Beteiligung an Demonstrationen konnte bereits ein Grund für Untersuchungen sein. Die Zahl der Bewerber, die effektiv abgelehnt wurden, war klein; denn es musste bewiesen werden, dass der Bewerber verbotenen, gegen die Verfassung gerichteten Organisationen angehörte. Dennoch war die Atmosphäre vergiftet, und der Schaden war groß.

aufgerüttelt, aufrütteln *to shock into action*

Entführungen *kidnappings*

Verfolgungseifer *eagerness of persecution*

Verfassungstreue *loyalty to the constitution*

Verdächtigung *suspicion*

Inzwischen hat sich herausgestellt dass auch die DDR dabei ihre Rolle gespielt hat. Sie hat Terroristen unterstützt oder ausgebildet, sie hatte ein dichtes Agenten- und Spionagenetz in der BRD. 1974 stellte sich heraus; dass ein enger Mitarbeiter von Willy Brandt Spion für die DDR war. Willy Brandt trat zurück. Sein Nachfolger wurde Helmut Schmidt, der bis 1982 eine Koalition der SPD und FDP führte. Helmut Schmidt hatte vor allem zwei Problemkomplexe zu bewältigen: massive Wirtschaftsprobleme und die neue außenpolitische Lage der Bundesrepublik. Die BRD war ein „Wirtschaftsriese", aber hatte sich aus vielen Problemen der Weltpolitik herausgehalten. Das wurde ihr jetzt nicht mehr erlaubt. Die wachsende Macht der Europäischen Gemeinschaft verlangte neue Entscheidungen von der Bundesrepublik, die nicht mehr einfach im Schlepptau° der westlichen Alliierten segeln konnte. Die BRD hatte ein besonderes Interesse

Schlepptau *in tow*

daran, die Entspannungspolitik fortzusetzen und die Konfrontation mit dem Ostblock nicht zu hart werden zu lassen. Es bildete sich ein immer engeres Verhältnis mit Frankreich aus, das oft zu Differenzen mit den USA führte. In der Innenpolitik begann eine Reaktion gegen die vorherige Liberalisierung, und wirtschaftliche Schockwellen, wie die Ölkrise von 1974, verunsicherten auch die deutsche Bevölkerung. Das schwierigste Problem war die wachsende Arbeitslosigkeit, die auch mit den Strukturveränderungen der Wirtschaft zusammenhing. Sie betraf ganz besonders die Jugend, die keine Lehrstellen oder Studienplätze mehr bekommen konnte und das Vertrauen zu ihrem Staat zu verlieren drohte. Nach den Hoffnungen der Reformbewegung der sechziger Jahre trat jetzt eine Vertrauenskrise ein, obwohl trotz allem die Demokratie in Deutschland funktionierte und das Land nach wie vor im Wohlstand lebte.

Die „Wende" der achtziger Jahre

Der konservative Trend führte dazu, dass im Herbst 1982 die Koalition der SPD und FDP auseinanderbrach. Stattdessen regierte eine Koalition der CDU/CSU mit der FDP. Dieser Regierungswechsel, der Helmut Kohl zum Bundeskanzler machte, wurde im März 1983 von den Wählern bestätigt. Die CDU sprach gern von einer „Wende“. Sie wollte den Sozialstaat einschränken. Sie fürchtete zum Beispiel weitere Beschränkungen für die Arbeitgeber. Eines der wichtigen Gesetze der siebziger Jahre war die Anordnung über die Mitbestimmung.° Alle größeren Betriebe mussten jetzt Angestellte in den Vorstand und Aufsichtsrat aufnehmen. Die Bevölkerung war auch beunruhigt über die Reform der Schulen und Berufsschulen. Viele Eltern lehnten die Gesamtschulen ab, in denen Schüler der Hauptschulen, Realschulen und Gymnasien zusammenkamen. Manche Eltern verlangten strengere Disziplin in den Schulen. Der Staat, Bundesregierung und Länderregierungen, musste sparen und begann, die Sozialausgaben zurückzuschneiden.

Mitbestimmung *codetermination*

Es zeigte sich dabei wieder, dass die deutsche Bevölkerung seit dem Zweiten Weltkrieg ganz bestimmte, aber widersprüchliche Wünsche hat. Die Stabilität der Währung liegt allen Menschen am Herzen. Jeder der beiden Weltkriege hat in Deutschland eine Inflation zur Folge gehabt, durch die Millionen Menschen ihr Vermögen verloren haben. Dieses Trauma sitzt tief. Soziale Gerechtigkeit ist ein zweiter Wunsch, der weit verbreitet ist, Sicherheit vor allem. Man wünscht sich Sicherheit des Arbeitsplatzes, des Vermögens, der sozialen Verhältnisse. „Keine Experimente“, ein Schlagwort der CDU aus den fünfziger Jahren, taucht immer wieder auf. Die CDU wird als konservativ, die

SPD als reformistisch angesehen. Und doch wird die Sozialpolitik der SPD und zum Teil sogar ihre Bildungspolitik geschätzt. Man würdigt auch, dass die SPD es mit der Gleichberechtigung der Frau ernst meint. Zwar steht die Gleichberechtigung im Grundgesetz; aber erst durch die Regierungen von Brandt und Schmidt ist diese Idee der Wirklichkeit näher gekommen. Die Wähler haben die Tendenz, in Landtagswahlen die SPD vorzuziehen; aber nicht so sehr in der Bundespolitik.

Die Weltpolitik hat Helmut Kohl und seiner Regierung in den achtziger Jahren sehr geholfen. Die deutsche Wirtschaft profitierte zunächst von der wachsenden Verflechtung° der europäischen Wirtschaft, auch wenn die Arbeitslosigkeit ein wachsendes strukturelles Problem wurde. Dabei stand die Außenpolitik im Schatten des Wettrüstens° der USA und UdSSR, das zur Demontage des Kalten Krieges geführt hat. 1985 wurde eine neue Entspannung und Annäherung der Supermächte sichtbar. Sie sollte zu radikalen Veränderungen in Europa führen.

Verflechtung *intertwinement, integration*

Wettrüstens *arms race*

Gastarbeiter, Rückwanderer, Einwanderer, Asylbewerber

Das heutige Deutschland wird von neuartigen sozialen Problemen geplagt. In den sechziger Jahren, einer Zeit der Vollbeschäftigung, kamen Gastarbeiter ins Land. Bis zum Bau der Berliner Mauer hatte die Wirtschaft der BRD viele Flüchtlinge aus der DDR absorbiert. Das war kein soziales oder kulturelles Problem, und die Wirtschaft florierte ja. Nun kamen Ausländer ins Land, die meistens aus ländlichen Gebieten stammten, wenig Schulbildung hatten und kein Deutsch sprachen. Sie sollten die Arbeiten verrichten, die die Deutschen nicht mehr tun wollten. Die Gastarbeiter kamen aus dem südlichen Italien, aus Spanien, aus Jugoslawien, besonders den nördlichen Teilen, aus Griechenland und dann vor allem aus der Türkei. Nicht wenige dieser Gastarbeiter haben sich eine gute Existenz aufgebaut, andere jedoch, unter ihnen am meisten Türken, bilden ein neues Proletariat in Deutschland. Sie sollten eigentlich nur für einige Jahre kommen; aber viele von ihnen blieben, holten ihre Familien nach, und ihre Kinder wuchsen in Deutschland auf. Auch hier gibt es viele Beispiele, dass die zweite Generation sich ganz in die deutsche Gesellschaft integriert. Das Gegenteil kommt vor allem dort vor, wo Ausländer in geschlossenen Gruppen und Stadtbezirken leben, und das sind besonders die Türken, wo die Eltern ihren Kindern, zumal Mädchen, nicht erlauben, wie deutsche Kinder und Jugendliche zu leben.

Ausländische Arbeiter im BMW-Werk in München

Eine neue Einwanderungswelle kam mit den Ostverträgen in der Zeit der Regierung Willy Brandts. Menschen deutscher Herkunft in Polen und der Sowjetunion durften jetzt nach Deutschland auswandern, besonders wenn sie dort noch Familie hatten. Die BRD absorbierte auch diese Einwanderung; doch mit wachsender Arbeitslosigkeit wuchsen die Probleme, und die Bevölkerung der BRD begann zu fragen, warum diese Zuwanderer Geld für Sprachkurse (viele mussten erst richtig Deutsch lernen), eine Berufsausbildung, Wohnungszuschüsse und andere Hilfe bekamen, wo auch Einwohner des Landes Hilfe brauchten. Das Ende der Sowjetunion hat noch einmal eine Welle von Zuwanderern gebracht. Seit 1987 sind etwa 2 Millionen von ihnen nach Deutschland gekommen.

Das politisch schwierigste Problem ist die Zahl der Asylbewerber geworden. Die Verfassung, das Grundgesetz, enthält in § 16 den einfachen Satz: „Politisch Verfolgte genießen Asylrecht." 1949 wollten die Verfasser des Grundgesetzes das Unrecht und die Verbrechen der Nazizeit für die Zukunft unmöglich machen. Sie konnten nicht damit rechnen, dass dieser Satz schwierige wirtschaftliche und politische Probleme bringen würde. Ein Asylbewerber hat das Recht auf ein Aufnahmeverfahren,° Sozialhilfe und juristische Unterstützung, während das Verfahren läuft. Das kann lange dauern. Unter den Asylbewerbern sind politische Flüchtlinge neben „Wirtschaftsflüchtlingen", die in Deutschland ein leichteres Leben suchen. Zu den vielen Bewerbern aus Asien

Aufnahmeverfahren *admission procedure*

und Afrika kamen gerade in den Jahren nach der Wiedervereinigung Deutschlands Hunderttausende, die vor den Kriegen im zerbrechenden Jugoslawien flohen. 1992 stieg die Zahl der Bewerber auf fast 440 000. Weniger als fünf Prozent davon wurden als politische Flüchtlinge anerkannt. Das führte 1993 zu einem § 16a im Grundgesetz mit Einschränkungen des Asylrechts: Wer aus „sicheren" Staaten kommt, kann kein Asylrecht beanspruchen. Die Aufnahmeverfahren werden verkürzt. Die Zahl der Asylsuchenden hat sich seitdem drastisch vermindert.

Weniger explosiv, aber schwieriger zu lösen ist die Frage der Ausländer, die in Deutschland leben, inzwischen über 7 Millionen. Die größte Gruppe darunter sind die Türken, fast 2 Millionen, gefolgt von Italienern und Griechen. Mehr als die Hälfte der Kinder dieser Ausländer sind in Deutschland geboren. Viele erwerben die deutsche Staatsbürgerschaft, doch ein Recht darauf hat niemand, auch wenn er lange im Lande lebt. Das deutsche Recht erlaubt bisher keine doppelte Staatsbürgerschaft doch das wird sich bald ändern. Außerdem haben Angehörige des Europäischen Union technisch zwei Staats-angehörigkeiten: die europäsche und die ihres Landes.

Deutschland ist traditionell kein Einwanderungsland, eher ein „Auswanderungsland". Für die Deutschen ist es noch immer ungewohnt, mit fremden Volksgruppen zusammenzuleben. Besonders die Einwohner der DDR hatten keinen Umgang mit Ausländern. Soziale Probleme, wie Arbeitslosigkeit, und Angst vor dem Fremden können zur „Ausländerfeindlichkeit" führen, die mitunter gewalttätig wird. Hier finden radikale Gruppen und radikale politische Parteien ihre Gegner und ihre Opfer. Dagegen wehren sich viele Gruppen der Gesellschaft, die Kirchen, Bürgergruppen und die Gewerkschaften zum Beispiel. Trotz der Schlagzeilen über Brandstiftungen in Ausländerheimen leben Deutsche und Ausländer im allgemeinen gut zusammen. Spannungen sind jedoch unvermeidlich, denn ein vereintes Europa bringt ausländische Arbeitskräfte ins Land und eine Mischung der Kulturen. Die Deutschen müssen sich an diese neue Bewegungsfreiheit gewöhnen.

Man kann die Problematik an einem wichtigen Punkt klar erkennen: an der Frage der Staatsbürgerschaft. Bis jetzt ist deutscher Staatsbürger nur, wer von deutschen Eltern abstammt, nicht wer in Deutschland geboren ist. In Deutschland lebende Ausländer haben kein Recht auf die deutsche Staatsbürgerschaft. Die Behörden entscheiden über jeden einzelnen Antrag. Das ist heute keine gute Lösung mehr. Deshalb gibt es Reformvorschläge. Diskutiert wird die Frage der doppelten Staatsbürgerschaft, das Recht für Ausländer, bei Gemeindewahlen zu wählen und ein Recht auf Staatsbürgerschaft für bestimmte in Deutschland geborene Personen. Diese Reform gehört zum Programm der Bundesregierung der SPD und der Grünen von 1998.

Die Wiedervereinigung Deutschlands

Als die Reformpolitik der Sowjetunion liberalisierende Auswirkungen hatte, fühlte sich die Führung der SED zunehmend bedroht. Schon die Feiern zum 750jährigen Bestehen von Berlin im Jahr 1987 zeigten die Unzufriedenheit der Bevölkerung in der DDR. Ironischerweise plante die politische Führung großartige Feiern zum 40jährigen Bestehen der DDR im Jahr 1989, während ein Teil der Bevölkerung an eine günstige Gelegenheit dachte, das Land zu verlassen. Der Weg über Ungarn und dann durch die Tschechoslowakei schien gangbar, und Tausende drängten dorthin.

Gleichzeitig bildeten sich in der DDR neue politische Gruppen. Ihre Stützpunkte waren die Kirchen. Hier trafen Sozialisten, die eine Alternative zur SED suchten, mit sozial und sozialistisch orientierten Christen zusammen. Die Diskussionsgruppen führten zu Straßendemonstrationen, die sehr schnell anwuchsen. Die Gefahr, dass Anfang Oktober in Leipzig Truppen auf Demonstranten schießen würden, ging glücklicherweise vorüber. Der Ruf der Demonstranten: „Wir sind das Volk!“ bedeutete das Ende der SED-Herrschaft. Dieser Ruf lautete sehr bald: „Wir sind ein Volk!“ Nicht mehr die Umwandlung der DDR in ein System eines alternativen Sozialismus war das Ziel, sondern die Wiedervereinigung. Es gab keinen „Dritten Weg“ zwischen Ost und West.

Am 9. November 1989 musste die DDR-Regierung zulassen, dass die Berliner Mauer, das sichtbarste und verhassteste Symbol des Kalten Krieges, geöffnet wurde. Jubelnd schlug die Bevölkerung Löcher in die Mauer. Gleichzeitig öffnete sich die deutsch-deutsche Grenze. In der DDR entstand ein neues politisches System, und im März 1990 wurden Wahlen nach westlichem Muster abgehalten, bei denen die CDU eine unerwartet klare Mehrheit erhielt, während die SPD die Wähler noch nicht ansprach.

Es war offensichtlich, dass auf die Öffnung der Grenzen in Deutschland eine enge Zusammenarbeit, eine Föderation oder sogar eine Vereinigung folgen würde. Das brachte die vier Alliierten des Zweiten Weltkrieges wieder ins Spiel, und es erregte Besorgnisse in Nachbarländern wie Polen. Während die Diplomaten verhandelten, zeigte das Volk, dass es eine Vereinigung wollte. Die DDR änderte ihre Struktur. Die fünf Länder, die vor der Zentralisierung von 1952 bestanden hatten, wurden neu gebildet: Brandenburg, Mecklenburg-Vorpommern, Sachsen, Sachsen-Anhalt und Thüringen. Nach Verhandlungen mit den vier Alliierten arbeiteten die beiden deutschen Staaten einen „Einigungsvertrag“ aus. Er sollte den Übergang der östlichen Bundesländer zum westlichen System regeln und erleichtern. Im Juli fand der Umtausch des Geldes in westliche D-Mark statt. Damit wurde Deutschland ein Wirtschaftsgebiet. Die politische

Vereinigung ging als Anschluss der fünf neuen Länder an die Bundesrepublik vor sich. Das Wort „Anschluss“ ist allerdings tabu, da es für Adolf Hitlers Annektierung Österreichs im Jahr 1938 benutzt worden ist. Am 3. Oktober 1990 wurde Deutschland wieder zu einem Land, am 2. Dezember folgten Wahlen zum Bundestag, die wieder eine Mehrheit der CDU/CSU und FDP brachten. Helmut Kohl wurde der erste Bundeskanzler des vereinten Deutschland. Die „Wende“ war geschehen.

Die schwierigsten Fragen bei den Verhandlungen mit den Alliierten betrafen den Abzug der alliierten Truppen und dessen Finanzierung, vor allem den Abzug der russischen Truppen. Die Truppen der westlichen Alliierten, die heute noch in der Bundesrepublik stationiert sind, sind Streitkräfte der NATO.

Nach der Wiedervereinigung: Auf dem Weg in eine ungewisse Zukunft

Bei den alliierten Nachkriegsplanungen um 1945 wurde die Überzeugung laut, Deutschland müsse fünfzig Jahre lang besetzt bleiben, um ein neues aggressives Reich zu verhindern. Diese Gefahr hat nie bestanden, aber bei

Die Grenze öffnet sich. Die ersten Autos fahren am 10. November 1989 aus Ost-Berlin nach Westen.

den fünfzig Jahren—mehr oder weniger—ist es geblieben. Erst jetzt ist Deutschland wieder ein souveräner, einiger Staat geworden. Dieser Staat und seine Gesellschaft sind noch immer dabei zusammenzuwachsen, und das wird nicht leichter durch die strukturellen Probleme der Wirtschaft und durch die Verflechtung Deutschlands in die Europäische Union und die Weltwirtschaft. Die Deutschen haben nicht die Zeit, sich allein mit sich selbst zu beschäftigen. Die Wiedervereinigung bringt außer einer Unmenge praktischer Probleme auch viele psychologische Schwierigkeiten; es sieht dabei so aus, als ob niemand die Probleme vorausgesehen° hätte. Das Land und seine Politiker scheinen zu improvisieren, von Problem zu Problem, von Krise zu Krise. Unsicherheit kennzeichnet die Stimmung; das Vertrauen zur politischen Führung ist gering. In einer Situation, wo die Wünsche der Deutschen erfüllt zu sein scheinen, herrscht keine Hochstimmung, wie man es erwarten sollte. Vielmehr kann man von Apathie und Depression sprechen. Dieses Paradox ist nicht leicht zu erklären. Warum fehlt der Optimismus, mit dem ein so energisches Volk seine Probleme anpacken sollte? Die folgende Beschreibung der deutschen Situation seit 1989 soll die ungelösten Fragen verdeutlichen.

vorausgesehen, voraussehem *to foresee*

Die fünf neuen Bundesländer

Wie sollte die Ex-DDR nach 1989 genannt werden? Die „korrekte“ neutrale Bezeichnung wurde „die fünf neuen Bundesländer“. Diese neuen Länder mussten nicht nur Landtage und Regierungen wählen, sondern eine neue Verwaltung aufbauen. Das ging nicht ohne die alten Beamten, die oft genug Mitglied der SED gewesen waren und die, was weitaus schlimmer war, sich nicht unbedingt für das neue System und den Neuaufbau engagierten. Zuerst galt es, die Infrastruktur zu erneuern. Neue Straßen waren nötig, ein neues Telefonnetz, die Energie- und Wasserversorgung war zu modernisieren. Die Umweltschäden waren erheblich, wie überall, besonders die Wasserverschmutzung. Ein großes und sehr sichtbares Problem war der Zustand der Innenstädte. Die vom Staat festgelegten niedrigen Mieten hatten es den Hauseigentümern nicht erlaubt, ihre Häuser in Stand zuhalten. Doch vor der Renovierung musste die Frage geklärt werden: Wer war eigentlich der Besitzer? In den Westen geflohene frühere Besitzer erhoben Ansprüche. Jetzt konnten auch von den Nazis vertriebene und enteignete Besitzer Wiedergutmachungsanträge° stellen. Die Eigentumsprobleme erschwerten natürlich eine vernünftige Stadtplanung.

Wiedergutmachungsanträge *applications for restitution*

Die Eigentumsfragen wirkten sich vor allem auf die Wirtschaft im großen aus. Bereits zwischen 1945 und 1949 hatte die Sowjetunion eine radikale Bodenreform durchgeführt. Später waren die meisten Bauernhöfe

1998: eine Demonstration gegen Helmut Kohl: "Helmut Go Home, Helmi Go West."

zu Landwirtschaftlichen Produktionsgenossenschaften, LPGs, zusammengeschlossen worden. Welche früheren Eigentümer hatten Anspruch auf ihr Land? Sollten die Mitglieder der LPGs ihr privatisiertes Land allein bewirtschaften oder sich zu Genossenschaften zusammenschließen? Noch komplizierter wurde es für Industriebetriebe. Die Industrie bestand aus VEBs, aus Volkseigenen Betrieben, die vorher Privatbetriebe, meistens Aktiengesellschaften gewesen waren oder in der DDR-Zeit als VEBs gegründet worden waren. Um solche Betriebe zu privatisieren, richtete die Bundesregierung eine Anstalt des öffentlichen Rechts, die „Treuhandanstalt", ein. Es stellte sich heraus, dass die „Treuhand" die Aufgabe bekam, eine gesamte Wirtschaft umzustrukturieren und eine Neuorientierung des Verhaltens der Bevölkerung zu steuern. Damit war die Treuhand überfordert, und ihr Name war in der Ex-DDR denkbar verhasst. Sie sollte wirtschaftlich rentable Betriebe verkaufen, Kombinate entflechten° und die „gesunden" Teile retten. Sie sollte Grundstücke verkaufen, Arbeitsplätze sichern, Investitionen aus der BRD und dem Ausland fördern und mit alledem die Grundlage für eine neue Wirtschaft im östlichen Deutschland schaffen. Bis zum Verkauf der Betriebe war die Treuhand verantwortlich für ihre Verwaltung. Es wird immer umstritten bleiben, ob wirklich so viele Betriebe stillgelegt werden mussten. Natürlich war die Maschinerie veraltet, die Produktivität war zu niedrig, und die Produkte, die

entflechten *to break up*

bis dahin nach Osteuropa exportiert worden waren, konnten oft nicht auf dem Weltmarkt konkurrieren. Doch bleiben Fragen bestehen wie: wurden manche Betriebe nur von westlichen Konkurrenten gekauft, um sie dann stillzulegen? Wäre es nicht möglich gewesen, mehr Betriebe den Angestellten zu übergeben? Das Fünftel an Firmen, das von den Angestellten übernommen wurde, gehört heute zu den erfolgreichen Produktionsstätten in dem früheren DDR-Gebiet.

Um die massive Arbeitslosigkeit abzufangen,° begann ein umfassendes Programm der Umschulung und Neuausbildung. Doch das konnte nur funktionieren, wenn es hinterher Arbeitsplätze gab. Viele Tausende mussten Arbeit im westlichen Deutschland suchen oder zogen schließlich um.

abzufangen, abfangen *to bring under control*

Vielleicht bestand die Erwartung, mit massiver Geldhilfe würde im östlichen Deutschland in kurzer Zeit ein Wirtschaftswunder stattfinden, so wie es nach 1949 in der BRD der Fall gewesen war. Auf jeden Fall erwarteten westliche Experten einen wirtschaftlichen Aufschwung in ganz Osteuropa und glaubten, dass Ostdeutschland dabei eine zentrale Rolle spielen würde. Sie haben sich getäuscht. Der Aufschwung kann noch kommen, aber wann? Der Kapitalismus hat nach 1989 in diesen Ländern seine Schattenseiten gezeigt: massive Arbeitslosigkeit, Armut in der Bevölkerung und schnellen Reichtum für Spekulanten und Unternehmer, die das Vertrauen und die Unkenntnis der Menschen ausnutzten. So kann erst die junge Generation die Vorzüge des neuen Systems ausnutzen, für sich selbst und die Gesellschaft.

Die Einstellung zur Wende und zum neuen Leben richtet sich sehr nach dem Lebensalter. Für ältere Menschen brachte der Wechsel wenig Gutes. Viele verloren ihre Stellungen. Während sie vorher zwar mit manchen Problemen, aber in Sicherheit gelebt hatten, sah die Zukunft erschreckend aus: die Unsicherheit über Renten und Mieten, Kriminalität, der Umgang mit neuen Behörden und neuen Gesetzen—kein Wunder, dass etwas wie eine Nostalgie entstand, wie schön die DDR gewesen sei. Das Misstrauen gegenüber dem neuen System führte der PDS, der Partei für Demokratischen Sozialismus, in den östlichen Bundesländern eine erhebliche Zahl von Wählern zu.

Die Atmosphäre wurde zusätzlich vergiftet, als die Akten der Staatssicherheit der DDR, der berüchtigten „Stasi", ans Licht kamen. Das Netz der Agenten und Informanten war sehr viel größer als erwartet; Freunde und Familienmitglieder hatten spioniert, bis in das Privatleben hinein. Jetzt sollte „gesäubert" werden; doch wie immer ist schwer zu entscheiden, wie schwerwiegend die Beschuldigungen waren, und „Bestrafungen" sind selten gerecht.

Wenn auch der Einigungsvertrag ein allmähliches Ansteigen der Gehälter und eine allmähliche Angleichung der Mieten vorsah und Härtefälle° vermeiden wollte, so konnten die Menschen in Ostdeutschland sich nur schwer in den

Härtefälle *hardship cases*

neuen Gesetzen und Bestimmungen zurechtfinden und Vorteile des neuen Systems genießen. Um das Rechtswesen und die Verwaltung nach westlichem Muster einzurichten, schickte die Bundesregierung Richter, Staatsanwälte und Verwaltungsbeamte in den Osten. Die „Wessis“ kamen als Lehrer, um die unwissenden „Ossis“ einzuweisen. Sie benahmen sich oft vom östlichen Standpunkt aus arrogant und waren wenig geneigt zuzuhören. Sie wurden schnell „Besserwessis“ genannt. Solche Besserwessis traten in den Schulen und in allen sozialen Einrichtungen auf. Dabei hatte auf diesen Gebieten die DDR gute Einrichtungen und Methoden entwickelt, die jetzt plötzlich nichts mehr gelten sollten. Die einseitige Verwestlichung hat tiefe Ressentiments hinterlassen. Die Menschen im Osten denken, dass auf allen Gebieten, Behörden, Krankenhäuser, Universitäten, Sozialfürsorge, Management, nur noch nach dem westlichen Modell gearbeitet wird, ja dass die Erfahrung und Ansicht der Ossis nicht gefragt ist. Sie fühlen sich als ein kolonisiertes Volk. Das mag zu stark ausgedrückt sein, doch die psychologische Mauer geht noch quer durch Deutschland und wird erst allmählich verschwinden.

Der unzufriedene Steuerzahler

Bis 1994 sind über 600 Milliarden DM an öffentlichen Geldern in die östlichen Bundesländer geflossen. Dazu kommen Steuererleichterungen für neue Betriebe und ähnliche Aufbauhilfen. Auch die „Erblasten“, Schulden der DDR und der Treuhandanstalt, müssen abgetragen werden. Dafür bezahlte der Steuerzahler einen „Solidaritätszuschlag“ von 7,5% der Einkommenssteuer. Viel ist seit den achtziger Jahren von „Steuerreform“ die Rede, und der durchschnittliche Steuerzahler versteht darunter Steuererhöhungen. Er erinnert sich an das Versprechen von Bundeskanzler Kohl, die Wiedervereinigung werde keine Steuererhöhungen nötig machen. Zuerst sollten die wirtschaftlichen Probleme der Wiedervereinigung in fünf Jahren überwunden sein, dann in zehn und dann in zwanzig Jahren.

Die Bundesrepublik hatte ein umfassendes System sozialer Sicherheit entwickelt. Dieses System machte Deutschland zu einem sehr teuren Wirtschaftsstandort. Bei wachsender Arbeitslosigkeit ist es nicht mehr zu finanzieren, wenn der Staat keine Schulden machen will. Schulden bringen die Gefahr der Inflation, und die Deutschen bestehen auf einer stabilen Währung. Also müssen die öffentlichen Verwaltungen sparen: der Bund, die Länder und die Gemeinden. Das betrifft besonders die Sozialleistungen und das kulturelle Leben. Es ist immer schwerer, gewohnte Vorteile wegzunehmen als keine neuen zu gewähren; daher ist die Unzufriedenheit allgemein.

1990 bekam die Koalition der CDU/CSU und der FDP bei den Bundestagswahlen eine klare Mehrheit. Ihre Marktwirtschaft versprach wirtschaftliches Wachstum und Wohlstand. Bei den Wahlen von 1994 schrumpfte diese Mehrheit: 294 Abgeordnete der CDU/CSU und 47 Abgeordnete der FDP standen 252 der SPD, 49 der Grünen und 30 der PDS gegenüber. Die SPD hatte die führende Rolle in der Mehrheit der Länderregierungen, und damit eine Mehrheit im Bundesrat. Der deutsche Wähler wollte einen Wechsel, aber war sich nicht sicher, wer ihn bringen konnte. 1998 haben die Wähler schließlich wieder der SPD ein Mandat gegeben: Die Verteilung der Sitze im neuen Bundestag war SPD: 298, CDU/CSU: 245, Bündnis 90/Grüne: 47, FDP: 43, PDS: 36 Abgeordnete. Damit konnte die SPD in einer Koalition mit den Grünen eine Mehrheitsregierung bilden.

Die Bundesrepublik steht vor schweren Entscheidungen. Wie kann der Wirtschaftsstandort Deutschland gesichert werden, ohne zu viele Arbeitsplätze und Lebenssicherheit zu verlieren? Wie soll das Europa der Zukunft aussehen, und welche Rolle soll Deutschland darin spielen?

Bundeskanzler Schröder in einer Bundestagsdebatte

Das Europa der Zukunft

Die zwölf Staaten der Europäischen Gemeinschaft schlossen 1991 in der niederländischen Stadt Maastricht einen Vertrag über die wirtschaftliche und Währungseinheit Europas ab sowie einen Vertrag über die europäische Union, also eine politische Einigung. Seit 1995 umfasst die europäische Union 15 Staaten. Das seit 1979 bestehende europäische Parlament hat inzwischen ein Mitspracherecht bei Entscheidungen bekommen. Die politische Orientierung für die europäische Kommission in Brüssel kommt vom Rat der Europäischen Union, oder Ministerrat, und bei Grundsatzfragen vom Europäischen Rat, der Konferenz der Staats- und Regierungschefs. Dazu kommt der Europäische Gerichtshof. Eine gemeinsame Währung, der „Euro", ist 1999 eingeführt worden. Die Europäische Zentralbank hat ihren Sitz in Frankfurt. Für die Teilnahme an der europäischen Währung verpflichteten sich die Teilnehmerstaaten zu einer rigorosen Finanzpolitik, die viele Kontroversen auslöste, weil die Sparpolitik soziale Programme und kulturelle Initiativen beschnitt.

Die Bundesrepublik Deutschland ist der Staat mit der größten Bevölkerung und der stärksten Wirtschaft in der Europäischen Union. Sie liegt mitten in Europa und ist wirtschaftlich, kulturell und gesellschaftlich eng verflochten mit den anderen Staaten. Deutschlands Zukunft liegt in einem europäischen Staatenbund—oder Bundesstaat, selbst wenn der Weg dahin noch mühsam ist und länger dauert als erwartet.

Bilanz des 20. Jahrhunderts

Nach den Katastrophen und Verbrechen der ersten Hälfte des Jahrhunderts stand Deutschland zwar mitten im Kalten Krieg, dessen Eiserner Vorhang das Land teilte, doch nicht als Täter und Entscheidungsträger,° sondern als Objekt, als Zuschauer, und dann bestenfalls als in bescheidenem Rahmen mitverantwortlich. Die „Schonzeit" ist vorbei. Ein Zeichen davon ist die Entscheidung des Bundesverfassungsgerichts von 1994, nach der deutsche Truppen an Aktionen der UNO teilnehmen können. Deutschland muss international die Verantwortung übernehmen, die seine Wirtschaftskraft verlangt. Die deutsche Gesellschaft ist wenig geneigt, sich als international wichtig zu fühlen. Die deutsche Sprache, obwohl die stärkste Sprachgruppe in der Europäischen Union, wird weit weniger benutzt als Englisch und Französisch. Die Deutschen scheuen sich, stark oder gar überheblich aufzutreten. Zwei Generationen nach

Entscheidungsträger *decision maker*

dem Zweiten Weltkrieg, an der Schwelle des neuen Jahrtausends, wird jedoch von ihnen normale internationale Mitarbeit verlangt, nicht nur wirtschaftlich: neue Ideen, neue Forschungen, neue Orientierungen. Das Volk, das in den letzten fünfzig Jahren mehr nach innen als nach außen orientiert war, muss jetzt verstärkt den Umgang mit anderen Menschen lernen und üben. Seine Vitalität, die es nach 1945 wieder auf die Beine gebracht hat, muss sich in neuen Ideen ausdrücken.

Die Deutschen haben sich niemals ganz mit einer freien Marktwirtschaft angefreundet.° Sie haben immer Sicherheit und soziale Gerechtigkeit verlangt und versucht, ein politisches System zu entwickeln, das diese Kombination ermöglichte. Heute ist ungehinderte Marktwirtschaft Trumpf. Doch das Gleichgewicht wird sich wieder in die andere Richtung verschieben. Darin sind sich die Deutschen mit den meisten Europäern einig.

angefreundet, sich anfreunden *to get to like, to become friends*

Fragen zum Text:

Das deutsch-deutsche Verhältnis auf dem Weg zur Entspannung

1. Was bedeutete die „Hallstein-Doktrin“?
2. Welchen Zweck verfolgte Willy Brandts „Ostpolitik“?
3. Was musste die Bundesrepublik tun, um eine Entspannung mit Polen einzuleiten?

Der real existierende Sozialismus der DDR

4. Welche Institution der DDR bestimmte die Politik?
5. Welche gesellschaftliche Aufgabe sollte die Literatur in der DDR erfüllen?
6. Warum „enttäuschte“ der Roman „Nachdenken über Christa T.“ von Christa Wolf?
7. Was sagte die Verfassung der DDR über Arbeit?
8. Warum sah es die Führung der DDR nicht gern, wenn die Bevölkerung Kontakte mit Menschen aus der BRD hatte?

Reformen und Krisen

9. Was erstrebten die radikalen Studenten der sechziger und siebziger Jahre?
10. Was charakterisierte die Grünen bei ihrer Gründung?
11. Was bedeutete das „Berufsverbot“?
12. Warum musste Willy Brandt zurücktreten?

Die „Wende" der achtziger Jahre

13. Wie kam 1982 der Regierungswechsel zustande?
14. Was bedeutet „Mitbestimmung"?
15. Welcher Widerspruch steckt in den Wünschen der deutschen Bevölkerung?
16. Wodurch wurde die Regierung Helmut Kohls in den achtziger Jahren begünstigt?

Gastarbeiter, Rückwanderer, Einwanderer, Asylbewerber

17. Warum wurden in den sechziger Jahren Gastarbeiter in der BRD gebraucht?
18. Welche Einwanderer kamen als Folge der Ostpolitik Brandts?
19. Was sagte das Grundgesetz über politisches Asyl?
20. In welcher Zeit stieg die Zahl der Asylbewerber ganz besonders?
21. Wodurch entstand „Ausländerfeindlichkeit"?

Die Wiedervereinigung Deutschlands

22. Welche alternativen politischen Gruppen bildeten sich in der DDR?
23. Was musste nach der Öffnung der Grenzen erfolgen?
24. In welchen Schritten vollzog sich die Vereinigung?
25. Was war ein schwieriges Problem bei den Verhandlungen mit den Alliierten?

Nach der Wiedervereinigung: Auf dem Weg in eine ungewisse Zukunft

26. Wie kann man die Politik der Bundesregierung nach 1990 charakterisieren?
27. Welche Haltung nahm die Bevölkerung ein?

Die fünf neuen Bundesländer

28. Welche Aufgabe hatte der Staat am Anfang?
29. Warum waren Eigentumsfragen so wichtig?
30. Was sollte die Treuhandanstalt durchführen?
31. Woher kommt das Ressentiment von „Ossis" gegen „Wessis"?
32. Was ging aus den Akten der Stasi hervor?

Der unzufriedene Steuerzahler

33. Was hatte die Bundesregierung den Steuerzahlern versprochen?
34. Warum wurde 1990 eine Regierung der CDU/CSU und FDP gewählt?
35. Was wollten die Wähler von 1998?

Das Europa der Zukunft

36. Was sollte der Namenswechsel von „Europäische Gemeinschaft“ zu „Europäische Union“ anzeigen?
37. Warum ist die Einführung des „Euro“ von besonderer Wichtigkeit?
38. Welche Gremien regieren die Europäische Union?

Bilanz des 20. Jahrhunderts

39. Warum ist Deutschland politisch zurückhaltend geblieben?
40. Welche Kombination in der Wirtschaft streben die Deutschen an?

Aufsatzthemen:

1. Die stärksten politischen Parteien in der BRD sind die CDU/CSU und die SPD. Welche dieser Parteien ist Ihrer Ansicht nach besser für Deutschland gewesen?
2. Alle deutschen Bundesregierungen waren Koalitionsregierungen. Was sind Ihrer Meinung nach Vorteile und Nachteile eines solchen Systems?
3. Die Umweltbewegung in Europa hat durch die Grünen mehr politische Macht bekommen. Glauben Sie, dass eine solche Partei gut ist, und dass es sie auch im Kongress der USA geben sollte?
4. Glauben Sie, dass ein Land jedem Menschen, der sich verfolgt fühlt, politisches Asyl geben soll, auch wenn es zum Beispiel hohe Arbeitslosigkeit hat? Warum oder warum nicht?
5. Wann und wie sollten Einwanderer in einem Land die Staatsbürgerschaft bekommen oder bekommen können?
6. In der früheren DDR hat die Treuhandanstalt alles Volkseigentum privatisiert. Daraus entstanden viele Probleme. Glauben Sie, dass das gut und notwendig ist, oder gibt es Alternativen?
7. Wie sehen Sie das Europa der Zukunft und Deutschlands Rolle darin?
8. Was sind für Sie die Lehren des 20. Jahrhunderts?

Bücher zum Nachschlagen und Weiterlesen

Vergangenheit

Deutsche Geschichte, herausgegeben von Heinrich Pleticha. Gütersloh: Bertelsmann/Lexikothek, 12 Bände, 1987. Eine umfassende Geschichte bis etwa 1970, in allgemeinverständlichem Stil, mit Kapiteln über Sozial- und Kulturgeschichte, von vielen Mitarbeitern verfasst, viele Literaturangaben.

Deutsche Geschichte in Quellen und Darstellungen, herausgegeben von Rainer A. Müller. Stuttgart: Reclam, 11 Bände, 1995ff. Die wichtigsten Quellen der deutschen Geschichte bis 1990 und zusammenfassende Darstellungen, für einen allgemeinen Leserkreis.

Robert-Hermann Tenbrock. *Geschichte Deutschlands.* München: Max Hueber, 1965. Eine kurze Geschichte Deutschlands in einen Band für Ausländer geschrieben.

Deutsche Geschichte von den Anfängen bis zur Wiedervereinigung, herausgegeben von Martin Vogt. Stuttgart: Metzler, 1991. Deutsche Geschichte in einem Band, viel Information.

Gordon Craig. *Deutsche Geschichte von 1866 bis 1945.* München: Beck, 1983 Deutsche Fassung einer der am meisten benutzten Geschichten Deutschlands im 19. und 20. Jahrhundert.

Der kleine Ploetz. Hauptdaten der Weltgeschichte. Freiburg/Würzburg: Ploetz Verlag, 1991. Das alte Standardwerk zum Nachschlagen.

Der Ploetz-Verlag veröffentlicht auch Übersichtsdarstellungen, zum Beispiel: Martin Broszat und Norbert Frei. *Das Dritte Reich. Ursachen Wirkungen Ereignisse.*

Dazu der *Deutschland-Ploetz.* Deutsche Geschichte zum Nachschlagen, herausgegeben von Werner Conze. Freiburg/Würzburg: Ploetz Verlag, 1986.

Ein anderer Band ist: Thomas Eltwein und Wolfgang Bruder. *Die Bundesrepublik. Daten Fakten Analysen.*

Der Harenberg Chronik Verlag Dortmund veröffentlicht *Chronik*-Bände, die die Vergangenheit einer Stadt, Region usw im Chronikstil lebendig machen. Außer *Chronik der Deutschen* gibt es z.B. Bände über das Ruhrgebiet, Hessen, Hamburg, Köln usw.

Zwei Bücher, die sich auf Hauptereignisse konzentrieren, sind: *Ereignisse, die Deutschland veränderten.* Ein ADAC-Führer durch zwölf Jahrhunderte. München/Stuttgart: Das Beste, 1996.

Deutsche Geschichte in Schlaglichtern, herausgegeben von Helmut M. Müller. Meyers Lexikonverlag, 1996.

Bildbände zur deutschen Geschichte sind z.B.:

Hellmuth G. Dahms. *Deutsche Geschichte im Bild.* Berlin: Ullstein, 1991, 430 Photos.

Klaus Schulz. *Deutsche Geschichte und Kultur. 500 Bilder aus. 2000 Jahren.* Königstein, 1991. Dieser Band gehört zur bekannten Reihe „Die blauen Bücher".

Viele Illustrationen gibt es auch in *Chronik des 20. Jahrhunderts;* Braunschweig: Westermann, 1982.

Einen begrenzten Zeitraum erfassen Hermann Glaser und Walther Pützstück. *Ein deutsches Bilderbuch 1870–1918.* München: Beck, 1982.

Deutsche Kulturgeschichte:

Ein alter Klassiker in einer neuen Form: Johannes Scherr, *Illustrierte Deutsche Kultur- und Sittengeschichte,* 2 Bände, von den Anfängen bis zum Jahre 1870. Neubearbeitung von Alexander Heine. Stuttgart: Magnus Verlag, 1984.

Eine andere Neuauflage: Jürgen Kuczynski. *Geschichte des Alltags des deutschen Volkes.* Köln: Papy Rossa Verlag, 5 Bände, 1996. Diese detaillierte Geschichte des Alltags im Lauf der Geschichte ist zuerst in der DDR erschienen und beurteilt die Geschichte aus sozialistischer Perspektive. Sie bleibt dabei eine Fundgrube für die charakteristischen Einzelheiten der Vergangenheit.

Verschiedene Formen und Aspekte der Kultur- und Sozialgeschichte finden sich bei:

Als das Gestern heute war, herausgegeben von Rosemarie Wildermuth, München: Ellermann, 1978; Dokumente verschiedener Art mit Einführung und Kommentar, für die Zeit von 1789 bis 1949.

Die Fortsetzung in der gleichen Art ist *Heute—und die 30 Jahre vorher,* über Deutschland von 1949 bis 1979.

Dieselbe Herausgeberin hat auch veröffentlicht *Aus 100 Jahren. Jugend 1887–1987.* Baden-Baden: Signal, 1988.

Eine ähnliche Sammlung ist bei dtv in München erschienen: *Vom Gestern zum Heute. 200 Jahre deutsche Geschichte in Texten und Dokumenten* (1987).

Zur Kulturgeschichte ferner:

Ernst Johann und Berthold Spangenberg. *Deutsche Kulturgeschichte 1860 bis zur Gegenwart.* München: Nymphenburger Verlagsbuchhandlung, 1984.

Speziell zur Bundesrepublik: Hermann Glaser. *Die Kulturgeschichte der Bundesrepublik Deutschland,* 3 Bände, Frankfurt: Fischer Taschenbuch, 1990.

Hermann Glaser. *Industriekultur und Alltagsleben.* Vom Biedermeier zur Postmoderne. Frankfurt: Fischer Taschenbuch, 1994.

Eine Chronik der Bundesrepublik ist *Aufbrüche. Die Chronik der Republik 1961 bis 1986,* herausgegeben von Freimut Duwe, Reinbek: rororo aktuell, 1986. Chronik der Ereignisse vom Bau der Berliner Mauer, mit Kommentaren.

Andere Aspekte:

Monika Richarz. *Jüdisches Leben in Deutschland,* 3 Bände, Stuttgart: DVA, 1976; eine Dokumentation aus dem Leo-Baeck-Institut.

Rachel Salamander. *Die jüdische Welt von gestern, 1860–1938,* Wien: Brandstätter, 1990.

Über Ausländer in Deutschland bis zu den heutigen Gastarbeitern: Herbert Spaich. *Fremde in Deutschland. Unbequeme Kapitel unserer Geschichte.* Weinheim/Basel: Beltz, 1981; Kapitel über verschiedene Gruppen von Einwanderern und „Fremden" im Laufe der Geschichte und ihre Schwierigkeiten.

Ebenfalls über Ausländer in Deutschland, doch auch über Deutsche im Ausland: *Deutsche im Ausland—Fremde in Deutschland. Migration in Vergangenheit und Gegenwart* herausgegeben von Klaus Bade, München: Beck, 1992.

Zur Frauenbewegung vgl. *Die deutsche Frauenbewegung* herausgegeben von Ingeborg Drewitz, Bonn: Hohwacht, 1983.

Einen zentralen Aspekt behandelt Ingeborg Weber-Kellermann. *Die Familie. Geschichte—Geschichten und Bilder,* Frankfurt: Insel, 1976.

Einen Überblick zur Sozialgeschichte bietet Rolf Engelsing. *Sozial- und Wirtschaftsgeschichte Deutschlands,* Göttingen: Vandenhoeck & Ruprecht, 1983.

Zur Geschichte der Bildungsinstitutionen entsteht das vielbändige *Handbuch der deutschen Bildungsgeschichte.* München: Beck.

Zur Volkskunde:

Richard Beitl. *Wörterbuch der deutschen Volkskunde.* Stuttgart: Kröner, 1974.

Ingeborg Weber-Kellermann. *Saure Wochen, Frohe Feste. Fest und Alltag in der Sprache der Bräuche.* München: C. J. Bacher, 1985.

Sybil Gräfin Schönfeldt. *Das Ravensburger Buch der Feste und Bräuche.* Ravensburg: Otto Maier, 1980.

Wolfgang Jacobsen, Anton Kaes, und Hans Helmut Pringler. *Geschichte des deutschen Films.* Stuttgart: Metzler, 1993.

Jost Hermand. *Grüne Utopien in Deutschland.* Frankfurt: Fischer, 1991.

Gegenwart

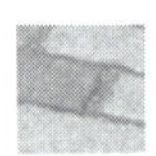

Zur Einführung

Wie sehen die deutschsprachigen Länder heute aus, und wie leben ihre Bewohner heute? Diese Fragen soll der Teil „Gegenwart“ beantworten. Er bringt eine Beschreibung Deutschlands, Österreichs und der Schweiz. Er folgt dem Leben des einzelnen Menschen in Deutschland und fragt nach seinen Lebensgewohnheiten, seiner Familie, seiner Bildung und Berufstätigkeit, seinen Vereinen und Kirchen, seinen Ferien, Festen und seinem Verhältnis zum Staat. Die gleichen Fragen über die Schweiz und Österreich hätten zu teilweise verschiedenen Antworten geführt. Die Menschen der deutschsprachigen Länder in Mitteleuropa haben eine gemeinsame kulturelle Herkunft und teilweise eine gemeinsame Geschichte. Doch sie leben heute in verschiedenen Ländern mit verschiedenen Einrichtungen und Einstellungen. Der Teil „Gegenwart“ konzentriert sich auf Deutschland, versucht aber die anderen Länder im Auge zu behalten.

Ferien an der Ostsee mit einem deutschen Strandkorb

Die deutschen Länder

Was wissen Sie, was meinen Sie?

1. Von welchem deutschen Land haben Sie schon gehört? Wie stellen Sie sich dieses Land vor?
2. Was sind die Wahrzeichen deutscher Städte? An welche Gebäude denkt man, wenn man an eine deutsche Stadt denkt? Wie wäre das bei einer amerikanischen Stadt?
3. Einige deutsche Länder und Städte sind in den USA allgemein bekannt. Geben Sie Beispiele.
4. Welche Namen fallen Ihnen ein, wenn Sie an Burgen und Schlösser in Deutschland denken?
5. Nennen Sie amerikanische Städte mit einem deutschen Namen.
6. Wissen Sie, ob es besondere Beziehungen Ihrer Gegend zu einem deutschen Land oder einer deutschen Stadt gibt, zum Beispiel Städtepartnerschaften? Oder einen Austausch zwischen Universitäten? In welchem deutschen Land liegt diese Universität?
7. Was, denken Sie, kann die Verschiedenheit der deufschlihen Länder verursachen?
8. Der Rhein spielt für die Deutschen eine große Rolle, nicht nur in der Wirtschaft, sondern auch in Märchen und Sagen, und in der Politik. Gibt es einen Fluss in den USA, den man damit vergleichen kann? Was denken Sie?

Deutschland, offiziell Bundesrepublik Deutschland genannt, besteht aus 16 Ländern, drei davon sind Stadtstaaten. Die Länder sind sehr unterschiedlich in ihrem Charakter, ihrer Größe und ihren Traditionen. Sie sind auch wesentlich durch ihre Landschaft geprägt. Sie sollen im folgenden kurz beschrieben werden.

Norddeutschland

Schleswig-Holstein, Mecklenburg-Vorpommern, Hamburg, Bremen, Niedersachsen

Das nördlichste Land Deutschlands ist Schleswig-Holstein. Es grenzt im Norden an Dänemark; im Süden reicht es bis zur Elbe. Im Westen wird es von der Nordsee begrenzt, im Osten von der Ostsee; im Südosten hat es eine Grenze mit Mecklenburg. Der höchste „Berg" des Landes ist etwa 150 Meter hoch; das Land ist also eine Ebene. Ganz flach ist die Landschaft bei der Nordseeküste, Marsch genannt. Man sieht wenig Bäume, fast nur Wiesen mit Kühen und Pferden. Die Marsch wird vor dem Meer durch große Deiche° geschützt. Vor der Küste ist das Wattenmeer,° das bei Ebbe trocken liegt, aber bei Flut überschwemmt wird. Im Wattenmeer liegen kleinere und größere Inseln. Die kleinen Inseln nennt man Halligen. Die größte Insel, ganz im Norden, heißt Sylt; sie ist eine beliebte Sommerfrische.°

Im Inneren des Landes kommt man zur Geest° mit vielen sandigen Flächen und Nadelwäldern. Entlang der Ostsee findet man Hügel, Seen und schöne Laubwälder. Die größten Städte liegen an der Ostsee: Kiel, die Landeshauptstadt, Universität und Kriegshafen,° zugleich ein Zentrum des Schiffsbaus; Lübeck, die traditionsreiche Hansestadt, heute wichtig als kultureller Mittelpunkt, Handelshafen und Industrieort; Flensburg, Hafen und Industriestadt an der dänischen Grenze; dazu kommt im Inneren des Landes die Industriestadt Neumünster. Die Industrie ist auf die großen Städte beschränkt; der wichtigste Teil der Wirtschaft ist die Landwirtschaft. Quer durch das Land verläuft der Nord-Ostsee-Kanal; von Süden nach Norden laufen Verbindungsstraßen° nach Skandinavien. Die Verbindungen mit Skandinavien, vor allem Dänemark, haben eine lange Geschichte. Sie waren nicht immer friedlich; doch heute sind es der Tourismus, die Wirtschaft und die Kultur, die die Menschen einander näher bringen.

Deiche *dikes*

Wattenmeer *tidelands, shallow sea*

Sommerfrische *summer resort*

Geest *dry land*

Kriegshafen *naval base*

Verbindungsstraßen *connecting routes*

Das Land Mecklenburg-Vorpommern ist aus zwei früheren Ländern zusammengesetzt. Pommern war eine preußische Provinz mit der Hauptstadt Stettin an der Oder. 1945 kam der östliche Teil Pommerns, auch Hinterpommern genannt, zu Polen. Die Grenze zwischen Polen und Deutschland verläuft an der Oder; aber Polen erhielt ebenfalls die westlich der Oder gelegene Stadt Stettin und ihre Umgebung. So blieb nur Vorderpommern oder Vorpommern bei Deutschland. Zu Vorpommern gehören die alten Hansestädte Stralsund und Greifswald, die zweite bekam ebenso wie die mecklenburgische Stadt Rostock

schon im 15. Jahrhundert eine Universität. Außer der Insel Usedom ist vor allem die Insel Rügen wichtig, die größte deutsche Insel in der Ostsee, seit langem als Ferienort beliebt. Rügen hat nicht nur schönen Strand, sondern auch Steilufer mit malerischen Kreidefelsen.°

Ein großer Teil der Ostseeküste in Mecklenburg-Vorpommern und in Schleswig-Holstein dient als Badestrand. Schon aus diesem Grund ist der Kampf gegen die Wasserverschmutzung° der Ostsee lebenswichtig. In der Zeit

Kreidefelsen *chalk cliffs*

Wasser-verschmutzung *water pollution*

Die Stubbenkammer, Insel Rügen

der DDR wurde der Hafen von Rostock stark erweitert und ausgebaut; zugleich wurde Rostock zum Zentrum des Schiffsbaus. Mecklenburg ist traditionell ein Gebiet für Landwirtschaft. Es hat keine eigentlichen Großstädte. Außer Rostock ist vor allem die Hauptstadt Schwerin zu nennen. Bis zum Ersten Weltkrieg bestand Mecklenburg aus zwei Großherzogtümern, Mecklenburg-Schwerin, dem größeren Land im Westen und dem kleinen Mecklenburg-Strelitz mit der Hauptstadt Neustrelitz. Neustrelitz liegt am östlichen Ende der Mecklenburger Seenplatte in der Mitte des Landes. Der größte See, die Müritz, hat 115 km^2 und ist der zweitgrößte See in Deutschland. Er wird von der Elde, einem Nebenfluss der Elbe gebildet. Im Südwesten reicht Mecklenburg bis an die Elbe und grenzt also an Niedersachsen. Das Land südlich von Mecklenburg ist die Mark Brandenburg.

Während Lübeck ein Teil von Schleswig-Holstein wurde, haben zwei andere Hansestädte ihre Unabhängigkeit als Stadtstaaten bewahrt: die beiden Nordseehäfen Hamburg und Bremen. Das heutige Land Hamburg ist aus mehreren Städten nördlich und südlich der Elbe zusammengewachsen, und zwar vor allem aus Hamburg, Harburg, Wandsbek und Altona Groß-Hamburg erstreckt sich heute, vor allem im Norden, weit über die Landesgrenzen hinaus. Hamburg ist der wichtigste deutsche Seehafen, mit vielen Werften° für den Schiffsbau; es beherbergt jedoch noch viele andere Industrien, vor allem Industrien, die importierte Waren verarbeiten, z.B. Gummi oder Tabak. Aus einer

Werften *shipyards*

Schule für afrikanische und asiatische Sprachen entwickelte sich am Anfang unseres Jahrhunderts die Universität; daneben gibt es wichtige Hochschulen. Hamburg macht den Eindruck einer großzügig angelegten, modernen Stadt; in Bremen ist der mittelalterliche Stadtkern° noch vorhanden, besonders das Rathaus mit der Rolandsäule° davor. Bremen liegt an der Weser. Zum Land Bremen gehört neben der alten Stadt auch die Stadt Bremerhaven an der Wesermündung, Mittelpunkt der Fischindustrie. Die moderne Hafenanlage Bremens, nach 1945 neu erbaut, zieht sich nördlich der Stadt an der unteren Weser hin. In Bremen ist die deutsche Kaffee- und Baumwollbörse; Bremen/Bremerhaven war der Hafen, durch den im 19. Jahrhundert die meisten Auswanderer nach den USA ihre Heimat verließen.

Stadtkern *center of town*

Rolandsäule *statue of Roland (symbol of Imperial rights)*

Den größten Teil Nordwestdeutschlands, von der holländischen Grenze bis Sachsen-Anhalt, nimmt heute das Land Niedersachsen ein. Hauptstadt und wirtschaftlicher Mittelpunkt des Landes ist Hannover, bekannt durch seine moderne Stadtplanung° und seine Industriemessen.° Andere große Städte im Osten sind Braunschweig, einer der wichtigen Orte im Mittelalter, und die beiden modernen Industriestädte Wolfsburg und Salzgitter; hier ist ein bedeutendes Industriegebiet entstanden. Südlich davon kommt man in den Harz. In der Nähe des Harzes liegen die alte Bischofsstadt Hildesheim und die Universitätsstadt Göttingen—seit dem 18. Jahrhundert führend in den Naturwissenschaften.

Stadtplanung *urban planning*

Industriemessen *industrial fair*

Die Innenstadt von Hamburg mit Elbe und Alster

Hildesheim hat jetzt eine neue Universität. Im Westen des Landes war früher das Land Oldenburg mit der Hauptstadt gleichen Namens; an der Nordsee liegt die als Kriegshafen gegründete Stadt Wilhelmshaven. Von dort bis zur holländischen Grenze erstrecken sich weite Moore,° wo nach Erdöl und Erdgas gebohrt wird. Emden an der Ems, dem Fluss nahe der Grenze mit Holland, hat sich zu einem bedeutenden Hafen entwickelt. Niedersachsen umfasst vor allem die Tiefebene, doch reicht es auch bis in die Mittelgebirge. Zu Niedersachsen gehören noch die alte Reichsstadt Osnabrück und Hameln an der Weser, die Stadt des Rattenfängers,° sowie berühmte Kurorte, beispielsweise Bad Pyrmont.

Moore *swamps, marshes*

Rattenfängers *Pied Piper*

Zwischen Oder und Elbe

Berlin, Brandenburg, Sachsen-Anhalt

Die Deutschen, die im 13. Jahrhundert endgültig die Mark Brandenburg besiedelten, kamen zumeist aus dem Westen. Das kann man an Städtenamen wie Frankfurt (an der Oder) sehen. Auch an der Spree wurden zwei Städte gegründet, Berlin und Kölln, die sich später zu einer Stadt vereinigten. Die Kurfürsten von Brandenburg machten Berlin zu ihrer Hauptstadt. Seit 1701 nannte sich der Kurfürst von Brandenburg König von Preußen. Das Königreich Preußen wuchs und wurde die beherrschende Macht in Deutschland. Das deutsche Kaiserreich von 1871 machte Berlin zur Reichshauptstadt. Es blieb zugleich die Hauptstadt des Landes Preußen. 1945 lösten die Alliierten das Land Preußen auf. Heute ist Berlin ein Land, ein Stadtstaat, und Brandenburg mit der Hauptstadt Potsdam ist ein anderes Land, das den Stadtstaat Berlin umgibt. Die Verflechtung° der beiden Länder ist stark. Daher schlugen die Parlamente die Vereinigung der beiden Länder vor. Die Bevölkerung dachte anders; in einer Volksabstimmung° lehnte sie 1996 die Vereinigung ab.

Verflechtung *integration, linkage*

Volksabstimmung *referendum*

Der Kalte Krieg nach 1945 machte Berlin zum Symbol der deutschen Teilung und des westlichen Widerstands gegen den Kommunismus. Aber Berlin erinnert auch an die umstrittene preußische Erbschaft. Der Kern von Berlin war eine Handels- und Industriestadt der Bürger; doch dann wurden neue Viertel und Schlösser von den Kurfürsten geplant, zum Beispiel Charlottenburg. Im 19. Jahrhundert kam mit der wachsenden Macht des Königreiches und Kaiserreiches nicht nur eine große Zahl von Beamten und Diplomaten nach Berlin, es entwickelten sich hier auch wichtige Verarbeitungsindustrien: Maschinenfabriken (Borsig), Elektroindustrie (Siemens, AEG), Medikamente, chemische Industrien. Berlin wurde einer der größten Eisenbahnknotenpunkte und bekam Kanalverbindungen. Das gewaltige Wachstum der Stadt in der zweiten Hälfte des 19. Jahrhunderts brachte viele Zuwanderer nach Berlin, vor allem aus Schlesien und aus Ost- und Westpreußen. Die Stadt schluckte° die umliegenden Dörfer auf und machte sie zu Stadtbezirken. Heute findet man in manchen Bezirken, zum Beispiel in Dahlem, noch die alten Dorfkirchen. Diese sehr schnelle Industrialisierung brachte den Bau billiger „Mietskasernen"° mit Hinterhöfen. Berlin wurde die erste deutsche Großstadt mit allen modernen Großstadtproblemen, aber auch mit der Dynamik der Großstadt. Berlin wurde nach 1871 die Stadt der Presse und vieler Verlage. Berlin war die Stadt der wichtigsten Theater. Hier baute Preußen-Deutschland die größten Museen. Die Universität bekam und behielt eine prominente Stellung. Forschungsinstitute wurden gegründet. Berlin wurde der Schauplatz der Großstadtliteratur; in Berlin entwickelte sich die Vergnügungsindustrie. Berlin war die Stadt der Filmindustrie und des Radios. Der Höhepunkt des Großstadtlebens Berlins war während der Weimarer Republik nach 1918, als Berlin auch seine S-Bahn und U-Bahn baute.

schluckte auf, aufschlucken *to absorb*

Mietskasernen *tenements looking like barracks*

Diese Geschichte macht es verständlich, dass Berlin die Zerstörung im Zweiten Weltkrieg und die Jahrzehnte der Teilung so gut überlebte. Westberlin hatte große Schwierigkeiten als Industriestandort; doch es blieb der Standort wichtiger Universitäten, eine Weltstadt der Kultur und wurde ein attraktiver Fremdenverkehrsort. Ostberlin wurde voll in die DDR integriert und fungierte als Hauptstadt und wichtigste Industriestadt des Landes. Auch Ostberlin behauptete seinen Rang im kulturellen Bereich. Es hatte die Humboldt-Universität und war der Sitz der Akademie der Wissenschaften der DDR.

Der Bundestag hat 1991 Berlin erneut zum Sitz der Regierung und des Parlaments gewählt. Berlin ist dabei, wieder Stadt der Regierung, der Beamten und Diplomaten zu werden. Auch die Massenmedien werden erneut ihr Zentrum in dieser Stadt haben, und es wird nicht schwer sein, das kulturelle Leben lebendig zu erhalten. Berlin ist eine weiträumig angelegte Stadt mit moderner Verkehrsplanung. Die Stadt wirkt groß; modern und geplant. Nur wenig ist vom alten Stadtkern noch zu sehen. Das barocke Schloss wurde von der DDR abgerissen. In der breiten Straße „Unter den Linden", die zum Brandenburger Tor führt, dominieren klassizistische Gebäude aus dem frühen 19. Jahrhundert. Seit 1945 sind in Berlin viele repräsentative Bauten entstanden, im westlichen und im östlichen Stil. In der Stadtmitte nahe dem Brandenburger Tor steht das Regierungsviertel des wiederveinigten Deutschlands; am Potsdamer Platz geben die Hochhäuser der Industriefirmen der Stadt ein neues Gesicht. Der Umzug der Regierung, der Politiker und der Diplomaten bringt nicht nur die Massenmedien nach Berlin, sondern auch

Das Brandenburger Tor sieht wieder wie eine friedliche Idylle aus.

andere Industriezweige. Berlin wird im 21. Jahrhundert auf jeden Fall eine noch viel größere Stadt werden.

Berlin liegt in der Mitte des Landes Brandenburg. Die Spree, Berlins Fluss, kommt von der tschechischen Grenze und fließt durch die Niederlausitz im Südosten der Mark. Hier im Spreewald, wo die Spree in viele Arme geteilt ist, wohnen die Sorben, eine slawische Minderheit in Deutschland. Ihre Sprache hat zwei Dialekte. Niedersorbisch, der Dialekt im Spreewald, steht dem Polnischen näher, Obersorbisch, das um Bautzen gesprochen wird, dem Tschechischen. Es gibt etwa 60 000 Sorben in Brandenburg und Sachsen. Sie sind zweisprachig; an ihren Schulen wird in beiden Sprachen unterrichtet. Die Sorben halten an ihren Traditionen und ihrer Sprache fest. Die größte Stadt im sorbischen Brandenburg ist Cottbus. Östlich von Berlin liegt Frankfurt an der Oder, von 1506 bis 1811 Sitz der brandenburgischen Universität, die 1991 erneuert worden ist. Sie ist vor allem ein Zentrum des Kulturaustauschs mit den osteuropäischen Ländern. Frankfurt bleibt dabei Flusshafen und der wichtigste Grenzübergang nach Polen. An der südlichen Oder hat sich als Erbe der DDR die Stahlindustrie in Eisenhüttenstadt erhalten.

Im Kern Brandenburgs um Berlin findet man viele Seen und Wälder. Westlich von Berlin, bei Spandau, fließt die Spree in die Havel, die einige Seen

Sorbischer Hochzeitstanz in alten Trachten. Tage der sorbischen Kultur in der Niederlausitz

bildet. An die feudalistische Vergangenheit erinnern viele kleine Adelssitze und Schlösser in der Mark Brandenburg, die im 19. Jahrhundert der Schriftsteller Theodor Fontane beschrieben hat. An die Vergangenheit erinnern auch mittelalterliche Städte wie Brandenburg, Havelberg und Rathenow. Hauptstadt von Brandenburg wurde Potsdam südwestlich von Berlin, 993 gegründet und dann Residenz der preußischen Herrscher, die dort ihre Sommerschlösser bauten und die Stadt zur Garnisonsstadt des Militärs machten. Das bekannteste dieser Schlösser im ausgedehnten Park ist Sanssouci, Lieblingsort des Königs Friedrich II. im 18. Jahrhundert.

Auch der größte Teil des Landes Sachsen-Anhalt westlich der Mark Brandenburg war eine preußische Provinz gewesen. Es besteht allerdings aus recht verschiedenen Teilen. Der Norden, die Altmark westlich der Elbe, setzt das norddeutsche Tiefland fort. Daran schließt sich im Süden die Magdeburger Börde an, ein besonders fruchtbarer Lößdoden.° Magdeburg, die Hauptstadt, liegt an der Strecke von Berlin nach Braunschweig und Hannover und war eine der wichtigsten Handelsstädte des Mittelalters, schon im Jahre 805 erwähnt. Magdeburg war Ausgangspunkt der deutschen Kolonisation; das Magdeburger Stadtrecht° wurde Vorbild des Stadtrechtes osteuropäischer Städte bis nach Estland und Russland. Damit war Magdeburg „oberstes Gericht" der Stadtgerichte

Lößboden *loess soil*

Stadtrecht *municipal law, constitution of a city*

in Osteuropa. Leider sind bei dem Brand von 1631 die Akten° des Gerichts verbrannt. Als Sitz eines Erzbischofs war Magdeburg auch Ausgangspunkt der christlichen Mission.

***Akten** files*

Weiter südlich nahe der Elbe liegt die Industriestadt Dessau, jahrhundertelang Hauptstadt eines eigenen Fürstentums. Vor 1933 beherbergte es die berühmte Schule für Kunst, Kunsthandwerk, Architektur und Stadtplanung, das Bauhaus. In Wittenberg an der Elbe, der früheren Universitätsstadt, lebte und lehrte Martin Luther. Hier begann er die Reformation.

Das Land reicht im Südwesten bis in den Harz und umfasst also auch die alten Städte des Ostharzes wie Quedlinburg und Wernigerode. Im Süden des Landes kommt man schließlich in ein Industriegebiet. Am unteren Lauf der Saale, vor allem um Merseburg und die große Stadt Halle, ist viel chemische Industrie konzentriert. Am bekanntesten ist das Leunawerk, in dem zuerst Benzin aus Kohle produziert wurde. Die auf Braunkohlevorkommen° basierende chemische Industrie in Merseburg und Bitterfeld muss mit großen Investitionen umweltfreundlicher gemacht werden.

***Braunkohlevorkommen** lignite deposits*

Weiter südlich an der Saale kommt man zu der tausend Jahre alten Stadt Naumburg. Ihr großer romanischer Dom ist wegen der monumentalen Stifterfiguren° berühmt. Nicht weit von Naumburg liegt die ehemalige „Fürstenschule" Schulpforta, zu deren berühmten Schülern Friedrich Nietzsche gehörte.

***Stifterfiguren** statues of the founders*

Am Rhein

Nordrhein-Westfalen, Rheinland Pfalz, Saarland

Der Rhein ist nicht nur Deutschlands bekanntester Fluss, sondern auch seit dem Mittelalter ein wichtiger Wasserweg für den Verkehr, heute Europas verkehrsreichster Fluss. Er windet sich durch eine Mittelgebirgslandschaft und verbindet die Bundesländer Nordrhein-Westfalen, Rheinland-Pfalz, und das Saarland. Am Rhein und seinen Nebenflüssen liegen die wichtigsten Industriegebiete der Bundesrepublik.

Nordrhein-Westfalen ist die Zusammenfassung° von zwei früheren preußischen Provinzen. Zu Westfalen mit seiner Hauptstadt Münster gehören heute auch der Teutoburger Wald und andere Teile des Weserberglandes, bekannt wegen ihrer Kurorte und Heilbäder° und auch wegen ihrer Industrie, besonders im Umkreis von Bielefeld. „Nordrhein" enthält vor allem das Ruhrgebiet, das bekannte Industriegebiet, das nach einem Nebenfluss des Rheins benannt ist. Heute hat sich die Industrie teilweise von den

***Zusammenfassung** combination*

***Heilbäder** spas*

Steinkohlenbergwerken° entfernt, und so findet man von Köln bis zur Lippe eine Kette von Industriegebieten. Im Kern des Ruhrgebiets sind die Städte zusammengewachsen, und es ist manchmal schwer zu sagen, wo eine Stadt aufhört und die andere anfängt. Während der Kohlenbergbau und die Stahlindustrie im Ruhrgebiet sich im 19. Jahrhundert entwickelten, gab es zu beiden Seiten des Rheins schon längst vorher Textilindustrie und Eisenindustrie: um Aachen und Krefeld links des Rheins und an der Wupper und im Siegerland rechts des Rheins. Die größten Städte des Ruhrgebiets sind Essen, Dortmund, Bochum, Duisburg, Oberhausen und Recklinghausen.

Steinkohlenbergwerken *pit coal mines*

Interessant ist, dass die Industrie in einer reizvollen Mittelgebirgslandschaft liegt, und dass bald hinter den dichtbesiedelten Industriegegenden die einsamen Wälder des Sauerlands und der Eifel beginnen. Nordrhein-Westfalen ist das Land mit her höchsten Einwohnerzahl und dem größten Bruttoinlandsprodukt. Auf seinem Gebiet liegt die bisherige Bundeshauptstadt Bonn. Der Doppelname des Landes entspricht dem Charakter der Bevölkerung: die ruhigen Westfalen treffen mit den lebhaften Rheinländern zusammen. Und natürlich hat die Industrie im 19. Jahrhundert viele Zuwanderer° angelockt, besonders aus dem Osten, so dass man im Ruhrgebiet häufig polnische Namen findet. Das Gebiet am Niederrhein gehört schon seit dem frühen Mittelalter zu den wirtschaftlich wichtigsten Deutschlands. Sein traditioneller Mittelpunkt ist Köln, Residenz eines Erzbischofs. Romanische and gotische Dome kontrastieren heute mit modernen Hochhäusern und Fabriken. Nordrhein-Westfalen ist ebenfalls das Land, das sich am meisten um den Ausbau der Universitäten bemüht hat: zu den alten Hochschulen Bonn, Köln und Münster sind Universitäten oder Gesamthochschulen in Aachen, Bochum, Düsseldorf, Bielefeld, Essen, Dortmund, Duisburg, Paderborn, Siegen und Wuppertal gekommen. Nordrhein-Westfalen grenzt an Holland und Belgien; Handelsbeziehungen und industrielle Verbindungen sind eng.

Zuwanderer *immigrants*

Südlich von Bonn, wo die „romantische“ Strecke des Rheins beginnt, fängt ein neues Land an: Rheinland-Pfalz. Während die Pfalz eine lange Geschichte als eigenes Land hatte und dann mit Bayern verbunden war, wurde das Rheinland 1815 zu einer preußischen Provinz. Rheinland-Pfalz bildete nach dem Zweiten Weltkrieg den nördlichen Teil der französischen Zone. Die meisten größeren Städte liegen am Rand des Gebietes: die Soldatenstadt Koblenz am Rhein; Trier, römische Gründung und Residenz eines Erzbischofs; Ludwigshafen am Rhein; Zentrum der chemischen Industrie; und die Hauptstadt Mainz, Universitätsstadt, gleichfalls Residenz eines Erzbischofs, gegenüber der Mündung des Mains in den Rhein, Im Zentrum der Pfalz liegt Kaiserslautern, ein Schwerpunkt der Industrie—und lange Jahre des amerikanischen Militärs.

An der Mosel: Burgruinen, Weinberge und Fachwerkhäuser

Rheinland-Pfalz vereinigt die meisten berühmten Weinbaugebiete° Deutschlands, am Rhein, an der Mosel, der Saar, der Nahe, der Ahr und in den Tälern der Pfalz. Die Landschaft besteht aus Mittelgebirgen mit viel Wald und schönen Flusstälern. Ehemalige Vulkane haben Mineralquellen hinterlassen, und damit bekannte Kurorte wie Bad Ems und Bad Neuenahr. Am oberen Rhein findet man die Spuren der mittelalterlichen Geschichte in den Domen der Stadt Speyer und Worms. Worms beherbergt auch die älteste Synagoge Deutschlands, einen großen jüdischen Friedhof, Erinnerungen an die Sage der Nibelungen, ein Denkmal Martin Luthers und die echte Liebfraumilch.

Weinbaugebiete *wine-growing regions*

Das Saarland, früher ein Teil der Pfalz, wurde aus wirtschaftlichen Gründen zu einem politischen Problem. Es hat reiche Steinkohlenvorkommen, und so hat sich ein Industriegebiet entlang der Saar enwickelt, dessen Hauptstadt Saarbrücken ist. Im Gegensatz zum Ruhrgebiet haben sich nur wenige Großstädte gebildet. Viele Arbeiter wohnen in den umliegenden Dörfern und Kleinstädten. Zwischen den Industrieanlagen° findet man Landwirtschaft und Weinbau.

Industrieanlagen *industrial plants*

Nach dem Ersten Weltkrieg blieb das Saarland wirtschaftlich und politisch eng mit Frankreich verbunden, bis die Bevölkerung sich 1935 in einer Volksabstimmung für die Rückkehr nach Deutschland entschied. Ähnlich geschah es nach dem Zweiten Weltkrieg. Das Saarland wurde autonom; es hatte eine eigene Regierung, bei enger Verbindung mit Frankreich. 1955 lehnte die Bevölkerung das vorgeschlagene Saarstatut ab; 1956 beschloss der Landtag die Angliederung° an die Bundesrepublik Deutschland. Trotzdem sind die wirtschaftlichen Beziehungen zum benachbarten Lothringen eng geblieben. Man kann sogar sagen, dass in dieser Gegend die Grenzen bedeutungslos geworden sind. Hier ist die Integration zwischen Frankreich, Belgien, Luxemburg und Deutschland Wirklichkeit geworden.

Angliederung *incorporation*

MITTELDEUTSCHLAND

Hessen, Thüringen, Sachsen

Die Länder Hessen, Thüringen und Sachsen gehören zu den traditionsreichsten in Deutschland. Hier ist der geographische Mittelpunkt des Landes. Es ist kein Zufall, dass Thüringen „das grüne Herz Deutschlands" genannt wird. Vor allem die Mittelgebirge gelten als die „typische" deutsche Landschaft, und die Fachwerkhäuser der alten Dörfer und Städte als typische deutsche Häuser.

Hessen reicht bis an den Rhein und den Neckar südlich des Mains. Darmstadt zwischen Frankfurt und Heidelberg war die Hauptstadt des südlichen Teils von Hessen. Die Hauptstadt Hessens ist der Kurort Wiesbaden, aber der wirtschaftliche und kulturelle Mittelpunkt bleibt Frankfurt am Main, die alte Freie Stadt, in der die deutschen Kaiser gewählt und gekrönt wurden, und in der 1848 zum ersten Mal eine deutsche Nationalversammlung tagte, um eine Verfassung auszuarbeiten. Frankfurt ist die Stadt der Banken und der deutschen Börse,° es ist das wichtigste Verkehrszentrum und Hauptort des Industriegebiets am unteren Main und am Rhein, Stadt wichtiger Verlage und Zeitungen. Der größere Teil Hessens liegt nördlich des Mains, bis zur Lahn und zur Fulda und Werra, die die Weser bilden. Kassel liegt an der Nordgrenze des Landes. Alte hessische Universitäten sind Marburg und Gießen an der Lahn. Zu den hessischen Mittelgebirgen gehören der Taunus, die Rhön, der Vogelsberg, der Knüll und der Habichtswald. Auch Teile des Odenwalds und des Spessarts südlich des Mains sind noch in Hessen. Der überwiegende Teil der Bevölkerung ist protestantisch; aber im Norden des Landes liegt die traditionsreiche katholische Stadt Fulda, wo der heilige Bonifatius, der große Missionar, begraben liegt. Fulda war einer der Ausgangspunkte der christlichen Kultur des Mittelalters in Deutschland. Hessen ist reich an Heilquellen und Kurorten.

Börse *stock exchange*

Östlich der Werra kommt man nach Thüringen. Die Geschichte Thüringens ist dadurch gekennzeichnet, dass hier viele kleine. Fürstentümer entstanden, meist durch Erbteilung.° Infolgedessen wurden mehrere kleine Städte—Meiningen, Hildburghausen, Eisenach, Gotha und Weimar—Residenzstädte kleiner Staaten. Man findet daher viele Stadt- und Landschlösser und andere Spuren des Lebens an kleinen Höfen. Durch den südlichen Teil des Landes zieht sich der Thüringer Wald und Frankenwald, daran schließt sich eine Ebene, das Thüringer Becken an, bis man im Nordwesten Ausläufer des Harzes wie das Ohmgebirge und den Kyffhäuser erreicht. Das Eisenerz im Thüringer Wald war weniger ergiebig als anderswo; Thüringen war jedoch wegen seiner strategischen Lage immer wichtig. Zentrum des Landes war im Mittelalter die gewaltige Wartburg bei Eisenach, wo der Landgraf residierte. Neben den Fürstentümern gab es auch Freie Städte wie Mühlhausen und Nordhausen, und geistliche Gebiete, wie Erfurt, das zum Erzbistum Mainz gehörte. Die wichtigste Residenzstadt wurde Weimar, und zwar als Kulturzentrum. Hier hatte in der Reformationszeit der Maler Lucas Cranach (1472–1553) seine Werkstatt; hier lebte und arbeitete Johann Sebastian Bach, dessen Familie aus Thüringen stammte, von 1708 bis 1717. Die große Zeit Weimars kam am Ende des 18. Jahrhunderts, als Johann Wolfgang von Goethe hier lebte und mitregierte, und als Weimar und die benachbarte Universität Jena zeitweise die eigentlichen Mittelpunkte der deutschen Literatur und Philosophie darstellten. Im 19. Jahrhundert verbrachte der Komponist, Dirigent und Pianist Franz Liszt (1811–1886) hier den letzten Teil seines Lebens. Friedrich Nietzsche lebte nach seinem geistigen Zusammenbruch hier bei seiner Schwester.

***Erbteilung** division among heirs*

Weimar wurde für kurze Zeit Mittelpunkt der deutschen Politik, als 1919 dort die Nationalversammlung tagte, die die neue deutsche Verfassung beriet. Durch seine Archive und literarischen Gedenkstätten, vor allem das Goethe-Haus, ist Weimar Anziehungspunkt für viele Besucher. Es ist dabei eine Kleinstadt geblieben, während Jena sich durch seine Industrie sehr vergrößert hat. Die Universität Jena war 1547 als eine der ersten protestantischen Universitäten gegründet worden. Die Zusammenarbeit von Forschern, Universitätsprofessoren also, und Handwerksmeistern brachte im 19. Jahrhundert die Industrie hervor, Glasindustrie und ganz besonders die Zeiß-Werke, Pioniere der optischen Industrie. Thüringen ist auch bekannt für andere Industriewaren, die ursprünglich aus der Hausindustrie hervorgegangen waren, Textilien, Spielzeug, aber auch Jagdwaffen. Es ist auch ein Land intensiver Landwirtschaft. Die Blumenfelder um Erfurt sind berühmt. Der Thüringer Wald bringt im Sommer und Winter Touristen ins Land. Die Schiefervorkommen° sind seit jeher für den Häuserbau genutzt worden.

***Schiefervorkommen** slate deposits*

Die Verbindungen zwischen Thüringen und Sachsen sind eng. Die Fürstenfamilien, die Wettiner, waren verwandt. Nach Erbteilungen blieb der offizielle Name der Thüringer Länder „Sachsen", z.B. Sachsen-Weimar.

Doppeldenkmal von Goethe und Schiller in Weimar vor dem Nationaltheater, dem Ort der Nationalversammlung von 1919

Sachsen, im Gegensatz zu Thüringen, blieb politisch eine Einheit und spielte eine Rolle in der europäischen Politik, nicht immer zu seinem Nutzen. Im 17. und 18. Jahrhundert war der Kurfürst von Sachsen auch König von Polen. Sachsen war ein relativ wohlhabendes Land, das auch die Extravaganzen seiner Herrscher und die Kriege des 18. Jahrhunderts nicht ruinieren konnten. Die heutigen Grenzen des Landes sind das Ergebnis des Wiener Kongresses 1814/1815, das Sachsen als Verbündeten Napoleons verkleinerte.

Der größte Teil des Landes ist eine Ebene. Nach Süden kommt man ins Erzgebirge, das sich entlang der Grenze nach Tschechien erstreckt und von der bayerischen Grenze bis zur Elbe reicht, wo es sich im Elbsandsteingebirge fortsetzt. Das Erzgebirge ist, wie der Name sagt, ein altes Bergwerkgebiet, in dem das Erz zu Eisen verhüttet° wurde, und wo frühzeitig Industrie entstand. Die traditionellen Hausindustrien im Erzgebirge sind Holzschnitzerei und Klöppelspitzen. Der wirtschaftliche Mittelpunkt des Landes ist die Industrie- und Handelsstadt Leipzig, Sachsens größte Stadt und der wichtigste Verkehrsknotenpunkt im Osten außer Berlin. Leipzig bekam 1409 eine der

verhüttet, verhütten *to smelt*

ersten deutschen Universitäten, die später ein Zentrum der Philologie, Philosophie und protestantischen Theologie wurde. Leipzig war die Stadt der Kürschner,° der Pelzmacher und Pelzhändler, und es wurde im 18. Jahrhundert die Stadt der deutschen Buchmessen und Buchdruckereien, auch vieler Verlage. Leipzig wurde die Stadt der Mode. Schon zur Zeit Goethes, der hier studierte, hieß es ein „Klein-Paris". Leipzig veranstaltete die ersten Industrieausstellungen, die Leipziger „Muster-Messen". Durch die Teilung Deutschlands nach 1945 verlor die Stadt allerdings die Stellung in der Verlagsindustrie, und die jährliche Buchmesse wanderte nach Frankfurt am Main. Aber Leipzig blieb neben Ost-Berlin die wichtigste Industriestadt der DDR und veranstaltete die Industriemessen für den Import und Export, heute die „Leipziger Messe".

Kürschner *furriers*

Als Kulturstadt hat Leipzig neben der Universität und Buchindustrie eine ehrwürdige Tradition in der Musik. Hier fand Johann Sebastian Bach an der Thomaskirche seine endgültige Stellung, hier wirkten im 19. Jahrhundert Felix-Mendelssohn-Bartholdy und Robert Schumann. Hier begann später Gustav Mahler seine Laufbahn. Das Gewandhausorchester Leipzigs gehört zu den berühmten Orchestern der Welt, der Knabenchor der Thomaskirche, die Thomaner, ist ebenfalls weltbekannt.

Im Gegensatz zur Bürgerstadt Leipzig wurde Dresden als Residenzstadt der sächsischen Herrscher geprägt. Es waren vor allem die Prachtbauten des

Die Mädler-Passage in der Innenstadt von Leipzig

17. und 18. Jahrhunderts, die der Stadt ihren einmaligen Charakter gaben und sie zum „Florenz an der Elbe" machten. Dresden liegt eindrucksvoll an der Elbe sozusagen am Eingang zum Elbsandsteingebirge, einer der Lieblingslandschaften der Romantiker. Leider wurde die Stadt kurz vor dem Ende des Zweiten Weltkriegs, im Februar 1945, durch den schlimmsten Luftangriff des Krieges fast vollständig zerstört. Es fiel schwer, zumal unter den Bedingungen der DDR, die Stadt wieder adäquat aufzubauen. Dresden ist die Hauptstadt des Landes und beherbergt auch eine der ältesten Technischen Universitäten Deutschlands, 1828 gegründet. Sachsen war im 19. Jahrhundert eines der fortschrittlichsten Industrieländer in Deutschland. Im Südwesten des Landes, besonders um Chemnitz, ist die Textilindustrie zu Hause. Chemnitz ist traditionell die Stadt der Strumpfindustrie, doch inzwischen ist hier Maschinenbau und Mikroelektronik zu Hause. An der Elbe nördlich von Dresden liegt Meißen, dessen Ursprung bis ins 10. Jahrhundert zurückgeht, und das Ausgangspunkt der deutschen Expansion in diesem Bereich wurde. Meißen wurde erneut berühmt, als der Kurfürst hier 1710 die Manufaktur des soeben für Europa neu entdeckten Porzellans ansiedelte, das noch immer hergestellt wird. Die alte Bergwerkstadt Freiberg zwischen Dresden und Chemnitz wurde bekannt durch ihre Hochschule für Bergbau, die erste ihrer Art in Deutschland, 1765 gegründet. Im Osten des Landes ist bei Aue nach 1945 unter sowjetischer Kontrolle Uran abgebaut worden.

SÜDDEUTSCHLAND

Baden-Württemberg, Bayern

Seit 1815 bestand Süddeutschland aus drei Ländern: Bayern, Württemberg und Baden. Baden und Württemberg wurden 1945 aufgeteilt, da die Grenze zwischen der amerikanischen und der französischen Besatzungszone quer durch die beiden Länder lief. 1952 wurden diese Teile nach einer Volksabstimmung° zu dem Land Baden-Württemberg vereinigt. Die Vereinigung fand vor allem im südlichen Teil Badens Widerspruch.

Volksabstimmung *plebiscite*

Baden-Württemberg umfasst den Schwarzwald, den deutschen Teil der oberrheinischen Tiefebene, die Schwäbische Alb, Teile des Stufenlandes zwischen Stuttgart und Nürnberg und die Hochebene von Oberschwaben zwischen der Donau und dem Bodensee. Im Westen grenzt das Land an Frankreich, im Süden an die Schweiz. Die benachbarten Elsässer und Schweizer gehören gleichfalls zum Stamm der Alemannen und sprechen einen ähnlichen Dialekt. Die Grenze bilden der Rhein und der Bodensee, auch das „schwäbische Meer" genannt. Der größte Nebenfluss des Rheins in Baden-Württemberg ist der Neckar. Am Neckar liegen die Hauptstadt Stuttgart, die Universitätsstädte Tübingen und Heidelberg, die Industriestädte Mannheim und Heilbronn. Andere große Städte liegen in der Nähe des Rheins: Karlsruhe, die frühere Hauptstadt Badens, Sitz des deutschen Bundesverfassungsgerichts° und Industriestadt, Offenburg und die Universitätsstadt Freiburg im Breisgau.

Bundesverfassungsgerichts *federal constitutional court*

Das Bodenseegebiet ist eines der traditionsreichsten Kulturgebiete Deutschlands, mit einem milden Klima, Wein- und Obstbau, alten Kirchen, Burgen und Städten, ja sogar Resten von Pfahlbauten° der Menschen aus der Steinzeit. In Konstanz am Bodensee ist eine neue Universität gegründet worden.

Pfahlbauten *lake dwellings on stilts*

Im Schwarzwald entspringt die Donau, die nach Osten fließt. Bei Ulm, der alten Reichsstadt mit dem großen Münster, kommt man an die bayerische Grenze. Baden-Württemberg ist voll von alten Städten und Burgen. Aus Württemberg kamen bekannte Fürstenfamilien, deren Stammburgen° man noch finden kann, wie die der Hohenstaufen und der Hohenzollern. Unter den alten Städten sind den Touristen die an der Grenze von Württemberg und Bayern, nämlich im Frankenland, am besten bekannt: Nördlingen, Dinkelsbühl und Rothenberg ob der Tauber; doch im Schwabenland gäbe es genug andere zu entdecken.

Stammburgen *family castles*

Auch Baden-Württemberg hat, wie andere deutsche Länder, ein mildes Klima in den Tälern und ein rauhes im Gebirge. In den Tälern wachsen Wein, Obst, Hopfen,° in der oberrheinischen Hochebene auch Tabak. Um das Einkommen zu verbessern, haben die Bauern des Schwarzwalds und der Schwäbischen Alb mit Hausindustrie begonnen, die die Grundlage des heutigen Industriegebiets um Stuttgart herum bildet. Charakteristisch ist die Verarbeitungsindustrie,° z.B. Uhrenindustrie, Schmuckindustrie, Elektroindustrie, Kleineisenindustrie, Musikindustrie und Elektronik und natürlich Autoindustrie.

Hopfen *hops*

Verarbeitungsindustrie *manufacturing industry*

Bayern, das Land im Südosten der Bundesrepublik, ist der Fläche nach das größte Bundesland. Es war im Jahr 900 eines der ursprünglichen fünf deutschen Herzogtümer, hat also eine lange Tradition als Staat. Das heutige Bayern umfasst außer den bayerischen Kernbezirken wesentliche Teile von Franken mit Nürnberg, Würzburg, Bamberg und Bayreuth und die oberschwäbischen Gebiete um Augsburg. Hauptstadt des Landes und Mittelpunkt des „bayerischen" Bayern ist München. Die Landschaft, Kultur und Atmosphäre der Stadt machen sie zu einem beliebten Reiseziel, zum bevorzugten Studienort und zum erwünschten Wohnort. München liegt auf der Hochebene, im Alpenvorland, und südlich davon erstrecken sich mehrere Seen, südlich von denen die Bayerischen Alpen beginnen. Der größte See in Bayern ist der Chiemsee, und die landschaftlich reizvollsten Seen sind der Königssee bei Berchtesgaden und der Tegernsee. Die Landschaft südlich von München heißt Oberbayern und erstreckt sich bis ins Hochgebirge. Oberbayern ist im Sommer

München: Blick vom „Alten Peter" nach Norden auf das Neue Rathaus, die Theatinerkirche und Richtung Schwabing

und Winter eines der bevorzugten Fremdenverkehrsgebiete° in Deutschland. Nordöstlich von München beginnt Niederbayern, eine Lößbodenebene zwischen der Isar und dem Inn mit alten Städten wie Freising und Landshut und der Bischofsstadt Passau an der Mündung des Inn in die Donau. Bayern grenzt im Westen an Württemberg, im Süden und Südosten an Österreich, im Osten an die Tschechische Republik und im Norden an Hessen und an Thüringen und Sachsen. An der Grenze zur Tschechichen Republik liegen zwei Mittelgebirge: der Bayerische Wald und das Fichtelgebirge.

Fremdenverkehrsgebiete *tourist areas*

Mittelpunkt des fränkischen Bayern ist Nürnberg, das heute mit der Nachbarstadt Fürth zu einer Doppelstadt geworden ist. Nördlich von Nürnberg liegt die Universitätsstadt Erlangen, neben München und Würzburg die dritte traditionelle bayerische Universität. Universitäten und Gesamthochschulen gibt es inzwischen in Regensburg, Augsburg, Bamberg, Passau, Bayreuth, Eichstätt. Bamberg, Würzburg und Eichstätt sind frühere Bischofsstädte; Regensburg, die römische Gründung an der Donau, war im Mittelalter die Stadt der Reichstage° des Heiligen Römischen Reiches. In Ansbach und Bayreuth—bekannt durch die Opernfestspiele von Richard Wagner und seinen Erben—residierten Markgrafen. Nürnberg war eine Freie Reichsstadt, ebenso wie Regensburg und Augsburg. Überall in Bayern findet man bedeutende Kirchen und Schlösser im Barockstil.

Reichstage *Imperial Diets*

Die Industrie Bayerns ist auf die großen Städte konzentriert. München ist heute, was Augsburg einmal war, der wirtschaftliche Mittelpunkt südlich der Donau. Elektroindustrie und Elektronik, vor allem die Firma Siemens, und

Fahrzeugbau, besonders BMW, die Bayerischen Motorenwerke, geben die Grundlage der Industrie; aber München ist ja auch Fremdenverkehrsstadt, Kongressstadt, Kulturzentrum, Sportzentrum, Landeshauptstadt und Verkehrsmittelpunkt. Die Landwirtschaft im Süden ist vor allem auf Viehzucht und Milchwirtschaft spezialisiert. In Bayern wächst Hopfen, der zum Bierbrauen benötigt wird, in Niederbayern auch viel Korn. Zuwanderer haben nach 1945 die Glas-, Porzellan- und Schmuckindustrie sehr vergrößert. Der Rhein-Main-Donau-Kanal hat Verkehrsvorteile gebracht. Die Öffnung der Grenzen nach dem Osten, besonders zur Tschechischen Republik, bringt auch für die bayerischen Grenzgebiete neue Möglichkeiten.

Bayern ist besonders stolz auf seine Eigenart und betont die besondere Stellung des „Freistaats Bayern". Es hat seine eigene politische Partei, die CSU, die bis jetzt die permanente Regierungspartei des Landes geblieben ist.

FRAGEN ZUM TEXT:

Norddeutschland

1. Zwischen welchen Meeren liegt Schleswig-Holstein?
2. Wie heißen die kleinen Inseln in der Nordsee?
3. Auf welche Tradition gehen die zwei Stadtstaaten in Norddeutschland zurück?
4. Unter welchem Namen war Niedersachsen bekannt? Warum?
5. In welchem Bereich war die Universität Göttingen berühmt?

Zwischen Oder und Elbe

6. Wann wurde Berlin Reichshauptstadt? Warum?
7. Welche Folgen hatte der Kalte Krieg für Berlin?
8. Welche ethnische Minderheit lebt in Brandenburg und Sachsen? Was für Menschen sind es?
9. Welche Bedeutung hatte Magdeburg im Mittelalter?
10. Welche Probleme brachte der Braunkohleabbau in Bitterfeld mit sich?

Am Rhein

11. Aus welcher Zeit stammen die ältesten Städte am Rhein? Welche Städte zum Beispiel?
12. Woher kommt die hohe Einwohnerzahl von Nordrhein-Westfalen?
13. Einige Nebenflüsse des Rhein sind sehr bekannt geworden. Warum? Geben Sie Beispiele.
14. Wann und warum wurde das Saarland ein eigenes Land?
15. Was ist die Attraktion von Kurorten wie Bad Ems?

Mitteldeutschland

16. Welche Bedeutung hat Frankfurt für die deutsche Geschichte? Und heute?
17. Thüringen bestand aus vielen kleineren Fürstentümern. Wie kann man das heute sehen?
18. Was war der große Unterschied zwischen Sachsen und Thüringen?
19. Aus welcher Zeit stammten die meisten Bauten der Innenstadt Dresdens? Was geschah damit?
20. Wie kann man die Bedeutung Leipzigs definieren?

Süddeutschland

21. Welche Städte liegen am Neckar, und wie kann man sie charakterisieren?
22. Womit begann die Industrialisierung in Württemberg? Warum?
23. Welche Gebiete gehören zu Altbayern?
24. Wie nennen sich die Menschen, die im Bereich von Nürnberg leben?
25. Woran sieht man, dass die Bayern ihre Eigenart betonen?

Quiz

Bringen Sie den Namen des Landes, die Hauptstadt, einen Fluss und die Einwohnerzahl zusammen:

Land	Hauptstadt	Fluss	Einwohner
Brandenburg	Schwerin	Weser	11,8 Mio.
Hessen	Mainz	Donau	2,5
Rheinland-Pfalz	München	Spree	1,9
Bayern	Hannover	Elde	5,9
Mecklenburg-Vorpommern	Wiesbaden	Fulda	7,6
Niedersachsen	Potsdam	Mosel	3,9

Aufsatzthemen:

1. Berlin, seine Geschichte und seine Zukunft.
2. Hamburg—ein deutscher Stadtstaat.
3. Ein deutsches Land mit einer langen Geschichte.
4. Wie wirkt die Geschichte auf den heutigen Föderalismus? Geben Sie Beispiele.
5. Es gibt in Deutschland wirtschaftlich starke und wirtschaftlich schwache Länder. Was spricht dafür, die heutige Struktur zu behalten oder einige Länder zu vereinigen?

Ein junges Paar in einer alten Stadt: Frankfurt, am Römerberg

2 Die Deutschen von heute

Was wissen Sie, was meinen Sie?

1. Glauben Sie, dass es etwas wie einen Nationalcharakter gibt? Was würde zum amerikanischen Nationalcharakter gehören?
2. Was halten Sie für „typisch deutsch“?
3. Haben Sie deutsche Vorfahren? Was wissen Sie über diese Vorfahren?
4. Was ist „deutsch“ in der amerikanischen Kultur?
5. Kennen Sie Deutsche? Haben Sie regionale Unterschiede bemerkt? Welche?
6. Was verbinden Sie mit dem Wort „Heimat“? Glauben Sie, dass ein Deutscher etwas anderes empfindet?
7. Was stellen Sie sich unter „Gemütlichkeit“ vor? Würde Ihnen das gefallen?
8. Sind Sie ein ordentlicher Mensch? Halten Sie Ordnung für wichtig? Warum?

Lebensbedingungen im Vergleich

Niemand kann beschreiben, wie „die Deutschen“ heute leben. Es gibt große regionale Unterschiede, verschiedene Gesellschaftsschichten, mehrere Generationen und unterschiedliche Lebensansichten. Die Religion, die Herkunft, der Beruf, die Politik beeinflussen die Menschen. In Berlin sieht die Welt anders aus als in München, in der Großstadt anders als auf dem Lande. Es gibt jedoch einige allgemeine Punkte des deutschen Lebens, die man hervorheben kann.

Ebenso kann man es mit Österreich und der Schweiz tun, wo es neben vielen Gemeinsamkeiten wesentliche Unterschiede zum Leben in Deutschland gibt.

Ein eiliger Tourist aus den USA wird feststellen, dass ein Deutscher ganz ähnlich lebt wie ein Amerikaner: die Mode ist ähnlich; die Warenhäuser sehen ähnlich aus; es gibt Supermärkte und Einkaufszentren;° amerikanische Restaurant- und Hotelketten haben Niederlassungen° gegründet; die Kinos spielen amerikanische Filme; im Fernsehen laufen sogar bekannte Serien des amerikanischen Fernsehens. Mancher Amerikaner wird dadurch überrascht sein. Er hatte vielleicht gedacht, dass die deutschen Mädchen blond sind, lange Zöpfe haben und Volkstrachten° tragen. Das findet man in Restaurants, die ausländische Touristen anziehen wollen. In den „romantischen" alten Städten herrscht ein modernes Tempo. Die Menschen müssen schwer arbeiten, bevor sie sich ausruhen können und gemütlich ihr Bier oder ihren Wein trinken. Karneval und Oktoberfest finden nur einmal im Jahr statt. Die Studenten in Heidelberg haben ebenso schwere Prüfungen wie anderswo.

Einkaufszentren *shopping centers*

Niederlassungen *establishments, branches*

Volkstrachten *national costumes*

Deutschland ist ein Industrieland. Es hat die Lebensbedingungen und die Probleme aller Industrieländer. Trotzdem gibt es Unterschiede zwischen Deutschland und den USA. Die Bundesrepublik ist ein kleines Land, das sehr dicht bevölkert ist. Land ist knapp. Wer sich ein eigenes Haus kaufen will, muss sehr viel für den Grund und Boden° ausgeben. Wer sich einmal ein Haus kauft, hat vor, den Rest seines Lebens darin zu wohnen. Die Entfernungen sind klein, verglichen mit den USA. Der größtmögliche Abstand zur nächsten Grenze beträgt 1 000 Kilometer, also 600 Meilen. Gewöhnlich kommt man sehr viel früher an eine Grenze. Allerdings sind diese Grenzen heute kein Problem mehr. Sie sind offen. Nur wird gewöhnlich auf der anderen Seite der Grenze eine andere Sprache gesprochen. Die Menschen sind es gewohnt, „auf der anderen Seite" andere Menschen, eine andere Sprache, anderes Geld und eine andere Lebensweise zu finden. Man muss schon in ein sehr großes Land kommen, die USA zum Beispiel, oder Russland, um ein Gefühl von „unbegrenzten Möglichkeiten" zu bekommen.

Boden *real estate*

Europa insgesamt ist ein kleiner Kontinent. Die Europäer sind viel länger an einem Ort, viel mehr in ihren Sitten und Traditionen verwurzelt als die meisten Amerikaner. Nicht wenige Deutsche ziehen es vor, in der Heimat zu bleiben, auch wenn sie anderswo bessere Berufschancen hätten. Allerdings arbeiten immer mehr Menschen außerhalb ihres Wohnorts. Man nennt sie Pendler, weil sie zwischen dem Arbeitsplatz und Wohnort hin- und herfahren.

Die Deutschen sind in ihrer Mehrheit ehrgeizig; aber sie erwarten nicht immer, an die Spitze zu kommen; und noch weniger rechnen sie damit, plötzlich durch einen Glückszufall reich zu werden. Natürlich wetten und spielen die Deutschen auch gern; aber sie erwarten, dass der Wohlstand langsam, nach Arbeit und Mühe, kommt. Die deutsche Gesellschaft wirkt moderner als etwa die österreichische; aber auch die deutsche Gesellschaft ist ebenso an der Vergangenheit orientiert wie an der Zukunft.

NATIONALCHARAKTER

Man spricht manchmal von einem „Nationalcharakter". Die Frage ist allerdings: Ist dieser Nationalcharakter nur ein Bild oder gar eine Karikatur, die Ausländer erfunden haben, oder umfasst der Nationalcharakter wirklich die Eigenschaften, die das Volk selbst für wertvoll und positiv hält? Es gibt natürlich viele ausländische Karikaturen und Vorurteile über die Deutschen, denn die Deutschen haben sich in zwei Weltkriegen viele Feinde gemacht. Wie sehen sich die Deutschen selbst?

Sie sehen zuerst ihre eigenen Unterschiede. Ein „Norddeutscher" unterscheidet sich von einem „Süddeutschen". Für einen Hamburger beginnt der Süden allerdings schon im Harz; für den Bayern ist der Main die Grenze zwischen Süden und Norden. Die Deutschen unterscheiden sich nach den alten Stämmen,° oder genauer nach den Dialekten. In Bayern leben Bayern, Schwaben und Franken; Badener und Württemberger unterscheiden sich sehr; im Ruhrgebiet treffen die lebhaften Rheinländer und die schwerfälligen Westfalen zusammen. Die Deutschen der verschiedenen Gegenden sprechen nicht nur verschiedene Dialekte; sie haben auch einen verschiedenen Charakter; ja, ihre Art des Humors ist verschieden. Die Deutschen selbst verspotten° einander aus diesem Grund, und sie schreiben dem anderen bestimmte Eigenschaften zu: Die Bayern sind—für die anderen Deutschen—grob und sauflustig; die Schwaben ehrgeizig und (zu) fleißig; die Niedersachsen sind langsam und worktkarg;° die Rheinländer leichtsinnig und unzuverlässig. Besonders dort, wo verschiedene Menschentypen zusammenkommen, wie im Ruhrgebiet, ist solcher Spott beliebt.

Stämmen *tribes, ethnic groups*

verspotten *to mock, to make fun of*

worktkarg *taciturn*

Dabei vergessen die Deutschen heute bei allem Regionalismus nicht ihre Gemeinsamkeit. Was ist also „typisch deutsch"?

Der Deutsche liebt ohne Zweifel die Ordnung. Jeder Mensch sollte dort sein, wo er hingehört; jedes Ding hat seinen „richtigen" Platz. Das gilt auch für die Ordnung der Gesellschaft. Die Gesellschaft besitzt also eine Hierarchie. Die Kehrseite des Ordnungsbewusstseins ist der Dünkel.° Wer einen höheren Rang erreicht hat, fühlt sich besser und lässt es die anderen Menschen spüren. Wer ein Recht hat oder zu haben glaubt, macht es geltend—zum Beispiel im Autoverkehr.

Dünkel *conceit, arrogance*

Das Ziel eines Deutschen in seinem Auftreten und seinen Umgangsformen° ist es, „korrekt" zu sein und zu handeln. Er tut seine Pflicht und gibt

Umgangsformen *manners*

jedem. Menschen, was ihm gebührt.° Die Regeln und Vorschriften werden genau eingehalten.

Während das öffentliche Verhalten Korrektheit verlangt, möchte der Deutsche in seinem privaten Kreis ungezwungen° sein. Er fühlt sich dann nicht mehr als „Beamter“,° sondern als „Mensch“; und er sucht dann Gemütlichkeit. Er ist gern mit Freunden zusammen. Er redet frei, achtet nicht zu sehr auf konventionelle Formen und möchte gern Vertrauen zu den anderen Menschen haben können. So bildet er einen Freundeskreis, und Freunde sind für ihn etwas ganz anderes als „Bekannte“. Er nennt sie beim Vornamen und duzt sie, und er bespricht offen seine Sorgen mit ihnen. Bekannten gegenüber verhält er sich mit einer gewissen Distanz.

Die Gründlichkeit° zeigt sich im Berufsleben. Traditionell unterscheidet sich der „Beruf“ von einem bloßen „Job“. Ein Job ist zum Geldverdienen, einen Beruf hat man gelernt. Man beherrscht sein Fach, kann gute Arbeit leisten und ist stolz darauf. Die moderne Arbeitsteilung° und Automatisierung bringt es mit sich, dass ein Arbeiter in den meisten Berufen kein „Werkstück“° mehr anfertigt; er sieht das Ergebnis seiner Arbeit nicht mehr. Damit ist auch das Interesse an der Arbeit gesunken; aber viele Arbeiter sind nicht damit zufrieden. Das Gefühl, gut gearbeitet zu haben, ist ihnen für ihre Selbstachtung° wichtig. Die moderne Industrie muss sehen, wie sie sich die Gründlichkeit, das Pflichtbewussstein und das Bedürfnis nach einem „Werk“ zunutze machen kann. Eine Zeit, der es um „Produktivität“ im Sinne von Profiten geht, muss sehen, wie sie das Gefühl für Qualität erhalten und benutzen kann. Sie muss den Zynismus der Angestellten vermeiden, denen die Qualität der Arbeit gleichgültig wird. Gerade heute ist gute Arbeit ja besonders wichtig.

Obwohl der Deutsche im konventionellen Umgang sehr formell ist, betrachtet er die Höflichkeit eigentlich nicht als einen großen Wert. Ehrlichkeit, Wahrhaftigkeit sind ihm viel wichtiger. „Deutsch reden“ bedeutet frei seine Meinung sagen, selbst wenn diese Meinung dem anderen Partner unangenehm ist.

Auch die Bildung betont die Hierarchie. Traditionell hat der Universitätsprofessor als Spitze dieser Hierarchie ein hohes Prestige. Bildung soll mehr sein als Wissen und Tüchtigkeit; Bildung ist ein Lebensstil, der Sinn für „geistige Werte“, Respekt vor geistiger und künstlerischer Kreativität. Ohne diesen Respekt wäre es nicht verständlich, warum die Gesellschaft so viel Geld für das kulterelle Leben ausgegeben hat.

Auch in Deutschland gibt es darin wesentliche Änderungen. Das Abitur ist nicht mehr der Schlüssel zu einer höheren Welt. Ein reicher Mann ohne Universitätsabschluss oder gar ohne Abitur fühlt sich nicht mehr dem Akademiker unterlegen. Das Wort „Bildung“ bedeutet meistens nichts anderes als

gebührt, gebühren *to be due to*

ungezwungen *relaxed*

Beamter *state official*

Gründlichkeit *thoroughness*

Arbeitsteilung *division of labor*

Werkstück *independent piece of work*

Selbstachtung *self-respect*

die Ausbildung für einen gut bezahlten Beruf. Das elektronische Zeitalter kümmert sich nur wenig um geistige Werte.

Das elektronische Zeitalter kommt auch mit einem anderen Charakterzug der Deutschen in Konflikt. Typischerweise haben die Deutschen ein erhebliches Sicherheitsbedürfnis. Es ist kein Zufall, dass Deutschland als erstes Land eine umfassende Sozialgesetzgebung entwickelt hat. Die Altersversorgung ist ein wichtiger Gesichtspunkt bei der Wahl des Berufes. Das Pensions- und Rentensystem ist ein fester Teil des Lebens. Die Zahl der unkündbaren Beamten und der schwer kündbaren Angestellten ist groß. Die Deutschen bleiben gern in einer Firma. Doch auch in Deutschland ist diese Sicherheit in Gefahr. Es ist noch nicht sicher, welche Folgen ein solcher Wechsel haben wird.

Der Deutsche ist häuslich. Er pflegt seinen Besitz. Ihm liegt an einer individuellen Wohnungseinrichtung,° er pflegt und putzt sein Auto, er hält die Umgebung des Hauses sauber und kümmert sich um seinen Garten. Jedem Besucher fallen die vielen Blumen in Vorgärten und Blumenkästen am Fenster auf. Das ist nicht nur Liebe zur Natur, sondern auch das Bedürfnis, seine Sachen in Ordnung zu halten. Wer das nicht von selbst tut, kann Schwierigkeiten mit seinen Nachbarn bekommen. Ganz besonders wer sich ein eigenes Haus gekauft oder gebaut hat, wird dafür sorgen, dass es auch einladend aussieht. Um den Garten ist ein Zaun oder eine Hecke.° Man möchte doch nicht, dass einem die Nachbarn in den Garten sehen.

Wohnungseinrichtung *furnishings*

Hecke *hedge*

Der Deutsche hat ein starkes Heimatgefühl.° „Heimat“ ist dabei nicht ganz Deutschland, sondern nur ein bestimmter Teil davon, gewöhnlich eine

Heimatgefühl *attachment to one's home area*

„Unser Dorf soll Heimat bleiben“. Preisträger im Wettbewerb der landwirtschaftlichen Fachakademien des Bayerischen Bauernverbandes

bestimmte Landschaft oder vielleicht nur eine bestimmte Stadt. Leicht ergreift ihn das „Heimweh“, wenn er in der Fremde ist. Er liebt alte Städte und Burgen und hat ein Gefühl für die Natur. Ebenso stark wie das Heimatgefühl ist in Deutschland die „Wanderlust“, das „Fernweh“. Ein Deutscher hat das Gefühl, er müßte die Welt kennen lernen. Es gibt genug deutsche Abenteurer, die mit dem Fahrrad oder mit dem Motorrad um die Welt fahren, und die meisten Deutschen reisen und wandern gern. Man kann diese Wanderlust einen Freiheitsdrang° nennen. Der Deutsche schätzt die feste Ordnung und die Tradition, aber er liebt ebenso seine Unabhängigkeit. Alle jungen Menschen ergreift einmal die Abenteuerlust.° Jedoch erwartet die Gesellschaft in Deutschland von ihnen, dass sie nach ihren „Wanderjahren“ zur Heimat zurückkehren und sich dort fest niederlassen.

Freiheitsdrang *thirst for freedom*

Abenteuerlust *desire for adventure*

Insgesamt wirken die Deutschen tüchtig, gründlich, zuverlässig, ernst, aber auch schwerfällig, pedantisch, rechthaberisch.° Ausländer wünschen ihnen meistens mehr Heiterkeit, mehr Leichtigkeit. Zwar benutzen die Deutschen jede Gelegenheit zum Feiern und sind gern lustig; aber auch da fehlt oft genug die leichte Note. Wer hätte sich nicht schon gewünscht, dass ein Deutscher es auch einmal weniger genau und weniger ernst nehmen möchte? Die Deutschen sind die ersten, die das sagen; sie geben sich ja Mühe, selbstkritisch zu sein, aber es fällt ihnen schwer, das Leben leichter zu nehmen.

rechthaberisch *stubborn (in one's views)*

Ein Deutscher hat das Bedürfnis, Anerkennung zu finden und gut Freund mit allen Menschen zu sein. Er vermeidet Konflikte, wenn er kann; denn er weiß, ein Konflikt wird ernst genommen und kann ein Leben ruinieren. So ist es besser, einen Ausgleich oder eine Synthese zu finden und gut zusammenzuarbeiten.

Solche Charakterzüge sind immer sehr allgemein, und man wird bei den einzelnen Deutschen viele davon nicht finden. Doch sie geben ein Bild davon, wie die Deutschen sich selbst sehen oder wie sie sein möchten.

DEUTSCHE IN DER WELT

Deutschland liegt in der Mitte Europas. Die Deutschen werden von vielen fremden Konflikten mitbetroffen. Es war kein Zufall, dass der Eiserne Vorhang quer durch Deutschland ging. Nach 1945 sind die Deutschen nicht sehr zufrieden mit ihrem traditionellen Image gewesen. Sie wollten lieber anders sein, als es die Franzosen, Italiener, Engländer von ihnen erwarteten. Vor allem die westlichen Deutschen versuchten, weniger „preußisch“ zu wirken, weniger steif, laut und militärisch. Sogar in ihrer Sprechweise gewöhnten sie sich eine

Gründungsmitglieder des New Braunfelser Schützenvereins, Texas, beim fünfzigjährigen Jubiläum des Vereines im Jahr 1899

Art „understatement“ an. Die Selbstkritik ging allerdings nicht bis zum Sport, wo die Deutschen, genau wie andere Völker, oft von nationaler Leidenschaft gepackt werden, ganz besonders beim Fußball.

Bis 1989 war es deutlich, dass die Deutschen der DDR, die viel isolierter leben mussten, auch traditioneller „deutsch“ in ihrem Auftreten waren. Doch wenn auch hin und wieder deutscher Dünkel erscheint und der erhobene Zeigefinger sichtbar wird, so hat doch das nüchterne und selbstkritische Verhältnis zur eigenen Nation auch ein sachliches und weniger formelles Auftreten mit sich gebracht. In Deutschland gebraucht man nicht so leicht Superlative wie in den USA, das „typische“ Amerikaner als das beste, großartigste, freieste, demokratischste Land ansehen, das es jemals gegeben hat.

Seit dem späteren 19. Jahrhundert ist Deutschland ein unbequemer Machtfaktor, manchmal bewundert, oft gefürchtet, immer mit gemischten Gefühlen angesehen. Es ist nach Russland das Land mit der größten Bevölkerung in Europa, und ein Land mit unheimlicher Wirtschaftskraft. Die Deutschen bemühen sich, zu leben und aufzutreten wie andere Menschen und verträglich zu erscheinen. Eine lockere Haltung ist das Kennzeichen der jüngeren Generation geworden und wird inzwischen als normal angesehen.

Deutsch und deutschsprachig

Lange Zeit haben die Deutschen an einen „kulturellen Nationalismus“ geglaubt, der besagte, dass Menschen gleicher Sprache und Tradition zu einer Nation gehörten, also zu einem Staat. Doch es hat niemals ein Deutsches Reich gegeben, in dem alle Menschen deutscher Sprache lebten, und das nur Menschen deutscher Sprache umfasste. In Europa scheint es unmöglich, ethnische und politische Grenzen zur Übereinstimmung zu bringen. Deutsch ist offizelle Sprache in Deutschland, der Schweiz, Österreich, Liechtenstein; es hat ebenfalls offiziellen Status in Luxemburg, im italienischen Tirol und in Belgien. Deutsche Minderheiten gibt es in Elsass und Lothringen, Dänemark, Ungarn und Rumänien, sowie in verschiedenen Nachfolgestaaten der früheren Sowjetunion. Seit 1945 gibt es nur noch sehr wenige Deutschsprechende in Polen, in der Tschechischen Republik, in Serbien und Kroatien.

Die große Auswanderung nach übersee, vor allem im 19. Jahrhundert, führte zur Gründung deutscher Städte und Siedlungen in manchen Ländern Amerikas. Im südlichen Brasilien, in Chile und Argentinien gibt es noch Orte und Gegenden, in denen Deutsch als Umgangssprache vorherrscht. In den USA und Kanada hingegen ist das selten geworden, außer in Gemeinschaften, die sich aus religiösen Gründen absondern, wie etwa die Amischen. Verschiedene Pläne, deutschsprachige Gebiete in Nordamerika zu etablieren, in Missouri, Wisconsin und Texas, kamen nicht zur Ausführung.

Die einzige Kolonie des Deutschen Reiches, in die vor dem Ersten Weltkrieg eine nennenswerte Zahl Deutscher auswanderte, war das heutige Namibia, wo Deutsch noch als eine der Sprachen gebräuchlich ist. Gewöhnlich hatten deutsche Auswanderer nur zwei Alternativen: die neue Sprache und Kultur anzunehmen oder sich von ihrer neuen Umgebung abzusondern. In Rumänien gab es allerdings jahrhundertelang ein geschlossenes Gebiet deutschsprachiger Menschen, das die Deutschen Siebenbürgen nannten, ebenfalls an der Wolga in Russland, das in der frühen Zeit der Sowjetunion als eigene Sowjetrepublik, die Republik der Wolgadeutschen, erklärt wurde. Dazu kamen „Sprachinseln“ in Ungarn, der Ukraine, dem damaligen Jugoslawien und der Tschechoslowakei, während sich an der deutsch-polnischen Grenze die Bevölkerung mischte und die Sprachgrenzen schwer zu bestimmen waren.

In der Zeit eines selbstbewussten deutschen Nationalismus fühlten sich auch die „Auslandsdeutschen“ als Teil der deutschen Nation, ganz gleich, was ihre Staatsangehörigkeit war. Die nationalistischen Exzesse der Nazizeit provozierten nicht selten die Völker, unter denen die Deutschen lebten, z.B. die

Brasilianer, und führten zur Einschränkung oder Abschaffung° ihrer kulturellen Institutionen, vor allem ihrer Schulen und Vereine. Seitdem sind solche Kämpfe um kulturelle Identitat bei deutschsprachigen Minderheiten eher Ausnahme geworden. Am schärfsten war nach 1945 der Kampf der deutschsprachigen Bevölkerung im italienischen Tirol um ihre Rechte und Eigenständigkeit.

Abschaffung *abolition*

Heute ist Deutschland für Menschen aus vielen Ländern ein begehrtes Einwanderungsziel geworden. Die Probleme eines Einwanderungslandes und das Zusammenleben mit so vielen Ausländern ist für die deutsche Gesellschaft eine ungewohnte Erfahrung, mit der sie noch nicht leicht fertig wird.

Fragen zum Text:

Lebensbedingungen im Vergleich

1. Welchen Eindruck hat vermutlich ein eiliger Tourist in Deutschland?
2. Welche Folgen hat es, dass Deutschland ein „kleines" Land ist?
3. Was sind typische Lebenserwartungen eines Deutschen?

Nationalcharakter

4. Woran merken die Deutschen regionale Unterschiede?
5. Wie tritt der Deutsche oft in der Öffentlichkeit auf?
6. Wie möchte der Deutsche in seinem Privatleben sein?
7. Was ist der Unterschied zwischen einem Beruf und einem „Job"?
8. Welchen Berufen gibt die Tradition hohes Prestige? Warum?
9. Wie steht der Deutsche zu seinem Besitz?
10. Welchen Konflikt hat das elektronische Zeitalter für die Deutschen gebracht?
11. Wie wirken die Deutschen insgesamt?

Deutsche in der Welt

12. Welches Image haben die Deutschen nach 1945 angestrebt?
13. Welches Verhältnis zur eigenen Nation hat sich entwickelt?

Deutsch und deutschsprachig

14. In welchen Ländern ist Deutsch eine offizielle Sprache?
15. Vor welcher Alternative standen die deutschen Auswanderer?
16. Warum ist es für die Deutschen ungewohnt, dass so viele Ausländer in Deutschland leben?

Sprichwörtlich „deutsch"

Haben die folgenden Sprichwörter mit einer Eigenschaft des deutschen Nationalcharakters zu tun? Mit welcher?

1. Dienst ist Dienst, und Schnaps ist Schnaps.
2. Wer den Pfennig nicht ehrt, ist den Taler nicht wert.
3. Was du heute kannst besorgen, das verschiebe nicht auf morgen.
4. Pünktlichkeit ist die Höflichkeit der Könige.
5. Morgenstund hat Gold im Mund.
6. Mein Haus, meine Welt.
7. Jedermanns Freund, niemandes Freund.
8. Reden ist Silber, Schweigen ist Gold.

Aufsatzthemen:

1. Unterschiede der Lebensbedingungen in den USA und in Deutschland. Was sind die Folgen?
2. Die Deutschen und ihre Nachbarn.
3. Deutsche Minderheiten in anderen Ländern.
4. Deutsche Auswanderer in den USA.
5. Der deutsche Nationalcharakter.

Ein Familientreffen

3 Die Familie

Was wissen Sie, was meinen Sie?

1. Haben Sie eine kleine oder eine große Familie? Wer gehört alles dazu?
2. Bei welcher Gelegenheit kommt Ihre Großfamilie zusammen? Wie oft?
3. Finden Sie es gut, dass deutsche Jugendliche schon mit 16 Jahren Alkohol trinken dürfen, aber erst mit 18 Jahren einen Führerschein bekommen können?
4. Sind die USA ein kinderfreundliches Land? Wie kann man „kinderfreundlich" definieren?
5. Sollten die Großeltern zusammen mit den Kindern und Enkeln leben? Warum oder warum nicht?
6. Was könnte man tun, damit ältere Menschen nicht so einsam werden?
7. Welche sind die Vorteile und die Nachteile, wenn Studenten im Elternhaus bleiben?
8. Mit wem besprechen Sie ernste Probleme, mit den Eltern, mit gleichaltrigen Freunden, mit einem Geistlichen oder einem anderen Erwachsenen?

Klein- und Großfamilie

Die deutschen Haushalte sind klein geworden. Einpersonenhaushalte sind am häufigsten (12,7 Millionen), und Haushalte mit fünf oder mehr Personen sind auf eine kleine Zahl geschrumpft° (1,7 Millionen). Die vielen Zweipersonenhaushalte (11,6 Millionen) bestehen nur zum Teil aus kinderlosen Ehepaaren, den anderen Teil machen „allein erziehende"° Elternteile mit einem Kind aus.

geschrumpft, schrumpfen *to shrink*

allein erziehende *single*

Die Eltern von 12,4% der 1994 in der früheren BRD geborenen Kinder waren nicht verheiratet, in den östlichen Ländern waren es sogar mehr als 40%. Statistisch gesehen hat die deutsche Durchschnittsfamilie 1,7 Kinder. Das bedeutet, dass Ehepaare, wenn sie überhaupt Kinder wollen, sich zwei Kinder wünschen. Es bedeutet auch, dass die deutsche Bevölkerungszahl sinkt oder gesunken wäre, wenn es nicht so viele Zuwanderer° gegeben hätte. Am niedrigsten ist die Geburtsrate seit 1990 in den östlichen Bundesländern. Sie ist dort nur die Hälfte der Geburtsrate im übrigen Deutschland. Ein typischer deutscher Haushalt besteht also aus den Eltern und einem Kind oder zwei Kindern, solange die Kinder noch im Haus wohnen. Das nennt man die „Kleinfamilie".°

Eine Kleinfamilie lebt allerdings im Rahmen einer Großfamilie,° zu der außer den Eltern und Kindern die Großeltern, Onkel, Tanten, Vettern und Kusinen und deren Partner gehören. Die besondere Verbundenheit der Verwandtschaft zeigt sich beim „Du". Der Schwiegersohn und die Schwiegertochter werden durch das „Du" symbolisch in die Familie aufgenommen. In früheren Zeiten lebten Großeltern oft im selben Haushalt oder wenigstens in der Nähe, und auch andere Verwandte waren leicht erreichbar. Die Kinder wuchsen mit der Großfamilie auf. Heute ist es jedoch häufiger, dass sich die Verwandten nur bei besonderen Gelegenheiten wie Hochzeiten, Beerdigungen, Jubiläen und „runden" Geburtstagen treffen.

Auch in der Kleinfamilie selbst ist das Bedürfnis nach Bewegungsfreiheit größer geworden. Mann und Frau haben oft eigene Interessen und Freundeskreise, zumal wenn die Frau berufstätig ist, und das sind mehr als 60% der Frauen. Die Kinder wollen ihre Freiheit. Neben den gemeinsamen Mahlzeiten werden die gemeinsame Abendunterhaltung und Freizeitunternehmungen° seltener, jedenfalls sobald die Kinder größer werden.

In der Krise der deutschen Gesellschaft von 1945, als die bisherigen staatlichen und gesellschaftlichen Einrichtungen kaum noch funktionierten, erwies sich die Familie als die stabilste soziale Gruppe. Die Familie bot in der Gesellschaft der DDR einen geschützten „Innenraum". Dieser hat sich allerdings seit 1990 unter dem finanziellen Druck verflüchtigt.° Und doch—wenn es wirklich darauf ankommt, ist es die Familie, auf die man sich am meisten verlassen kann und verläßt.

Zuwanderer *immigrants*

Kleinfamilie *nuclear family*

Großfamilie *extended family*

Freizeitunternehmungen *leisure time activities*

verflüchtigt, sich verflüchtigen *disappear*

MANN UND FRAU

Das Bild einer patriarchalischen deutschen Gesellschaft war einmal zutreffend; doch das war im 19. Jahrhundert. In der vorindustriellen Zeit lebten die Menschen in großen Haushalten. Ein Haushalt konnte zugleich der Arbeitsplatz des Mannes sein: sein Geschäft, sein Büro, seine Werkstatt, sein Bauernhof. Im

Haus lebten außer den Eltern und Kindern andere unverheiratete Verwandte, die Großeltern, die Angestellten und die „Dienstboten".° Die Frauen stellten viele Artikel im Haus selbst her: Lebensmittel, Seife, Kerzen. Sie nähten, strickten, stickten, webten, flickten. Der Mann war Herr im Haus, doch die Frau hatte die „Schlüsselgewalt",° sie beaufsichtigte die Hausarbeiten und das Dienstpersonal. Natürlich gab es viele ärmere Leute, die kein Dienstpersonal hatten. Da musste die Frau die Hausarbeit allein schaffen, und die Kinder halfen, sobald sie dazu im Stande waren.

Dienstboten *servants*

„Schlüsselgewalt" *"power of the keys"*

Mit der Industrialisierung und dem Wachstum der Großstädte im späteren 19. Jahrhundert, zumal nach 1871, änderten sich Arbeit und Wohnen. Gerade in dieser Zeit wurde der Mann besonders autoritär, nicht selten zum „Haustyrann", der keinen Widerspruch duldete, und vor dem Frau und Kinder zitterten. Er bekam das beste Essen, und sein Mittagsschlaf war heilig. Dieser Befehlston lag gewiss an der Militarisierung der Gesellschaft, er war aber auch ein Ventil für den Ärger, den der Mann im Büro, im Amt und in der Fabrik ertragen musste: dort hatte er zu gehorchen und zu folgen; zu Hause konnte er befehlen.

Die Reaktion blieb nicht aus. Die Generationskonflikte zwischen Vater und Sohn zeigten sich bei dem Entstehen der Jugendbewegung. Die Frauenbewegung kämpfte für bessere Bildungschancen, für politische Rechte und mehr Arbeitsmöglichkeiten für Frauen. Sie propagierte ebenfalls ein neues Konzept der Ehe: Partnerschaft statt Unterordnung. Erst um 1900 wurde in Deutschland den Frauen das Abitur und damit der Zugang zur Universität ermöglicht.

Es war paradoxerweise der Erste Weltkrieg, der die Gleichberechtigung° der Frau förderte. Frauen mussten für den abwesenden Mann die Kindererziehung übernehmen, das Geschäft führen und in die Fabrik gehen. Das Bürgertum kam zu der Auffassung, dass auch Mädchen einen Beruf lernen müssten, zumindest „Frauenberufe" wie Lehrerin, Kindergärtnerin, Krankenschwester und Sekretärin. In den zwanziger Jahren vermehrte sich dann rapide die Zahl der Büroangestellten, besonders der Frauen unter ihnen.

Gleichberechtigung *equal rights*

Die Weimarer Verfassung von 1919 gab den Frauen das Wahlrecht. Immer noch bestimmte das Familienrecht, das „Bürgerliche Gesetzbuch", dass der Mann die wesentlichen Entscheidungen traf, doch die Generation der Jugendbewegung sah die Ehe als Partnerschaft und Freundschaft und nicht mehr als männliche Herrschaft an.

Die Politik der Nationalsozialisten wollte die Frauen wieder ins Haus und in die Küche verbannen und verlangte großen Kinderreichtum. Mütter mit vier und mehr Kindern bekamen „Mutterkreuze"° verliehen. Doch als 1939 der Zweite Weltkrieg ausbrach, mussten die Frauen wieder die Rolle der Männer am Arbeitsplatz übernehmen, und bei Luftangriffen und der Flucht aus dem Osten am Ende des Krieges haben sie sich „mannhaft" bewährt.

„Mutterkreuze" *"mother's crosses"*

Radsportweltmeisterin Petra Bender ist jetzt Dachdeckermeisterin—ein echter „Männerberuf".

1949 proklamierten die Verfassungen der BRD und der DDR die Gleichberechtigung von Mann und Frau. Die Umsetzung dieses Prinzips in die Wirklichkeit dauerte Jahrzehnte, jedenfalls in der Bundesrepublik. Erst 1977 hat ein Bundesgesetz die endgültige juristische Gleichstellung der Frau festgelegt, und 1994 musste der § 3 des Grundgesetzes, der die Gleichberechtigung feststellt, ergänzt werden. Seitdem hat der Staat die Verpflichtung, dafür zu sorgen, dass Benachteiligungen° am Arbeitsplatz beseitigt werden. Das „zweite Gleichberechtigungsgesetz des Bundes" von 1994 verlangt Frauenförderung in der Bundesverwaltung, Maßnahmen zur Vereinbarkeit° von Familie und Beruf, Schutz vor sexueller Belästigung am Arbeitsplatz und die Durchsetzung des Diskriminierungsverbots. Die politischen Parteien versuchen, ein gutes Beispiel zu geben. Der Stand von 1998 ist: Mehr als ein Viertel der Bundestagsabgeordneten sind Frauen. Der Bundestag hat eine Frau als Bundestagspräsidentin. Im Bundeskabinett sind drei Frauen als Minister und sechs Staatssekretärinnen; eine Frau ist Präsidentin des Bundesverfassungsgerichts.

Benachteiligungen *discriminations*

Vereinbarkeit *compatibility*

Ein besonders umstrittenes Thema war der Schwangerschaftsabbruch, die Abtreibung. Die DDR hatte ein viel freizügigeres Gesetz als die BRD, in der der alte § 218 des Strafgesetzbuches, der die Abtreibung verbot, noch gültig war. Der Einigungsvertrag fand keine Lösung, so begannen jahrelange Debatten im Bundestag. 1993 entschied das Bundesverfassungsgericht über ein Reformgesetz zum § 218, und 1995 kam endlich ein Bundesgesetz zu Stande. Danach ist der Schwangerschaftsabbruch straffrei, wenn ein Arzt ihn innerhalb zwölf Wochen nach der Empfängnis vornimmt, und wenn vorher eine Beratung stattgefunden hat. Um Frauen zu ermutigen, ihre Kinder zu behalten, wird ein Kindergartenplatz garantiert, die Sozialhilfe für „Alleinerziehende" wird erhöht, und für Mädchen und Frauen bis zu 20 Jahren werden Verhütungsmittel zur Verfügung gestellt. So jedenfalls sagt es das Gesetz. Frauen (oder Männer!), die die ersten zwei Jahre zu Hause bleiben und für ihre Kinder sorgen, haben Anrecht auf einen Erziehungsurlaub, während ihr Arbeitsplatz für sie reserviert bleibt.

In der Lösung der Abtreibungsfrage zeigte sich der Kompromiss zwischen den Wünschen einer christlichen Regierungspartei und den Wünschen der Bevölkerung, besonders der Frauen. Es waren die Frauen aller Parteien, die diese Lösung durchgesetzt haben. Seit den sechziger Jahren haben sich nicht nur die Vorstellungen und Sitten im Sexualleben geändert, sondern auch die Idee der Ehe wandelt sich. Es ist ein Anzeichen für die wachsende Distanz zu den Kirchen, dass Männer und Frauen meistens zusammen leben, ohne zu heiraten, und erst später die Ehe schließen, vor allem, wenn sie Kinder wollen.

Bei der Gleichberechtigung der Frau am Arbeitsplatz und der Berücksichtigung ihrer besonderen Probleme gibt es noch Probleme; doch die Ehe als Partnerschaft, mit oder ohne Standesamt, ist in der deutschen Gesellschaft Wirklichkeit geworden.

Die Beziehungen der Generationen in der Familie

Während man sonst bei dem Wort „Generationen" vor allem an die Beziehung von Eltern und Kindern dachte, muss man bei der heutigen Langlebigkeit mindestens drei Generationen einbeziehen. Die durchschnittliche Lebenserwartung° der Frauen liegt bei knapp 80 Jahren, die der Männer bei über 73 Jahren.

Lebenserwartung *life expectancy*

40% der Menschen, die älter als 65 Jahre sind, leben allein, 43% mit Ehepartnern, 13% bei Kindern oder Enkeln und 4% in Heimen. Viele ältere

Der Bus fährt die Senioren zum Wandern in der Umgebung von Mönchengladbach.

Menschen, die allein oder mit Partnern leben, brauchen Hilfe; aber sie wohnen lieber in der eigenen Wohnung als in einem Heim. Deshalb ist die häusliche Pflege ein menschliches und finanzielles Problem geworden. Nach langen Beratungen hat der Bundestag eine Pflegeversicherung beschlossen, die staatliche Zuschüsse zu den Pflegekosten für zu Hause oder Pflegeheim garantiert. Sie schließt auch Rentenbeiträge für die Pfleger ein.

Einsamkeit ist ein Phänomen der heutigen Gesellschaft und ganz besonders für ältere Menschen. In Deutschland muss man in einem bestimmten Alter aus dem Beruf ausscheiden. Viele Menschen fühlen sich dann nutzlos und aus der Gesellschaft ausgeschlossen. Natürlich gibt es Seniorenvereine und Seniorenprogramme; doch ein unabhängiges Leben und die Integration in eine Gemeinschaft bleiben die zwei Hauptprobleme alter Menschen. Daher will die Bundesregierung die Altersforschung intensivieren und die Versuche koordinieren, für die Senioren eine sinnvolle Tätigkeit zu finden.

Ein spezielles und besonders gravierendes Problem entstand in den östlichen Bundesländern. Durch die radikale politische und wirtschaftliche Veränderung nach 1989 verloren vor allem Frauen und Männer über 55 ihre

Stellungen und fanden sich unvorbereitet ohne eine richtige Aufgabe im Leben. Für „Vorruheständler“° zwischen 55 und 65 war das neue Leben menschlich wie finanziell besonders schwierig, und so waren Tagesstätten° mit Beratungsstellen und Freizeitprogrammen notwendig, um den Weg in das neue Leben zu erleichtern.

Vorruheständler *early retirees*

Tagesstätten *day care centers*

Das deutsche System der Altersversorgung und der Krankenversicherung erlaubt es der großen Mehrheit der alten Menschen, ohne finanzielle Sorgen zu leben. Neben den Beamtenpensionen und den staatlichen Renten für Angestellte und Arbeiter gibt es besondere Betriebsrenten für langjährige Arbeitnehmer und Renten von städtischen Gemeinden. Schlechter gestellt sind allerdings die Rentner in den neuen Bundesländern, nur wenn Mann und Frau Anspruch auf eine eigene Rente haben, ist die Versorgung ausreichend.

Ein besonderer Kostenfaktor für alle Menschen ist die Wohnungsmiete. Für diejenigen, die mehr als einen bestimmten Prozentsatz des Einkommens für die Miete ausgeben, gibt es ein Recht auf „Wohngeld“. Die Durchschnittskosten für das Wohnen sind in Deutschland ein Viertel des Einkommens.

Während also die Sorge für die Senioren einen wachsenden Platz in der Politik und im Leben der einzelnen Menschen einnimmt, liegen die Probleme der Jugend zuallererst im praktischen Bereich. Das deutsche System der Berufsausbildung beruhte auf einer gründlichen Vorbereitung mit Qualifizierung für eine feste Laufbahn. Diese Sicherheit ist heute bedroht. Mehr Menschen als früher wechseln die Stellung oder ändern die Laufbahn, mehr gezwungen als freiwillig, und die allgemeinen Berufsaussichten sind ungewiss. Auch ein Universitätsdiplom ist keine Garantie mehr für eine gute Stellung.

Jugendliche beginnen also eine Berufsausbildung und ein Studium ohne Zuversicht. Sie warten ab und zögern den Studienabschluss hinaus. Sie sehen ihre Arbeit und ihre Laufbahn als vorläufig an. Andererseits wissen sie, dass ihnen Europa offensteht, und dass sie auch anderswo auf der Welt leben und arbeiten können. Sie sind unsicherer, aber auch weltoffener. Die Eltern werden als nützliche Ratgeber gesehen; aber es gibt häusliche Konflikte, wenn sich die Selbständigkeit der Kinder zu sehr verzögert. Es gibt junge Erwachsene, Studenten und Berufstätige, die bis zum Alter von dreißig Jahren im Elternhaus bleiben.

Die Einstellung der Jugend zur älteren Generation und zur Gesellschaft im allgemeinen ist seit 1945 durch mehrere Phasen gegangen. Für die Nachkriegsgeneration wurde der Ausdruck „die skeptische Generation“ geprägt: abwartend, kühl, verschlossen, misstrauisch, besonders den Eltern und Lehrern gegenüber, die nicht über die Nazijahre und ihre eigene Rolle darin reden wollten. Die skeptische und wenig engagierte Jugend wurde abgelöst von der rebellierenden Jugend der sechziger und frühen siebziger Jahre, die eine Veränderung der Gesellschaft, sogar eine Revolution, erhoffte und herbeiführen wollte. Die Proteste und Demonstrationen richteten sich gegen das „System". Das wurde ausgerechnet von der Regierung Willy Brandts von 1969 vertreten, die ein umfassendes Reformprogram anbot. So kämpften die „falschen" Gegner gegeneinander, bis der revolutionäre Elan an sein Ende kam. Eine Periode der Ernüchterung folgte, doch die Ideale blieben erhalten: Weltfriede, Umweltschutz, eine menschlichere Gesellschaft, in der die Konkurrenz durch gegenseitige Hilfe ersetzt wird. Daraus entstand nach der „Subjektivität" der siebziger Jahre das neue Engagement der achtziger Jahre für Frieden und Umwelt, bis zur vielversprechenden „Wende" von 1989, die einer neuen Ernüchterung° und einem Rückzug ins Privatleben Platz gemacht hat.

Ernüchterung *disillusionment*

Die deutsche Jugend ist in ihrem Geschmack, ihrer Kleidung und ihren Lebensgewohnheiten der Jugend anderer westlicher Länder ähnlich. „Typisch deutsch" bleibt noch die Idee der Freundschaft und die Gruppe. Teenagers gehen gewöhnlich in Gruppen zu Sportveranstaltungen, in Discos, zu Konzerten; sie fahren auch mit einer Gruppe in die Ferien. Weniger als in den USA sind solche Gruppen mit Kirchen, 4-H-Clubs oder ähnlichem verbunden. Die Jugendlichen haben wenig Geschmack an Formalitäten: etwa an einem formellen Ball in der Schule oder einer „offiziellen" Jugendgruppe; von „Dating" im formellen Sinn kann man in Deutschland auch nicht sprechen.

Freizeit unter Freunden

Natürlich gehen Mädchen und Jungen zusammen aus; das Mädchen besteht typischerweise darauf, ihre Rechnung selbst zu bezahlen.

Manche junge Menschen, vor allem Studenten, leben in „Wohngemeinschaften", die verschiedene Formen des Zusammenseins hervorbringen können. Typisch ist jedoch, dass Mann und Frau beschließen, in einer Wohnung zusammenzuleben und auszuprobieren, ob sie zusammenpassen, und ob sie dann eine „Familie" bilden wollen. Durch solche „Probeehen" und „Ehen auf Zeit" wird allerdings die Idee der Ehe relativiert. Sie ist nicht mehr unbedingt eine Gemeinschaft für das ganze Leben. Der Entschluss, Kinder zu haben, wird allerdings sehr ernst genommen, und gerade deshalb mag die Geburtenrate so niedrig sein; denn Frauen fürchten, dass sie in eine Wahl zwischen Beruf und Familie gezwungen werden. Die deutsche „Kinderfeindlichkeit", von der immer wieder die Rede ist, hat hier eine ihrer Wurzeln. Eine andere Wurzel ist, dass eine Gesellschaft, in der mehr alte Menschen als Kinder leben, den Kindern weniger Rücksicht und Aufmerksamkeit gibt.

Die Deutschen sind wohl weniger „kinderorientiert" als andere Völker; aber sie sind genau so „familienorientiert". Die Feiertage, Weihnachten vor allem, sind Familienfeste; Familienereignisse sind der Anlass für die Zusammenkunft der Großfamilie, Familientraditionen sind für alle Menschen wichtig. Bei allen Experimenten mit neuen Formen des Zusammenlebens und der Gemeinschaft hat sich die Familie als unersetzlich erwiesen; das haben die turbulenten Umwälzungen° und Krisen des 20. Jahrhunderts in Deutschland gezeigt.

Umwälzungen *radical changes*

FRAGEN ZUM TEXT:

Klein- und Großfamilie

1. Wie groß sind typische deutsche Haushalte?
2. Wie viele Kinder haben deutsche Familien heute?
3. Wie kann man feststellen, wen ein Deutscher als Teil der Familie ansieht?
4. Was sind die Gelegenheiten für ein Familientreffen?

Mann und Frau

5. Wann war die patriarchalische Familie Wirklichkeit? Wie sah sie aus?
6. Wie nannte man den autoritären Vater? Warum wurde er so?
7. Welche Ereignisse förderten die Gleichberechtigung der Frau?
8. Wie sahen die Nationalsozialisten die Rolle der Frau?

9. Was steht in den Verfassungen von 1949 über Gleichberechtigung? Wie sah die Praxis aus?
10. Welches Thema war bei der Wiedervereinigung Deutschlands besonders umstritten?

Die Beziehungen der Generationen in der Familie

11. Welche Probleme ergeben sich für eine Gesellschaft, in der die Menschen immer älter werden?
12. Was ist ein psychologisches Hauptproblem für alte Menschen?
13. Wie kann man die Einstellung der deutschen Jugend zur Gesellschaft seit 1945 beschreiben?
14. Gibt es etwas in der heutigen Jugend, was man „typisch deutsch", nennen kann?
15. Warum fällt vielen Frauen der Entschluss schwer, Kinder zu haben?

Was sind die Gründe für Konflikte?

Wodurch können in einer Familie Konflikte und Krisen entstehen? Was sind Ihrer Ansicht nach wichtige Gründe in den USA und in Deutschland? Machen Sie eine Liste. Beispiele: Drogenmissbrauch—Schwangerschaften von Teenagern—Beziehungen mit Angehörigen anderer Gruppen—Kindermissbrauch—schlechte Leistungen in der Schule

USA	Deutschland

Aufsatzthemen:

1. Der Herr im Haus und die Partnerschaftsehe.
2. Wie könnte man ältere Menschen besser integrieren und versorgen?
3. Sollte die Gleichberechtigung der Frau in der Verfassung verankert sein oder nicht?
4. Wie stellen Sie sich eine gute Beziehung zwischen den Eltern und erwachsenen Kindern vor?
5. Die heutige Familie und alternative Gemeinschaftsformen: Gibt es Gründe, die Gesellschaft in diesem Punkt zu verändern? Warum oder warum nicht?

Mitternachtsmesse am 24. Dezember in Oberbayern

4 Feste im Jahreslauf

Was wissen Sie, was meinen Sie?

1. Die Deutschen denken, sie hätten das Weihnachtsfest „erfunden". Wie stellen Sie sich das deutsche Weihnachtsfest vor? Gibt es ein „richtiges" Weihnachtsfest?
2. Finden Sie es richtig, dass kirchliche Feste wie Himmelfahrt und Fronleichnam gesetzliche Feiertage sind?
3. Es gibt in Deutschland den Karneval als Maskenfest, und in Amerika haben wir Halloween. Welche Unterschiede sehen Sie zwischen diesen Festen?
4. Das Wort „Fest" wird in den USA in vielen Kombinationen benutzt, angefangen mit „Oktoberfest". Glauben Sie, solche Feste haben etwas mit deutschen Festen zu tun?
5. Kennen Sie deutsche Festtraditionen in den USA? Geben Sie ein Beispiel.
6. Ein deutsches Sprichwort sagt: „Man muss die Feste feiern, wie sie fallen." Wie würden Sie das verstehen?
7. Ein Spiel mit Worten: Welche Wörter würden die Aktivitäten an den folgenden Festen charakterisieren?

   Beispiel: Silvester → Tanzen, Feuerwerk, Sekt, das neue Jahr prophezeien.

   Weihnachten

   Karneval

   Fronleichnam

   Oktoberfest

Das Weihnachtsfest

Ein Land mit einer so langen Tradition und so vielen regionalen Unterschieden wie Deutschland hat eine große Zahl von Bräuchen, an denen die Menschen gern festhalten. In Deutschland hat es nie eine Trennung von Staat und Kirche gegeben, und das Kirchenjahr spielt im „Festkalender" eine wichtige Rolle. Die Deutschen feiern ihre kirchlichen Feste länger als die Amerikaner; sie haben mehr bezahlte religiöse Feiertage und weniger politische als die Amerikaner, bis zu 16 gesetzliche Feiertage im Jahr in einigen Teilen des Landes. Dazu kommen Feste, wie der Karneval, wo ebenfalls „gefeiert" wird.

Das wichtigste Fest des Jahres ist das Weihnachtsfest. Es beginnt mit langen Vorbereitungen, nicht nur in der Reklame der Geschäfte. Der November ist die Zeit, in der man an die Toten denkt. Die Katholiken schmücken die Gräber° der Familie am 1. November, zu Allerheiligen.° Für die Protestanten ist der Sonntag vor dem 1. Advent der „Totensonntag". Am Mittwoch vor dem 1. Advent ist ihr „Buß- und Bettag".° In diese Zeit fällt gleichfalls der Gedenktag für die Toten der Kriege.

Zum 1. Advent hat jede Familie einen Adventskranz,° der auf den Tisch gestellt wird und den vier Kerzen schmücken. Am 1. Advent wird die erste Kerze angezündet und jeden Adventssonntag eine weitere. Die Familie sitzt am Sonntagnachmittag zusammen, singt Advents- und Weihnachtslieder und bereitet sich so auf das kommende Fest vor. Am 6. Dezember ist der Nikolaustag. Der Nikolaus kommt nachts und bringt braven Kindern Geschenke, böse bekommen eine Rute.° Die Kinder stellen am Abend vorher ihre Schuhe auf die Fensterbank.° Dort wo der Nikolaustag nicht mehr gefeiert wird, wie zum Beispiel in manchen norddeutschen Gegenden, kommt der Nikolaus trotzdem, und zwar an einem Adventssonntag.

Weihnachten ist das eigentliche Familienfest in Deutschland. Man bedauert jeden Menschen, der am 24. Dezember, am Heiligen Abend, nicht bei seiner Familie sein kann. Das eigentliche Weihnachtsfest wird an diesem Abend gefeiert. Man schmückt an diesem Tag den Weihnachtsbaum, auch Christbaum genannt. Zur Freude des Festes gehört auch, besonders wenn Kinder im Haus sind, die Überraschung über den schönen Baum. Wenn die Kerzen brennen, öffnen die Eltern die Tür, die Kinder bekommen ihre Geschenke, und man öffnet die Geschenkpakete von Verwandten und Freunden. Draußen ist es ruhig, Geschäfte, Kinos, Restaurants schließen; alle Leute versuchen, bei ihrer Familie zu sein. Natürlich fehlt es nicht am Fortschritt der modernen Zeit; man sieht genug Bäume mit elektrischen Kerzen, ja künstliche

Gräber *graves*

Allerheiligen *All Saints' Day*

„Buß- und Bettag" *"day of prayer and penance"*

Adventskranz *Advent wreath*

Rute *switch, rod*

Fensterbank *windowsill*

Weihnachtsbäume. Dabei bleibt allerdings das Bewusstsein, dass so etwas eigentlich nicht „das Richtige“ ist. Natürliche Kerzen sind keineswegs verboten, und man hat nicht solche Angst vor Feuer wie in den USA, auch wenn natürlich Zimmerbrände° vorkommen.

Der 25. und 26. Dezember sind volle Feiertage. Am 25. Dezember isst man seine Weihnachtsgans, seinen Puter° oder seinen Weihnachtskarpfen,° und man besucht Verwandte und Freunde. Der Karpfen gehört in diese Jahreszeit; wenn er nicht zu Weihnachten auf den Tisch kommt, dann sicherlich zu Silvester oder Neujahr.

Zimmerbrände *fires contained in the room*

Puter *turkey*

Weihnachtskarpfen *Christmas carp*

Die Tage zwischen Weihnachten und Neujahr sind zwar keine Feiertage, doch wird eigentlich, wenn es geht, nur „mit halber Kraft“ gearbeitet. Auf die feierliche Stimmung von Weihnachten folgt die lustige Stimmung von Silvester. Alle Restaurants sind voll. Viele Leute feiern bei sich zu Haus. Man will das alte Jahr hinaustanzen und das neue Jahr mit Prosit und Feuerwerk begrüßen. Man möchte auch prophezeien, was das kommende Jahr bringt. Eine Art Prophezeiung ist das „Bleigießen“: man gießt glühendes, flüssiges Blei in kaltes Wasser und versucht die Formen der Figuren, die dabei entstehen, zu deuten; daraus prophezeit man, ob sich im kommenden Jahr die Wünsche und Hoffnungen erfüllen. Das neue Jahr wird mit Sekt und „Prosit Neujahr“ begrüßt.

Die Weihnachtszeit geht bis zum 6. Januar, dem Fest der Heiligen Drei Könige, auch Erscheinungsfest° genannt. Früher war es üblich, dass sich die Kinder abends in die Heiligen Drei Könige verkleideten, von Haus zu Haus zogen und um Süßigkeiten baten. Das ist heute nur noch in einigen ländlichen Gegenden der Brauch, besonders in Bayern.

Erscheinungsfest *Epiphany*

KARNEVAL UND OSTERN

Für die Katholiken besteht die Zeit zwischen Weihnachten und Ostern aus zwei Abschnitten: die Zeit bis zum Karneval und die Fastenzeit. Der Karneval wird in Südwestdeutschland Fastnacht und in Bayern Fasching genannt. Die Art, diese Wochen vor der Fastenzeit zu feiern, ist in den verschiedenen Teilen Deutschlands verschieden. In den katholischen Teilen gehört der Karneval zur Tradition; heute allerdings feiern auch gern die Protestanten mit. Den Höhepunkt dieser „tollen“ Zeit bilden die großen Umzüge.° Am Rhein und in Südwestdeutschland finden sie am Rosenmontag statt, in München am Faschingsdienstag. Im Rheinland ist der Donnerstag vorher für die „Weiberfastnacht“ bestimmt, an dem die Frauen das Regiment übernehmen und in Bonn die

Umzüge *processions, parades*

Bundesregierung innehaben. Die meisten Karnevalsfeste sind Maskenfeste, und bei den Umzügen sind die Masken am wichtigsten. Der Karneval gibt die Gelegenheit, das Leben zu genießen und die anderen Menschen, auch die Politiker und die Regierung, zu verspotten, ohne dass sie es übelnehmen° dürfen. Der Dienstag ist zugleich das Ende der fröhlichen Zeit; um Mitternacht beginnt der Aschermittwoch und die traurige Fastenzeit, die bis Ostern dauert.

übelnehmen *to be offended*

Zu den Fastnachtsumzügen in Baden und Württemberg gehören gewöhnlich auch die Hexen mit ihren Besen. Sie fegen bereits den Winter weg, was sonst erst zu Ostern geschieht. Bei dem Osterfest verbinden sich alte Bräuche im Frühling mit der christlichen Bedeutung. Der Karfreitag wird besonders von den Protestanten als Trauertag und Fastentag angesehen. Das Osterfest selbst ist ein fröhliches Fest, denn der Winter ist nun vorbei. Bei den Katholiken kommt noch hinzu, dass die Fastenzeit jetzt vorüber ist. Auch in Deutschland kommt der Osterhase, der im Garten oder im Wald seine Ostereier legt, die die Kinder suchen müssen. Viele Familien machen einen Spaziergang in den Wald wenn das Wetter gut genug ist. Auch das Osterfest, ebenso wie das Pfingstfest dauert zwei Tage, denn der Montag zählt als Feiertag. Alle diese Feste sind Familienfeste. Zu Pfingsten, wenn das Wetter wirklich schön wird, unternehmen die Leute gern Ausflüge oder weitere Reisen: wenn sie können, über die Alpen nach Süden, der warmen Sonne entgegen.

Das Funkenmariechen auf dem Karneval in Köln

Zwischen Ostern und Pfingsten sind noch mehrere Feste, die den Alltag angenehm unterbrechen. Zum Kirchenkalender gehört das Himmelfahrtsfest° zehn Tage vor Pfingsten. Der Brauch ist allerdings, dass dieser Tag als „Vatertag“ gefeiert wird. Die Männer ziehen allein los und vergnügen sich. Natürlich wird dabei viel getrunken; doch an diesem Tag darf es nicht einmal eine streitsüchtige Ehefrau übelnehmen, wenn der Mann sehr spät und ziemlich schwankend heimkehrt.

Himmelfahrtsfest *Ascension Day*

Ein bedeutendes katholisches Fest ist Fronleichnam,° zehn Tage nach Pfingsten. Mit großen Prozessionen ziehen die Menschen hinaus, um dabei zu sein, wenn die Altäre neu geweiht° werden. Die ganze Stadt oder das ganze Dorf ist dabei, mindestens als Zuschauer. Die Fenster und Türen der Häuser werden mit grünen Birkenzweigen° geschmückt; auf den Straßen werden schön gestaltete Blumenteppiche ausgelegt. Der Frühling ist die Zeit für mancherlei Bräuche, die manchmal vorchristlichen Ursprung haben. Die Bauern umreiten die Felder; sie stellen Maibäume auf; Brunnen werden mit Blumen geschmückt und geweiht. Die Nationalsozialisten haben einige dieser Bräuche benutzt und mit einem politischen Sinn versehen, vor allem das Sonnwendfeuer,° das man am längsten Tag, dem 21. Juni, abends auf Berggipfeln anzuzünden pflegte. Dabei wurden Lieder gesungen, Sprüche gesagt—oft satirische—und schließlich sprangen die jungen Leute über das Feuer. Heute sind diese Sonnwendfeuer wegen dieses politischen Missbrauches selten geworden. Im Schwarzwald zündet man sie im Frühling an, um den Winter zu vertreiben.

Fronleichnam *Corpus Christi*

geweiht, weihen *to consecrate*

Birkenzweigen *birch branches*

Sonnwendfeuer *solstice fire*

NATIONALFEIERTAGE

Mit Nationalfeiertagen haben die Deutschen im 20. Jahrhundert Pech gehabt. Kein Wunder, da ihre Geschichte sich dauernd veränderte. Bis 1918 feierten die Deutschen den Geburtstag ihres Kaisers, den Tag der Reichsgründung 1871 und den Sieg über die Franzosen 1870 bei Sedan. Die Weimarer Republik versuchte außer dem 1. Mai, dem Tag der Arbeiterbewegung, einen „Verfassungstag“ einzuführen, doch er fand ebenso wenig Anklang wie die Verfassung selbst. Umso mehr beeindruckte der Nationalsozialismus die Bevölkerung durch Aufmärsche, Paraden, Reden und Zeremonien. Die Feiern gingen vom Tag der „Machtübernahme“° über den Geburtstag des Führers, den 1. Mai, die Sommersonnenwende,° das Erntedankfest° bis zum 9. November, dem Tag des missglückten Putsches in München 1923.

Machtübernahme *assumption of power*

Sommersonnenwende *summer solstice*

Erntedankfest *thanksgiving for the harvest*

Nach dem Überangebot° an Feiern folgte nach 1945 zunächst eine Leere. Nur der 1. Mai, kein eigentlicher Nationalfeiertag, wurde beibehalten. Die

Überangebot *oversupply*

Bemalung von Ostereiern nach alter Tradition in Hessen

DDR feierte auch den Gründungstag ihrer Republik, den 7. Oktober. In der BRD wurde der 17. Juni als Nationalfeiertag eingeführt, als „Tag der deutschen Einheit“ zum Andenken an den Aufstand in der DDR im Jahre 1953 und als Erinnerung an die Teilung Deutschlands. Nur die DDR feierte den 8. Mai 1945 als „Tag der Befreiung“.

Mit welchem Fest an welchem Tag soll das wiedervereinigte Deutschland seine neugewonnene Identität feiern? Das wurde eine schwierige Frage. Der 9. November, der Tag, an dem die Berliner Mauer geöffnet wurde, schied aus. Zu viele Erinnerungen waren mit dem Tag verknüpft: der Hitler-Putsch von 1923, die „Kristallnacht“ von 1938, ja sogar das Ende des Ersten Weltkriegs 1918. So blieb es bei dem 3. Oktober, dem Datum der offiziellen Wiedervereinigung im Jahre 1990. Es wird lange dauern, bis dieser Tag einmal die Bedeutung erhalten kann wie der 4. Juli in den USA oder der 14. Juli in Frankreich.

Im Haus und im Büro

Natürlich gibt es viele Feste im Leben des einzelnen Menschen: Geburtstag oder Namenstag,° Hochzeit und Hochzeitstag, Taufe, Konfirmation oder Erstkommunion,° Jubiläum. Die meisten Deutschen feiern gern mit viel gutem

Namenstag *name day*

Erstkommunion *First Communion*

Vor dem Reichstagsgebäude in Berlin wird am 3. Oktober 1990 die deutsche Einheit gefeiert.

Essen und viel Alkohol; sie wollen lustig sein, wenn sie feiern. Sie werden laut; sie lachen viel; sie sind informell, ungezwungen. Das nennen sie „Gemütlichkeit“, und das ist ihre Vorstellung von einer Feier. Oft gehören Reden und andere Programmpunkte zu einer Festlichkeit, dann gibt es einen „ernsten“ und einen „heiteren“ Teil. Der heitere Teil fehlt nie. Die öffentlichen Feste, die die Deutschen sich geschaffen haben, sind alle so, dass es dabei laut und gemütlich werden kann, wie die vielen „Volksfeste“,° die es vor allem im Sommer und Herbst gibt, und die vielfach mit Erntefesten und Landwirtschaftsausstellungen verbunden sind. Das bekannteste davon ist das Oktoberfest in München, das im September und Oktober stattfindet und das ziemlich „jung“ ist—es wird erst seit dem Beginn des 19. Jahrhunderts gefeiert. Typisch für diesen Geschmack der Deutschen ist auch der „Betriebsausflug“.° Jede Firma, jede Behörde sogar, unternimmt einmal im Jahr einen gemeinsamen Tagesausflug, den der Betrieb bezahlt. Dieser Ausflug endet am Abend mit einem Trinkfest. Natürlich gibt es richtige Trinkfeste, zum Beispiel die Weinfeste in den Weinbaugegenden, die nach der Weinernte gefeiert werden, oder die Bierfeste, zum Beispiel in München. Jeder Verein hat ein Jahresfest; die Studentenverbindungen haben ihre Stiftungsfeste.° Auf allen diesen Festen essen, trinken, tanzen und lachen die Menschen, und wer gern nüchtern ist und Ruhe braucht, wird wenig

Volksfeste *fun fairs*

Betriebsausflug *company's outing*

Stiftungsfeste *annual conventions*

Geschmack daran finden. Die Deutschen sind richtig ernst, wenn sie ernst sein müssen, besonders bei der Arbeit—vielleicht zu ernst, wie manche Ausländer sagen; wenn sie feiern, wollen sie richtig lustig sein. Dabei gibt es keinen Unterschied mehr zwischen Armen und Reichen, zwischen dem Chef und dem Bürodiener.° Schnell ist man auf du und du. Am nächsten Morgen ist jedoch alles wieder „normal", höchstens, dass man seinen „Kater"° überwinden muss. Arbeit und Feiern sind zwei streng getrennte Bereiche. „Dienst ist Dienst, und Schnaps ist Schnaps", hieß es in der deutschen Armee. Allerdings—wer nicht richtig feiern, nicht richtig lustig sein kann, erweckt Misstrauen. Wenn es der Chef ist, so muss er damit rechnen, dass ihn seine Angestellten auch im Dienst nicht ganz akzeptieren und ernst nehmen.

Der Tourist also, der die Deutschen beim Karneval oder beim Oktoberfest trinken und lachen sieht, sieht nur eine Seite von ihnen. Andere Seiten entdeckt er erst, wenn er in eine Familie kommt, oder wenn er die Menschen bei der Arbeit kennen lernt.

Bürodiener *office boy*

Kater *hangover*

Fragen zum Text:

Das Weihnachtsfest

1. Welche Bedeutung haben die Adventssonntage?
2. An welchem Tag wird in Deutschland das Weihnachtsfest gefeiert?
3. Was gehört zu einer Silvesterfeier?
4. Mit welchem Fest geht die Weihnachtszeit zu Ende? Was wird an diesem Fest getan?

Karneval und Ostern

5. Welche Feste sind zur Karnevalszeit beliebt?
6. Warum ist Ostern ein fröhliches Fest?
7. Was geschieht am Fronleichnamsfest?
8. Warum und wie feierte man den 21. Juni?

Nationalfeiertage

9. Was ist im 20. Jahrhundert mit den deutschen Nationalfeiertagen passiert? Warum?
10. Warum wäre der 9. November kein guter Tag für einen Nationalfeiertag gewesen?

Im Haus und im Büro

11. Wie feiern die meisten Deutschen gern?
12. Was muss jeder Betrieb einmal im Jahr bieten?

13. Wie soll sich der Chef bei einem Fest benehmen?
14. Was für Feste erwarten die Deutschen im Sommer und im Herbst?
15. Zu welchen deutschen Festen kommen viele ausländische Touristen?

Aufsatzthemen:

1. Mit welchen deutschen Festen könnte man Thanksgiving vergleichen? Was ist der Unterschied?
2. Wie sehen Sie den Unterschied zwischen dem amerikanischen Nationalfeiertag am 4. Juli und dem deutschen Nationalfeiertag, dem Fest der Wiedervereinigung am 3. Oktober?
3. Wie feiern Sie in Ihrer Familie Geburtstage und Jubiläen?
4. Halten Sie einen Betriebsausflug für eine gute Idee? Wie würden Sie ihn sich vorstellen?
5. Die Beziehungen der verschiedenen Generationen in einer Familie. Wie sind sie und wie sollten sie sein? Was denken Sie?

Das Christianeum, ein Gymnasium in Hamburg-Groß-Flottbek

5 Die Schule

Was wissen Sie, was meinen Sie?

1. Haben Sie oft die Schule gewechselt oder nicht? Was war gut und was war schlecht beim Schulwechsel?
2. In den USA haben die Schüler die verschiedenen Kurse mit anderen Schülern zusammen. Finden Sie das gut, oder sollte immer dieselbe Gruppe von Schülern zusammenbleiben?
3. Sollten Kinder Fremdsprachen lernen? Ab wann und wie lange?
4. Welche Rolle sollte der Sport in der Schule haben?
5. Was ist wichtiger in der Schule, Allgemeinbildung oder Vorbereitung auf das Berufsleben?
6. Sind öffentliche oder private Schulen besser? Warum?
7. Sollte Religion in der Schule gelehrt werden? Wenn ja, wie müßte das gemacht werden?
8. Was war Ihnen in der Schule am wichtigsten, das Lernen, Freundschaften mit anderen Schülern, besondere Aktivitäten (welche?), Sport, oder noch etwas anderes?

Das Schulsystem

Jedes Land hat sein eigenes Schulsystem, das sich langsam entwickelt hat und das mit den Traditionen des Landes eng zusammenhängt. Das deutsche Schulsystem hat mehrere Eigenheiten, die es von dem System der USA unterscheiden. Es kennt nämlich nicht die Einheitsschule° der USA; es hat sehr wenige

Einheitsschule *unified comprehensive school*

Privatschulen; die Kirche ist nicht vom Staat getrennt; und schließlich werden die Schulen hauptsächlich von den Ländern und nicht von den Gemeinden verwaltet. Die Schulen werden aus allgemeinen Staatseinnahmen und nicht aus Gemeindesteuern finanziert. Die Lehrer werden einheitlich bezahlt und können innerhalb des Landes versetzt werden. Auch der Ablauf eines Schultags ist in Deutschland anders als in den USA. Die Bundesregierung hat kein Erziehungsministerium,° allerdings ein Ministerium für Bildung, Wissenschaft, Forschung und Technologie, das sich mit Koordination, Bildungsplanung und Förderung der Forschung befasst. Jedes einzelne Land hat ein Ministerium, das gewöhnlich den Namen trägt: Ministerium für Unterricht und Kultur. Die Schule und die kirchlichen Angelegenheiten werden also vom selben Minister verwaltet, der sich außerdem mit allen anderen kulturellen Angelegenheiten beschäftigt. Alle Kinder haben die Gelegenheit, in der Schule Religionsunterricht zu erhalten, ihrer Konfession entsprechend. Der lange dauernde Streit, ob die Schüler in den ersten Schuljahren nach der Konfession getrennt werden sollten, ist inzwischen vergessen. In Bayern war immerhin eine Volksabstimmung nötig, um die „christliche Gemeinschaftsschule" durchzusetzen. Der Religionsunterricht ist reguläres Lehrfach, je nach Religion oder Konfession. Allerdings können die Eltern verlangen, dass ihr Kind nicht daran teilnimmt; im Alter von 14 Jahren entscheiden die Schüler selbst darüber.

Erziehungsministerium *department of education*

Zu den Privatschulen gehören Internatsschulen für Schüler, die nicht bei den Eltern leben können, katholische Klosterschulen und die Waldorfschulen der Anthroposophen. Die Prüfungen der Privatschulen werden staatlich überwacht. Es gibt Privatschulen, die staatliche Zuschüsse erhalten.

Die 52 300 deutschen Schulen versorgen 12 Millionen Schüler, die von 700 000 Lehrern unterrichtet werden. Es gibt Unterschiede im Schulsystem verschiedener Länder, doch die nötige Einheitlichkeit bleibt erhalten, und zwar durch die Beschlüsse der „Ständigen Konferenz der Kultusminister der Länder". Die Länder haben Abkommen über die Schulpflicht, über Organisationsformen der Schulen und über die gegenseitige Anerkennung der Prüfungen und Zeugnisse.

Das deutsche Schulsystem hat sich aus zwei Typen entwickelt: Erstens die Volksschule, heute Hauptschule genannt, also die allgemeine Schule für jedermann; sie dauerte früher 8 Jahre, inzwischen 9 oder 10 Jahre. Dann gab es Schulen zur Vorbereitung auf die Universität. Eine solche Schule heißt ein Gymnasium, eine Oberschule, oder eine Höhere Schule, und der Schüler hat insgesamt 13 Jahre bis zum Abschluss. Daneben hat, sich schließlich seit dem späteren 19. Jahrhundert die Real-oder Mittelschule entwickelt: eine Schule mit 10 Schuljahren, die für höhere Stellungen im praktischen Leben Voraussetzung° ist. Ein Schüler, dessen Noten schlecht sind, muss das Jahr wiederholen,

Voraussetzung *prerequisite*

er „bleibt sitzen". Der Ausdruck stammt aus der Zeit, wo der Schüler im gleichen Klassenzimmer sitzen blieb, während seine Kameraden in das nächste Klassenzimmer umzogen. Wer zu oft sitzen bleibt, kann nicht auf dem Gymnasium oder der Realschule bleiben; er muss „nach unten" wechseln oder ganz die Schule verlassen.

Dieses Schulsystem, das den traditionellen Gesellschaftsklassen entspricht, schien nach dem Zweiten Weltkrieg nicht mehr zeitgemäß. Die Eltern müssen ja, nachdem das Kind vier Jahre die „Grundschule" besucht hat, zusammen mit der Schule entscheiden, ob das Kind ins Gymnasium, in die Realschule oder in die Hauptschule gehen soll. Das ist eine Entscheidung für das ganze Leben, und es ist in vielen Fällen verfrüht, sie bereits zu treffen, wenn das Kind erst 10 Jahre alt ist. So gelten jetzt das 5. und 6. Schuljahr als „Orientierungsstufe."° Der strengen Trennung der drei Schultypen sollen „Gesamtschulen"° entgegenwirken, bei denen alle Schularten im gleichen Gebäude zusammen sind, und wo man leichter überwechseln kann. Theoretisch war es schon immer möglich, dass begabte Kinder auch später von der Hauptschule zur Realschule und zum Gymnasium wechseln konnten. Praktisch war das bei der Verschiedenheit der Lehrpläne sehr schwierig.

Orientierungsstufe *orientation level*

Gesamtschulen *comprehensive schools*

Die DDR wollte Chancengleichheit einführen und sah sie am besten in der Einheitsschule verwirklicht, ähnlich der amerikanischen Schule. Es war eine zwölfjährige Schule; allerdings gab es nach 10 Schuljahren zwei Möglichkeiten: entweder blieb man in der Schule oder man kombinierte Schule und Lehre.° In der BRD wurden stattdessen die Berufsschulen ausgebaut. Es gibt inzwischen Fachoberschulen und ein „Fachabitur".

Lehre *apprenticeship*

Über die Schulbildung gibt es sehr unterschiedliche Auffassungen. Es gibt die konservative Auffassung, die Trennung der Schularten zu erhalten. Die von der CDU regierten Länder haben die wenigsten Experimente gemacht. Die Befürworter° der Gesamtschule sind meistens in der SPD zu finden. Die SPD-Länder haben daher mehr Gesamtschulen und schaffen mehr Möglichkeiten der Weiterbildung. Die Gesamtschule hat auch eine gesellschaftliche Funktion; die Schüler kommen mit viel mehr anderen und andersartigen Schülern zusammen. Sie lernen, wie in den USA, mehr das richtige Verhalten in der Gesellschaft und nicht nur akademisches Wissen. Die Eltern entscheiden sich jedoch oft nach den Leistungen der Kinder. Ein sehr intelligentes Kind wird ins Gymnasium geschickt; ein etwas weniger begabtes in die Gesamtschule.

Befürworter *advocates*

Die Reformen waren eigentlich als Anfang einer Umbildung° des Erziehungssystems gedacht. Inzwischen besteht das Neue neben dem Alten. Die neuen Bundesländer im Osten haben diese Formen des Schulsystems übernommen. Es gab allerdings erhebliche Übergangsprobleme, bei den Schülern und bei den Lehrern. Auch dort wird es Unterschiede von Land zu Land geben,

Umbildung *transformation*

auch wenn das System insgesamt gleich ist. Berlin und Brandenburg haben beispielsweise sechs Jahre statt vier Jahren gemeinsamer Grundschule. In allen Ländern hat sich die Reform der Oberstufe des Gymnasiums durchgesetzt: die letzten zwei Jahre des Gymnasiums sehen inzwischen eher wie die ersten Jahre in einem amerikanischen College aus. Dadurch dass es viele neue Wege zum Abitur gibt, hat das System eine Flexibilität bekommen, die ihm vorher fehlte.

Die Grundschule

Seit dem Ende des Ersten Weltkriegs verbringen alle Schüler die ersten vier Jahre zusammen in der „Grundschule". Die Kindergärten sind bis jetzt noch kein Teil des Schulsystems sondern „Jugendhilfe". Zwei Drittel der Kinder zwischen drei und sechs Jahren besuchen Kindergärten. Es gibt städtische, kirchliche und private Kindergärten; manche Betriebe haben Kindergärten für ihre Angestellten eingerichtet. Während ein Teil der Kinder nur den Vormittag im Kindergarten verbringt, dient er auch als Tagesstätte für die Kinder arbeitender Mütter. Der Besuch des Kindergartens ist freiwillig, doch nach einem Bundesgesetz haben ab 1998 alle Kinder das Recht auf einen Platz im Kindergarten, wie es in der DDR der Fall war. Es ist auch oft davon die Rede, das letzte Jahr Kindergarten in die Schulen zu integrieren, also die Schule mit 5 Jahren zu beginnen und nicht erst mit 6 Jahren.

Bis jetzt beginnt der „Ernst des Lebens" mit dem ersten Schultag im Alter von 6 Jahren. Die Kinder bekommen zu diesem Anlass eine große Papptüte mit Süßigkeiten, Schultüte° genannt. Ihre Schulsachen tragen sie in einem Ranzen° auf dem Rücken. Früher fing das neue Schuljahr nach Ostern an, doch jetzt hat sich die Bundesrepublik den anderen europäischen Ländern angeglichen, und die Schule beginnt nach den Sommerferien. Schule ist in den meisten Ländern nur am Vormittag, allerdings auch jeden zweiten Sonnabend. Arbeitsgemeinschaften am Nachmittag, besonders für größere Schüler, sind die Ausnahme. Bei den „ABC-Schützen" der ersten Klasse beginnt es sehr bald, ernst zu werden. Sie lernen lesen und schreiben, und sie fangen sofort mit dem Rechnen an. Außerdem haben sie Religionsunterricht, Sport, Zeichnen und Musik. Die deutsche Rechtschreibung° ist einigermaßen phonetisch, so wird von den Kindern erwartet, dass sie nach einem Jahr Schule alle Wörter, die zu ihrem Wortschatz° gehören, lesen und schreiben können. In der zweiten Klasse bekommen sie also bereits Lesestücke als Diktate und nicht einzelne Wörter.

In der dritten Klasse lernen die Kinder auch Heimatkunde° und etwas Naturkunde. Jede Klasse hat einen Klassenlehrer, und die Kinder haben die

Schultüte *"school bag" (filled with candy)*

Ranzen *satchel*

Rechtschreibung *spelling system*

Wortschatz *vocabulary*

Heimatkunde *geography of one's own region*

„Laterne, Laterne, . . ." Kindergartenkinder bereiten sich auf den Martinszug vor.

meisten Fächer bei ihm. Zu den Ausbauplänen° gehört zum Beispiel, bereits in der dritten Klasse mit dem Unterricht einer Fremdsprache zu beginnen.

Ausbauplänen *plans for reform*

DIE HAUPTSCHULE

Schulbildung ist der Schlüssel zum Berufserfolg. Die Eltern haben mehr Ehrgeiz für ihre Kinder entwickelt. Die Zahl der Gymnasiasten nimmt immer mehr zu, ebenso die der Realschüler. Die Zahl der Hauptschüler nimmt hingegen ab, auf alle Fälle die Prozentzahl. Es sind etwa ein Drittel der Schüler, die auf der Hauptschule bleiben. Manche Eltern versuchen auch die Hauptschule zu vermeiden, weil hier der Anteil an Ausländerkindern höher ist als in den anderen Schularten. Der Andrang zu den „höheren" Schularten bedeutet allerdings auch, dass das Niveau angepasst wird. Während früher in der Arbeiterklasse die Ansicht weit verbreitet war, Kinder sollten möglichst früh Geld verdienen, also schnell mit der Schule fertig sein, ist das inzwischen ganz anders geworden. Der Besuch des Gymnasiums oder der Realschule gibt auch für praktische Berufe bessere Chancen.

Die Hauptschule vermittelt also eine Allgemeinbildung, die für das praktische Leben vorbereiten soll. Dabei hat sich in den letzten dreißig Jahren auch an diesen Schulen sehr viel geändert. Die entscheidende Änderung war, dass in den sechziger Jahren endlich die einklassigen Dorfschulen abgeschafft wurden, zuerst für die höheren Klassen. Die Dorfschule, in der Schüler von der ersten bis zur achten Klasse mit einem Lehrer zusammen waren, musste wirklich durch „Mittelpunktsschulen" ersetzt werden. Auch in Deutschland fahren jetzt die Schüler mit Bussen zur Schule. Nicht immer sind es allerdings besondere Schulbusse, und schon gar keine gelben.

Die Mittelpunktsschulen bedeuteten auch, dass die Schüler von Fachlehrern unterrichtet werden. Man kann Englisch lernen, und es gibt Flexibilität im Lehrplan, um begabtere Kinder zu fördern. Auch in der Hauptschule werden die Schüler nicht automatisch „versetzt"; wer schlechte Leistungen hat, muss die Klasse wiederholen, und längst nicht alle Schüler erreichen den Abschluss der Hauptschule.

Die Schulpflicht geht auch in Deutschland bis zum Alter von 18 Jahren. Doch wer mit 15 oder 16 Jahren den Abschluss der Hauptschule oder Realschule erreicht, geht nur noch teilweise, zusammen mit der Berufsausbildung, zu einer Schule. Dieses System soll in Kapitel 7 erklärt werden.

Die Realschule

Die Real- oder Mittelschule hat sich zuerst in Großstädten und Industriegegenden entwickelt, wo das Bedürfnis für qualifizierte Fachleute im mittleren Bereich vorhanden war. Nach insgesamt 10 Jahren führt die Realschule zu einem mittleren Schulabschluss, auch „mittlere Reife" genannt. Die Realschule wurde früher „Mittelschule" genannt, und in den neuen Bundesländern gibt es neben dieser Bezeichnung auch den Namen „Sekundarschule", wo Haupt- und Realschule zusammengefasst sind. Einer mittleren Reife entsprechen auch 6 Jahre am Gymnasium. Um bessere Aufstiegsmöglichkeiten° zu schaffen, gibt es heute außer den Gesamtschulen auch Realschulkurse an manchen Hauptschulen. Nach Abschluss der Realschule führen zwei Jahre Unterricht in der Fachoberschule zu einer „Fachoberschulreife".

Aufstiegsmöglichkeiten *chances for advancement*

Die Realschule ist wie die Hauptschule praktisch ausgerichtet; aber sie bietet mehr und verlangt mehr vom Schüler. Er kann außer Englisch auch eine zweite Fremdsprache lernen, z.B. Französisch. In der Mathematik und den Naturwissenschaften denkt man an die selbständige praktische Verwendung der Kenntnisse. Wer die Realschule besucht hat, kann die „mittlere Laufbahn" im Staatsdienst einschlagen; er kann zum Beispiel das Geschäft oder den Handwerksbetrieb des Vaters übernehmen; er kann auch auf eine Fachschule gehen und Ingenieur oder Architekt werden. Die Realschule ist die Vorbereitung für

Religionsunterricht in der Schule: Exkursion zu Feldkreuzen

Berufe, in denen eine Kombination von theoretischen und praktischen Kenntnissen verlangt wird, und die eigene Verantwortung mit sich bringen. Die Lehrer an diesen Schulen sind Fachlehrer, die an der Universität studiert haben.

Traditionell ist der Anteil von Mädchen in der Realschule besonders hoch, denn sie war die Voraussetzung für typische „Frauenberufe" wie Fürsorgerin und Kindergärtnerin. Auch Sekretärinnen gingen von der Realschule auf eine „Handelsschule". Das ist jedoch in den letzten Jahrzehnten und Jahren anders geworden. Die Zahl der Mädchen im Gymnasium ist erheblich gestiegen, und die Trennung von Frauen- und Männerberufen stimmt nicht mehr.

Das Gymnasium

Das Gymnasium ist zum größten Schultyp geworden. Mehr Schüler besuchen das Gymnasium als die Realschule oder Hauptschule. Das ist ein radikaler Bruch mit der Tradition. Bis vor kurzem war das Gymnasium eine Eliteschule. Ähnlich ist es an den Universitäten, wo in den letzten dreißig Jahren eine enorme Expansion stattgefunden hat. Dieser Wechsel in der Zahl der Schüler und Studenten hat natürlich große Konsequenzen für den Charakter

Die Busse warten auf die Kinder nach dem Unterricht.

der Institutionen und die Lehrweise. Bei kleinen Zahlen ist der individuelle Kontakt genau so wichtig wie der formelle Unterricht. Man braucht weit weniger Vorschriften° und Sicherungen.° Die Lehrer konnten davon ausgehen, dass die Schüler nicht nur lernten, was sie zur Prüfung brauchten, sondern auch eigene Interessen verfolgten. Selbst mittelmäßige Schüler hatten ein bestimmtes Niveau Heute müssen alle Anforderungen genau, juristisch genau, definiert werden. Die Zensuren sind so viel wichtiger geworden als früher, besonders in den oberen Klassen, und die Durchschnittsnoten° sind viel höher geworden.

Vorschriften *guidelines*

Sicherungen *safety checks*

Durchschnittsnoten *average grades*

Natürlich hat die Öffnung der Gymnasien für breitere Schichten ihre positiven Folgen. Das deutsche Schulsystem ist demokratischer geworden. Klagte man früher darüber, dass zu wenige Arbeiterkinder auf die Gymnasien gingen, so kommen heute die Schüler aus allen Schichten. Das Gymnasium ist immer noch der Schlüssel zu höheren Laufbahnen, vor allem zum Studium an einer wissenschaftlichen Hochschule, aber auch zu höheren Posten im Staat und in der Industrie. Es ist immer noch entscheidend, das Abiturzeugnis (in Österreich heißt das Abitur Matura) in der Hand zu haben, wenn möglich mit guten Noten. Wenn die Wirtschaftslage schlecht ist und es wenig Möglichkeiten für die Berufsausbildung gibt, haben Abiturienten meist den Vorzug. Als die Gesamtschule eingeführt wurde, in der die verschiedenen Schultypen unter einem Dach sind, hoffte man, dadurch das Schulsystem demokratischer zu machen. Das ist inzwischen geschehen; aber anders als erwartet, nämlich durch eine Umwandlung der Gymnasien selbst. Die Gesamtschulen bestehen dabei als Alternative neben den Gymnasien.

Entwickelt hat sich das Gymnasium aus der Lateinschule, die für die Universität vorbereiten sollte. Es gibt Gymnasien, deren Tradition bis zur Reformation oder gar ins Mittelalter zurückreicht. Dieses „humanistische" Gymnasium betonte die klassische Bildung. Latein war die erste Fremdsprache, das klassische Griechisch die zweite. Geisteswissenschaften waren wichtiger als Naturwissenschaften. Dafür ist heute weniger Bedarf. Das humanistische Gymnasium war Eltern und Schülern nicht mehr zeitgemäß, so dass die anderen Typen des Gymnasiums vorherrschend wurden. Es gab nämlich das Realgymnasium, das die modernen Fremdsprachen betonte und auf das Griechische verzichtete, aber nicht auf Latein, und dann die Oberrealschule, die den größten Wert auf die Naturwissenschaften legte. Heute gibt es diese Trennung nicht mehr. Jedoch können die Schüler, vor allem in der Oberstufe, ihre eigenen Schwerpunkte setzen.

Mädchengymnasien, die am Anfang unseres Jahrhunderts gegründet wurden, hießen „Lyzeen". Sie entsprachen dem Typ der Oberrealschule. Einige von ihnen hatten Zweige von „Frauenschulen" mit hauswirtschaftlichen Fächern als Vorbereitung für „Frauenberufe". Nach ersten Versuchen in der Weimarer Republik setzten sich gemeinsame Schulen für Jungen und Mädchen erst in den sechziger Jahren durch.

Seit den sechziger Jahren haben die Gymnasien mehr gesellschaftswissenschaftliche Fächer eingeführt. Die Schüler sollen Klassen im geisteswissenschaftlichen, im sozialwissenschaftlichen und im naturwissenschaftlich-mathematischen Bereich nehmen. Im Unterschied zum amerikanischen Schulsystem werden die Fremdsprachen betont. Spätestens im fünften Schuljahr beginnen die Schüler mit der ersten Fremdsprache, gewöhnlich Englisch, die sie mindestens sieben Jahre beibehalten. Sie lernen dann auch eine zweite und oft eine dritte Sprache. Eine dieser Fremdsprachen ist gewöhnlich Latein.

Aus der älteren Zeit stammen die lateinischen Bezeichnungen für die Klassen des Gymnasiums: Sexta, Quinta, Quarta, Tertia, Sekunda und Prima. Die letzten drei Klassen wurden geteilt, und zwar in Untertertia und Obertertia, ebenso Untersekunda und Obersekunda, Unterprima und Oberprima. Ein „Primaner" hielt sich immer für etwas Besonderes.

Die Wiedervereinigung Deutschlands führte zu speziellen Problemen im Bereich der Oberstufe der Gymnasien. Die vier östlichen Länder, die zwölf statt der dreizehn Schuljahre beibehalten haben, sollen bis zum Jahr 2000 das neue Jahr einführen. Doch es wurde eine Kommission eingesetzt, die bis dahin Vorschläge zu einer grundlegenden Schulreform ausarbeiten soll.

Die Oberstufe aller Gymnasien, also die 11. und 12., oder die 11. bis 13. Klasse, sieht jedenfalls mehr einem amerikanischen College ähnlich als dem traditionellen Gymnasium. Die Schüler bleiben nicht mehr mit derselben Gruppe zusammen. Statt eines festgelegten Stundenplans wählen die Schüler ihre Kurse selbst. Religion und Sport bleiben allerdings Pflichtfächer. Die Schüler besuchen Klassen in den drei Kernbereichen. Dabei müssen sie neben „Grundkursen" auch „Leistungskurse" nehmen, in Fächern, für die sie besonderes Interesse und besonderes Talent haben. Das Ziel ist, neben der Allgemeinbildung schon etwas von dem Fachwissen zu vermitteln, das für ein Studium oder eine Berufsausbildung nötig ist.

Am Ende des Gymnasiums steht die entscheidende Abschlussprüfung, das Abitur, in Österreich Matura. Das Abiturzeugnis, eine Kombination von Prüfungsergebnissen und Klassennoten, ist der Schlüssel zu weiterer Bildung. In früheren Zeiten spielten die Zensuren dabei keine Rolle, doch heute ist die Durchschnittsnote sehr wichtig, ganz besonders für Studiengänge mit einem „Numerus Clausus", mit beschränkter Zulassung.° Den Numerus Clausus kann es in Naturwissenschaften, Gesellschaftswissenschaften, Jura und Medizin geben. Neben der Durchschnittsnote entscheidet auch die Länge der Wartezeit. In der Medizin gibt es inzwischen außerdem Aufnahmetests und Auswahlgespräche.

Zulassung *admission*

Ein großer Reiz der Schulen ist die Gemeinschaft der Schüler in einer kleinen Klasse. Das trifft ganz besonders auf das Gymnasium zu, wo die Schüler viele Jahre zusammenbleiben. Es sind in Deutschland nicht die Studentenjahrgänge, die spätere Klassentreffen organisieren, sondern Schulklassen, vor allem Abiturklassen. Nun hat das Kurssystem der neuen Oberstufe diese feste Gemeinschaft allerdings beeinträchtigt; denn in den letzten zwei oder drei Jahren kommen die Schüler in jedem Kurs mit verschiedenen Schülern zusammen. Außerdem sind die Gymnasien größer, also anonymer geworden. Dennoch bleibt die Schule der Ort der Gruppenbildung und der Freundschaften.

Das Gymnasium ist also nicht mehr die Bastion der Allgemeinbildung, als die es einmal galt. Es werden mehr gesellschaftliche und speziell politische Probleme behandelt, es gibt mehr Übung in der praktischen Demokratie, und die Schüler und Schulen orientieren sich an den Ausbildungs- und Berufsmöglichkeiten. Die Schule soll „Bildung" und „Ausbildung" kombinieren, doch die Ausbildung hat den Vorrang bekommen.

Die Durchlässigkeit° des Schulsystems

Eines der Hauptziele der Reformer der sechziger und siebziger Jahre war die „Durchlässigkeit" der Schulbildung. Dafür wurden die Gesamtschulen geschaffen, wo Hauptschule, Realschule und Gymnasium unter einem Dach sind. Davon gibt es inzwischen zwei Typen, die kooperative und die integrierte Gesamtschule. Die kooperative Gesamtschule trennt den Unterricht der drei Schulen, nur dass es leichter geworden ist, wenn ein Schüler die Schulart wechseln will oder muss. Die integrierte Gesamtschule nähert sich am meisten der Einheitsschule; denn hier werden die Schüler nach ihren Fähigkeiten in Kurse eingeteilt. Konservative Gegner behaupten, dass Schüler in den Gesamtschulen weniger „lernen". Unbestritten ist, dass hier Schüler aller Gesellschaftsgruppen zusammentreffen und miteinander auskommen müssen. Die Abschlussprüfungen werden auf jeden Fall von den Ministerien der Länder beaufsichtigt.

Durchlässigkeit *permeability, flexibility*

Die Zahl der Schüler in solchen Gesamtschulen beträgt ein Viertel von denen in Gymnasien. Die Gesamtschulen haben also nicht die Gymnasien ersetzt. Doch etwas anderes ist geschehen: es entstand eine Vielzahl von Möglichkeiten, sich durch die Kombination von Schule und Berufsausbildung für eine Hochschule zu qualifizieren. Es ist heute für jeden Menschen möglich, die Schulbildung zu erlangen, die er wünscht und zu der er fähig ist. Von diesen Kombinationen soll im Kapitel 7 genauer die Rede sein.

Besondere Probleme, besondere Schulen

Unter den Gymnasien gibt es einige, die für Schüler mit speziellen Talenten gedacht sind. Das beste Beispiel sind die „musischen Gymnasien", die künstlerisch begabte Kinder fördern und auf ihre Eigenheiten Rücksicht nehmen.

Eine schon länger bestehende Einrichtung ist das „Abendgymnasium". Hier wollen Erwachsene abends nach der Berufstätigkeit das Abitur erwerben. Die Kurse führen in zwei Jahren zu einem Fachabitur, in drei Jahren zum allgemeinen Abitur. Es gibt auch Volkshochschulen, die Kurse einrichten, die zu einem höheren Schulabschluss führen. Etwa 44 000 Erwachsene machen von diesen Möglichkeiten Gebrauch.

Knapp 400 000 lernbehinderte° Jungen und Mädchen brauchen Sonderschulen, die ihnen die für sie erreichbare Bildung und Ausbildung vermitteln. Sie werden von Lehrern mit einer Spezialausbildung unterrichtet.

lernbehinderte *learning impaired*

Immer noch stellt die Integration ausländischer Schüler ein Problem dar, obwohl die große Mehrheit der ausländischen Schüler in Deutschland aufgewachsen ist. Hier muss der Lehrer nicht nur die Sprache vermitteln, sondern auf eine andere Kultur Rücksicht nehmen und die Schüler dazu bringen, friedlich miteinander auszukommen. In Schulen, wo Türken, Griechen, Bosnier und Italiener einen hohen Prozentsatz der Schüler stellen und die deutschen Schüler manchmal in der Minderzahl sind, stellen sich neuartige Unterrichtsprobleme.

Die deutschen Universitäten hatten zeitweilig Schwierigkeiten mit manchen ausländischen Studenten, deren Qualifikation nicht dem deutschen Abitur entsprach. Hierfür wurden „Studienkollegs" eingerichtet, die neben Deutschkenntnissen das nötige Fachwissen vermittelten.

Die Ausbildung der Lehrer

Der Lehrerberuf ist in Deutschland sehr angesehen. Eine Laufbahn als Lehrer an allen Schultypen verspricht ein gutes Gehalt, eine feste und sichere Stellung, eine gute Pension am Lebensabend und zufrieden stellende Arbeitsbedingungen. Die Männer und Frauen, die sich für diesen Beruf entscheiden, sehen ihn als Lebensberuf und nicht als vorübergehende Beschäftigung an. Der Lehrerstand ist stolz auf den Beruf, nimmt ihn ernst und verteidigt auch die Interessen des Standes, wenn es nötig ist. Lehrer sind Beamte (der Begriff wird in Kapitel 8 erklärt); sie sind nicht von lokalen Bedingungen und Interessen abhängig, sondern vom Land angestellt.

Da ein Lehrer damit rechnet, bis zu seiner Pensionierung im Beruf zu verbleiben, ist die Ausbildung gründlich. Zuerst kommt das Studium an der Universität. Früher gab es „Pädagogische Hochschulen", an denen Lehrer für die Hauptschulen und Realschulen ausgebildet wurden. Heute sind diese Hochschulen in die Universitäten integriert, und die Fachbereiche der Universitäten lehren auch Didaktik. Ein Gymnasiallehrer hat gewöhnlich zwei Hauptfächer, die er lehrt. Die Lehrer an Haupt- und Realschulen qualifizieren sich ebenfalls als Fachlehrer für ein oder zwei Fächer. Neben ihren Fächern belegen die Studenten auch Vorlesungen und Seminare in Pädagogik, Psychologie und Philosophie. Die Studenten schließen ihr Studium mit einem „Staatsexamen" ab, in dem sie von Professoren und Vertretern des Kultusministeriums geprüft werden. Dann beginnt die praktische Ausbildung. Die angehenden° Gymnasiallehrer heißen Referendare. Sie werden später, wenn sie fest angestellt sind, Studienräte. Die Ausbildungs- und Probezeit ist etwa zwei Jahre. In dieser Zeit hospitieren und unterrichten die neuen Lehrer, sie nehmen Seminare in

angehenden *beginning*

Fachdidaktik, und sie müssen eine große didaktische Arbeit schreiben, die einen Lehrversuch darstellt. Diese Arbeit, Lehrproben° und eine Prüfung entscheiden über die endgültige Anstellung.

***Lehrproben** trial lessons*

Die praktische Ausbildung der Lehrer und Lehrerinnen wird also sehr ernst genommen. Das Staatsexamen verlangt ein Studium, das mindestens einem amerikanischen M.A. entspricht. Es gibt sogar Gymnasiallehrer, die einen Dr. phil. erworben haben. Dann jedoch kommt die eigentliche Ausbildung, die in der Hand der Fachleute liegt. Später gibt es sehr viele Möglichkeiten der Weiterbildung. Die Leiter der Schulen, Direktoren und Rektoren, ebenso die Schulräte der Städte und Kreise, und die Beamten der Ministerien rekrutieren sich aus Lehrern. Lehrer mit Fernweh können beurlaubt werden; um einige Jahre an einer deutschen Schule im Ausland zu unterrichten.

Der Lehrerberuf ist beliebt und begehrt. In den achtziger Jahren gab es einen Mangel an freien Stellen, und viele Studenten mussten ihre Berufspläne ändern. Ein Lehrerstand mit Tradition und Selbstbewusstsein bleibt die beste Garantie für die Qualität des Unterrichts, und es spricht manches dafür, eher Geld für Gehälter auszugeben als unbedingt die neuesten Apparate zu haben.

Es ist unvermeidlich, dass eine gewisse Routine einsetzt, wenn jemand Jahr für Jahr unterrichtet. Das deutsche System versucht jedoch, solcher bloßen Routine etwas entgegen zu arbeiten. Es gibt keine Lehrer für bestimmte Altersstufen; jeder Lehrer wechselt jedes Jahr die Stufen, so dass er einmal kleinere, einmal größere Schüler unterrichtet. Die Oberstufe, vor allem die der Gymnasien, fordert viel neue Vorbereitung. Besonders Leistungskurse der Gymnasien verlangen auch vom Lehrer eine gründliche Qualifikation und Forschungsinteresse.

FRAGEN ZUM TEXT:

Das Schulsystem

1. Wer hat in Deutschland die Verantwortung für die Schulen?
2. Aus welchen zwei Schultypen hat sich das deutsche Schulsystem entwickelt?
3. Wie steht es mit dem Religionsunterricht in den deutschen Schulen? Warum?
4. Welche Entscheidung müssen die Eltern nach den ersten vier Schuljahren für das Kind treffen?
5. Wie sah das Schulsystem der DDR aus, im Unterschied zur deutschen Tradition?

Die Grundschule

6. Was versteht man in Deutschland unter einem Kindergarten? Und in den USA?
7. Was wird von den Kindern nach einem Jahr Schulunterricht erwartet?

Die Hauptschule

8. Was ist der Zweck der Hauptschule? Was sollen die Schüler dort bekommen?
9. Was wird ein Schüler nach der Hauptschule gewöhnlich tun?

Die Realschule

10. Worin unterscheidet sich die Realschule von der Hauptschule?
11. Zu welchem Abschluss führt die Realschule?
12. Für welche Art von Stellungen bereitet die Realschule vor?

Das Gymnasium

13. Welche Tatsache hat die Gymnasien grundlegend verändert?
14. Welche Fremdsprachen lernten die Schüler in den humanistischen Gymnasien?
15. Was betonten die Oberrealschulen?
16. Welche Bedeutung hat das Abitur?
17. Wie sieht die Oberstufe der Gymnasien aus?
18. Welcher Reiz des Gymnasiums ist geringer geworden?

Die Durchlässigkeit des Schulsystems

19. Was ist der Zweck der Gesamtschule?
20. Welche zwei Typen von Gesamtschulen gibt es?

Besondere Probleme, besondere Schulen

21. Für wen sind die Abendgymnasien gedacht?
22. Was ist eine Sonderschule?
23. Worauf muss ein Lehrer in einer Klasse mit vielen ausländischen Schülern achten?

Die Ausbildung der Lehrer

24. Wie sind die Stadien der Ausbildung für Lehrer am Gymnasium und an der Hauptschule?
25. Was ist charakteristisch für die deutsche Lehrerausbildung?
26. Warum ist der Lehrerberuf begehrt?

Was ist die richtige Bedeutung?

Manche deutsche Begriffe im Bildungssystem klingen vertraut, aber bedeuten etwas anderes, als was ein Amerikaner erwartet. Wir müssen diese „falschen

Freunde“ erkennen. Ein Beispiel: Hochschule bedeutet College, aber nicht Highschool. Was bedeuten:

Gymnasium
Kolleg
Mittelschule
Kindergarten
Gesamtschule
Zensur
Kultusministerium
Volkshochschule

Aufsatzthemen:

1. Sollte es eine zwölfjährige Einheitsschule für alle Schüler geben oder nicht? Was spricht dafür und dagegen?
2. Was sollten die finanziellen Prioritäten für die Schulen sein? Neue Gebäude—Computer—Labors, Werkstätten und ähnliche Einrichtungen—Bezahlung der Lehrer—Sporteinrichtungen—Geld für kulturelle Aktivitäten, wie Theater und Konzerte—Musikinstrumente und Uniformen für eine Band? *Begründen Sie.*
3. Sollten Schulen von den Gemeinden finanziert und geleitet werden oder von den Ländern? Was sind Vor- und Nachteile jeder Lösung?
4. Sollten Kinder überhaupt in eine Schule gehen, oder können sie auch zu Hause lernen?
5. In welchem Alter sollten Kinder „lernen“ und nicht mehr „spielen“? Wie sehen Sie diese Unterschiede, oder gibt es sie gar nicht?
6. Wie stellen Sie sich ein ideales Schulsystem vor?

„Frauen in die Küche" ist keine Lösung für die Arbeitslosigkeit: Studenten demonstrieren in München vor der Universität.

6 Studium in Deutschland

Was wissen Sie, was meinen Sie?

1. Würden Sie gern einmal in Deutschland studieren? Warum oder warum nicht?
2. Woran denken Sie, wenn Sie sich eine deutsche Universität vorstellen? Denken Sie an eine bestimmte Universität? Welche?
3. Kennen Sie deutsche Studenten? Was erzählen sie über ihr Studium?
4. Denken Sie, dass Sportereignisse wichtig/unwichtig für das Studentenleben sind? Warum?
5. Finden Sie, dass Sie zu viele/zu wenige Prüfungen haben? Wie wäre es zum Beispiel, wenn es nur Prüfungen am Ende des Semesters gäbe?
6. Möchten Sie mehr Freiheit in Ihrem Studienplan? In welchen Punkten?
7. Sollte jeder Student einmal im Ausland studieren? Warum oder warum nicht?
8. Was sind die Vor- und Nachteile einer großen und einer kleinen Universität?
9. Ist es gut, den Stoff nur aus Lehrbüchern zu lernen? Was wäre die Alternative?
10. Finden Sie, dass Ihre Professoren zu viel Zeit mit ihrer Forschung verbringen? Wissen Sie etwas über die Forschung Ihrer Professoren? Interessiert Sie das?
11. Sind Studentenverbindungen und/oder Interessengruppen für Sie wichtig? Welche und warum?

Ihre persönlichen Prioritäten

Was halten Sie für wichtig, wenn Sie eine Universität wählen? Bitte kreuzen Sie an und kommentieren Sie.

Prestige der Universität
Ruf der Abteilung
Bestimmte Professoren
Kurrikulum
Höhe der Studiengebühren
Freizeitmöglichkeiten
Sporteinrichtungen
Nähe zum Elternhaus
Familientradition (Studienort der Eltern usw.)
Gemeinschaftsleben
Freunde, die bereits dort sind
Persönliche Beratung und Atmosphäre
Möglichkeiten, während des Studiums einen Job zu finden
Arbeitsvermittlung für später
Militärische Ausbildung
Politische Tendenz
Religion
Anderes: Beispiele!

Die neue Universität

In den letzten dreißig Jahren haben sich die deutschen Universitäten grundlegend geändert. Das sieht man bereits an den Studentenzahlen. 1960 besuchten weniger als 300 000 Studenten die Hochschulen und Universitäten aller Art im Bereich der damaligen Bundesrepublik, 1995 waren es 1,9 Millionen für das wiedervereinigte Deutschland, davon weniger als 300 000 in den neuen Bundesländern. Besonders dramatisch war der Ausbau der Fachhochschulen, früher Ingenieurschulen. Von bloßen 44 000 Studenten im Jahre 1960 kletterten hier die Zahlen auf knapp 400 000. Früher begannen 8% der Schüler eines Jahrgangs ein Studium, heute sind es ein Drittel. Es wird damit gerechnet, dass bis zu 40% der Schüler zukünftig studieren wollen. Die Tage der Elite-Universität sind vorüber, Hochschulen sind allgemeine Institutionen geworden.

Natürlich gab es bei diesem schnellen Wechsel erhebliche Schwierigkeiten. Es wurden zwar viele neue Universitäten gegründet oder ausgebaut; wobei man versuchte, Fachhochschulen und Universitäten zu „Gesamthochschulen" zusammenzufassen, aber die Planung hatte ihre Schwächen. Lange Zeit gab es nicht genug Studienplätze; dann erwarteten die Regierungen eine Abnahme der Studentenzahlen, weil geburtenschwache° Jahrgänge kamen. Doch die Zahlen sind nicht gesunken, und die Länder haben gespart, so dass wieder einmal, wie in den frühen sechziger Jahren, zu wenige Professoren zu viele Studenten lehren müssen.

geburtenschwache *with a low birth-rate*

Die Umwandlung der Hochschulen von kleinen Elite-Institutionen zu umfangreichen Einrichtungen mit 25 000, 30 000 oder noch mehr Studenten hat Übergangsschwierigkeiten und viele Änderungen mit sich gebracht. Die verständliche Nostalgie der guten alten Zeit vergisst jedoch, dass die alte Zeit nicht gut war; sonst hätten nicht gerade die Studenten Reformen verlangt. Und auch für Deutschland war die Massenuniversität unvermeidlich. Die starke Tradition macht es verständlich, dass die Universitäten Elemente erhalten haben, die nicht mehr in die heutige Gesellschaft passen.

Für die Studenten ist das Studium „schulischer" geworden. Die großen Studentenzahlen machen genaue Vorschriften und Richtlinien notwendig. Der Studiengang ist genauer festgelegt, die Prüfungen vermehren sich und werden „objektiver". Vor allem müssen die Studenten nach einigen Semestern Studium „Zwischenprüfungen" bestehen, um weiter studieren zu können. Da die Noten, vor allem bei den Abschlussprüfungen am Ende des Studiums, eine entscheidende Rolle für die Berufslaufbahn spielen, denken die deutschen Studenten fast genau so viel an Prüfungen und Noten wie ihre amerikanischen Kollegen.

Amerikaner, die vor dem Ersten Weltkrieg in Deutschland studierten, benutzten das deutsche Modell bei der Einrichtung von Graduate Schools. Das bedeutete: akademische Freiheit im Lehren und Lernen, Bildung zu eigener wissenschaftlicher Tätigkeit und zum unabhängigen Denken. Die heutige deutsche Universität kann diesem Modell, das meist mehr Ideal als Wirklichkeit war, nicht mehr entsprechen. Die Mehrzahl der Studenten sucht ihre Berufsausbildung und das Diplom, das den Weg zur Berufslaufbahn eröffnet. Nur eine kleine Minderheit strebt eine wissenschaftliche Laufbahn an; noch weniger suchen Bildung um der Bildung willen.

Die durchschnittliche Studienzeit der deutschen Studenten beträgt sieben Jahre, obwohl die meisten Studiengänge nur vier Jahre Studium verlangen. Es ist ganz dem einzelnen Studenten überlassen, wann er sich zu Prüfungen meldet. Die Berufsaussichten sind ungewiss und die Noten sind so wichtig geworden, also zögern viele Studenten den Studienabschluss hinaus. Darüber klagen die Politiker, die etwas gegen die Überfüllung° der Hochschulen unternehmen sollen. Es kommt noch dazu, dass deutsche Studenten oft erst nach einer Berufsausbildung ihr Studium aufnehmen und sowieso einen Wehrdienst oder Zivildienst ableisten müssen. Also sind sie älter als Kollegen von anderen europäischen Ländern, wenn sie ihre Berufslaufbahn beginnen, und das ist ein Nachteil. Doch wo wäre die Lösung? Ein „Kurzstudium", das das Äquivalent des B.A. als Abschluss hätte, scheint den Deutschen nicht recht zu gefallen. Doch die deutschen Hochschulen müssen im Zuge der europäischen Integration neue Wege finden. Daher bemüht sich die Bundesregierung, die Länder zu neuen Studienabschlüssen zu drängen: einem „Bachelor" und einem „Master". Die Studiengänge für solche neuen Grade sind noch zu definieren. Die ersten Versuche da mit sind allerdings bereits im Crange.

Überfüllung *overcrowding*

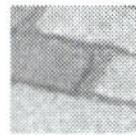

Humboldts Universität

Bei der heutigen Ungewissheit ist ein Vergleich mit der Vergangenheit nützlich. Es war vor knapp zweihundert Jahren, als der „Sonderweg" der deutschen Universitäten begann. Die radikale Veränderung der deutschen Landkarte um 1800 brachte das Ende vieler Universitäten. Eine radikale Reform des Systems wurde für notwendig gehalten. Sie wurde zuerst an der 1810 neugegründeten Universität Berlin ausprobiert. Ihr Konzept wird mit dem Namen Wilhelm von Humboldt verbunden, der damals einer der für diese Gründung zuständigen preußischen Beamten war.

Humboldts Universität sollte sich selbst verwalten. Die Professoren wählten aus ihrem Kreis Dekane und Rektoren, die dann im Turnus durch andere Kollegen ersetzt wurden. „Akademische Freiheit" war das Schlüsselwort des Lehrbetriebs. Es sollte keine vorgeschriebenen° Lehrbücher, nicht einmal vorgeschriebene Themen geben. Die Professoren sprachen über das, was noch nicht in Büchern stand, nämlich über ihre Forschungen. Die Vorlesungen° und Seminare waren Anleitungen zu eigener Forschung der Studenten. Die Studenten bestimmten selbst, welche Kurse sie besuchten, wielange sie an der Universität blieben und wann sie sich für Abschlussprüfungen melden wollten. Sie sollten „Bildung" erwerben und selbständig denkende, selbstverantwortliche „geistige Menschen", eben „Akademiker", werden. Ein Akademiker konnte sich dann aufgrund seiner Allgemeinbildung leicht das nötige Fachwissen aneignen. Zur Freiheit des Lernens und Lehrens gehörte die Freiheit der Forschung. Grundforschung war Sache der Universität, angewandte Forschung die der Wirtschaft.

vorgeschriebenen *required*

Vorlesungen *lecture courses*

Wilhelm von Humboldt, Kulturpolitiker, Diplomat, Dichter, Sprachwissenschaftler und Literaturtheoretiker, ist hauptverantwortlich für das Konzept der Universität der „akademischen Freiheit".

Es dauerte nicht lange, bis dieses Konzept der Bildung, das an den Geisteswissenschaften orientiert war, seine Grenzen zeigte. Der Staat und die Wirtschaft brauchten Fachleute, gerade im rückständigen Deutschland. Die Anfänge der Industrialisierung brachten die Gründung neuer Technischer Hochschulen für Ingenieure und Architekten, verstärkt nach 1830. Die Studiengänge der Ingenieure war festgelegt, wie es ja auch bei den Medizinern, Juristen und Naturwissenschaftlern nur eine bedingte Freiheit gab.

Als eine schwache Stelle des Systems erwies sich ebenfalls die Bildung und Auswahl des akademischen Nachwuchses. Die „ordentlichen" Professoren, also die älteren, etablierten Fakultätsmitglieder trafen die Entscheidungen, sowohl über neue Einstellungen, „Berufungen", als auch über Reformen des Lehrbetriebs. Nachwuchswissenschaftler arbeiteten, wenn es ging, nach ihrer Promotion als Assistenten bei einem Professor, ihrem Mentor, und mussten dann erst eine ungewisse Zeit als „Privatdozent" durchhalten, bis sie einen „Ruf", eine Professur, bekamen. Privatdozenten bekamen (und bekommen) kein Gehalt; sie dürfen jedoch Kurse geben. Dieses sehr persönliche System funktioniert oft, aber längst nicht immer.

Es gab also Außenseiter, die an der Peripherie der Universitäten blieben. Es gab auch neue Fachrichtungen, die die Universitäten zu lange nicht akzeptieren wollten. Dazu gehörten in Deutschland besonders die Sozialwissenschaften.

Politik, die außerhalb des Bereichs der akademischen Freiheit bleiben sollte, spielte immer eine Rolle, und selten eine gute Rolle. Den liberalen Professoren des früheren 19. Jahrhunderts folgte eine konservative Welle, besonders nach 1871. Es gab Widerstand gegen die Berufung jüdischer Professoren. In der Weimarer Republik wurden die Universitäten Bastionen der politischen Rechten, an denen es die Minderheit der Andersdenkenden schwer hatte, selbst wenn sie die Regierungen auf ihrer Seite hatten. So gab es keinen Widerstand gegen die nationalsozialistische Übernahme der Universitäten und die Entlassung jüdischer und politisch anders denkender Dozenten.

Dass nach 1945 eine Reform der Hochschulen unvermeidlich war, war evident. Doch die herrschende Hierarchie und das konservative Klima der fünfziger Jahre verzögerte die Reformen, bis die rebellierenden Studenten der sechziger Jahre Änderungen erzwangen.

Dabei ist ein Paradox zu bemerken: die Studentenproteste brachten eine Universitätsverwaltung hervor, an der alle Gruppen, Professoren, andere Dozenten und Studenten beteiligt sind, die also demokratischer geworden ist. Andererseits haben die genauen Vorschriften für das Studium einen wachsenden Einfluss der Beamten des Kultusministeriums und der Politiker bewirkt, so dass die Hochschulen insgesamt viel an Selbständigkeit verloren haben. Vielleicht noch einschneidender° ist der Wandel in der Forschung. Aus dem individuellen Forscher sind die Forschungsgruppen geworden, deren Projekte Riesensummen erfordern, und die auf internationaler Basis arbeiten. Die Bundesregierung und die Länderregierungen setzen dabei politische Schwerpunkte, ebenso die freie Wirtschaft, die mit ihren Stiftungen zunehmend stärker beteiligt ist. So gibt es 16 „Großforschungseinrichtungen" mit Projekten in der Raumfahrt, Elektronik, Genforschung, Informatik, Umweltforschung, Biomedizin, Plasmaphysik und anderem mehr. Die Max-Planck-Gesellschaft ist eine Forschungsorganisation mit 65 Einrichtungen, die nur teilweise mit Universitäten verbunden sind. Angewandte Forschung wird in 46 Einrichtungen von der Fraunhofer-Gesellschaft koordiniert. Es ist also eine enge Verflechtung von Forschungsinstituten, Hochschulen, Staat und Wirtschaft entstanden. Während die DDR Forschung und Lehre weitgehend getrennt hatte, möchte die heutige Bundesrepublik diese Verbindung nach Humboldts Konzept erhalten, doch die Wirklichkeit sieht gewöhnlich anders aus.

einschneidender *decisive*

Auch für die Ausbildung und Förderung des wissenschaftlichen Nachwuchses sind neue Wege erforderlich. So sollen „Graduiertenkollegs" den Übergang vom Studium zur Forschung und Lehre erleichtern. Entscheidend wichtig ist die internationale Dimension der Wissenschaft. Besonders die Verbindung zu den USA wird in Deutschland gepflegt. Es gibt viele Partnerschaften von Universitäten und Austauschprogramme, und viele junge

Wissenschaftler aus Deutschland verbringen kürzere oder längere Zeit in Amerika. Paradoxerweise wurden die ersten amerikanisch-deutschen Verbindungen von deutschen Emigranten der Nazijahre angeknüpft. Zahlreiche deutsche Wissenschaftler sind seit dem Zweiten Weltkrieg in die USA ausgewandert.

Der Verlauf des Studiums

Der Schüler des Gymnasiums wird auf der Hochschule zum Studenten, die Schülerin zur Studentin. Nur wer an einer Hochschule studiert, heißt „Student". Heute sind 40% der Studenten Frauen, in den letzten dreißig Jahren hat sich diese Prozentzahl verdoppelt. Der Schritt von der Schule zur Hochschule ist nicht nur symbolisch von Bedeutung. Zwar ist die gymnasiale Oberstufe der Hochschule ähnlicher geworden, und die Hochschule der Schule, doch der Beginn des Studiums verlangt folgenreiche selbständige Entscheidungen.

Es beginnt mit der Wahl der Hochschule und des Studienfaches. „Hochschule" kann sehr Verschiedenes bedeuten. „Universitäten" waren einmal dadurch definiert, dass sie die vier traditionellen Fakultäten umfassten: die theologische, juristische, medizinische und philosophische. Es sind natürlich viele andere Fakultäten hinzugekommen, zum Beispiel die naturwissenschaftliche, sozialwissenschaftliche, wirtschaftswissenschaftliche, ingenieurwissenschaftliche, ebenfalls spezialisiertere Fakultäten wie die landwirtschaftliche, tierärztliche und forstwirtschaftliche. Manche Hochschulen sprechen jetzt von „Abteilungen". Während die Fächer sonst „Seminare" oder „Institute" hießen, gibt es inzwischen „Fachbereiche", die mehrere Institute umfassen.

Der Name „Universität" wird jetzt auch von den meisten früheren Technischen Hochschulen benutzt, die „Technische Universität" heißen. Der Name „Hochschule" ist ein allgemeines Wort für alle Einrichtungen im „tertiären Bereich", sonst bezeichnet er Spezialhochschulen, etwa medizinische Hochschulen, Verwaltungs- und Wirtschaftshochschulen, Bergbauakademien, Kunst- und Musikhochschulen und Theologische Hochschulen der Kirchen. Die Hochschulen sind fast ausschließlich staatlich, neben den Hochschulen der Länder gibt es auch eine Universität der Bundeswehr und eine Bundesverwaltungshochschule. Eine neuartige Einrichtung ist die 1976 gegründete Fernuniversität Hagen, die durch regionale Zentren 56 000 Studenten betreut.

Daneben bestehen die Fachhochschulen. Sie sind für technische und sozialwissenschaftliche Fächer gedacht und speziell für Studenten, die eine

Berufsausbildung hinter sich haben und das Fachabitur erwerben. An diesen Hochschulen wird die Verklammerung von Praxis und Theorie angestrebt. Es sind die attraktivsten und am schnellsten wachsenden Institutionen unter den Hochschulen. In einigen Ländern, besonders Nordrhein-Westfalen und Hessen, sind Gesamthochschulen gegründet worden, die eine Universität mit einer Fachhochschule vereinigen.

Da die DDR ein anderes System mit vielen Spezialhochschulen und Fachschulen hatte, hat es in den neuen Bundesländern große Änderungen gegeben, aus denen 17 Universitäten, 12 Kunst- und Musikhochschulen und 21 Fachhochschulen hervorgegangen sind.

Der angehende Student wählt also den Hochschultyp, sein Fach und den Ort der Hochschule, sofern es der Numerus Clausus erlaubt. Bei einem Fach mit Numerus Clausus werden die Studenten von einer Zentralstelle den Hochschulen zugeteilt. Bei der Wahl des Ortes spielen finanzielle Rücksichten und Freizeitwünsche eine wichtige Rolle. München hat den größten Andrang. Studenten denken jedoch auch an die Größe der Universität. Während die alten bekannten Universitäten wie München, Göttingen, Tübingen, Bonn und Freiburg überlaufen° sind, gibt es neugegründete Universitäten, an denen die kleinen Studentenzahlen mehr persönlichen Kontakt erlauben.

überlaufen *overcrowded*

Die Studenten zahlen keine Studiengebühren,° nur Sozialabgaben für die Krankenkasse und die Selbstverwaltung der Studenten. Ihre größte Ausgabe ist wahrscheinlich die Wohnungsmiete. Es gibt Orte wie München, wo die Wohnungssuche ein ernsthaftes Problem sein kann. Nur jeder zehnte Student findet einen Platz in einem Wohnheim der Hochschulen. Andere Studenten leben in Wohngemeinschaften, oder sie teilen sich einfach die Kosten einer Mietwohnung. Weniger beliebt ist die traditionelle „Bude“: das Zimmer zur Untermiete bei einer Familie. Man läßt ungern seine Freiheit und Unabhängigkeit von Hauswirten einschränken.

Studiengebühren *tuition*

In der Zeit großer Reformen, 1971, erließ der Bundestag das „Bundesausbildungsförderungsgesetz“, abgekürzt BAföG. Es garantiert allen Studenten staatliche Förderung, wenn die Eltern zu wenig verdienen, um sie zu unterstützen. Die Unterstützung kommt zur Hälfte als Stipendium, während die andere Hälfte als zinsloses Darlehen° zurückgezahlt werden muss. Damit verschwand der vorher verbreitete Typ des „Werkstudenten“, doch auch heute „jobben“ 60% der Studenten neben dem Studium. Knapp 20% der Studenten aus der alten BRD erhalten BAföG, hingegen fast die Hälfte der Studenten in den neuen Bundesländern.

Darlehen *loan*

Die Studenten haben noch die freie Wahl ihrer Kurse und bestimmen das Tempo ihres Studiums selbst. Doch die Sitte, einmal ein Semester zu „verbummeln“, ist nicht mehr zeitgemäß. Natürlich findet man noch verbummelte

Studenten, doch die verbummelten Originale im Bannkreis° einer Universität gehören den Anekdoten aus der Vergangenheit an.

Bannkreis *precinct*

Es gibt zwei Arten von Kursen, die ein Student „belegt". In einer Vorlesung hält der Dozent einen Vortrag, er „liest", und die Studenten „hören". Daher hat ein Professor „Hörer". Die Veranstaltungen dauern 45 Minuten und fangen eine Viertelstunde nach der Uhrzeit an; das heißt auf Latein *cum tempore,* oder „c.t." Andere Leute nennen es das „akademische Viertel". Wenn der Dozent den Hörsaal betritt, klopfen die Studenten, ebenso am Schluss. Klopfen bedeutet Beifall. Missfallen oder Protest wird durch Scharren mit den Füßen ausgedrückt.

Die Vorlesungsverzeichnisse für das laufende Semester enthalten weniger als amerikanische Universitätskataloge. Vor allem kann sich der Student nicht darauf verlassen, dass angezeigten Kurse auch stattfinden. Er muss sich am „Schwarzen Brett" des Institutes orientieren. Das ist besonders für den zweiten Typ von Kursen wichtig, die Übungen. Unter „Übung" versteht man vielerlei: Sprachkurse, Praktika im Labor, Anleitungen zu wissenschaftlichen Arbeiten, vor allem aber Seminare, in denen Studenten Referate halten, Semesterarbeiten schreiben und mit dem Dozenten und untereinander diskutieren. Für Übungen sind gewöhnlich maximale Teilnehmerzahlen festgelegt, und die Studenten müssen sich dafür besonders einschreiben. Für Prüfungen und Semesterarbeiten bekommen die Studenten Noten, die sie brauchen, um für den Studienabschluss qualifiziert zu sein. Ein Student muss eine bestimmte Anzahl „Scheine"° vorlegen, Ungenügende Noten sind nicht üblich. Wenn der Student die Prüfung nicht besteht, zählt der Kurs nicht, und er muss ihn wiederholen. Es kann auch sein, dass Studenten kein Referat halten oder keine Arbeit schreiben. Dann haben sie eben nur „teilgenommen".

Scheine *certificates with grades*

Die recht komplizierten Vorschriften bringen es mit sich, dass Studenten meistens in einer Universität bleiben, denn der Wechsel wäre zu unpraktisch. Das geht gegen die Tradition, die verlangte, ein-, zwei- oder dreimal die Universität zu wechseln, um die Ansichten von mehreren Professoren zu hören. Nur wenige Studenten, weniger als 40 000, studieren ein oder zwei Semester im Ausland; viele fahren allerdings zu Sommerkursen, Sprachkursen und Studienreisen in andere Länder.

Der Abschluss

Schon früh während des Studiums treffen die Studenten die Entscheidung, welche Art von Studienabschluss sie anstreben wollen: ein Staatsexamen oder einen Universitätsgrad. Staatsprüfungen werden auf allen Gebieten verlangt, in denen der Kandidat eine staatliche Stellung anstrebt oder vom Staat zugelassen werden muss. Mediziner und Juristen brauchen daher Staatsprüfungen, auch Tierärzte, Förster, Bibliothekare, Lehrer. Theologen werden von den Kirchen geprüft. Die Prüfungen bestehen aus schriftlichen Arbeiten und einem entscheidenden mündlichen Teil. Zwar werden Spezialgebiete für die Prüfungen vereinbart, doch die Kandidaten sollen Allgemeinwissen haben und ihr Fachgebiet insgesamt beherrschen. Die Prüfungskommissionen bestehen aus Vertretern des Kultusministeriums und Professoren.

Der am meisten gebrauchte Universitätsgrad ist das „Diplom". Diplome sind bei den Ingenieuren und Architekten üblich, inzwischen jedoch auch in den Naturwissenschaften und Sozialwissenschaften. Da die deutschen Hochschulen keinen B.A. haben, ist der erste Universitätsgrad auf dem Niveau des Magisters oder höher. Um den Geisteswissenschaftlern und Theologen ein Äquivalent des Diploms zu bieten, wurde der Magister, M.A., wieder eingeführt.

Das Wort „promovieren" und „Promotion" ist für den Doktorgrad reserviert. Der Doktorgrad hat nach wie vor hohes Prestige, so dass Juristen, Naturwissenschaftler, Psychologen, Geisteswissenschaftler, ja sogar Politiker den Doktorgrad erwerben, um durch den Dr. phil., Dr. iur., Dr. rer. nat. usw. mehr in der Gesellschaft zu gelten. Der Doktortitel wird offiziell ein Teil des Namens und allgemein in der Anrede benutzt, während der Ehepartner es als zweischneidiges° Kompliment ansehen mag, wenn man beispielsweise „Frau Doktor" sagt. Auch der Titel des Professors wird Teil des Namens. Verdienten Wissenschaftlern kann von den Ländern der Professorentitel verliehen werden, und natürlich erhalten bedeutende Persönlichkeiten den Doktor h.c., *honoris causa,* oder „Ehrendoktor" einer Universität.

zweischneidiges *dubious*

Zur Laufbahn eines Professors gehört es, dass er nach der Promotion eine zweite große Forschungsarbeit vorlegt, die Habilitationsschrift. Nach ihrer Begutachtung° durch die Professoren seiner Fakultät und einem Kolloquium wird er habilitiert, oder er habilitiert sich; er bekommt die „venia legendi", das Recht, Vorlesungen zu halten. Er wird Privatdozent, bis er den Ruf an eine Universität erhält, also Professor wird. Ein Privatdozent ohne Stellung hat es besonders schwer, da er für andere Berufe überqualifiziert ist.

Begutachtung *evaluation*

Das Studentenleben mit seinen Traditionen

Auch wenn Prüfungen und Semesterarbeiten drohen, bleibt das Studentenleben eine sorgenfreie Zeit, in der man neue Freundschaften schließt, die Welt mit neuen Augen ansieht, viel Neues erfährt und sich Gedanken über das Leben

Studentenverbindungen

und seinen eigenen Lebensweg machen kann. In der großen Menge der Studenten bilden sich schnell kleine Gruppen, Freundeskreise oder Interessengruppen. Die Studenten einer deutschen Universität insgesamt kommen nie zusammen, gewiss nicht bei Sportereignissen, die an deutschen Universitäten keine Bedeutung haben. Die Studienfächer haben Fachschaften, die Exkursionen und Parties organisieren. Interessengruppen gibt es in allen Bereichen: politische Gruppen, Studentenchöre und -orchester, Theatergruppen; die Kirchen haben Studentengemeinden, und Aktivisten für bestimmte Ziele wie Umweltschutz, Kampf gegen Ausländerfeindlichkeit und Sozialarbeit bilden ihre eigenen Gruppen.

Für den Besucher einer Universitätsstadt stechen jedoch die Studentenverbindungen° hervor, zumal wenn sie „Farben" tragen, nämlich eine Mütze und ein Schulterband mit den Farben ihrer Verbindung. Für Studentinnen gibt es keine Verbindungen. Die Verbindungen fallen auf, aber sie umfassen nur einen kleinen Teil der Studenten. Sie repräsentieren eine Tradition, die bis ins Mittelalter zurückreicht. Damals waren die Studenten in „Nationen", in Landsmannschaften, eingeteilt. Sie blieben also mit den Studenten ihrer Heimatregion zusammen. Wenn die Verbindungen Streit miteinander bekamen, wurde er in Duellen ausgefochten. Nach der Französischen Revolution sammelten sich

Studentenverbindungen *fraternities*

liberale Studenten in „Burschenschaften" und später „Turnerschaften". Heute gelten alle Verbindungen als politisch konservativ. Jedoch unterscheiden sie sich in wichtigen Punkten. Die „schlagenden Verbindungen"° haben die rituellen Duelle beibehalten, allerdings mit Gesichtsmaske und ohne den vergangenen „Ehrenkodex".

schlagenden Verbindungen *fighting duels*

Die Verbindungen werden von früheren Mitgliedern, den „Alten Herren", unterstützt. Sie haben Verbindungshäuser, in denen die Studenten leben. Die Alten Herren kommen einmal im Jahr zum „Stiftungsfest"° der Verbindung und bringen dazu auch ihre Töchter mit. Bei diesen Gelegenheiten eröffnen sich oft Aussichten für eine zukünftige Berufslaufbahn. Auch die gegenseitige Hilfe der Verbindungsstudenten kann sehr nützlich sein, so dass es praktische und nicht nur ideologische Gründe dafür gibt, in eine Verbindung einzutreten.

Stiftungsfest *annual conventions*

Das Studentenleben ist informeller geworden. Die Studenten redeten einander früher mit „Herr Kommilitone" an, heute pflegen sie einander gleich zu duzen, auch wenn ein Redner die anderen Studenten noch mit „Kommilitoninnen und Kommilitonen" anreden mag. Das Interesse der Studenten an ihrer Selbstverwaltung ist gering; die Beteiligung an den Wahlen für den Allgemeinen Studentenausschuss, AStA, ist minimal, und kleine Interessengruppen können leicht ihre Kandidaten durchbringen. Eine Schule der Ausbildung zum Staatsbürger ist diese Universität nicht. Die Studenten befassen sich mit ihren persönlichen Angelegenheiten, falls nicht ein akutes politisches Problem eine Demonstration hervorruft. Sicher ist jedoch, dass die deutschen Hochschulen und ihre Studenten demokratisch geworden sind. Die Idee einer „Gruppenuniversität" hat sich durchgesetzt, und die Studenten wünschen sich kein anderes politisches System. Man kann sie für den Frieden und den Umweltschutz mobilisieren, aber nicht gegen Ausländer. Sie haben Verbindungen zu ihren europäischen Kollegen und sehen eine europäische Zukunft vor sich, die sie zwar mit Zweifel und Unsicherheit erfüllt, die aber doch neue Chancen und Möglichkeiten verspricht.

Fragen zum Text:

Die neue Universität

1. Was hat sich in den letzten 30 Jahren dramatisch verändert?
2. Was bedeuteten die Änderungen für den Studiengang des einzelnen Studenten?
3. Wofür diente die alte deutsche Universität als Vorbild?
4. Was sind Gründe für die langen Studienzeiten der deutschen Studenten?

Humboldts Universität

5. Wann und wo begann der „Sonderweg“ der deutschen Universitäten?
6. Auf welchem Prinzip beruhte Humboldts Universität? Für welche Art Institution war dieses Konzept gedacht?
7. In welchen Bereichen zeigten sich die Grenzen dieses Konzepts?
8. An welchen Punkten zeigten sich Schwächen des Systems?
9. Was war ein paradoxes Ergebnis der Studentenproteste?
10. Welche Forschungseinrichtungen unterhält die Bundesregierung?

Der Verlauf des Studiums

11. Was bedeutet BAföG, und welche Möglichkeit bietet es den Studenten?
12. Welche Wahl muss der angehende Student treffen?
13. Welche zwei Arten von Kursen gibt es, und wie unterscheiden sie sich?
14. Wie drücken die Studenten im Hörsaal Beifall und Missfallen aus?

Der Abschluss

15. Welche zwei Arten von Studienabschlüssen gibt es?
16. Was versteht man unter einem „Diplom“?
17. Was bedeutet „promovieren“?
18. Was muss jemand tun, der Professor werden will?

Das Studentenleben mit seinen Traditionen

19. Welchen Charakter haben die meisten Studentengruppen?
20. Warum fallen die Verbindungen auf?
21. Auf welche Traditionen gehen die Verbindungen zurück?
22. Wie stehen die Studenten zur Studentenselbstverwaltung?
23. Welche Einstellung zur Gesellschaft kann man von deutschen Studenten erwarten?

Aufsatzthemen:

1. Welche Probleme hat die Massenuniversität mit sich gebracht?
2. Was halten Sie von Humboldts Ideal der Universität? Wäre eine solche Universität heute möglich?
3. Was sollte ein Student außer dem Fachstudium auf der Universität lernen?

4. Was ist der Zweck von Prüfungen und Diplomen?
5. Warum gibt es den Mythos vom glücklichen Studentenleben?
6. Wozu sind Ihrer Meinung nach die Professoren in der Universität da?
7. Glauben Sie, dass Studenten als Gruppe politisch aktiv werden sollten? Bei welchen Anlässen?
8. Wie stellen Sie sich eine ideale Universität vor?

Meister und Lehrlinge bei Siemens in München

7 Berufsausbildung und Berufstätigkeit

Was wissen Sie, was meinen Sie?

1. Haben Sie einen Traumberuf? Welcher Schulabschluss, welches Studium und welche Ausbildung werden dafür verlangt?
2. Was ist Ihr realistischer Berufswunsch? Was erwarten Sie persönlich von Ihrer Berufstätigkeit?
3. Für welchen Beruf haben Sie die höchste Achtung? Warum?
4. Wie wird man in den USA Automechaniker, Fernfahrer, Krankenschwester oder Staatsanwalt? Glauben Sie, dass die Ausbildung in Deutschland anders ist?
5. Wie viel Urlaub pro Jahr sollten Menschen im Beruf erhalten? Sollte der Staat ein Minimum festlegen?
6. Ist Ihnen „Berufssicherheit" wichtig? Was halten Sie für berechtigte Kündigungsgründe?
7. Gibt es Ihrer Meinung nach Berufe, in denen man unkündbar sein soll? Welche Positionen wären das und warum?
8. Was wünschen Sie sich, einen Beruf und eine Lebensstellung oder öfteren Berufswechsel und Stellungswechsel? Warum?

EIN KOMPLIZIERTES „DUALES" SYSTEM

Genau wie amerikanische Schüler haben deutsche Schüler 12 Jahre Schulpflicht, also bis zum Alter von 18 Jahren. Doch nach den 9 oder 10 Jahren der Haupt- und Realschule wird aus der Ganzzeitschule° eine Teilzeitschule.° 6 bis 12 Wochenstunden in der Berufsschule sind der eine Teil der Ausbildung in der Industrie, Wirtschaft und im Handwerk. Hier lernen die „Auszubildenden", Azubis, sonst Lehrlinge genannt, Berufskunde, dazu haben sie Staatsbürgerkunde, Mathematik, deutsche Sprache, vielleicht sogar eine Fremdsprache. Der andere Teil der Ausbildung ist die Lehre am Arbeitsplatz. Diese Ausbildung dauert drei Jahre. Die Zahl der Arbeitsstunden und Urlaubstage ist festgelegt, die Lehrlinge bekommen Lohn, der jedes Jahr erhöht wird. Unter den Jungen sind die beliebtesten der 450 Ausbildungsberufe Automechaniker, Elektroinstallateur, Industriemechaniker und Kaufmann in Großhandel und Außenhandel. Mädchen entscheiden sich gern für den Beruf der Arzthelferin, Kauffrau im Einzelhandel, Bürokauffrau und Friseurin.

Wenn Schüler mit 15 oder 16 Jahren noch nicht recht wissen, welchen Beruf sie wählen sollen, können sie sich in einem Berufsvorbereitungsjahr° orientieren. Davon machen 55 000 Jugendliche Gebrauch. Das Berufsgrundbildungsjahr,° an dem etwa 100 000 teilnehmen, gibt eine schulische Einführung in eine bestimmte Berufsausbildung.

Manche Berufe, besonders im Büro, erfordern die Ausbildung in einer Schule. Solche Schulen, die auch drei Jahre dauern, heißen Berufsfachschulen.° 300 000 Jugendliche werden hier ausgebildet.

Die Berufsfachschule kann zum Fachabitur führen, das zum Besuch einer Fachhochschule berechtigt. In zweijährigen Fachoberschulen,° die ebenfalls zum Fachabitur führen, wird der Schulunterricht mit praktischer Arbeit in Lehrwerkstätten und Praktikantenzeiten kombiniert. Fachgymnasien, die mit dem Abitur enden, schließen gleichfalls praktische Arbeit ein.

Eine Möglichkeit der Weiterbildung bietet auch die Berufsaufbauschule.° Man besucht sie neben der Berufstätigkeit, manchmal bereits gegen Ende der Lehrzeit, und sie führt zur Aufnahme in eine Fachschule. Eine Fachschule,° auch Berufsakademie genannt, verlangt mindestens fünf Jahre Berufserfahrung und endet mit der Meisterprüfung. Ein Meister seines Berufes will einen eigenen Betrieb leiten oder eine verantwortliche Stelle in einer größeren Firma übernehmen.

Ganzzeitschule *full-time school*

Teilzeitschule *part-time school*

Berufsvorbereitungsjahr *year of vocational orientation*

Berufsgrundbildungsjahr *basic vocational preparatory year*

Berufsfachschulen *vocational schools offering a complete training for a job*

Fachoberschulen *technical highschools*

Berufsaufbauschule *vocational school leading to higher qualifications*

Fachschule *technical school or college*

Lehrling, Geselle und Meister

Dieses so kompliziert aussehende System der Kombination von praktischer Ausbildung und berufsorientierten Schulen aller Art stammt aus der handwerklichen Tradition. Die vorindustrielle Tradition musste der modernen Zeit angepasst werden. Dazu gehört immer noch eine gründliche Lehre mit einer Abschlussprüfung, und dann, nach einiger Berufserfahrung, die Möglichkeit, in eine höhere, eine selbständige Stellung aufzusteigen.

Seit dem Mittelalter kennt das Handwerk diese drei Stufen: Lehrling, Geselle und Meister. Ein Lehrling blieb und lernte bei einem Meister, bis er „freigesprochen" wurde. Das konnte etliche Jahre dauern. Er lebte, arbeitete und diente im Haus und in der Werkstatt des Meisters. Als Beweis für seine Kompetenz produzierte der Lehrling ein „Gesellenstück",° ein Werkstück, das er selbständig angefertigt hatte. Dann wurde er als Geselle in die Zunft° aufgenommen. Die Handwerkerzünfte waren nicht nur die Berufsgenossenschaften der Schmiede, Bäcker, Schneider, Tischler, Drechsler, Schuhmacher, Fischer usw., sie regulierten das gesamte Berufsleben. Seit dem späten Mittelalter

Gesellenstück *independent piece of work*

Zunft *guild*

Drei Jahre und einen Tag auf der Wanderschaft: Handwerksgesellen in der obligaten Tracht

wurde in den Städten die Zahl der Meister, also der Werkstätten, festgelegt. Auch die Preise lagen fest, und die Qualität der Waren wurde kontrolliert. Wer Meister werden wollte, musste durchweg der Sohn oder Schwiegersohn eines Meisters sein. Das führte zu Konflikten mit den Gesellen, die nie Meister werden konnten; denn außerhalb der Meisterwerkstätten durfte man nicht arbeiten—was natürlich trotzdem geschah. Außerdem behinderten die Zunftregeln die Entwicklung neuer Handwerkszweige und der Industrie. Erst das 19. Jahrhundert hat die Befreiung von diesen Beschränkungen gebracht und die Zünfte in „Innungen"° verwandelt. Die Industrie machte aus Handwerksgesellen Facharbeiter, die moderne Verwaltung aus Schreibern Büroangestellte.

***Innungen** trade associations*

Zu den Zunftregeln gehörte die Wanderschaft der Gesellen. Nach der Lehrzeit sollte ein Geselle auf die Wanderschaft gehen, um zu erfahren, wie bei anderen Meistern gearbeitet wurde. Er durfte nicht betteln, und jeder Meister seiner Zunft musste ihm ein Nachtquartier geben und auch Arbeit, wenn möglich. Nach der Wanderschaft kehrte der Geselle in die Heimat zurück und konnte Meister werden, wenn er Glück hatte. Doch manche Gesellen blieben ständig auf der Wanderschaft. Die Sitte der Wanderschaft hat sich am längsten bei den Bauberufen erhalten, den Maurern° und Zimmerleuten,° die sich verpflichteten, zwei Jahre auf der Wanderschaft zu bleiben. Sie trugen in dieser Zeit eine besondere Tracht, schwarze Samtjacken mit schwarzen Hüten, dazu schwarze Hosen für die Zimmerleute und weiße Hosen für die Maurer.

***Maurern** bricklayers*

***Zimmerleuten** carpenters*

Von einem Meister wird neben der Berufserfahrung ein „Meisterstück" verlangt, dazu kommt heute die Fachschule. Der „Meisterbrief" der Innung macht den Betrieb zum „Meisterbetrieb" und berechtigt zur Ausbildung von Lehrlingen.

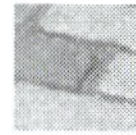

DIE BERUFSAUSBILDUNG UND DER STAAT

Das deutsche System, ja das Leben der deutschen Gesellschaft beruht auf der Idee des „Berufes". Eine lange und gründliche Ausbildung führt zu einem Abschluss, und dieser bringt Privilegien und eine anerkannte Position in der Gesellschaft. Die Berufsverbände° sind dafür verantwortlich, dass ihr Nachwuchs qualifiziert ist, und dass die Berufskollegen sich professionell verhalten. In diesem System drückt sich der Wunsch nach Sicherheit aus. Das Arbeitsleben soll einen festen Rahmen haben. Die Mehrheit hat den Wunsch, an einem Ort und bei einer Firma, vor allem aber in einem Berufszweig zu bleiben. Die gründliche Ausbildung mit einer Kombination von Praxis und Theorie ist nicht nur für Handwerksberufe, die Wirtschaft und die Industrie typisch. Alle akademischen Berufe sehen nach dem Studium Ausbildungszeiten vor. Der

***Berufsverbände** professional organizations*

Staat sorgt für die Ausbildung seiner Angestellten. Großfirmen investieren viel Geld in die Ausbildung aller ihrer Arbeitskräfte.

Neben der Kontinuität hat dieses System auch eine feste Hierarchie hervorgebracht. Diese Hierarchie war bis vor kurzem festgeschrieben und mit dem früheren sozialen Klassensystem verbunden. Insbesondere gab es den Unterschied der Kopfarbeit° und Handarbeit.° Arbeiter fühlten sich unbehaglich, wenn ihre Kinder ins Gymnasium gingen, und bürgerliche Familien sahen es als eine Schande an, wenn ein Kind einen Handwerksberuf erlernte, statt zu studieren oder wenigstens im Büro zu arbeiten.

Die Folgen der zwei Weltkriege und vor allem das elektronische Zeitalter haben dieses System in Bewegung gebracht. Die Meister sind nicht mehr Herr im Haus wie früher. Die Anforderungen eines Berufes sind in einem „Berufsbild"° festgelegt, und ein Meister hat die Pflicht, seine Lehrlinge wirklich anzulernen. Er kann sie nicht einfach als billige Arbeitskräfte missbrauchen. Das akzeptieren die heutigen Azubis nicht mehr. Schüler aus der Realschule oder Abiturienten, die in die Lehre kommen, sind kritisch und wollen etwas anderes tun als die Werkstatt ausfegen. Ungenügend ausgebildete Lehrlinge haben gegen ihre Meister prozessiert. Da ist der Staat als Kontrollinstanz nötig. Der Staat richtet die Berufsschulen ein; Berufsschullehrer brauchen eine staatliche Qualifikation. Es gibt inzwischen so viele Vorschriften für die Lehrlingsausbildung, dass kleinere Betriebe sich überlegen, ob sie Lehrlinge ausbilden wollen. Großbetriebe können das leichter organisieren. Sie haben eigene Lehrlingswerkstätten und eigene Berufsschulen, während die Ausbildung in einem Handwerksbetrieb nebenbei geschehen muss.

Die Industrie hat „Anlernberufe",° die nur eine kurze Orientierung am Arbeitsplatz verlangen. Doch nicht selten werden aus Anlernberufen neue Berufszweige. Selbst wenn ein Facharbeiter nicht in seinem Beruf arbeitet, schätzt sein Arbeitgeber seine Ausbildung. Die Idee der langen Ausbildung bewährt sich selbst in einer immer schneller sich verändernden Wirtschaft. Dennoch müssen die Deutschen umdenken, und das fällt ihnen schwer. Die Idee, dass ein Studium und eine Ausbildung ein Anrecht auf bestimmte Positionen gibt, und dass ein Beruf lebenslange Sicherheit bietet, ist fest im Denken der Deutschen verankert.° Und diese Sicherheit wird es in Zukunft immer weniger geben. Der Staat wird als die Instanz angesehen, die Sicherheit garantieren muss, wenn die freie Wirtschaft sie nicht mehr geben will.

Kopfarbeit *office or academic work*

Handarbeit *manual labor*

Berufsbild *definition of trade*

Anlernberufe *positions with on-the-job training*

verankert *rooted*

Angestellte und Beamte

Vor weit über hundert Jahren, in Bismarcks Zeiten, begann in Deutschland die Sozialgesetzgebung. Der Staat übernahm die Rolle der Familie und der Gemeinde. Zu dieser Zeit begannen auch große Firmen mit Sozialleistungen.

Das bestärkte die feste Bindung der Arbeitnehmer an den Arbeitgeber. Diese Bindung ist noch heute in den Arbeitsverträgen deutlich. Man unterscheidet drei Kategorien von Arbeitnehmern: Beamte, Angestellte und Arbeiter.

Beamte sind bei staatlichen Einrichtungen beschäftigt, beim Bund, den Ländern und den Gemeinden. Ein Beamter hat eine Anstellung auf Lebenszeit. Er bezieht ein Gehalt mit festgelegten Familienzulagen, Wohnungszulagen, einer Krankenbeihilfe;° Gehaltserhöhungen im Lauf der Karriere sind festgelegt. Bei der Pensionierung, spätestens mit 65 Jahren, bekommt der Beamte eine Pension, ein Ruhegehalt, bezahlt, 75% des letzten Verdienstes. Witwen und Waisen sind versorgt. Beamte haben ein besonderes „Treueverhältnis"° zum Staat, sie repräsentieren den Staat in der Gesellschaft; ja, sie sollen selbst in ihrem Privatleben vorbildlich sein. Dieses Verhältnis sollte eigentlich Konflikte zwischen der Regierung und ihren Beamten ausschließen; doch der Beamtenbund verhandelt mit der Regierung über Gehaltserhöhungen, und wenn Beamte zwar nicht streiken dürfen, so können sie doch ihre Arbeit so verlangsamen, dass es wie ein Streik wirkt.

Krankenbeihilfe *allowance for medical expenses*

Treueverhältnis *loyalty*

Es ist nicht so sehr der Status des Beamten, der „typisch deutsch" ist, sondern der Umfang des Berufsbeamtentums. Beamte findet man nicht nur in der Verwaltung. Professoren und Lehrer können Beamte werden. Richter und Staatsanwälte haben einen entsprechenden Status, ebenso die Bundeswehr. Staatliche Betriebe haben Beamte. Deshalb gab es Konflikte bei der Privatisierung der Bundesbahn und der Bundespost, da die Beamten um ihre Sicherheit kämpften. Auch kulturelle Einrichtungen wie Theater und Symphonieorchester haben Beamte.

Knapp zweieinhalb Millionen Beamte und Beamtinnen sind in Deutschland tätig. Die bei weitem häufigste Kategorie jedoch sind die Angestellten, von denen es fast 17 Millionen gibt. Auch im öffentlichen Dienst sind nur 40% der Arbeitnehmer Beamte. Angestellte gibt es in den Behörden, in Institutionen, die mit öffentlichen Geldern arbeiten oder gemeinnützig sind, und überall in der freien Wirtschaft. Auch Angestellte haben sichere Stellungen. Nach 15 Jahren Tätigkeit und mit 40 Jahren werden sie unkündbar, wenn nicht besondere Umstände vorliegen. Die Arbeitsgerichte,° die die Angestellten und Arbeiter anrufen können, sind im Zweifelsfall auf ihrer Seite. Angestellte müssen für ihre Altersversorgung und Krankenversicherung bezahlen, die Hälfte zahlt allerdings der Arbeitgeber. Die Angestelltenrente richtet sich nach der Länge der Berufstätigkeit und dem Endgehalt. Angestellte bekommen genau wie Beamte Weihnachtsgeld und Urlaubsgeld. Nicht wenige Betriebe und manche Gemeinden bezahlen freiwillig zusätzlich Betriebsrenten für langjährige Angestellte. Ein Bundesgesetz hat festgelegt, dass die Betriebsrenten auch bezahlt werden müssen, wenn der Angestellte vor dem Rentenalter die Firma verläßt. Es gibt einen besonderen Fonds, aus dem Betriebsrenten von zahlungsunfähigen° Firmen bezahlt werden.

Arbeitsgerichte *labor courts*

zahlungsunfähigen *bankrupt*

Das gesetzliche Minimum an bezahlten Urlaubstagen ist 24 Arbeitstage, doch sechs Wochen Urlaub ist der Durchschnitt. Die tatsächlich geleisteten Arbeitsstunden der Deutschen pro Woche liegen zwischen 35 und 40. Auch in Deutschland sind gleitende° Arbeitszeiten beliebt, und das Problem der Teilzeitbeschäftigung wird akuter, besonders für Frauen, die Beruf und Familie vereinbaren wollen.

gleitende *flexible*

Arbeiter

Knapp 13 Millionen Arbeiter und Arbeiterinnen bekommen kein Gehalt, sondern Stundenlohn. Der Bruttostundenlohn liegt im Durchschnitt bei 25 DM, die tatsächliche Arbeitszeit pro Woche beträgt 39 Stunden. Auch Arbeiter bezahlen die Hälfte ihrer Rentenversicherung und Krankenkasse. Sie haben Anrecht auf bezahlten Urlaub und erhalten freiwillige Zulagen, wie Betriebsrenten. Ein wichtiger Punkt in der Vergangenheit waren Werkswohnungen,° das heißt, Wohnungen und Häuser, die der Betrieb für die Arbeiter baute, und die sie billig mieten konnten. Die Werkswohnungen führten dazu, dass Arbeiter eines Betriebs nahe beieinander wohnten, so dass auch ihr Freizeitleben im Umkreis der Firma stattfand. Sie

Werkswohnungen *company-owned apartments*

Arbeit in einer deutschen Autofabrik

Demonstration der Gewerkschaften gegen Arbeitslosigkeit: „Deine Stimme für Arbeit und soziale Gerechtigkeit!“

gehörten also hundertprozentig zu ihrer Firma. Die Firma half ihnen mit Naturalien, wie Kohlen, Holz und Kartoffeln. Ferienheime der Betriebe verloren allerdings an Attraktion, als sich die Arbeiter richtige Urlaubsreisen leisten konnten.

Für manche Fabrikarbeiter bestimmt immer noch die Schichtarbeit° den Lebensrhythmus. Neben den Stundenlöhnen gibt es für bestimmte Arbeiten Akkordlöhne.° Löhne und Arbeitsbedingungen, auch für die Angestellten, sind in den Tarifverträgen der Gewerkschaften mit den Arbeitgeberverbänden festgelegt. Deutschland hat seit dem Zweiten Weltkrieg eine Einheitsgewerkschaft,° den Deutschen Gewerkschaftsbund, DGB, der 11 Gewerkschaften für verschiedene Berufszweige umfasst und 10 Millionen Mitglieder hat. Die größten Einzelgewerkschaften sind „Metall“ mit mehr als 3 Millionen Mitgliedern und „Öffentliche Dienste, Transport und Verkehr“ mit knapp 2 Millionen Mitgliedern. Die Gewerkschaften verhandeln für alle Arbeitnehmer, nicht nur ihre Mitglieder. Streiks sind in Deutschland sehr selten geworden.

Schichtarbeit *work in shifts*

Akkordlöhne *piece wages*

Einheitsgewerkschaft *unified trade union organization*

SELBSTÄNDIGE BERUFE

3,3 Millionen Erwerbstätige werden in Deutschland als „selbständig“ klassifiziert. Das schließt die „freien Berufe“ ein, zu denen Ärzte, Rechtsanwälte und Künstler gehören; Inhaber eigener Betriebe und auch die Besitzer landwirtschaftlicher Betriebe, die Bauern.

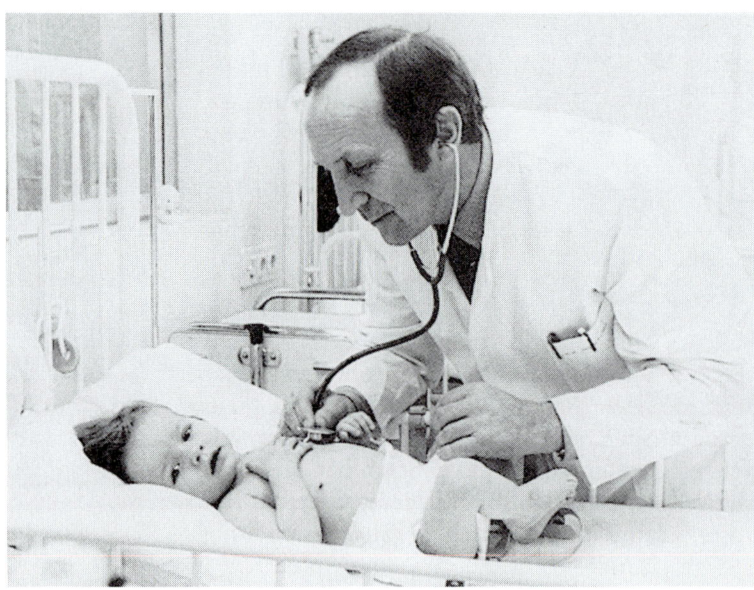

Professor Bühlmeyer, München, untersucht ein Kleinkind nach einer Herzoperation.

Die Zahl der in der Landwirtschaft Beschäftigten ist seit dem Zweiten Weltkrieg in allen europäischen Ländern zurückgegangen, in Deutschland von 5 Millionen im Jahr 1950 auf weniger als eine Million in der BRD, in ganz Deutschland auf 1,2 Millionen im Jahr 1995. Die Zahl der Betriebe verringert sich, und immer mehr Landwirte sind gezwungen, neben der Landwirtschaft einen anderen Beruf auszuüben. Die Arbeitsstunden sind länger, und der Verdienst ist geringer, also hat eine erhebliche „Landflucht"° stattgefunden. Heute sind fast alle Betriebe, zumindest im Gebiet der alten BRD, Familienbetriebe. Im Osten Deutschlands, der ehemaligen DDR, sind die 4 000 ehemaligen LPGs, Landwirtschaftliche Produktionsgemeinschaften, privatisiert worden. Jedoch wurden längst nicht alle in kleinere Höfe geteilt. Es gibt heute neben Kapitalgesellschaften auch eine Reihe von Genossenschaften. Die Größe der Flächen gibt den ostdeutschen Betrieben eine bessere Chance im Konkurrenzkampf.

„Landflucht" *"flight" from the farm*

Die „freien Berufe" sind weitgehend von staatlichen Maßnahmen und Vorschriften abhängig. Die Ärzte müssen bei staatlichen Krankenkassen zugelassen sein, die ihre Bedingungen diktieren. Künstler hängen vom Etat der Länder und Gemeinden ab. Die Gebühren der Rechtsanwälte sind genauer festgelegt als in den USA. Architekten und Bauunternehmer müssen die Stadt- und

Landschaftsplanung und die Vorschriften des Umweltschutzes studieren, und in den alten Städten werden sie von Archäologen und Denkmalschützern° kontrolliert. Ein dicht besiedeltes Land wie Deutschland hat ein dichtes Netz gegenseitiger Abhängigkeiter erzeugt, die die Politik und die Berufstätigkeit jedes Menschen bestimmten.

Eine neue Kategorie selbständiger Berufe ist der „Berater",° der technische, juristische und ökonomische Experte, der Firmen und Privatpersonen helfen kann, die geeignete Einrichtung anzuschaffen, klug zu investieren, weniger Steuern zu bezahlen, das Betriebsklima zu verbessern und die zukünftigen Trends rechtzeitig zu erkennen. Solche Berater und Experten sind am meisten „selbständig" und gewiss eine Berufskategorie, die sich auf immer mehr Bereiche verbreiten wird.

Denkmalschützern *protectors of historical monuments*

Berater *consultant*

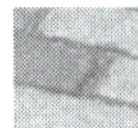

Fragen zum Text:

Ein kompliziertes „duales" System

1. Was ist eine Teilzeitschule?
2. Was ist der Unterschied zwischen einer Berufsschule und einer Berufsfachschule?
3. Was erhalten Jugendliche im Berufsvorbereitungsjahr und im Berufsgrundbildungsjahr?
4. Was sind die Voraussetzungen für den Besuch einer Fachschule und wofür qualifiziert sie?

Lehrling, Geselle und Meister

5. Was wird von einem Lehrling am Ende der Lehrzeit erwartet?
6. Was ist der Unterschied zwischen einer „Zunft" und einer „Innung"?
7. Was sollte ein Geselle nach der Lehrlingszeit tun? Warum?
8. Für wen ist es gut oder notwendig, Meister zu werden?

Die Berufsausbildung und der Staat

9. Was verbinden die Deutschen mit der Idee eines „Berufes"?
10. Was ist ein „Berufsbild"?
11. Warum wollen manche kleinen Betriebe keine Lehrlinge ausbilden?
12. Wie unterscheidet sich ein Anlernberuf von einer Berufsausbildung?

Angestellte und Beamte

13. Wo werden Beamte beschäftigt?
14. Welche Vorteile hat ein Beamter?

15. Wann werden Angestellte unkündbar?
16. Wie viel bezahlten Urlaub bekommen die Deutschen?

Arbeiter

17. Wie wird der Lohn eines Arbeiters berechnet?
18. Wie sind die Gewerkschaften organisiert?
19. Sind Streiks in Deutschland häufig?
20. Welche Folgen hatte es, dass die Arbeiter Werkswohnungen bekamen?

Selbständige Berufe

21. Was ist mit der Zahl der in der Landwirtschaft Beschäftigten geschehen?
22. Was geschah mit den LPGs der früheren DDR?
23. In welcher Hinsicht sind freie Berufe vom Staat abhängig?
24. Was ist ein „Berater", und warum vermehren sich die Berater?

Aufsatzthemen:

1. Was halten Sie von einer längeren praktischen und theoretischen Berufsausbildung für Handwerker? Vergleichen Sie das deutsche und das amerikanische System.
2. Die Ärzte haben eine lange Ausbildungszeit nach dem Studium. Sollte das auch für andere akademische Berufe sein, z.B. Juristen und Lehrer? Wie würden Sie sich das vorstellen?
3. Wer sollte die Qualifikationen für einen Beruf festlegen und kontrollieren, der Staat oder die Berufsorganisationen oder beide? Wie kann das konkret aussehen?
4. Was wären die Vorteile und Nachteile für Arbeitgeber und Arbeitnehmer, mehr Kündigungsschutz für langjährige Mitarbeiter zu haben?
5. Soll der Staat Berufsschulen und Lehrlingsausbildung finanzieren, oder sollen Industrie und Handwerk selbst für Ausbildung des Nachwuchses sorgen?
6. Wie würden Sie sich ein gutes System der Berufsausbildung vorstellen? Geben Sie Beispiele für verschiedene Berufe.

Bundeswirtschaftsminister, später Bundeskanzler Ludwig Erhard mit seinem Buch Wohlstand für alle *und seiner unvermeidlichen Zigarre*

8 Die deutsche Wirtschaft

Was wissen Sie, was meinen Sie?

1. Welche deutschen Produkte werden in die USA exportiert?
2. Kennen Sie die Namen von deutschen Firmen, die in den USA Niederlassungen haben?
3. Kennen Sie amerikanische Firmen, die eine Filiale in Deutschland haben? In welchem Bereich der Wirtschaft arbeiten sie?
4. Welchen Ruf haben deutsche Produkte? Was erwarten Sie von einem deutschen Produkt?
5. Kennen Sie einen deutschen Unternehmer oder Handwerker? Was können Sie über sie sagen?
6. Was für ein deutsches Produkt besitzen Sie oder möchten Sie gern besitzen? Warum?
7. Welche Aufgaben hat Ihrer Meinung nach der Staat im Bereich der Wirtschaft?
8. Glauben Sie, dass die globale Wirtschaft die Menschen einander näher bringt?

Soziale Marktwirtschaft

Seit der Einführung der DM im Juni 1948 ist „soziale Marktwirtschaft" die Leitidee der deutschen Wirtschaftspolitik. Sie bedeutet Marktwirtschaft: Die privaten Unternehmen, kleine und große, sind der Motor der Wirtschaft. Sie bringen Wachstum und Profit, sie schaffen Arbeitsplätze. Doch das Ziel hieß „Wohlstand für Alle", die Regierung war da, um über die Finanzen zu wachen, um bei den unvermeidlichen Konflikten der Arbeitgeber und Arbeitnehmer zu vermitteln und auszugleichen, und um eine Wirtschaftspolitik zu treiben, die für die gesamte Gesellschaft günstig war. Die Idee einer sozialen Marktwirtschaft hat sich inzwischen in Europa durchgesetzt. Natürlich gibt es Konflikte darüber, wie sozial die Wirtschaft sein soll, und mit welchen Methoden das Ziel der sozialen Marktwirtschaft am besten zu erreichen ist. Darf soziale Sicherheit geopfert werden, damit der Markt floriert? Sind Arbeitsplätze oder Profite wichtiger? Wie viele Vorschriften sind nötig, um soziale Sicherheit zu erhalten, und wann wird dadurch das Wachstum der Wirtschaft gehemmt? Solche Fragen werden von verschiedenen politischen Richtungen unterschiedlich beantwortet.

Als der „Wirtschaftsdirektor" Ludwig Erhard es 1948 durchsetzte, dass Rationierungen und unnötige Vorschriften abgeschafft wurden, damit die deutsche Wirtschaft einen neuen Start bekam, fürchteten viele Experten das Chaos oder eine Katastrophe. Die Wirtschaft hatte 34 Jahre staatlicher Planung hinter sich, seit 1914. Der Kriegswirtschaft folgte eine Wirtschaftskrise, nicht lange danach die Krise der Weltwirtschaft, abgelöst durch die Staatswirtschaft und Kriegswirtschaft der Nationalsozialisten. Zweimal hatten die Deutschen in einer Inflation ihre Vermögen verloren.

Der sensationelle Erfolg der deutschen Marktwirtschaft nach 1948, „Wirtschaftswunder" genannt—natürlich war es alles andere als ein Wunder—lehrte die Deutschen, was nötig ist, damit die Wirtschaft floriert: Zusammenarbeit der Wirtschaftspartner, hohe Produktivität und ständige Modernisierung, und dadurch hoher Exportanteil der Produktion. Sie lernten damit etwas Neues. Vorher war ihnen gesagt worden: Deutschland, ein zu dicht bevölkertes Land, das „Land ohne Raum", braucht neuen „Lebensraum", um wirtschaftlich existieren zu können. Aber Deutschland nach 1945, dichter bevölkert als je zuvor, wurde wohlhabender, als es je gewesen war.

Deutschland ist ein Land mit wenig Naturschätzen und einem Klima, das der landwirtschaftlichen Produktion enge Grenzen setzt. Es war deshalb vor der Industrialisierung ein Auswanderungsland. Sein heutiger Wohlstand beruht auf der Produktivität und Kreativität seiner Menschen, ihren Verbesserungen und Erfindungen. Der Wohlstand kam durch Ideen und die Verarbeitung von Rohstoffen.

Die zwei Weltkriege und das Experiment mit dem Sozialismus im östlichen Deutschland haben tiefe wirtschaftliche, soziale, und psychologische Spuren hinterlassen. Die Integration der deutschen Wirtschaft nach der Wiedervereinigung ist noch nicht abgeschlossen. So ist noch längst nicht alles „normal". Dabei muss jedoch die Gesellschaft in die Zukunft blicken. Die wirtschaftliche Verflechtung der Länder der Europäischen Union schreitet voran, symbolisiert durch die Einföhrung des „Euro“, der gemeinsamen Währung, im Jahre 1999. Europa hat in Brüssel ein starke Bürokratie aufgebaut, aber es braucht jetzt ein aktionsfähiges europäisches Parlament und etwas wie eine europäische Regierung, die planen und Initiativen entwickeln kann. So wichtig wie den Deutschen die Stabilität der Währung ist, so wichtig muss ihnen die Erhaltung der Arbeitsplätze sein, nicht nur in Deutschland, sondern in ganz Europa. Mit Vorbehalten, aber auch mit dem Blick für neue Chancen stehen die Deutschen an der Schwelle der gemeinsamen europäischen Wirtschaft, die mit dem neuen Jahrtausend beginnt.

Deutschland als Wirtschaftsmacht

Das Bruttoinlandsprodukt Deutschlands war 1995 knapp 3,5 Billionen DM, davon kamen 11% aus den östlichen Bundesländern, wo 19% der Bevölkerung leben. 1,2 Billionen stammten aus Dienstleistungen, 1,15 Billionen aus der Produktion, 460 Milliarden aus Handel und Verkehr, 480 Milliarden vom Staat und privaten Haushalten, 37 Milliarden aus der Landwirtschaft. Beinahe 2 Billionen DM wurden privat ausgegeben, 675 Milliarden vom Staat; 750 Milliarden wurden investiert und gespart. 1995 waren 36 Millionen Menschen erwerbstätig, mehr als 4 Millionen arbeitslos. Die Arbeitslosenrate lag bei 9,5%, in den östlichen Ländern fast 15% im Durchschnitt.

Im Handel hatte Deutschland 1995 wieder einen Exportüberschuss. Die wichtigsten Handelspartner sind die Staaten der Europäischen Union. Doch stehen die USA im Import an vierter und im Export an fünfter Stelle, mit insgesamt 8%. Das deutsche Bruttoinlandsprodukt ist ein Drittel des amerikanischen, die deutschen Exporte insgesamt sind etwa 85% der amerikanischen, die Importe nur 57%.

Die Zahlen in der Produktion und im Verbrauch ähneln sich. Die USA haben trotz allem höhere öffentliche Ausgaben und verbrauchen mehr. Deutschland ist die größte Wirtschaftsmacht der EU; aber Frankreich und Italien produzieren ebenso viel im Vergleich zur. Bevölkerungszahl. Der Wohlstand ist in Deutschland etwas größer; doch die Unterschiede sind nicht sehr erheblich. Die europäische Integration, die 1993 ihr entscheidendes Stadium begonnen hat, muss in Deutschland nicht zu besonderen sozialen Problemen führen. Das Hauptproblem in Europa bleibt dabei die Arbeitslosigkeit.

Während die wirtschaftliche Verflechtung zwischen Japan und den USA weitergeht, investiert die deutsche Industrie und das deutsche Kapital vor allem in Europa, in den EU-Ländern und neuerdings in Osteuropa. Viel

Kapitalbedarf ist nötig für die deutschen Bundesländer im Osten; doch daran ist die öffentliche Hand ebenso beteiligt wie die Privatwirtschaft.

Immer noch gibt es weit mehr große amerikanische Firmen in Deutschland, wie Ford, Opel und IBM, als deutsche Firmen in den USA, wo Siemens und BASF die meisten Beschäftigten haben; aber auch Mercedes und BMW haben neue Fabriken errichtet. Allerdings exportiert Deutschland mehr in die USA als es aus den USA importiert.

Deutschland ist ein wichtiger Faktor der europäischen und der Weltwirtschaft; aber seine Produktion und Stärke entspricht durchaus der der anderen Industrieländer im Vergleich zu ihrer Bevölkerung. Deutschland kann auch mit dem Geld weder Europa noch die Welt „erobern".

DER FINANZMARKT

Deutschland ist ein kapitalistisches Land wie die USA, aber es hat auch im Geldwesen seine Besonderheiten. Die Bundesbank, die deutsche „Federal Reserve" Bank, ist eine offizielle Institution, doch unabhängig von der Regierung: Sie kontrolliert den Geldumlauf° und hat besonders darauf geachtet, dass die Inflationsraten niedrig bleiben. Sie arbeitet durch die Landeszentralbanken der einzelnen Länder. Die größten Banken sind private Institute, wie die Deutsche Bank, die Dresdner Bank, die Bayerische Vereinsbank, die Commerzbank die Bayerische Hypo-Bank und die von Gewerkschaften gegründete Bank für Gemeinwirtschaft. Genossenschaftliche Banken sind die Raiffeisenkassen und Volksbanken, die entstanden sind, um Landwirten und kleinen Gewerbebetrieben Kredite zu geben. Vor allem werden Sparkassen von den Gemeinden betrieben. Die weitaus größte Sparkasse ist jedoch die Deutsche Postbank, vor 1995 Teil der Bundespost. In der BRD verwaltete die Bundespost mehr als 20 Millionen Sparbücher. Die Deutsche Postbank soll noch einen größeren Bereich finanzieller Dienste anbieten. Die Postbank ist eine von drei Aktiengesellschaften, die aus der Bundespost hervorgegangen sind. Die anderen heißen Deutsche Telekom und Deutsche Post AG.

Geldumlauf *money circulation*

Eine besondere Art der Sparkasse ist die Bausparkasse. Mit einer bestimmten Höhe der Spareinlage können die Sparer einen Hauskauf finanzieren.

Die Deutschen bezahlen viel weniger mit Schecks, als das in den USA üblich ist. Manchmal schicken sie Verrechnungsschecks;° aber meistens überweisen sie Geld von ihrem Konto, also von Bank zu Bank. Man kann der Bank Daueraufträge geben, die Miete, Versicherungen und bestimmte Rechnungen

Verrechnungsschecks *collection-only checks*

Das höchste Bankgebäude Deutschlands: die Zentralverwaltung der Bank für Gemeinwirtschaft in Frankfurt am Main

zu bezahlen. Die meisten Kontoinhaber haben einen bestimmten Dispositionskredit,° sie können ihr Konto „überziehen", ohne dass die Bank die Zahlung verweigert. Kreditkarten sind in Deutschland immer noch weniger üblich als in den USA. Hingegen sind „Eurocheques" weit verbreitet, Schecks, die man in allen Ländern Europas einlösen kann. Es sind keine Kreditkarten, sondern Reiseschecks, die man in verschiedenen Währungen ausstellen kann. Auch Postsparbücher kann man in anderen Ländern benutzen.

Dispositionskredit *available credit beyond the balance of the account*

Die Bundesbank, die deutsche Effektenbörse und viele Banken sind in Frankfurt am Main, wo man auch Filialen ausländischer Banken findet. Nur die Banken sind an der Börse zugelassen. Es gibt in Deutschland viele Angestellten großer Firmen, die Aktien der Firma haben und meistens längere Zeit behalten. Die deutsche Börse ist ruhiger als Wall Street. Daneben gibt es natürlich Produktenbörsen für landwirtschaftliche Produkte.

Eine einschneidende Veränderung war die Einführung einer europäischen Währung, „Euro" genannt, im Jahre 1999. Die europäische Zentralbank hat ihren Sitz in Frankfurt. Für die Deutschen ist die wichtigste Frage, ob diese neue Währung genau so hart und stabil sein wird wie die DM. Als Übergang wird der Euro fünf Jahre lang zusammen mit den nationalen Währungen benutzt.

Große und kleine Firmen

In Deutschland sind die meisten Betriebe klein; zwei Drittel der Firmen haben weniger als 100 Angestellte. Nur 2% der Firmen haben mehr als 1 000 Angestellte. Die größten Unternehmen findet man in der Autoindustrie, Elektroindustrie und Elektronik, Chemie, Maschinenindustrie, Stahlproduktion und Ölproduktion und -verarbeitung. Längst nicht alle dieser Großfirmen sind „deutsche Firmen". Neben Daimler-Benz, VW und BMW treten Opel und die deutsche Fordfirma. IBM Deutschland ist genau so eine Großfirma wie Siemens. Im Erdölbereich und z.B. bei Lebensmitteln sind ausländische Firmen vorherrschend, während in der chemischen Industrie deutsche Firmen am wichtigsten sind.

Der Motor der Industrialisierung in Deutschland im 19. Jahrhundert war die Stahlindustrie und der Maschinenbau. Die Stahlindustrie siedelte sich dort an, wo es Kohlenbergwerke gab: im Ruhrgebiet, im Saarland (und Lothringen) und in Oberschlesien. Die Firma Krupp im Ruhrgebiet wurde besonders bekannt, weil sie sich auf Waffenproduktion spezialisierte. Aber auch andere Industriebereiche wurden wichtig: die chemische und pharmazeutische Industrie, die optische Industrie und die Elektrotechnik sowie der Fahrzeugbau, Lokomotiven und Eisenbahnwagen zum Beispiel. Siemens, Bayer, Zeiss und Borsig gehören zu diesen älteren Firmen, und ihr Standort hing mehr von Transportmöglichkeiten und Arbeitskräften ab als von Bodenschätzen. Der Verlust vieler Patente und die Wirtschaftskrise nach 1918 brachten Zusammenschlüsse von Firmen. Die chemische Industrie bildete z.B. die „IG Farben", eine Gemeinschaft der wichtigsten Firmen. Die Aufrüstung nach 1933 brachte neue staatliche Firmen und eine weitere Konzentration. Nach 1945 beschlossen die Alliierten, diese Großbetriebe zu „entflechten",° um eine zukünftige Kriegsindustrie zu verhindern. Aus den IG Farben wurden Firmen wie Bayer, Höchst, BASF. Inzwischen ist allerdings der Prozess der Konzentration auch in Deutschland wieder weitergegangen. Immerhin gibt es nur zehn Firmen, die mehr als 100 000 Angestellte haben. Die größte Konzentration der Industrie ist immer noch im Korridor zwischen dem Ruhrgebiet, dem Rheinland, der Gegend um Frankfurt bis nach

entflechten *decartelize*

Flussschiffe im Hafen von Duisburg, dem größten Binnenhafen Europas

Württemberg. Eine Verschiebung der Gewichte wird stattfinden, wenn die Produktion in Berlin und in Sachsen-Thüringen wieder voll entwickelt ist.

Immer noch dominieren Fahrzeuge (1994: 4,3 Millionen) mit einem hohen Exportanteil, Maschinen, chemische Produkte, Medikamente, Elektroartikel und Elektronik. Manche Industriezweige, wie die optische Industrie, Textilien und Schuhe, sind durch die ausländische Konkurrenz sehr geschrumpft.° Stahlarbeiter und Bergleute haben neue Arbeit finden müssen. Die Strukturveränderungen gehen weiter. Immer weniger Menschen werden in der Industrie benötigt, und immer mehr in Dienstleistungsbetrieben, Werbung und Verwaltung. 37% sind in produzierenden Gewerben beschäftigt, dagegen fast 60% in der Dienstleistungsbereichen.

geschrumpft, schrumpfen *to shrink*

Deutschlands Verkehrsdichte ist ein Segen und ein Fluch zugleich. Es fördert die Wirtschaft, wenn statistisch ein Auto auf je zwei Menschen kommt, doch die deutschen Straßen, zumal die Autobahnen, sind zu voll, und die Umweltprobleme werden immer ernsthafter. Transportmöglichkeiten sind natürlich für Handel und Produktion entscheidend, und ohne Flüsse, Kanäle und vor allem Eisenbahnen wäre die Industrialisierung in Deutschland im 19.

Jahrhundert nicht möglich gewesen. Inzwischen hat sich der Gütertransport auf die Straßen verlagert. Auf den Straßen werden mehr Güter transportiert als auf Eisenbahnen und Wasserwegen zusammen. Im Personenverkehr wäre die Eisenbahn am praktischsten, doch nur die Hauptstrecken sind rentabel. 1994 ist die Eisenbahn zur privaten Deutschen Bahn AG geworden, die jetzt mit dem unlösbaren Widerspruch kämpft: Sie soll ein Dienstleistungsbetrieb bleiben und dabei profitabel werden. Die Hauptstrecken mit Zügen hoher Geschwindigkeit werden weiter ausgebaut, doch wer in kleinere Orte reisen will, verlässt sich lieber auf sein Auto als auf die Bahn. Eine Deregulierung der Fluglinien wird den innerdeutschen Flugverkehr vermehren, doch bei den kurzen Entfernungen lohnen sich nur wenige Strecken für Geschäftsreisende.

Die Verkehrsprobleme, vor allem der Güterverkehr, sind eine zentrale Frage der europäischen Wirtschaft. Fahrzeuge sind der Motor der Wirtschaft, der Verkehr ist ein wichtiger Wirtschaftsfaktor, Menschen und Güter müssen sich schnell bewegen, doch die Kapazität der Straßen ist begrenzt.

Mitbestimmung

Kleinere Firmen haben entweder einen individuellen Besitzer, sie sind Offene Handelsgesellschaften (OHG) mit mehreren Besitzern, oder sie sind Kommanditgesellschaften (KG), wo einige Partner nur mit dem eingebrachten Kapital haften.° Eine größere Firma wird meistens zu einer Gesellschaft mit beschränkter Haftung (GmbH), wo die Miteigentümer ebenfalls nur mit dem eingebrachten Kapital haften. Mit einem Mindest-Kapital von 100 000 DM und fünf Gründern kann man eine Aktiengesellschaft (AG) gründen, deren Anteile, also Aktien, gekauft und verkauft werden können. Aktiengesellschaften haben einen Vorstand, der den Betrieb leitet, und einen Aufsichtsrat;° die Hauptversammlung der Aktionäre bestimmt über die Verwendung des Gewinns und über Kapitalbeschaffung. Sie wählt ebenfalls einen Teil des Aufsichtsrates, die Hälfte oder drei Viertel der Mitglieder.

haften *to be liable*

Aufsichtsrat *supervisory board*

Größere Firmen sind also normalerweise Aktiengesellschaften, obwohl es auch größere Familienbetriebe gibt, die nicht zur AG werden wollen. Für Aktiengesellschaften, und zwar besonders solche mit mehr als 2 000 Angestellten, gilt das Mitbestimmungsgesetz von 1976. Es bestimmt, dass die Angestellten im Vorstand durch einen „Arbeitsdirektor" vertreten sind. Im Aufsichtsrat stellen sie die Hälfte der Mitglieder. Allerdings können die Besitzer die entscheidende Stimme abgeben, wenn wirklich Stimmengleichheit herrscht.

Die Angestellten sind also nicht nur informiert, wie es mit der Firma steht, sie entscheiden mit. In den fünfziger Jahren gab die SPD das Konzept der Verstaatlichung von Betrieben auf und verlangte eine stärkere Beteiligung an geschäftlichen Entscheidungen. Das ist inzwischen Wirklichkeit geworden. Diese Mitwirkung der Angestellten hat viele Formen. In allen Betrieben, groß oder klein, wählen die Angestellten einen Betriebsrat. Der Betriebsrat kümmert sich natürlich um Personalfragen: Einstellungen, Kündigungen, Entlassungen. Doch Sicherheit am Arbeitsplatz, Arbeitsorganisation und Gestaltung des Arbeitsplatzes gehen ihn auch an, ja sogar die allgemeine Planung. Der Betriebsrat ist unabhängig von den Gewerkschaften. Die Gewerkschaften sind jedoch bereit zur Information und Hilfe. Es besteht in Deutschland kein Zwang, Mitglied der Gewerkschaft zu werden. Ungefähr ein Drittel der Arbeitnehmer sind Mitglied. Es gibt eine Einheitsgewerkschaft, den Deutschen Gewerkschaftsbund (DGB), der nach Berufssparten° eingeteilt ist; daneben die Deutsche Angestellten-Gewerkschaft (DAG) und den Deutschen Beamtenbund (DBB). Die Gewerkschaften handeln Tarifverträge aus.

Berufssparten *professional branches*

Außer dem Betriebsrat (in öffentlichen Betrieben heißt er Personalrat) und den Gewerkschaften sind die Angestellten noch in vielfacher Weise mit der Firma verbunden. Die Firmen haben großes Interesse an einer dauerhaften Bindung. Also bauen sie Werkswohnungen oder geben Mietzuschüsse und Firmenpensionen. Vor allem aber bieten sie Gewinnbeteiligung und Aktien für Arbeitnehmer. Sie möchten, dass die Arbeitnehmer daran interessiert sind, dass die Firma floriert. Zwar fehlt es in Deutschland auch nicht an Konflikten und Konfrontationen, aber insgesamt besteht eher der Wunsch nach Zusammenarbeit im gemeinsamen Interesse.

Zu der Atmosphäre der Zusammenarbeit trägt wesentlich der Kündigungsschutz bei. Je länger jemand bei einer Firma arbeitet, desto länger ist die Kündigungsfrist, und desto schwerer ist die Kündigung überhaupt. Es ist nicht möglich, langjährige Angestellte einfach auf die Straße zu setzen. Für Vertreter der Arbeitnehmer, wie den Betriebsrat, gilt noch ein besonderer Kündigungsschutz. Natürlich muss eine Firma Angestellte entlassen, wenn sie Verluste hat; doch die Angestellten müssen dabei gefragt werden. Es gibt jedoch keine plötzliche Entlassung aus rein persönlichen Gründen. Die Arbeitsgerichte in Deutschland stehen auf der Seite der Arbeitnehmer, so lange nicht das Gegenteil bewiesen wird.

Soziale Sicherheit

Sicherheit ist für die Deutschen ein entscheidend wichtiger Punkt ihres Berufslebens. Deshalb gibt es Versicherungen für alle möglichen Notfälle. Gewöhnlich zahlen die Arbeitgeber und die Arbeitnehmer je die Hälfte der Beiträge.

Krankenversicherung: Die meisten Arbeitnehmer werden durch die öffentliche Versicherung, die Allgemeine Ortskrankenkasse (AOK), versichert. Für manche Angestellte gibt es die Ersatzkasse. Höher Verdienende sind privat versichert. Sie bekommen jedoch oft Beihilfen für Krankenkosten, wenn sie im öffentlichen Dienst sind; aber auch bei vielen Privatfirmen. Die AOK zahlt alle Kranken- und Arztkosten, auch Pflege zu Hause. Bei längerer Krankheit geht der volle Verdienst 6 Wochen weiter, dann kommt ein Krankengeld von 80%, über ein Jahr lang.

Werdende Mütter bekommen Mutterschaftsurlaub° 6 Wochen vor der Entbindung° bis 8 Wochen nach der Entbindung. Sie dürfen nicht gekündigt werden. Sie können anschließend einen „Erziehungsurlaub" nehmen, für den der Staat 600,- DM im Monat zahlt. Diesen Urlaub kann auch der Vater nehmen.

Es gibt Unfallversicherung und Invalidenversicherung für alle. Jeder größere Betrieb muss 6% der Arbeitsplätze für Schwerbehinderte° freihalten oder Gebühren bezahlen.

Alle Deutschen haben eine Altersversorgung. Es gibt eine Pension für Beamte, Angestelltenrenten durch die Angestelltenversicherung und allgemeine Renten. Neuerdings werden nicht nur Militär-, Arbeitslosen- und Studienzeiten angerechnet, sondern auch für Frauen die Jahre, in denen sie zu Hause ihre Kinder erziehen. Die Renten und Pensionen sind „dynamisch", d.h. sie steigen mit der Inflation bzw. den Lebenshaltungskosten.

Arbeitslose erhalten zuerst ein Arbeitslosengeld, etwa zwei Drittel des letzten Verdienstes. Wie lange man das Arbeitslosengeld erhält, richtet sich nach dem Alter. Es geht von einem Jahr bis zu 32 Monaten. Wenn diese Zeit vorbei ist, kann man eine Arbeitslosenhilfe beantragen, die 58% des letzten Verdienstes beträgt. Hier wird allerdings auch das Vermögen der Familie berücksichtigt. Das Arbeitsamt bemüht sich nicht nur um Arbeitsvermittlung, sondern hat auch Gelder für die Umschulung und für befristete Anstellungen als Arbeitsbeschaffungsmaßnahmen (ABM).° Im Notfall gibt es dann die Sozialhilfe.

Alle Familien haben ein Recht auf Kindergeld, bis die Kinder 18 Jahre alt sind. Seit 1997 beträgt das Kindergeld für das erste Kind und das zweite Kind monatlich je 220 DM, für das dritte Kind 300 DM und für jedes weitere Kind 350 DM. Wenn die Kinder studieren, kann das Kindergeld bis zum 27. Lebensjahr weiter gezahlt werden. Dazu kommen niedrigere Steuern, „Erziehungsgeld" und „Erziehungsurlaub", wenn Eltern sich selbst um ihre neugeborenen Kinder kümmern.

Die Kosten für so viel Sicherheit sind hoch. Die Arbeitnehmer haben hohe Abgaben, die Arbeitgeber bezahlen pro Arbeitskraft fast so viel extra wie

Mutterschaftsurlaub *pregnancy leave*

Entbindung *delivery, birth*

Schwerbehinderte *severely handicapped*

Arbeitsbeschaffungsmaßnahmen (ABM) *measures to procure jobs*

das Gehalt beträgt. Auch laden die großzügigen Bestimmungen zum Missbrauch ein. Längst nicht alle Arbeitnehmer, die „krank feiern", sind krank. Die meisten Arbeitnehmer haben etwa sechs Wochen bezahlten Urlaub. Oft bestehen sie darauf, den Urlaub zu nehmen, wenn es für die Firma schlecht passt. Kleine Firmen haben am meisten mit diesen Problemen zu kämpfen. Die hohen Krankenkosten haben auch in Deutschland zu Beschränkungen und mehr Selbstbeteiligung° geführt. Andererseits wissen die Arbeitnehmer inzwischen, dass die Veränderungen der Wirtschaft mehr Arbeitslosigkeit mit sich bringen. Die große Arbeitslosigkeit im Osten Deutschlands nach der Wiedervereinigung ist eine deutliche Warnung geworden. Die bequemen Zeiten, wenn es sie je gegeben hat, sind vorüber.

Selbstbeteiligung *participation in the costs*

Die östlichen Bundesländer

Das zentrale Problem der Wirtschaftsplanung Deutschlands ist heute und in der nahen Zukunft die Integrierung der neuen Bundesländer im Osten. Alle Planer gehen davon aus, dass eines Tages die Lebensverhältnisse in Deutschland überall gleich sein werden. Wann das sein wird, bleibt die Frage. Der Zeitpunkt wird von den Planern immer weiter in die Zukunft hinausgeschoben. Die wirtschaftlichen und sozialen Probleme verzahnen° sich mehr als man gedacht hatte. Die Löhne und Gehälter steigen schneller als die Produktivität. Die ehemalige DDR ist kein „Billigland" für eine kapitalistische Industrie, selbst wenn Grund und Boden billiger ist. Die Industrie und die. Verwaltungen der Länder tragen auch viele „Altlasten", Umweltschäden, alte Gebäude, die man abreißen muss, eine unbrauchbare Infrastruktur. Die Großindustrie zeigt sich vorsichtig im Investieren. Viel mehr Geld als gedacht kommt von der öffentlichen Hand. Allerdings: Je besser die Infrastruktur wird, desto attraktiver wird der Wirtschaftsstandort Ostdeutschland. Bis jetzt ist jedoch die Bautätigkeit ein stärkerer Motor der Wirtschaft als die Industrieproduktion, und die Arbeitslosigkeit ist sehr hoch.

sich verzahnen *to be linked, interdependent*

Nach anfänglicher Unsicherheit begann eine Welle der Gründung von Kleinbetrieben, und der Dienstleistungsbereich organisierte sich auf privater Basis. Schwieriger wurde es mit den größeren Unternehmen, die von der Treuhandanstalt an private Besitzer verkauft werden sollten. Die Angestellten wollten die Arbeitsplätze erhalten, doch längst nicht immer waren die nötigen Modernisierungen rentabel. Besondere Erfolge gab es übrigens bei Betrieben, die von den Angestellten übernommen wurden. Zwei Faktoren kamen in dieser Phase störend hinzu: das „Niemandsland" östliches Deutschland lockte unter

Der Euro wird bis zum Jahr 2002 die DM ersetzen.

anderem die schlechten Vertreter des Kapitalismus an, die von der Naivität und dem Vertrauen der Ossis profitieren wollten. Bereits bei dem Umtausch des Geldes im Jahre 1990 kamen Betrügereien in Höhe von Milliarden DM vor. Der andere Faktor war die Unsicherheit der Besitzverhältnisse. Es war alles andere als klar, wer jeweils Anspruch auf „Volkseigentum“ erheben würde, und wem Häuser und Grundstücke wirklich gehörten.

Die optimistischen Prognosen der ersten Jahre, die Idee, dass Umstellung und Integrierung der ostdeutschen Wirtschaft eine Sache von wenigen Jahren sei, hatten negative Folgen, als deutlich wurde, dass eine wirkliche „Normalisierung“ viele Jahre dauern würden. Die Wessis murrten über die Zahlungen an die neuen Länder, und die Ossis fühlten sich als „Kolonialland“, wenn ihnen gesagt wurde, dass sie westliche Experten für den Neuanfang brauchten. Inzwischen ist die neue Infrastruktur vorhanden, das Bildungssystem funktioniert, eine neue Generation wächst heran, die nicht mehr von der Vergangenheit belastet ist, und allmählich erweitert sich die Produktion in der Industrie und der Landwirtschaft. Die psychologischen Hindernisse, zumal das Misstrauen gegen Wessis, sind allerdings erheblich. Es konnte kein ostdeutsches „Wirtschaftswunder“ geben, nur eine mühsame Umstellung. Es wird eine längere

Zeit dauern, bis das Gleichgewicht und die Kooperation, auf denen soziale Marktwirtschaft beruht, in diesen Ländern erreicht ist.

Wirtschaftsplanung

Deutschland ist eng verflochten in die gesamteuropäische Wirtschaft und die Weltwirtschaft. Es ist abhängig von Import und Export. Es lebt von seiner Produktivität und technischen Innovation. Selbst bei freier Marktwirtschaft kann das Land ohne langfristige Planung nicht existieren. Sowohl die Firmen als auch der Staat müssen an die Zukunft denken. Einige der Probleme, die inzwischen diskutiert werden, sind: die „Lebensarbeitszeit".° Wenn weniger Arbeit für die Produktion nötig ist, wie soll die vorhandene Arbeit verteilt werden? Sollen die Arbeitszeiten pro Woche gesenkt oder die Jahre der Berufstätigkeit verkürzt werden? Andererseits: die Lebenserwartung° steigt; die Menschen werden älter. Warum sollen sie noch früher aus dem Berufsleben ausscheiden?

Lebensarbeitszeit *one's life working hours*

Lebenserwartung *life expectancy*

Wie die Menschen ihre Freizeit verbringen, ist auch in Deutschland eine wachsende Sorge. Je mehr Freizeit, desto mehr Dienstleistungen sind nötig.

Die moderne Technik macht es zunehmend möglich, dass die Firmen gleitende Arbeitszeiten einführen, die Arbeitnehmer also ihre Zeit selbst planen, oder dass sie zu Hause arbeiten können. Oft wird auch jemand für mehrere Firmen zusammen arbeiten müssen, da eine Firma seine Expertise nur für einige Stunden braucht.

Traditionell haben sich die Universitäten mit Grundlagenforschung befasst, und die Wirtschaft hat für mögliche Anwendungen gesorgt. Heute wird mehr Druck darauf gelegt, Forschung zu unterstützen, die direkt anwendbar ist, besonders wenn die Forschung staatliche Gelder benutzt oder von der Wirtschaft finanziert wird. Durch die immer stärkere Planung der Forschung ist bereits eine Lenkung der Wirtschaft gegeben.

Zusammenarbeit der Universitäten, der Wirtschaft und des Staates ist nichts Neues in Deutschland. Neu ist, dass die Summen, die für die Forschung nötig sind, so hoch geworden sind, dass alles Geld für Schwerpunktprojekte° gebraucht wird. Die freie individuelle Forschung und Kreativität bleiben im Hintertreffen.°

Schwerpunktprojekte *priority projects*

Hintertreffen, im Hintertreffen bleiben *to be neglected*

Vor allem aber verlangt der Umweltschutz ständige Planung und Überlegung. Immer mehr Menschen fragen, wie hoch die Umweltkosten sind. Wie „sauber" ist eine Industrie und Produktion?

Die Marktwirtschaft hat sich im 20. Jahrhundert als der Planwirtschaft überlegen gezeigt. Doch die Marktwirtschaft soll nicht nur sozial sein, wie es das deutsche System verlangt, sondern umweltbewusst und langfristig planend. Das sind Kriterien, die oft miteinander in Konflikt kommen. Schon heute gibt es ständige Konflikte zwischen der Erhaltung der Umwelt und der Erhaltung von Arbeitsplätzen. Egal wie die Gesellschaft ihre vielen Probleme bewältigen wird, der einzelne Mensch wird gezwungen sein, sein Leben ganz anders als bisher zu planen. Hatte die Industrie die Trennung von Familie und Wohnung auf der einen Seite, und Arbeitsplatz auf der anderen Seite gebracht, so kommen in der Zukunft Wohnung, Studienplatz und Arbeitsplatz wieder zusammen. Das nächste Jahrhundert wartet.

Fragen zum Text:

Soziale Marktwirtschaft

1. Welche Aufgaben hat der Staat in der sozialen Marktwirtschaft?
2. Warum sah die Marktwirtschaft 1948 wie ein gewagtes Experiment aus?
3. Welche ungünstigen Bedingungen hat die deutsche Wirtschaft?
4. Worauf beruht der deutsche Wohlstand?
5. Zwischen welchen zwei Faktoren will die soziale Marktwirtschaft einen Ausgleich schaffen?

Deutschland als Wirtschaftsmacht

6. Wie setzt sich das Bruttosozialprodukt zusammen?
7. Wer sind Deutschlands wichtigste Handelspartner?
8. Welche großen amerikanischen Firmen gibt es in Deutschland?
9. Worin muss die deutsche Wirtschaft vor allem investieren?

Der Finanzmarkt

10. Welchen Charakter haben die größten deutschen Banken?
11. Was ist die größte Sparkasse?
12. Was ist eine Bausparkasse?
13. Welche Unterschiede gibt es im Zahlungsverkehr zwischen den USA und Deutschland?

Große und kleine Firmen

14. In welchen Bereichen gibt es die größten Firmen?
15. Was war der Motor der Industrialisierung im 19. Jahrhundert?
16. Welche Industriezweige haben den höchsten Exportanteil?

17. In welchem Bereich der Wirtschaft arbeiten heute die meisten Menschen? Wie viele?
18. Wo werden heute die meisten Güter transportiert?
19. Warum sind die Verkehrsprobleme in Deutschland bersonders akut?

Mitbestimmung

20. Welche Folgen hat die Mitbestimmung für größere Firmen?
21. Welche Aufgaben hat der Betriebsrat?
22. Wie sind die Gewerkschaften organisiert?
23. Welches sind die zwei größten Gewerkschaften? Warum?

Soziale Sicherheit

24. Welche Arten von Krankenversicherung gibt es?
25. Was bedeutet Kindergeld?
26. Welche Rechte haben werdende Mütter?

Die östlichen Bundesländer

27. Was musste zuerst modernisiert werden?
28. Was war die Aufgabe der Treuhandanstalt?
29. Was waren die Prognosen am Anfang?
30. Wie sieht es heute aus?

Wirtschaftsplanung

31. Warum wird „Lebensarbeitszeit" diskutiert?
32. Welche Forderungen werden an die Universitäten gestellt?

Gestalten Sie das Soziale Netz

Außer dem Gehalt muss der Arbeitgeber viele Sozialabgaben bezahlen. Welche Abgaben sollte der Arbeitgeber zahlen, welche der Arbeitnehmer, und welche sollten sie teilen? Welche Abgaben sollte es nicht geben?

Altersversorgung
Krankenkasse
Unfall- und Invaliditätsversicherung
bezahlter Urlaub
Arbeitslosenversicherung
Wohngeld

Erziehungsgeld

Kindergeld

Aufsatzthemen:

1. Was würden Sie sich unter einer „sozialen Marktwirtschaft" vorstellen? In welchen Punkten müsste sie „sozial" sein?
2. Was halten Sie von einer Mitbestimmung der Angestellten im Betrieb? Soll der Unternehmer allein „Herr im Haus" sein oder nicht?
3. Sollten Ihrer Ansicht nach Dienstleistungsbetriebe, Elektrizitätswerke, Telefongesellschaften, Eisenbahn, Krankenhäuser usw. öffentliche Betriebe sein oder Privatbetriebe, die für Profit arbeiten? Welche Argumente sehen Sie auf beiden Seiten?
4. Was halten Sie für wichtiger, Arbeitsplätze oder Umweltschutz? Glauben Sie, dass man beides haben kann oder nicht?
5. Wie stellen Sie sich die Arbeitsplätze der Zukunft vor?
6. Was halten Sie von der Zukunft der europäischen Wirtschaft?

Musizieren macht Spaß in der Gruppe.

9 Vereine und Verbände in Deutschland

Was wissen Sie, was meinen Sie?

1. Welche Äquivalente für Vereine finden Sie in der amerikanischen Gesellschaft?
2. Nennen Sie Beispiele für Verbände in Amerika, die starken politischen Einfluss haben. Wie sehen deren örtliche Gruppen aus?
3. Bei welchen Vereinen sind Sie Mitglied? Wie würden Sie deren Charakter beschreiben?
4. Haben die Vereine, zu denen Sie gehören, internationale Verbindungen?
5. Haben Sie Verbindungen mit einem deutschen Verein? Mit welchem?
6. Was denken Sie, welche Arten von Vereinen sind typischer für die USA als für Deutschland?
7. Was für Talente und Charakterzüge erwarten Sie von den folgenden Mitgliedern eines Vereins:
   a. Präsident:
   b. Kassenwart:
   c. Schriftführer:
   d. Förderndes Mitglied:
   e. Ehrenmitglied:

Die vielsagende Abkürzung „e.V."

Deutschland ist ein Land von Vereinen. 200 000 gibt es davon, und es wird kaum erwachsene Deutsche geben, die nicht Mitglied eines oder mehrerer Vereine sind. Vereine sind Liebhabergruppen mit den gleichen Interessen, also

Stammtisch von schwäbischen Weinbauern: ein Viertel Wein und ein Kartenspiel

Sportvereine, Wandervereine, Gesangsvereine, Schützenvereine°, Heimatvereine, Kleingärtnervereine, Bienenzüchtervereine°, Vereine für Vogelkunde, Vereine für Heimatgeschichte, Vereine für Umweltschutz. Es gibt Vereine für verschiedene Altersgruppen, Förderungsvereine für wohltätige Zwecke, für wissenschaftliche Forschung und für viele Institutionen. Vereine sind in ein Vereinsregister eingetragen, daher e.V., eingetragener Verein. Ein Verein braucht eine Satzung, die seinen Zweck, seine Arbeitsweise und seine Verwaltung festlegt, und vor allem eine Mindestzahl von Mitgliedern. Die Mitglieder wählen ihren Vorstand° und stimmen schriftlich und auf jährlichen Geschäftssitzungen über wichtige Entscheidungen ab. Zum Vorstand gehört ein Präsident oder erster Vorsitzender, sein Stellvertreter, ein Sekretär, ein Schatzmeister und andere Beisitzer.

Vereinssitzungen haben ein Programm, dem üblicherweise ein geselliges Beisammensein° folgt; so spricht man auch von dem ernsten und dem heiteren Teil das Abends. Vereine haben ordentliche Mitglieder und fördernde° Mitglieder, die Geld geben; sie ernennen auch Ehrenmitglieder.

Schützenvereine *rifle associations*

Bienenzüchtervereine *beekeeper clubs*

Vorstand *executive committee*

Beisammensein *being together, gathering*

fördernde *sustaining*

Längst nicht alle Vereine haben das Wort „Verein“ in ihrem Namen. Wissenschaftliche Vereine nennen sich meistens Gesellschaften. Andererseits ist die Vereinsform für sehr verschiedene Zwecke praktisch, so dass viele Vereine gar kein „Vereinsleben“ haben, überhaupt sind ihre Mitglieder nur ein Vorwand. Die meisten Vereine sind „gemeinnützig“, sie arbeiten nicht für Profit, sondern im Interesse der Allgemeinheit, und sie sind steuerfrei.

Die Zusammenkünfte eines Vereins hängen von dem Zweck der Gruppe ab. Gesangsvereine haben Proben° und Konzerte, Sportvereine trainieren, wissenschaftliche Vereine kommen zu Vorträgen, Diskussionen und Ausflügen zusammen. Genau so wichtig wie die Tätigkeit ist die Geselligkeit. In den Vereinen findet man gleichgesinnte° Freunde und kann sich unter seinesgleichen wohl fühlen. Vereine brauchen Aktivisten, die die Organisation in die Hand nehmen. Manche davon werden zu richtigen „Vereinsmeiern“,° für die sich das ganze Leben um den Verein dreht, und die sich wichtig fühlen, wenn sie ein Amt bekommen. Vereine, die regelmäßig zusammentreffen, haben Vereinslokale mit eigenen Räumen für ihre Abende.

Proben *rehearsals*

gleichgesinnte *like-minded*

Vereinsmeiern *"joiner," club fanatic*

Verbände und Interessengruppen

Viele Vereine sind in einem Bundesverband° zusammengeschlossen. Dieser Verband gibt gewöhnlich eine Zeitschrift heraus, sorgt für die Information aller Mitglieder, koordiniert die Arbeit der lokalen Vereine und veranstaltet Jahrestagungen. Der Verband vertritt auch die Interessen seiner Vereine in der Öffentlichkeit. Er hat damit eine politische Funktion. Er braucht gute Verbindungen zu den Behörden und Politikern und hat deshalb sein Büro in der Bundeshauptstadt oder wenigstens in ihrer Nähe. Während der Deutsche Sängerbund oder der Verband der Hundezüchtervereine keinen bedeutenden Einfluss auf die Politik ausüben wollen, ist es bei den Bienenzüchtern schon anders, denn ihre Interessen sind mit der Landwirtschaft und dem Umweltschutz verbunden. Ausgesprochene Lobbies sind Verbände der Kriegsopfer, der Autofahrer, der Hauseigentümer und der Mieter, der Frauengruppen, der Heimatvertriebenen, der Minderheiten, und allen voran die Verbände der Arbeitgeber und der Arbeitnehmer, also die Gewerkschaften. Solche Verbände haben sachkundige Experten, die bei der Vorbereitung von neuen Gesetzen ihren Einfluss geltend machen. Sie pochen auf die Zahl ihrer Mitglieder, die sie bei Wahlen aktivieren können. Immer wieder wird vor einer „Herrschaft der Verbände“ gewarnt; doch da es für praktisch alle Interessen Verbände gibt, wird durch ihre Konkurrenz ein Gleichgewicht hergestellt.

Bundesverband *federal association*

„Ohne Bauern keine Zukunft“: eine Veranstaltung des Bayerischen Bauernverbandes

Politik und Gemütlichkeit

Der Übergang von der Pflege des Hobbies zum politischen Aktivismus ist fließend. Die örtlichen Gruppen der Interessenverbände können wie Vereine aussehen. Geselligkeit und Gemütlichkeit gehört zu allen Veranstaltungen. Die persönlichen Beziehungen sind ebenso wichtig wie oder wichtiger als die gleichen Interessen.

Diese so wichtige Sphäre zwischen dem Privatleben und der Öffentlichkeit hat ihre Geschichte, zumindest seit der Französischen Revolution. Damals begannen die Behörden und die Polizei nachzuprüfen, ob die Lesegesellschaften, die Vereine für wohltätige Zwecke, die Studentenverbindungen und ganz besonders die „geheimen“ Freimaurerlogen subversive und revolutionäre Zellen bildeten. Nach 1815 wurde die Überwachung der Polizei noch systematischer. Studentengruppen, Turnvereine und Sängerbünde kamen leicht in den Verdacht der Staatsfeindlichkeit. Die Vereine gaben sich also bewusst den Anschein unpolitischer Harmlosigkeit. Neben den wirklich harmlosen Liebhabergruppen bestanden jedoch Vereine mit politischen Zielen. Dazu gehörten neben bürgerlich-liberalen Vereinen bereits Arbeiterbildungsvereine, aus denen sich dann die Gewerkschaften und die sozialistischen Parteien entwickelten. Vereine konnten in einer

Gesellschaft mit Zensur und Polizeiüberwachung also auch politische Zwecke haben: Sie bildeten den Vorwand für politische Zusammenkünfte.

Lange Zeit waren die Vereine Männersache; mit Ausnahme der Frauengruppen, die für die Gleichberechtigung der Frauen kämpften. Liebhabergruppen hingegen blieben getrennt; das Vereinsleben war eine Sphäre, wo Männer unter sich sein konnten. Selbst die Gesangsvereine waren lange Zeit Männergesangsvereine, und die Komponisten des 19. Jahrhunderts nahmen darauf Rücksicht. Es gibt natürlich immer noch Hobbies, die „typisch männlich" oder „typisch weiblich" sind, doch die exklusiven Männervereine haben keinen Platz mehr in der heutigen Gesellschaft.

Die Geselligkeit, die Freizeitgestaltung, das kulturelle Leben und das politische Leben in Deutschland beruhen auf diesem Netz der Vereine, Gesellschaften und Verbände. Auch das Leben einer Kirchengemeinde sieht wie das Vereinsleben aus, und genauso die Tätigkeit der lokalen politischen Gruppen und Parteien. Darin sind die Deutschen nicht anders als die anderen Menschen der westlichen Welt; „typisch deutsch" ist jedoch der besondere Charakter dieser Gesellschaftssphäre, nämlich die schwer zu beschreibende Mischung von Ernst, Gründlichkeit, Hingabe—und Gemütlichkeit.

Fragen zum Text:

Die vielsagende Abkürzung „e.V."

1. Was bedeutet „e.V."?
2. Was gehört zu einem Verein?
3. Was ist ein Vereinslokal?
4. Welche beiden Aspekte sind für die Vereinsmitglieder wichtig?

Verbände und Interessengruppen

5. Was ist die Aufgabe eines Verbandes?
6. Wo haben Verbände meistens ihren Sitz? Warum?
7. Warum fürchtet man eine „Herrschaft der Verbände"?

Politik und Gemütlichkeit

8. In welcher Epoche interessierte sich die Polizei für Vereine? Warum?
9. Was war charakteristisch für deutsche Vereine im 19. Jahrhundert?
10. Welche Organisationen können oft wie Vereine aussehen?

Aufsatzthemen:

1. Was können Vereine mit Politik zu tun haben? Geben Sie Beispiele.
2. Was halten Sie vom politischen Einfluss der Verbände? Bringen Sie Beispiele.
3. Erzählen Sie die Geschichte von einem Vereinsmeier.
4. Was wären für Sie Gründe, in einem Verein aktiv zu werden? Erzählen Sie einen konkreten Fall.

Die Fußball-Bundesliga: Duisburg gegen VfB Stuttgart

10 Sport in Deutschland

Was wissen Sie, was meinen Sie?

1. Was für Sport treiben Sie?
2. Wohin gehen Sie, um Sport zu treiben?
3. Spielen Sie Fußball? Was halten Sie von Fußball?
4. Welche Sportveranstaltungen sehen Sie gern im Fernsehen?
5. Wie ernst nehmen Sie einen Sportwettkampf, an dem Sie teilnehmen? Sind Sie deprimiert, wenn Sie verlieren?
6. Wenn Sie eine Urlaubsreise machen, welche Sportmöglichkeiten erwarten Sie dort?
7. Was halten Sie vom Wandern? Und vom Bergsteigen?
8. Ist es wichtig für ein Land, wenn seine Sportler in der Olympiade Medaillen gewinnen? Warum oder warum nicht?
9. Wie wichtig ist der Sport in Ihrem Leben?

   Pro Woche verbringe ich durchschnittlich die folgende Stundenzahl mit Sport:

   Aktiv Sport zu treiben:

   Und zwar folgende Sportarten:

   Als Zuschauer bei Sportveranstaltungen:

   Sportveranstaltungen im Fernsehen anzusehen:

   In einer offiziellen Funktion (Schiedsrichter usw.):

   Insgesamt:

Sportvereine

Sportvereine sind die wichtigsten Träger des Sportbetriebs in Deutschland. Im Jahr 1995 gab es mehr als 85 000 Sportvereine mit 22 Millionen Mitgliedern. Es wird geschätzt, dass weitere 12 Millionen Menschen außerhalb der Sportvereine Sport treiben. Sind die Deutschen also ein sportliches Volk? Nicht unbedingt. Sportbegeistert sind sie schon, daher die Mitgliederzahlen der Vereine; nicht wenige dieser Mitglieder treiben aber vor allem „Zuschauersport". Auf die Frage: „Was tun Sie am liebsten in Ihrer Freizeit?" antworten die Deutschen zuerst „Lesen", dann „Haus- und Gartenarbeit" und dann erst „Sport". Wahrscheinlich sollte „Fernsehen" an erster Stelle stehen.

Der Dachverband° der Sportvereine ist der Deutsche Sportbund, DSB. Die Vereine sind „gemeinnützig", und 2,5 Millionen Menschen sind in ihnen ehrenamtlich° tätig. Die Länder und Gemeinden unterstützen den Sport vor allem durch den Bau von Sporteinrichtungen, während der Bund sich auf die Förderung der Spitzensportler und der internationalen Beziehungen konzentriert. Inzwischen existieren 44 Hochleistungszentren und 20 Olympiastützpunkte, außerdem regionale Zentren. Der Bund unterhält das Institut für Sportwissenschaft in Köln. In der DDR wurden die Spitzensportler° stark gefördert; hingegen sind in den östlichen Ländern viele neue Einrichtungen für den Breitensport° nötig. Vor allem mussten sich die Sportvereine dort neu organisieren.

Der stärkste Einzelverband ist der Deutsche Fußball-Bund, DFB, mit 5,5 Millionen Mitgliedern. 4,5 Millionen Mitglieder haben die Turnvereine; dann folgen bereits die Tennisclubs mit mehr als 2 Millionen Mitgliedern. Mehr als eine Million Mitglieder haben die Schützenvereine. Danach kommen in der Mitgliederzahl die Verbände für, Leichtathletik, Handball und Tischtennis. In diesen Zahlen spiegeln sich teilweise Traditionen, teilweise jedoch neue Tendenzen. Das Tennisspiel, lange Zeit als exklusiv und teuer angesehen, wurde durch Boris Becker und Steffi Graf zum Breitensport. Die Schützenvereine dagegen sind eine alte Tradition, die nicht nur mit Sport zu tun hat. Das Turnen hat ebenfalls eine starke Tradition. Heute ist es mit der Gymnastik verbunden. Aus dem Turnen, das der „Turnvater" Friedrich Ludwig Jahn zuerst 1811 in der Hasenheide bei Berlin einführte, entwickelte sich in Deutschland der moderne Sport. Dabei hatten die Turnvereine des 19. Jahrhunderts eine liberale und nationale Ideologie. Diese Einstellung übertrug sich durch den Einfluss der „Achtundvierziger" auf die Turnvereine der Deutschamerikaner. Die Turnvereine waren lange gegen moderne Sportwettkämpfe und immer höhere Spitzenleistungen. Sie wollten den Gemeinschaftsgeist und nicht die Konkurrenz fördern. Heute sind weit mehr Frauen als Männer Mitglieder von Turnvereinen.

Der Dachverband *umbrella organization*

ehrenamtlich *without pay, as volunteers*

Spitzensportler *top athletes*

Breitensport *sport for the general public*

Fußball ist der deutsche Volkssport. Für den Fußball werden die großen Stadien gebaut. Die Kinder sammeln Bilder und Autogramme der Fußballspieler. Wichtige Fußballspiele unterbrechen das Leben in Deutschland. Bundestagssitzungen° fallen aus, und die Menschen scharen sich um die Fernsehgeräte. Europameisterschaften und Weltmeisterschaften der Nationalmannschaften sind große Ereignisse. Die Deutschen erwarten von ihrer Nationalmannschaft, dass sie gut spielt, gut abschneidet und oft genug Meister wird. Das nicht sehr gute Abschneiden° der deutschen Mannschaft bei der Weltmeisterschaft von 1998 löste eine heftige Debatte aus.

Bundestagssitzungen *sessions of the Bundestag*

Abschneiden *success, achievement*

Es gibt nicht nur eine erste und zweite Bundesliga, sondern Regionalligen, Landesligen und viele örtliche Vereine, Jugendmannschaften, Mannschaften für „Alte Herren", Frauenfußball, und viele spontane Fußballspiele unter Freunden und in der Familie.

Der Sport ist Pflichtfach in den Schulen, doch talentierte Sportler müssen in Vereine gehen, um ausreichende Förderung zu finden. An den Universitäten studieren die zukünftigen Sportlehrer; es gibt ebenfalls Universitätsmannschaften in verschiedenen Sportarten, sogar Universitätsmeisterschaften; die Studentenschaft ist daran wenig interessiert. Sportbegeisterte Studenten gehen zu Spielen der professionellen Fußballigen oder zu regionalen und nationalen Meisterschaften der Vereine.

Berufssportler und Amateure

Die Idee des Amateursports war so stark verankert, dass es lange dauerte, bis der Berufssport akzeptabel wurde. Auch der Nationalismus spielte eine Rolle: bei den Nazis hatte der Sport eine politische Funktion, und die deutschen Erfolge in der Olympiade von 1936 wurden als Beweis für die rassische Überlegenheit der Deutschen gewertet. Es ist auch keine Frage, dass sportliche Erfolge nach 1945 das Selbstbewusstsein der Deutschen hoben, z.B. die deutsche Weltmeisterschaft im Fußball im Jahre 1954. Die DDR benutzte systematisch sportliche Erfolge, um internationales Ansehen zu gewinnen. Sie entwickelte dafür ein außerordentliches System der Auslese° und Förderung. Schon im frühen Alter wurden talentierte Kinder auf besondere Schulen geschickt. Später bekamen Leistungssportler die günstigsten Bedingungen, um sich ganz auf den Sport konzentrieren zu können, selbst wenn sie offiziell einen anderen Beruf hatten und als Amateure galten. So hatte die DDR ungewöhnliche Erfolge in Olympischen Spielen und Weltmeisterschaften.

Auslese *selection*

In der BRD stellte sich heraus, dass die bisherige Arbeit in den Vereinen nicht mehr genügte. Einige Firmen waren bereit, Geld zu geben; aber

Die große Sprungschanze für das Schispringen in Oberstdorf

schliesslich musste auch die Bundesregierung helfen. Der Übergang zum Berufssport im Fußball, im Wintersport, im Tennis und in der Leichtathletik ging langsam und mühsam vor sich. Viele Vorschriften und Beschränkungen sind mit denen der amerikanischen Universitäten zu vergleichen, deren Sportler Amateure und Studenten sein sollen, aber oft nichts anderes als Berufssportler sind. So gab es im Fußball zuerst „Vertragsspieler", die nur eine bestimmte Summe verdienen durften. Die Sportvereine sind keine Unternehmen, die Profit machen dürfen, sondern gemeinnützige° Vereine, deren Vorstand früher ehrenamtlich° arbeitete. Noch immer sind die Vereine keine Geschäftsunternehmen, aber sie müssen wie Geschäftsunternehmen geführt werden.

gemeinnützige *nonprofit*

ehrenamtlich *non-salaried*

Der Arbeitsmarkt im Fußball ist inzwischen international geworden. Deutsche Fußballstars spielen in Italien und Spanien. Die deutschen Mannschaften sind international besetzt. Die höchste Fußballliga ist die Bundesliga, die durch die ostdeutschen Vereine jetzt auf 20 Mannschaften angewachsen ist. Jede der Mannschaften spielt zweimal gegen jede andere. Die Saison geht vom Herbst bis zum Frühjahr. Die zweite Bundesliga ist in eine Nord- und Süd-Liga mit je 12 Mannschaften geteilt. Dann folgen Regionalligen, Landesligen usw. Die zwei schlechtesten Mannschaften jeder Liga, auch der Bundesliga, müssen „absteigen", also in die nächst niedrigere Liga. Dafür können die zwei besten Mannschaften dieser Liga „aufsteigen". Das ist ein sinnvolles System, indem es die Konkurrenz erhält; aber es kann große finanzielle Probleme für die

Vereine bringen. „Reiche“ Vereine können teure Spieler einkaufen, die andere Vereine sich nicht leisten können. Jedes Jahr wird auch ein europäischer Meister der Vereinsmannschaften ermittelt, und es gibt andere internationale Wettbewerbe, abgesehen von den Spielen der Nationalmannschaften.

Die Spiele finden gewöhnlich an Sonntagen und Feiertagen statt. Sie werden im Fernsehen übertragen, und Millionen Deutsche wetten im Fußball-TOTO, welche Mannschaften gewinnen werden. Am Montag werden dann die Ergebnisse der Spiele heftig diskutiert.

Sportarten wie Football und Baseball werden in Deutschland erst seit kurzen getrieben. An den Schulen wurde früher einmal ein Baseball-ähnliches Spiel gespielt, das Schlagball hieß. Es gibt auch kein Kricket und nur wenig Rugby. Basketball ist neu eingeführt worden und steht in Konkurrenz mit dem traditionell beliebten Handballspiel. Handball ist ein Mannschaftssport, der in der Halle oder draußen gespielt werden kann und auch in anderen europäischen Ländern üblich ist.

Populär ist Eishockey, das auch Berufssport geworden ist. Auch Schispringen und Schilaufen haben immer mehr an Popularität gewonnen. Mit

Ein Wettkampf von „Familienstaffeln“ in Bonn, bei dem mehrere Generationen starten—Alter von 7 bis 79

wachsender Begeisterung sehen die Deutschen auch Eiskunstläufe. Fans gibt es ebenfalls für Autorennen, Motorradrennen und Fahrradsport. Allerdings ist der Fahrradsport weit weniger volkstümlich als in Frankreich oder Italien. Eine deutsche Einrichtung waren die „Sechstagerennen“, Fahrradrennen in der Halle, bei denen sich die Fahrer des gleichen Team ablösten, so dass das Rennen sechs Tage und sechs Nächte dauern konnte, wobei es viele Preise neben dem Schlussgewinn gab. Deutschland hat seine Pferderennplätze; aber besonders beliebt sind Dressurreiten und Springwettbewerbe.

Internationale Erfolge von Spitzensportlern sind immer ein Ansporn° für den Nachwuchs und den Breitensport. Das hat sich besonders im Tennis mit den Erfolgen von Steffi Graf, Boris Becker und Michael Stich gezeigt. Im Golfspiel hat jedoch die Prominenz von Bernhard Langer nicht genügt, um den Sport aus seiner Exklusivität herauszubringen; denn es gibt bis jetzt zu wenige Anlagen, vor allem keine öffentlichen, so dass Golfspieler teures Geld für ihr Vergnügen bezahlen.

Ansporn *incentive*

Erhebliches Interesse gibt es für die Leichtathletik. Die erfolgreichste deutsche Schwimmerin Franziska von Almsick ist zur Zeit am populärsten. Beliebte Fußballstars wechseln schnell in ihrer Geltung, doch Franz Beckenbauer bleibt immer noch der bekannteste Name, lange nachdem er aufgehört hat, aktiver Spieler zu sein. Im Eiskunstlauf gab es seit Katharina Witt keinen deutschen Publikumsliebling mehr; für die Freunde des Autorennens ist Michael Schumacher ein Begriff. Da es lange keinen international bekannten deutschen Boxer mehr gegeben hat, ist auch das allgemeine Interesse am Boxen gesunken.

Leistungssport und Freizeitbeschäftigung

Wie in so vielen Ländern verbindet sich auch in Deutschland der Nationalstolz mit internationalen Sportwettkämpfen. Die Zahl der Medaillen, die ein Land in den Olympischen Spielen gewinnt, das Abschneiden bei Weltmeisterschaften in vielen Sportarten wird als Gradmesser der Leistungen eines Landes gesehen. Misserfolge betrachten die ehrgeizigen Deutschen als nationale Katastrophen. Je mehr aber der Leistungssport zum Geschäft geworden ist, desto weniger Platz gibt es für Amateure. Bastionen des Amateursports, Leichtathletik, das Turnen, die meisten Ballspiele und Mannschaftssportarten, sind eine nach der anderen gefallen. Überall regiert das Geld, und wenn Leistung gefordert ist, so braucht man systematisches Training, das viel Zeit und Geld erfordert. Sport ist längst kein Spiel mehr; man will nicht teilnehmen, sondern gewinnen.

Damit verändern die Sportvereine ihren Charakter. Talente werden besonders gefördert. Das Training für bestimmte Sportarten ist an einzelnen Plätzen zentralisiert. Das System der DDR hat, mit den entsprechenden Modifikationen, ganz Deutschland in Besitz genommen. Diese Hochleistungszentren stehen unter dem Zwang zum Erfolg. Zwar gibt es noch das Turnen zum Spaß, und in vielen. Amateurmannschaften wird Fußball zum Spaß gespielt; doch der Leistungssport und die Freizeitbeschäftigung gehen immer mehr auseinander. Die meisten Deutschen wollen sich nicht zu sehr anstrengen in ihrer Freizeit, sie wollen sich entspannen und schon gar an keinen Wettbewerb denken. Sie gehen segeln, schwimmen, Schi fahren, reiten, sie spielen Tennis, wenn sie sehr exklusiv sind, sogar Golf; aber ohne besonderen Ehrgeiz. Allerdings gibt es noch Sportarten, die etwas in der Mitte stehen, besonders die, die in den Schulen geübt werden. Dazu gehört außer dem Mannschaftssport besonders die Leichtathletik; aber auch ein Sport wie Rudern, das als Leistungssport betrieben wird.

Soweit es einen richtigen Winter gibt, ist Eislaufen und Schlittenfahren bei der Jugend sehr beliebt. Auch das Schifahren ist inzwischen allgemein üblich geworden. Wintersportveranstaltungen, wie Schispringen, locken große, Zuschauermengen an. Die Bayern haben einen besonderen Wintersport, das Eisstockschießen.°

Eisstockschießen *curling*

WANDERN

Das Wandern ist eine deutsche Tradition. Es gibt viele Wandervereine, und überall sind Wanderwege angelegt. Auch Fahrradwanderungen oder Kanuwanderungen auf Flüssen, Kanälen und Seen gehören zur Vorstellung einer „Wanderung“, die jedoch nicht als Sport angesehen wird. Die Deutschen lieben häufige Spaziergänge, und der Übergang vom Spaziergang zur Wanderung ist fließend. Dass das Autofahren auch in Deutschland die körperliche Übung bedroht, zeigte die „Trimm-dich“ Bewegung der siebziger Jahre mit Gruppenwandern, Gruppenläufen und Gruppenschwimmen. Dafür wurden „Trimm-dich-Pfade“ angelegt.

Wandern ist ein wichtiger Bestandteil des Urlaubs, und Ferienorte preisen neben ihren Schwimmbädern ihre Wanderwege an. Deutsche Touristen in den USA vermissen diese Wanderwege und Spazierwege und verstehen nicht, warum die Straßen, zumal in den Vororten, so leer sind. Wandern ist dabei zu unterscheiden von Bergsteigen oder „zünftigen“° Bergwanderungen; doch bei dem heutigen Tourismus ist diese Grenze nicht immer deutlich, und

zünftigen *serious*

„Trimm dich“: Bewegung ist gut für die Gesundheit

Touristen ohne richtige Vorbereitung und Ausrüstung kommen dadurch nicht selten in Gefahr.

Fischen und Jagen

Fischen und Jagen wird man nicht so leicht auf einer Liste häufiger deutscher Freizeitaktivitäaten finden. Dabei gibt es viele Angler und Sportfischer; doch die dichte Besiedlung und die Wasserverschmutzung machen das Fischen in Deutschland zu einem sehr beschränkten Vergnügen. Es lohnt sich eher, dafür ins Ausland zu fahren.

Die Jagd ist streng reguliert. Wer nicht selbst Besitzer eines Jagdreviers ist, und die meisten Jagdgebiete gehören den Gemeinden oder Ländern, zahlt eine hohe Pacht.° Dazu kommen andere traditionelle Ausgaben eines „Jagdherrn“, zum Beispiel ein Fest für die Jagdgemeinde. Festgelegt ist die Zahl der Tiere, die in einem Revier geschossen werden dürfen, und natürlich auch die Dauer der Jagdsaison. Ein Jäger muss Kurse nehmen und eine Jägerprüfung bestehen. Nach dem deutschen Waffengesetz braucht auch der Jäger zum Besitz von Schusswaffen und Munition eine besondere Erlaubnis. Der Träger muss nachweisen, dass es für ihn notwendig ist, eine Waffe zu besitzen, und dass er mit einer solchen Waffe umgehen kann. Deshalb kann es für deutsche

***Pacht** lease*

Jäger interessant sein, in andere Länder zu fahren, wo sie weniger Vorschriften haben.

Die deutschen Schützenvereine sind etwas anderes als Jagdklubs. Schützenvereine stammen aus der Zeit der Milizen. Sie sind Traditionsvereine mit eigenen Trachten und treten auch bei Volksfesten auf. Zu ihren eigenen Schützenfesten gehört das Scheibenschießen° und der „Schützenkönig",° doch sind Schützenvereine keine politischen Interessengruppen, und die Schützen sind keine Militaristen. Schützenvereine sind in vielen Orten ein fester Teil des gesellschaftlichen Lebens. Bei „Sport" denkt man gewöhnlich an Wettkämpfe, Meisterschaften und Spitzensportler. Dann wird es fraglich, ob Schützenvereine, Kegelklubs, Wandervereine, selbst manche Ruderklubs, zu der gleichen Kategorie zählen und nicht einfach Vereine für Freizeitaktivitäten heißen sollten.

Scheibenschießen *target shooting*

Schützenkönig *champion target shooter*

Beantworten Sie die folgenden Fragen:

Sportvereine

1. Wo treiben die meisten Deutschen Sport?
2. Was ist der Volkssport in Deutschland?

Berufssportler und Amateure

3. Welche Berufssportarten gibt es in Deutschland?
4. Was für Unternehmen sind die Sportvereine?
5. Was tat die DDR, um internationale Erfolge im Sport zu erzielen?
6. An welchem Wochentag finden die Fußballspiele statt?
7. Was können internationale Erfolge von Spitzensportlern bewirken?

Leistungssport und Freizeitbeschäftigung

8. Bei welchen Gelegenheiten wird der Nationalstolz wach?
9. Welchen Zweck haben die Hochleistungszentren?
10. Wie stehen die Deutschen zum Wintersport?

Wandern

11. Bei welcher Gelegenheit möchten viele Deutsche wandern?
12. Worauf reagierte die „Trimm-dich"-Bewegung?

Fischen und Jagen

13. Was macht das Fischen in Deutschland weniger interessant?
14. Warum ist das Jagen sehr teuer?
15. Welche Vorschriften gibt es für einen Jäger?

Aufsatzthemen:

1. Ist der Berufssport als Geschäft doch noch „Sport“? Oder finden Sie den Amateursport „sportlicher“? Geben Sie Beispiele.
2. In Deutschland spricht man vom „König Fußball“. Können Sie verstehen, warum Fußball in so vielen Ländern Nationalsport ist? Welchen Eindruck haben Sie?
3. Kann man die Jagd als „Sport“ gezeichnen? Gibt es Ihrer Meinung nach einen Unterschied zu anderen Sportarten? Diskutieren Sie.
4. Sollte die Gesellschaft für den Leistungssport und das Trainieren des Nachwuchses bezahlen, damit das Land internationales Prestige gewinnt? Oder ist der Sport eine private Angelegenheit?
5. Hat der Sport zu viel Bedeutung in der heutigen Gesellschaft? Welche Rolle sollte der Sport Ihrer Meinung nach spielen?

Deutsche Touristen fahren mit der Gondel in Venedig.

11 Urlaubsreisen

Was wissen Sie, was meinen Sie?

1. Sind Sie schon einmal nach Deutschland gefahren? Was haben Sie dort gesehen?
2. Haben Sie in den USA schon deutsche Touristen getroffen? Was für eine Reise haben diese Touristen gemacht?
3. Wo machen Sie am liebsten Urlaub, und was tun Sie dort?
4. Hat Ihre Familie ein Ferienhaus oder eine Ferienwohnung? In welcher Landschaft ist diese Wohnung, und wann fahren Sie dorthin?
5. Glauben Sie, dass man als Tourist im Ausland eine fremde Kultur kennen lernen kann?
6. Wie bereiten Sie sich auf eine Urlaubsreise ins Ausland vor?
7. Was halten Sie von Gruppenreisen?
8. Fotografieren Sie viel im Urlaub? Was fotografieren Sie?

Wortschatz

Welche Wörter muss ich verstehen, wenn ich bei einem deutschen Reisebüro eine Urlaubsreise buche, und was bedeuten sie?

Pauschalpreis
Vertragshotel
Doppelzimmer
Badestrand
Vorsaison
Gebühren

Halbpension
Charterflug
Aussicht
Privatquartier
Hochsaison
Anzahlung

Urlaubswünsche

Die Lebensverhältnisse ändern sich. Die Zahl der Arbeitsstunden sinkt, zumindest die Zahl der Arbeitsstunden außerhalb des Hauses. Doch allgemein können die Deutschen 20% ihrer Zeit jeden Tag für Freizeitaktivitäten verwenden. Für die Jugend stehen dabei sportliche Aktivitäten im Vordergrund. Mit zunehmendem Alter wächst die Passivität, und Rentner sehen täglich drei Stunden oder länger fern. Kulturelle Aktivitäten und Lesen, nicht zuletzt Hobbies und Gartenarbeit sind andere wichtige Freizeitbeschäftigungen. Neben den Wochenendausflügen sind jedoch die Urlaubsreisen ein wichtiger Teil des deutschen Lebens; denn sechs Wochen Urlaub laden zum Reisen ein. Der schwer arbeitende Deutsche pflegte im Urlaub auszuspannen. Nichts tun, einmal faul sein, war das beliebte Urlaubsideal. Doch der nicht so arbeitsmüde Deutsche von heute sucht eher einen „Aktiv-Urlaub".

Auf alle Fälle soll es eine Reise sein. 60% der Deutschen unternehmen Urlaubsreisen. Sie sind damit ein besonders reiselustiges Volk. Es zieht sie ins Ausland, vor allem in den Süden, wo die Sonne scheint. Neben dem traditionellen Reiseziel Österreich stehen die Mittelmeerländer hoch im Kurs: Italien, Spanien, Frankreich, Griechenland, Tunesien, die Türkei. Inzwischen hat sich auch das Reiseland USA einen guten Ruf erworben; denn es bietet den sonnigen Strand von Florida. 67 Milliarden DM haben die Deutschen 1994 im Ausland ausgegeben. Ausländische Touristen gaben hingegen in Deutschland nur 17 Milliarden DM aus.

Jedes Jahr bedient die deutsche Reiseindustrie Millionen von Touristen, die solche Ziele haben. Die Individualisten, die andere Ziele und besondere Wünsche haben, müssen sich selbst orientieren. Von solchen Individualisten gibt es genug, und man findet sie überall auf dem Erdball, vom Amazonas bis zum Nordpol, und von Neuseeland bis Alaska. Das Thema „Urlaubsreise" ist ein wichtiger Punkt im Leben des einzelnen Menschen und der Gesellschaft.

Massentourismus

Reiseunternehmen und Reiseagenturen organisieren den Touristenstrom in die beliebten Ferienorte. Sie chartern Flugzeuge, oder sie haben sogar eigene Flugzeuge und Busse. Weniger häufig sind die Sonderzüge° geworden, denn die meisten Urlaubsziele werden angeflogen. Die Reiseunternehmen haben Vertragshotels. So kann der Tourist sich in einer farbigen Broschüre, einem

Sonderzüge *special trains*

Viele Deutsche zieht es im Urlaub in exotische Länder.

Büchlein, Reiseziele, Transport und Unterkunft zu einem Pauschalpreis° aussuchen. Er bekommt Informationen über die Lage, über Urlaubsaktivitäten und Sehenswürdigkeiten. Dann mietet er pro Woche seine Unterkunft. Sein Urlaubsprogramm wählt er sich aus den Angeboten des Reiseunternehmens. Am Urlaubsort ist er meistens unter Deutschen.

Pauschalpreis *flat rate*

Bei diesem Schema gibt es auch Variationen, zum Beispiel richtige Urlaubsprogramme, wo die Aktivitäten vorher geplant sind. Es gibt jedoch auch die Vermittlung anderer Arten von Unterkünften wie Ferienwohnungen und Ferienhäuser.° Wer einen Urlaubsort bereits kennt und regelmäßig dorthin fährt, was viele Leute tun, braucht nicht mehr die Vermittlung eines Reisebüros. Urlaubsreisende wollen nicht das Risiko laufen, sich ihren Urlaub zu verderben, also gehen sie in einen vertrauten Ort oder verlassen sich auf die Garantie des Reiseunternehmens. Pech haben sie, wenn ein billiges Reiseunternehmen während ihres Urlaubs bankrott macht, und sie keinen Rücktransport mehr haben. Die Reiseunternehmen versuchen jedes Jahr, mit neuen Angeboten zu locken; doch immer achten sie darauf, dass die Touristen die richtige Mischung bekommen: Komfort und Sicherheit, keine Schwierigkeiten

Ferienhäuser *vacation homes*

mit fremden Sitten und fremden Sprachen, die Gelegenheit, allein zu sein, aber auch, andere Menschen kennen zu lernen, vorwiegend Deutsche. Die Kultur und Bevölkerung des Landes bildet nur den Hintergrund.

Ferienhäuser

Neben den Abenteurern, die jedes Jahr eine neue Weltgegend erkunden wollen, gibt es diejenigen, die eine Zuneigung° zu einer Landschaft, einem Ort und seinen Menschen entwickeln. Was liegt näher, als dass sie sich dort eine Ferienwohnung oder ein Ferienhaus kaufen oder bauen? Solche Zweitwohnungen können in Deutschland oder in anderen Ländern stehen. Sie sind die Fortsetzung der alten Ferientradition. Früher fuhren die Familien zu den Großeltern aufs Land oder in eine Pension° an der See oder in den Bergen, aber daraus sind nun Zweithäuser in Spanien oder Griechenland geworden. Die Großeltern auf dem Lande vermieten wahrscheinlich Ferienwohnungen an zahlende Gäste. Ferienwohnungen sind beliebt, und manche Pensionen verwandeln ihre Fremdenzimmer in Wohnungen mit Küche. Das gibt den Gästen mehr Komfort und Freiheit und dem Wirt weniger Arbeit.

Zuneigung *attachment*

Pension *boarding house*

Ein Dauergast mit einem eigenen Ferienhaus hat ein größeres Interesse an seinem Urlaubsort. Er bemüht sich, die Sprache zu lernen, er macht Bekanntschaften mit den Nachbarn, er erfährt einiges von der Politik und Wirtschaft. Daraus entstehen echte Beziehungen und die Bekanntschaft mit einer anderen Kultur. Städtepartnerschaften, die in Europa beliebt sind, können manchmal der Anlass für solche Verbindungen sein.

Mit Zelt und Wohnwagen

Es gibt verschiedene Methoden, billig zu reisen. Aus der Zeit der Jugendbewegung am Anfang des Jahrhunderts stammt die Idee der Jugendherberge.° Jugendherbergen sollten nicht nur billige Übernachtungen bieten, sondern auch Gemeinschaftsleben. Aus den Wanderern sind inzwischen vorwiegend Autofahrer geworden, doch die mehr als 600 Herbergen in Deutschland haben immer noch eine eigene Atmosphäre. Viele von ihnen stehen an den schönen Stellen der deutschen Landschaft. Für Bergwanderer jeden Alters gibt es „Hütten" zum Übernachten. Das können einfache Hütten nahe am Gipfel eines Berges oder vornehme Berghotels sein. Doch überall gibt es außer Einzel- bzw.

Jugendherberge *youth hostel*

Ein Campingplatz am See

Doppelzimmern Gemeinschaftsquartiere, die jeden Wanderer aufnehmen, der eine Unterkunft braucht.

In Deutschland ist der Grund und Boden bewirtschaftet, auch der Wald. Zelte und Wohnwagen sind daher auf Campingplätze beschränkt, und die Campingplätze geben dem einzelnen Camper nicht viel Platz. Camping in Europa ist nicht für Individualisten, die Einsamkeit suchen. Eine Reise mit einem Wohnwagen führt gewöhnlich direkt an das Urlaubsziel, wo der Campingplatz vorher bestellt ist. Campingplätze in Deutschland sind privat. Sie sind sauber und bieten den nötigen Komfort. Wohin aber mit dem Wohnwagen, wenn man nicht auf Urlaubsreise ist? Längst nicht alle Menschen haben einen Parkplatz für einen Wohnwagen vor ihrem Haus. Antwort: in einen anderen Campingplatz in der Nähe der Heimatstadt, hoffentlich an einem See oder sonst in einer hübschen Lage. Ein anderer Platz für den Wohnwagen ist der Schrebergarten, wo man darin am Wochenende übernachten kann.

Wanderer mit Zelten sind, abgesehen von echten Bergsteigern, seltener geworden. Die Zelte auf den Campingplätzen sind Wohnzelte mit Komfort geworden. Camping und Zelten ist ein anderer Stil des Reisens, aber nicht unbedingt „billig“.

GRUPPENREISEN

Senioren reisen gern. Sie haben Zeit und Geld dafür. Sie reiser gern in Gruppen. Solche Gruppenfahrten sind für Besichtigungen gedacht. Sie reichen von Tagesausflügen bis zu Busreisen von mehreren Wochen. Neben Fahrten, in denen man bestimmte Städte oder Landschaften kennen lernen will, gibt es auch Reisen mit einem speziellen Program. Dann spricht man von „Bildungsreisen“. Bildungsreisen können mit Kursen verbunden sein. Volkshochschulen° bieten Kurse, zu denen eine anschließende Exkursion gehört. Exkursionen verschiedener Arten sind auch für Gruppen von Schülern und Studenten typisch. Wissenschaftliche Gesellschaften unternehmen gemeinsame Ausflüge und Reisen.

Volkshochschulen *adult education centers*

Die traditionellen Bildungsreisen führten im humanistischen Geist nach Italien und Griechenland. Das sind immer noch beliebte Ziele, ebenso Frankreich und inzwischen auch Spanien. Eine besondere Art der Gruppenreise ist eine Besichtigungsfahrt nach Israel, die sich je nach Orientierung mehr mit dem Altertum oder der Gegenwart befassen kann. Bei den Bildungsreisen nehmen die Deutschen ihr Programm ernst, sie wollen etwas lernen und erfahren; doch Geselligkeit und Vergnügen gehören natürlich auch dazu. Das

Man lernt und fotografiert auf der Bildungsreise.

Bild von den ernsten Deutschen, die sich in Altertümer, Kirchen, Tempel, geologische Schichten, Flora und Fauna vergraben° und nichts von der Gegenwart des Reiseziels bemerken, ist einseitig.

vergraben, sich vergraben *immerse oneself*

Besichtigungsreisen oder Bildungsreisen beschränken sich keineswegs auf Gruppenfahrten. Es können zum Beispiel Familienreisen sein. Deutsche Familien erkunden viele Länder, darunter auch besonders die USA.

WINTERREISEN

Bei sechs Wochen Urlaub lohnt es sich, die Zeit zu teilen. Für den Winterurlaub werden zwei Arten bevorzugt: der Schiurlaub in den Bergen und die Flucht in die südliche Sonne. Für das Schilaufen bietet sich das Alpengebiet an, das überall für die Schiurlauber gerüstet ist. Manchmal erzeugt der Massentourismus jedoch erhebliche Umweltprobleme: Zu viele Ferienhäuser, Schischneisen, Schilifts und schilaufende Menschen können Bodenerosion erzeugen, die Luft verschmutzen und das Klima beeinflussen. Auch die deutschen Mittelgebirge eignen sich zum Schilaufen, besonders zum Schiwandern, nur ist es ungewiss, ob genug Schnee fällt.

Für die Reisen in den fernen Süden gibt es keine Grenzen; doch die ersten Ziele des Massentourismus liegen in Spanien: die Insel Mallorca und die Kanarischen Inseln vor der afrikanischen Küste. Auch hier haben sich die Ferienwohnungen und Ferienhäuser ausgebreitet.

DEUTSCHLAND ALS REISELAND

Deutschland ist ein Reiseland für die Deutschen selbst, aber nicht unbedingt für Ausländer. Nur ein Zehntel der Gäste, die in deutschen Hotels übernachten, sind Ausländer. Unter den Ausländern stehen die Amerikaner an zweiter Stelle nach den Niederländern. Das bei weitem beliebteste Reiseland in Deutschland ist Bayern. Die Touristen besuchen die Alpen und die Alpenseen, Garmisch und Oberammergau, die Schlösser von König Ludwig II., die Hauptstadt München und die alte Stadt Nürnberg, die „Romantische Straße“ mit Rothenburg ob der Tauber, Würzburg und Bamberg am Main und Bayreuth, die Stadt der Opern Richard Wagners. Bayern ist im Sommer und im Winter attraktiv.

Immerhin gibt es auch andere beliebte Ziele, vor allem am Rhein und seinen Nebenflüssen. Dazu gehören Köln und sein gewaltiger Dom, die bisherige Bundeshauptstadt Bonn, die romantische Strecke des Rheins mit dem

Schloss Neuschwanstein in Bayern, 1869–86 für König Ludwig II. im „mittelalterlichen" Stil erbaut

Loreleifelsen, das Moseltal, Heidelberg und das Neckartal, der Schwarzwald und der Bodensee. Die deutsche Landschaft, seine Burgen, Schlösser, Dörfer und Städte werden gewöhnlich als „romantisch" bezeichnet; und es sind „romantische" Orte der Vergangenheit und romantische Landschaften, die die Touristen suchen und aufsuchen, nicht so sehr das heutige Land der Industrie und Finanz.

Es gibt auch andere Fremdenverkehrsgebiete in Deutschland, die amerikanischen Touristen meistens unbekannt bleiben. Dazu gehören die Badeorte an der Nordsee und Ostsee, wo die Wassertemperaturen allerdings auch im Sommer nicht sehr hoch sind; andere Gegenden sind der Harz und das Weserbergland mit seinen Heilbädern. Die neuen Bundesländer im Osten Deutschlands bemühen sich, die Infrastruktur für den Fremdenverkehr zu entwickeln.

Am weitesten sind die Seebäder an der Ostseeküste in Mecklenburg-Vorpommern, wo vor allem die Inseln Rügen und Usedom viele Touristen anlocken. Sachsens attraktivstes Reisegebiet ist das Elbsandsteingebirge an der tschechischen Grenze. Thüringen, vor allem der Thüringer Wald, war immer ein sehr beliebtes Urlaubsgebiet, auch für die Bevölkerung der DDR. Die Touristen reisen auch zu den Burgen und Schlössern und Residenzstädten, wie Weimar, Eisenach, Gotha und Meiningen.

Einen besonderen Charakter hat das Reiseziel Berlin. Während des Kalten Krieges war es eine politische Attraktion für Reisende, zumal nach dem Bau der Mauer im Jahr 1961. Jetzt befindet sich Berlin in einer intensiven Aufbauphase und im Übergang zur neuen Funktion als wirkliche, nicht nur symbolische, Hauptstadt der Bundesrepublik. Berlin bietet viele kulturelle Attraktionen; aber der eigentliche Anziehungspunkt ist seine Verwandlung in die neue deutsche Hauptstadt. Die Touristen haben es noch vor sich, die schöne Landschaft Brandenburgs um Berlin mit den Wäldern und vielen Seen zu entdecken.

Deutschland bietet den Touristen das, was sie nach den Stereotypen erwarten: „romantische" Städte, Burgen und Landschaften, Bier, Eisbein und Sauerkraut, das Oktoberfest und andere „gemütliche" laute Festlichkeiten. Es liegt in der Mitte Europas und ist deshalb zu seinem Leidwesen ein „Durchreiseland". Wer sich jedoch mehr Zeit nimmt und die weniger befahrenen Straßen ausprobiert, wird durch die große Vielfalt der Landschaft, der Geschichte, der Kunst und der Küche belohnt.

FRAGEN ZUM TEXT:

Urlaubswünsche

1. Wie viele Deutsche unternehmen regelmäßig Urlaubsreisen?
2. Was sind die beliebtesten Reiseziele? Warum?

Massentourismus

3. Welche Informationen bekommt der Urlauber vorher von seinem Reiseunternehmen?
4. Was ist den meisten deutschen Touristen wichtig?

Ferienhäuser

5. Welche zwei Typen von Urlaubern kann man unterscheiden in Bezug auf ihre Urlaubsziele?
6. Was sind die Hauptgründe, sich ein Ferienhaus zu kaufen?

Mit Zelt und Wohnwagen

7. Aus welcher Zeit stammt die Idee der Jugendherberge?
8. Wie kann man die deutschen Campingplätze charakterisieren?
9. Welches Problem haben viele Besitzer von Wohnwagen?

Gruppenreisen

10. Welche Bevölkerungsgruppe interessiert sich besonders für Gruppenreisen?
11. Was versteht man unter Bildungsreisen?
12. Was sind bevorzugte Ziele von Bildungsreisen? Warum?

Winterreisen

13. Welche zwei Hauptziele haben Urlaubsreisen im Winter?
14. Wieso unternehmen so viele Deutsche Winterreisen?

Deutschland als Reiseland

15. Ist Deutschland besonders attraktiv für ausländische Touristen? Wie kann man das sehen?
16. Welches deutsche Land ist das bevorzugte Touristengebiet? Was gibt es dort?
17. Welche Gegenden im deutschen Osten werden für Touristen attraktiv?
18. Was suchen die meisten ausländischen Touristen in Deutschland?

Aufsatzthemen:

1. Welche Vorteile und Nachteile bringt der Massentourismus?
2. Wo sollte mein Ferienhaus stehen, und wie sollte es aussehen?
3. So stelle ich mir eine Bildungsreise vor.
4. So plane ich meine Deutschlandreise, wenn ich Zeit und Geld habe.
5. Warum soll man überhaupt eine Urlaubsreise machen? Kann man nicht auch zu Hause bleiben? Warum ist Urlaub zu Hause (k)ein richtiger Urlaub?

Symphoniekonzert der Berliner Philharmoniker

12 Das kulturelle Leben in Deutschland

Was wissen Sie, was meinen Sie?

1. Kennen Sie deutsche „Theaterstädte"? Wofür sind sie bekannt?
2. Was sind für Sie „klassische" Theaterstücke?
3. Welche Namen verbinden Sie mit klassischer Musik in Deutschland: Komponisten, Orchester, Musiker?
4. Welche deutschen Filme haben Sie in letzter Zeit gesehen? Was für Filme waren es?
5. Kennen Sie deutsche Gruppen, Sängerinnen und Sänger, die international bekannt sind?
6. Welche deutschen Museen möchten Sie einmal besuchen?
7. Von welchen Festspielen in Deutschland haben Sie schon gehört?
8. Welche kulturellen Einrichtungen und Aktivitäten würden Sie in einer Stadt von 200 000 Einwohnern erwarten?

Wortschatz

Welche Bedeutung hat das Wort „Kultur" in den folgenden Ausdrücken und Zusammensetzungen? Erklären Sie:

Kulturpflanze
Bakterienkultur
ein Mensch von Kultur
Kulturlandschaft

Kulturkampf
Kulturautonomie
Kulturkritik
Kulturleben
Kulturtheorie

In einer mittelgroßen Stadt

Vor der Wende hatte die BRD öffentliche Theater mit 300 „Spielstätten“,° das bedeutet bespielten Bühnen. Dazu kamen noch 80 Privattheater. In der DDR gab es sogar etwa 150 Spielstätten. Obwohl die neuen Bundesländer und ihre Gemeinden viel weniger Geld für kulturelle Aktivitäten haben, ist die Zahl der Theater in Deutschland noch gewachsen, und zwar auf 600 öffentliche „Spielstätten“ (bei 150 Theaterunternehmen) und 170 Privattheater, also 770 Bühnen, wo gespielt wird. Davon sind 120 ebenfalls Musiktheater. Für die klassische Musik gibt es 150 Berufsorchester. Deutschland hat 84 Städte mit mehr als 100 000 Einwohnern, „Großstädte“ genannt. Es ist also auf jeden Fall sicher, dass eine Stadt von 200 000 Einwohnern ihr städtisches Symphonieorchester hat, und dass regionale Orchester ein regelmäßiges Programm in kleineren Städten bieten.

Spielstätten *places to play, stages*

Städtische Orchester spielen außer den Konzerten auch Opern und Operetten. Zum Angebot in der Musik gehören auf jeden Fall regelmäßige Kammermusikabende.° Kunstmuseen und Museen für Naturkunde und Heimatgeschichte° werden viel besucht. Auch wenn sich keine Hochschule in der Stadt befindet, finden Vorträge und Exkursionen statt, die von wissenschaftlichen Gesellschaften, etwa für Geographie, Heimatgeschichte, Naturkunde oder Kunstgeschichte veranstaltet werden. Volkshochschulen organisieren Bildungsreisen und Liebhabergruppen° zeigen ihre Künste. Es gibt Kirchenkonzerte, und eine Chorvereinigung° führt mit dem städtischen Orchester Oratorien auf. Viele Städte und Regionen haben bestimmte Traditionen der Musik oder des Dialekttheaters. Auch die Schulen bieten ihre Konzerte und Theateraufführungen.

Kammermusikabende *concerts of chamber music*

Heimatgeschichte *for local history*

Liebhabergruppen *hobby groups*

Chorvereinigung *choral society*

In Deutschland steckt hinter dieser Vielfalt kultureller Aktivitäten und Institutionen eine starke Tradition. Da Deutschland lange aus so vielen kleinen Ländern und unabhängigen Städten bestand, hat es nie den Unterschied von Hauptstadt und Provinz gegeben, der zum Beispiel für Frankreich typisch ist. Kleine Residenzstädte konnten zu wichtigen Kulturzentren werden. Das zeigt sich noch heute. Das bekannteste Beispiel ist Weimar; man könnte auch

Darmstadt nennen. Bayreuth ist heute durch seine Richard-Wagner-Festspiele berühmt, Kassel durch die „Documenta“, eine der wichtigsten Ausstellungen moderner Kunst, und das kleine Donaueschingen ist durch seine jährlichen Musiktage eng mit der Geschichte der modernen Musik verbunden.

Die Eigenart des deutschen Kulturlebens hat sich im Laufe des 19. Jahrhunderts entwickelt. Damals bemühte sich das deutsche Bürgertum, der Bezeichnung der Deutschen als „Volk der Dichter und Denker“ gerecht zu werden, die ihnen zuerst Madame de Staël verliehen hatte. Mit dem wachsenden Wohlstand konnten die Städte Theater, Orchester und Museen gründen oder unterstützen. Die Idee der „Bildung“ und starkes Liebhaberinteresse : an Hausmusik, Rezitation, Amateurtheater und Kunstsammlungen begünstigte diese Entwicklung. Auch die Arbeiterklasse wollte daran teilnehmen und gründete Arbeiterbildungsvereine und „Volkstheater“.

Der Erste Weltkrieg und die darauf folgende Inflation verursachten eine Finanzkrise der kulturellen Institutionen, so dass die Länder und Gemeinden einspringen mussten. Seitdem ist der Kulturetat ein wichtiger und nie in Frage gestellter Posten der öffentlichen Ausgaben geblieben. Erst jetzt, vor allem seit der Wende, wird auf diesem Gebiet gespart und zurückgesteckt; doch immer noch bezahlen die Länder und Gemeinden jährlich 4,3 Milliarden DM Unterstützung für Theater und Orchester allein.

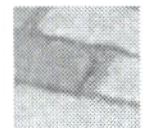

Ein Stadttheater

Jede größere Stadt in der Bundesrepublik hat also ein Theater. Die meisten Theater sind städtische Theater. Es gibt einige „Staatstheater“ in den Großstädten, die vom Land finanziert werden, und natürlich gibt es Privattheater, und zwar von zweierlei Art: entweder Theater für „leichte Unterhaltung“, also Operetten und Musicals oder Komödien, mit bekannten Schauspielern und Sängern; oder kleine Avantgarde-Theater, meistens „Kellertheater“,° die selten mehr als hundert Plätze haben. Während die berühmten Schauspieler nur in den Hauptstädten auftreten, gibt es Kellertheater oder Zimmertheater auch in kleineren Orten, vor allem in Universitätsstädten. Die Konzentration der Theater in den größten Städten ist enorm; allein Berlin hat weit über hundert Spielstätten.

Kellertheater *basement theater*

Was aber bringt ein Stadttheater? Nur in Städten wie München, Stuttgart, Düsseldorf, Berlin, Dresden oder Hamburg sind Schauspiel, Oper und Operette getrennt. Sonst bietet ein Stadttheater einen gemischten Spielplan. Auch in jeder Abteilung versucht es, eine Mischung, oder einen Querschnitt, zu bringen. Es bringt ernste und heitere Stücke, Klassiker und moderne Autoren,

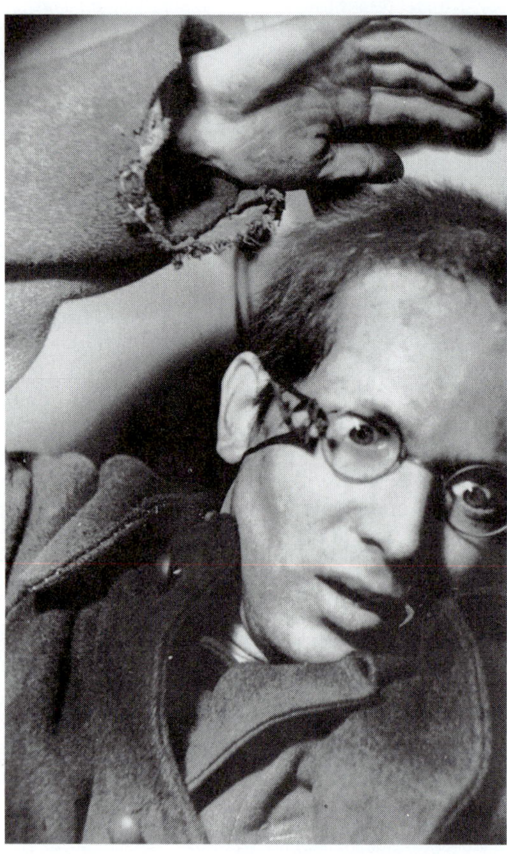

Unteroffizier Beckmann in Wolfgang Borcherts „Draußen vor der Tür", Berlin 1948

Deutsche und Ausländer. Das Publikum ist sehr verschieden. Das Theater gibt nämlich Abonnements° aus. Solche Abonnements werden auch von den Gewerkschaften als „Volksbühne" verkauft. Manche Firmen besorgen Abonnements für ihre Angestellten, und in manchen Gegenden werden Theaterfahrten für die Laudbevölkerung organisiert. Schüler und Studenten bekommen verbilligte Karten.

Abonnements *subscriptions*

Natürlich geht nicht jeder aus Interesse ins Theater, sondern weil er nun einmal die Abonnementkarte hat, weil andere Leute hingehen, und weil mancher in seiner Jugend mitbekommen hat, man sollte eigentlich ins Theater gehen. Da jedoch die Bildungstradition schwächer wird, müssen sich die Theater fragen, wie sie ihr Publikum für Lessing, Goethe und Schiller, selbst für Shakespeare interessieren können. Sie brauchen eine zeitgemäße Inszenierung, um einen neuen Zugang zu solchen Stücken zu eröffnen. Sie inszenieren die

Klassiker also wie moderne Stücke. Moderne Stücke erscheinen in großer Zahl in den Spielplänen, und die Zahl der kleinen Avantgardetheater vermehrt sich. Das Publikum geht mehr aus Interesse ins Theater und weniger aus Tradition, und das kommt den Spielplänen zugute.

Auch ist die Qualität der Stadttheater gestiegen. Das hängt vor allem damit zusammen, dass die Kritiker und Zuschauer bessere Vergleichsmöglichkeiten haben. Das Fernsehen bringt gute Theateraufführungen, und bei den kurzen Entfernungen ist es nicht schwer, zur nächsten Großstadt zu fahren und dort erstklassiges Theater zu sehen. Das Publikum ist also anspruchsvoller geworden, ebenso die Kritik. Auch kommen Kritiker der großen Zeitungen in eine kleinere Stadt, wenn es dort Uraufführungen oder sonst interessante Ereignisse gibt.

Shakespeare bleibt auch heute der meistgespielte Dramatiker. Klassische „Erfolgsstücke" sind Lessings „Nathan der Weise," Schillers „Kabale und Liebe" und Heinrich von Kleists „Der zerbrochene Krug". Unter den Autoren des 20. Jahrhunderts steht immer noch Bert Brecht an der Spitze. Bei den Aufführungen haben die Regisseure den entscheidenden Anteil, und so spricht man vom „Regietheater". Regisseure wie Peter Stein, Claus Peymann, Peter Zadek, Jürgen Flimm sind oft die eigentlichen „Stars."

Die Kritiker der großen Zeitungen besuchen Premieren im ganzen Land, so dass Theater in kleineren Städten bekannt werden können. Der Unterschied zwischen der Großstadt und der „Provinz" verringert sich. Das eigentliche Problem ist das Geld. Während es eine Stadt wie München als entscheidend wichtig ansieht, eine erstklassige Theaterstadt zu sein, haben andere Städte weniger Ehrgeiz in diesem Punkt; denn die Touristen kommen nicht wegen der Oper oder des Schauspiels zu ihnen. Zwar geben Länder und Gemeinden jährlich noch 3 Milliarden DM an Subventionen für Theater aus; aber die Grenzen der Großzügigkeit der Steuerzahler sind erreicht. Die Finanzmisere der Gemeinden hat die Theater dazu geführt, wie in Amerika nach privaten Sponsoren zu suchen und ihre Experimente zu beschränken.

Immerhin verzeichnen die Theater und Festspiele jährlich etwa 32 Millionen Zuschauer, weit weniger als die 130 Millionen Kinobesucher pro Jahr, doch eine erhebliche Zahl. Das Theater ist informeller geworden. Es war einmal Sitte, in Abendkleidung ins Theater zu gehen. Heute findet man eine bunte Mischung der Kleidung. Die Programmhefte der Theater sind größer und „wissenschaftlicher" geworden. Sie informieren nicht nur über die Schauspieler und die Autoren und ihre Stücke, sondern zeigen, wie der Regisseur das Stück bearbeitet hat. Alle Theater müssen mit Kennern rechnen, die ihre Kritik äußern, und die genau informiert sein wollen.

Ein großer Teil der Theaterprogramme bietet natürlich Unterhaltung. Musicals (6 Millionen Besucher!), Operetten und Komödien eignen sich am besten zur Entspannung außer Haus.

Musik

Begeisterung für Musik ist in Deutschland allgemein verbreitet. Massenmedien unterscheiden „E-Musik" und „U-Musik".° E-Musik, ernste Musik zum Zuhören, findet viele Kenner und Liebhaber. Die Symphoniekonzerte und CD-Produzenten können sich nicht damit begnügen, Lieblingsstücke des Publikums zu wiederholen; sie müssen Gutes und Neues bieten. Das gilt auch für moderne und modernste Musik. Es gibt Liebhaber für alle Arten und Epochen, und die Musiker können damit rechnen, für ein sachverständiges und anspruchsvolles Publikum zu spielen. Wie überall ist dieses Publikum an erstklassige Aufführungen gewöhnt und verlangt auch vom Symphonieorchester der eigenen Stadt ein gutes Niveau. Auch Opernaufführungen werden mit den besten Theatern verglichen. Nicht so sehr in der Ausstattung, aber in ihrem musikalischen Teil verlangt das Publikum Niveau.

E-Musik und U-Musik *"serious" and entertainment music*

Klassische Musik in der Fußgängerzone

Auffallend ist die Vorliebe der Deutschen für Kammerorchester und Kammermusik. Das Streichquartett ist nicht nur im Konzertsaal beliebt, sondern auch als Hausmusik. Allerdings hat das elektronische Zeitalter der Hausmusik nicht gut getan, und CDs ersetzten eigene Liederabende und Trios oder das „stillvergnügte Streichquartett"; aber so ganz sind die Dilettanten nicht verschwunden. Vor allem gibt es unter den Orchestermusikern viele, deren Traum eigentlich die Kammermusik ist, und die privat und öffentlich diese Musik pflegen.

Das Chorsingen hat nicht nur eine feste Tradition; es ist auch ein Teil der deutschen Geselligkeit. Die Arbeitsgemeinschaft Deutscher Chorverbände umfasst 41 000 Chöre mit 2,5 Millionen Mitgliedern, von denen etwa die Hälfte aktiv sind. Es gibt Männerchöre und (meistens) gemischte Chöre, Chöre für Oratorien, Kirchenchöre, Gruppen für Volkslieder oder mehr klassiche Musik. Berühmte Knabenchöre gehen auf Konzertreisen, während die meisten Chöre in ihrer Heimat bleiben und neben ihren Konzerten auch bei Festen auftreten. Sie sind ebenso ein Teil des deutschen Lebens wie die Blaskapellen° der Vereine. Die Musik fördert die Gemeinschaft der Generationen und der Menschen verschiedener Herkunft und Berufe.

Blaskapellen *brass bands*

Die U-Musik-Szene ist international. Jedes Land hat seine eigene Tradition der Unterhaltungsmusik, doch die amerikanischen Muster haben überall in der Welt gewirkt. Die erste „Invasion" amerikanischer Musik, vor allem des Jazz, kam nach dem Ersten Weltkrieg, und die Weimarer Republik war nicht nur von Boxkämpfen und Finanzspekulationen, sondern auch von Jazzbands fasziniert. Die Nationalsozialisten erklärten solche Musik natürlich als „undeutsch"; Jazz spielen, sogar hören, konnte bestraft werden. Das Einfallstor° für Musik aus Amerika nach 1945 war AFN, der Rundfunksender für das amerikanische Militär. Hier wurden die Deutschen mit der Musik bekannt, die in Amerika gerade populär war.

Einfallstor *opening, place of "invasion"*

Deutscher Jazz ist mit dem Namen Albert Mangelsdorff verbunden, inzwischen auch mit Klaus Doldinger. Es gab eine „New German Wave" in der Rockmusik mit „Kraftwerk", „Tote Hosen" und „Einstürzende Neubauten". Populäre Sänger(innen) sind Nina Hagen, Peter Maffay, Herbert Groenemeyer, Marius Müller-Westernhagen. Namen im Showbusiness und ihre Beliebtheit wechseln allerdings schnell. Außerdem ist daran zu erinnern, dass deutsche Stars nicht unbedingt die beliebtesten sind.

Eine deutsche Tradition sind die sozialkritischen und politischen Liedermacher. Sie sind verwandt mit den Songs, die in den politischen Kabaretts vorgetragen werden. Der bekannteste deutsche Liedermacher ist Wolf Biermann, der in der DDR immer drückendere Verbote erlebte und schließlich 1976 bei einem Auftritt in der Bundesrepublik von der DDR ausgebürgert wurde. Aber es gibt auch andere Liedermacher, wie Franz Josef Degenhardt und Reinhard Mey, die durch Kritik und Protest bekannt geworden sind. Auch Pop-Sänger, wie Udo Lindenberg, der nicht auf Englisch, sondern auf Deutsch singt, betonen soziale Probleme.

Neben den modernen Trends bestehen auch lokale Traditionen weiter, Volksmusikgruppen zum Beispiel, die oft bei Touristen ein gutes Publikum finden. Alle Feste haben ihre Musik, wie zum Beispiel die deutschen Blaskapellen, die Tanzmusik spielen. Was bemerkenswert bleibt im deutschen Musikleben, ist die große Vielfalt und die große Zahl von Menschen, die sich aktiv beteiligen. Dabei gibt es Liebhaber für jede Art von Musik in allen Altersgruppen. Natürlich haben die Teenager ihre Hits, die gerade am meisten gehört und gekauft werden, und die Texte sind durchweg englisch; aber hinter der schnell wechselnden Hit-Szene bleibt eine weite Streuung° des Geschmacks.

Streuung *spread, distribution*

Das elektronische Zeitalter verführt zur Passivität; doch nach wie vor bleibt es charakteristisch für das Musikleben in Deutschland, wie viele Menschen an allen Orten im Land daran aktiv teilnehmen, und wie sehr die „Eigenproduktion“ Teil des gesellschaftlichen und häuslichen Lebens geblieben ist.

Die Buchhandlung und das Lesen

Die 2000 Verlage° in Deutschland produzieren pro Jahr etwa 70 000 Buchtitel, mehr als jedes andere Land außer den USA. Zwar hat die Hälfte der Deutschen kein Buch im Haus, doch ein Drittel gibt „Lesen“ als Lieblingsbeschäftigung an. Es ist Tradition, nicht nur Bücher zu lesen, sondern auch zu besitzen. Allerdings sind „schöne“ Bücher teuer und selten geworden. Taschenbücher° beherrschen die Literatur und Unterhaltungslektüre, während praktische Ratgeber, die länger haltbar sein sollen, gern als hartgebundene Bücher gekauft werden.

Verlage *publishing houses*

Taschenbücher *paperbacks*

Die Verlage waren nie in einer Stadt konzentriert. Leipzig und Berlin waren jedoch die wichtigsten Bücherstädte, und in Leipzig fand jeden Herbst die Buchmesse° statt, wo neue Bücher bekanntgemacht werden konnten. Diese Buchmesse gibt es noch; doch die wichtigste Buchmesse findet jetzt in Frankfurt statt, und wichtige Verlage finden sich in allen Teilen des Landes.

Buchmesse *book fair*

Auch in Deutschland besteht die Tendenz, dass kleinere Verlage von Großverlagen aufgekauft werden; doch es entstehen ständig neue Kleinverlage. Für den Absatz der Bücher bleibt immer noch die Buchhandlung der wichtigste Ort. Allerdings haben die Kaufhäuser Abteilungen für Bücher, vor allem Bestseller, praktische Ratgeber und Reiseführer; auf den Bahnhöfen kann man Zeitschriften und Bücher kaufen, und 6,3 Millionen Deutsche sind Mitglied

Vortrag in einer Buchhandlung: Miep Gies erzählt von Anne Frank.

einer Buchgemeinschaft.° Dennoch ist es üblich, Bücher in einer Buchhandlung zu kaufen.

Buchgemeinschaft *book club*

Buchhandlungen sind traditionell nicht nur Plätze zum Kaufen und Verkaufen, sondern kulturelle Einrichtungen. Buchhändler bekommen eine gründliche Berufsausbildung, und dazu gehört auch, dass sie selbst Bücher lesen und ihre Kunden beraten können. Buchhandlunger veranstalten Autorenlesungen und andere literarische Abende; sie fungieren manchmal als Konzertagenturen.

Typische Buchhandlungen von heute sind groß und stellen Bücher in allen Fachgebieten aus. Nicht vorhandene Titel können meistens für den nächsten Tag bestellt werden. Die Käufer haben Platz, es sich bequem zu machen, Bücher zu lesen und sich lange umzusehen. Das ist offenbar günstig für den Verkauf, denn dieses System breitet sich über die ganze Welt aus. Allerdings gibt es immer noch kleinere Buchhandlungen, wo die Kunden persönlich beraten werden, und gleichfalls antiquarische Buchhandlungen, die sich auf bestimmte Bereiche spezialisieren. Auch die Verlagsbuchhandlungen haben noch einen festen Standort, besonders an Universitätsstädten, nämlich Firmen, die Buchverlage und Buchhandlungen vereinigen.

Neben 13 000 öffentlichen Bibliotheken für jeden Geschmack können Leser der Unterhaltungsliteratur ihren Lesehunger auch bei Leihbüchereien stillen, die ebenfalls oft mit Buchhandlungen verbunden sind. Wie überall ist auch in Deutschland das elektronische Zeitalter in die Bibliotheken und Buchhandlungen eingedrungen, und das Lesen verlagert sich immer mehr auf den Bildschirm.

Museen und Denkmäler

Das visuelle Zeitalter hat in den letzten Jahrzehnten die Museen in Deutschland entscheidend verändert. Ausstellungen können große gesellschaftliche und politische Bedeutung bekommen. Museen sind nicht mehr der Ort der „Vergangenheit", sondern zeigen, was von dieser Vergangenheit aktuell geblieben ist. Dabei zählen die Heimatkunde- und Völkerkundemuseen ein Fünftel der 100 Millionen jährlicher Museumsbesucher; doch technische Museen, historische Museen, Kunstmuseen und Schloss- und Burgmuseen werden ebenfalls stark besucht. Zum Reisen gehören Besichtigungen und Museumsbesuche. Die Museen haben daher lernen müssen, ihre Schätze so auszustellen, dass sie für alle Menschen zugänglich werden, sowohl durch ihre Anordnung als auch durch Erklärungen.

Große historische Ausstellungen in Berlin haben viele Diskussionen und neue Forschungen ausgelöst. Kunstmuseen haben es verstanden, durch Ausstellungen mit interessanten Themen Besucher ins Haus zu bringen. Während der Besucher in München und Berlin damit rechnet, interessante Ausstellungen zu finden, müssen andere Städte durch besondere Ereignisse auf sich aufmerksam zu machen.

Junge Maler in Deutschland haben immerhin ein weites Netz von lokalen und regionalen Museen, von privaten Galerien und Hochschulen, ein Angebot von Sammelausstellungen und Wettbewerben, um sich bekannt zu machen und ihre Bilder zu verkaufen. Gerade kleinere Museen bemühen sich, neue Talente zu entdecken, und die Zahl der Museen für moderne Kunst vermehrt sich. Allerdings verlagert sich die Finanzierung neuerdings mehr von den öffentlichen Geldern zu den Mäzenen, und ohne private Stiftungen kommen auch die großen Museen nicht mehr aus.

Bildhauer haben gewöhnlich große und teure Objekte für die Öffentlichkeit. Neben Denkmälern sind es vor allem Skulpturen bei neuen Gebäuden, besonders öffentlichen Gebäuden, die zu Aufträgen führen. Denkmäler sind in Deutschland problematisch geworden. Sie erinnern ja allzu oft an Kriege und an vergangene Herrschaftssysteme und Ideologien. Es sind vor allem Holocaust-Denkmäler und Denkmäler für Konzentrationslager, die die

Öffentlichkeit bewegen können, als letztes ein Holocaust-Denkmal in Berlin, das repräsentativ für ganz Deutschland sein soll. Da so viele politische Instanzen beteiligt sind und das Denkmal an zentraler Stelle in der Stadt steht, ist es lange gescheitert, allgemeine Zustimmung zu einem Entwurf zu erhalten.

Der deutsche Film

Mittlerweise lassen sich mehrere Phasen im deutschen Film seit 1945 unterscheiden. Es gab zunächst keinen „deutschen" Film, sondern Filme der BRD und Filme der DDR. In der DDR war die Filmproduktion staatlich reguliert und staatlich gefördert. Nicht das Geld, sondern die Zensur war das Hauptproblem. In der BRD hingegen blieb die Filmproduktion nach hoffnungsvollen Anfängen im Kitsch stecken. Die produzierten Unterhaltungsfilme brachten noch nicht einmal Geld ein. So musste die junge Generation, die „Neue Welle" des deutschen Films in den sechziger Jahren, von vorn anfangen. Zwei Typen von Filmen charakterisieren diese Generation: zeitkritische Filme und Filme über Werke der Literatur. Die zeitkritischen Filme befassten sich vor allem mit dem Nationalsozialismus und seinen Folgen. Eine Reihe von Regisseuren dieser Generation sind international bekannt geworden: Alexander Kluge, Werner Herzog, Edgar Reitz, Volker Schlöndorff, vor allem Rainer Werner Faßbinder. Dazu kamen dann Margarethe von Trotta und Wim Wenders.

Zu den bekanntesten Filmen gehören „Die Blechtrommel" von Schlöndorff nach dem Roman von Günter Grass, „Die verlorene Ehre der Katharina Blum", auch von Schlöndorff, nach Heinrich Bölls Geschichte, „Die Ehe der Maria Braun" und „Lilli Marleen" von Faßbinder, „Abschied von gestern" von Kluge, „Woyzeck" und „Jeder für sich, Gott gegen alle" von Herzog, „Paris, Texas" und „Der Himmel über Berlin" von Wenders, „Rosa Luxemburg" und „Die bleierne Zeit" von Trotta. Erwähnen muss man ferner „Das Boot" von Wolfgang Petersen, nach einem Roman von Günther Buchheim über den U-Boot-Krieg.

Eine neue Generation von Filmemachern versucht das Vorurteil zu widerlegen, dass die Deutschen zu ernst sind, und arbeitet mit Komik, Satire und Ironie. Dazu gehört Michael Verhoeven, besonders mit „Das schreckliche Mädchen", und vor allem Doris Dörrie mit ihren Erfolgen „Männer" und „Ich und Er". Joseph Vilsmaier hat nach dem sehr populären Heimatfilm „Herbstmilch" einen großen Film „Stalingrad" gedreht. „Malina" von Werner Schroeter benutzt das Buch von Ingeborg Bachmann.

Bei den Aufnahmen für Das schreckliche Mädchen *geht Lena Stolze durch die Stadt.*

Auch das Fernsehen hatte Anteil an diesem Wiederaufleben des Films in Deutschland. Die ersten Filme der sechziger Jahre waren Dokumentarfilme für das Fernsehen, und eine Reihe von Filmen wurde mit durch das Fernsehen finanziert und dort gezeigt, bevor sie in die Kinos kamen. Faßbinder brachte die Fernsehserie „Berlin Alexanderplatz“ nach dem Roman von Alfred Döblin. Ein Publikumserfolg war die lange Fernsehserie „Heimat“ von Edgar Reitz, die das Leben eines kleines Ortes während der „großen Zeiten“ verfolgt.

Nach 1989 wurde das große Filmgelände° von Neu-Babelsberg bei Potsdam, das bis 1945 der legendären UFA gehörte und dann von der DDR benutzt wurde, wieder verfügbar. Wird sich hier eine Filmproduktion entwickeln, die eine kommerzielle Bedeutung bekommt, wie sie die UFA einmal hatte? Bis jetzt bringt die deutsche Filmproduktion immer wieder interessante und auch wichtige Filme zu Stande, und manche Filme haben Erfolg. Doch eine „Filmindustrie“ kann man das eigentlich nicht nennen, zu sehr wird der deutsche Markt von Hollywood beherrscht. Schon die Finanzen zwingen dazu, dass europäische Filmemacher international denken, zumindest europäisch; eine europäische Filmindustrie ist allerdings noch nicht in Sicht. Deutsche Filmemacher zieht es immer wieder nach Hollywood, um einmal dort den großen Erfolg zu haben—den noch niemand errungen hat. Dabei kommen die Deutschen, wie die deutsche Gesellschaft insgesamt, bis jetzt nicht von dem

Filmgelände *film studio*

Hauptthema, der Nazi-Vergangenheit, los. Ebenso typisch bleibt allerdings die filmische Gestaltung von Literatur.

FESTSPIELE

Ein charakteristisches Merkmal des deutschen Sommers sind die Festspiele, die sich außerordentlich vermehrt haben. Keine Burg und kein Schloss ohne Burgfestspiele und Schlosskonzerte, keine historische Stadt ohne ein Schauspiel, das ein historisches Ereignis darstellt und feiert. Darin verbinden sich volkstümliche Traditionen mit der „Festspielkultur", die Richard Wagner im 19. Jahrhundert in Bayreuth angefangen hat. Er glaubte, seine Opern könnten nur in einem eigenen Festspielhaus und in einem festlichen Rahmen aufgeführt werden, nicht in einem gewöhnlichen Theater. Auf die Salzburger Festspiele im nahen Österreich, deren Schutzpatron Mozart war, folgten in Deutschland andere Festspiele in kleinen und großen Orten. Das kleine Donaueschingen wurde das Festspielzentrum der modernen Musik, danach kam Mannheim. München bietet jeden Sommer Opernfestspiele, besonders mit „Münchner" Komponisten wie Richard Strauß und Carl Orff.

Jesus und die Jünger beim Abendmahl in Oberammergau, wo das Passionsspiel alle zehn Jahre stattfindet.

Heimattradition und Kultur verbinden die Aufführungen von Goethes „Götz von Berlichingen“ in der Burg, die heute noch den Herren von Berlichingen gehört. Die mittelalterliche Tradition der Passionsspiele ist zur Touristenattraktion geworden, besonders in Oberammergau. Die Tradition begann dort allerdings „erst“ im 17. Jahrhundert mit einem Gelübde° nach der Erlösung von der Pest.° Alle zehn Jahre spielen jetzt die Einwohner des Ortes vor vielen tausenden von Zuschauern. Andere Passionsspiele in Bayern und Österreich stehen nicht auf dem allgemeinen Touristenkalender.

Gelübde *vow*

Pest *plague*

Sommerspiele finden gewöhnlich im Freien statt. Bei dem deutschen Klima ist das allerdings Glückssache; denn es kann regnen und kalt sein. Doch das scheint niemanden zu stören. Sommertheater und Sommerkonzerte finden besonders in Kurorten° und Feriengegenden statt, wo die Gäste abends Abwechslung suchen. Auch hier wird eine bunte Mischung des Anspruchsvollen und des Volkstümlichen geboten.

Kurorten *spas*

BERÜHMTE NAMEN

Allerdings ist auch gerade im kulturellen Bereich die Frage zu stellen: Was ist „deutsch“? Wer ist „Deutscher“? Ein Schriftsteller, der in der deutschen Sprache schreibt, kann Staatsbürger° von drei verschiedenen Staaten sein. Peter Handke, einer der meistdiskutierten deutschsprachigen Schriftsteller, kommt aus Österreich. Die international wohl bekanntesten deutschsprachigen Dramatiker nach Bert Brecht waren zwei Schweizer, Max Frisch und Friedrich Dürrenmatt. Es ist sogar noch komplizierter, da einige der bekanntesten Autoren der Nachkriegszeit Emigranten waren, die in keinem deutschsprachigen Land lebten: Peter Weiss, Dramatiker und Erzähler, in Schweden, der Lyriker Erich Fried in England, der Lyriker Paul Celan in Paris. Der Nobelpreisträger Elias Canetti lebte vor der Emigration nach England in Österreich, stammte jedoch aus dem Grenzgebiet zwischen Rumänien und Bulgarien, die aus Deutschland stammende Nobelpreisträgerin Nelly Sachs lebte in Schweden.

Staatsbürger *citizen*

Heinrich Böll, der 1972 den Nobelpreis erhalten hatte, starb 1985. Zu den bekanntesten Autoren der Nachkriegsgeneration zählen Günter Grass, der 1999 den Nobelpreis erhielt, Martin Walser, Siegfried Lenz und der Lyriker und Essayist Hans Magnus Enzensberger. Zu den inzwischen verstorbenen wichtigen Nachkriegsautoren gehören auch Uwe Johnson und Günter Eich. Von früher in der DDR lebenden Autoren haben sich Christa Wolf, Günter Kunert, Reiner Kunze, Sarah Kirsch, Volker Braun und Günter de Bruyn einen

August Macke: Vier Mädchen, *Bonner Kunstmuseum*

Namen gemacht. Zurückgekehrt aus der Emigration waren z.B. Anna Seghers, Erich Arendt und Stefan Heym. Wichtig für das deutsche Theater sind z.B. Botho Strauss, Franz Xaver Kroetz und Heiner Müller. Es gibt weit über zweitausend „Schriftsteller", und eine solche Liste ist immer willkürlich.

Experimentelle Musik erwartet man von den Komponisten Karlheinz Stockhausen, Dieter Schnebel und Helmut Lachenmann. Hans Werner Henze gehört inzwischen zur älteren Generation. Einige in Deutschland lebende Einwanderer sind prominent geworden, vor allem der Argentinier Mauricio Kagel und der Koreaner Isang Yun.

In der bildenden Kunst hat der verstorbene Joseph Beuys, dessen Werk nach wie vor umstritten ist, am meisten Aufsehen gemacht. Die Grenzen zwischen den Medien verwischen sich.° Bekannte Bildende Künstler sind Anselm Kiefer, Gerhard Richter, Georg Baselitz, Sigmar Polke und Ulrich Rückriem.

verwischen sich, sich verwischen *to become blurred*

Die Architektur und Städteplanung tritt auch in Deutschland allmählich aus dem Schatten der großen Namen des Bauhauses, wie Gropius und Mies van der Rohe, heraus. Bekannte Bauten und Konzeptionen der letzten Jahrzehnte stammen unter anderem von Egon Eiermann, Ernst May, Sep Ruf und Friedrich Wilhelm Kraemer, Hans Scharoun, Günter Behnisch und Julia Bolles.

Man kann solche Listen kurz halten oder beliebig verlängern. Bekannte oder berühmte Künstler sind Exponenten der Kultur, einer Kultur, deren Grundlage das allgemeine Leben und Interesse ist, wie es dieses Kapitel zu beschreiben versuchte.

FRAGEN ZUM TEXT:

In einer mittelgroßen Stadt

1. Was bedeutet das Wort „Spielstätte"?
2. Wie ist das Zahlenverhältnis von öffentlichen und privaten Theatern?
3. Welches Angebot an klassischer Musik wird in einer größeren Stadt erwartet?
4. Welche Art Von Museen findet man oft?
5. Wie ist die kulturelle Tradition in kleineren Städten zu erklären?

Ein Stadttheater

6. Was sind die traditionellen Sparten eines Stadttheaters?
7. Welche Klassiker werden am meisten gespielt?
8. Warum ist das Publikum kritischer geworden?

Musik

9. In welchem Punkt sind die Deutschen bei Opernaufführungen besonders kritisch?
10. Was sind bevorzugte musikalische Aktivitäten in der Freizeit?
11. Was versteht man unter „Liedermachern"?

Die Buchhandlung und das Lesen

12. Wie viele Buchtitel werden jedes Jahr in Deutschland produziert?
13. Was ist die Bedeutung einer Buchmesse? Wo findet die wichtigste Buchmesse statt?
14. Welche Funktion kann eine Buchhandlung in einer kleineren Stadt haben?

Museen und Denkmäler

15. Welche Bedeutung können historische Ausstellungen haben?
16. Wie wollen die Museen heute die Vergangenheit zeigen?
17. Welche Museen sind am beliebtesten?

Der deutsche Film

18. Welche beiden Themen herrschten bei den Filmemachern der sechziger Jahre vor?
19. Was ist typisch für die heutige Generation von Filmemachern?
20. Warum kann man kaum von einer deutschen „Filmindustrie" sprechen? Was sind die Probleme?

Festspiele

21. An welchen Plätzen finden typischerweise Festspiele statt?
22. Warum kann das Wetter Festpiele beeinträchtigen?

Berühmte Namen

23. Warum ist es schwer, von einer „deutschen" Literatur zu sprechen?
24. Mit welcher Schule wird die Architektur in Deutschland immer noch verglichen?

Aufsatzthemen:

1. Finden Sie es richtig, wenn Gemeinden und Länder kulturelle Aktivitäten mit Steuergeldern unterstützen, oder sollten nur die Veranstaltungen stattfinden, die profitabel sind?
2. Sehen Sie einen Unterschied zwischen „Kultur" und „Unterhaltung"? Wie würden Sie diesen Unterschied beschreiben?
3. Finden Sie es gut, wenn es eine „Theaterstadt" gibt wie New York in den USA, oder würden Sie lieber mehr Theater in anderen Städten sehen?
4. Wie sollte ein Museum Vergangenheit darstellen und lebendig machen? Geben Sie ein Beispiel.
5. Musikhören und Musikmachen: Was bringt es Ihnen, wenn Sie spielen oder singen?
6. Was denken Sie, bedeutet es für einen Ort, wenn er eine besondere kulturelle Tradition hat? Kennen Sie dafür Beispiele?

Einen besonderen Namen hat sich der „Spiegel“ gemacht. Er wagte es, Skandale aufzudecken.

13 Die Massenmedien

Was wissen Sie, was meinen Sie?

1. Wie informieren Sie sich über politische Ereignisse?
2. Sehen Sie einen Unterschied zwischen „Propaganda“, „Werbung“ und „Beeinflussung der öffentlichen Meinung“? Wie würden Sie den Unterschied definieren?
3. Was sollte auf der ersten Seite einer Zeitung stehen?
4. Wie viele und welche internationalen Nachrichten erwarten Sie von einer Zeitung?
5. Welcher Teil der Zeitung ist für Sie am wichtigsten?
6. Welche Fernsehprogramme sehen Sie sich regelmäßig an? Was würde Ihnen fehlen, wenn es kein Fernsehen gäbe?
7. Kaufen Sie sich Produkte wegen der Reklame im Fernsehen? Finden Sie die Reklame störend oder unterhaltsam?
8. Sehen Sie sich bestimmte Fernsehnachrichten an, weil Ihnen der Sprecher sympathisch ist, oder ist Ihnen der Inhalt wichtiger?
9. Welche Radioprogramme hören Sie öfter?
10. Brauchen Sie „Hintergrundsmusik“, wenn Sie arbeiten, oder haben Sie lieber Stille?
11. Wenn Sie sich zwei Stunden lang ein Fernsehprogramm ansehen, was haben Sie gewonnen und was haben Sie verpasst?

Gewinn	Verlust

Die Freiheit der öffentlichen Meinung

„Propaganda" war ein Schlüsselwort im Vokabular der Nationalsozialisten. Joseph Goebbels' Ministerium für Volksaufklärung und Propaganda bestimmte den politischen Inhalt der Massenmedien. 1945 mussten daher die Alliierten ein System finden, das staatliche Kontrolle der Medien verhinderte und die freie Meinungsäußerung ermöglichte und förderte. Am wichtigsten war dabei der Rundfunk. Die Rundfunkanstalten der westlichen Zone, also der späteren BRD, konstituierten sich als nicht-staatliche und nicht-kommerzielle Einrichtungen: sie sind öffentlich-rechtliche Anstalten. Das bedeutet: sie sind nicht im Privatbesitz und arbeiten nicht für Profit, sondern im allgemeinen Interesse. Sie gehören keiner politischen Partei und keiner religiösen Gruppe. In ihrem Aufsichtsrat° sind allerdings die politischen Parteien, Kirchen und Gewerkschaften vertreten, um zu garantieren, dass das Program politisch und weltanschaulich unabhängig bleibt und ausgewogen° ist. Das geht nicht ohne Konflikte ab; politische Parteien und Interessengruppen beklagen sich, wenn sie sich vernachlässigt oder unfair dargestellt glauben.

Aufsichtsrat *board*

ausgewogen *balanced*

Zeitungen und Zeitschriften blieben wie vor 1945 im Privatbesitz. Die neuen Besitzer mussten jedoch eine Lizenz beantragen, und die alliierten Kontrollbehörden entschieden, ob die Lizenzträger politisch zuverlässig waren. Die Alliierten bestanden auf der Trennung von Reportage und Kommentar, die in Deutschland auch vor 1933 nicht üblich gewesen war. Es zeigte sich, dass die deutsche Bevölkerung mit dieser „Amerikanisierung" einverstanden war, weil sie gern objektiv informiert werden wollte. Die meisten Zeitungen nannten sich „überparteilich" und „unabhängig". Es gab relativ wenige parteigebundene° Zeitungen, und ihre Zahl ist bald gesunken. Die meisten solcher Zeitungen gehörten der SPD.

parteigebundene *owned by a political party*

Das Grundgesetz von 1949, die Verfassung der BRD, schaffte die Zensur grundsätzlich ab. Entgegen den Erwartungen von 1945 haben die Regierungen die Meinungsfreiheit respektiert. Die beiden Angriffe auf das System der freien Meinung geschahen am Anfang der sechziger Jahre. Der eine war die „Spiegel-Affäre" von 1962, als der damalige Bundesverteidungsminister Franz-Josef Strauß das Nachrichtenmagazin „Der Spiegel" von der Polizei besetzen und den Chefredakteur verhaften ließ. Diese Krise endete mit einem Sieg der Presse. Weniger spektakulär war der Versuch der Bundesregierung unter Konrad Adenauer, das Zweite Deutsche Fernsehen als Bundesanstalt zu etablieren. Das Bundesverfassungsgericht erklärte eine solche Bundesanstalt als nicht verfassungsgemäß.

Die deutsche Öffentlichkeit empfand, dass die Bedrohung der freien Meinung und die Gefahr der Propaganda von einer anderen Seite kam, nämlich von der Privatindustrie. Der freie Markt führte zu einer wachsenden Konzentration der Zeitungs- und Zeitschriftenverlage. Als „Zeitungskönig" ragte in den fünfziger und besonders in den sechziger Jahren der Hamburger Verleger Axel Springer hervor, der durch seine Zeitungen gezielt antikommunistische Positionen propagierte. Seine Ansichten standen in starkem Gegensatz zu Willy Brandts Ostpolitik. Das Unbehagen° der deutschen Bevölkerung gegenüber dieser Propaganda zeigte sich bei der Debatte um die Einführung des privaten Fernsehens. Es dauerte lange, bis in den achtziger Jahren das Privatfernsehen zugelassen wurde. Noch heute gibt es Stimmen, die diese unvermeidliche Entwicklung bedauern.

Unbehagen *uneasiness*

Der Rundfunk und das Fernsehen in der DDR wurden in erster Linie als politisches Instrument des Staates und der SED angesehen und zentral gelenkt. Neben der politischen Propaganda gab es natürlich Unterhaltung, Sportsendungen und ein breites Angebot kultureller Sendungen. Ohne finanziellen Zwang und kommerzielle Konkurrenz konnten die Rundfunkanstalten interessante Programme entwickeln. Allerdings zeigte sich, dass viele DDR-Bürger die Sendungen des westlichen Rundfunks und Fernsehens weit interessanter fanden, nicht unbedingt wegen der Politik, sondern vor allem wegen der Unterhaltung. Die ostdeutschen Fernsehzuschauer mussten daher nach 1989 ihre Gewohnheiten kaum ändern; doch die Fernseh- und Rundfunkanstalten wurden radikal abgebaut und nach westlichem Muster umgebaut. In diesem Prozess sind wertvolle Teile des kulturellen Lebens dezimiert worden oder verschwunden.

Bei der folgenden Beschreibung der Medien sind diese Punkte zu beachten: die deutsche Angst vor politischer Propaganda, der kulturelle Anspruch, der an die Massenmedien gestellt wird, und die unvermeidliche Entwicklung zur Konzentration, zur Kommerzialisierung und ihren Einschaltquoten, die mit dem kulturellen Anspruch im Widerspruch steht.

Die Presse

Die Zahl der Tageszeitungen hat sich in den letzten Jahrzehnten ständig verringert. Die 1600 Titel von Tageszeitungen geben ein falsches Bild. Die meisten dieser Zeitungen sind „Mantelausgaben", die Zeitungen bekommen den „Mantel" von einer Hauptausgabe und fügen einen eigenen Lokalteil hinzu. Wenn sie ihren Titel, den Kopf, behalten haben, werden sie auch „Kopfblätter" gennant. Es gibt 375 Hauptausgaben, aber nur 135 eigenständige Redaktionen.

Die Deutschen unterscheiden Morgenzeitungen, die sie gewöhnlich im Abonnement° beziehen, von Staßenverkaufszeitungen, auch Boulevardblätter gennant. Die täglichen Morgenzeitungen haben die folgende Struktur: die ersten Seiten mit den Schlagzeilen der aktuellsten Ereignisse befassen sich mit internationaler und deutscher Politik, mit Leitartikeln und Glossen; dann folgt der Lokalteil, der Wirtschaftsteil, der Sport, der kulturelle Teil, der Feuilleton gennant wird, und der Fortsetzungsroman. Dazu kommen Beilagen über Reisen, Mode, Wissenschaft und Technik, Umweltfragen und aktuelle Debatten. Das Feuilleton enthält außer Berichten über kulturelle Ereignisse auch Kritiken von Büchern, Videofilmen und CDs. Zwei Drittel der Einnahmen kommen aus der Werbung und den Anzeigen, doch sind sie weniger auffällig als in amerikanischen Zeitungen. Traditionell liefern die Tageszeitungen am Sonnabend eine Wochenendausgabe, doch die Sonntagszeitung setzt sich immer mehr durch.

Abonnement *subscription*

Ein nationales Zentrum der deutschen Presse, wie es Berlin bis 1945 war, gibt es nicht mehr. Ohne Zweifel gewinnt Berlin seit 1990 immer mehr Bedeutung als Pressestadt, doch bis jetzt ist Hamburg das wichtigste Zentrum, gefolgt von Frankfurt und München. Man kann die folgenden Kategorien von Tageszeitungen unterscheiden: Lokalzeitungen, regionale und überregionale Zeitungen. Einige der regionalen Zeitungen haben hohe Auflagen, etwa die „Allgemeine Westdeutsche Zeitung“ in Essen. Andere Beispiele sind die „Hannoversche Allgemeine Zeitung“, die „Sächsische Zeitung“ in Dresden, die „Rheinische Post“ in Düsseldorf, die „Berliner Zeitung“ und der „Kölner Stadt-Anzeiger“.

Auch die überregionalen Zeitungen haben ihre regionale Basis. Ohnehin ist der Übergang zwischen diesen Kategorien fließend. Überregionale Zeitungen nennt man auch „meinungsbildend“, da ihre Leitartikel und Kommentare Einfluss auf die öffentliche Meinung haben können. Zu Zeitungen, die in ganz Deutschland gelesen werden, gehören die „Frankfurter Allgemeine Zeitung“, die „Süddeutsche Zeitung“ in München, „Die Welt“ und der „Tagesspiegel“ in Berlin, die „Stuttgarter Zeitung“, die „Frankfurter Rundschau“ und trotz ihrer geringeren Auflage die „Tageszeitung“ (TAZ) in Berlin.

Die wichtigste deutsche Nachrichtenagentur heißt DPA, Deutsche Presseagentur. Überregionale Zeitungen haben eigene Korrespondenten in den großen Städten der Welt, und Leitartikel und Kommentare werden gewöhnlich von der Redaktion geschrieben. Syndikation ist weit weniger verbreitet als in den USA.

Tageszeitungen, die man normalerweise am Kiosk kauft, haben eine andere Aufmachung als die bisher beschriebenen Blätter. Typische Namen von Boulevardblättern sind Morgenpost oder Abendpost. Sie locken die Leser mit

Sensationen, Skandalen, Verbrechen und Katastrophen und arbeiten mit bunten Farben und großen Schlagzeilen. Das erfolgreichste Rezept hat die Zeitung „Bild“, mit der Zentrale in Hamburg und einer Auflage von 4,4 Millionen. Die Zeitung ist die tägliche Lektüre von mehr als 10 Millionen Menschen, die sie mit aggressiven Reportagen und kontroversen politischen Ansichten unterhält und beeinflusst.

Da Tageszeitungen nicht das Sprachrohr politischer Parteien sind, müssen die Leser aus den Kommentaren und Leitartikeln entnehmen, wo eine Zeitung steht, zum Beispiel links, wie die „Frankfurter Rundschau“, in der Mitte, wie die „Frankfurter Allgemeine Zeitung“, oder eher rechts, wie „Die Welt“. Alle Zeitungen betonen jedoch ihre Unabhängigkeit und ihr Recht auf Kritik.

Die ersten erfolgreichen Sonntagszeitungen waren Axel Springers „Bild am Sonntag“ und „Welt am Sonntag“. Inzwischen erscheint auch die „Frankfurter Allgemeine Sonntagszeitung“, und immer mehr Zeitungen schließen sich der Tendenz zur Sonntagsausgabe an. Daneben stehen jedoch die Wochenzeitungen und Nachrichtenmagazine. „Die Zeit“ in Hamburg ist eine respektierte unabhängige und meinungsbildende Wochenzeitung. Andere Wochenzeitungen sind politisch festgelegt, wie der „Rheinische Merkur“ in Bonn. Einen besonderen Namen hat sich das Nachrichtenmagazin „Der Spiegel“ gemacht, mit einer Million Auflage das meistgelesene Blatt dieser Kategorie. „Der Spiegel“, „Newsweek“ und „Time“ nachgebildet, wurde dadurch bekannt, dass er es wagte, Skandale aufzudecken. 1962 hatte er eine Serie über die NATO, die Bundeswehr und Korruption bei Bauten für die Bundeswehr gebracht. Das reizte den Bundesverteidigungsminister Franz-Josef Strauß so sehr, dass er eine Polizeiaktion wegen Landesverrat veranlasste. Die Polizei durchsuchte die Redaktion und verhaftete den Herausgeber, den Chefredakteur und andere Redakteure. Alle Zeitungen solidarisierten sich mit dem „Spiegel“. Nach heftigen Debatten im Bundestag mussten Strauß und der Bundesinnenminister zurücktreten. Es gab die ersten Studentendemonstrationen. Die Pressefreiheit wurde durch die Affäre gestärkt. Darüber hinaus signalisierte die Krise das Ende der Ära Adenauer.

Eine Konkurrenz für den „Spiegel“ schien lange nicht aussichtsreich, doch seit 1993 gibt es „Focus“, ein mehr konservativ ausgerichtetes Nachrichtenmagazin. Unter den 1650 Publikums-Zeitschriften befinden sich die Illustrierten, vor allem „Stern“ und „Bunte“, Programmzeitschriften für Hörfunk und Fernsehen, Frauenzeitschriften und Zeitschriften für besondere Interessen, vor allem Sport und Hobby. Einige Fachzeitschriften für Mitglieder von Verbänden und Vereinen haben hohe Auflagen. So ist die „ADAC-Motorwelt“, die Zeitschrift des Allgemeinen Deutschen Automobilclubs, mit 11,7 Millionen Exemplaren bei weitem die auflagenstärkste Zeitschrift in Deutschland.

Die fremdsprachigen Gruppen in Deutschland haben ihre eigenen Zeitungen und Zeitschriften, und natürlich kann man an vielen Kiosken ausländische Zeitungen in etlichen Sprachen kaufen. Die Deutschen gehören zu den eifrigsten Zeitungs- und Zeitschriftenlesern. 70 Minuten verbringt der Durchschnittsdeutsche täglich mit dem Lesen von Zeitungen und Zeitschriften.

Rundfunk und Politik

Die Rundfunkanstalten, 1945 von den Alliierten wieder in Gang gebracht und dann den Deutschen übergeben, wurden für jede Besatzungszone getrennt eingerichtet. Es sind große regionale Einrichtungen, heute insgesamt elf in Deutschland. Eigene lokale Sender waren nicht vorgesehen. Doch versuchten die Radioanstalten von Anfang an, auf lokale Interessen Rücksicht zu nehmen.

Als öffentlich-rechtliche Institutionen begannen die Radiosender ihre Programme ohne Werbung. Finanziert wurden sie durch monatliche Gebühren, die jeder Besitzer eines Radiogerätes bezahlen muss. Dieses System ist bis heute in Kraft: jeder Besitzer eines Fernseh- und Radiogerätes bezahlt Gebühren. Doch durch die privaten Fernseh- und Radiosender ist eine Veränderung des Systems

Nachrichten im Zweiten Deutschen Fernsehen

abzusehen. Die Einnahmen sind bei 32 Millionen Fernsehgeräten und 34 Millionen Radiogeräten beträchtlich, doch eine Gebührenerhöhung muss von den Landtagen genehmigt werden und ist deshalb schwierig. Ohnehin zeigte sich, vor allem nach der Einführung des Fernsehens, dass die Einnahmen aus den Gebühren nicht reichten und Werbung unumgänglich war. Noch heute werden bei den öffentlichen Anstalten die Sendungen nicht durch Werbung unterbrochen, und die Maximalzeit für Werbung ist festgelegt. Das gibt allerdings finanzielle Schwierigkeiten bei der Übertragung von Sportveranstaltungen wie Fußball und Tennis, für die private Sponsoren notwendig geworden sind.

Bis in die siebziger Jahre waren die Rundfunkanstalten finanzkräftige Institutionen. Sie spielten eine wesentliche Rolle im kulturellen Leben der Nachkriegszeit. Sie bildeten nicht nur eigene Symphonieorchester, einige davon mit Weltruf, Unterhaltungsorchester und Jazzbands, das Programm enthielt auch regelmäßige literarische Hörspiele, Lesungen, Vorträge und Diskussionen. Die Rundfunkanstalten konnten sich Experimente in neuer Musik und Literatur leisten und wissenschaftliche Probleme debattieren. Außerdem trat der Rundfunk als Mäzen auf und unterstützte Musikgruppen, Museen und Avantgarde Theater.

Eine besonders wichtige Sparte neben den Sport- und Unterhaltungssendungen war der umfangreiche Schulfunk: Sendungen in verschiedenen Fächern für Schulklassen und individuelle Bildung. Dazu kamen Nachrichten, aktuelle politische Debatten und Sendungen der Kirchen.

Eine Zusammenarbeit der Rundfunkanstalten mit Koordination und Austausch von Programmen wurde nötig und führte zur Gründung der Arbeitsgemeinschaft der öffentlich-rechtlichen Rundfunkanstalten der Bundesrepublik Deutschland, abgekürzt ARD. Die ARD gründete und betrieb das Erste Deutsche Fernsehen. Ihr Angebot entsprach jedoch nicht dem Geschmack aller Fernsehzuschauer, sodass Anfang der sechziger Jahre das Zweite Deutsche Fernsehen, ZDF, in Mainz entstand, inzwischen die größte Fernsehanstalt in Europa. Die einzelnen Sender der ARD, zu der seit 1989 auch die ostdeutschen Sender gehören, bringen außer dem Ersten Programm ein regionales Drittes Programm.

Das öffentliche Fernsehen und der öffentliche Rundfunk sind verpflichtet, bei Wahlkämpfen den Kandidaten freie Zeit zu geben und üben besonders durch die Übertragung von Wahlkampfdebatten politischen Einfluss aus.

Eine entscheidende Änderung des Systems kam mit der Einführung des privaten Fernsehens, das mit dem Sender SAT.1 im Jahre 1985 begann, zugleich mit der „Verkabelung", der Einführung des Kabelfernsehens. Inzwischen gibt es eine ganze Reihe von Privatsendern, die jeweils verschiedene Schwerpunkte im

Programm haben, ebenfalls Pay TV für Filme. Vorangetrieben wurde diese Entwicklung durch die Konkurrenz ausländischer Sender in den Grenzgebieten.

Die Privatisierung und die neuen technischen Entwicklungen verlangten große Investitionen und haben zur Konzentration im Medienbereich geführt. Zu den international größten Firmen gehört die Bertelsmann AG, die als Druckerei, Verlag und Buchgemeinschaft begonnen hatte. Die Privatisierung hat auch die Radioprogramme erreicht. Die meisten der mehr als 170 privaten Radiostationen sind lokale Sender. Nach dem Grundgesetz und nach Entscheidungen des Bundesverfassungsgerichts müssen auch private Sender die „Meinungsvielfalt" im Lande wiedergeben und dürfen keine einseitige Beeinflussung ihrer Hörer und Zuschauer betreiben.

Die neuen technischen Möglichkeiten durch Kabelfernsehen und Satelliten haben zusammen mit der Privatisierung die europäische Zusammenarbeit der Fernsehstationen entscheidend befördert; sie zeigt sich in vielen gemeinsamen Sendungen und dem Austausch von Programmen durch Eurovision.

Fernsehen, Kultur und Unterhaltung

Die synchronisierten° Filme aus Hollywood haben seit langem den Kinobetrieb dominiert. Sie haben einen Marktanteil von 80%, gegenüber 10% für deutsche Filme. Die deutschen Fernsehanstalten, die den deutschen Film oft finanziell unterstützt haben, sind durch die kommerziellen Privatsender in eine Konkurrenzsituation gekommen, in der wie in den USA die Einschaltquoten entscheidend sind. Ihr Programm zeigt am deutlichsten die „Amerikanisierung" von Kulturbetrieb und Unterhaltungsindustrie. In ihrem Geschmack im Showbusiness unterscheiden sich die Deutschen nicht von anderen Völkern und strömen genau so zu Rockkonzerten und Musicals. Das Showbusiness ist international, deutsche Rock- und Popstars bzw. - gruppen benutzen vielfach Texte in englischer Sprache.

synchronisierten *dubbed*

Da die verschiedenen Unterhaltungs- und Sportsendungen die Zeiten besetzen, die die höchsten Einschaltquoten bringen, sind bei den öffentlichen Anstalten weniger populäre, darunter kulturell anspruchsvollere Sendungen auf die späten Abend- und Nachtstunden verschoben worden. Auch hier macht sich wie im allgemeinen Kulturleben das Starsystem breit: bei Oper, Theater und klassischer Musik wird das Publikum mit den bekanntesten Namen angelockt. Bemerkenswert in deutschen Fernsehprogrammen ist die große Zahl von Filmen, darunter ältere, „klassische" und viele ausländische.

Diskussion im Fernsehprogramm „Votum"

Die fortschreitende Kommerzialisierung des Fernsehens und Rundfunks spiegelt die Veränderung in der Einstellung zu Bildung und Kultur. Während es traditionell der Gesellschaft zukam, das kulturelle Angebot und Niveau zu erhalten, herrscht heute eher Gleichgültigkeit. Viele Menschen denken: wer an bestimmten kulturellen Ereignissen interessiert ist, mag gefälligst dafür bezahlen und sorgen, dass sie erhalten bleiben. Das muss dann nicht mehr die Aufgabe der Länder und Gemeinden sein.

Fragen zum Text:

Die Freiheit der öffentlichen Meinung

1. Welche Organisationsform bekamen die Rundfunkanstalten nach 1945?
2. Welcher Gefahr wollten die Alliierten 1945 vor allem begegnen?
3. Wozu sind die Rundfunkanstalten verpflichtet?
4. Wodurch wurden zuerst die Rundfunk- und Fernsehprogramme finanziert?
5. Welche zwei Ereignisse Anfang der sechziger Jahre stärkten die Meinungsfreiheit?

Die Presse

6. Warum werden einige Tageszeitungen „meinungsbildend" genannt?
7. Was ist eine „Mantelausgabe"?
8. Welche Bedeutung hatte „Der Spiegel" am Anfang der BRD?
9. Woher kommen die Einnahmen der Tageszeitungen?
10. Warum hat die Presse große Bedeutung in der deutschen Gesellschaft?

Rundfunk und Politik

11. Was bedeutet die Abkürzung ARD?
12. Welche Größe haben öffentlich-rechtliche Rundfunkanstalten?
13. Welche Rolle hatte die Werbung früher—und heute— im öffentlichen Fernsehen?
14. Seit wann gibt es in Deutschland private Fernsehsender?
15. Welchen politischen Einfluss übt das Fernsehen aus?

Fernsehen, Kultur und Unterhaltung

16. Wodurch kam in den achtziger Jahren eine Veränderung in den Fernsehprogrammen?
17. Wie sehen die Fernsehprogramme heute aus?
18. Welche Verpflichtung der Gemeinden und der Rundfunkanstalten wird heute in Frage gestellt?

Aufsatzthemen:

1. Sehen Sie einen Unterschied zwischen öffentlich-rechtlichen und staatlichen Rundfunk- und Fernsehanstalten? Beschreiben Sie.
2. Glauben Sie, dass Massenmedien im Privatbesitz eine Gefahr für die Meinungsfreiheit werden können? Unter welchen Umständen?
3. „Unabhängige" und „überparteiliche" Tageszeitungen: Wie unabhängig kann eine Tageszeitung sein?
4. Fernsehprogramme und Einschaltquoten: Glauben Sie, dass es auch andere Kriterien für die Auswahl der Programme gibt oder geben sollte? Welche?
5. Finden Sie es richtig, wenn Fernseh- und Radiosender extreme Ansichten äußern, ohne andere Meinungen zu Wort kommen zu lassen?
6. Sehen Sie Grenzen für die Meinungsfreiheit? Welche Grenzen könnten das sein?

„Sie haben zwei Stimmen“: Wahlzettel für die Bundestagswahl

14 Der Bürger, sein Staat und seine Rechte

Was wissen Sie, was meinen Sie?

1. Von welchen deutschen Politikern haben Sie schon gehört? Was war oder ist ihr Amt?
2. Kennen Sie die Namen von deutschen politischen Parteien? Was sagen Ihnen diese Namen?
3. Wie verstehen Sie den Unterschied zwischen dem amerikanischen System und einem parlamentarischen System?
4. Wenn Sie einen Abgeordneten oder Senator wählen, was ist Ihnen am wichtigsten, seine Persönlichkeit, seine Einstellung zu besonderen Problemen oder seine Parteizugehörigkeit?
5. Mit welchen Begriffen können Sie die demokratische und republikanische Partei unterscheiden?
6. Ist die Bundesrepublik Deutschland bekannt für häufigen Regierungswechsel, für viele politische Skandale, für Straßendemonstrationen und Proteste der Bevölkerung? Was sagt das aus über das politische System?
7. Was haben Sie über Neonazis in Deutschland gehört? Glauben Sie, dass sie eine Gefahr für die Demokratie in Deutschland sind?
8. Finden Sie es gut, wenn jeder junge Mann Wehrdienst oder zivilen Ersatzdienst im sozialen Bereich leisten muss? Warum oder warum nicht?

Die Irrungen und Wirrungen der Politik

1987 feierten die USA 200 Jahre staatlicher Kontinuität unter derselben Verfassung. Die Verfassung hat Zusätze° und wechselnde Interpretationen erhalten, doch ihre Geltung hat dem Land eine feste Grundlage und eine beneidenswerte Kontinuität gegeben—trotz mancher Krisen und eines traumatischen Bürgerkriegs. Nichts dergleichen trifft auf die deutsche Geschichte der letzten 200 Jahre zu. Die inneren und äußeren Grenzen haben sich ebenso oft geändert wie die Regierungsformen. Die Vorstellung von dem, was „Deutschland" sein sollte und sein könnte, hat sich radikal gewandelt. Der Deutsche Bund von 1815 bis 1866 brachte zwar ein halbes Jahrhundert Stabilität, aber nicht in einer Form, die die Mehrheit der Bevölkerung wünschte. Das Kaiserreich von 1871 schloss etliche bis dahin deutsche Gebiete aus; aber es machte Deutschland zu einem Machtfaktor in der Weltpolitik. Diese Machtpolitik führte allerdings zur Katastrophe des Ersten Weltkriegs. Nach dem vergeblichen Versuch der Neuorientierung in der Weimarer Republik folgte die noch weit größere Katastrophe des Zweiten Weltkriegs. Diese wiederum führte zu mehr als vierzig Jahren Spaltung des Landes und militärischer Besetzung auf beiden Seiten. Seit 1990 ist Deutschland wieder ein Staat geworden, mit einer Gesellschaft, die es schwer hat zusammenzuwachsen. Ein neunzigjähriger Deutscher ist also in einem Kaiserreich geboren, hat in einer chaotischen Republik seine Schulbildung und Ausbildung erhalten, hat als junger Mann an der nationalsozialistischen „Revolution" teilgenommen, wurde Soldat im Zweiten Weltkrieg, wurde nach 1945 demokratisch oder sozialistisch „umerzogen"° und hat, wenn er in der DDR wohnte, noch einmal dem „falschen" System gedient. 1989 sollte er das einsehen und das vierte Mal in seinem Leben radikal umdenken. Es gibt Straßen, die am Anfang unseres Jahrhunderts Kaiser-Wilhelm-Straße hießen und seitdem viermal oder noch öfter umbenannt worden sind. Mit welchem Namen identifiziert sich ein Mensch, der in dieser Straße wohnt?

Zusätze *amendments*

umerzogen, umerziehen *to reeducate*

Dieser Mangel an Kontinuität mit Trennungen, Kriegen und Katastrophen hat tiefe Spuren im Leben aller Menschen hinterlassen; auch wenn die letzten fünfzig Jahre für die Deutschen friedlich verlaufen sind. Zwar hat nur noch die alte Generation eigene Erinnerungen an die Nazizeit und den Zweiten Weltkrieg; doch die Verluste und traumatischen Veränderungen bleiben für alle Deutschen enorm. Dazu kommen die Folgen der Spaltung und Wiedervereinigung. Ein erheblicher Teil der deutschen Bevölkerung hat die Heimat verloren. Zweimal im 20. Jahrhundert büßten die Deutschen ihr gesamtes Vermögen ein.

Familien sind dezimiert und zersprengt. Die Schäden in der Einstellung zum Staat und zur Nation sind wohl irreparabel. Wörter wie „Vaterland“ und „Patriotismus“ oder gar „Vaterlandsliebe“ klingen hohl und falsch; für die Deutschen sind ein politisches System und eine Staatsverwaltung gut, so lange sie dem einzelnen Menschen Sicherheit und Spielraum für sein Privatleben geben.

Im Rückblick° ist zu sagen, dass die 40 Jahre Bundesrepublik unter einem guten Stern gestanden haben. Die Demokratie von 1949 war ein Staat mit demokratischer Verfassung und demokratischen Institutionen; aber mit einer indifferenten, bestenfalls abwartenden Bevölkerung. Diese Bevölkerung ging zur Wahl und wählte Parteien und Männer, die Stabilität und Wohlstand versprachen. Frauen in der Politik waren damals sehr selten. Es dauerte bis in die sechziger Jahre, ehe von einer Mitwirkung der Bevölkerung gesprochen werden konnte. Diese nahm zuweilen die Form des Protests an, wie bei der Studentenbewegung. Sie kam auch nicht selten aus einer Unzufriedenheit mit den bestehenden und regierenden Parteien. Die „außerparlamentarische Opposition“ der Linken ist typisch für diese Phase. Die Gesellschaft musste die Spielregeln und die Grenzen der demokratischen Formen erst erproben.° Das führte sowohl zu extremen Formen der Opposition als auch zu Überreaktionen des Staates und seiner Polizei. Das Hauptbeispiel dafür sind die Anarchisten, vor allem die „Rote Armee Fraktion“ mit ihren Führern Ulrike Meinhof und Andreas Baader. Sie wollten in den sechziger und siebziger Jahren die Gesellschaft durch Bomben und Entführungen° destabilisieren. Darauf reagierte der Staat mit Polizeiaktionen, und besonders in der Form des Radikalenerlasses, des „Berufsverbots“. Wer zu einer gegen die Verfassung gerichteten Organisation gehört hatte, dem konnte eine staatliche Stellung verweigert werden. Das verursachte eine Welle der Überwachung° und Verdächtigung,° die psychologisch großen Schaden anrichtete, selbst wenn die Zahl der tatsächlich abgelehnten Bewerber klein war. Die Erinnerung an diese „Verfolgungen“ verursachte 1983 noch einmal starke Proteste. Die Bundesregierung versuchte nämlich, der Polizei mehr Vollmachten bei der Auflösung von Demonstrationen zu geben.

Rückblick *retrospect*

erproben *to try out*

Entführungen *kidnappings*

Überwachung *surveillance*

Verdächtigung *suspicion*

Die Bevölkerung sah die Parteien und Regierung in Bonn immer mehr als eine in sich geschlossene Gruppe, in der die Parteien CDU/CSU, SPD und FDP den Kontakt mit dem Volk verloren hatten und nur ihre gemeinsamen Interessen beförderten. Daher hatten die Grünen Erfolg. Sie kämpften für die Erhaltung und den Schutz der Umwelt und für den Frieden; doch vor allem erprobten sie die „Basisdemokratie“:° die Führung und die Abgeordneten der Partei blieben der Parteibasis verantwortlich und sollten im Turnus ausgewechselt werden. Das war auch deshalb attraktiv, weil nach dem deutschen Wahlsystem die Abgeordneten viel weniger Kontakt mit ihren Wählern haben als in den

Basisdemokratie *direct democracy from the basis*

USA. Allerdings zeigte es sich, dass die Basisdemokratie in der herrschenden parlamentarischen Praxis zu viele Nachteile hatte. Jedenfalls wurde sie sehr modifiziert, um praktikabel zu sein.

Die Probleme der BRD mit ihrer Demokratie waren jedoch gering im Vergleich mit den Schwierigkeiten, die die DDR-Regierung mit ihrer Bevölkerung hatte. Die Bevölkerung hatte es schwer, ein System anzunehmen, das von außen aufgezwungen wurde. So jedenfalls sah es aus; denn ein eigener deutscher Weg zum Sozialismus wurde von der Sowjetunion nicht erlaubt, und etwas anderes als Sozialismus war ausgeschlossen. Während die Menschen in der BRD mit ihrem wirtschaftlichen Fortschritt zufrieden sein konnten, machte der Vergleich mit der BRD die Bevölkerung der DDR immer wieder unzufrieden. Mit der fortschreitenden Sozialisierung der Privatbetriebe wuchs die Tendenz, besonders der mittleren Klassen, in die BRD abzuwandern. Die Zeit nach dem Bau der Berliner Mauer gab der DDR mehr Stabilität, doch 1989 zeigte sich, dass die Mehrheit der Bevölkerung weniger nach Freiheit und Gerechtigkeit trachtete als nach wirtschaftlichem Wohlstand. Dennoch hat die allzu schnelle Umstellung° auf das westliche System allerlei Probleme mit sich gebracht und dadurch einige Unzufriedenheit mit dem neuen System. Sie spricht sich in den Wahlerfolgen der PDS, Partei für Demokratischen Sozialismus, aus, in der die Wähler eine Kontinuität zur früheren DDR sehen.

Umstellung *adjustment*

Der Abbau des Sozialstaates und die hohe Arbeitslosigkeit in den neunziger Jahren sind Bewährungsproben für die Demokratie. Immerhin wird der größere Teil von Deutschland jetzt seit 50 Jahren nach derselben Verfassung regiert. Kritik an Regierung und Parteien richtet sich nicht gegen die Verfassung, sondern gegen ihre Verwirklichung. Die Verfassung der Bundesrepublik unterscheidet sich dabei in einem entscheidenden Punkt von der Verfassung der USA: Die Bundesrepublik definiert sich als einen demokratischen und sozialen Bundesstaat. Die Regierungen und Parlamente haben die Verpflichtung zur sozialen Fürsorge. Die Verfassung und die Bevölkerung verlangen neben Freiheit vor allem Gerechtigkeit und soziale Sicherheit.

Die Verfassung

Die deutsche Verfassung heißt das „Grundgesetz". Das Grundgesetz entstand als eine vorläufige Verfassung für die Länder der drei westlichen Besatzungszonen. Es enthält die Bestimmung, dass auch andere Länder später dem Grundgesetz beitreten konnten. Das ist zweimal geschehen: 1957, als das Saarland Teil der Bundesrepublik wurde, und dann 1990, als die fünf Länder im

Osten Deutschlands und Berlin ihren Beitritt erklärten und damit verfassungsrechtlich die Wiedervereinigung vollzogen. Die Wiedervereinigung hätte auch anders vor sich gehen können, mit einer verfassunggebenden Versammlung und einer neuen Verfassung zum Beispiel. Das Grundgesetz ist ja eine kurze, nüchterne und vor allem vorsichtige und misstrauische Verfassung. Da es nicht für die Dauer sein sollte, wurde sogar das Wort „Verfassung" vermieden. Aber dieses vorläufige Dokument hat sich bewährt, und so wurde es 1990 beibehalten.

Das Grundgesetz beginnt damit, dass es die Grundrechte° definiert, die der einzelne Staatsbürger hat: Freiheit des Glaubens und der Religionsausübung, Meinungsfreiheit, Versammlungsfreiheit, Freiheit der Berufswahl, Postgeheimnis, Freizügigkeit° innerhalb der Bundesrepublik, Gleichheit aller Bürger, auch Gleichheit von Mann und Frau, Schutz des Eigentums und der Familie, Recht auf Staatsangehörigkeit, vor allem aber das Recht auf die freie Entfaltung der Persönlichkeit. Ein Deutscher hat das Recht, Kriegsdienst zu verweigern; er muss allerdings statt dessen einen zivilen Ersatzdienst leisten. Das Grundgesetz definiert nicht nur die Grundrechte, sondern es bestimmt auch, dass diese Grundrechte nicht aufgehoben werden dürfen. Ebenso stellt das Grundgesetz fest, dass politische Parteien, deren Ziel die Zerstörung der Demokratie ist, verboten werden können. In diesen Bestimmungen spiegelt sich die Erfahrung des Nationalsozialismus, doch können sie ebenso gut gegen linksradikale Parteien und Gruppen benutzt werden.

Das Grundgesetz definiert die Bundesrepublik als einen demokratischen und sozialen Staat, und es gibt ihm eine föderalistische Struktur. Das Parlament besteht aus zwei Häusern, dem Bundestag und dem Bundesrat.° Der Bundestag ist ein gewähltes Abgeordnetenhaus; der Bundesrat jedoch besteht aus den Vertretern der Länder. Diese werden von den Länderregierungen bestimmt, also indirekt durch die Landtagswahlen in den einzelnen Ländern. Das Grundgesetz enthält nicht das Wahlgesetz. Es versucht aber, drei Gefahren zu bekämpfen, die der Weimarer Republik schädlich geworden sind: einen zu starken Präsidenten, eine zu schwache Regierung und ein Parlament ohne klare Mehrheiten.

Der Bundespräsident hat nicht die politische Macht. Er ist das Staatsoberhaupt° und repräsentiert den Staat; die politische Macht aber liegt beim Bundeskanzler. Der Bundeskanzler „bestimmt die Richtlinien der Politik", sagt das Grundgesetz. Der Bundeskanzler wird vom Bundestag gewählt. Wenn der Bundestag dem Bundeskanzler das Misstrauen ausspricht, also ihn stürzt, muss der Bundestag sofort mit absoluter Mehrheit einen neuen Kanzler wählen, sonst ist das Misstrauensvotum° ungültig. Das heißt das „konstruktive Misstrauensvotum". Der Bundestag ist also gezwungen, sich klar für oder gegen

Grundrechte *basic rights*

Freizügigkeit *free movement*

Bundesrat *upper house of Parliament, representing the Länder*

Staatsoberhaupt *head of state*

Misstrauensvotum *vote of no-confidence*

die Regierung zu entscheiden; er kann nicht einfach eine „negative Mehrheit" haben, die alles blockiert.

Um darauf zu achten, dass die Verfassung nicht verletzt wird, sieht das Grundgesetz ein besonderes Gericht vor, das „Bundesverfassungsgericht".° Das Bundesverfassungsgericht entscheidet, ob eine politische Partei verboten werden kann; es entscheidet bei Streitigkeiten zwischen dem Bund und den Ländern; es entscheidet, wenn Grundrechte verletzt werden und ebenfalls, ob ein Gesetz verfassungsgemäß ist.

Bundesverfassungsgericht *constitutional court*

Alle diese Bestimmungen sollen dafür sorgen; dass das politische Gleichgewicht erhalten bleibt, und dass Ruhe und Ordnung nicht gestört werden. Das ist auch der Zweck des Wahlgesetzes für Bundestagswahlen. Das Wahlsystem ist eine Kombination von Mehrheitswahl und Verhältniswahl.° Jeder Wähler hat zwei Stimmen. Der Kandidat mit den meisten Erststimmen wird gewählt. Im Bundestag wird nur die Hälfte der Abgeordneten, nämlich 331, direkt gewählt. Für die anderen Abgeordneten zählt man die Zweitstimmen, und die Parteien bekommen nach dem Verhältnis der Stimmen weitere Abgeordnetensitze. Aber nur eine Partei, die drei Direktmandate errungen oder die mindestens 5% aller Stimmen in der Bundesrepublik bekommen hat, ist im Bundestag vertreten. Die „Splitterparteien"° werden nicht gezählt. Das Grundgesetz hat der Bundesrepublik geholfen, einen stabilen Staat aufzubauen. Ebenso hat das Wahlsystem bisher für klare Mehrheiten gesorgt. Der erste Bundestag von 1949 enthielt noch 11 Parteien und unabhängige Abgeordnete; diese Zahl ging bald auf 3 zurück, stieg wieder auf vier, und bei den Wahlen von 1990 auf fünf. Das System fördert Stabilität; aber es gibt auch einen entscheidenen Vorteil für die bestehenden Parteien und macht es schwer, neue Parteien auf der Bundesebene zu etablieren. 1983 gelangten die Grünen in den Bundestag, 1990 die Partei für Demokratischen Sozialismus, PDS. Ein Zwei-Parteien-System mit Mehrheitswahl wird von den Wählern allerdings abgelehnt. Sie benutzen ihre Zweitstimme immer wieder, um kleinere Parteien in den Bundestag zu bringen.

Verhältniswahl *proportional representation*

Splitterparteien *splinter groups*

Die Autorität des Bundespräsidenten hängt vor allem von seiner Persönlichkeit ab. Er kommt zwar von einer Partei, soll aber in seinem Amt das ganze Volk vertreten. Der erste Bundespräsident Theodor Heuß erwarb sich das Vertrauen des Volkes, und nach ihm vor allem Gustav Heinemann, Walter Scheel und Richard von Weizsäcker. 1994 wurde Roman Herzog zum Bundespräsidenten gewählt, 1999 Johannes Rau. Die Verfassung begünstigt, ja verlangt einen starken Bundeskanzler. Konrad Adenauer, Kanzler von 1949 bis 1963, nutzte den Spielraum seines Amtes voll aus. Internationalen Ruf erwarben nach ihm vor allem Willy Brandt (1969–1974), der den Nobelpreis für seine Bemühungen um den Frieden erhielt, und Helmut Schmidt (1974–1982).

Sechzehn Jahre lang, von 1982 bis 1998, bekleidete Helmut Kohl das Amt des Bundeskanzlers. Er wurde von Gerhard Schröder abgelöst.

Eine wichtige Institution ist das Bundesverfassungsgericht geworden, das als oberstes Gericht in politischen Fragen wichtige Entscheidungen getroffen und die konkrete Anwendung des Grundgesetzes mitbestimmt hat. Es hat die „Kulturhoheit" der Länder bekräftigt, zum Beispiel, als es der Bundesregierung 1960 untersagte, ein eigenes Fernsehprogramm aufzubauen. Es hat radikale Parteien verboten, und es hat in Fragen der Polizeigewalt und Bekämpfung von Terroristen mäßigend gewirkt. Insgesamt hat das Bundesverfassungsgericht vermieden, politische Entscheidungen für Regierung und Parlament zu treffen, sondern sich darauf beschränkt, die Verfassung zu interpretieren und zu schützen.

Die politischen Parteien

Eine der beiden großen Parteien ist die Christlich-Demokratische Union (CDU), die in Bayern eine eigene Organisation hat und dort Christlich-Soziale Union (CSU) heißt. Die CDU entstand 1945 als Partei für Christen aller Konfessionen. Dadurch unterschied sie sich von einer früheren christlichen Partei, dem Zentrum, das nur die Katholiken vertrat. Während der Zeit des Nationalsozialismus zeigte es sich, dass die Gemeinsamkeiten der Konfessionen wichtiger waren als ihre Unterschiede. Die CDU entschied sich für eine liberale Wirtschaftspolitik. Ludwig Erhard wurde Bundeswirtschaftsminister, und er setzte seine Politik der „sozialen Marktwirtschaft" durch. In dieser Marktwirtschaft hat der Staat lediglich die Aufgabe, dafür zu sorgen, dass alle Wirtschaftspartner gleiche Chancen haben. Der Staat soll also z.B. verhindern, dass eine Firma ein Monopol bekommt, und er soll zwischen den verschiedenen Interessen ausgleichen.

In der CDU/CSU ist der „linke" Flügel, der zu einem christlichen Sozialismus tendierte, schwächer geworden. Die Partei zieht konservative und auf Stabilität ausgerichtete Wähler an. „Keine Experimente" war einer ihrer wirksamsten Wahlsprüche. Als die Wähler der damaligen DDR sich in ihrer ersten (und einzigen) freien Wahl im März 1990 entscheiden sollten, welcher Partei sie ihre Zukunft anvertrauen sollten, wählten sie überraschenderweise die CDU, denn sie schien ihnen einen schnellen Wohlstand zu versprechen. Manche Wähler, auch in der alten BRD, möchten allerdings mehr soziale Einrichtungen und weniger kapitalistische Privatisierung als die CDU, und die Frauen opponieren gegen die harte. Linie der CDU in der Frage der Abtreibung.°

Abtreibung *abortion*

Eine liberale Partei, die Staat und Religion mehr getrennt halten will, ist die Freie Demokratische Partei (FDP). Sie hat besonders Wähler in Gegenden mit starker liberaler Tradition, wie z.B. Württemberg; im ganzen hat sie gewöhnlich bei den Bundestagswahlen zwischen 6 und 12% der Stimmen erreicht. Da die beiden großen Parteien oft nahezu gleiche Zahlen bekommen, wird die FDP dann zum „Zünglein an der Waage".° Von 1969 bis 1982 war sie in der Bundesregierung und in den meisten Landesregierungen in der Koalition mit der SPD, doch seit 1982 regierte sie in Koalition mit der CDU. Die FDP trat besonders für die Wiedervereinigung ein. Sie vetritt die Interessen der Wirtschaft, ist aber keine „antigewerkschaftliche" Partei. Auch die FDP hat einen rechten und einen linken Flügel.

„Zünglein an der Waage" *"tongue of the balance"*

Insgesamt sind die heutigen Parteien viel weniger ideologisch festgelegt als die Parteien vor 1933, ja sogar, als die Parteien direkt nach 1945. Konservative Wähler haben keine eigene Partei gegründet, die als Nachfolgerin der Deutschnationalen Volkspartei anzusehen wäre. Es gab einmal die Deutsche Partei (DP), die eine starke regionale Basis in Niedersachsen hatte und die dann in der CDU aufging.

Rechtsradikale Parteien haben immer mit dem Handicap gekämpft, beweisen zu müssen, dass sie keine Nazis seien und nicht die Verfassung umstürzen wollten. 1952 wurde jedoch die Sozialistische Reichspartei als verfassungswidrig verboten. Die Nationaldemokratische Partei Deutschlands (NPD) errang in der Wirtschaftskrise um 1966 Erfolge in Landtagswahlen, erreichte jedoch 1969 nicht die für den Bundestag nötigen 5% und zerfiel daraufhin.

In den achtziger Jahren hatten die Republikaner Erfolge. Sie machten sich die Ausländerfeindlichkeit zunutze. Sie schienen schon wieder zu verschwinden, als der große Andrang von Asylsuchenden ihnen neuen Auftrieb gab. In Schleswig-Holstein hat bei den Landtagswahlen von 1992 eine gleichgerichtete Partei, die Deutsche Volksunion (DVU), Erfolge erzielt.

Diese Parteien profitieren nicht nur von der Unzufriedenheit der Wähler mit dem Zustrom von Ausländern und den hohen Steuern, sondern auch von der Unzufriedenheit mit den großen Parteien. Die Wähler glauben immer weniger, dass die CDU und SPD die Probleme wirklich lösen können. Manche dieser Wähler sind Protestwähler, sie wollen die Regierungen warnen. Dann aber gibt es wirkliche Rechtsradikale. Diese begnügen sich nicht mehr mit Parteien und Wahlen, sie gehen zu direkten Aktionen über. Der faschistische Kampfgeist und die Feindseligkeit gegen alles „Andere", vor allem Ausländer und andere Rassen, setzt sich um in Terroraktionen und Bedrohungen der Ausländer, vor allem der Asylsuchenden. Die Polizei und die Gerichte zeigen sich oft hilflos. Sie sind Banden, die die Schockwirkung politischer Embleme benutzen, nicht gewohnt. Gewalttaten° gegen Ausländer haben allerdings inzwischen wieder nachgelassen. Es wird geschätzt, dass etwa 56 000 Menschen zu rechtsradikalen Gruppen gehören, mehr als 5 000 darunter gelten als militante Rechtsextremisten. Die Schockwirkung rechtsradikaler Attentate ist allerdings größer als die wirkliche Stärke der Gruppen. Es ist nicht denkbar, dass Rechtsradikale bei großen Teilen der Bevölkerung politischen Einfluss bekommen, doch ihre Erfolge zwingen zu Abwehrmaßnahmen. So haben sie z.B. im Land Baden-Württemberg eine große Koalition von CDU und SPD erzwungen. Es wird immer wieder Krisensituationen geben, in denen Protestwähler einer extremistischen Partei ihre Stimme geben.

Gewalttaten *violent attacks*

Die zweite große Partei in Deutschland ist die Sozial-demokratische Partei Deutschlands (SPD). Die Tradition der SPD geht bis zum „Allgemeinen Deutschen Arbeiterverein“ von 1863 zurück, und so ist sie die einzige deutsche Partei mit einer fortlaufenden Geschichte von mehr als hundert Jahren. Die SPD hat sich seit 1945 aus einer Arbeiterpartei zu einer Volkspartei entwickelt; sie tritt für Sozialgesetze und ein fortschrittliches Bildungssystem ein, und sie vertritt eine Außenpolitik der Entspannung. Ihre bekanntesten Führer nach 1945 waren Kurt Schumacher; Ernst Reuter, der Bürgermeister von West-berlin war; Willy Brandt, Berliner Bürgermeister und Bundeskanzler von 1969 bis 1974; und Helmut Schmidt, sein Nachfolger. Die SPD hat inzwischen einen

Der Partei-Kongress der SPD im Kongress-Zentrum Berlin, September 1990

rechten und einen linken Flügel, der mehr Sozialisierung will, vor allem aber im Umweltschutz und in der Außenpolitik neue Wege verlangt. 13 Jahre, von 1969 bis 1982, war die SPD die große Regierungspartei. In dieser Zeit sind außer der neuen Ostpolitik viele innenpolitische Reformen verwirklicht worden. Allerdings waren es nie genug für den linken Flügel, der mehr Sozialisierung und mehr Aktivität im Umweltschutz und in der Friedenspolitik verlangte. So sind enttäuschte SPD-Anhänger zu den Grünen gegangen. Die SPD kämpfte seit 1982 in ihrer Oppositionsrolle einen schwierigen Abwehrkampf. Sie musste versuchen, sich zusammen mit den Gewerkschaften für den Schutz der Arbeitsplätze einzusetzen. Ebenso kämpfte sie für die Erhaltung des Sozialstaates. Doch die hohen Sozialabgaben verlocken die Firmen dazu, ihre Fabriken in billigere Länder zu verlegen. Genau so steht es mit dem Umweltschutz. Die SPD ist eine pragmatische Partei geworden, doch werden Kompromisse selten honoriert. Die Partei versucht immer noch ihrer Tradition treu zu bleiben: sie steht für soziale Sicherheit und Gerechtigkeit, und sie vertritt das Volk, den „kleinen Mann", nicht die Arbeitgeber. Seit 1998 wieder in der Rolle der Regierungspartei, der große Koalitionspartner der Grünen, hat die SPD die hauptsächliche Verantwortung dafür, den Sozialstaat zu erhalten, die Wirtschaft zu stimulieren, die Umwelt zu schützen und die östlichen Bundesländer besser zu integrieren. In dieser Kombination sind das schwer zu lösende Aufgaben.

Nach wie vor regiert die SPD in der Mehrzahl der Länder, meistens in Koalitionen. Zur Überraschung vieler Beobachter hatte sie es schwer; in den neuen Bundesländern Fuß zu fassen, wo sie einmal, bis 1933, starke Stützpunkte hatte. Sie hat viel für die deutschen Arbeitnehmer erreicht; aber sie muss heute, in einem europäischen Kontext und im Verhältnis zur Dritten Welt, neue Positionen entwickeln. Die Strukturveränderungen und der Umweltschutz zwingen die Gewerkschaften, nicht einfach auf der Erhaltung der Arbeitsplätze zu bestehen, sondern umzudenken. Mit dem Ende des Kalten Krieges hat sich die intensive Debatte um die NATO und die Friedensbewegung erledigt, umso dringlicher wird der Nord-Süd-Dialog. Auch die SPD hat verschiedene Gruppen und außerdem einen Gegensatz der Generationen, zwischen der alten Arbeiterbewegung und den jungen Pragmatikern.

Die Kommunistische Partei Deutschlands (KPD) wurde ein Opfer des Kalten Krieges, nachdem sie zuerst ein Opfer der Nazis und Stalins geworden war. Ihre Erfolge in den ersten Jahren nach 1945 waren enttäuschend, denn die Deutschen assoziierten sie mit der Sowjetunion. 1946 wurden in der Sowjetischen Besatzungszone die KPD und SPD zur Sozialistischen Einheitspartei Deutschlands (SED) vereinigt. Es sollte eine wahre „Volksfront" sein, war jedoch nur eine stalinistische Partei unter einem neuen Namen. Sie regierte die

DDR von 1946 (bzw. 1949) bis 1989 und entwickelte einen großen Funktionärsapparat, da sie auch die Verwaltung des Staates in den Händen hatte. In der BRD war die KPD im ersten Bundestag vertreten, 1953 bekam sie jedoch nur noch 2% der Stimmen. 1956 wurde sie als verfassungswidrig verboten. 1968, in der Zeit der Entspannung, wurde in der BRD eine neue Partei gegründet, die Deutsche Kommunistische Partei (DKP). Sie bekam normalerweise etwa 1% der Stimmen.

In der DDR bildeten sich 1989/90 etliche neue linke Parteien, darunter vor allem die Partei für demokratischen Sozialismus (PDS), in der Gruppen dominieren, die in der DDR-Zeit die SED von innen reformieren wollten. Die PDS ist eine sozialistische Partei und vertritt das, was die DDR an positiven Errungenschaften° verwirklicht hatte. Sie artikuliert die Kritik an der kapitalistischen Umgestaltung der östlichen Bundesländer. Sie spricht für Menschen in diesen Ländern, denen die Wende nach 1989 Schwierigkeiten gebracht hat, und die heute disorientiert sind. Das Problem der PDS ist, sich aus einer Partei der Nostalgie und der alten Generation zu einer zukunftsorientierten sozialistischen Partei zu entwickeln. Bis jetzt bekommt die PDS ihre Stimmen fast ausschließlich in den östlichen Ländern. Sie erhielt 1990 und 1994 zwar nicht die nötigen 5% der Stimmen im Bundesgebiet, ist jedoch im Bundestag vertreten, da sie mehr als drei Direktmandate gewonnen hat.

Errungenschaften *achievements*

1989 hatten sich noch andere Gruppen in der DDR gebildet, z.B. das „Neue Forum". Aus diesen unabhängigen linksgerichteten Gruppen ist das „Bündnis 90" hervorgegangen. Die erste Wahl zum gesamtdeutschen Bundestag 1990 bedeutete eine schwere Krise für diese Gruppen, ebenso wie für die Grünen und andere linke Gruppen in der „alten" BRD und West-Berlin. Das Ziel dieser Gruppen war nämlich der Aufbau eines freiheitlichen, demokratischen sozialistischen Systems in Ostdeutschland statt des „Anschlusses". Statt einfach alle Gesetze, Methoden und Institutionen des westlichen Deutschlands zu übernehmen, sollten die östlichen Bundesländer die Möglichkeit haben, ihre eigenen zu entwickeln. Solche Ideen werden manchmal als „der dritte Weg" bezeichnet: während des Kalten Krieges eine mittlere Linie zwischen Ost und West; nach dem Ende des Kalten Krieges ein System, das den Kapitalismus durch sozialistische Strukturen wie Genossenschaften modifiziert.

Die deutsche Bevölkerung hatte 1990 kein Verständnis für solche Experimente. Immerhin hat das Bündnis 90 überlebt, indem es eine Koalition mit den Grünen bildete, und seit 1994 sind sie in einer Partei vereinigt.

Die Grünen, inzwischen eine internationale Bewegung von erheblicher Bedeutung, mussten in einer Krise erkennen, dass ihr idealistisches Konzept einer „Basisdemokratie" unter den heute gegebenen Umständen nur begrenzt

Wahlkampfveranstaltung der Grünen am Prenzlauer Berg in Berlin, 1998

zu verwirklichen ist. In dem Konflikt zwischen den „Fundamentalis", kurz „Fundis", und „Realos" blieben die Realos die stärkeren. Sie sprachen sich für Koalitionen mit der SPD in Landesregierungen aus, zuerst in Hessen, Hamburg und Berlin, später auch in Niedersachsen und Brandenburg. Die Grundlage der Bewegung der Grünen bleibt der Kampf für den Umweltschutz und den Frieden in der Welt; doch ebenso wichtig ist den Grünen die Verwirklichung einer echten nicht-hierarchischen Demokratie und der Schutz von Minderheiten und anderen sozial benachteiligten Gruppen. Ein besonderes Anliegen der Grünen ist der Kampf gegen Umweltschäden durch den Autoverkehr; doch ihr Vorschlag einer hohen Benzinsteuer traf natürlich auf großen Widerstand in der Bevölkerung.

Seit 1998 tragen die Grünen die Mitverantwortung in der Bundesregierung. Da praktische Politik und Verwaltung allerlei Kompromisse nötig macht, sind Konflikte zwischen der Basis und der Führung zu erwarten, die der Partei eine neue Struktur geben könnten.

In der deutschen Politik besteht die Tendenz zu Koalitionen und dazu, dieselben Abgeordneten wieder zu wählen. Auch Beamte können Abgeordnete werden. Die Verfilzung° von Parteien, Regierung, Verwaltung, Verbänden und

Verfilzung *entanglement*

Vereinen führt zu einem „Selbstbedienungsladen", nicht anders als in den USA. Daher kommt die periodisch auftretende „Parteiverdrossenheit",° und die führt dazu, „andere" Parteien zu wählen, ganz gleich, was sie versprechen. Die lange Regierungsdauer der CDU/FDP-Koalition seit 1982 verstärkte den Wunsch nach einem Wechsel, einem Wechsel der Parteien und Personen, doch nicht einem Wechsel des Systems. 1998 haben die Wähler in der Bundestagswahl zum ersten Mal eine bestehende Parteienkoalition abgewählt und eine neue gewält, nämlich die von der SPD und den Grünen. Die bisherigen Wechsel der Regierungsparteien, besonders 1969 und 1982, kamen durch den Wechsel von Koalitionen im Bundestag zustande. Natürlich ist auch nicht ausgeschlossen, dass aus den Gruppen, die sich immer wieder bilden, einmal eine ganz neue nationale Partei erwächst.

Parteiverdrossenheit *disenchantment with political parties*

Die deutschen Parteien sind im Europaparlament vertreten und arbeiten dort mit den Schwesterparteien aus den anderen Ländern zusammen. Es bildet sich ein europäisches Parteiensystem mit einer enger werdenden Zusammenarbeit der Parteien gleicher Richtung. Je mehr Kompetenzen das europäische Parlament bekommt, desto enger wird diese Zusammenarbeit sein, und desto mehr werden auch die nationalen Parteien „europäisiert".

Der Bürger, seine Rechte und seine Pflichten

Es dauerte lange, bis die Deutschen nach dem Zweiten Weltkrieg demokratisch zu denken und zu handeln begannen. Die Beamten dienten vorher nicht den Bürgern und der Öffentlichkeit, sondern dem Staat. Sie mussten ebenso umdenken wie die Bürger. Die Bürger hatten sich nicht als Teil der Regierung gefühlt, sondern als ihr Objekt oder ihr Opfer. Das Umdenken war nicht nur schwer, weil eine lange Tradition dagegensprach, sondern auch weil es in Deutschland weit weniger Gelegenheiten gibt, bei denen der Bürger an der öffentlichen Angelegenheiten beteiligt ist. Im deutschen Rechtswesen gibt es viel weniger Schwurgerichte. Richtige Schwurgerichte kommen nur bei Mord und Totschlag vor, wo fünf Richter und sechs Geschworene° zusammen entscheiden. Daneben haben die Amtsgerichte° allerdings Schöffen.° In Schöffengerichten entscheidet ein Richter mit zwei Schöffen; denn es handelt sich um Fälle, wo der gesunde Menschenverstand ebenso wichtig ist wie die Kenntnis der Gesetzbücher.

Geschworene *jurors*

Amtsgerichte *municipal courts*

Schöffen *lay judges*

Auch mit den Abgeordneten ihres Bezirks haben die Deutschen weniger Kontakt als die Amerikaner. Die Hälfte der Abgeordneten werden auf Listen

Ein Schöffengericht: der Richter, zwei Schöffen und die Schreiberin. Die Fälle vor dem Schöffengericht erfordern mehr gesunden Menschenverstand als juristisches Wissen.

gewählt und vertreten nicht einen bestimmten Wahlbezirk,° und selbst bei den direkt gewählten Abgeordneten ist die Partei wichtiger als die Persönlichkeit. Im Grunde entscheiden sich die Deutschen für Parteien und nicht für Personen. Allerdings spielt die Persönlichkeit der Parteiführer eine wichtige Rolle, am meisten bei den Kandidaten der großen Parteien für das Amt des Bundeskanzlers.

Wahlbezirk *precinct*

Volksabstimmungen sind in Deutschland denkbar selten. Teilweise ist das eine Reaktion auf die Zeiten der Weimarer Republik und des Nationalsozialismus. Andererseits kann man darin eine Schwäche der Demokratie sehen. Auch bei wichtigen Angelegenheiten in den Gemeinden wird nicht abgestimmt. Das zeigte sich besonders krass bei einer Gemeindereform der Länder. Im Interesse der Wirtschaftlichkeit wurden kleine Gemeinden zusammengelegt. Die Zahl der Gemeinden schrumpfte auf ein Drittel. Auch wenn diese Zentralisierung Geld spart, kann man sich fragen, ob jahrhundertealte Traditionen einfach beseitigt werden sollen. Damit wird noch einmal die Verbindung des Bürgers zu seiner Gemeinde geschwächt.

Alle Menschen, die in Deutschland leben, sind bei einem Einwohnermeldeamt° registriert. Ohne diese Registrierung hat man keinen Wohnsitz, keine Adresse—man existiert also nicht. Mit der fortschreitenden Elektronik ist auch die Unruhe gewachsen, was mit der Information, die die Einwohnermeldeämter und andere Behörden besitzen, geschieht. Der Datenschutz° ist in Deutschland ein politisch brisantes Thema geworden.

Es gibt immer wieder Anlässe, die Gruppen von Bürgern politisch aktiv werden lassen. Seit den siebziger Jahren haben sich solche „Bürgerinitiativen" weit verbreitet. Meistens haben sie mit der Umwelt zu tun: mit dem Bau einer Straße oder eines Flugplatzes, einer Müllhalde, der Erhaltung eines Naturschutzgebiets. 1994 wurde durch einen neuen Artikel des Grundgesetzes der Umweltschutz zur Veranwortung des Staates erhoben. Bei der Durchführung des Umweltschutzes müssen die Behörden mit der Wirtschaft, Interessengruppen und den Bürgern zusammenarbeiten. Hier gibt es viele Anlässe, wo sich die Bürger zur Wehr setzen.

Eine besondere staatsbürgerliche Pflicht ist der Kriegsdienst. Die Bundesrepublik hat bis jetzt die Wehrpflicht beibehalten. Das Grundgesetz enthält das Recht, Kriegsdienst mit der Waffe aus religiösen und Gewissensgründen zu verweigern. Die Zahl der Wehrdienstverweigerer° ist groß. Das bedeutet jedoch

Einwohnermeldeamt *residents' registration office*

Datenschutz *protection of private data*

Wehrdienstverweigerer *conscientious objectors*

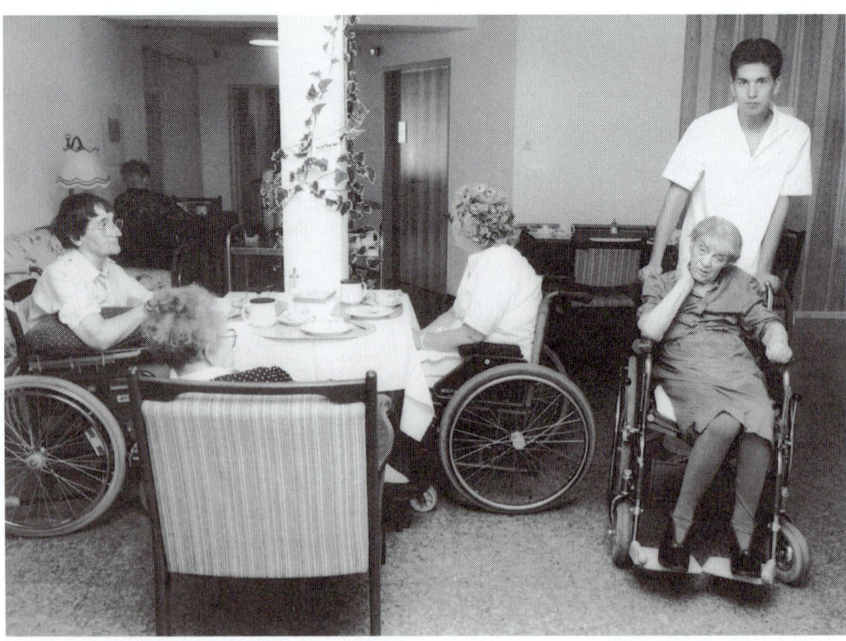

Zivildienst im Altersheim

keine Befreiung von der Dienstpflicht. Die Wehrdienstverweigerer leisten einen Ersatzdienst oder Zivildienst in der Sozialarbeit, gewöhnlich in Krankenhäusern, im Krankentransport, in Altersheimen, bei der häuslichen Pflege und ähnlichen Einrichtungen, neuerdings auch im Umweltschutz. Gewöhnlich verlangt der Zivildienst mehr Einsatz und Anstrengung als der Wehrdienst. Er dauert 13 Monate gegenüber 12 Monaten Grundausbildung der Soldaten. Bei der Abschaffung der Wehrpflicht müsste die Sozialarbeit in Deutschland neu organisiert werden; denn immerhin sind mehr als 150 000 junge Männer jeweils im Zivildienst tätig.

Beantworten Sie die folgenden Fragen:

Die Irrungen und Wirrungen der Politik

1. Wie standen die Deutschen in der BRD am Anfang zur Demokratie?
2. Warum klingen Wörter wie „Vaterlandsliebe“ und „Patriotismus“ für viele Deutsche falsch?
3. Was verstand man unter dem „Berufsverbot“ und wie kam es dazu?
4. Woher kam der Wunsch nach einer „Basisdemokratie“?
5. Was machte es den Deutschen in der DDR schwerer, ihr System zu akzeptieren?

Die Verfassung

6. Mit welchen Begriffen definiert das Grundgesetz die Bundesrepublik?
7. Welche Grundrechte hat ein Deutscher?
8. Aus welchen zwei Häusern besteht das Parlament, und wie werden die Abgeordneten bestimmt?
9. Welche politische Macht hat der Bundespräsident und welche hat der Bundeskanzler?
10. Wodurch wird die Stabilität der Bundesregierung garantiert?
11. Welche Instanz interpretiert und schützt die Verfassung?

Die politischen Parteien

12. Wie entstand die CDU?
13. Welche Funktion hat die FDP öfter gehabt?
14. Welche Flügel hat die SPD?
15. Welche politischen Parteien sind in der BRD verboten worden?
16. Welche Ziele hatte die Partei, die 1983 in den Bundestag kam, und wie hieß sie?
17. Wie entstand die PDS, und was will sie?

Der Bürger, seine Rechte und seine Pflichten

18. Warum müssen nicht viele Bürger in Schwurgerichten mitarbeiten?
19. Was sind die Anlässe zu den meisten Bürgerinitiativen?
20. Welches Recht gibt das Grundgesetz in Bezug auf den Wehrdienst?

Aufsatzthemen:

1. Wie wichtig ist eine lange demokratische Tradition für das Regierungssystem eines Landes? Glauben, dass man eine Demokratie von heute auf morgen einrichten kann? Warum oder warum nicht?
2. Welche Grundrechte in der Verfassung sind Ihnen am wichtigsten? Zum Beispiel Meinungsfreiheit, Versammlungsfreiheit, Gleichheit vor dem Gesetz. Warum?
3. Welche Pflichten eines Staatsbürgers akzeptieren Sie als notwendig? Beispielsweise Steuern zahlen, Kriegsdienst leisten, Beteiligung an Wahlen.
4. Welche Folgen hat das deutsche Wahlsystem für den Charakter des Bundestags und des deutschen Regierungssystems? Finden Sie das gut oder schlecht?
5. Was halten Sie von christlichen Parteien, die Staat und Kirche einander näherbringen?

Wallfahrtskirche in Neviges bei Düsseldorf

15 Kirche und Gesellschaft

Was wissen Sie, was meinen Sie?

1. Machen Sie gewöhnlich einen Unterschied zwischen „Kirche" und „Religion", oder bedeuten die Wörter für Sie dasselbe? Wie könnte man den Unterschied definieren?
2. Was bedeutet für Sie die Trennung von Staat und Kirche? Geben Sie Beispiele.
3. Ist es richtig, wenn der Staat die Sozialarbeit von Kirchen finanziert? Warum oder warum nicht?
4. Wenn Gemeindemitglieder für ihre Mitgliedschaft bezahlen, wer sollte das Geld bekommen, die einzelne Gemeinde oder die Institution? Warum?
5. Was erwarten Sie von Ihrer Religionsgemeinschaft für Ihr persönliches Leben? Und von Ihrer Gemeinde?
6. Finden Sie es richtig, wenn Religionsgemeinschaften als politische Interessengruppen auftreten und Wahlen beeinflussen wollen? Warum oder warum nicht?
7. Was bedeutet für Sie „Toleranz"?
8. Ist Ihnen die Architektur und die Ausstattung Ihrer Kirche wichtig? Warum oder warum nicht?

Kirche und Staat

1517 begann Martin Luthers Reformation. Seitdem gibt es in Deutschland mehrere christliche Konfessionen. 1555 bestimmte der Religionsfriede von Augsburg, dass die Untertanen die Konfession den Herrschers annehmen mussten. *Cuius regio, eius religio* hieß das Prinzip, zu Deutsch: die Regierungsautorität, gewöhnlich der Fürst, bestimmte die Konfession der Untertanen. Wenn er evangelisch wurde, wurden sie auch evangelisch. Staat und Kirche waren also eng verbunden. Es gab keine Staatskirche für das Deutsche Reich, wohl aber Staatskirchen in den einzelnen Ländern. Der Einfluss des Staates auf die evangelisch-lutherischen und evangelisch-reformierten Kirchen war besonders stark, während die katholische Kirche im Papst eine höhere Autorität hatte, die die Fürsten anerkennen mussten.

Bis zum 18. Jahrhundert gab es also vor allem Länder, die ausschließlich katholisch oder auschließlich protestantisch waren. Brandenburg-Preußen, das Einwanderer brauchte, begann zuerst mit einer Politik der religiösen Toleranz, und der Preußenkönig Friedrich II. prägte das historische Wort: „In meinen Staaten kann jeder nach seiner Fasson selig werden." Dennoch lockerten sich die Bestimmungen erst um 1800 durch die Wirkungen der Französischen Revolution. Erst dann konnte auch ein protestantischer Bäckermeister in München einen Laden eröffnen.

Kirche und Staat blieben dabei eng verknüpft.° Die Kirche hatte die Aufsicht über das Schulwesen, und der Staat hatte die Aufsicht über die Kirche. Die Schule befreite sich von diesem Einfluss, doch die Verbindung von Staat und Kirche blieb. Noch heute heißen die Erziehungsminister der Länder „Kultusminister", und sie behandeln kirchliche Fragen neben den kulturellen. Wer der römisch-katholischen, der evangelisch-lutherischen oder reformierten Kirche angehört, zahlt eine Kirchensteuer, die der Staat einzieht, und die nach der Lohn- bzw. Einkommensteuer berechnet wird, es sind gewöhnlich fünf bis zehn Prozent davon. In allen Schulen erhalten die Schüler Religionsunterricht, entsprechend ihrer Konfession. Wer nicht zu einer Kirche gehört, braucht nicht teilzunehmen. Die Universitäten, die ja staatlich sind, haben theologische Fakultäten. In manchen Ländern richtete man die Volksschule als Konfessionsschule ein. Es zeigte sich jedoch, dass dieses System oft unpraktisch ist, und außerdem war die Mehrheit der Bevölkerung dagegen, sodass es schließlich auch in Bayern nach einer Volksabstimmung abgeschafft wurde.

verknüpft, ***verknüpfen*** *to tie together*

Seit 1918 verwalten sich die Kirchen selbst, ohne Aufsicht oder Einmischung des Staates. Umgekehrt haben die Kirchen immer noch ein wichtiges

Wort in den öffentlichen Angelegenheiten. Die CDU ist immerhin eine christliche Partei; die Kirchen sind in den Rundfunkgremien vertreten; sie sind sozusagen zu Interessengruppen geworden.

Das Verhältnis der Konfessionen

Seit 1815 hatten alle größeren deutschen Länder Einwohner verschiedener Konfessionen. Die Minderheit wurde toleriert, doch das Misstrauen zwischen den Konfessionnen blieb groß. Dasselbe geschan im Deutschen Reich nach 1871. Etwa zwei Drittel der Deutschen waren Protestanten, ein Drittel Katholiken. Die Regierung Bismarcks war protestantisch, und die Katholiken fühlten sich als Minderheit und bildeten ihre Oppositionspartei, das Zentrum. Die Teilung Deutschlands nach 1945 brachte es mit sich, dass die DDR fast ausschließlich von Protestanten bewohnt war, während in der Bundesrepublik die Zahl der Protestanten und Katholiken fast gleich war. Beim Widerstand gegen Hitler entdeckten die Konfessionen ihre Gemeinsamkeiten. Die CDU vertritt nicht mehr eine Konfession, sondern alle Christen. Innerhalb der CDU sollte ein konfessionelles „Proporz-System" herrschen. Katholiken und Protestanten sollten in gleicher Zahl die Regierungs- und Parteiämter besetzen. Heute wird dieses System weniger ernst genommen als am Anfang.

Die Zusammenarbeit der Kirchen wurde freier und positiver, auch wenn es zunächst an etlichen Orten Widerstände gab. Nach 1945 waren viele Flüchtlinge und Vertriebene in Gegenden gekommen, wo es vorher nur eine Konfession gegeben hatte, und so ist heute auch in kleinen Städten und auf dem Lande die Bevölkerung konfessionell gemischt. Entsprechend gibt es viele „Mischehen",° gegen die der Widerstand der Kirchen machtlos war. Inzwischen haben sich die Fronten ohnehin verändert. Die Frage ist nicht mehr so sehr, welcher Kirche jemand angehört, sondern ob er einer Kirche angehören will. Es kommt nicht selten vor, dass Kirchengebäude von verschiedenen Konfessionen zusammen benutzt werden. Geistliche verschiedener Konfessionen diskutieren miteinander und arbeiten zusammen.

***Mischehen** mixed marriages*

Die Zahl der Mitglieder der christlichen Kirchen ist drastisch zurückgegangen. 1995 waren 28,2 Millionen Deutsche evangelischer Konfession und 27,5 Millionen römisch-katholisch. Das sind zusammen weniger als 56 Millionen bei 81 Millionen Einwonhnern, von denen allerdings 2 Millionen Moslems sind. Es ist besonders die evangelische Kirche, die viele Mitglieder eingebüßt° hat, zumal in den östlichen Bundesländern. Der soziale Druck, wenigstens nominell Mitglied einer Kirche zu sein, besteht in weiten Teilen Deutschlands

***eingebüßt, einbüßen** to lose*

nicht mehr; warum soll jemand Kirchensteuern bezahlen, wenn die Kirche ihn nicht mehr anspricht?

Das Leben einer Gemeinde

Die „offiziellen" Kirchen, zu denen fast alle Christen gehören haben nicht die einzelne Gemeinde als ihr Zentrum. Das ist nur in den „Freikirchen" der Fall, die die übrigen Deutschen als „Sekten" betrachten, wie die Baptisten und Methodisten. In diesen Gemeinden, die 1% der Bevölkerung umfassen, spielt sich das Gemeindeleben ähnlich wie in den USA ab, möglicherweise noch intensiver, da sich hier nur gläubige Menschen zusammenfinden. Diese Kirchen finanzieren sich selbst aus den Beiträgen° der Mitglieder.

Beiträgen *contributions*

Anders ist es in den großen Konfessionen. Hier gehört das Gemeindemitglied zur Gemeinde seines Wohnbezirks. Die Kirchen ernennen und versetzen die Pfarrer, wobei die Gemeinde wenig mitsprechen kann. Während die Kirchen in kleineren Orten noch Zentren gesellschaftlicher Aktivitäten sein können, sodass die Geistlichen viele persönliche Kontakte haben, bleibt das Verhältnis in Großstädten oft unpersönlich. Die Gemeinden sind groß, und der Tag eines Pfarrers ist ausgefüllt von „Amtshandlungen", wie Taufen, Hochzeiten und Beerdigungen, und repräsentativen Pflichten. Dazu kommt eine erhebliche Verwaltungsarbeit. Ein Pfarrer hat genug zu tun, um seine Pflichten zu erfüllen und sich mit Menschen zu befassen, die zu ihm kommen. Ihm bleibt oft nicht die Energie und die Zeit, die Menschen aufzusuchen, die der Kirche entfremdet sind, wenn sie auch vielleicht noch ihre Kirchensteuern bezahlen.

Natürlich haben die Gemeinden viele Veranstaltungen: Vorträge, Seminare, Konzerte, Ausflüge, gesellige Abende; doch viele dieser Veranstaltungen erreichen nur die ohnehin aktiven Gemeindemitglieder. Der Besuch der Gottesdienste ist in Deutschland drastisch zurückgegangen. Weniger als 20% der Katholiken besuchen regelmäßig die Sonntagsmessen, und bei den Protestanten sind es nur 4% der Kirchenmitglieder, die sonntags zum Gottesdienst gehen. Deutschland hat wundervolle Dome und Kirchen; doch die Pfarrer predigen meistens vor leeren Bänken oder in kleineren Räumen.

Die Situation ist deshalb paradox, weil die Kirchen intensiv sozial engagiert sind. Die Gesellschaft verläßt sich auf ihre Sozialarbeit. Sie leisten Hilfe für die Dritte Welt; sie engagieren sich für den Frieden in der Welt und für Toleranz und Verständnis in der eigenen Gesellschaft. So kämpfen alle Kirchen gegen Ausländerfeindlichkeit. Die Notwendigkeit dieser Arbeit und der positive Beitrag der Kirchen zum Leben der Gesellschaft wird allgemein anerkannt. Doch im Kern der Tätigkeit, der Seelsorge° und im Gottesdienst, ist eine große Lücke. Eine wichtige Einrichtung ist übrigens die „Telefonseelsorge“, die Menschen in Not zu jeder Zeit anrufen können, und die schon vielen Menschen geholfen hat; ja, mancher verdankt ihr sein Leben. Die Mehrheit der Deutschen würde sich als religiös bezeichnen. Doch ihre religiösen Bedürfnisse werden nicht von den Kirchen befriedigt.

Seelsorge *ministry*

Das trifft gewiss nicht für alle Menschen zu. Doch die Kirchen sehen ein, dass mehr persönlicher Kontakt mit den einzelnen Menschen nötig ist. Sie brauchen kleinere Gemeinden und die aktive Mitarbeit von mehr Gemeindemitgliedern. Die Kirchen scheuen sich allerdings davor, einen entscheidenden Schritt zu tun: radikale Reformvorschläge verlangen, dass die Kirchensteuern nicht mehr an die Kirchen als solche, sondern an die einzelnen Gemeinden bezahlt werden. Bis jetzt hängt die Stellung und Bezahlung der Geistlichen nur von der Kirche und nicht von der Gemeinde ab.

Ein besonders wichtiger Teil der Arbeit sind Aktivitäten für die Jugend. Junge Kirchenmitglieder haben in Deutschland keine Sonntagsschulen, nur Vorbereitungsstunden für die Erstkommunion und Konfirmation. Die Kirchengemeinden bieten ihnen, anders als in den USA, wenig Freizeitaktivitäten, auch wenn es kirchliche Jugendgruppen und Studentengemeinden gibt. Es gibt zahlreiche engagierte Pfarrer, die guten Kontakt zu Jugendlichen haben; es ist jedoch die Institution „Kirche“, die ihnen fremd bleibt.

Die katholische Kirche

Für die 27,5 Millionen deutschen Katholiken gibt es seit 1994 27 Bistümer, von denen 7 Erzbistümer sind. In den östlichen Ländern musste die Kirche reorganisiert werden, daher wurde das Bistum Berlin zum Erzbistum erhöht. Sogar im protestantischen Hamburg ist ein neues Erzbistum eingerichtet worden, weil es selbst dort inzwischen eine erhebliche Zahl von Katholiken gibt. Die Deutsche Bischofskonferenz der Erzbischöfe, Bischöfe und Weihbischöfe umfasst 70 Personen. Das Verhältnis zu den deutschen Ländern ist in Konkordaten festgelegt. Konkordate sind Verträge zwischen dem Heiligen Stuhl in Rom und einem Staat, die die gegenseitigen Rechte und Verpflichtungen festlegen. Grundlage für den deutschen Vertrag ist das Reichskonkordat von 1933.

Seit dem II. Vatikanischen Konzil hat die Kirche die Mitwirkung der katholischen Laien sehr verstärkt. Mehr als 100 Verbände arbeiten im Bereich der Kirche mit. Zu diesen neuen Impulsen gehört eine veränderte Einstellung

Priesterweihe im Dom zu Freising

zur Bildungspolitik. Während die Kirche früher auf Konfessionsschulen beharrte und die religiöse Erziehung wichtiger als eine höhere Bildung ansah, ist inzwischen der „Bildungsrückstand“° der Katholiken kein Thema mehr. Noch vor kurzer Zeit war die Zahl der katholischen Abiturienten und Studenten in ihrer Proportion eindeutig geringer als die der Protestanten, so dass bei einem konfessionellen „Proporzsystem“ nicht immer genügend katholische Bewerber zu finden waren.

Bildungsrückstand *educational lag*

Eine tolerantere Einstellung nimmt die Kirche ebenfalls zur Frage der „Mischehen“, der Ehen zwischen Mitgliedern verschiedener Konfessionen, ein. Bei der rigorosen Forderung, dass die Ehe katholisch geschlossen werden musste, und dass die Kinder katholisch erzogen werden mussten, geschah es zu oft, dass die Ehepartner einfach aus der Kirche austraten. Eine konsequent ablehnende Politik betreibt die Kirche allerdings in der Frage der Abtreibung, was jedoch nicht das neue Bundesgesetz, das die Abtreibung unter bestimmten Bedingungen gestattet, verhindern konnte.

Die katholische Kirche tritt bei großen Kirchenfesten, wie zum Beispiel den Fronleichnamsprozessionen, glanzvoll in Erscheinung. Besuche des Papstes in Deutschland sind außergewöhnliche Ereignisse. Alle zwei Jahre finden die Deutschen Katholikentage statt, die eine allgemeine Versammlung der Priester und Laien darstellen. In Katholischen Akademien werden in kleinerem Kreis Fragen der Religion und des Lebens debattiert.

Aus der Zeit der Reformation und der Religionskriege wirkte lange ein Misstrauen zwischen den Konfessionen nach. Es wurde verstärkt durch die räumliche Trennung und die protestantische Furcht vor der Macht der katholischen Organisation, zum Beispiel in der Politik, und die Furcht vor Missionierung. Im Widerstand gegen den Nationalsozialismus entdeckten Mitglieder der Kirchen ihre Gemeinsamkeiten. Die Mischung der Bevölkerung seit dem Zweiten Weltkrieg hat die Zusammenarbeit auf lokaler Ebene gebracht. Heute ist es kein Problem mehr, Kirchengebäude gemeinsam zu benutzen. Die Protestanten und Katholiken haben einander besser kennengelernt und arbeiten eng zusammen.

Die evangelische Kirche

Viel weniger einheitlich ist die evangelische Kirche. Sie besteht aus Landeskirchen, die sich bis heute noch nicht auf ein gemeinsames Bekenntnis geeinigt haben. Die Evangelische Kirche in Deutschland, EKD, hat 24 lutherische, reformierte und unierte Gliedkirchen. Die Kirchensynode ist Gesetzgebungsorgan, der Rat der EKD verwaltet die Kirche, beides unter Mitwirkung der Kirchenkonferenz der Landeskirchen. Von großer Wichtigkeit sind auch die alle zwei Jahre stattfindenden Evangelischen Kirchentage.

Die evangelische Kirche kam nach 1945 in eine besondere Lage: 81% der Einwohner der DDR waren evangelisch. So gehörte die Kirche zu den wichtigsten gesamtdeutschen Institutionen. Diese enge Verbindung, zusammen mit der Opposition der meisten Pfarrer gegen das Regime, musste zu erheblichen Spannungen führen. Schließlich konstituierte sich im Herbst 1969 die Kirche der DDR als eigene Organisation. Seitdem lebten SED und Kirche in einem etwas unbehaglichen Miteinander. Der Staat unterstützte die Kirche natürlich nicht finanziell, so dass es oft schwierig war, die Kirchengebäude zu erhalten. Lediglich berühmte Bauwerke wurden mit staatlicher Hilfe restauriert, bei anderen wurde meistens westliche Hilfe nötig. Die SED milderte ihre kirchenfeindliche Rhetorik, die Kirchen versuchten, eine positivere Einstellung zum Sozialismus zu gewinnen. Jedoch blieb der Druck der Partei, die Kirchen

Gottesdienst in einer evangelischen Kirche

zu verlassen, und viele Menschen traten aus. Andererseits wurden die Kirchen, ob sie es wollten oder nicht, Zentren der Opposition. Sie boten einen Freiraum für alternative Jugendgruppen, und sie wurden das Zentrum der inoffiziellen Friedensbewegung der siebziger und vor allem achtziger Jahre, die „Schwerter zu Pflugscharen"° umschmieden wollte. 1989 sammelten sich Protest- und Reformbewegungen in den Kirchen, zumal in Leipzig und Berlin.

Pflugscharen *ploughshares*

Auch in der BRD blieb das soziale Engagement der Kirche stark. Auch hier kamen die Menschen zu ihr, die den Frieden schützen wollten, und nicht wenige Geistliche, in Ost und West, haben sich für den Umweltschutz engagiert. Die Situation in der DDR hat die Kirche daran erinnert, dass sie keinen Grund hat, selbstsicher zu sein und sich auf offizielle Repräsentation und Amtshandlungen zu beschränken. Sie muss vielmehr zu den Menschen gehen und dort helfen, wo Hilfe nötig ist, z.B. bei der Feindseligkeit gegen Ausländer.

In der evangelischen Kirche treffen sich zwei Tendenzen, die manchmal miteinander in Widerspruch geraten. Martin Luther hatte sie dem Schutz der Fürsten anvertraut, und so wurde sie zur Staatskirche, zu einer Kirche, die Staatshandlungen sanktionierte und offiziell repräsentierte. Doch andererseits

Synagoge in Berlin

blieb sie auch eine Kirche des Widerstands. Luthers Choral „Ein feste Burg ist unser Gott“ hat oft in der Geschichte den Widerstand und eine mehr als religiöse Überzeugung einer Gemeinde ausgedrückt. Neben den Pietisten, die sich vom Treiben der großen Welt zurückziehen wollten, um in einem reinen Glauben zu leben, gab es immer mutige evangelische Christen, die moralisch-politischen Widerstand leisteten. Das wurde besonders akut im 20. Jahrhundert, und zum Widerstand gegen den Nationalsozialismus gehörte ein starkes evangelisch-christliches Element, so sehr auch andere „Deutsche Christen“ Kompromisse machten. Dietrich Bonhoeffer, einer der bedeutendsten Theologen, starb 1945 im Konzentrationslager; Martin Niemöller, ein prominenter Vertreter dieser „Bekennenden Kirche“, kam für seine mutigen Predigten ebenfalls ins Konzentrationslager.

Seit 1989 muss die evangelische Kirche umdenken. Ihr starkes Engagement im Kalten Krieg liess andere Gesichtspunkte zurücktreten. Wie soll die Kirche jetzt den einzelnen Menschen ansprechen? Denn um den einzelnen Menschen geht es. Auch die evangelischen Kirchen müssen ihre Hierarchie vermindern und Volkskirchen werden, wenn sie religiöse und nicht lediglich soziale Einrichtungen bleiben wollen.

Andere Religionsgemeinschaften

Für die Deutschen war es ein neuer ungewohnter Anblick, als in Großstädten wie Berlin und Köln Moscheen entstanden. Der Großteil der 1,9 Millionen Moslems sind Türken, die in Großstädten und Industriegebieten leben. Ihre Kinder haben ein Anrecht auf Religionsunterricht in den öffentlichen Schulen.

Keine Neuheit sind hingegen die verschiedenen christlichen Gruppen außerhalb der großen Kirchen, Altkatholiken, Mennoniten, Christengemeinden, Methodisten, Baptisten und Mormonen. Die griechischen Einwanderer haben sich griechisch-orthodoxe Kirchen gebaut. Die jüdischen Synagogen, die nach 1945 wieder aufgebaut wurden, wurden wenig benutzt, bis sich seit kurzem die Zahl der einwandernden Juden vermehrte. Heute gehören etwa 50 000 Menschen zu diesen jüdischen Gemeinden. Die größten Gemeinden befinden sich in Berlin, mit 10 000 Mitgliedern, in Frankfurt, mit 6 000 Mitgliedern, und in München, mit 5 000 Mitgliedern.

Das religiöse Leben in Deutschland ist also vielfältig. Die Kirchen sind gesellschaftlich notwendige Einrichtungen. Neben dem intensiven

Türkische Moschee in Datteln, Nordrhein-Westfalen

Gemeindeleben der kleineren Religionsgemeinschaften steht der Kampf der großen Kirchen gegen die Indifferenz der Mitglieder. Die alten Kathedralen beherrschen das Bild der Innenstädte, und der christliche Kalender bestimmt den Jahresablauf; doch die Gesellschaft steht vor der Frage, wie diese Tradition mit dem Leben des einzelnen Menschen und seinen wirklichen religiösen Bedürfnissen zusammenpasst. Darin ist Deutschland keine Ausnahme. Das spezielle Problem der Kirchen und der Gesellschaft ist, ob und wie die Reste der Idee der offiziellen oder Staatskirche durch eine wirkliche Volkskirche oder Gemeindekirche ersetzt werden können.

Fragen zum Text:

Kirche und Staat

1. Was sagte der Augsburger Friede über das Verhältnis von Staat und Kirche?
2. Wie zeigte sich der Einfluss der Kirchen in den Schulen?
3. Wer verwaltet heute die Kirchen?

Das Verhältnis der Konfessionen

4. Warum gab es nach 1871 eine katholische Oppositionspartei?
5. Welche Zeit brachte eine Annäherung der Kirchen? Warum?
6. Wie steht es heute mit der Zahl der Mitglieder christlicher Kirchen?

Das Leben einer Gemeinde

7. In welchen Gemeinden ist das Gemeindeleben intensiv?
8. Wie viele Mitglieder der „offiziellen" Kirchen gehen in den Gottesdienst?
9. Auf welchem Gebiet sind die Kirchen besonders aktiv?
10. Warum denkt man, dass Reformen der Kirchenorganisation nötig sind? Welche zum Beispiel?

Die katholische Kirche

11. Wie ist die katholische Kirche in Deutschland organisiert?
12. Was wurde der „Bildungsrückstand" genannt?
13. Bei welchem Problem ist die katholische Kirche heute tolerant, und wo beharrt sie bei ihrer Ablehnung?

Die evangelische Kirche

14. Woraus besteht die evangelische Kirche in Deutschland?
15. Welche Bedeutung haben die Kirchentage?

16. Warum hatte die evangelische Kirche in der DDR eine besondere Bedeutung?
17. Welche zwei Tendenzen treffen sich in der evangelischen Kirche?

Andere Religionsgemeinschaften

18. Welche neue Religion ist besonders stark vertreten? Warum?
19. Wie steht es mit anderen christlichen Kirchen?
20. Was kann man heute über die jüdischen Gemeinden sagen?
21. Welchen Eindruck bekommt ein Besucher vom religiösen Leben in Deutschland?

Was ist dran an frommen Sprüchen?

Mit welchen Versen Können Sie sich identifizieren? Was denken Sie, woher sie stammen?

1. „Ein feste Burg ist unser Gott“
2. „Die Gedanken sind frei“
3. „Mensch, werde wesentlich; denn wenn die Welt vergeht, So fällt der Zufall weg, das Wesen, das besteht.“
4. „Aus tiefer Not schrei ich zu dir, Herr Gott, erhör mein Rufen.“
5. „Wir danken dir, Herr Jesu Christ, dass du für uns gestorben bist“
6. „In allen meinen Taten Lass ich den Höchsten raten, Der alles kann und hat“
7. „Ich hab mein Sach auf nichts gestellt“
8. „Es gibt nichts Gutes außer: man tut es.“

Aufsatzthemen:

1. Im Gegensatz zu Ländern wie Frankreich, England und Italien ist Deutschland seit der Reformation ein Land mit mehreren Konfessionen gewesen. Welche Folgen hat das Ihrer Meinung nach für die deutsche Gesellschaft gehabt?
2. Artikel 4 des Grundgesetzes sagt: „Die Freiheit des Glaubens, des Gewissens und die Freiheit des religiösen und weltanschaulichen Bekenntnisses sind unverletzlich. Die ungestörte Religionsausübung wird gewährleistet.“ Wie verstehen Sie das, und was sagt die amerikanische Verfassung dazu?
3. Wie sollte Ihrer Meinung nach in den Schulen von Religion gesprochen werden? Und in den Universitäten?
4. Was sind für Sie die sozialen Aufgaben von Religionsgemeinschaften? Erzählen Sie konkrete Fälle.
5. Was ist für Sie ein „religiöser Mensch“? Wie sehen Sie das Verhältnis von institutionalisierter Religion und religiösem Glauben?

Der Stephansdom in Wien

16 Besuch in Österreich

Was wissen Sie, was meinen Sie?

1. Welche Städtenamen verbinden Sie mit Österreich? Und woran denken Sie bei diesen Städten?
2. Was sagt Ihnen das Wort Österreich-Austria in der Musik?
3. Gibt es Essen und Getränke, die Ihnen bei dem Wort Österreich einfallen?
4. In welchen Sportarten sind Österreicher prominent? Kennen Sie Namen von Sportlern?
5. Haben Sie den Film „The Third Man" gesehen? Wann und wo spielt er und wovon handelt er?
6. Kennen Sie österreichische Schauspieler/Schauspielerinnen, und kennen Sie populäre Filme, die in Österreich spielen?
7. Was möchten Sie auf einer Reise nach Österreich sehen und tun?
8. Kennen Sie berühmte Österreicher oder Österreicherinnen der Gegenwart und Vergangenheit? Wofür sind sie berühmt?

Gedankenflüge

Was fällt Ihnen ein, wenn Sie die folgenden Namen oder Ausdrücke hören?

Die blaue Donau

Kitzbühel

Sigmund Freud

Sachertorte

Maria Theresia

„Jedermann"
K.M. Brandauer
Das Zillertal
Billy Wilder
der Heurige

Die „Alpenrepublik"

Österreich liegt im südöstlichen Mitteleuropa. Es hat viele Nachbarn: Deutschland, die Schweiz, Liechtenstein, Italien, Slowenien, Ungarn, die Slowakei und Tschechien. Mit allen diesen Ländern war es in dem längsten Teil seiner Geschichte politisch verbunden: mit Deutschland, der Schweiz, Tschechien und Liechtenstein im Heiligen Römischen Reich deutscher Nation; mit Ungarn, Tschechien, der Slowakei und Slowenien im „Vielvölkerstaat"° Österreich-Ungarn, zu dem auch große Teile Oberitaliens und Teile Polens gehörten. Österreich ist daher eine Brücke zwischen verschiedenen Nationen. Das zeigt sich bereits darin, dass Wien nach New York und Genf die dritte „UNO-Stadt" ist, die eine Reihe von UNO-Organisationen und Behörden beherbergt und oft als Ort internationaler Konferenzen gedient hat.

Vielvölkerstaat *multiethnic state*

Österreich ist 84 000 Quadratkilometer groß und hat gut 8 Millionen Einwohner, davon sind 720 000 Ausländer. Die Gebirgslandschaft der Alpen nimmt 60% des Landes ein, daher der Spitzname „Alpenrepublik". Die Alpen teilt Österreich allerdings mit vielen anderen Ländern: Slowenien, Italien, der Schweiz, Deutschland und Frankreich. Alle Alpenländer müssen heute zusammenarbeiten, um die Verkehrs- und Umweltprobleme der Alpenregion zu lösen.

Österreich ist also darauf angewiesen,° gute Beziehungen zu anderen Ländern zu unterhalten. Es ist ein Fremdenverkehrsland, und seine Wirtschaft braucht den Export- und Importhandel. Daher war es sinnvoll, dass Österreich 1995 Mitglied der Europäischen Union geworden ist. Umso mehr sind die Österreicher darauf bedacht, ihre Eigenart zu bewahren und ihr Leben in ihrer Weise zu gestalten.

angewiesen *is dependent on*

1996 hat Österreich sein tausendjähriges Bestehen gefeiert. Genau genommen war es sein „Namensfest." Im Jahr 996 taucht nämlich zum ersten Mal in einer Urkunde der Name Österreich, „Ostarraichi", auf. Kaiser Otto III. bestätigte darin dem Bischof von Freising die Schenkung eines Besitzes in Neuhofen an der Ybbs, also in Niederösterreich. Die Urkunde beweist, dass der Name Österreich als geographische Bezeichnung damals bereits üblich war. Die politische Einheit „Österreich" bildete sich allerdings erst später.

Eine übernationale Geschichte

Das „eigentliche" Österreich an der Donau war immer wieder das Durchzugsgebiet° fremder Völker. Das von einem Österreicher redigierte Nibelungenlied lässt die Burgunden von Worms nach Ungarn durch das Donautal ziehen, wo sie in Bechlarn (= Pöchlarn in Niederösterreich) gastliche Aufnahme finden. Jahrhundertelang hatten allerdings die Römer das vorher keltische Gebiet in ihrer Hand und befestigten die Grenze am Südufer der Donau durch Kastelle und Städte, aus denen viele Ortschaften an der Donau hervorgegangen° sind. Nach den Römern besetzten verschiedene Germanenstämme das Land; doch die Baiern wurden im 10. Jahrhundert von den Ungarn zurückgedrängt, bis nach der Schlacht auf dem Lechfeld 955 eine neue Expansion der Deutschen einsetzte. Das Geschlecht der Babenberger beherrschte die österreichischen Marken, nachdem 976 Leopold I. vom Kaiser mit den Marken belehnt wurde. Mitte des 12. Jahrhunderts wurde Wien das Zentrum der Landnahme, und 1180 erhielten die Babenberger ihr eigenes, von Bayern getrenntes Herzogtum Österreich. Dieses Herzogtum vergrößerte sich vor allem unter der Herrschaft der Habsburger, die im 13. Jahrhundert begann. Neben der Steiermark, Kärnten und Tirol kamen auch Böhmen und Mähren, das heutige Tschechien dazu, und dann wurde Österreich bis ins 18. Jahrhundert in Angriffs- und Verteidigungskriege mit der Türkei verwickelt° und kämpfte um die Vorherrschaft in Südosteuropa. Rudolf I. war der erste Habsburger, der deutscher Kaiser wurde. Vom 15. Jahrhundert an bis zum Ende des Heiligen Römischen Reiches im Jahr 1806 blieb die Kaiserkrone bei der Familie Habsburg, und Wien wurde die Kaiserstadt, das politische Zentrum des deutschen Reiches und seine weitaus größte Stadt, mit 230 000 Einwohnern am Ende des Heiligen Römischen Reiches.

Durchzugsgebiet *area of passage*

hervorgegangen, hervorgehen *to come from, develop*

verwickelt *involved*

Die Expansion der Habsburgischen „Hausmacht" nach Südosteuropa ergab für den deutschen Nationalismus im 19. Jahrhundert einen unlösbaren Konflikt: die Anhänger eines neuen deutschen Reiches wollten zwar Deutsch-Österreich einbeziehen, aber nicht Ungarn, Oberitalien, Tschechien, die Slowakei, Slowenien, Kroatien und Rumänien. Der letzte deutsche Bürgerkrieg 1866 führte zur Trennung Österreichs von den deutschen Ländern und zur Bildung eines deutschen Kaiserreichs unter der Führung Preußens. Übrigens war die große Mehrheit der deutschen Länder auf der Seite von Österreich!

Österreich konstituierte sich als die K.u.K. Monarchie, die Kaiserlich-königliche Monarchie, in der der Kaiser von Österreich gleichzeitig König von Ungarn war. Das Reich hatte zwei Regierungen und zwei Parlamente. Die liberale Mehrheit im ersten österreichischen Reichstag setzte 1867 eine freiheitliche

Verfassung durch, die noch heute in ihren Grundrechten die Grundlage für die österreichische Verfassung bildet.

Österreich-Ungarn blieb eine europäische Großmacht mit einem Gebiet von mehr als 300 000 Quadratkilometern, und Wien war einer der Mittelpunkte der europäischen Politik, Wirtschaft und Kultur, bis der Erste Weltkrieg ausbrach. Anlass dazu war die Ermordung des österreichischen Thronfolgers in Sarajewo durch einen serbischen Nationalisten. Am Ende des Weltkriegs brach Österreich auseinander, mehr oder weniger nach dem Nationalitätenprinzip. Allerdings: die Republik Deutsch-Österreich durfte sich nicht mit Deutschland vereinigen, wie es die Bevölkerung damals wünschte.

Diese „erste“ Republik hatte es nicht leichter als die Weimarer Republik in Deutschland. Die Gegensätze zwischen Rechts und Links und die undemokratische rechte Regierung führten im Februar 1934 zu einem Bürgerkrieg, der mit einer schnellen Niederlage der Sozialisten endete. Der Ständestaat° oder „Austrofaschismus“ konnte das Land nicht vor dem Einmarsch der deutschen Truppen im März 1938 bewahren, dem „Anschluss,“ der allerdings die Zustimmung der großen Mehrheit der Bevölkerung fand.

Ständestaat *corporate state*

Die Alliierten des Zweiten Weltkriegs einigten sich, Österreich als erstes Opfer der nationalsozialistischen Aggression anzusehen und als unabhängiges Land wiederherzustellen. So konnte bereits im April 1945 in Wien eine provisorische Regierung gebildet werden. 1955 handelte die Regierung nach jahrelangen Verhandlungen einen Staatsvertrag mit den vier Alliierten aus, der zum Abzug° der Besatzungstruppen führte. Im Oktober 1955 erklärte Österreich seine „immerwährende Neutralität“ im Kalten Krieg.

Abzug *withdrawal*

Sozialpartnerschaft und Koalitionen

Die „zweite Republik“ ist ein Bundesstaat mit neun Bundesländern: Burgenland, Niederösterreich, Oberösterreich, Salzburg, Vorarlberg, Tirol, Steiermark, Kärnten und Wien. Die Bundesländer sind im zweiten Haus des Parlaments, dem Bundesrat, proportional nach ihrer Einwohnerzahl vertreten. Das erste Haus heißt der Nationalrat und hat 183 Abgeordnete. Die Österreicher wählen das Staatsoberhaupt, den Bundespräsidenten, für sechs Jahre. Im Nationalrat sind mehrere Parteien vertreten. Gewählt wird nach dem Verhältniswahlsystem. Die Namen der Parteien: Sozialdemokratische Partei Österreichs, SPÖ; Österreichische Volkspartei, ÖVP; Freiheitliche Partei Österreichs, FPÖ; Grüne und Liberales Forum. Im Bundesrat sind ÖVP und SPÖ sowie die FPÖ vertreten.

Typisch für die Zweite Republik ist der Versuch, Koalitionen zu bilden und einen Konsensus zu erreichen. Bis 1966 regierte eine „Große Koalition“

Parlamentsgebäude in Wien, 1873–1883 im klassizistischen Stil erbaut. Rechts im Hintergrund steht das Wiener Rathaus.

von ÖVP und SPÖ. Es folgte auf eine Alleinregierung der ÖVP eine Alleinregierung der SPÖ unter dem Bundeskanzler Bruno Kreisky von 1970 bis 1983. Nach dem Versuch einer Koalition von SPÖ und FPÖ kehrten die Parteien 1987 zur Großen Koalition zurück, um für wichtige Entscheidungen, vor allem den Anschluss an die Europäische Union, einen Konsensus zu bilden.

Das System der Zusammenarbeit und des Kompromisses ist ebenfalls für die Wirtschaft typisch. Vollbeschäftigung° blieb das Programm aller Regierungen, und das Klima kann am besten durch die Worte „Sozialpartnerschaft" und „Wirtschaftspartnerschaft" ausgedrückt werden. Österreich kennt keine Streiks, wohl aber eine großzügige Sozialgesetzgebung und viel soziale Sicherheit. Die Österreicher haben ein Recht auf 30 bezahlte Urlaubstage, also sechs Wochen. Die Wochenarbeitszeit ist 40 Stunden, in Wirklichkeit etwa 38 Stunden. Österreich hat eine „gemischte Wirtschaftsform" beibehalten, in der neben privaten Firmen auch staatliche Unternehmen existieren. Für den Arbeitsmarkt sind die Dienstleistungen mit 3,2 Millionen Beschäftigten der stärkste Bereich, doch die Produktion ist mit 2,2 Millionen Beschäftigten ebenso unentbehrlich. 400 000 Menschen sind in der Landwirtschaft tätig. Ausgewogenheit° ist auch für die Wirtschaftspolitik typisch, ebenso wie die internationale Verflechtung: 40% der produzierten Güter werden exportiert.

Vollbeschäftigung *full employment*

Ausgewogenheit *balance*

80% der Österreicher gehören der römisch-katholischen Kirche an. Bedeutende Klöster wie Melk und Göttweig sind wichtige Institutionen und haben in ihren Internatsschulen die Elite des Landes gebildet. Ein Zeichen der österreichischen Toleranz und der neuen Zeit ist es, dass 1974 der Schwangerschaftsabbruch im ersten Trimester legalisiert wurde.

Chancen für Alle

Die Zweite Republik hat ein Bildungs- und Ausbildungssystem aufgebaut, das für Mobilität und Durchlässigkeit sorgt und versucht hat, allen Schülern Chancen zu geben. Das Schulsystem ist dem deutschen ähnlich, doch sind die Bezeichnungen zum Teil verschieden. Auch in Österreich haben die Schüler nach vier Jahren Grundschule die Wahl der Schulart. Die höhere Schule: Gymnasium, Realgymnasium oder Wirtschaftskundliches Gymnasium, dauert acht Jahre und endet mit der Matura. Schüler der Hauptschule und Volksschule beenden die Schule mit einem Polytechnischen Lehrgang im 9. Schuljahr, wenn sie nicht ein Oberstufenrealgymnasium besuchen. Es gibt auch berufsbildende höhere Schulen und das duale System der Lehrausbildung und Berufsschule. Für Ingenieure bestehen anstelle der deutschen Fachhochschule Höhere Technische Lehranstalten; Lehrer werden an Pädagogischen Akademien ausgebildet. Sie bestehen neben den medizinisch-technischen Akademien und den Akademien für Sozialarbeit.

Österreich hat 12 Universitäten und 6 Hochschulen für Kunst und Musik. Von den 200 000 Studenten studiert ein Drittel in Wien. Etwa 30% eines Jahrgangs erwerben die Matura, 20% studieren an Universitäten und Hochschulen. 93% der 1,1 Millionen Schüler in Österreich gehen auf öffentliche Schulen. Für die Einheitlichkeit des Schulsystems ist das Bundesministerium für Unterricht und Kunst verantwortlich.

Wiens Schulsystem hat einen besonderen Charakter, da dort 21% der Schüler Ausländer sind. Ausländer sind in den UNO-Institutionen, den diplomatischen Vertretungen und der internationalen Wirtschaft tätig.

Wien

Wien ist nicht nur die Bundeshauptstadt, es ist auch ein eigenes Bundesland. Außerdem diente es bis jetzt als Verwaltungszentrum für das Bundesland Niederösterreich, das inzwischen St. Pölten als Hauptstadt gewählt hat. Die

Trennung der beiden Bundesländer geschah erst 1922, und zwar aus parteipolitischen Gründen: Wien blieb die Hochburg der „Roten", der Sozialdemokraten, während Niederösterreich „schwarz" war, also die Volkspartei wählte. Der Großraum Wien geht über die Landesgrenzen hinaus. Während die Bevölkerungszahl der Stadt Wien gesunken ist—sie liegt jetzt bei 1,5 Millionen, während sie einmal 2 Millionen betrug—wächst der Großraum Wien weiter an. Er reicht über die umgebenden niederösterreichischen Orte bis ins Burgenland.

Man sieht es an den repräsentativen Gebäuden, dass man sich in einer Hauptstadt und einer ehemaligen Kaiserstadt befindet. Wien ist eine römische Gründung, aber aus der römischen Zeit sind keine Gebäude erhalten; aus dem Mittelalter stammt der gewaltige gotische Stephansdom mit seinem hohen Turm, wo manche Kaiser begraben sind. Die „Burg", das Stadtschloss der Kaiser ist großenteils im Renaissancestil gebaut. Das Sommerschloss des Kaisers in Schönbrunn, umgeben von einem ausgedehnten Park, das Schloss Belvedere des Prinzen Eugen, die Karlskirche, die Jesuitenkirche und viele andere Kirchen und Paläste stammen aus dem 17. und 18. Jahrhundert und sind im Barockstil gebaut. Im 19. Jahrhundert wurden die Befestigungen der Stadt entfernt, und man legte die prachtvollen Ringstraßen an, in deren Nähe weitere repräsentative Gebäude stehen: das klassizistische Parlament, die im Renaissancestil gebaute Oper und das neugotische Rathaus.

Wien ist ein wichtiges Wirtschaftszentrum. An der blauen Donau—die keineswegs immer blau ist—hat es einen Binnenhafen.

Die Donau ist im österreichischen Bereich reguliert. Die neun Staustufen° erleichtern die Schiffahrt und betreiben Kraftwerke. Österreich ist auf Wasserkraft angewiesen; denn die Bevölkerung hat in einer Volksabstimmung das (bereits fertig gebaute) erste Atomkraftwerk abgelehnt. Der Schiffsverkehr auf der Donau hat durch den deutschen Rhein-Main-Donau-Kanal neue Bedeutung bekommen, da es jetzt eine Wasserstraße von den Niederlanden bis zum Schwarzen Meer gibt. Leider hat die altbekannte Donaudampfschiffahrtsgesellschaft die Fahrten ihrer „weißen Flotte" eingestellt.

Staustufen *dams and double locks*

In Wiens Industrie spielt der Luxus eine große Rolle, ob Schmuck, Textilien oder Moden. Wien hat eine Modeschule, und es exportiert nicht nun modische Kleidung, sondern auch—Mannequins.° Wien hat gleichfalls eine Hochschule für Welthandel. Überhaupt ist die Liste seiner Hochschulen lang. Die Universität wurde bereits 1365 gegründet; es war die zweite Universität in Mitteleuropa nach Prag. Wien hat daneben noch eine Technische, eine Agrarwissenschaftliche und eine Tierärztliche Hochschule. Es hat gleichfalls Hochschulen für Musik und für die bildenden Künste. Die Hochschulen zeigen, welch bedeutende Rolle die Kultur in dieser Stadt spielt. So zählt die

Mannequins *models*

Oper zu den weltbesten. Weltrang behauptet das Symphonieorchester, die Wiener Philharmoniker, und auch die Theater sind international bekannt, besonders das Burgtheater und das Theater in der Josefsstadt. Als 1955 die im Zweiten Weltkrieg zerstörte Staatsoper und das Burgtheater wieder eröffnet werden konnten, wurde das Ereignis groß gefeiert, sozusagen als kulturelle Wiedergeburt der Stadt. Wien ist als Theaterstadt und Musikstadt im deutschsprachigen Gebiet nicht nur deshalb berühmt, weil gute Qualität geboten wird, sondern weil es einen bestimmten, unverwechselbaren° Wiener Stil gibt. Er zeigt eine Mischung von Traditionen aus der Volkskunst der Alpen, aus Einflüssen von Italien, aus dem Osten Europas und aus Spanien. Man ist sich bewusst, dass hier eine hohe Kultur an einem Knotenpunkt von Handelsstraßen entstanden ist.

unverwechselbaren *unmistakable*

Es ist klar, dass solche großartige Architektur, solche Musik- und Theatertradition schöpferische Talente nötig hat und fördert. Jedermann kennt die großen Namen der klassischen Musik in Wien: Joseph Haydn, Willibald Ritter von Gluck, Wolfgang Amadeus Mozart, Ludwig van Beethoven, Franz Schubert. Aber Wien wurde auch die Stadt von Anton Bruckner und Johannes Brahms, von Gustav Mahler, Arnold Schönberg, Alban Berg und Anton von Webern, es wurde die Stadt von Johann Strauß und seinen Walzern, die Stadt der Operette. Näher zur Gegenwart führen die Namen Ernst Krenek, Gottfried von Einem, Friedrich Cerha (beide am bekanntesten als Opernkomponisten), Hans Erich Apostel und Roman Haubenstock-Ramati.

Das Wiener Theater des 19. Jahrhunderts brachte die Stücke von Franz Grillparzer, Ferdinand Raimund und Johann Nestroy hervor. Im Goldenen Zeitalter der Wiener Literatur vor und nach dem Ersten Weltkrieg lebten hier Hugo von Hofmannsthal, Arthur Schnitzler, Stefan Zweig, Karl Kraus, Robert Musil, Hermann Broch, Franz Werfel und Ödön von Horvath. Spätestens 1938 wurden die noch Lebenden unter ihnen ins Exil gezwungen. Zu diesen Emigranten gehörte auch Elias Canetti, der spätere Nobelpreisträger.

Es ist eigenartig, dass die Literatur nach dem Zweiten Weltkrieg zwar mit den „Wiener" Romanen von Heimito von Doderer begann, aber in der nächsten Generation das „andere" Österreich der Provinzen außerhalb von Wien erkundete, wie es bei Peter Handke und Thomas Bernhard dargestellt wird, in anderer Weise bei Ingeborg Bachmann, Friedericke Mayröcker, Barbara Frischmuth, Marlen Haushofer. Zu den bedeutenden Autoren des Exils aus dem österreichischen Bereich, die nach dem Zweiten Weltkrieg schrieben, gehören besonders Erich Fried und Paul Celan.

Zum Beginn der modernen Kunst in Europa gehört die Wiener Sezession und der Wiener Jugendstil. Als Maler der Zeit sind vor allem Gustav Klimt und Egon Schiele bekannt, unter den Expressionisten Otto Kokoschka. Unter den

Bildhauern hat Fritz Wotruba einen entscheidenden Einfluss gehabt; nach ihm ist vor allem Alfred Hrdlicka zu nennen.

In einer überwiegend konservativen Gesellschaft hatten es die modernen Architekten schwer, akzeptiert zu werden und Aufträge zu erhalten. Repräsentative Gebäude der „klassischen" Moderne stammen von Adolf Loos und Otto Wagner. Die sozialistische Stadtverwaltung Wiens nach dem Ersten Weltkrieg bevorzugte einen funktionellen Stil für die Sozialwohnungen und öffentlichen Bauten. In der Architektur nach dem Zweiten Weltkrieg folgte Österreich durchaus dem internationalen Trend.

Fremdenverkehr und Produktion

Österreich lebt nicht allein vom Fremdenverkehr, und es gibt nicht nur Touristengebiete im Land. Allerdings: zwar sind 2,6 Millionen Menschen in der Landwirtschaft und Industrie beschäftigt, gegenüber 3,2 Millionen im Dienstleistungsbereich, doch die „Wertschöpfung" kommt zu 62,8% aus dem Handel und Tourismus, nur zu 34,8% aus der Industrieproduktion und 2,6% aus der Landwirtschaft. Handel und Fremdenverkehr spielen sich im wesentlichen mit den Ländern der Europäischen Union ab. Dabei ist die Verflechtung mit

Heiligenblut in Kärnten, Ausgangspunkt der Großglockner-Straße, mit Blick auf den Großglockner, den höchsten Berg Österreichs

Deutschland besonders eng. Der Handel mit Deutschland, Export und Import, steht an erster Stelle, darauf folgen Italien und die Schweiz, und zwei Drittel der Übernachtungen von Ausländern sind von Deutschen. Deutsche Investitionen sind ebenfalls bedeutend.

Die österreichische Energiewirtschaft stützt sich vor allem auf Wasserkraft, in erster Linie aus den großen Stauseen in den Alpen. Es gibt zwar noch Salzbergwerke, doch manche bringen mehr Geld, wenn sie als Touristenattraktion benutzt werden. Erdöl und Erdgas in Niederösterreich und Eisenerz in der Steiermark fallen neben der Bedeutung der Verarbeitungsindustrie nicht ins Gewicht. Die österreichische Industrie ist sehr vielfältig, doch Fahrzeugindustrie und chemische Industrie stechen hervor.

Warum kommen Touristen nach Österreich? Sie suchen schöne Landschaft und alte Kultur, Möglichkeiten zum Wandern und Schwimmen und für den Wintersport, mäßige Preise, gute Küche und freundliche Menschen. Sie kommen zu kulturellen Ereignissen und zu Volksfesten, sie kaufen Schmuck und Erzeugnisse des Kunsthandwerks. Österreich lebt von ihrem Besuch, und doch schafft er Probleme. Auf der „Hochalpenstraße" am Großglockner in den Hohen Tauern fahren jährlich 1,5 Millionen Touristen mit ihren Autos. Österreich ist gezwungen, den Autoverkehr durch „Panoramabahnen" zu ersetzen. Es wünscht sich einen „sanften" Tourismus, der auf die natürliche Umwelt Rücksicht nimmt. Das ist natürlich leichter gesagt als getan.

Kärnten, Steiermark und Burgenland

Außer Wien sind es drei Bundesländer, die den stärksten Fremdenverkehr an sich ziehen: Kärnten, Tirol und Salzburg. Kärnten ist das südlichste Land Österreichs, seine Hauptstadt Klagenfurt und das Seengebiet mit dem Wörther See liegen im Kärntner Becken, das von der Drau und ihren Nebenflüssen gebildet wird. Es hat ein mildes Klima. Nach Süden gehen die Bergpässe zu den Grenzen von Italien und Slowenien hinauf. Südlich von Klagenfurt lebt eine slowenische Minderheit. Nach dem Ersten Weltkrieg gab es Auseinandersetzungen, sogar Krieg, um die Grenze nach Jugoslawien. Kärntens Industrie um Klagenfurt und Villach, Elektroindustrie und chemische Industrie vor allem, hat einen hohen Exportanteil.

Die Steiermark östlich und nördlich von Kärnten reicht vom Salzkammergut bis zur ungarischen und slowenischen Grenze. Bei der Hauptstadt Graz kommt man in die Ebene. Graz ist mit 243 000 Einwohnern die zweitgrößte

Stadt Österreichs. Seine Universität wurde 1585 gegründet. Es ist auch das wichtigste Industrie- und Forschungszentrum dieser Region. Während die Ebene, das östliche Steiermark, für Obstanbau und Weinbau wichtig ist, gehören die Alpengebiete der Steiermark auch zu den Fremdenverkehrsgebieten. Allerdings liegen hier auch die wichtigsten Bergbaugebiete des Landes, sodass in Leoben eine Montanuniversität besteht.

Das Burgenland, das östlichste Bundesland und beliebtes Reiseziel, ist eigentlich geteilt. Nach dem Ersten Weltkrieg kam der Teil hinter der deutschen Sprachgrenze zu Ungarn. Die Grenze war jedoch schwer zu ziehen. So lebt auch heute noch eine deutschsprachige Minderheit in Ungarn und eine ungarische Minderheit in Österreich. Der große Neusiedler See im Norden des Landes östlich der Hauptstadt Eisenstadt bringt viele Badegäste ins Land. Eisenstadt wurde 1622 der Besitz der Fürsten Esterhazy, deren Schloss Sitz der Landesregierung geworden ist. Die Fürsten machten sich durch ihre Musikliebe einen Namen; Joseph Haydn war dort über 30 Jahre in ihrem Dienst.

Am Inn und am Rhein

Vorarlberg und Tirol

Das westlichste Bundesland heißt Vorarlberg. Der 1800 Meter hohe Arlberg-Pass verbindet das Inntal mit dem Rheintal, also Tirol mit Vorarlberg und der Schweiz. Der Tunnel der Arlbergbahn galt bei seiner Fertigstellung 1884 als besondere technische Leistung. Wirtschaftlich ist Vorarlberg immer noch etwas „abseits"° und mehr zur Schweiz und zu Deutschland hin orientiert. Es hatte deshalb auch Sinn, dass die Vorarlberger sich nach dem Ersten Weltkrieg der Schweiz anschließen wollten—doch die Schweizer lehnten ab.

***abseits** outside*

Die Hauptstadt Bregenz liegt am Bodensee und bietet mit ihrem Aussichtsberg, dem Pfänder, einen einmaligen Blick über den See. Seit 1946 finden auf der Seebühne die Bregenzer Festspiele statt, mit Opern und Operetten in großer Aufmachung, seit 1979 in einem neuen Festspielhaus.

Die Regulierung des Rheins, der Vorarlbergs Grenze zur Schweiz und nach Liechtenstein bildet, ist eine wirtschaftliche Notwendigkeit für alle drei Staaten. Am Rhein, bei den Städten Feldkirch und Dornbirn, hat sich auch Vorarlbergs Industrie angesiedelt, während das Bergland am Fremdenverkehr teil hat.

Tirol ist ein traditionsreiches Land, das nach langer Selbständigkeit 1363 zu Österreich kam. Die Tiroler bewahrten dabei mehr Freiheiten und mehr

Innsbruck, Maria-Theresien-Straße

Selbständigkeit als andere habsburgische Länder. Typischerweise war Tirol eines der Zentren im großen Bauernkrieg von 1525. Ihr Führer Michael Gaismaier arbeitete eine Tirolische Landesordnung aus, die bereits wie eine heutige demokratische Verfassung aussah. Die Tiroler Bauern akzeptierten nicht die von Napoleon diktierte Abtretung° Tirols an Bayern im Jahr 1805. Der Führer ihres am Ende allerdings erfolglosen Widerstands war der Gastwirt Andreas Hofer, dessen Tod ihn zum Freiheitshelden der Nation machte.

Abtretung *cession*

Gaismaier und Hofer stammten aus dem südlichen Tirol. Nach dem Ersten Weltkrieg wurde die Grenze zwischen Italien und Österreich nach strategischen Rücksichten gezogen. Das südliche Tirol an der oberen Etsch, Alto Adige auf Italienisch, wurde von Österreich getrennt, auch das Gebiet in Südtirol um Bozen und Meran, dessen Bewohner deutschsprachig waren. Das gab neue Konflikte, die nach dem Zweiten Weltkrieg noch nicht gelöst waren. Die deutschsprachigen Tiroler verlangten Zweisprachigkeit und mehr Autonomie. Es kam zu Gewalttätigkeiten.° Österreich versuchte zu helfen und zu vermitteln. Es dauerte viele Jahre, bis ein zufriedenstellender Ausgleich zustandekam. Heute sind viele Italiener nach Südtirol gezogen, doch die offizielle Zweisprachigkeit ist geblieben. Südtirol ist ein besonders attraktives Ferienland.

Gewalttätigkeiten *acts of violence*

Die Hauptstadt des österreichischen Tirol heißt Innsbruck und hat 117 000 Einwohner. Es liegt, wie der Name sagt, am Inn und ist von hohen Bergen

Das Kloster Melk an der Donau in der Wachau, seit 1089 bedeutendes Benediktinerkloster mit einer berühmten Bibliothek. Das heutige Gebäude im Barockstil wurde 1702–1736 erbaut.

umgeben. Es ist einer der Mittelpunkte des Wintersports, und so war es kein Zufall, dass in Innsbruck zweimal die Olympischen Winterspiele stattfanden. An der Grenze von Tirol, Kärnten und der Steiermark ziehen sich die Hohen und Niederen Tauern hin. In den Hohen Tauern ist der höchste Berg Österreichs, der Großglockner, 3 680 Meter hoch. Durch das Inntal geht die Straße von Deutschland nach Italien, also von Nordeuropa nach Südeuropa. Ganz gleich, ob man die Alpenreise bei Mittenwald, bei Kufstein oder bei Salzburg anfängt, man kommt bei Innsbruck vorbei und steigt von dort nach Süden den Brenner-Pass empor, der heute die Grenze zwischen Österreich und Italien bildet. An dieser Straße liegen Burgen, deren Herren früher den durchreisenden Kaufleuten Zoll abnehmen wollten, und reiche Städte, wo die Reisenden übernachten konnten. Die Brenner-Straße, „Europa-Straße Nr. 1," hat ein kaum vorstellbares Verkehrsvolumen. Der Lärm und die Umweltverschmutzung zwingen die Politiker dazu, alternative Lösungen zu suchen. Dies war ein

Hauptproblem bei den Verhandlungen zum Beitritt Österreichs zur Europäischen Union. Österreich propagiert das Konzept der „rollenden Landstraße“, das die Schweiz bereits teilweise verwirklicht hat: Lastwagen werden auf Züge geladen, die sie durch die Alpen bringen und am Ende der Alpen wieder ausladen.

Im Bereich der Donau

Niederösterreich, Oberösterreich und Salzburg

Die Donau fließt durch das „eigentliche“ Österreich Niederösterreich und Oberösterreich. Niederösterreich ist das größte Bundesland. Es reicht bis an die tschechische und ungarische Grenze. Die Landschaft um Wien herum ist stark industrialisiert. Die Gegenden nördlich der Donau heißen das Weinviertel und das Waldviertel. Zwischen Ybbs und Krems fließt die Donau an einem Bergland entlang. Diese Wein- und Obstgegend wird die Wachau genannt. Sie ist auch wegen ihrer mittelalterlichen Burgen und Burgruinen bekannt. Auf dem Dürnstein saß einmal der englische König Richard Löwenherz gefangen, als er sich auf dem Rückweg von Palästina hierher verirrte.

Motzarts Geburtshaus in Salzburg

Das eigentliche wirtschaftliche und kulturelle Zentrum Niederösterreichs wäre Wien; so haben die Niederösterreicher etliche Jahrzehnte gebraucht, bis sie sich entschlossen, eine eigene Hauptstadt zu wählen, und auch die Wahl der Hauptstadt fiel ihnen schwer. Sie haben sich schließlich für St. Pölten entschieden, das den Vorzug hat, etwa die geographische Mitte des Landes zu sein.

Die Enns, ein größerer Nebenfluss der Donau, bildet die traditionelle Grenze zwischen Niederösterreich und Oberösterreich. An der Enns liegt die Industriestadt Steyr. Donauaufwärts kommt man zu der Hauptstadt Linz, mit 200 000 Einwohnern die drittgrößte Stadt Österreichs und eines der wichtigsten Industriezentren. Die nördlichen Teile heißen Mühlviertel und Innviertel. Oberösterreich reicht bis ins Salzkammergut mit dem Attersee, dem Traunsee und dem Mondsee, ja, es reicht sogar bis St. Wolfgang am Wolfgangsee.

Den Wolfgangsee verbindet man gewöhnlich mit Salzburg. Das Land Salzburg erstreckt sich weit in die Alpen hinein. Seine Hauptstadt Salzburg liegt an seinem nördlichen Ende, an der Salzach, die ein Nebenfluss des Inns ist. Salzburg ist gewiss nach Wien die bekannteste österreichische Stadt. Die Stadt hat ihren Namen mit gutem Grund: in der Nähe der Stadt waren viele Salzbergwerke, von denen einige noch betrieben werden. Salz war ein wichtiger Handelsartikel im Mittelalter; das Salzburger Salz wurde weit nach Deutschland transportiert. Der Erzbischof von Salzburg war deshalb ein reicher und ein mächtiger Herr. Er konnte sich eine große Stadt mit Schlössern bauen, und auch seine Bürger lebten nicht schlecht, wie man heute noch in der Altstadt sehen kann. Bevor das Erzbistum zur Zeit Napoleons aufgelöst wurde und zu Österreich kam, hatte es eine kulturelle Blütezeit. Der Erzbischof stellte den bekannten Musiker Leopold Mozart an, dem hier 1757 ein Sohn geboren wurde: Wolfgang Amadeus, ein Wunderkind und einer der genialsten Komponisten der Welt. Wolfgang geriet zwar in Streit mit dem Erzbischof und zog nach Wien; aber man bewahrt sein Andenken in Salzburg. Die Salzburger Musikhochschule heißt „Mozarteum“; Mozarts Geburtshaus kann man besichtigen. Und als Leute wie der Dichter Hugo von Hofmannsthal und der Regisseur Max Reinhardt Salzburg als einen Ort für Festspiele im Sommer wählten, spielte der Name Mozart eine große Rolle.

Die Universität in Salzburg, die 1620 gegründet wurde, aber ab 1810 nur als theologische Hochschule weiter existierte, ist heute wieder zu einer vollen Universität ausgebaut worden. Salzburg ist nicht nur eine schöne Stadt mit einer bezaubernden Lage; es ist ein idealer Ausgangspunkt für Alpenreisen. Es hat eine gute Verkehrslage und ist mit Wien durch die längste Autobahn in Österreich verbunden. Nach dem Westen fährt man auf der Autobahn nach München weiter. Salzburg liegt an der Grenze. Es hat den Charakter der barocken Residenzstadt erhalten, aber es hat eine weltoffene, internationale Atmosphäre.

Tausend Jahre Vergangenheit und die Zukunft

In österreichischen Darstellungen der Geschichte wird die Eigenart des Landes betont und das Wort „Deutschland" eher vermieden. Österreich hat sein eigenes Profil und seinen besonderen Charakter; doch es ist unvermeidlich, dass die Zugehörigkeit zum deutschen Reich und zu einem deutschen Staatenbund bis 1866 tiefe Spuren hinterlassen haben. Die kulturellen und wirtschaftlichen Beziehungen zwischen den beiden Ländern sind eng. Es ist verständlich, dass Österreich gerade als Mitglied der Europäischen Union auf jeden Fall von Deutschland unterschieden sein möchte.

Dabei ist die Besonderheit bereits durch die geographische Lage gegeben: Österreich und seine Hauptstadt Wien sind ein entscheidendes Zentrum für Südosteuropa. Die positiven Verbindungen aus dem alten Vielvölkerstaat sind nie abgerissen. Das Dreieck Wien-Budapest-Prag bekommt jetzt neue Bedeutung. Im Unterschied zu früheren Zeiten ist Österreich nicht mehr die Vormacht,° sondern einer der Partner, mit dem man auf gleicher Basis zusammenarbeiten kann.

Vormacht *dominant power*

Österreich ist auf Frieden, Zusammenarbeit und wirtschaftlichen Austausch angewiesen. Seine Probleme sind international. Sie betreffen in erster Linie die Ökologie: die Erhaltung der Alpenlandschaft, Kampf gegen Wasserverschmutzung und die Lösung der Probleme des Durchgangsverkehrs und des Massentourismus. Die Österreicher tendieren zu einer bewahrenden, einer konservativen Haltung. Das macht es für die Jugend und für Reformer oft schwer; aber in einem Zeitalter der Verschwendung,° der Ausnutzung und Abnutzung hat eine bewahrende Einstellung Sinn.

Verschwendung *waste*

Fragen zum Text:

Die „Alpenrepublik"

1. Zu welchen heutigen Nachbarn hatte Österreich in der Vergangenheit besonders enge Beziehungen? Welcher Art?
2. Warum spricht man von der „Alpenrepublik"?
3. Welches Fest hat Österreich 1996 gefeiert?

Eine übernationale Geschichte

4. Welchen Charakter hatte das Donauland in der frühen Geschichte?
5. Welche beiden Herrscherfamilien haben Österreich gestaltet?
6. Welche Funktion und Bedeutung hatte Wien bis 1806?
7. Mit welchem Land kämpfte Österreich um die Vorherrschaft in Südosteuropa?
8. Warum war es im 19. Jahrhundert schwierig, Österreich in ein neues deutsches Reich zu integrieren?
9. Wie endete die erste österreichische Republik?

Sozialpartnerschaft und Koalitionen

10. Wie heißen die beiden Häuser des österreichischen Parlaments? Welche Funktion haben sie?
11. Was ist typisch für das politische Leben der heutigen Republik Österreich?
12. Was bedeuten die Begriffe „Sozialpartnerschaft“ und „Wirtschaftspartnerschaft“?

Chancen für Alle

13. Wofür soll das Schulsystem sorgen?
14. Welchen besonderen Charakter hat das Schulsystem Wiens?

Wien

15. Welche dreifachen politischen Funktionen hatte Wien bisher?
16. Was spielt in der Industrie Wiens eine besondere Rolle?
17. Warum war der Wiederaufbau der Staatsoper und des Burgtheaters so wichtig?
18. Auf welchem Gebiet der Kultur hat Wien eine besonders glanzvolle Tradition?
19. Womit befasste sich die österreichische Literatur früher vor allem? Und heute?

Fremdenverkehr und Produktion

20. Was suchen Touristen in Österreich?
21. Was sind die Anziehungspunkte in Kärnten?
22. Warum ist die Montanuniversität in Leoben beheimatet?
23. Warum wurde nach dem Ersten Weltkrieg das Burgenland geteilt?

Am Inn und am Rhein

24. Warum fühlt sich Vorarlberg vom übrigen Österreich getrennt?
25. Was ist typisch für die Vergangenheit von Tirol?
26. Welches Problem entstand durch die Grenzziehung nach dem Ersten Weltkrieg?

27. Wofür kämpften die deutschsprachigen Einwohner von Südtirol?
28. Was kann man über Innsbruck und seine Lage sagen?
29. Welche Probleme schafft die Brenner-Straße?

Im Bereich der Donau

30. Was für eine Landschaft ist die Wachau?
31. Was ist die Bedeutung von Linz?
32. Warum heißt Salzburg „Salzburg"?

Tausend Jahre Vergangenheit und die Zukunft

33. Was ist für Österreich in der Europäischen Union besonders wichtig?
34. Warum sind Österreichs Probleme im wesentlichen international?

Aufsatzthemen:

1. Was denken Sie, sind die Folgen für ein Volk, das jahrhundertelang in einem Vielvölkerstaat gelebt hat? Welche Lebensansichten und Ängste hat dieses Volk?
2. Was halten Sie vom österreichischen System der Sozialpartnerschaft und der politischen Koalitionen? Würde es Ihnen gefallen, in solch einer Gesellschaft zu leben?
3. Österreich und Deutschland haben eine lange gemeinsame Geschichte und eine gemeinsame Sprache. Österreich ist heute ein viel kleineres Land als Deutschland. Wie stellen Sie sich die Haltung eines Österreichers gegenüber Deutschen vor? Welche Probleme sehen Sie in diesem Verhältnis?
4. Was bringt es mit sich, wenn ein Land wesentlich vom Fremdenverkehr lebt? Was denken Ihrer Meinung nach die Österreicher über die ausländischen Touristen?
5. Wie leben die Menschen in einer Stadt mit einer so bedeutenden Vergangenheit und Kultur wie Wien? Glauben Sie, dass die Umwelt das Leben der Menschen beeinflusst und wie?

Denkmal von Wilhelm Tell, Altdorf, Kanton Uri

17 Besuch in der Schweiz

Was wissen Sie, was denken Sie?

1. Welche Gegenstände und Konzepte verbinden Sie mit dem Namen „Schweiz" oder „Schweizer"? (z.B. Schweizer Käse)
2. Welche Waren hat die Schweiz schon lange exportiert?
3. Welchen Ruf haben Schweizer Hotels?
4. Welche Schweizer Städte kennen Sie? Warum?
5. Was fällt Ihnen ein, wenn Sie „Schweizer Banken" hören?
6. Warum fahren viele amerikanische Touristen nach Luzern?
7. Was sagt Ihnen der Name Wilhelm Tell?
8. Wissen Sie, welche Sprachen in der Schweiz gesprochen werden? Welche Probleme hat ein mehrsprachiges Land?
9. Von welchen Bergen und von welchen Seen in der Schweiz haben Sie schon gehört?
10. Was sagen Ihnen diese Namen: Jean Calvin—Ulrich Zwingli—Jean-Jacques Rousseau—Heinrich Pestalozzi—Henri Dunant—Alberto Giacometti—Arnold Böcklin—Friedrich Dürrenmatt—Le Corbusier.

Das Schweizer Image

Jedes Land und Volk hat ein „Image". Was gehört für Sie zum Image der Schweiz und der Schweizer:

Geographie:

Politik:

Wirtschaft:
Menschentyp:
Kultur:

Die Eidgenossenschaft°

Die Schweiz hat 7 Millionen Einwohner, davon sind 29% oder 1,4 Millionen Ausländer. Das Land umfaßt 41 000 Quadratkilometer, das sind knapp 16 000 Quadratmeilen; aber es ist in nicht weniger als 26 Länder geteilt, die Kantone heißen (6 davon sind „Halbkantone"), und die eine weitgehende Autonomie besitzen. Der jüngste Kanton ist das westliche französischsprachige Juragebiet, das sich nach einer Volksabstimmung vom Kanton Bern getrennt hat.

Die Schweiz lebt aus ihrer starken demokratischen Tradition. Diese Demokratie stammt aus dem Mittelalter; sie hat sich seitdem oft gewandelt, aber sie trägt noch manche altertümlichen° Züge.

Die große Zahl der Kantone läßt sich aus der Geschichte erklären 1291 erklärten die „Urkantone" Schwyz, Uri und Unterwalden, alle am Vierwaldstätter See gelegen, ihre Reichsunmittelbarkeit.° Sie wollten nur dem deutschen Kaiser untertan sein und sich selbst regieren. Damit war das Haus Habsburg nicht einverstanden, das in der Schweiz große Besitzungen hatte. Die Habsburger beherrschten bald Österreich, später auch Burgund; und die Schweizer Bauern mussten immer wieder ihre Freiheit gegen Österreich und Burgund verteidigen. Die Sage von Wilhelm Tell berichtet von diesen Kämpfen. Diese Kämpfe wurden berühmt, weil sie zeigten; dass Fußtruppen° militärisch stärker sein konnten als Ritterheere. Die Schweizer begannen, mit dem Krieg Geld zu verdienen. Sie verdingten sich als Söldner° an andere Länder und führten deren Kriege. Dabei sorgten sie dafür, dass die Schweizer Kantone nach Möglichkeit neutral blieben.

Zu den drei ersten Kantonen kamen neue hinzu. Neben den „Waldkantonen" waren die Städte wichtig: Luzern, Zürich, Bern und schließlich Basel. Den letzten Versuch, die kaiserliche Autorität in der Schweiz zu behaupten, unternahm Kaiser Maximilian I. Nachdem die kaiserlichen Truppen im „Schwabenkrieg" von 1499 besiegt worden waren, wurde die Eidgenossenschaft der Kantone praktisch unabhängig.

Die Reformation hatte in der Schweiz ihre eigene Richtung, die sich mit der lutherischen nicht einigen konnte. In der nördlichen Schweiz vertrat sie Ulrich Zwingli, in Genf Jean Calvin. Die Schweiz war damals eigentlich ein Bund von selbständigen Kantonen, und so konnte jeder Kanton seine eigene

Eidgenossenschaft *confederation*

altertümlichen *ancient, archaic*

Reichsunmittelbarkeit *direct allegiance to the emperor*

Fußtruppen *infantry*

Söldner *mercenaries*

Verfassung, Konfession und Sprache haben. Es gab protestantische und katholische Kantone, Kantone mit deutscher, französischer und italienischer Sprache, Kantone mit einer richtigen Volksregierung, mit einer Regierung von Aristokraten oder von Bürgern. Es gab Kantone mit strengen Sitten und Gesetzen, und andere, die freiheitlicher und toleranter waren.

1648 schied die Schweiz nominell aus dem Deutschen Reich aus. Praktisch war sie schon seit etwa 1500 unabhängig: Anders als die Niederlande, die zur gleichen Zeit das Reich verließen, löste die deutschsprachige Schweiz ihre kulturelle Verbindung mit Deutschland nicht. Hochdeutsch blieb die Verwaltungs- und Literatursprache, während die Holländer ihren niederfränkischen Dialekt zur offiziellen Sprache entwickelten. Das „Schwyzerdütsch", das sich beträchtlich von der hochdeutschen Sprache unterscheidet, ist als mündliche Umgangssprache der Schweizer vorherrschend. Die politische Trennung und der Einfluss der anderen Schweizer Sprachen haben allerdings auch in der offiziellen Sprache zu einigen Besonderbeiten geführt, doch Orthographie, Grammatik und offizielle Aussprache sind gleich. Die Schweiz hat vier offizielle Sprachen: Deutsch, Französisch, Italienisch, Rhätoromanisch oder Romansch. „Amtssprachen" sind die drei ersten. 64% der Schweizer haben Deutsch als Muttersprache, 19% Französisch, 8% Italienisch, 1% Rätoromanisch, 8% sprechen andere Sprachen. Französisch ist die Sprache der westlichen

Am Limmatquai in Zürich

Schweiz, die italienischen Schweizer wohnen vorwiegend im Tessin, Rhätoromanisch wird vor allem in den Tälern von Graubünden gesprochen. 48% der Schweizer sind römisch-katholisch, 44% protestantisch, die restlichen 8% gehören anderen Religionen an.

Zürich bekam vom 18. Jahrhundert an eine wachsende Bedeutung als wirtschaftlicher Mittelpunkt. Seine bürgerlich-demokratische Verfassung begünstigte kulturelle Freiheit, sodass die Stadt im 18. Jahrhundert in der Entwicklung der deutschen Literatur wichtig wurde und als ein Ort zu gelten begann, der politische Freiheit und politisches Asyl für Flüchtlinge gewährte.

Nach der Französischen Revolution wurde die Schweiz, zusammen mit den anderen Ländern Europas, in viele Kriege und Umwälzungen verwickelt. 1797 bildeten die Franzosen die „Helvetische Republik". Es war ja nicht zuletzt der Schweizer Jean-Jacques Rousseau gewesen, dem die Revolution ihre Ideen verdankte. Auch die Schweiz versuchte nach dem Wiener Kongress von 1815 zu ihrem alten Zustand zurückzukehren; doch das ging nicht mehr. Es kam zu heftigen Auseinandersetzungen zwischen den Parteien und 1847 sogar zu einem Bürgerkrieg, dem „Sonderbundskrieg",° der mit dem Sieg der liberal-demokratischen Mehrheit endete. Die Verfassung von 1848, die 1874 revidiert wurde, machte die Schweiz zu einem demokratisch regierten Bundesstaat, der jedoch im Vergleich zu anderen Bundesstaaten die Befugnisse° der Bundesregierung und des Parlaments, Bundesversammlung genannt—bestehend aus Nationalrat und Ständerat—sehr eingeschränkt hat.

Das politische System der Schweiz beruht auf dem Volksrecht,° dem Recht der Bürger, durch Volksinitiativen und Volksabstimmungen direkt mitzubestimmen. Für eine Volksinitiative sind 100 000 Unterschriften nötig. Drei Kantone, Appenzell, Glarus und Unterwalden, halten noch jährliche „Landsgemeinden" ab, Versammlungen aller Bürger, in denen Beschlüsse gefasst werden. Die Parlamente, Gemeinderäte, Kantonale Räte, und die Bundesversammlung in Bern haben keine so dominierende Rolle wie die Parlamente anderer Demokratien. Es gibt gewöhnlich Zusammenarbeit der politischen Parteien in Koalitionen, keine Regierungs- und Oppositionsparteien. Die vier Parteien mit den meisten Stimmenzahlen sind die Freisinnig-Demokratische Partei (FDP), die Christlichdemokratische Volkspartei (CVP), die Sozialdemokratische Partei (SPS) und die Schweizerische Volkspartei (SVP). Es gibt auch eine Arbeiterpartei, die Partei der Grünen und eine Evangelische Partei. Die ersten vier Parteien sind proportional in der Regierung vertreten. Die Regierung heißt der Bundesrat, er verwaltet die sieben Departements. Die sieben Mitglieder werden von der Bundesversammlung für vier Jahre gewählt. Jedes Jahr amtiert ein anderes Bundesratsmitglied als Bundespräsident.

Sonderbundskrieg *separate confederation's war*

Befugnisse *authority*

Volksrecht *"right of the people", right of direct political participation*

Schweizer Landsgemeinde

In der Schweiz ist es möglich, Wahlämter auf mehreren Ebenen, Gemeinde, Kanton und Bund, zugleich zu bekleiden. Dadurch besteht die Gefahr, dass die politische Macht für eine kleine Schicht reserviert ist, zumal da Kandidaten, die einer bekannten Schweizer Familie angehören, die besten Aussichten bei den Wahlen haben.

Das Schweizer System erlaubt keine radikalen Veränderungen, sondern nur kleine, pragmatische Schritte. Entscheidungen ziehen sich oft lange hin. So geschah es mit dem Wahlrecht für Frauen, das sich erst langsam in den Kantonen durchsetzte. Die französischsprachigen Kantone waren die ersten. Auf Bundesebene erhielten die Frauen 1971 das aktive und passive Wahlrecht, und 1981 legte die Schweizer Verfassung die allgemeine Rechtsgleichheit der Frauen fest.

Volksabstimmungen über den Beitritt der Schweiz zur UNO und zur Europäischen Union sind gescheitert.

Die Schweiz unterhält eine starke Armee. Jeder männliche Schweizer ist einsatzbereit° und muss regelmäßig an militärischen Übungen teilnehmen. Ein Schweizer, der im Ausland lebt, zahlt Militärsteuern; seine Militärausrüstung wartet auf ihn im Zeughaus. Seit 1815 war die Schweiz in keinen internationalen Konflikt verwickelt. Sie blieb im Ersten Weltkrieg neutral, und die Schweizer denken, dass ihre starke Armee es für einen möglichen Angreifer

einsatzbereit *ready for action*

Eine Volksabstimmung in der Schweiz

wie Hitler sinnlos machte, einen Angriff zu versuchen. Allerdings erkauften sie ihre Neutralität mit allerlei Kompromissen.

Die Schweiz ist schon lange der Ort internationaler Organisationen. Das Internationale Rote Kreuz ist seit seiner Gründung in Genf beheimatet. Genf wurde 1919 der Sitz des Völkerbundes. Heute ist Genf die zweite UNO-Stadt nach New York.

Die Wirtschaft

Was dem Reisenden gleichfalls auffällt, wenn er durch die Schweiz fährt, ist der solide Wohlstand des Landes. Niemand braucht seinen Wohlstand zu zeigen, und dennoch ist er überall sichtbar. Die Straßen sind breit und sauber; die Häuser sind groß und gut gebaut; die Menschen haben ein ruhiges, sicheres Auftreten.

Der Wohlstand kommt keineswegs allein vom Fremdenverkehr. Die Schweiz hat früh damit begonnen, sich zu industrialisieren. Genf ist das Zentrum der Uhrenindustrie und wird manchmal die „Uhrenstadt" genannt. Doch die Uhrenindustrie ist ebenfalls für andere Teile der Westschweiz wichtig. Nach einer Krise der Industrie hat die Schweiz ihren Markt für teurere Uhren zurückerobert. Die Nahrungsmittelindustrie exportiert nicht nur den „Schweizer Käse" aus dem Emmental, sondern auch die gute Schokolade und den Nescafé. Früher hat in der deutschsprachigen Schweiz die Textilindustrie eine entscheidende Rolle gespielt; heute ist die Maschinen-, Elektroindustrie und chemische Industrie wichtiger. Die chemische und pharmazeutische Industrie, die um Basel angesiedelt ist, hat den stärksten Exportanteil. Die Schweiz hat die Wasserkraft in den Alpen für die Industrie ausgenutzt. Stauseen° und Wasserkraftwerke sind häufig. Nicht nur arbeitet die Industrie auf der Grundlage dieser Elektrizität, sondern die Schweiz exportiert auch Elektrizität.

Stauseen *reservoirs*

Für die Entwicklung der Schweizer Industrie waren die Transportprobleme entscheidend. Zugleich mit der neuen Verfassung von 1848 fielen die Binnenzölle,° doch erst die Eisenbahn erlaubte größere Transporte. Die Schweiz versuchte, die Eisenbahnen als Privatunternehmen zu entwickeln, doch die mangelnde Koordination und Planung zwang 1872 zur Bundeshoheit über die Eisenbahnen. Das „Mittelland", die Ebene zwischen Basel und St. Gallen, hatte längst ihre Eisenbahnverbindungen, bevor der Nord-Süd-Verkehr in Gang kam. Das wichtigste Ereignis des Nord-Süd-Verkehrs war der 1880 eröffnete Gotthardtunnel. Mit mehr als 3 Millionen Autos starkem Durchgangsverkehr ist heute das Hauptproblem, wie die Straßen und die Umwelt den Verkehr bewältigen können. Das Projekt „Bahn und Bus 2000" will einen Teil des Verkehrs in die öffentlichen Verkehrsmittel zurückbringen. Die Schweiz hat Beschränkungen für den Lastwagenverkehr in der Nacht und am Wochenende eingeführt und bemüht sich, die Lastwagen für die Alpendurchfahrt auf Eisenbahnen, die rollenden Landstraßen, zu verladen.

Binnenzölle *internal tariffs*

Die Landwirtschaft in der Schweiz hat allerdings die gleichen Probleme wie die in allen europäischen Ländern: der Mangel an Arbeitskräften zwingt zur Mechanisierung; die scharfe Konkurrenz erlaubt keine kleineren Betriebe, sodass die Zahl der Bauernhöfe abnimmt. Da die Schweiz traditionell ein Bauernland ist, bedeutet es eine große Umschichtung.° Heute sind nur noch 4% in der Landwirtschaft beschäftigt, 29% in der Industrie und im Handwerk, 67% im „dritten Sektor", den Dienstleistungen. Die Bevölkerung zieht daher in die „Agglomerationen" um die großen Städte Zürich, Basel, Genf, Lausanne, Luzern, Neufchatel, Winterthur, St. Gallen, Lugano. Obwohl die Agglomeration Zürich fast eine Million Einwohner erreicht, 360 000 davon in der Stadt Zürich, bleibt die Schweiz immer noch polyzentrisch; Basel, Genf und Bern bilden gleichfalls starke Anziehungspunkte. Insgesamt hat sich die Bevölkerung von den Landgebieten in den Umkreis der Städte verlagert, die „Stadt Schweiz" ist Wirklichkeit geworden. Dabei hat der Wohlstand dazu geführt, dass sich die Wohnfläche in den letzten 40 Jahren verdoppelt hat.

Umschichtung *change, dislocation*

Die Schweizer haben es verstanden, die Kosten für die Verwaltung der Eidgenossenschaft und der Kantone niedrig zu halten und bezahlen deshalb auch relativ niedrige Steuern. Die Arbeitslosigkeit liegt bei gut 4%, was manche Schweizer als hoch empfinden. Die Schweizer Wirtschaft ist ganz auf internationale Verbindungen ausgerichtet, nicht nur in der Geldwirtschaft und der Versicherungsindustrie. Die Länder der Europäischen Union, besonders Deutschland, Frankreich und Italien, sind die entscheidend wichtigen Handelspartner der Schweiz, im Import wie im Export. Es ist daher mehr als paradox, dass die Schweiz bis jetzt politisch isoliert geblieben ist, nicht einmal Mitglied der UNO, die doch in Genf ihren Stützpunkt hat. Die Schweizer scheuen° jedoch den offenen Arbeitsmarkt und die Finanzprobleme der EU; sie wollen weder Inflation noch Arbeitslosigkeit importieren.

scheuen *to shy away from, fear*

VOLK DER SCHULMEISTER

Die Schweizer werden manchmal ein „Volk der Schulmeister" genannt, und sie hören es nicht ungern. Berühmte Pädagogen, wie Rousseau und Heinrich Pestalozzi, waren Schweizer. Die Pädagogik ist ein Charakterzug des Volkes. Die Schweiz hat besonders gute Schulen. Nicht immer sind die berühmten Mädchenpensionate der französischen Schweiz, in denen die Töchter besserer Familien Fremdsprachen und gutes Benehmen lernen sollen, auch gute Schulen. Sprachen spielen natürlich in der Schweiz eine wichtige Rolle, und so haben Genf und Zürich bekannte Dolmetscherinstitute. Die deutschsprachigen Universitäten sind in Basel, Zürich und Bern, französischsprachige in Genf, Lausanne, Neuenburg und Freiburg. Schulen und Universitäten sind Angelegenheiten der einzelnen Kantone—die auch nicht immer die Prüfungen im Nachbarkanton anerkennen. Es gibt nur zwei Hochschulen, die der Bund eingerichtet hat: die berühmte Eidgenössische Technische Hochschule in Zürich und seit 1969 auch die Technische Hochschule in Lausanne.

Die Bevölkerung nimmt an der Schulpolitik wie an allen Angelegenheiten des öffentlichen Lebens starken Anteil. Neue Schulbauten muss die Bevölkerung durch eine Volksabstimmung genehmigen.°

genehmigen *to approve*

Das Schweizer Schulsystem beruht auf der gleichen Tradition wie das deutsche und österreichische; auch hier führt das Gymnasium zum Abitur oder zur Matura, und auf die Schule folgt die Berufsausbildung. Die Schweiz weiß, dass sie als ein Land ohne Rohstoffbasis, dicht besiedelt, nur durch modernste Forschung und Technologie überleben kann. Während vor dem Industriezeitalter, wie in Deutschland, den Schweizern nur die Auswanderung übrig blieb, wenn das Land zu eng wurde, gibt es heute Chancen für alle Schweizer und so viele ausländische Gastarbeiter. Dennoch wird vielen Schweizern ihr Land zu eng, und sie wandern aus, zeitweilig oder für immer. Auch das ist nichts Neues. Rousseau ging nach Frankreich, Gottfried Keller studierte und schrieb in Deutschland, bis er allerdings nach Zürich zurückkehrte und sogar in der Verwaltung tätig wurde. In der Schweizer Kultur stehen die beiden Pole der Heimatverbundenheit und Weltoffenheit nebeneinander. Neben der Dialektliteratur im Schweizerdeutsch gibt es die Mehrheit von Autoren, die Hochdeutsch und für den gesamten deutschsprachigen Markt schreibt. Im 19. Jahrhundert hatten allerdings Jeremias Gotthelf und Gottfried Keller primär ihr Schweizer Publikum im Sinn, während Conrad Ferdinand Meyer, trotz seines Romans „Jörg Jenatsch" über die Graubündner Kriege im 17. Jahrhundert, mehr international orientiert war. Eine besondere Bedeutung erhielten Max Frisch und Friedrich Dürrenmatt in der deutschsprachigen Literatur nach dem Zweiten Weltkrieg, vor allem mit ihren Theaterstücken. Inzwischen sind neue Generationen herangewachsen, und andere Autoren haben sich einen Namen gemacht, darunter Adolf Muschg, Peter Bichsel, Otto F. Walter, Gertrud Leutenegger, Urs Widmer und Jürg Federspiel.

Unter den bekannten Malern und Bildhauern seit dem Impressionismus sind Arnold Böcklin, Felix Valloton, Alberto Giacometti und vor allem Ferdinand Hodler zu nennen. Paul Klee wuchs in der Schweiz auf und kehrte nach 1933 dorthin zurück. Zur klassischen Moderne gehören die Schweizer Komponisten Hermann Suter, Frank Martin und Arthur Honegger. Der Schweizer Architekt Le Corbusier bekam allerdings den Großteil seiner Aufträge außerhalb der Schweiz.

Die Schweiz als Reiseland

Der Reiz der Schweizer Landschaft besteht in der Verbindung von Seen und Gebirge. Bekannte Seen gibt es in allen Teilen des Landes, vom Bodensee an der nördlichen Grenze über den Züricher, den Vierwaldstätter, Thuner, Bieler und Neuenburger See bis zum Lago Maggiore und Genfer See im Süden. Von den Seen aus sieht man die bekannten Alpenketten, die Berner, Walliser, Glarner und die Rhätischen Alpen mit ihren Gletschern, Bergspitzen, Kurorten und Wintersportplätzen—das alles ist bekannt genug. Weniger bekannt ist die Landschaft der nördlichen und westlichen Schweiz außerhalb der Alpen, wo viele kleine alte Städte liegen.

Drei Viertel der Schweiz sind Gebirgsland, 65% in den Alpen, 12% in der Schweizer Jura. In den Alpen findet der Reisende die Schweiz, wie er sie

Der Vierwaldstätter See mit der Tellskapelle

sich vorstellt. Da die Schweiz als Ferienland so beliebt war, ihre Hotels jedoch hohe Preise hatten, entwickelte sich die „Parahotellerie": Zeltplätze, Wohnwagen, Gruppenunterkünfte, Ferienwohnungen und Ferienhäuser. Diese Unterkünfte haben inzwischen dreimal so viele Betten oder Schlafplätze wie die Hotels. Das beunruhigte die Schweizer, besonders wenn sich Ausländer Ferienhäuser bauten. Neben den Umweltproblemen bringt der Massentourismus für die Schweizer also die Angst vor der „Überfremdung".° Gerade in den Berggegenden stoßen die Bedürfnisse der Touristen mit den Lebensgewohnheiten der konservativsten Schweizer zusammen.

Überfremdung *dominant influence of foreigners, influx of foreigners*

Neben den klassischen Orten des Schisports wie St. Moritz ist die Schweiz auch für ihre Luftkurorte bekannt, unter denen Davos als Heilkurort für Tuberkulose eine Rolle gespielt hat.

Während das Massiv der Alpen den Mittelteil der Schweiz einnimmt, liegen die Städte und die sie umgebenden Industrieregionen sozusagen am Rande: Genf und Lausanne im Südwesten, an der französischen Grenze; Lugano im Süden, mit der Orientierung nach Mailand; Neufchatel im Westen; Basel im Nordwesten an der Dreiländerecke Schweiz-Frankreich-Deutschland; Zürich/Winterthur im Norden und St. Gallen im Nordosten. Stadtregionen wie

Genf und Basel reichen über die Schweizer Grenze hinaus und sind der Mittelpunkt eines internationalen Wirtschaftsraums. Die einzige Großstadt im Zentrum, in der inneren Schweiz, ist die Bundeshauptstadt Bern, die schweizerischste dieser Städte. Am ländlichsten ist die Ostschweiz geblieben, wo die Berglandschaft die Agglomerationen des Mittellandes verbietet.

Die Städte der Schweiz haben eine lange Geschichte. Städte wie Genf, Lausanne, Chur, Basel und Zürich gehen auf keltische und römische Siedlungen zurück. St. Gallen gehörte zu den frühen Zentren der Christianisierung im 7. Jahrhundert, andere Städte wie Luzern und Bern waren Teil der mittelalterlichen Städtegründungen vom 11. bis zum 13. Jahrhundert. Die Schweizer haben es im allgemeinen verstanden, das alte Stadtbild der Innenstädte zu erhalten und die modernen Bauten darin zu integrieren. Sie bieten daher den schönen Anblick einer Gemeinschaft, die ihre Tradition schätzt und pflegt.

Da die Schweizer seit Jahrhunderten gewohnt sind, Gäste zu bewirten, hat sich die Schweizer Küche ihre Eigenart erworben und erhalten, als solide Mischung von französischen und deutschen Elementen. Die Schweizer sind wenig darauf aus, ihre Küche und ihren Wein zu exportieren; man findet zwar Schweizer Küchenchefs, doch wenige schweizerische Restaurants im Ausland. Nur Fondues sind als Schweizer Gericht international geworden.

Die Schweiz und ihre Zukunft

Die Schweiz blickt auf mehr als 700 Jahre Geschichte zurück. Sie gilt heute als Land des Wohlstands, der Sauberkeit, der Ordnung und der demokratischen Freiheit. Die bewaffnete Neutralität hat dem Land bis jetzt Stabilität und Sicherheit gebracht. Der Zweite Weltkrieg ging allerdings nicht ohne Kompromisse mit dem nationalsozialistischen Deutschland ab, und die Schweiz konnte ihrem Ruf als Ort des politischen Asyls nicht mehr gerecht werden. In der Schweiz treffen lokale Interessen und Traditionen direkt mit der globalen Wirtschaft und der Weltpolitik aufeinander. Die „Alpenfestung" der Schweiz ist das Symbol einer Vergangenheit geworden, die selbst ein so stabiles Land hinter sich lassen muss. Das ist schwer, wie die Volksabstimmung zum Beitritt zur Europäischen Union beweist. Die europäische Verflechtung der Schweiz ist jedoch ein Faktum. Das beweisen schon die vielen Ausländer, die in der Schweiz leben. Etliche unter ihnen arbeiten für internationale Organisationen oder Firmen, doch die meisten sind Gastarbeiter, vorwiegend aus Italien. Es ist sehr schwer, in der Schweiz eingebürgert° zu werden; doch die Schweizer sahen sich gezwungen, selbst den Gastarbeitern nach einiger Zeit längere

eingebürgert *naturalized*

Aufenthaltsrechte zu gewähren, sodass man sie nicht einfach abschieben° kann, wenn sie arbeitslos werden.

abschieben *to deport*

Die Schweizer machen nicht gern große Worte und große Programme und Pläne. Sie reden weniger als andere Völker vom kommenden Jahrtausend. Dennoch werden die nächsten Jahrzehnte, vielleicht schon Jahre, von den Schweizern große Entscheidungen verlangen.

LIECHTENSTEIN

Am Ostufer des Rheins südlich des Bodensees, zwischen dem österreichischen Bundesland Vorarlberg und dem Schweizer Kanton St. Gallen, liegt das Fürstentum Liechtenstein, das kleinste deutschsprachige Land. Die österreichische Familie der Liechtensteins begründete 1719 das Fürstentum durch den Zusammenschluss mehrerer Herrschaften. Liechtenstein, ein reichsunmittelbares° Fürstentum, teilte bis 1866 das Schicksal der deutschen Staaten, zuletzt 1815 bis 1866 als Mitglied des Deutschen Bundes. 1866 wollte es sich jedoch weder Österreich anschließen noch 1871 ins Deutsche Reich eintreten, ähnlich wie Luxemburg. Ab 1876 bildete Liechtenstein ein Wirtschaftsgebiet mit Vorarlberg. Nach dem Ersten Weltkrieg, endgültig 1923, integrierte sich Liechtenstein in das Schweizer Wirtschaftssystem. Die Schweiz vertritt Liechtenstein auch diplomatisch im Ausland. Liechtenstein ist allerdings im Europarat und in Organisationen der UNO selbst aktiv geworden; es unterhält auch eine eigene Botschaft beim Vatikan. An weitere Initiativen, wie einen Beitritt zur Europäischen Union, wird jedoch nicht gedacht.

reichsunmittelbares *subject to the emperor only, immediate*

Liechtenstein ist 159 km^2 (62 Quadratmeilen) groß. Es reicht von der Rheinebene bis ins Hochgebirge. Die Hauptstadt Vaduz hat 5000 Einwohner, im Land leben 27 000 Menschen, mehr als ein Drittel davon Ausländer. Der Landtag hat 15 Mitglieder. Seit 1984 wählen auch die Frauen. Die Regierung wird vom Landtag vorgeschlagen und vom Fürsten bestätigt; sie besteht aus 5 Mitgliedern. Die zwei Parteien Liechtensteins bilden gewöhnlich eine Koalition. Eine Armee gibt es seit 1866 nicht mehr, nur bewaffnete Polizei. Das Land ist eine konstitutionelle Monarchie. Seine Besonderheiten sind Wohlstand und sehr niedrige Steuern. Der Wohlstand kommt aus der Industrie, vor allem Metallindustrie; aber noch mehr aus drei Quellen: dem Fremdenverkehr (über 100 000 Touristen im Jahr), dem Verkauf von Briefmarken und Steuern von Firmen, die ihren Sitz in Liechtenstein haben. Davon gibt es 30 000! Viele dieser Firmen sind nur „Briefkastenfirmen",° die kaum mehr als eine Adresse in Liechtenstein haben. Immerhin sind in den letzten Jahren die

Briefkastenfirmen *"mailbox companies", companies with real activities elsewhere*

Vaduz, Hauptstadt des Fürstentums Liechtenstein, mit dem Schloss

Bestimmungen für die Niederlassung solcher Firmen in Liechtenstein strenger geworden.

Die Einbürgerung in Liechtenstein ist schwer und selten. Ein Problem stellt hingegen die Tatsache dar, dass viele Liechtensteiner Ausländer heiraten. Welche Rechte ausländische Frauen von Liechtensteinern oder im Ausland verheiratete Liechtensteinerinnen haben sollen, ist bei der kleinen Bevölkerungszahl ein echtes politisches Problem. Dabei handelt es sich gewöhnlich um Schweizer, Österreicher und Deutsche.

Zu Liechtensteins Sehenswürdigkeiten gehört das fürstliche Schloss in Vaduz, das die Familie bewohnt, und das deshalb nicht besichtigt werden kann. Ausgestellt wird hingegen ein Teil der berühmten fürstlichen Kunstsammlung im „Engländerbau". Andere Sehenswürdigkeiten sind das Postmuseum und das Liechtensteinische Landesmuseum.

Die fürstliche Familie war eigentlich in Österreich beheimatet und lebte bis 1938 mehr in Wien als in Vaduz. Andere Zweige der Familie haben in der österreichischen Politik bis zum Ersten Weltkrieg eine Rolle gespielt. Die großen Besitzungen der Fürstenfamilie in Böhmen wurden 1945 enteignet; doch die Familie hat durch andere Besitzungen, Bankbesitz und Investitionen ein erhebliches Vermögen erworben. Die Bevölkerung könnte durch eine Volksabstimmung die Abschaffung° der Monarchie verlangen; doch zur jetzigen Zeit wäre eine solche Initiative undenkbar.

Abschaffung *abolition*

Fragen zum Text:

Die Eidgenossenhaft

1. Wie erklärt sich die große Zahl der Kantone?
2. Um welche Zeit wurde die Eidgenossenschaft praktisch unabhängig?
3. Was sind die offiziellen Sprachen der Schweiz?
4. Wodurch kann man die Bedeutung von Zürich für die deutsche Literatur im 18. Jahrhundert erklären?
5. Wann änderte sich im 19. Jahrhundert die Verfassung der Schweiz, und wie?
6. Warum dominieren in der Schweiz die politischen Parteien weniger als anderswo?
7. Was sind die Folgen des politischen Systems der Schweiz?

Die Wirtschaft

8. Für welche Industrieprodukte ist die Schweiz bekannt?
9. Welches besondere Verkehrsproblem gab es für die Schweiz im 19. Jahrhundert?
10. Wie will die Schweiz die Probleme des Durchgangsverkehrs lösen?
11. Was haben die Bevölkerungsbewegungen der letzten Jahrzehnte hervorgebracht?
12. Wieso passt die Realität in der Schweiz nicht mehr zum Image der Schweizer Wirtschaft und Landschaft?
13. Wer sind die wichtigsten Handelspartner der Schweiz? Welche politischen Probleme kann das mit sich bringen?

Volk der Schulmeister

14. Warum spricht man vom „Volk der Schulmeister“?
15. Wer ist für die Universitäten verantwortlich?
16. Was ist typisch für die schweizerische Literatur?

Die Schweiz als Reiseland

17. Worin besteht der Reiz der Schweizer Landschaft?
18. Was hat sich neben den Hotels entwickelt?
19. Warum haben die Schweizer Angst vor „Überfremdung“?
20. Wie ist der Charakter der Bundeshauptstadt Bern?
21. Wo wohnen die italienischen Schweizer?
22. Was haben die Schweizer bei ihrer Stadtplanung verstanden?

Die Schweiz und ihre Zukunft

23. Wie ist die Lage der Ausländer in der Schweiz?
24. Warum muss die Schweiz für Ausländer offen sein?
25. Vor welchen Entscheidungen steht die Schweiz?

Liechtenstein

26. Wie groß ist Liechtenstein und wie viele Einwohner hat es?
27. Seit wann ist es von Deutschland getrennt, und wie kam das?
28. Wie wird Liechtenstein regiert?
29. Was sind die Sehenswürdigkeiten von Liechtenstein?
30. Was sind wichtige Einnahmequellen des Landes?

Aufsatzthemen:

1. Kann ein Land „neutral“ bleiben und die Probleme der Welt außerhalb seiner Grenzen lassen? Wie denken Sie über den Versuch der Schweizer, „neutral“ zu leben?
2. Wie würden Sie die Geschichte und jetzige Situation der Schweiz und Österreichs miteinander vergleichen?
3. Wie lebt man in einem Land mit einer starken und langen Tradition wie der Schweiz? Wie würden Sie sich als junger Mensch darin fühlen?
4. Welche Vorteile und Probleme sehen Sie in der Mehrsprachigkeit der Schweiz? Könnte die Schweiz darin ein Modell für andere Länder sein?
5. Was denken Sie über einen „Zwergstaat“ wie Liechtenstein und das Leben seiner Einwohner? Wie stellen Sie sich das Leben eines Liechtensteiners vor?

Bücher zum Nachschlagen und Weiterlesen

Gegenwart

Als Einführung in die Geographie, Kultur, Geschichte und Kunst einzelner Städte und Landschaften sind am besten geeignet die vielen *Merian*-Bände, die ständig neu erscheinen.

Das Presse- und Informationsamt der Bundesregierung Deutschland veröffentlicht viele einführende Darstellungen, besonders *Tatsachen über Deutschland* (englisch: *Facts About Germany*), den jährlichen *Almanach der Bundesregierung,* ein statistisches Taschenbuch für Deutschland *Zahlenkompass* und aktuelle Meldungen.

Zur heutigen Situation z.B. *Deutschland ungleich Vaterland.* Eine Foto-Reportage des *Stern,* Hamburg: Sternbuch, 1991.

Es gibt einige Lexika über regionale Eigenarten der Sprache, z.B. Peter Wehle. *Sprechen Sie Wienerisch?* Wien/Heidelberg. Ueberreuter, 1980.

Die aktuelle Sprache der Jugend erfasst Claus Peter Müller-Thurau: *Lexikon der Jugendsprache,* München: Goldmann, 1985.

Die Zeitschrift *Scala* (deutsche und englische Ausgabe), sowie *Jugendscala,* berichtet laufend über Ereignisse in Deutschland, speziell auch populäre Musik, Sport, Trends in der Mode usw.

Langenscheidts Sprachillustrierte hat in jeder Nummer Informationen über Deutschland.

Die Schweizer Kulturstiftung *Pro Helvetia* (Zürich) veröffentlicht eine Reihe von Broschüren über die Schweizer Geschichte, Politik, Kultur, Gesellschaft.

Wörterbuch für Erziehung und Unterricht, herausgegeben von Peter Köck und Hanns Ott, Donauwörth: Auser.

Wie funktioniert das? Der moderne Staat, in *Meyer Nachschlagewerke,* Mannheim: Bibliographisches Institut.

Frauenlexikon, herausgegeben von Johanna Beyer, Franziska Lamott und Birgit Meyer, München: Beck.

Von Brandt, Willy bis Waigel, Theo. 200 Politiker, Berlin: Verlag der Nationen, 1990; behandelt westdeutsche und ostdeutsche Politiker.

Alf Mintzel und Heinrich Oberreuter. *Parteien in der Bundesrepublik.* Bonn: Oberreuter, 1992.

Das große Sportlexikon, München/Zürich: Delphin.

In der Form von Reiseführern sind strukturiert die *Knaurs Kulturführer* mit Bänden über Deutschland, Österreich und die Schweiz.

Speziell über Österreich orientiert *Österreich zum Beispiel.* Literatur, Bildende Kunst, Film und Musik seit 1968, herausgegeben von Otto Breicha und Reinhard Urbach. Salzburg/Wien: Residenz, 1982.

Leander Petzoldt. *Volkstümliche Feste,* München: Beck, 1983.

Ernst Schlee. *Volkskunst in Deutschland,* München: DW Callwey, 1978.

Der Westermann-Verlag gibt eine Reihe mit vielen Bänden heraus, die deutsche Museen beschreiben, mit dem allgemeinen Titel *Museum.*

Die Chronik des Jahres wird jeweils zusammengefasst im *Zeitungsjahrbuch Deutschland. Meldungen und Meinungen.* München: Kastell Verlag.

Elisabeth Noelle-Neumann, Winfried Schulz, Jürgen Wilke, Hrsg. *Publizistik Massenkommunikation.* Frankfurt: Fischer Taschenbuch, 1993.

Hans-Michael Bock. *Cinegraph. Lexikon zum deutschsprachigen Film.* München: text & kritik, 1984ff.

Offizielle Berichte, Statistiken, Adressenlisten und Nachschlagewerke sind die jährlich erscheinenden:

Taschenbuch des öffentlichen Lebens. Bonn: Festland Verlag.

Österreichisches Jahrbuch. Wien: Verlag Österreich.

Statistisches Jahrbuch für die Bundesrepublik. Stuttgart: Metzler.

Publicus. Schweizer Jahrbuch des öffentlichen Lebens. Basel: Schwabe & Co.

Übungen

Geographie

A. Verstehen Sie diese Wörter? Erklären Sie sie und bilden Sie einen Satz damit:

1. der Breitengrad
2. die Landschaftsform
3. die Hochebene
4. der Nebenfluss
5. das Mittelgebirge
6. die Kulturlandschaft
7. das Industriegebiet
8. das Durchgangsland
9. der Einzelhof
10. die Gemeinde
11. der Bevölkerungszuwachs
12. das Wirtschaftsgebiet

B. Wir vergleichen:

1. Deutschland und die USA: Größe, Einwohnerzahl, Lage (Breitengrad) und Grenzen.
2. Deutschland und Österreich: Größe, Einwohnerzahl, Landschaft, Grenzen.
3. Deutschland und die Schweiz: Größe, Einwohnerzahl und Landschaft.

C. Geographie-Quiz über Deutschland:

1. Einwohnerzahl:
2. Hauptstadt:
3. Der höchste Berg:
4. Der größte See:
5. Drei große Flüsse:
6. Drei Nebenflüsse des Rheins:
7. Drei deutsche Mittelgebirge:
8. Die deutschen Millionenstädte:
9. Drei deutsche Seehäfen:
10. Fünf Nachbarländer:

VERGANGENHEIT

1. Der Beginn der deutschen Geschichte

A. Verstehen Sie diese Wörter? Erklären Sie sie und bilden Sie einen Satz damit:

1. die Grenzfestung
2. Die Warmluftheizung
3. die Heldensage
4. die Währung
5. der Grundbegriff
6. die Zufluchtsstätte
7. das Abendland
8. die Erbteilung
9. die Mundart
10. die Sprachgemeinschaft

B. Setzen Sie die richtigen Präpositionen mit Artikel und Endungen ein:

BEISPIEL: Die Germanen waren sehr _____ ihr _____ Unabhängigkeit bedacht.
Die Germanen waren sehr auf ihre Unabhängigkeit bedacht.

1. Die Grenze sollte bis _____ _____ Elbe vorgeschoben werden.
2. Der größte Teil Deutschlands blieb _____ _____ römisch _____ Kultur.
3. Die Römer sorgten _____ fließend _____ heiß_____ und kalt _____ Wasser.
4. Die germanischen Stämme gingen _____ _____ Wanderung.
5. Chlodwig übernahm viel _____ _____ römisch _____ Einrichtungen.
6. Karl der Große heißt _____ _____ Franzosen Charlemagne.

7. Der Frankenherrscher teilte sein Land _____ sein _____ Söhne.
8. Die Herrschaft ging _____ ander _____ Familien über.
9. Das Wort „deutsch" hatte _____ _____ Mönche eine weitere Bedeutung.
10. Manche Ausländer nennen die Deutschen nicht _____ _____ eigen _____ Namen.

C. Setzen Sie ins Passiv:

BEISPIEL: Tacitus beschrieb Mitteleuropa.
Mitteleuropa wurde von Tacitus beschrieben.

1. Die Römer bildeten Arminius aus.
2. Ein Verwandter ermordete Arminius.
3. Die Römer legten südlich der Donau Städte an.
4. Man nannte das Stadttor die Porta Nigra.
5. Germanische Stämme eroberten Teile des römischen Reiches.
6. Chlodwig besiegte die Nachbarstämme.
7. Die Deutschen benutzten die römischen Bauten als Steinbrüche.
8. Die Karolinger lösten die Merowinger in der Herrschaft ab.
9. Die Mönche erklärten dem Volk die Grundbegriffe des Glaubens.
10. Karl der Große unterwarf in langen Kämpfen die Sachsen.

Setzen Sie jetzt diese Passivsätze ins Perfekt:

BEISPIEL: Mitteleuropa wurde von Tacitus beschrieben.
Mitteleuropa ist von Tacitus beschrieben worden.

D. Das Hildebrandslied

Aus dem Urtext:

Ih gihorta daz sagen,
daz sih urheizzun einon muozin,
Hiltibrant enti Hadubrant untar heriun zueim.
sunufatarungos iro saro rihtun,
garutun se iro gundhamun, gurtun sih iro suert ana,
helidos, ubar hringa, do si zo dero hiltiu ritun.
Hiltibrant gimahalta —her uuas heroro man,

ferahes frotoro—, her fragen gistuont
fohem uuortum, uuer sin fater uuari
fireo in folche, ,eddo welihhes (fater)cnuosles du sis:
ibu du mir einan sages, ih mir de andre uueiz,
chind, in chunincriche: chund ist mir al irmindeot'.

Übertragung:

Ich hörte das sagen,
Daß sich Herausfordrer einzeln trafen,
Hildebrand und Hadubrand, zwischen Heeren zwein.
Vater und Sohn sahn nach ihrer Rüstung,
Bereiteten ihre Brünnen, banden sich ihre Schwerter um,
Die Helden, über die Ringe, als sie ritten zu diesem Kampfe.
Hildebrand anhub— er war der ältere Mann,
Des Lebens erfahrener—, zu fragen begann er
Mit wenig Worten, wer gewesen sein Vater
In der Schar der Menschen, ,und wes Geschlechtes due seist:
Wenn du einen mir sagst, die andern weiß ich,
Jüngling, im Königreiche: kund ist mir alles Großvolk'.

1. Was fällt an dieser Sprache auf?
   a. Wie steht es mit den Endungen?
   b. Welche Wörter kann man erkennen? Wir vergleichen sie mit dem heutigen Deutsch.
   c. Wie klingt die Sprache im Vergleich zur heutigen Sprache?
2. Welche Situation wird hier beschrieben? Wer sind die beiden Männer, und was tun sie?
3. Wir schlagen nach: aus welcher Sage stammt diese Episode?
4. Wie kann man sich nach der ersten Zeile das Wort „Sage" erklären?
5. Das Epos ist im Stabreim geschrieben, der Alliteration und nicht Endreime benutzt. Suchen Sie die „Stäbe" in den Halbversen!

E. Themen für Studentenreferate oder schriftliche Arbeiten.

Benutzen Sie deutsche Quellen!

1. Die Ostgoten in Italien.
2. Die Muslims und die Christen in Spanien vor dem Jahr 1000.
3. Die Geschichte von christlichen Missionaren und Klöstern in Deutschland. Beispiele!

2. Ritter, Bauern und das Heilige Rom

A. Verstehen Sie diese Wörter? Erklären Sie sie und bilden Sie einen Satz damit:

1. die Vormachtstellung
2. die Mark
3. der Geldumlauf
4. die Urbarmachung
5. der Stand
6. der Bann
7. das Turnier
8. die Pfalz
9. der Kreuzzug
10. der Pilger

B. Welche Präpositionen kommen nach diesen Verben? Bilden Sie Sätze!

1. sich verbünden _____
2. beruhen _____
3. denken _____
4. aufrufen _____
5. sich vermischen _____
6. bestehen _____
7. stammen _____
8. schützen _____

C. Verbinden Sie die Sätze durch einen Infinitiv:

BEISPIEL: Es bereitete ihm Mühe. / Er schützte die Grenzen.
Es bereitete ihm Mühe, die Grenzen zu schützen.

1. Er versuchte es damit. / Er setzte die Herzöge ab.
2. Es war für den Kaiser schwer. / Er zwang die Fürsten zu Diensten.
3. Die Partner verpflichteten sich. / Sie halfen einander.
4. Der Papst versuchte. / Er setzte die Reformideen durch.
5. Die Fürsten halfen dem Papst. / Er bekämpfte den Kaiser.
6. Heinrich zwang den Papst. / Er löste ihn vom Bann.
7. Die Ritter verbrachten ihre Zeit damit. / Sie bereiteten sich auf die Kriege vor.
8. Es ist die Pflicht eines Ritters. / Er hilft den Schwachen.
9. Es ist heute üblich. / Man nennt die Haltung „ritterlich".
10. Es gelang den Kreuzfahrern nicht. / Sie eroberten Palästina auf die Dauer.

D. Priesterehe verboten

März 1022. Auf der Synode von Pavia untersagt Papst Benedikt VIII. den Priestern zu heiraten, enthebt bereits verheiratete Priester ihres Amtes und weist die Gläubigen an, bei ihnen keinen Gottesdienst mehr zu hören.

Im Gegensatz zur frühen Kirche hat sich in den letzten Jahrhunderten in Deutschland die Priesterehe durchgesetzt. Im römischen Reich lebten die Priester in einer eng verbundenen christlichen Gemeinschaft, der deutsche Landpfarrer ist weitgehend auf sich selbst gestellt.

Er ist Bauer wie seine Gemeindemitglieder, darauf angewiesen, sich auf seiner Pfründe, dem Pfarrhof, den Lebensunterhalt selbst zu erwirtschaften. Wenn er sich seelsorgerischen Aufgaben widmen soll, müssen seine Frau und seine Kinder ihm helfen, die Felder zu bestellen. Der Papst kritisiert auf der Synode, dass die Priester danach streben, die ihnen zugeteilten Ländereien ihrer Familie zu vererben, um ihren Kindern eine Existenzgrundlage für die Zukunft zu geben.

Dadurch wird der kirchliche Besitz, den fromme Gläubige gestiftet haben, um sich ihr Seelenheil zu sichern, geschmälert.

Benedikt verfügt, dass Priesterkinder nicht länger erbberechtigt sein sollen, und erklärt sie zu Hörigen der Kirche, die »für ewige Zeiten« versklavt sind.

Das Eheverbot, das bedeutet, dass die Priester ihre Familien aus dem Haus schicken sollen, wird nur widerwillig angenommen, weil auch die geistige Einstellung der Zeit dem Zölibat fremd geworden ist.

Im Zeitungsstil von heute beschreibt dieser Bericht die strengere Durchführung des Zölibats in Deutschland.

1. Wer hat das Eheverbot erlassen?
2. Was soll mit verheirateten Priestern geschehen?
3. Woher bekamen die Landpfarrer ihren Lebensunterhalt?
4. Was versuchten die verheirateten Pfarrer mit ihrem Besitz zu tun?
5. Welche Reaktionen waren auf dieses Verbot zu erwarten?

E. Themen für Studentenreferate oder schriftliche Arbeiten:

1. Das Kloster Cluny und die Bedeutung der Reformbewegung.
2. Der Konflikt von Kaiser Heinrich IV. und Papst Gregor VII.
3. Stadien und Eigenart der Kolonisation im Osten; die Entstehung neuer Länder. Beispiele: Sachsen, Brandenburg.

3. Barbarossa

A. Verstehen Sie diese Wörter? Erklären Sie sie und bilden Sie einen Satz damit:

1. der Spielmann
2. der Minnesänger
3. der Sängerwettkampf
4. die Buchmalerei
5. der Landadel
6. der Kanzler
7. der Gegenkönig
8. der Nationalstaat
9. der Einheitsstaat
10. die Verfassung

B. Ergänzen Sie die Sätze:

1. Die Phantasie des Volkes versetzte Barbarossa in _____ _____.
2. Auf der Wartburg trafen mehrere Sänger zu _____ _____ zusammen.
3. Die romanischen Dome zeugen von _____ _____ _____
4. Der französische König wollte unabhängig von _____ _____ sein.
5. Barbarossa zog mit _____ _____ nach Italien.
6. Der Papst suchte bei _____ _____ Hilfe gegen den Kaiser.
7. Der Kaiser konnte Deutschland nicht zu _____ _____ entwickeln.

C. Verbinden Sie die beiden Sätze mit als:

BEISPIEL: Barbarossa wachte auf. / Die Not war groß.
Barbarossa wachte auf, als die Not groß war.

1. Die Deutschen dachten an Barbarossa. / Sie kämpften um die nationale Einheit.
2. Walther dichtete viele Lieder. / Er zog im Land umher.
3. Friedrich schlichtete die Streitigkeiten. / Er wurde Kaiser.
4. Das deutsche Heer war in Rom. / Die Pest brach aus.
5. Friedrich besiegte Heinrich den Löwen. / Er kam aus Italien zurück.
6. Heinrich VI. starb mit 33 Jahren. / Er wollte zu einem Kreuzzug aufbrechen.
7. Friedrich II, gab den Fürsten Privilegien. / Er kam nach Deutschland.
8. Die Herrschaft der Hohenstaufen endete. / Konradin wurde in Neapel enthauptet.

Beginnen Sie mit dem als- Satz:

BEISPIEL: ***Barbarossa wachte auf, als die Not groß war.***
Als die Not groß war, wachte Barbarossa auf.

D. Ein mittelalterlicher Dom:

Ein gotischer Dom

Ein romanischer Dom

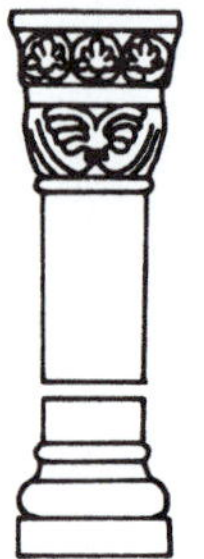

Vokabular:

der Rundbogen	die Kapelle	die Krypta
das Hauptschiff	das Netzgewölbe	das Joch
das Portal	der Strebepfeiler	der Pfeiler
der Chor	der Spitzbogen	das Kreuzgewölbe
die Vierung	die Seitenschiff	der Altar
die Säule	die Fassade	der Turm

1. Warum konnten die gotischen Dome höher sein als die romanischen?
2. Welchen Eindruck machen die zwei Stile?
3. Was war den Architekten wichtig, wenn sie einen Dom bauten? Was wollten sie erreichen?
4. Wie kann man diese Kirchen mit heutigen Kirchen vergleichen?
5. Was bedeutete ein großer Dom für eine mittelalterliche Stadt?

Wie können wir einen mittelalterlichen Dom beschreiben?

Nehmen Sie ein Beispiel. Wie lange brauchte man, um solche Dome zu bauen?

E. Sag es durch die Blume—oder ein Gedicht

Under der linden
an der heide,
dâ unser zweier bette was,
dâ mugt ir vinden
schône beide
gebrochen bluomen unde gras.
vor dem walde in einem tal,
tandaradei,
  schône sanc diu nahtegal.

Ich kam gegangen
zuo der ouwe:
dô was mîn friedel komen ê.
dâ wart ich enpfangen,
here frouwe,
daz ich bin sælic iemer mê.
kuster mich? wol tûsentstunt:
tandaradei,
  seht wie rôt mir ist der munt.

1. Können Sie dieses Gedicht ins heutige Deutsch übersetzen?
2. Was ist das Thema des Gedichts?
3. Es ist ein „Rollengedicht". Wer spricht?
4. Was drückt das Gedicht aus? Passt das zu einem christlichen Leben?
5. Was denken wir über den Dichter, Walther von der Vogelweide? Wir informieren uns weiter über ihn.
6. Das Gedicht wurde gesungen; es war ein Lied. Wie stellen Sie sich eine Melodie eines solchen Liedes vor?

F. Themen für Studentenreferate oder schriftliche Arbeiten:

1. Herzog Heinrich der Löwe und die Kolonisation des Ostens.
2. Die Normannen in Frankreich, England und Süditalien.
3. Kaiser Friedrich II. Seine Persönlichkeit und sein Reich in Sizilien.

4. Der Totentanz

A. Verstehen Sie diese Wörter? Erklären Sie sie und bilden Sie einen Satz damit:

1. die Stadtmauer
2. die Reichsfreiheit
3. das Marktrecht
4. die Zunft
5. der Bürger
6. die Hausmacht
7. der Bürgermeister
8. die Landsmannschaft
9. die Sondersteuer
10. der Hausierer

B. Setzen Sie das jeweils richtige Wort ein:

1. Eine Stadt, die sich selbst regierte und nur dem Kaiser untertan war, hieß eine _____.
2. Das Recht, Geld zu prägen, hieß das _____.
3. Aachen war berühmt wegen seiner _____.
4. Ein Handwerker, der sein eigenes Geschäft hat und Lehrlinge ausbildet, ist ein _____.
5. Die reichen Kaufleute und Bankiers heißen auch _____.
6. Der Spitzname der Kaufleute im Mittelalter war _____.
7. Ritter, die Kaufleute überfielen und ausraubten, hießen _____.
8. Die Häuser, in denen die Verwaltung der Stadt untergebracht ist, heißen _____.
9. Die in Joachimstal geprägte Silbermünze wurde kurz _____ genannt.
10. Die Fürsten, die den Kaiser wählten, hießen _____.
11. Die Schweizer vereinigten sich zu einer _____.
12. Die schlimmste Krankheitsepidemie in Europa war _____.

C. Bilden Sie Relativsätze:

BEISPIEL: Italien entwickelte sich schneller. / Es hatte die römische Stadtkultur erhalten.
Italien, das die römische Stadtkultur erhalten hatte, entwickelte sich schneller.

1. Heinrich der Löwe bekam München. / Es war gerade gegründet worden.
2. Die reicheren Leute regierten die Stadt. / Sie waren Kaufleute oder Bankiers.
3. Die Hanse war sehr mächtig. / Ihre wichtigste Stadt war Lübeck.
4. Eine Stadt konnte Märkte abhalten. / Ihr wurde das Marktrecht gegeben.
5. Ein Geselle übernahm das Geschäft. / Sein Vater war Meister.
6. Die Zahl der Lehrlinge war festgelegt. / Der Meister konnte sie nehmen.
7. Alle Städte wurden reich. / Die Salzfahrer mussten ihnen Zoll zahlen.
8. Die Möbel wurden viel teurer. / Sie waren vorher einfach und billig.

9. Götz von Berlichingen war ein Raubritter. / Wir kennen ihn durch seine Autobiographie.
10. Die Maler hatten einen realistischen Stil. / Wir kennen heute noch ihre Werke.
11. Eine beliebte Silbermünze war der in Böhmen geprägte Taler. / Er wurde zur offiziellen Währung des Reiches.
12. Opfer des religiösen Fanatismus wurden die Juden. / Ihr Leben wurde immer unsicherer.

D. Ablieferung des Zehnten Holzschnitt aus Rodericus Zamorensis Spiegel des menschlichen Lebens. Augsburg, um 1475

1. Was für Menschen sehen wir auf dem Bild?
2. Was tun sie? Beschreiben wir es!
3. Wie sind die Bauern dargestellt?
4. Wie ist der Gesichtsausdruck der Bauern?
5. Wie stellen wir uns danach das Leben um 1475 vor?

E. Themen für Studentenreferate oder schriftliche Arbeiten:

1. Die Hanse als Beispiel eines Städtebundes.
2. Albrecht Dürer in Nürnberg als Handwerker und Künstler.
3. Judenverfolgungen im Mittelalter und die Auswanderung nach Osteuropa.

5. Die Reformation

A. Verstehen Sie diese Wörter? Erklären Sie sie und bilden Sie einen Satz damit:

1. der Ablass
2. die Disputation
3. das Flugblatt
4. das Kupfervorkommen
5. die Exegese
6. die Bulle
7. das Konzil
8. der Ketzer
9. der Buchdruck
10. die Landeskirche
11. die Gegenreformation
12. der Lichteffekt

B. Bilden Sie Adjektive mit den Endungen -lich, -ig, -isch *oder* -haft *und benutzen Sie sie in Sätzen:*

1. Legende
2. Volkstum
3. Akademie
4. Historie
5. Geschichte
6. Vorteil
7. Literatur
8. Gesellschaft
9. Welt
10. Zorn
11. Luther
12. Latein
13. Wirtschaft
14. Beruf
15. Franzose
16. Spanier

C. Setzen Sie die richtigen Modalverben ein:

1. Luthers Vater sagte, dass der Sohn Jura studieren _____.
2. Luther fragte sich: Wie _____ der Mensch ein Gott wohlgefälliges Leben führen?
3. Er gelobte, dass er Mönch werden _____.
4. Nur Gottes Gnade _____ den Menschen erlösen.
5. Einen Menschen wie Luther _____ der Ablasshandel empören.
6. Das Ziel der Kirche war, dass Luther widerrufen _____.
7. Als Luther die Bannbulle verbrannte, _____ der Kaiser eingreifen.
8. Um sich verständlich zu machen, _____ Luther eine einheitliche deutsche Sprache schaffen.
9. Wer die Gesellschaft verändern _____, hoffte auf Luther.
10. Luther _____ nur von den Fürsten Schutz erhalten.

D. Bilden Sie Sätze aus diesen Elementen:

1. auffordern zu / Reformen
2. eintreten in / die Firma
3. sich vertiefen in / das Problem
4. führen zu / der Erfolg
5. sich verbreiten in / die ganze Welt
6. erzwingen / die Unabhängigkeit
7. sich bekennen zu / die neue Auffassung
8. erziehen / die Kinder
9. Hilfe suchen bei / Kirche
10. verteidigen gegen / viele Feinde

E. Ein' feste Burg

Ein' feste Burg ist unser Gott,
Ein' gute Wehr und Waffen.
Er hilft uns frei aus aller Not,
Die uns jetzt hat betroffen.
Der alt' böse Feind,
Mit Ernst er's jetzt meint.
Groß' Macht und viel' List
Sein' grausam' Rüstung ist,

Auf Erd' ist nicht sein'sgleichen.
Mit unser Macht ist nichts getan,
Wir sind gar bald verloren.
Es streit' für uns der rechte Mann,
Den Gott hat selbst erkoren.
Fragst du, wer der ist?
Er heißt Jesus Christ,
Der Herr Zebaoth,
Und ist kein ander Gott.
Das Feld muss er behalten.

ers itzt meint, gros macht vñ vil list, sein grausam rü
stung ist, auff erd ist nicht seins gleichen,

EIn feste burg ist vnser Gott / ein gute wehr vnd waffen / Er hilfft vns frey aus aller not / die vns itzt hat betroffen / Der alt böse feind / mit ernst ers itzt meint / gros macht vñ viel list / sein grausam rüstung ist / auff erd ist nicht seins gleichen.

Mit vnser macht ist nichts gethan / wir sind gar bald verloren / Es streit für vns der rechte man / den Gott hat selbs erkoren / Fragstu wer der ist? er heisst Jhesus Christ / der HERR Ze

1. Luthers Choral „Ein feste Burg“ ist oft in Krisensituationen gesungen worden. Warum?
2. Wie unterscheidet sich der moderne Text von dem alten Druck?
3. Welche Noten hat man damals benutzt? Wie sieht das heute aus?
4. Warum entspricht der Text der lutherischen Konzeption *sola fide?*
5. Welche Situation beschreibt der Choral?
6. Dies sind die ersten zwei von vier Strophen. Schlagen Sie die anderen Strophen nach. Welche Macht wird dem *Wort* zugeschrieben?

F. Themen für Studentenreferate oder schriftliche Arbeiten:

1. Die Wiedertäufer. Ihre Bewegung im 16. Jahrhundert und später.
2. Die Sage vom Doktor Faustus: Humanisten und Teufelspakt.
3. Das Leben von Paracelsus: die Medizin zwischen Alchemie und Chemie.
4. Thomas Müntzer, der radikale Reformator und der Bauernkrieg.

6. Der Dreißigjährige Krieg

A. Verstehen Sie diese Wörter? Erklären Sie sie und bilden Sie einen Satz damit:

1. die Souveränität
2. der Machtfaktor
3. die Bevölkerungsdichte
4. die Selbstverwaltung
5. der Geldumlauf
6. die Anredeform
7. das Fürstenlob
8. die Toleranz
9. die Vergänglichkeit
10. der Absolutismus

B. Bilden Sie Relativsätze:

BEISPIEL: Dreißig Jahre dauerte der Krieg. / Alle europäischen Länder waren daran beteiligt.

Dreißig Jahre dauerte der Krieg, an dem alle europäischen Länder beteiligt waren.

1. Wallenstein wurde in Eger ermordet. / Schiller schrieb ein Drama über ihn.
2. Die Adligen mussten dem Fürsten folgen. / Sie waren von ihm abhängig.
3. Der Spanische Erbfolgekrieg dauerte 13 Jahre. / Bayern war in ihm mit Frankreich verbündet.
4. Die Naturwissenschaften entwickelten sich sehr. / Die Schlesier kamen mit ihnen in Leiden in Berührung.

5. Die Vergänglichkeit war das Hauptthema von Gryphius. / Der Krieg erinnerte ihn ständig daran.
6. Es war ein festlicher Stil. / Der Glanz Gottes wurde dadurch gezeigt.
7. Grimmelshausen schrieb den „Simplicissimus". / Das Leben während des Krieges wird darin beschrieben.
8. Opitz verfertigte viele Übersetzungen. / Die deutschen Dichter haben viel aus ihnen gelernt.
9. Die Fürsten erhoben Steuern und Zölle. / Damit bauten sie ihre großen Schlösser.
10. Deutschland war ausgeschlossen vom Welthandel. / Darin waren England und die Niederlande führend.

C. Setzen Sie das passende Verb ein:

BEISPIEL: Der Kaiser wollte den Adligen das Recht auf Kirchenbau _____.
Der Kaiser wollte den Adligen das Recht auf Kirchenbau *entziehen.*

1. Der Dreißigjährige Krieg wurde sehr grausam _____.
2. Schiller hat Wallensteins Ermordung in einem Drama _____.
3. Deutschland als Ganzes _____ keine Rolle mehr.
4. Der Große Kurfürst hat eine moderne Verwaltung _____.
5. In Holland _____ religiöse Toleranz.
6. Opitz' Werk _____ vor allem aus Übersetzungen.
7. Die deutsche Dichtung wollte Anschluss an die europäische Tradition _____.
8. Simplicissimus musste sich zuletzt von der Welt _____.
9. Die Finanzen wurden jetzt besser _____.
10. Die Fürsten mussten teure Bauten und den Hofstaat _____.

Bilden Sie einen anderen Satz mit diesen Verben.

BEISPIEL: Die Verordnung *entzieht* den Besitzern das Recht, hier eine Fabrik zu bauen.

D. Schlösser und Kirchen des Barock

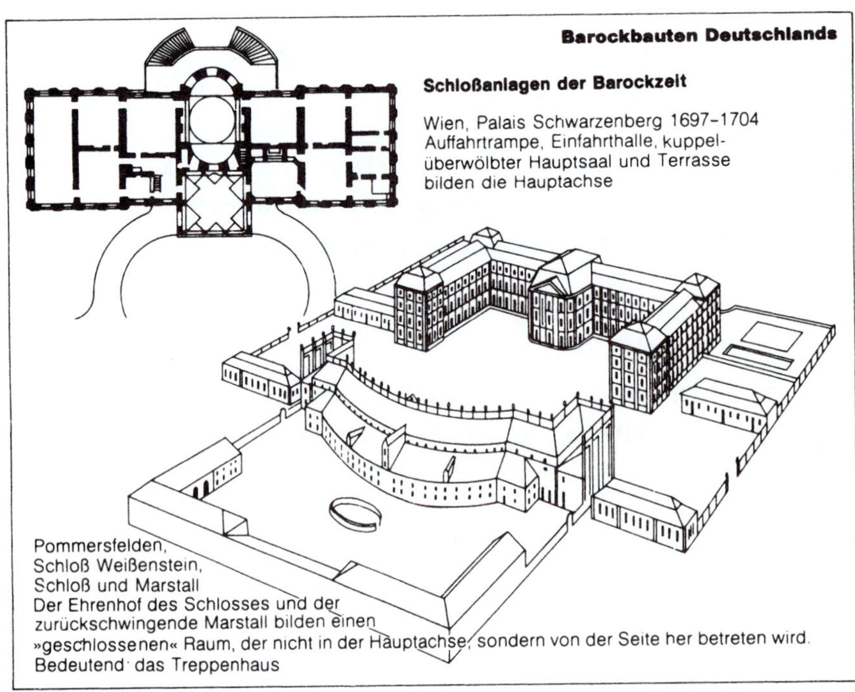

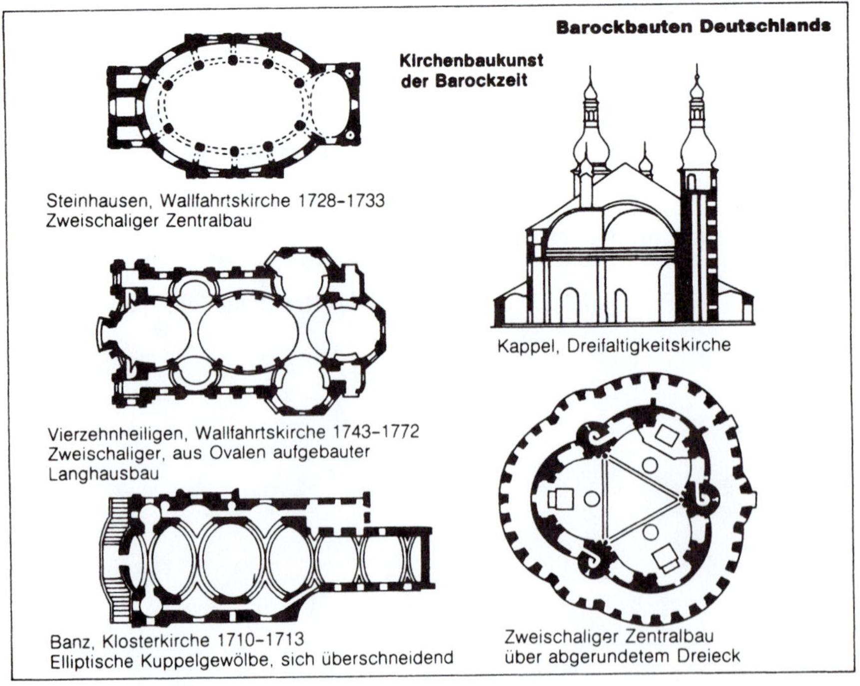

Fragen:

1. Welche Form haben die Schlösser?
2. Was war am wichtigsten bei dem Bau eines solchen Schlosses?
3. Was sollte ein Besucher denken, der das Schloss betrat?
4. Welche geometrischen Formen sind am wichtigsten bei den Kirchen?
5. Wie sehen die Kirchen innen aus?
6. Warum sind Ovale besser als Rechtecke?
7. Wie kann man den Eindruck von dieser Kultur beschreiben? Die Architektur des 20. Jahrhunderts ist funktional, nüchtern, auf Arbeit und praktische Anordnung ausgerichtet. Wie stellen wir uns die Räume hier vor?
8. Würden Sie sich in einem Barockschloss wohlfühlen? Warum/warum nicht?

E. Themen für Studentenreferate oder schriftliche Arbeiten:

1. Wallensteins Leben und seine politischen Pläne.
2. Grimmelshausen: sein Leben und seine Bücher.
3. Der Große Kurfürst: Brandenburg nach dem Dreißigjährigen Krieg, seine Politik—Erfolge und Mißerfolge.

7. Die Staatsräson

A. Verstehen Sie diese Wörter? Erklären Sie sie und bilden Sie einen Satz damit:

1. die Aufklärung
2. das Bürgertum
3. die Kulturkritik
4. das Selbstvertrauen
5. die Standesschranke
6. der Hofmeister
7. die Verbürgerlichung
8. der Vormund
9. die Gemeinnützigkeit
10. die Zensur
11. der Privatdozent
12. der Unabhängigkeitskrieg

B. Verbinden Sie die beiden Sätze mit um-zu:

BEISPIEL: Das Bürgertum brauchte wirtschaftliche Freiheit. / Es wollte sich entwickeln.
Das Bürgertum brauchte wirtschaftliche Freiheit, um sich zu entwickeln.

1. Thomasius ging nach Halle. / Er wollte seine neuen Ideen durchsetzen.
2. Gottsched schrieb ein Lehrbuch über die Dichtung. / Er wollte der Literatur eine neue Richtung geben.
3. Viele junge Leute wählten Theologie. / Sie wollten ein Stipendium bekommen.
4. Viele Theologen wurden freie Schriftsteller. / Sie mussten nicht Pfarrer werden.
5. Prinz Eugen ging nach Österreich. / Er wollte Offizier werden.
6. Friedrich korrespondierte mit Voltaire. / Er wollte sein Französisch verbessern.
7. Friedrich eroberte Schlesien. / Er wollte Preußen zu einer Großmacht erheben.
8. Lessing schrieb sein letztes Drama. / Er wollte seine Ideen über die Religion ausdrücken.
9. Der Kaufmann heiratete eine reiche Frau. / Er wollte eine Mitgift bekommen.
10. Die Herrnhuter kamen nach Pennsylvanien. / Sie wollten in einem Land mit religiöser Freiheit leben.

C. Vervollständigen Sie die Sätze mit dem Objekt im Dativ oder Akkusativ:

BEISPIEL: Das Licht der Vernunft wird _____ gebracht. (die Menschen)
Das Licht der Vernunft wird den Menschen gebracht.

1. Die Würde ist _____ gemeinsam. (alle Leute)
2. Der Mensch muss _____ überwinden. (seine Vorurteile)
3. Das Bürgertum wollte _____ schaffen. (ein neuer Adel)
4. Die Eroberung von Belgrad gelang _____. (der Prinz Eugen)
5. Die Aufklärung erträumte _____. (ein gebildeter Herrscher)
6. Friedrich bereitete _____ Schwierigkeiten. (die Kaiserin)
7. Andere Staaten ahmten _____ nach. (die preußische Verwaltung)
8. Die Professur gab _____ mehr freie Zeit. (der Philosoph)
9. Die Eltern widmeten sich jetzt mehr _____. (ihre Kinder)
10. Deutsche Fürsten verkauften _____ nach Amerika. (ihre Soldaten).

D. Pennsylvanischer Staatsbote:

1776. Dienstags, den 9 July. Henrich Millers 813 Stück.

Pennsylvanischer Staatsbote.

Diese Zeitung kommt alle Wochen zweymal heraus, näml. Dienstags und Freytags, für Sechs Schillinge des Jahrs.

N.B. *All* ADVERTISEMENTS *to be inserted in this Paper, or printed single by* HENRY MILLER, *Publisher hereof, are by him translated gratis.*

Im Congreß, den 4ten July, 1776.

Eine Erklärung durch die Repräsentanten der Vereinigten Staaten von America, im General-Congreß versammlet.

Wenn es im Lauf menschlicher Begebenheiten für ein Volk nöthig wird die Politischen Bande, wodurch es mit einem andern verknüpft gewesen, zu trennen, und unter den Mächten der Erden eine abgesonderte und gleiche Stelle einzunehmen, wozu selbiges die Gesetze der Natur und des GOttes der Natur berechtigen, so erfordern Anstand und Achtung für die Meinungen des menschlichen Geschlechts, daß es die Ursachen anzeige, wodurch es zur Trennung getrieben wird.

Wir halten diese Wahrheiten für ausgemacht, daß alle Menschen gleich erschaffen worden, daß sie von ihrem Schöpfer mit gewissen unveräusserlichen Rechten begabt worden, worunter sind Leben, Freyheit und das Bestreben nach Glückseligkeit. Daß zur

Er hat Gesetzgebende Körper an ungewöhnlichen, unbequemen und von der Niederlage ihrer öffentlichen Archiven entfernten Plätzen zusammen berufen, zu dem einzigen Zweck, um sie so lange zu plagen, bis sie sich zu seinen Maaßregeln bequemen würden.

Er hat die Häuser der Repräsentanten zu wiederholten malen aufgehoben, dafür, daß sie mit männlicher Standhaftigkeit seinen gewaltsamen Eingriffen auf die Rechten des Volks widerstanden haben.

Er hat, nach solchen Aufhebungen, sich eine lange Zeit widersetzt, daß andere erwählt werden solten; wodurch die Gesetzgebende Gewalt, die keiner Vernichtung fähig ist, zum Volk überhaupt wiederum zur Ausübung zurück gekehrt ist; mittlerweile

Im Congreß den 4ten July, 1776. *Eine Erklärung durch die Repräsentanten der Vereinigten Staaten von America, im General-Congreß versammlet.*

Wenn es im Lauf menschlicher Begebenheiten für ein Volk nöthig wird die Politischen Bande, wodurch es mit einem andern verknüpft gewesen, zu trennen, und unter den Mächten der Erden eine abgesonderte und gleiche Stelle einzunehmen, wozu selbiges die Gesetze der Natur und des Gottes der Natur berechtigen, so erfordern Anstand und Achtung für die Meinungen des menschlichen Geschlechts, dass es die Ursachen anzeige, wodurch es zur Trennung getrieben wird.

Wir halten diese Wahrheiten für ausgemacht, dass alle Menschen gleich erschaffen worden, dass sie von ihrem Schöpfer mit gewissen unveräußerlichen Rechten begabt worden, worunter sind Leben, Freyheit und das Bestreben nach Glückseligkeit.

Beantworten Sie diese Fragen:

1. In welcher Zeitung erschien diese Erklärung?
2. Wie heißt diese Erklärung auf englisch?
3. Wie oft erscheint die Zeitung?
4. Wieviel kostet diese Zeitung?
5. Welche Wörter sind anders geschrieben als heute?
6. Was erklärt der erste Absatz?
7. Was wird über die Natur des Menschen gesagt?
8. Wer ist für diese Erklärung verantwortlich?

E. Themen für Studentenreferate oder schriftliche Arbeiten:

1. Gotthold Ephraim Lessing als Kritiker und Dramatiker; seine theologischen Kontroversen.
2. Moses Mendelssohn, sein Leben, seine Schriften und seine Bedeutung für die Juden in Deutschland.
3. Kaiser Joseph II., seine Reformen und die Idee des „Josephinismus."
4. Franz Daniel Pastorius, seine Idee der Religionsfreiheit, seine Auswanderung und die Frage der Sklaverei.

8. Die Goethezeit

A. Verstehen Sie diese Wörter? Erklären Sie sie und bilden Sie Sätze damit:

1. die Krönungsstadt
2. die Geschichtsphilosphie
3. der Briefroman
4. der Bildungsroman
5. die Naturphilosophie
6. die Blütezeit
7. die Symphonie
8. das Volkslied
9. die Gewerbefreiheit
10. der Nationalismus

B. Ersetzen Sie den Relativsatz durch eine Wendung mit dem Partizip:

BEISPIEL: Nach Wien zog Beethoven, der in Bonn geboren war.
Nach Wien zog der in Bonn geborene Beethoven.

1. Goethe, der aus einer wohlhabenden Familie stammte, wurde Minister in Weimar.
2. Herder, der als Literaturkritiker bekannt war, begeisterte Goethe für Shakespeare.
3. Die deutschen Schriftsteller, die damals von Unterstützungen abhingen, hatten ein schweres Leben.
4. So begann die Freundschaft der beiden, die bis zum Tod Schillers dauerte.

5. Goethe, der von Italien zurückgekehrt war, fand wenig Verständnis für seine neuen Ideen.
6. Madame de Staël stellte die deutsche Kultur in einem Buch dar, das damals viel gelesen wurde.
7. Die Entwicklung, die zum deutschen Nationalismus führte, begann mit der Niederlage Preußens.
8. Die Universität, die von Humboldt in Berlin gegründet worden war, wurde zum Vorbild für die Universitätsreform.

C. Bilden Sie Sätze aus diesen Elementen:

1. stammen aus / der Adel
2. sich vertiefen in / die Bibel
3. helfen bei / die Verwaltung
4. bestehen aus / viele kleine Länder
5. sich abwenden von / die Politik
6. hoffen auf / der einheitliche Staat
7. sich verbinden mit / der wirtschaftliche Fortschritt
8. eintreten in / die Armee
9. führen zu / Forschungen in der Medizin
10. gehören zu / politische Reformen

D. Die Welt des Hofes

Herzogin Anna Amalia und ihr Kabinettssekretär Karl von Kotzebue

Erbprinz Karl Friedrich und Prinzessin Karoline. Beide Schattenrisse: Weimar, Goethe-Nationalmuseum

1. Wer ist auf diesen Schattenrissen oder Scherenschnitten dargestellt?
2. Was tun diese vier Personen?
3. Wofür interessierten sich die Menschen, die solche Schattenrisse machten und besaßen?
4. Wer konnte solchen Schattenriss herstellen?
5. Warum nannte man sie auch Silhouetten?
6. Wie groß sind solche Scherenschnitte?
7. Was ist wichtig, wenn man einen guten Scherenschnitt machen will?
8. Haben Sie einmal versucht, einen Scherenschnitt zu machen?

E. Themen für Studentenreferate oder schriftliche Arbeiten:

1. Wolfgang Amadeus Mozart: freischaffender Komponist, seine Opern, Wien als Musikstadt.
2. August Graf Neithart von Gneisenau: Herkunft, Aufenthalt in Amerika, Idee einer Volksarmee, Stratege gegen Napoleon.
3. Jacob Grimm: Laufbahn und wichtigste Schriften, Idee der Volksdichtung.

9. Einigkeit und Recht und Freiheit

A. Verstehen Sie diese Wörter? Erklären Sie sie und bilden Sie einen Satz damit:

1. die Studentenverbindung
2. die Burschenschaft
3. der Polizeistaat
4. der Demagoge
5. der Gesangsverein
6. die Frauenemanzipation
7. die Gleichberechtigung
8. die Aktiengesellschaft
9. die Zollunion
10. die Versammlungsfreiheit
11. die Nationalversammlung
12. das Zweikammersystem

B. Bilden Sie Sätze aus diesen Elementen:

1. bestehen aus / ältere Studenten
2. aufrufen zu / Demonstration
3. verbringen mit / Wochenenden
4. ansehen als / unmoralisch
5. stehen zwischen / verschiedene Kulturen
6. importieren aus / andere Länder
7. ausbrechen unter / arme Bevölkerung
8. erwarten von / friedliche Reformen

9. stimmen für / neue Gesetze
10. führen zu / schwere Konflikte

C. Verbinden Sie die Sätze durch einen Infinitiv:

1. Die Jenaer Burschenschaft forderte die Studenten auf. / Sie nahmen an der Feier teil.
2. Karl Ludwig Sand hielt es für eine gute Tat. / Er ermordete den Schriftsteller August von Kotzebue.
3. Diese Tat war der Anlass. / Man führte die Zensur ein.
4. Der Polizeistaat brachte die Bürger dazu. / Sie zogen sich von der Politik zurück.
5. Auch Schriftstellerinnen begannen damit. / Sie traten für die Frauenemanzipation ein.
6. Heinrich Heine bemühte sich. / Er beschrieb in seinen Reisebüchern die aktuellen Probleme der Zeit.
7. List hatte das versprochen. / Er wanderte nach Amerika aus.
8. Die Regierungen standen vor dem Problem. / Sie ernährten die schnell wachsende Bevölkerung.
9. Die Nationalversammlung begann damit. / Sie arbeitete eine Verfassung des Deutschen Reiches aus.
10. Die Aufgabe der preußischen Truppen in Baden war es. / Sie stellten die Monarchie wieder her.

D. „Das Lied der Deutschen"

1. Deutschland, Deutschland über alles,
   Über alles in der Welt,
   Wenn es stets zu Schutz und Trutze
   Brüderlich zusammenhält.
   Von der Maas bis an die Memel,
   Von der Etsch bis an den Belt:
   Deutschland, Deutschland, über alles.
   Über alles in der Welt!

2. Deutsche Frauen, deutsche Treue,
   Deutscher Wein und deutscher Sang
   Sollen in der Welt behalten
   Ihren alten, schönen Klang,
   Uns zu edler Tat begeistern

Unser ganzes Leben lang:
Deutsche Frauen, deutsche Treue,
Deutscher Wein und deutscher Sang.

3. Einigkeit und Recht und Freiheit
Für das deutsche Vaterland!
Danach lasst uns alle streben
Brüderlich mit Herz und Hand!
Einigkeit und Recht und Freiheit
Sind des Glückes Unterpfand:
Blüh im Glanze dieses Glückes,
Blühe, deutsches Vaterland!

1. Was fordert die erste Strophe von den Deutschen?
2. Wodurch bestimmt die erste Strophe die deutschen Grenzen? In welchen Ländern sind heute diese Punkte?
3. Worauf sollen die Deutschen gemäß der zweiten Strophe besonders stolz sein?
4. Wozu sollen sie die Deutschen begeistern?
5. Wonach sollen die Deutschen gemäß der dritten Strophe streben?
6. Warum sollen sie danach streben?
7. Welche Zeilen kann man verschieden verstehen, und zwar wie?
8. Wie wünscht sich Hoffmann von Fallersleben sein Vaterland?

E. Themen für Studentenreferate oder schriftliche Arbeiten:

1. Heinrich Heine, sein Leben und seine Werke: nehmen Sie ein Beispiel, zum Beispiel ein Gedicht!
2. Carl Spitzwegs Bilder und ihre Popularität.
3. Die Entwicklung eines bekannten deutschen Industriebetriebs, wie Krupp, Borsig oder Siemens.
4. Deutsche „Achtundvierziger“ in den USA und ihre politische Bedeutung: Beispiele!

10. Die Verspätete Nation

A. Verstehen Sie diese Wörter? Erklären Sie sie und bilden Sie einen Satz damit:

1. die Leistungsprämie
2. die Genossenschaft
7. die Bildergeschichte
8. die Großmacht

3. die Gewerkschaft
4. der Materialismus
5. das Abgeordnetenhaus
6. der Verfassungsbruch
9. das Mehrheitswahlrecht
10. die Zivilehe
11. die Sozialgesetzgebung
12. die Sonntagsruhe

B. Ergänzen Sie diese Sätze:

BEISPIEL: Als Heine krank im Bett lag,
Als Heine krank im Bett lag, schrieb er seine bedeutendsten Gedichte.

1. Weil König Wilhelm I. keinen Ausweg mehr wusste, . . .
2. Als Kaiser Napoleon III. gefangen genommen worden war, . . .
3. Obwohl die meisten Deutschen mit dem Reich einverstanden waren, . . .
4. Auch wenn die Opposition im Reichstag die Mehrheit hatte, . . .
5. Obwohl der Staat eine Sozialgesetzgebung durchsetzte, . . .
6. Als Kaiser Friedrich III. an die Regierung kam, . . .
7. Nachdem Bismarck aus dem politischen Kampf ausgeschieden war, . . .
8. Obwohl Deutschland wirtschaftlich und politisch stark war, . . .

C. Setzen Sie in die indirekte Rede:

BEISPIEL: Heine sagte: „Es beginnt ein neues Zeitalter."
Heine sagte, dass ein neues Zeitalter beginne.
Die Studenten fragten: „Dürfen wir die Feier abhalten?"
Die Studenten fragten, ob sie die Feier abhalten dürften.

1. Marx forderte: „Die Philosophie soll die Welt verändern."
2. Die Sozialisten fragten: „Kann der Kapitalismus durch eine fortschrittlichere Idee überwunden werden?"
3. Die Gegner der Industrie sagten: „Die Stadt ist böse, das Dorf ist gut."
4. Bismarck sagte: „Ich will Deutschland unter der Führung Preußens vereinigen."
5. Napoleon III. forderte: „Kein preußischer Prinz darf König von Spanien werden."
6. Man dachte oft nicht daran: „Kann dieses Pathos wirklich echt sein?"
7. Bismarck dachte: „Die neue Großmacht wird das europäische Gleichgewicht erschüttern."
8. Bismarck fragte sich: „Kann ich Deutschland vor einer Einkreisung bewahren?"
9. Die Katholiken dachten: „Bismarck greift die katholische Kirche an."
10. Bismarck fragte sich: „Bleiben die Arbeiter Sozialdemokraten, wenn sie ein besseres Leben bekommen?"

D. KARL MARX und FRIEDRICH ENGELS: MANIFEST DER KOMMUNISTISCHEN PARTEI (1848)

Ein Gespenst geht um in Europa—das Gespenst des Kommunismus. Alle Mächte des alten Europa haben sich zu einer heiligen Hetzjagd gegen dies Gespenst verbündet, der Papst und der Zar, Metternich und Guizot, französische Radikale und deutsche Polizisten . . .

Es ist hohe Zeit, dass die Kommunisten ihre Anschauungsweise, ihre Zwecke, ihre Tendenzen vor der ganzen Welt offen darlegen und dem Märchen vom Gespenst des Kommunismus ein Manifest der Partei selbst entgegenstellen . . .

I. BOURGEOIS UND PROLETARIER

Die Geschichte aller bisherigen Gesellschaft ist die Geschichte von Klassenkämpfen. Freier und Sklave, Patrizier und Plebejer, Baron und Leibeigener, Zunftbürger und Gesell, kurz, Unterdrücker und Unterdrückte standen in stetem Gegensatz zueinander, führten einen ununterbrochenen, bald versteckten, bald offenen Kampf, einen Kampf, der jedesmal mit einer revolutionären Umgestaltung der ganzen Gesellschaft endete oder mit dem gemeinsamen Untergang der kämpfenden Klassen . . .

Manifest

der

Kommunistischen Partei.

Veröffentlicht im Februar 1848.

Proletarier aller Länder vereinigt Euch!

London.

Gedruckt in der Office der „Bildungs-Gesellschaft für Arbeiter“
von J. E. Burghard.
46, Liverpool Street, Bishopsgate.

Titelblatt des Kommunistischen Manifests

Fragen

1. Was ist der Zweck des Manifests?
2. Was bedeutet hier „Gespenst“?
3. Was ist die bisherige Geschichte?
4. Welche Klassen kämpfen jetzt miteinander?
5. Wie kann das Resultat dieses Kampfes sein?
6. Welche Möglichkeit gibt es für Marx und Engels nicht?
7. Was, denken Sie, bedeutet hier „Kommunismus“?
8. Warum hatten viele Menschen nichts dagegen, das Privateigentum abzuschaffen?

E. Themen für Studentenreferate oder schriftliche Arbeiten:

1. Prinzipien und Entwicklung des Sozialismus in Deutschland bis 1900.
2. Helmuth von Moltke: seine Persönlichkeit, sein Aufenthalt in der Türkei, seine strategischen Konzepte und eine wichtige Schlacht.
3. Wilhelm Busch, seine Herkunft und Persönlichkeit, der Charakter und die Wirkung seiner Bildergeschichten.
4. Richard Wagner: seine Persönlichkeit, seine Idee der Oper und des Gesamtkunstwerkes, Antisemitismus.

11. Weltpolitik

A. Verstehen Sie diese Wörter? Erklären Sie sie und bilden Sie einen Satz damit:

1. die Gesellschaftskritik
2. der Neureiche
3. der Naturalismus
4. die Jugendbewegung
5. die Lerngemeinschaft
6. der Übermensch
7. die Frauenbildung
8. der Expressionismus
9. der Geburtsfehler
10. der Stellungskrieg
11. der Verständigungsfriede
12. die Verfassungsreform

B. Lassen Sie bei den Substantiven mit Adjektiven den Artikel weg und achten Sie dabei auf die Adjektivendungen:

BEISPIEL: Die Menschen lebten in dem großen Wohlstand.
Die Menschen lebten in großem Wohlstand.

1. Die Erfindung der künstlichen Farben war sehr wichtig.
2. Die englischen Produkte waren damals besser.
3. Dieser Neureiche isst das fette Fleisch und trinkt das starke Bier.
4. Damals entstanden die verschiedenen Reformbewegungen.
5. Die vielen jungen Leute waren damals von Nietzsches Philosophie beeindruckt.
6. Die Postämter sind in dem neugotischen Stil gebaut.
7. Gerhart Hauptmann stellte die Konflikte der einfachen Menschen dar.
8. Nietzsche schilderte den Übermenschen in dem biblischen Stil.
9. Damals wurde viel über die neuen Theorien diskutiert.
10. Die Menschen warteten auf das große Unwetter.
11. Sie hofften, die nordfranzösischen Bodenschätze zu bekommen.
12. Dadurch entstand auch der große Druck.

C. Verändern Sie die Sätze mit man *in Sätze mit einer Infinitivkonstruktion:*

BEISPIEL: Man kann diese Karikatur jetzt noch finden.
Diese Karikatur ist jetzt noch zu finden.

1. Man kann die alten Autos im Museum in Stuttgart sehen.
2. Man konnte die deutschen Produkte nicht von den englischen unterscheiden.
3. Man konnte viele Konflikte auf die Kindheit zurückführen.
4. Man hatte den Schultyrannen an den Gymnasien finden können.
5. Man hat vom neuen Reich viel erwarten können.
6. Man kann leicht einige Aussprüche Nietzsches isolieren.
7. Man konnte eine Veränderung erhoffen.
8. Man wird jetzt nicht mehr an Reformen denken können.
9. Man konnte keine neuen Kolonien mehr erwerben.
10. Man konnte damals die Gleichberechtigung noch nicht erreichen.

D. Einblick in die „gute alte" Zeit

1. Von wo bis wo fährt dieser Berliner Omnibus?
2. Wem gehört der Omnibus?
3. Was für Menschen fahren damit?

4. Wie sind sie gekleidet? Warum?
5. Warum sieht man fast nur Männer und keine Frauen?
6. Wieso ist hier der Beginn der modernen Zeit?

E. Themen für Studentenreferate oder schriftliche Arbeiten:

1. Friedrich Nietzsche: Leben, Diagnose seines Zeitalters und Hauptideen, wie Elite und Masse.
2. Sigmund Freud: das Unbewusste, Einfluss der frühen Kindheitsentwicklung und Kulturtheorie.
3. Führerinnen der deutschen Frauenbewegung, z. B. Luise Otto-Peters: politische Ziele, organisatorische Arbeit.
4. Die Jugendbewegung in Deutschland: Wandervögel, Natur, Freundschaft, Gemeinschaft, Idee der Männerbünde.

12. Weimar und Potsdam

A. Verstehen Sie diese Wörter? Erklären Sie sie und bilden Sie einen Satz damit:

1. das Verhältniswahlrecht
2. die Notverordnung
3. der Generalstreik
4. die Reparation
5. die Selbstbestimmung
6. die Verständigung
7. die Mietskaserne
8. die Tiefenpsychologie
9. die Saalschlacht
10. die Koalitionsregierung

B. Verbinden Sie die beiden Sätze mit um-zu*:*

BEISPIEL: Die Verfassung enthielt die Grundrechte. / Sie wollte die Rechte des einzelnen Menschen garantieren.

Die Verfassung enthielt die Grundrechte, um die Rechte des einzelnen Menschen zu garantieren.

1. Die Regierung setzte die Armee ein. / Sie wollte die Ordnung erhalten.
2. Die deutsche Industrie musste exportieren. / Sie wollte die Reparationen zahlen.
3. Die Reichsmark musste 1 : 1 Billion abgewertet werden. / Man wollte eine stabile Währung erhalten.
4. Die deutschen Städte nahmen Kredite auf. / Sie wollten die Straßen modernisieren.
5. Die Schriftsteller schrieben in einem neuen Stil. / Sie wollten das neue Lebensgefühl ausdrücken.
6. Hitler zerstörte die Demokratie. / Er wollte eine Diktatur errichten.

7. Manche Parteien vereinigten sich zu negativen Mehrheiten. / Sie wollten ein Gesetz ablehnen.
8. Hindenburg berief Hitler zum Reichskanzler. / Er wollte Ruhe und Ordnung wieder herstellen.

Beginnen Sie die Sätze mit *um-zu*.

C. Setzen Sie die Sätze ins Passiv:

1. Man griff bei dem Kapp-Putsch in Berlin nicht ein.
2. Man setzte große Hoffnungen auf den amerikanischen Präsidenten.
3. Man hielt in vielen Gebieten Abstimmungen ab.
4. Man verbot den Österreichern, sich an Deutschland anzuschließen.
5. Man erprobte verbotene Waffen insgeheim in der Sowjetunion.
6. Man akzeptierte jetzt die neuen Westgrenzen.
7. Man konnte viele sozialpolitische Ideen verwirklichen.
8. Auch in der Kultur konnte man viel Neues ausprobieren.
9. Man muss die Emigration sehr bedauern.
10. Man musste unbedingt viele Arbeitsplätze schaffen.

D. Sozialdemokraten organisieren sich. Ein Zeitdokument

2. Extraausgabe Sonnabend, den 9. November 1918.

Vorwärts

Berliner Volksblatt.

Zentralorgan der sozialdemokratischen Partei Deutschlands.

Der Kaiser hat abgedankt!

Der Reichskanzler hat folgenden Erlaß herausgegeben:

Seine Majestät der Kaiser und König haben sich entschlossen, dem Throne zu entsagen.

Der Reichskanzler bleibt noch so lange im Amte, bis die mit der Abdankung Seiner Majestät, dem Thronverzichte Seiner Kaiserlichen und Königlichen Hoheit des Kronprinzen des Deutschen Reichs und von Preußen und der Einsetzung der Regentschaft verbundenen Fragen geregelt sind. Er beabsichtigt, dem Regenten die Ernennung des Abgeordneten Ebert zum Reichskanzler und die Vorlage eines Gesetzentwurfs wegen der Ausschreibung allgemeiner Wahlen für eine verfassungsgebende deutsche Nationalversammlung vorzuschlagen, der es obliegen würde, die künftige Staatsform des deutschen Volk, einschließlich der Volksteile, die ihren Eintritt in die Reichsgrenzen wünschen sollten, endgültig festzustellen.

Berlin, den 9. November 1918. **Der Reichskanzler.**
Prinz Max von Baden.

Es wird nicht geschossen!

Der Reichskanzler hat angeordnet, daß seitens des Militärs von der Waffe kein Gebrauch gemacht werde.

Parteigenossen! Arbeiter! Soldaten!

Soeben sind das Alexanderregiment und die vierten Jäger geschlossen zum Volke übergegangen. Der sozialdemokratische Reichstagsabgeordnete Wels u. a. haben zu den Truppen gesprochen. Offiziere haben sich den Soldaten angeschlossen.

Der sozialdemokratische Arbeiter- und Soldatenrat.

1. Was für eine Zeitung ist das „Vorwärts"?
2. Welche drei Nachrichten bringt sie, und von wem kommen sie?
3. Was schlägt der Reichskanzler vor?
4. Wer ist der „Abgeordnete Ebert"?
5. Warum waren „Extraausgaben" der Zeitungen so wichtig? Wie erfuhren die Menschen, was passierte?
6. Was ist dann tatsächlich passiert?

E. Wenn das Geld zu Wasser wird . . .

1. Wieviel ist eine Billion? (auf englisch)
2. Was bedeutet es für die Menschen, wenn eine Billion plötzlich nur noch eine Mark ist?
3. Wie denken Sie, leben die Menschen, wenn abends das Geld halb so viel wert ist wie morgens?
4. Warum haben immer noch viele Deutsche Angst vor Inflation?
5. Haben Sie ein Land mit schwacher Wührung bereist? Was ist Ihre Erfahrung?

F. Themen für Studentenreferate oder schriftliche Arbeiten:

1. Wilsons 14 Punkte und die Friedenskonferenz von Versailles.
2. Paul von Hindenburg: Rolle im Ersten Weltkrieg, „mythische" Figur, Reichspräsident.
3. Hermann Hesse: Pazifismus im Ersten Weltkrieg, Einfluss auf die Jugend, Beispiel eines Werkes: *Demian, Steppenwolf,* oder andere.
4. Das Bauhaus und sein Konzept der Architektur, der Stadtplanung und der Gestaltung der Wohnungseinrichtungen; sein späterer Einfluss.

13. Des Nationalsozialismus

A. Verstehen Sie diese Wörter? Erklären Sie sie und bilden Sie einen Satz damit:

1. die Kunstakademie
2. der Einzelgänger
3. der Gemeinnutz
4. die Volksabstimmung
5. der Propagandaminister
6. der Volksdeutsche
7. der Blitzkrieg
8. der Judenstern
9. die Endlösung
10. die Verschwörung
11. die Kollektivschuld
12. der Völkermord

B. Setzen Sie die richtigen Präpositionen mit Artikel ein:

1. Hitler stammte __________ __________ letzten Ehe seines Vaters.
2. Hitler lebte lange __________ __________ Erbteil seiner Familie.
3. Die Gemeinschaft der Arier besteht __________ Führer und Gefolgschaft.
4. Er galt __________ __________ Soldaten als typischer Einzelgänger.
5. Er lag __________ ein __________ Gasvergiftung im Lazarett.
6. Hitler versuchte es am Anfang __________ ein __________ Putsch.
7. Später wollte er legal __________ __________ Macht kommen.
8. Deutschland kümmerte sich nicht mehr __________ __________ internationale Währungssystem.
9. Niemand hinderte Hitler __________ __________ Besetzung des Rheinlandes.
10. Die Deutschen begannen __________ Luftangriffen auf englische Städte.

C. Setzen Sie Pronomen oder Adverb ein:

BEISPIEL: Die Postkarten wurden von den Händlern verkauft.
Die Postkarten wurden von ihnen verkauft.
Er wusste nichts von den Postkarten.
Er wusste nichts davon.

1. Er befasste sich mit Berichten über Parteien.
2. Hitler sprach von Rache für Versailles.
3. Hitler sprach zu den Massen.
4. Hitler sorgte für die Gleichschaltung der Länder.
5. Viele Broschüren wurden von politischen Agitatoren verteilt.

6. Niemand hinderte Hitler, gegen die Bestimmungen des Vertrages von Versailles zu arbeiten.
7. Es war sehr schwer, gegen die Regierung zu opponieren.
8. Die Deutschen kämpften mit den Verbündeten zusammen in Afrika.
9. Der Krieg blieb nicht auf die Frontkämpfe beschränkt.
10. Alle Parteien waren an der Verschwörung beteiligt.

D. „Keiner soll hungern oder frieren."

Der Nationalsozialismus begann mit großen Sammelaktionen für arbeitslose „Volksgenossen", besonders das „Winterhilfswerk". Einmal die Woche sollte man „Eintopf" essen und die Ersparnisse spenden. Der „freiwillige Zwang" brachte viele Millionen für die NSV, die Nationalsozialistische Volkswohlfahrt. Der bekannteste Spruch war „Keiner soll hungern und frieren". Daraus entstand der Witz: „Keiner soll hungern, ohne zu frieren".

Fragen

1. Was sind „Eintopfgerichte"?
2. Was sollen die Geldmünzen (10-Pfennig-Stücke = „Groschen") symbolisieren?
3. Warum war dies ein Teil der „Volksgemeinschaft"?
4. Ist dieses Plakat wirksam? Wodurch?
5. Warum waren diese Aktionen 1933 und 1934 so wichtig?

E. Themen für Studentenreferate oder schriftliche Arbeiten:

1. Das Programm und die Versprechungen der Nationalsozialisten.
2. Die Idee von „Großdeutschland“, Volksdeutsche, „Heim ins Reich,“ ihre Herkunft und Bedeutung.
3. Die Nürnberger Gesetze: ihre ideologische Basis und ihre Folgen.
4. Die SS: Ihre Ideologie, Organisation und Auswahl der Mitglieder; ihre Funktionen im Staat.

14. Das Wirtschaftswunder

A. Verstehen Sie diese Wörter? Erklären Sie sie und bilden Sie einen Satz damit:

1. die Besatzungszone
2. die Volksfront
3. die Einheitsliste
4. das Grundgesetz
5. die Luftbrücke
6. der Flüchtling
7. der Staatsvertrag
8. die Wiedervereinigung
9. die Arbeitsnorm
10. das Niemandsland

B. Wie heißen die Substantive zu folgenden Verben?

1. hungern
2. schreiben
3. erzählen
4. teilnehmen
5. abschließen
6. senden
7. gründen
8. wählen
9. drücken
10. bedürfen
11. siegen
12. morden
13. vereinigen
14. bauen
15. fliehen

Bilden Sie Sätze mit den Substantiven.

C. Verwandeln Sie den Satz in einen Satz mit lassen (reflexiv!):

BEISPIEL: Man kann 1945 nicht mit 1918 vergleichen.
1945 läßt sich nicht mit 1918 vergleichen.

1. Man konnte keine Einigung über Deutschlands Ostgrenzen erreichen.
2. 1948 war klar, dass man keine Einigung über Deutschland erzielen konnte.
3. Das schwierige Saarproblem konnte freundschaftlich gelöst werden.
4. Man kann den Sieg der CDU durch die günstige Entwicklung der Wirtschaft erklären.
5. Man kann die Wahlen auch nach einer Einheitsliste abhalten.
6. Man konnte Berlin durch die Luft versorgen.

7. Man konnte unter diesen Bedingungen die Fabriken wieder aufbauen.
8. Die Flucht der Einwohner konnte nur durch die Mauer in Berlin verhindert werden.
9. Man konnte in der Bundesrepublik wieder gut leben.
10. Man kann heute die Probleme dieser Zeit nur schwer verstehen.

D. Signale einer neuen Zeit

1. Was brachte der Marshallplan für Deutschland?
2. Warum benutzt das Plakat das Symbol der Bauarbeiten?
3. Was soll die Lampe symbolisieren?
4. Welches Signal soll das Plakat einem deutschen Arbeiter geben?
5. Wie sollen die Deutschen über die USA denken?
6. Was will das Plakat den Deutschen durch das Wort „Vorwärts" suggereferen?

E. Themen für Studentenreferate oder schriftliche Arbeiten:

1. Die CDU in Deutschland und christliche Parteien in Europa: Ursachen für ihren Erfolg nach 1945.
2. Konrad Adenauer: seine Herkunft, seine Politik vor 1933 und seine Ziele von 1949.
3. Die wichtigsten Ideen für ein „neues Deutschland" in der DDR.
4. Die Darstellung des deutschen Alltagslebens und der deutschen Mentalität nach 1945 in Büchern und Filmen: Beispiele!

15. Die Berliner Mauer und ihr Fall

A. Verstehen Sie diese Wörter? Erklären Sie sie und bilden Sie einen Satz damit:

1. die Ostpolitik
2. der Grundvertrag
3. die Volkskammer
4. der Fertigbau
5. der Radikalenerlass
6. die Entspannungspolitik
7. die Verflechtung
8. das Aufnahmeverfahren
9. die Ausländerfeindlichkeit
10. der Einigungsvertrag
11. die Umschulung
12. die Treuhandanstalt

B. Bilden Sie aus dem zweiten Teil einen Infinitivsatz:

BEISPIEL: Die DDR hatte Interesse daran / sie ging auf diese Politik ein.
Die DDR hatte Interesse daran, auf diese Politik einzugehen.

1. Ludwig Erhard war 1966 dazu gezwungen / er trat als Bundeskanzler zurück.
2. Adenauer war damit einsverstanden / er nahm diplomatische Beziehungen zur Sowjetunion auf.
3. Es gelang Erich Honecker / er vereinigte die Staats- und Parteiämter.
4. Von den DDR-Schriftstellern wurde erwartet / sie beschrieben das Alltagsleben positiv und realistisch.
5. Die DDR stand unter dem Druck / sie führte mehr Konsumgüter ein.
6. Die Studenten verlangten / sie bestimmten in der Universität mit.
7. Einige Idealisten gaben es auf / sie reformierten diese Gesellschaft.
8. Die BRD hatte Interesse daran / sie setzte die Entspannungspolitik fort.
9. Teile der Bevölkerung verlangen / man beschränkt die Einwanderung von Ausländern.
10. Die Reformgruppen fühlten sich ermutigt / sie traten gegen das Regime auf.

C. Bilden Sie Sätze aus diesen Elementen:

1. Beziehungen / aufnehmen
2. Parteien / vertreten sein
3. Probleme / behandeln
4. Reisen / erlauben
5. Freiheit / in Frage stellen
6. Bevölkerung / verunsichern
7. Landkarte / sich verändern
8. Feier / Pläne machen
9. Zusammenschluss erfolgen
10. Atmosphäre / vergiften

D.

Das genügt, bis zur Bundestagswahl tut's noch Ihre alte Brille!

Dies ist ein Kommentar zur ersten gesamtdeutschen Bundestagswahl von 1990.

1. Wer ist der „Augenarzt"?
2. Was hatte er (und die CDU) versprochen?
3. Woran sollten die Wähler vor der Wahl nicht denken?
4. Hatte die Strategie Erfolg? Welche Partei wurde gewählt?
5. Wie stand es mit Steuererhöhungen nach der Wahl?
6. Wie würde ein amerikanischer „Augenarzt" seinen Wahlkampf führen? Was würden Sie auf das Bild schreiben?

E. Themen für Studentenreferate oder schriftliche Arbeiten:

1. Willy Brandt: Herkunft, Emigration, Ziele als Bundeskanzler, Engagement für die Dritte Welt.
2. Politisches Asyl: seine Berechtigung und seine Probleme am Beispiel Deutschland.
3. Die Grünen als Teil einer alternativen Bewegung: Anfänge, Ideen, Entwicklung.
4. Wirtschaftliche und psychologische Probleme der deutschen Wiedervereinigung.

Zur deutschen Geschichte allgemein:

A. Charakterisieren Sie kurz:

1. Welche Gestalten der deutschen Geschichte sind volkstümlich geworden? Als was?
2. Welche Städte hatten besondere Bedeutung für die deutsche Geschichte? Wann und wie?
3. Welche Kaiser haben besondere Bedeutung bekommen? Warum?
4. Zehn wichtige Gestalten der deutschen Kultur.
5. Frauen in der deutschen Geschichte: drei Beispiele.
6. Was sind Schlüsselbegriffe für verschiedene Epochen, z.B.: Reformation, Aufklärung, die Zeit vor und nach 1900?

B. Diskussionsthemen:

1. Deutschland und Amerika.
2. Deutschland und Frankreich.
3. Österreich und die deutsche Geschichte.
4. Deutschland zwischen Osten und Westen.
5. Deutschlands Zukunft.

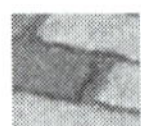

Gegenwart

1. Die deutschen Länder

A. Verstehen Sie diese Wörter? Erklären Sie sie und bilden Sie einen Satz damit:

1. die Marsch
2. der Kreidefelsen
3. der Kriegshafen
4. der Stadtstaat
5. der Grenzübergang
6. das Stadtrecht
7. das Heilbad
8. die Börse
9. der Ausläufer
10. die Residenzstadt
11. die Verarbeitungsindustrie
12. die Hochebene

B. Setzen Sie die passenden Präpositionen, Artikel und Endungen ein:

BEISPIEL: Die Marsch wird _____ _____ Meer _____ groß _____ Deiche geschützt.
Die Marsch wird vor dem Meer durch große Deiche geschützt.

1. Die Industrie ist _____ _____ groß _____ Städte beschränkt.
2. Zum Land Bremen gehört _____ _____ alt _____ Stadt auch Bremerhaven _____ _____ Wesermündung.
3. Die Universität Göttingen war _____ 18. Jahrhundert führend _____ _____ Naturwissenschaften.
4. Diese Entwicklung machte Berlin _____ Beamtenstadt und _____ Kulturzentrum.
5. Berlin betrieb seine Planung _____ _____ Blick _____ _____ Zukunft.
6. Magdeburg liegt _____ _____ Strecke _____ Berlin _____ Hannover.
7. Friedrich Nietzsche lebte hier _____ sein Zusammenbruch _____ sein _____ Schwester.
8. Die Stadt wurde kurz _____ _____ Ende des Krieges _____ ein _____ Lufangriff zerstört.
9. Regensburg stammt _____ _____ Römerzeit und war _____ Mittelalter Stadt der Reichstage.
10. Baden-Württemberg wurde _____ ein _____ Volksabstimmung _____ dies _____ Land vereinigt.

C. Bilden Sie Sätze aus diesen Elementen:

1. Hafen / ausbauen
2. Flut / Land / überschwemmen
3. Proletariat / hervorbringen
4. alte Städte / umfassen.
5. Zuwanderer / anlocken
6. Kaiser / krönen
7. viele Jahre / verbringen
8. die Porzellanmanufaktur / ansiedeln
9. Fluss / entspringen
10. Volksabstimmung / Widerspruch finden

D. Themen für Studentenreferate oder schriftliche Arbeiten:

1. Die Geschichte einer zur Zeit der Römer gegründeten Stadt.
2. Der Rhein als Verbindungsweg, gestern und heute.

3. Hamburg: Handelsstadt und Stadtstaat.
4. Ein deutsches Land, seine Geschichte und seine heutige Identität, zum Beispiel: Bayern, Niedersachsen oder Sachsen.

2. Die Deutschen von heute

A. Verstehen Sie diese Wörter? Erklären Sie sie und bilden Sie einen Satz damit:

1. die Volkstracht
2. der Nationalcharakter
3. der Dünkel
4. die Gemütlichkeit
5. die Gründlichkeit
6. das Heimweh
7. die Wanderlust
8. der Machtfaktor
9. die Umgangssprache
10. der Auslandsdeutsche

B. Was ist das Gegenteil von folgenden Begriffen?

1. wertvoll / ______
2. ähnlich / ______
3. dünn bevölkert / ______
4. privat / ______
5. formell / ______
6. die Heimat / ______
7. normal / ______
8. wiedervereinigt / ______
9. ordentlich / ______
10. offiziell / ______

Bilden Sie Sätze mit den neuen Wörtern.

C. Verwandeln Sie den schräggedruckten Satzteil in einen Infinitivsatz:

BEISPIEL: Die Menschen sind *die Fahrt über die Grenze gewohnt.*
Die Menschen sind es gewohnt, über die Grenze zu fahren.

1. Das Ziel des Deutschen ist *die Korrektheit des Auftretens.*
2. Man kann trotzdem *die Beantwortung dieser Fragen* versuchen.
3. *Die Veränderung solcher Verhältnisse* ist nicht leicht.
4. *Der Spott über andere Dialekte* ist in Deutschland weit verbreitet.
5. Der Junge hat sich *die Weltreise* in den Kopf gesetzt.
6. Sie haben nicht mehr den Wunsch *nach einer Rolle in der Weltpolitik* (spielen)
7. Sie warten *auf die Verwirklichung der politischen Ziele.*
8. *Die Unsicherheit der Deutschen* ist verständlich. (sein)

D.

Michels Nachtgebet: „Und bitte, lieber Gott, laß mich nicht zu groß werden . . . !"

Der „deutsche Michel" mit der Zipfelmütze, die eine „Schlafmütze" wurde, war seit dem 16. Jahrhundert eine beliebte Karikatur des Deutschen. Der Michel ist ursprünglich ein Bauernbursche, einfältig, d.h. naiv und vertrauensselig, langsam, schläfrig, er kommt immer zu spät, und er kommt zu spät, um Geld oder Macht zu bekommen. Im 19. Jahrhundert wurde der Michel das Sinnbild des rückständigen Deutschen. Nach 1945 und nach dem Wirtschaftswunder wollte der Michel, dass die Deutschen still und bescheiden blieben und in der Welt nicht auffallen sollten. Daher die Unterschrift.

1. Wir beschreiben dieses Zimmer.
2. Das Bild ist aus den fünfziger Jahren. Woher wissen wir das?
3. Welchen Besitz hat der, der damals etwas Besonderes war?
4. Wenn er sagt: „Lass mich nicht zu groß werden", was will er vor allem vermeiden? Was steckt in dem Wort „groß"?
5. Was wäre heute das Nachtgebet eines deutschen Michels? Machen Sie eine Karikatur!

E. Der Bürgermeister kommt aus Indien

Eigentlich wollte Ravindra Gujjula nur ein Jahr bleiben, als er 1973 zum Medizin-Studium aus seiner indischen Heimat in die DDR kam. Doch es gefiel ihm in Deutschland, er heiratete und ließ sich in Altlandsberg als Arzt nieder. Sein politisches Engagement scheiterte an der DDR-Bürokratie, die ihn nicht für den Kreistag kandidieren ließ. Als ihm dann auch noch sein Job als Arzt gekündigt wurde, ging er nach Indien zurück.

Dann begann die Massenflucht aus der DDR, und unter den Flüchtlingen waren besonders viele Ärzte. Gujjula kam nach Altlandsberg zurück, war dort wieder als Arzt tätig und begann eine zweite politische Karriere. Seit fünf Jahren ist er ehrenamtlicher Bürgermeister der Gemeinde, deren Einwohnerzahl seit seinem Amtsantritt von 2.800 auf 4.400 gestiegen ist. Bei der Kommunalwahl in diesem Jahr bekam er 81 Prozent der Stimmen. Dieser Erfolg war allerdings nur möglich, weil Gujjula Deutscher wurde: Ausländer haben in Deutschland kein Wahlrecht.

Die Schule wurde erweitert, eine Stadthalle ist im Bau, eine Umgehungsstraße ist für 1999 geplant. Das Gewerbegebiet ist zur Hälfte vermietet, die historische Stadtmauer saniert. Ausländerfeindlichkeit? Die gebe es auch, meint der Arzt. Er setzt auf das Gespräch mit seinen Gegnern. Unter seinen Patienten seien auch Rechtsradikale, aber die seien nur solange gegen ihn, bis sie ihn kennenlernten. ■

1. Wann und warum kam Ravindra Gujjula in die DDR?
2. Warum ging er nach Indien zurück?
3. Was bedeutet „ehrenamtlich"?
4. Wie groß ist der Ort Altlandsberg?
5. Was ist in den letzten Jahren erreicht worden?
6. Was sagt er über Ausländerfeindlichkeit?

F. Themen für Studentenreferate oder schriftliche Arbeiten:

1. Der Nationalcharakter und das Wertsystem einer Gesellschaft: Beispiele.
2. Regionale Unterschiede in einem Land und ihre Bedeutung.
3. Die Probleme einer anderssprachigen Minderheit: Beispiele.

3. Die Familie

A. Verstehen Sie diese Wörter? Erklären Sie sie und bilden Sie einen Satz damit:

1. die Großfamilie
2. die Geburtsrate
3. die Bewegungsfreiheit
4. die Abendunterhaltung
5. der Haustyrann
6. der Kinderreichtum
7. die Vereinbarkeit
8. die Abtreibung
9. das Pflegeheim
10. der Umweltschutz
11. die Wohngemeinschaft
12. die Kinderfeindlichkeit

B. Erklären Sie die Verwandtschaftsbeziehungen bei den folgenden Bezeichnungen:

BEISPIEL: mein Schwager
der Mann meiner Schwester—oder: der Bruder meiner Frau

1. Onkel
2. Vetter
3. Neffe
4. Nichte
5. Schwiegersohn
6. Schwiegertochter
7. Schwiegervater
8. Geschwister
9. Kusine
10. Schwägerin

C. Setzen Sie die richtigen Präpositionen und Endungen ein:

BEISPIEL: Die Klein-Familie besteht ______ d ______ Eltern und Kinder ______.
Die Klein-Familie besteht aus den Eltern und Kindern.

1. Die Kinder wuchsen ______ d ______ Bewusstsein der Großfamilie auf.
2. Der Schwiegersohn gehört jetzt ______ Familie.
3. Die Männer waren ______ d ______ Front.
4. Die Frauen wollen ______ eigen ______ Füße ______ stehen.
5. Der Anteil der Studentinnen ist ______ ein ______ Fünftel ______ zwei Fünftel gewachsen.
6. Die Vorurteile ______ ein ______ unverheiratet ______ Mutter sind schwächer geworden.
7. Die Deutschen sind ______ ihr ______ Wohlstand ______ nicht optimistisch.
8. Die Eltern sind ______ d ______ Gesetz ______ d ______ Hilfe verpflichtet.
9. ______ dies ______ Fragen bezieht die Jugend Stellung.
10. Man bespricht seine Sorgen ______ ein ______ Freund.

D. Verneinen Sie die Sätze mit nicht *oder* kein:

1. Diese Familie hat Kinder.
2. Man wohnt im gleichen Haus.
3. Man durfte das Arbeitszimmer betreten.
4. Die Reaktion ließ auf sich warten.

5. Es gab damals eine Frauenbewegung.
6. Mädchen brauchten eine Berufsausbildung.
7. Die Frau gehört in die Küche.
8. Die Frauenemanzipation hat Fortschritte gemacht.
9. Die Frau hat ihre Gleichstellung erreicht.
10. Es gibt jetzt Arbeitslosigkeit.

E. Lesen Sie diese Annoncen von verschiedenen Frauen:

1. Würden Sie auch eine solche Annonce schreiben?
2. Wenn Sie eine Annonce schreiben würden, wie lautete sie?
3. Denken Sie, diese Frauen haben mit ihrer Annonce Erfolg?
4. Was sagen die meisten Frauen über sich?
5. Was sind Eigenschaften, die sie in den Männern suchen?

Jungfrau, 27, mit Herz und Köpfchen sucht männl. Äquivalent zur Freizeitgestaltung (Kultur, Radeln, Ski, Biergarten uvm.). Foto wäre schön! Zuschriften unter ⊠ ZS491224 an SZ

WEIB—zugegeben: eine Mischung aus sportl. Amazone, sanftem Krebs und treffsicherer Intellektuellen—im kostbaren Alter von 39 - sucht **Männerseele mit schlankem Leib.** Bild-SZ u. ⊠ ZS4909901

„G'standns Mannsbild" für ein Leben mit Kultur, Frohsinn, Sport und Harmonie von halber Familie gesucht. Sie, 30/170/60, Er 4/100/16, patent und flexibel. Zuschriften unter ⊠ ZS4909597 an SZ

Partner mit Herz + Verstand, zuverlässig, ungebunden, gut situiert, bis 62 Jahre (NR) von Dame, 55, 1,71, auch gut situiert, zur echten Partnerschaft gesucht. Zuschriften unter ⊠ ZS4860143 an SZ

ÄRZTIN, natürl. Charme, schl., w. nach berufl. Karriere Zweisamk. m. adäqu., integ. Persönlichk. v. menschl. u. geistig. Format bis 70. Zuschr. u. ⊠ ZS4931591 an SZ

Attrakt. sensible Münchnerin, 40/172, sucht warmherzigen und charaktervollen Partner. (Bild)zuschriften u. ⊠ ZS4923527

Sympathische Afrikanerin, 30/173, sucht den sympathischen Geschäftsmann. Zuschriften unter ⊠ ZS4923234 an SZ

Italien, Kino, Kunst, Küche, Literatur: Frau (32) mit Hirn und Kind (3) sucht Mann mit **Ideen.** Zuschr. u. ⊠ ZS4903851 an SZ.

Sie, 32, 175 cm, schlank, gutaussehend, sucht Partner ab 35. Bildzuschr. erbeten u. ⊠ ZS4897472 an SZ

Fröhliche, intelligente Sie, 25/172, sucht ebensolchen Ihn; ⊠ ZS4909690

6. In welchem Teil Deutschlands sagt man „radeln" und „G'standnes Mannsbild"? Was ist so ein Mannsbild?
7. Von welchem „Krebs" ist die Rede? Finden Sie, dass Krebse sanft sind?

8. Was heißt „ungebunden“?
9. Was für eine Zweisamkeit sucht die Ärztin? Füllen Sie die Abkürzungen aus.

F. Themen für Studentenreferate oder schriftliche Arbeiten:

1. Die Prioritäten der Frau und des Mannes in einer Familie.
2. Die juristische und moralische Verantwortung der Kinder für alte Eltern.
3. Wann sind Kinder selbständig? Wie lange haben Eltern die Verantwortung für sie und Verpflichtungen ihnen gegenüber?

4. Feste im Jahreslauf

A. Verstehen Sie diese Wörter? Erklären Sie sie und bilden Sie einen Satz damit:

1. der Brauch
2. das Kirchenjahr
3. der Adventskranz
4. das Bleigießen
5. die Fastenzeit
6. das Sonnwendfeuer
7. der Nationalfeiertag
8. das Volksfest
9. der Betriebsausflug
10. das Weinfest

B. Bilden Sie Adjektive mit -lich, -ig, -isch *oder* -sam *von den folgenden Substantiven:*

1. das Fest ______
2. die Kirche ______
3. der Protestant ______
4. die Freude ______
5. das Jahr ______
6. die Trauer ______
7. die Politik ______
8. die Bedeutung ______
9. die Feier ______
10. die Arbeit ______

Benutzen Sie die Adjektive in einem Satz.

C. Setzen Sie wenn, wann *oder* als *ein:*

1. ______ der Nikolaus kam, schliefen die Kinder.
2. Alle Leute sind lustig, ______ das neue Jahr beginnt.
3. ______ das Wetter gut ist, machen viele Familien einen Spaziergang in den Wald.

4. Man muss im Kalender nachsehen; ______ Ostern ist.
5. Das ganze Dorf war dabei, ______ die Altäre neu geweiht wurden.
6. ______ sie den Krieg verloren hatten, hatten die Deutschen nicht mehr viel zu feiern.
7. Die Firma schlägt vor, ______ der Betriebsausflug stattfindet.
8. ______ der Betriebsausflug stattfindet, ist auch der Chef lustig.
9. ______ die Deutschen feiern, wollen sie richtig lustig sein.
10. Der Ausländer bekam eine andere Vorstellung von den Deutschen, ______ er von Familien eingeladen wurde.

1. Welchen Kontrast soll das Bild illustrieren?
2. Wie geht der Text des Liedes weiter? Was betont das Lied über die „Blätter"?
3. Warum ist der Kontrast gerade beim. Weihnachtsfest so stark?
4. Wie würden Sie dieses Bild beschreiben?
5. Denken Sie, dass das Bild ein wichtiges Problem illustriert?
6. Könnten Sie ein Bild von Weihnachten zeichnen?

E. Themen für Studentenreferate oder schriftliche Arbeiten:

1. Der Weihnachtsbaum und seine Geschichte.
2. Was ist der Sinn des Weihnachtsfestes? Warum hat es eine solche Bedeutung?
3. Ist ein Nationalfeiertag notwendig oder gut? Was bewirkt er?
4. Welche Familienfeste sind wichtig, und wie soll man sie feiern?

5. Die Schule

A. Verstehen Sie diese Wörter? Erklären Sie sie und bilden Sie einen Satz damit:

1. die Gemeinschaftsschule
2. das Fachabitur
3. die Heimatkunde
4. die Mittelpunktsschule
5. die Frauenschule
6. die Allgemeinbildung
7. der Leistungskurs
8. das Abendgymnasium
9. die Volkshochschule
10. die Durchlässigkeit
11. der Referendar
12. das Staatsexamen

B. Vervollständigen Sie die Sätze:

BEISPIEL: Das Schulsystem hängt ______ zusammen.
Das Schulsystem hängt mit den Traditionen des Landes zusammen.

1. Die Schulen werden von ______ verwaltet.
2. Das Gymnasium endet mit ______
3. Wer in dem Gymnasium sitzenbleibt, kann in ______ überwechseln.
4. Die Kindergärten sind für ______ gedacht.
5. Die Kinder in der Grundschule haben die meisten Fächer bei ______.
6. Durch die neunjährige Schulpflicht verkleinert sich der Unterschied zwischen ______.
7. Manche protestantischen Gymnasien bestehen seit ______.
8. Die Schüler sind in Klassen eingeteilt. Sie haben den Unterricht immer mit ______.
9. Ein Weg zum Abitur geht über ______.
10. Die zukünftigen Gymnasiallehrer studieren an ______.

C. Setzen Sie die folgenden Sätze ins Passiv:

BEISPIEL: Man beschloss nach einer Volksabstimmung die Gemeinschaftsschule.
Nach einer Volksabstimmung wurde die Gemeinschaftsschule beschlossen.

1. Man bezahlt die Schulen nicht aus den Gemeindesteuern.
2. Man fährt die Schüler der Oberstufe mit Bussen zu einer Mittelpunktsschule.
3. Man hat von den Kindern große Leistungen erwartet.
4. Man glich das Schuljahr an das der anderen europäischen Länder an.
5. Man wird in diesen Berufen große theoretische Kenntnisse verlangen.
6. Man hatte die Realschule für das aufstrebende Bürgertum geschaffen.
7. Im humanistischen Gymnasium lernt man als erste Fremdsprache Latein.
8. Man teilte die Schüler in Klassen ein.

D. Geflüchtet, vertrieben, und kein Wort deutsch: eine Schule in Lübeck

Bibiche und Nzuzi kommen aus der Republik Kongo, dem früheren Zaire, Anastasia stammt aus Kasachstan, Semira aus dem Iran und Aare aus dem Irak. An der August-Hermann-Francke-Schule in Lübeck gibt es 170 Schülerinnen und Schüler aus über 20 Ländern und drei Kontinenten. Etwa die Hälfte sind Deutsche. Von der anderen Hälfte haben die meisten erhebliche Probleme mit der deutschen Sprache - manche verstehen anfangs kein Wort.

Die Schule, ein massiver Ziegelbau aus der Kaiserzeit, liegt in der Innenstadt, nahe dem Lübecker Drogenmarkt. Die Schüler kommen zum großen Teil aus Familien, die von Arbeitslosengeld oder von der Fürsorge leben. Kriminalität ist weder bei den Schülern noch bei den Eltern eine Seltenheit.

Schulleiter Bernd Ziemens hält nicht viel von multikulturellen Theorien und noch weniger von Folklore-Veranstaltungen mit Volkstanz und wohlklingenden Reden gegen die Ausländerfeindlichekit. Ihm ist es wichtig, den Schülern den Wert der Ausbildung klarzumachen und sie vor dem Abdriften in Kriminalität und Drogenmissbrauch zu bewahren, was nicht immer gelingt.

Regine Nagel unterrichtet - auf eigenen Wunsch - seit vier Jahren -an der Francke-Schule Mathematik, Englisch und Sport in der siebenten Klasse. „Diese Kinder haben zu Hause keine Regeln gelernt," erklärt die Lehrerin die Situation. „Wir versuchen, ihnen eine Orientierung zu vermitteln."

Auch in der Schule selbst geht es nicht immer friedlich zu, räumt Rektor Ziemens ein. Anders als bei den Erwachsenen sind es jedoch hier nicht Hautfarbe, Religion oder Nationalität, die zu Konflikten führen, sondern Meinungsverschiedenheiten beim Fußball oder ähnliche Streitigkeiten. Dabei kommt dann allerdings auch schon mal ein Messer zum Einsatz.

Ziemens weist darauf hin, dass viele der Kinder an seiner Schule, vor allem Balkan-Flüchtlinge, schon als Kinder Dinge gesehen haben, die den meisten Deutschen ihr Leben lang erspart bleiben. „Wer erlebt hat, wie sein Haus zerstört, wie der Bruder getötet wurde, für den haben Hausaufgaben eine andere Bedeutung, der muss anderes verarbeiten. Ich bewundere die Kinder und was sie bewältigen - Kriege, Flucht, neue Umwelt, neue Sprache."

Ziel ist der Hauptschulabschluß für alle Schüler. Daneben wird versucht, die Schüler auf das Leben außerhalb der Schule vorzubereiten. Zum Unterricht gehören deswegen unter anderem das korrekte Ausfüllen deutscher Formulare, das Verstehen von Behördendeutsch, das Durchschauen und Nachrechnen von „Sonderangeboten" der Geschäfte und das Aufsetzen von Bewerbungsschreiben. ■

1. Wie heißt die Schule und in welcher Stadt ist sie?
2. In welchem Teil der Stadt steht sie?
3. Was für Probleme gibt es in dieser Gegend?
4. Was für Kinder gehen in diese Schule?
5. Worum streiten sich die Schüler am meisten?
6. Welches Ziel hat die Schule, und was müssen die Schüler dafür zum Beispiel lernen?

E. Themen für Studentenreferate oder schriftliche Arbeiten:

1. Kirchen und Staat: die deutsche Tradition des Religionsunterrichts in der Schule und ihre Problematik.
2. Schulsystem und soziale Klassen: die deutsche Tradition der getrennten Schularten und die Frage der Chancengleichheit.
3. Die Bedeutung des Lehrerberufes und der Lehrerausbildung für das Bildungssystem: ein Vergleich von Deutschland mit den USA.
4. Die Schule als Ort des Lernens und als Ort, soziales Verhalten zu lernen und zu üben: Wie sieht es darin im deutschen Schulsystem aus?

6. Das Studium

A. Verstehen Sie diese Wörter? Erklären Sie sie und bilden Sie einen Satz damit:

1. die Fachhochschule
2. die Massenuniversität
3. die Zwischenprüfung
4. die Grundforschung
5. die Berufung
6. die Forschungsgruppe
7. der Nachwuchs
8. die Studiengebühr
9. das Darlehen
10. das Diplom
11. die Habilitation
12. die Verbindung

B. Verwandeln Sie den Nebensatz in eine Wendung mit einem -ung *Wort:*

BEISPIEL: Da die Universtät überfüllt ist, vermeidet man lange Studienzeiten.
Bei der Überfüllung der Universität vermeidet man lange Studienzeiten.

1. Humboldt half dabei, die neue Universität zu verwirklichen.
2. Die Idee der Universität beruhte darauf, dass sie sich selbst verwaltete.
3. Der Staat hat keinen Einfluss darauf, wie sich ein Professor spezialisiert.
4. Das Ziel der Universität war nicht, zu einem bestimmten Beruf auszubilden.
5. Der Versuch, die Universitäten zu modernisieren, blieb stecken.
6. Die Studenten wirken dabei mit, die Forschungsgelder zu verteilen.
7. Dass die Studiengänge strukturiert worden sind, hat viele Prüfungen mit sich gebracht.
8. Die Reform hat dazu geführt, die traditionellen Freiheiten einzuschränken.

C. Verbinden Sie die beiden Sätze durch eine der temporalen Konjunktionen seit, bis, während:

BEISPIEL: Wir warteten bei meinem Freund. / Die Nachricht vom Autounfall kam.
Während wir bei meinem Freund warteten, kam die Nachricht vom Autounfall.

1. Das neue Universitätssystem ist ausprobiert. / Einige Zeit wird noch vergehen.
2. Man ist an der Oberschule. / Man hat wenig Freiheit.
3. Die Universität Berlin war gegründet worden. / Das Lehrsystem der Universitäten änderte sich nach und nach.
4. Die Industrialisierung hat begonnen. / Man braucht viele Fachleute in den Naturwissenschaften.
5. Manche Studenten nehmen das Studium nicht ernst. / Sie stehen kurz vor der Abschlussprüfung.
6. Die Studenten sind an der Universität. / Sie können sich ihre Zeit selbst einteilen.
7. Der Student beendet sein Studium. / Er braucht oft 12 Semester.
8. Die Nachkriegsgeneration ist auf die Universität gekommen. / Die Studenten sind wieder politisch aktiv geworden.
9. Der Nachwuchswissenschaftler bekommt einen Ruf an eine Universität. / Er bleibt Privatdozent ohne Bezahlung.
10. Die Universitäten sind sehr groß geworden. / Der persönliche Kontakt zwischen Professoren und Studenten ist nicht mehr so leicht.

D. Studenten müssen Geld verdienen

Das Deutsche Studentenwerk (DSW) und das Bonner Bildungsministerium legten am 26. Mai eine gemeinsame Studie vor, die nachweist, dass auch die Studenten nicht von den Auswirkungen der Haushaltskürzungen und der wirtschaftlichen Gesamtlage verschont bleiben.

Staatliche Unterstützung beim Studium nach dem Bundesausbildungsförderungsgesetz (BAföG) bekommen in Westdeutschland nur noch 24 Prozent aller Studenten. 1982 waren es noch über 44 Prozent gewesen. In Ostdeutschland ist die BAföG-Quote in den letzten drei Jahren von 56,4 Prozent auf 35,6 Prozent der Studenten gesunken.

Das führt dazu, dass die Studenten, sofern sie nicht von ihren Eltern unterstützt werden, wieder mehr nebenher arbeiten müssen, um ihr Studium zu finanzieren. Die Studie stellt fest, dass die Studenten durchschnittlich 13,2 Stunden in der Woche damit verbringen, Geld zu verdienen. Etwa 14 Prozent haben Halbtagsjobs von mehr als 20 Wochenstunden.

Die Folge der Nebenjobs ist, dass die Studenten ihr Studium immer öfter nicht innerhalb der Regelstudienzeit abschließen können und dadurch immer älter werden, klagte DSW-Präsident Hans-Dieter Rinkens. 1997 waren schon 31 Prozent der Studenten in Westdeutschland älter als 27 Jahre, 1994 hatten erst 23 Prozent dieses Alter erreicht.

Die längeren Studienzeiten und die Überalterung der Studenten sind Probleme, die nicht nur die ohnehin überfüllten , aus Steuergeldern finanzierten Universitäten belasten. Das im internationalen Vergleich ungewöhnlich hohe Durchschnittsalter der deutschen Hochschulabsolventen führt auch zu Nachteilen beim Einstieg ins Berufsleben. Diese Nachteile werden spürbarer werden, je mehr der freie Arbeitsmarkt innerhalb Europas Wirklichkeit wird.

Die Bundesregierung hat dieses Problem längst erkannt. Sie hat aber wenig Möglichkeiten zur Abhilfe, weil das Schul- und Hochschulwesen nach der deutschen Verfassung von den Bundesländern geregelt wird, die Eingriffe des Bundes in ihre Kompetenzen ablehnen. ■

1. Wer hat die Studie in Auftrag gegeben?
2. Womit befasst sich die Studie?
3. Was haben die Sparmaßnahmen bewirkt?
4. Was ist die Folge der Nebenjobs?
5. Was sind Folgen der Überalterung der Studenten?
6. Warum hat die Bundesregierung wenig Möglichkeiten zur Abhilfe?

E. Themen für Studentenreferate oder schriftliche Arbeiten:

1. Die Geschichte einer älteren deutschen Universität.
2. Wie wäre mein Studiengang, wenn ich in Deutschland studieren würde? Zahl der Semester, vorgeschriebene Kurse, Prüfungen, Anforderungen.
3. Eine deutsche Studentenverbindung und ihre Tradition.
4. Die Rolle der Forschung der Dozenten und eigene Forschungen der Studenten in der Universität: Traditionen und heutige Probleme.

7. Berufsbildung und Berufstätigkeit

A. Verstehen Sie diese Wörter? Erklären Sie sie und bilden Sie einen Satz damit:

1. der Ausbildungsberuf
2. die Berufsfachschule
3. das Gesellenstück
4. der Facharbeiter
5. die Innung
6. das Berufsbild
7. der Anlernberuf
8. die Wohnungszulage
9. die Angestelltenrente
10. die Teilzeitbeschäftigung
11. die Gewerkschaft
12. der Berater

B. Bilden Sie Sätze mit den folgenden Elementen:

BEISPIEL: annehmen / eine Stellung
Ein Facharbeiter braucht nicht jede Stellung anzunehmen.

1. ableisten / ein Praktikum
2. anlernen / der Betrieb
3. festlegen / die Arbeitszeit
4. einhalten / die Regeln
5. ausbilden / die Fachschule
6. einführen / die Beamten
7. passen / das System
8. wechseln / der Beruf
9. vorbereiten / die Zukunft
10. sich verzahnen / Berufsausbildung

C. Verbinden Sie die Sätze mit je—desto:

BEISPIEL: Ein Dorf ist nahe der Stadt. / Viele Städter siedeln sich dort an
Je näher ein Dorf der Stadt ist, desto mehr Städter siedeln sich dort an.

1. Die Landwirtschaft ist intensiv. / Viele Arbeitskräfte sind notwendig.
2. Die landwirtschaftlichen Hilfskräfte sind knapp. / Die Maschinen sind rentabel.
3. Die Konkurrenz wird scharf. / Der Bauer muss sich in seinem Beruf gut auskennen.
4. Eine Firma gibt hohe Sozialleistungen. / Die Arbeiter bleiben lange bei ihr.
5. Die Arbeit ist mechanisch. / Sie interessiert den Arbeiter wenig.
6. Ein Angestellter ist lange in einer Firma. / Es ist schwer, ihm zu kündigen.
7. Ein Facharzt ist bekannt. / Er hat viele Privatpatienten.
8. Die Stellung ist verantwortungsvoll. / Man muss lange arbeiten.
9. Man hat lange gearbeitet. / Man bekommt viel Rente.
10. Der Angestellte ist alt. / Er will wenig Neues lernen.

D. Seminare und Kongresse

Kulturmanagement

Am Beispiel USA stellen vom 23. bis 25. Oktober international renommierte und praxiserfahrene Experten die Grundlagen und Techniken des Performing Arts Management vor: von der Produktentwicklung (Finanzierung, Produktion, Marketing und Vertrieb) bis zur Durchführung. Die Vorträge werden in englischer und deutscher Sprache gehalten. Die Tagung findet in der Hochschule für Musik und Theater in München statt. Die Anmeldung läuft noch bis zum 25. September.
Information: Institut für internationales Management, Tel.: 089-93 93 28-66, Fax: -67. *kug*

Einstieg ins Internet

Die Handwerkskammer für München und Oberbayern (HWK) veranstaltet am 24. und 25. September das Seminar „Wege ins Internet". Das Seminar gliedert sich in drei Module: 1. „Internet-Paß", 2. „Betrieblicher Einsatz von Internet und Intranet", 3. „Programmierung / Pflege von Webseiten". Die Teilnehmer werden sowohl mit technischen Grundlagen als auch mit der Bedienung von Internet-Browsern, E-mail Programmen und Electronic Commerce vertraut gemacht.
Information: Akademie für Technologien der HWK, Tel.: 089-45 09 81-85, Fax: -61, Internet: http:// www./hwk-akademien.de. *kug*

Lehrgänge und Praktika

Ausländische Firmen von innen

Zweimonatige Unternehmenspraktika in Ländern der Europäischen Union, in der Dominikanischen Republik und in Ecuador vermittelt der Verein AFS Interkulturelle Begegnungen. Junge Berufstätige zwischen 18 und 27 Jahren können sich noch bis zum 15. September für ein Praktikum im März '99 bewerben. Ein vierwöchiger Sprachkurs geht dem Programm voraus.
Information: Tel.: 040-39 92 22-0. *khö*

Fachmann für Umweltschutz

Die Weiterbildung, Umwelt- und Kulturmanagement GmbH (WUK) bietet Technikern, Ingenieuren, Betriebswirten und Naturwissenschaftlern die Möglichkeit, sich zum „Fachmann/Fachfrau für betrieblich/technischen Umweltschutz und Arbeitssicherheit" weiterbilden zu lassen. Der Lehrgang findet in Kiel statt, dauert ein Jahr (Beginn: 28. September) und ist über SGB III förderbar.
Information: WUK GmbH, Tel.: 0431-56 06-460 *khö*

1. Kulturmanagement: Wo findet der Kongress statt?
2. Was sollen die Teilnehmer lernen?
3. Welches Land hat Erfahrungen, die für Deutschland wichtig sind?
4. Internet: Was sind die drei Themen des Seminars?
5. Wer veranstaltet dieses Seminar und für wen ist es wohl gedacht?
6. Was werden die Teilnehmer lernen?

E. Themen für Studentenreferate oder schriftliche Arbeiten:

1. Der Status des Beamten: Tradition und heutige Situation.
2. Beispiele für eine Berufslaufbahn: Ausbildung oder Studium, Stufen der Karriere, soziale Sicherheit, Altersversorgung.
3. Selbständige Berufe und der Staat: Beispiele für Vorschriften und Beschränkungen.
4. Wie lese ich Stellenanzeigen und Stellengesuche in einer Zeitung? Welche Informationen bekomme ich über Qualifikationen, die Art der Tätigkeit, Bezahlung und andere Bedingungen? Beispiele!

8. Die Wirtschaft

A. Verstehen Sie diese Wörter? Erklären Sie sie und bilden Sie einen Satz damit:

1. die Marktwirtschaft
2. der Lebensraum
3. das Bruttoinlandsprodukt
4. die Dienstleistung
5. die Bundesbank
6. die Bausparkasse
7. die Verkehrsdichte
8. die Infrastruktur
9. der Betriebsrat
10. die Mitbestimmung
11. das Arbeitsamt
12. die Lebensarbeitszeit

B. Setzen Sie die passenden Präpositionen und Artikel ein:

1. Der Staat soll ______ ______ Sozialpartner ______ ausgleichen.
2. Die Wirtschaft muss ______ länger ______ Sicht planen.
3. Die deutsche Industrie ist immer noch ______ Rhein konzentriert.
4. Die Bundesbank ist unabhängig ______ ______ Regierung.
5. Man kann eine Aktiengesellschaft ______ ein ______ Mindestkapital von 100000 Mark gründen.
6. Sie verlangten stärkere Beteiligung ______ geschäftlich ______ Entscheidungen.
7. Die Angestellten sind eng ______ ______ Firma verbunden.
8. Der Verdienst geht auch ______ länger ______ Krankheit weiter.
9. Alle Familien haben ein Recht ______ dies ______ Kindergeld.
10. Die Universitäten befassen sich ______ ______ Grundlagenforschung.

C. Setzen Sie das richtige Wort ein: als, wenn, wann *oder* ob.

1. Es war radikal, ______ Ludwig Erhard die Marktwirtschaft einführte.
2. Man muss auf lange Sicht planen, ______ man diese Verpflichtungen übernimmt.
3. Es ist ungewiss, ______ die Industrie so viele Arbeitskräfte braucht.
4. Es war nicht immer praktisch, ______ man in der Stadt mit dem Auto fuhr.
5. Es ist sehr praktisch, ______ man bei der Post ein Sparbuch hat.
6. Die SPD hatte mehr Erfolg, __ sie das Konzept der Verstaatlichung aufgab.
7. Es ist nicht so wichtig, ______ ein Arbeiter Mitglied der Gewerkschaft ist oder nicht.
8. Die Angestellten möchten selbst entscheiden, ______ sie Urlaub nehmen.
9. Es ist ungünstig für eine kleine Firma, ______ zu viele Angestellte Urlaub nehmen.
10. Es gab viel Arbeitslosigkeit in Ostdeutschland, ______ das Land wiedervereinigt wurde.

D.

Lauter Geschäftsfrauen

Konstanz (dpa) - Etwa 500 Unternehmerinnen aus Deutschland, der Schweiz und Österreich haben sich in Konstanz (Baden-Württemberg) zu einem grenzüberschreitenden Forum getroffen. Unter dem Motto „Frauen öffnen Märkte" sollte das Unternehmerinnen-Forum dem Erfahrungsaustausch und der Weiterbildung dienen. Veranstalter waren neben der Stadt Konstanz das regionale Gewerbeamt des Bundeslandes Baden-Württemberg, die Vorarlberger Landesregierung und das Volkswirtschaftsdepartement des Kantons St. Gallen. Im Mittelpunkt des Forums stand eine Messe, auf der sich die Teilnehmerinnen an mehr als 50 Ständen über Verbände, Firmen, Banken und Frauennetzwerke informieren konnten. Außerdem wurden 32 Workshops angeboten, die Themen wie Unternehmensführung und Fragen des Euro behandelten. Viele Unternehmerinnen hatten im Vorfeld des Forums ausdrücklich nach grenzüberschreitender Information und einer Verbesserung der Zusammenarbeit von Frauennetzwerken über Ländergrenzen hinweg gefragt, so die Veranstalter.

1. Was bedeutet ein „grenzüberschreitendes" Forum?
2. Aus welchen Ländern kamen die Frauen, und welche Bundesländer bzw. Kantone waren beteiligt?
3. In welcher Stadt fand das Forum statt, und wo liegt sie?
4. Wer waren die Teilnehmerinnen?
5. Welches Interesse hatten sie vorher schon erklärt?
6. Was verstehen Sie unter „Frauennetzwerken"?

E.

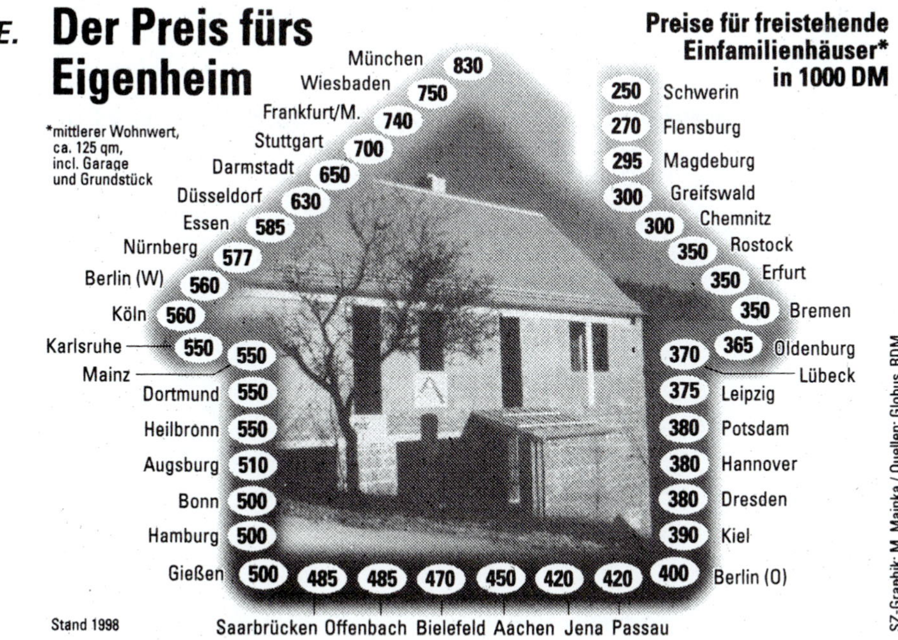

SZ-Graphik: M. Mainka / Quellen: Globus, RDM

1. Wie wird hier ein Einfamilienhaus definiert?
2. Was ist die teuerste und was ist die billigste Stadt in dieser Liste? Warum wohl?
3. Wie kommen Ihnen die Preise im Vergleich zu den USA vor?
4. Wieviel sind 125 Quadratmeter?
5. Wie groß ist eine Familie, die ein solches Haus sucht?
6. Glauben Sie, dass in Deutschland junge Ehepaare ein Haus kaufen können?

F. Themen für Studentenreferate oder schriftliche Arbeiten:

1. Eine erfolgreiche deutsche Industriefirma.
2. Deutschlands Verkehrsprobleme und die Möglichkeiten einer Lösung.
3. Der Betriebsrat: Tradition, Aufgaben, Probleme.
4. Soziale Sicherheit: ihre Geschichte, ihre Prioritäten, ihre Grenzen und ihre Problematik.
5. Das Problem „Lebensarbeitszeit" in der Gesellschaft der Zukunft: Ideen, Pläne und Fragen.

9. Vereine und Verbände

A. Verstehen Sie diese Wörter? Erklären Sie sie und bilden Sie einen Satz damit:

1. die Satzung
2. die Geschäftssitzung
3. der Schatzmeister
4. der Vereinsmeier
5. der Verband
6. der Interessenverband
7. die Liebhabergruppe
8. die Polizeiüberwachung
9. die Freizeitgestaltung
10. das Vereinslokal

B. Welche Tätigkeit bezeichnen diese Verben? Erklären Sie, was die Menschen tun:

1. wählen
2. abstimmen
3. proben
4. trainieren
5. herausgeben
6. vertreten
7. überwachen
8. veranstalten
9. koordinieren
10. Rücksicht nehmen

Was sind die Substantive zu diesen Verben? Bilden Sie Sätze damit.

C. Setzen Sie die Sätze ins Passiv:

1. Die Mitglieder wählen den Vorstand.
2. Der Verein unternimmt viele Ausflüge.
3. Der Verband hat eine Zeitschrift herausgegeben.
4. Man sprach von der Herrschaft der Verbände.
5. Die Behörden haben die Tätigkeit des Vereins nachgeprüft.
6. Die Frauen bildeten damals eigene Gruppen.
7. Die Deutschen haben ihre Art des Vereinslebens entwickelt.
8. Die Regierung nimmt oft Rücksicht auf einen Verband.

D. Themen für Studentenreferate oder schriftliche Arbeiten:

1. Die Geschichte und heutige Tätigkeit eines Vereins. Geben Sie ein konkretes Beispiel.
2. Der Inhalt einer Verbandszeitschrift. Was sind demnach die Hauptinteressen der Mitglieder? Ein Beispiel.
3. Wie könnte der Jahresbericht eines Vereins aussehen, z.B. eines Kleingartenvereins oder einer Gesellschaft für Heimatgeschichte?

10. Sport in Deutschland

A. Verstehen Sie diese Wörter? Erklären Sie sie und bilden Sie einen Satz damit:

1. der Sportverein
2. der Dachverband
3. der Breitensport
4. das Hochleistungszentrum
5. der Schützenverein
6. die Bundesliga
7. der Eiskunstlauf
8. die Wanderung
9. der Sportfischer
10. das Jagdrevier
11. das Waffengesetz
12. der Schützenkönig

B. Ergänzen Sie die Sätze unter Verwendung der passenden Präpositionen:

1. Die Leichtathletik entwickelt sich / der Leistungssport
2. Jeder sechste Deutsche interessiert sich / das Turnen
3. Bundestagssitzungen fallen aus / wichtige Fußballspiele
4. Die Universitäten befassen sich wenig / die Förderung des Nachwuchses
5. Es ergeben sich Schwierigkeiten / die Struktur der Vereine

6. Dasselbe trifft zu / die Turner
7. Die Prospekte weisen hin / die schönen Wanderwege
8. Fußball hat etwas gemeinsam / andere Sportarten

C. *Vervollständigen Sie die Sätze mit* kennen, wissen *oder* können:

1. Die meisten Deutschen ______ nicht die Regeln des Golfsports.
2. Ein ehrenamtliches Mitglied ______ dem Verein nicht viel Zeit widmen.
3. Nicht viele Deutsche ______ reiten.
4. Jedermann ______ die besten Fußballspieler.
5. Niemand ______, wie man Baseball spielt.
6. Ich ______ gut segeln, aber ich ______ nicht, wie das Wetter wird.
7. Der Jäger muss beweisen, dass er mit der Waffe umgehen ______.
8. Die Studenten ______ nicht, wann die Fußballmannschaft spielt.
9. Der Jäger muss die Gesetze und Vorschriften genau ______.
10. Deutsche Touristen wollen ______, ob sie am Urlaubsort wandern ______.

D.

Fußball-Bundesliga
Ergebnisse vom 27. - 29. November

Borussia Dortmund - Eintracht Frankfurt	3:1
FC Hansa Rostock - Hertha BSC	1:2
VfL Wolfsburg - VfL Bochum	4:1
Bayer 04 Leverkusen - MSV Duisburg	2:0
Werder Bremen - TSV München 1860	4:1
Hamburger SV - Bor. Mönchengladbach	3:0
SC Freiburg - VfB Stuttgart	2:0
Bayern München - 1. FC Nürnberg	2:0
1. FC Kaiserslautern - Schalke 04	4:1

Die Tabelle nach dem 15. Spieltag

	Tore	Pkte.		Tore	Pkte.
1. Bayern München	34:11	34	10. VfB Stuttgart	18:19	17
2. Bayer 04 Leverkusen	36:15	32	11. VfL Bochum	19:27	17
3. 1. FC Kaiserslautern	25:23	30	12. Werder Bremen	22:22	16
4. TSV München 1860	27:21	27	13. Eintracht Frankfurt	19:25	16
5. Borussia Dortmund	24:15	25	14. MSV Duisburg	15:24	15
6. VfL Wolfsburg	30:20	24	15. 1. FC Nürnberg	18:28	14
7. Hertha BSC	20:17	23	16. Schalke 04	15:26	14
8. Hamburger SV	20:16	21	17. FC Hansa Rostock	20:31	11
9. SC Freiburg	19:21	18	18. Bor. Mönchengladb.	19:39	9

1. Wie viele Mannschaften sind in der Bundesliga?
2. Entsprechen die Spielergebnisse dem Tabellenstand? Wo nicht?
3. Wie rechnet man die Punkte?
4. Wenn man die Tore und Punkte vom 1. FC Kaiserslautern und Borussia Dortmund vergleicht, was ist überraschend?
5. Wissen Sie, aus welchen Städten diese Mannschaften kommen?
6. Was bedeuten die Abkürzungen, z.B. FC oder SC?

E. Themen für Studentenreferate oder schriftliche Arbeiten:

1. Die Tradition des Turnens in Deutschland.
2. Ein Fußballverein und seine Erfolge.
3. Das Leben eines berühmten Sportlers / einer berühmten Sportlerin.
4. Ein Turnverein oder ein Schützenverein in Amerika.

11. Urlaubsreisen

A. Verstehen Sie diese Wörter? Erklären Sie sie und bilden Sie einen Satz damit:

1. das Reiseland
2. die Reiseindustrie
3. die Sehenswürdigkeit
4. die Ferienwohnung
5. der Wohnwagen
6. die Jugendherberge
7. die Bildungsreise
8. die Schischneise
9. der Bergwanderer
10. die Gruppenreise
11. das Umweltproblem
12. der Massentourismus.

B. Infinitiv mit zu *oder ohne* zu*?*

1. Damals pflegte man in sein Ferienhaus ______ fahren.
2. Die Familie konnte auch die Ferien bei der Großmutter ______ verbringen.
3. Nach dem Zweiten Weltkrieg begann die Jugend bald wieder ______ reisen.
4. Die Deutschen wollten möglichst viel von der Welt ______ sehen.
5. Manche Leute lassen sich vom Reisebüro einen Reiseplan vor ______ bereiten.
6. Die deutschen Touristen hoffen etwas Neues ______ entdecken.
7. Die Touristen lernen immerhin neue Länder und Menschen ______ kennen.
8. Die Reiseindustrie fing an, sich ______ entwickeln.
9. Es gibt verschiedene Methoden, billig ______ reisen.
10. Für individuelle Reisen lässt man sich vom Reisenbüro ______beraten.

C. Verwandeln Sie das Objekt in einen Infinitivsatz:

BEISPEL: Manche Bauern verdienten damals mit Sommergästen. (aufnehmen)
Manche Bauern verdienten damals damit, Sommergäste aufzunehmen.

1. Wir sprachen von unserem Urlaub in Kroatien. (verbringen)
2. Der Angestellte beschäftigt sich mit Reiseplänen. (ausarbeiten)
3. Die Erholungssuchenden hoffen auf einen versteckten Winkel. (finden)
4. Viele Familien haben sich an den Wohnwagen gewöhnt. (reisen)
5. Die Reisebüros helfen bei der Reise. (planen)
6. Die Ferienreisenden haben Vorteile von einem kleinen Ort. (fahren)
7. Ich habe damals an die Alpen gedacht. (wandern)
8. Er hatte sich auf die alten Burgen gefreut. (besichtigen)
9. Ich interessiere mich für eine Ferienwohnung. (kaufen)
10. Die Familie hat sich an diese Gegend gewöhnt. (Urlaub machen)

D.

1. Wie kann man dieses Bild beschreiben?
2. Warum wird die Frau im Auto unsicher?
3. Wohin fahren alle diese Leute?
4. Was erwartet man, wenn man Urlaub macht?
5. Wie erklären Sie die Frage der Frau?
6. Was könnte der Mann antworten?

E.

Auf Roter Sand übernachten

Bremerhaven - Es wird immer schwieriger, verwöhnten Touristen einzigartige Alternativen für die schönsten Wochen des Jahres zu bieten. Wer im Urlaub die Einsamkeit sucht, der sollte Ferien in der Nordsee in Betracht ziehen. Und es handelt sich tatsächlich um ein Domizil mitten im Wasser: Der 50 Kilometer vor Bremerhaven in der Nordsee gelegene Leuchtturm „Roter Sand", der wegen seiner Erkertürmchen als einer der schönsten der Welt gilt, wurde für Feriengäste geöffnet. Die einstige Dienstwohnung des Leuchtturmwärters wird bis zum nächsten Jahr zum Feriendomizil ausgebaut. Noch in diesem Sommer sollen die ersten Tagesgäste hingeschippert werden. Der 1885 errichtete Turm wurde 1964 ausser Dienst gestellt und seit 1987 von der Deutschen Stiftung Denkmalschutz restauriert.

1. Was ist dieses Urlaubsziel?
2. Für wen wäre es ein gutes Urlaubsziel?
3. Warum ist der Leuchtturm etwas Besonderes?
4. Wie alt ist dieser Leuchtturm?
5. Von wem wird er restauriert?
6. Was könnten Urlauber auf diesem Leuchtturm tun?

F. Themen für Studentenreferate oder schriftliche Arbeiten:

1. Wir vergleichen Reiseprospekte von verschiedenen Ländern. Was sagen sie über die Wünsche der Urlaubsreisenden?
2. Was gehört alles zu der Reiseindustrie, und was für Berufe und Jobs gibt es auf diesem Gebiet? Was für Menschen werden dabei verlangt, und was für eine Ausbildung brauchen sie? Geben Sie Beispiele und „Berufsbilder".
3. Was wollen Touristen in einem anderen Land sehen und erleben, und was sehen und erleben sie? Geben Sie Beispiele.

12. Das kulturelle Leben in Deutschland

A. Verstehen Sie diese Wörter? Erklären Sie sie und bilden Sie einen Satz damit:

1. das Festspiel
2. die Bildungstradition
3. das Regietheater
4. das Programmheft
5. das Stadttheater
6. die Uraufführung
7. die Kammermusik
8. der Liedermacher
9. die Buchmesse
10. der Auftraggeber
11. die Sammelausstellung
12. das Passionsspiel

B. Bilden Sie aus dem zweiten Teil jeweils einen Relativsatz:

BEISPIEL: Es gibt mehrere Kirchen. / In ihnen werden Konzerte gegeben.
Es gibt mehrere Kirchen, in denen Konzerte gegeben werden.

1. Es waren nicht nur die Fürsten. / Für sie war die Kunst wichtig.
2. Die Deutschen bekamen den Namen eines Volkes der Dichter und Denker. / Auf ihn waren sie sehr stolz.
3. Das Stadttheater hat eine Studiobühne. / In ihr werden Experimente gemacht.
4. Es gab viele kulturelle Einrichtungen. / Für sie wurde der Rundfunk zum Mäzen.
5. In Deutschland gibt es Musikgruppen. / Von ihnen haben wir schon gehört.
6. Die neuen Bücher sieht man auf der Messe. / Auf ihr treffen sich die Buchhändler.
7. Der Maler veranstaltete eine Ausstellung. / Zu ihr kamen viele Leute.
8. Viele Leute gehen in einen Film. / Sie müssen bei ihm nicht nachdenken.
9. Im Fernsehen lief die Serie Heimat. / Man kann in ihr sehen, wie eine kleine Stadt von der Geschichte betroffen wird.
10. In kleineren Orten finden viele interessante Festspiele statt. / Von ihnen wissen die Touristen meistens nichts.

C. Bilden Sie Sätze aus diesen Elementen:

1. Konkurrenz machen / Fernsehprogramme
2. ernst nehmen / Bildung
3. in Kauf nehmen / moderne Musik
4. angewiesen sein auf / Geldspenden
5. zur Notiz nehmen / moderne Malerei
6. eine Rolle spielen / Männerchöre
7. Einfluss haben / die Kirchen

8. Aufmerksamkeit erregen / Theaterstücke
9. sich durchsetzen / Unterhaltungsindustrie
10. verlangen / Publikum
11. fasziniert sein / Jazzbands
12. Aufsehen machen / experimentelle Musik

D. Weimar wartet auf die Millionen

Das Fontane-Jahr ist gefeiert, ebenso das Brecht- und das Heine-Jahr. Und nun? Es naht das Goethe-Jahr. Am 28. August 1999 wird es 250 Jahre her sein, dass der Dichter auf die Welt kam. So ein Ereignis kann man nicht an einem Tag feiern, und auch kommerzielle Erwägungen mögen eine Rolle gespielt haben, als die Stadt Weimar gleich das ganze Jahr 1999 zum Goethe-Jahr erklärte.

Die thüringische Stadt, in der Goethe von 1775 bis zu seinem Tode 1832 lebte, zunächst als Beamter, später als Finanzminister des Herzogs, und in der er fast alle seine berühmten Werke verfaßte, trägt im kommenden Jahr außerdem den seit 1985 von der Europäischen Union vergebenen Titel „Kulturstadt Europas".

Das war zunächst überhaupt nicht im Sinne der Bürger der 60.000-Einwohner-Stadt, die vor allem ihre Ruhe haben wollten. Sie ließen sich schließlich durch den Geldsegen überzeugen, der über ihrer Stadt niederging.

Der Freistaat Thüringen gab 410 Millionen Mark für den Ausbau der Infrastruktur; Bund und Land steckten rund 180 Millionen Mark in die Förderung der Wirtschaft, und für die kulturellen Ereignisse des Goethe-Jahres stehen noch einmal 50 Millionen Mark zur Verfügung. Weimars Kultur-Chef Bernd Kauffmann spricht davon, die Stadt verbreite den „Charme der Armut" - schließlich habe die Kulturstadt 1998, Stockholm, 200 Millionen Mark zur Verfügung gehabt. ■

1. Warum wird hier 1999 das Goethe-Jahr gennant?
2. Was ist Weimar 1999 außer der „Goethe-Stadt"?
3. Was dachten die Einwohner Weimars darüber?
4. Warum sahen sie die Sache dann positiver?
5. Wofür hat Weimar Geld bekommen? Von wem?
6. Warum spricht der Kultur-Chef von dem „Charme der Armut"?

E. Themen für Studentenreferate oder schriftliche Arbeiten:

1. Der Spielplan eines deutschen Stadttheaters. Was sagt das über den Geschmack und das Interesse der Zuschauer?
2. Ein deutscher Film, der ein Werk der Literatur behandelt. Was wird dargestellt und wie, im Vergleich zum Buch?

3. Das Beispiel einer Ausstellung im Museum: Kunst, Geschichte, Heimatgeschichte, Naturkunde. Wie wird das Material präsentiert, und was steht im Katalog?
4. Die Tradition der Festspiele: Geben Sie ein Beispiel für die Eigenart und die Bedeutung für einen Ort.

13. Die Massenmedien

A. Verstehen Sie diese Wörter? Erklären Sie sie und bilden Sie einen Satz damit:

1. der Aufsichtsrat
2. die Meinungsfreiheit
3. die Einschaltquote
4. die Mantelausgabe
5. der Leitartikel
6. der Fortsetzungsroman
7. das Nachrichtenmagazin
8. die Fachzeitschrift
9. die Gebührenerhöhung
10. der Schulfunk
11. die Verkabelung
12. die Unterhaltungsindustrie

B. Wie heißen die Verben zu diesen Substantiven? Bilden Sie einen Satz damit:

Beispiel: die Garantie → garantieren
Die Unabhängigkeit der Rundfunkanstalten garantiert die Meinungsfreiheit.

1. die Nachlässigkeit
2. der Antrag
3. die Information
4. die Empfindung
5. die Propaganda
6. die Entwicklung
7. die Verringerung
8. der Unterschied
9. der Einfluss
10. die Übertragung

C. Bilden Sie Sätze aus diesen Elementen:

1. angehören / religiöse Gruppe
2. einverstanden sein mit / neues System
3. führen zu / wachsende Konzentration
4. im Widerspruch stehen mit / politisches Programm
5. sich befassen mit / Sportereignisse und Sensationen
6. nicht ausreichen / Einnahmen aus dem Verkauf
7. freie Zeit geben / politische Kandidaten
8. anlocken mit / berühmte Namen
9. interessiert sein an / klassische Musik
10. klagen über / Kommerzialisierung

E. I.

2. Programm (ZDF)

9.00 **ZDF - Ihr Programm**
9.03 **Allotria (s/w).** Deutscher Spielfilm von 1936 mit Heinz Rühmann, Adolf Wohlbrück u.a.
10.40 **Ansichten: Die Lausitz und ihre Sorben.** Ein Bericht aus dem slawischen Eck Deutschlands
11.10 **Francisco Araiza: Ich bin ein Romantiker (Stereoton).** Ein Filmporträt von Jochen Richter mit Sir Colin Davis, Edita Gruberova u.a.
12.05 **Heute**
12.10 **Rolfs Vogelhochzeit (Stereoton).** Ein musikalischer Kindertraum
12.40 **Shalom Pharao (Stereoton).** Zeichentrickfilm
13.55 **Ein Kind mit Namen Jesus (6).** Letzter Teil
14.45 **Heute / 14.50 Bilder aus Amerika**
15.10 **Neuhardenberg.** Geschichten aus einem märkischen Dorf
15.40 **Kapitän Nemo.** Englischer Abenteuerfilm von 1969 nach Jules Verne. Regie: James Hill
17.20 **Heute**
17.25 **Odyssee für eine Robbe.** Europäischer Meeresnationalpark in Griechenland
17.55 **Pulcinella (Stereoton).** Ballett von Igor Strawinsky nach Pergolesi. Es tanzt das Scapino Ballett, Rotterdam. Choreographie: Nils Christe
18.40 **Alte Erinnerungen - heute lebendig.** Pessach - Fest des Frühlings - Fest der Befreiung. Ein Film von Walter Harrich und Danuta Harrich-Zandberg
18.57 **ZDF - Ihr Programm / 19.00 Heute**
19.15 **Achtung! - Klassik (Stereoton).** Ein Abend mit Justus Frantz. Mit Juliane Banse, Norbert Blüm, Marcus Kretzer, Tamako Akiyama u.a. (siehe Vorkritik)
20.15 **Die junge Katharina (2).** Letzter Teil des englisch-amerikanischen Fernsehfilms
21.45 **Heute**
21.55 **Die Katze auf dem heißen Blechdach.** Amerikanischer Spielfilm von 1958 nach Tennessee Williams. Mit Elizabeth Taylor, Paul Newman, Burl Ives u.a. Regie: Richard Brooks.
23.40 **Sevilla Sevilla (VPS 23.39).** Eröffnungsfeier Expo '92 mit Placido Domingo, Gerard Depardieu u.a.
0.35 **Heute**
0.40 **Gefährlicher Ruf.** Amerikanischer Thriller von 1973 mit Peter Graves u.a. Regie: Tom Gries
0.50 **Heute**

---

3. Programm (BR)

5.00 **Bayerntext für alle**
10.15 **Botschaft der Bilder.** Denn er ist ein Galiläer. Drei Stationen im Leben des heiligen Petrus
11.00 **Matinee: Die Erfindung der Moderne (3).** Herwarth Walden und „Der Sturm". Sechsteilige Reihe mit Helmuth Lohner und Andrea Lüdke
11.30 **Concert-Café.** Erich Keller und das Convivium Musicum als Salonorchester.
12.15 **Osterreise zu Piero della Francesca.** Ein Film von Günther Bauer
13.40 **Das Recht zu lieben.** Brasilianische Telenovela
14.10 **König der Seeräuber.** Italienisch-französischer Spielfilm von 1960 mit Steve Reeves, Valerie Lagrange, Chelo Alonso u.a.
15.45 **Zehn Worte der Freiheit - Die 10 Gebote.** Heute: Die stärkere Sehnsucht
16.15 **Der Nahe Osten.** Der Zusammenstoß zweier Welten
17.00 Rundschau-Clip
17.05 **Hallo Spencer.** Für Kinder
17.35 **Fury (s/w).** Heute: Packy, der Löwenbändiger
18.00 **Rundschau-Clip**
18.05 **Das Blumenfenster an der Donau.** Landesgartenschau Ingolstadt
18.42 **Abend-Vorstellung / 18.45 Rundschau**
19.00 **Vater ist nicht verheiratet.** Amerikanischer Spielfilm von 1962 mit Glenn Ford, Shirley Jones, Ronny Howard u.a. Regie: Vincente Minnelli
20.55 **Durch Land und Zeit / 21.00 Rundschau**
21.15 **Sport-Tribüne / 21.35 Sport regional**
21.45 **Die großen Epochen der europäischen Kunst.** Letzter Teil der Reihe. Heute: Das 20.Jahrhundert
22.40 **Rundschau-Clip**
22.45 **Bronk.** Heute: Zerreißprobe
23.30 **Live aus dem Schlachthof in concert.** Heute: Haindling
0.15 **Nachrichten im Bayerntext**

Die Osterprogramme des Zweiten Deutschen Fernsehens und des Bayerischen Rundfunks.

1. Welche Kategorien von Programmen sind am meisten vertreten?
2. Was gibt es nur sehr wenig?
3. Über welche Länder wird am meisten informiert?

4. Was für Filme kann man vor allem sehen?
5. Welche programme würden Sie sich ansehen?

Verstehen wir die Wörter? Wir erklären auf deutsch:

1. der Spielfilm
2. der Stereoton
3. der Zeichentrickfilm
4. die Robbe
5. die zehn Gebote
6. der Löwenbändiger
7. die Regie
8. die Reihe

F. Themen für Studentenreferate oder schriftliche Arbeiten:

1. Eine deutsche Zeitung: Inhalt, Aufmachung, Abfolge der Sparten, Art der Reklame.
2. Das System des öffentlich-rechtlichen und des privaten Fernsehens: das deutsche Beispiel.
3. „Der Spiegel": Eine Untersuchung oder ein Interview.

14. Der Bürger, sein Staat und seine Rechte

A. Verstehen Sie diese Wörter? Erklären Sie sie und bilden Sie einen Satz damit:

1. die Regierungsform
2. die Basisdemokratie
3. der Sozialstaat
4. das Grundrecht
5. der Bundesrat
6. das Misstrauensvotum
7. die Volkspartei
8. die Verfilzung
9. die Parteiverdrossenheit
10. das Schwurgericht
11. das Einwohnermeldeamt
12. der Zivildienst

B. Welche dieser Substantive passen zusammen? Erklären Sie die neuen Begriffe:

1. der Kaiser	a. die Aktion
2. der Krieg	b. der Bürger
3. die Macht	c. das Reich
4. der Raum	d. der Schutz
5. die Polizei	e. das Spiel
6. die Wirkung	f. die Gemeinde
7. die Umwelt	g. das Auto
8. der Verkehr	h. der Bezirk
9. die Wahl	i. der Schock
10. die Reform	j. der Faktor

C. Verändern Sie den Relativsatz in eine Konstruktion mit dem Partizip:

BEISPIEL: Sie wählten einen Führer, der ihnen Ruhe und Ordnung versprach.
Sie wählten einen ihnen Ruhe und Ordnung versprechenden Führer.

1. Die Nazis wandten sich an die Generation, die zu dieser Zeit heranwuchs.
2. Die Polizei fotografierte die Studenten, die an den Demonstrationen teilnahmen.
3. Es wächst die Zahl der Leute, die die Freiheiten des Grundgesetzes ernst nehmen.
4. In den Bestimmungen des Grundgesetzes spiegeln sich die Erfahrungen, die vorher von den Deutschen gemacht worden waren.
5. Der Bundestag kann keine negative Mehrheit bilden, die die Arbeit der Regierung blockiert.
6. Populär wurde Ludwig Erhard, der die soziale Marktwirtschaft einführte.
7. Schwierigkeiten hatte die KPD, die vom Bundesverfassungsgericht verboten wurde.
8. Die Grünen haben viele Anhänger, die verschiedene Ansichten vertreten.
9. Die Deutschen hatten wenig Enthusiasmus für ein System, das ihnen aufoktroyiert wurde.
10. Deutschland ist ein Sozialstaat, der auf der Basis einer Marktwirtschaft funktioniert.

D.

„Ei, ei, ihm wird so wunderlich . . .“

Der deutsche „Michel“ hat sich seit der Einführung der Wehrpflicht nach dem Zweiten Weltkrieg nie gern als Soldat gesehen; denn er dachte immer noch an die Vergangenheit.

1. Wie kann man dieses Bild beschreiben?
2. Wie soll man den Michel (oben) verstehen? Was denkt er?
3. Wie sieht der Soldat im Wasser aus? Woher kommt der Stahlhelm?
4. Was denken Ausländer über die Deutschen als Soldaten?
5. Denken die Deutschen heute noch so?
6. Wie würde eine amerikanische Karikatur aussehen?

E. Themen für Studentenreferate oder schriftliche Arbeiten:

1. Das Grundgesetz: die Liste der Grundrechte, die Kompetenzen der verschiedenen Personen und Institutionen, und die Definition des Staates.
2. Die Tradition und die Positionen einer deutschen Partei.
3. Unterschiede des deutschen und amerikanischen Rechtssystems. Beispiele!

15. Die Kirchen und ihre Rolle in der Gesellschaft

A. Verstehen Sie diese Wörter? Erklären Sie sie und bilden Sie einen Satz damit:

1. die Staatskirche
2. die Kirchensteuer
3. die Freikirche
4. die Amtshandlung
5. der Gottesdienst
6. das Konkordat
7. die Mischehe
8. der Kirchentag
9. die Moschee
10. der Religionsunterricht

B. Bilden Sie entsprechende Adjektive:

BEISPIEL: die Aufsicht des Staates
die staatliche Aufsicht

1. die Fakultät für Theologie
2. die Partei von Christen
3. das Proporz-System der Konfessionen
4. die Antwort aus dem Dogma
5. der Bewerber mit Qualifikationen
6. die Unterdrückung durch die Nationalsozialisten
7. die Tradition des Protestantismus
8. die Einstellung in der Tradition

Bilden Sie Sätze mit diesen Wendungen.

C. Erweitern Sie die Apposition zu einem Relativsatz:

BEISPIEL: Man bezahlt Kirchensteuer, gewöhnlich 1% des Gehalts. (betragen)
Man bezahlt Kirchensteuer, die gewöhnlich 1% des Gehalts beträgt.

1. Es gibt manche Gemeindemitglieder *regelmäßig beim Gottesdienst.* (sein)
2. Die Telefonseelsorge hat vielen Menschen *in Schwierigkeiten* geholfen. (sein)
3. Die Beziehungen sind in Verträgen, *Konkordaten,* festgelegt. (nennen)
4. Die Kirchentage, *Massendemonstrationen des evangelischen Glaubens,* haben eine besondere Bedeutung bekommen. (sein)
5. Der Religionsunterricht ist für alle Kinder *einer der Konfessionen.* (gehören)
6. Der Papst, *Oberhaupt der gesamten Kirche,* konnte die katholischen Fürsten beeinflussen. (sein)
7. Der Pfarrer kann sich nicht um Menschen *außerhalb der Gemeinde* kümmern. (bleiben)
8. Die Kirchentage bringen viele *sonst indifferente* Menschen zusammen. (bleiben)

D.

Drewermann für Abschaffung der Kirchensteuer

„Steuersicherheit macht Kirchen faul"

Bischof Lehmann: Kritiker weiß nicht, wovon er redet

Frankfurt (AP) – Der katholische Theologe Eugen Drewermann hat sich für die Abschaffung der Kirchensteuer ausgesprochen. Der Berliner Morgenpost sagte der abgesetzte Priester, die katholische Kirche würde vom dann zu erwartenden Zusammenbruch ihrer Finanzgrundlage zu der Reform gezwungen, zu der sie aus eigener Kraft nicht mehr fähig sei. Eine Änderung der Steuerpraxis würde bewirken, daß die Kirche agiler würde und den Menschen wieder ernst nähme. Die katholische Kirche in Deutschland lebe im Schatten einer Sicherheit, die sie faul gemacht habe. Für drei Viertel ihrer Mitglieder rede die Kirche von Amts wegen nur noch über Dinge, „die die Leute nicht mehr hören wollten". Etwa 80 Prozent der Katholiken gingen daher nicht mehr in die Kirche. Die Kirchensteuer müsse abgeschafft werden, weil der „real existierende Katholizismus" noch auf zwei Ebenen getroffen werden könne: „Macht und Geld".

Dagegen betonte Bischof Lehmann im Saarländischen Rundfunk, daß es bei der Kirchensteuer nicht um finanzielle Sicherheiten gehe, sondern „um sehr viele Dienste, die wir für viele Menschen, auch Nichtkatholiken, in diesem Land übernommen haben." Drewermann warf er vor: „So kann eigentlich nur jemand reden, der von außen in alles hereinredet, aber in Wirklichkeit nicht weiß, wie es wirklich von innen her zugeht."

Der Tübinger Theologe Hans Küng sagte dem Kölner Express: „Wir wären einen Großteil der Probleme los, wenn die Kirchensteuer an die örtlichen Gemeinden geht und nicht an die Diözesen." Dieses System werde bereits mit gutem Erfolg in der Schweiz praktiziert. „Die Bürger können selbst beschließen, wie hoch die Kirchensteuer sein soll, und können nachprüfen, für welche Zwecke die Kirchensteuer verwendet wird." Der Bischof solle lediglich einen festgelegten prozentualen Anteil der Kirchensteuer erhalten.

Heißes Thema:
Kirchensteuer. Macht die Kirchensteuer, die automatisch an die zentralen Organisationen und nicht an die einzelnen Gemeinden geht, die Kirchen „faul", oder ist sie gut und notwendig? Sie wird besonders von „Dissidenten" der katholischen Kirche in Frage gestellt.

1. Wie kann man die drei Standpunkte kurz zusammenfassen?
2. Warum spricht der Bericht meistens im Konjunktiv?
3. Welche Probleme existieren, die diese Kontroverse hervorrufen?
4. Was sind die Vorteile und Nachteile des jetzigen Systems?
5. Was würden Sie vorschlagen, wenn man Sie fragte?

Erklären Sie diese Begriffe auf deutsch:

1. die Kirchensteuer
2. die Gemeinde
3. die Diözese
4. die Finanzgrundlage
5. der Anteil
6. absetzen
7. abschaffen
8. nachprüfen
9. festlegen
10. in alles hineinreden

E. Laien-Katholiken kritisieren den Vatikan

Das Zentralkomitee der deutschen Katholiken (ZdK), die katholische Laien-Organisation, hat deutliche Kritik an der Haltung des Vatikans zum christlich-jüdischen Verhältnis geübt. In einer am 4. September in Bonn veröffentlichten ZdK-Erklärung heißt es, zwar sei das Vatikan-Dokument vom vergangenen März „Nachdenken über die Shoah" zu begrüßen. Es bleibe jedoch hinter früheren Erklärungen des Papstes sowie der deutschen und französischen Bischöfe zurück.

Die neue ZdK-Erklärung „Nachdenken über die Shoah - Mitschuld und Verantwortung der katholischen Kirche" setzt sich dafür ein, den langen Prozeß der Loslösung der Kirche vom jüdischen Volk differenzierter zu betrachten und hieraus „andere Weichen für das Verhältnis von Juden und Christen zu stellen".

Das ZdK kritisiert, daß der Vatikan in seinem Dokument vom März zwar einzelnen Christen Schuld zuweise, weil sie sich nicht entschieden genug gegen die Ermordung von Millionen Juden durch die Nazis eingesetzt hätten, daß die Kirche sich selbst als Organisation jedoch davon ausnehme. Es sei zu hoffen, so das ZdK-Papier weiter, daß das bereits angekündigte päpstliche Schreiben zum Versöhnungsjahr 2000 die Mitschuld der katholischen Kirche an der Judenverfolgung erkenne und bekenne. ■

1. Wie nennt sich die Organisation?
2. Welches Dokument des Vatikans wird kritisiert?
3. Was ist der Hauptpunkt der Kritik?
4. Worauf hofft die Organisation?
5. Was ist Ihrer Meinung nach der Zweck der öffentlichen Kritik des ZdK?

F. Themen für Studentenreferate oder schriftliche Arbeiten:

1. Ein evangelischer Pfarrer: Ausbildung, Laufbahn, Tätigkeit und Pflichten.
2. Die soziale Verantwortung der Kirche als Institution und einer Gemeinde: ein Beispiel.
3. Das Konzept der Toleranz: Tradition und heutige Ansichten in verschiedenen Kirchen bzw. Religionen.

16. Besuch in Österreich

A. Verstehen Sie diese Wörter? Erklären Sie sie und bilden Sie einen Satz damit?

1. der Vielvölkerstaat
2. die Vorherrschaft
3. der Thronfolger
4. der Ständestaat
5. der Nationalrat
6. die Sozialpartnerschaft
7. die Matura
8. die Staustufe
9. der Stausee
10. die Zweisprachigkeit
11. das Verkehrsvolumen
12. die Durchgangsstraße

B. Schreiben Sie diese Sätze zu Ende:

1. Österreich ist angewiesen . . .
2. Viele Ortschaften an der Donau sind hervorgegangen . . .
3. Österreich vergrößerte sich . . .
4. Das soziale Klima wird am besten ausgedrückt . . .
5. Der Großraum Wien reicht . . .
6. Die Eröffnung der Staatsoper nach dem Krieg wurde gefeiert . . .
7. Die Energiewirtschaft stützt sich . . .
8. Der Tunnel der Arlbergbahn galt . . .
9. Andreas Hofer stammte . . .
10. Die Darstellungen der Geschichte betonen . . .

C. Setzen Sie als *oder* nachdem *ein:*

1. _____ sich Österreich von Deutschland getrennt hatte, wurde es wirklich ein Vielvölkerstaat.
2. _____ Hitler den Anschluss Österreichs bewirkte, fand er keinen Widerstand in England oder Frankreich.
3. _____ Österreich 1955 den Staatsvertrag abschloss, musste es verschiedene Bedingungen akzeptieren.

4. _____ die Wirtschaft wieder in Gang gekommen war, wurde Wien schnell aufgebaut.
5. _____ Südtirol zu Italien gekommen war, kämpften die deutschsprachigen Einwohner um ihre Autonomie.
6. _____ Salzburg für die Festspiele gewählt wurde, spielte der Name Mozart eine Rolle.
7. _____ das Burgenland geteilt worden war, gab es in Ungarn eine deutschsprachige Minderheit.
8. _____ sich König Richard Löwenherz an die Donau verirrte, wurde er auf dem Dürrnstein gefangen gesetzt.
9. _____ Österreich Mitglied der Europäischen Union wurde, wurde über die Lösung der Verkehrsprobleme verhandelt.
10. _____ die Grenzen nach Osten geöffnet worden waren, konnte man die alten Beziehungen wieder aufnehmen.

Beginnen Sie die obigen Sätze mit dem Hauptsatz und ändern Sie das Subjekt entsprechend:

BEISPIEL: Als Salzburg selbständig war, war es sehr reich.
Salzburg war sehr reich, als es selbständig war.

D.

Volksabstimmung und Großdeutscher Reichstag

Stimmzettel

Bist Du mit der am 13. März 1938 vollzogenen

Wiedervereinigung Österreichs mit dem Deutschen Reich

einverstanden und stimmst Du für die Liste unseres Führers

Adolf Hitler?

Ja

Nein

Der „Anschluss" Österreichs an Deutschland im März 1938 ist noch immer ein Trauma in der Geschichte Österreichs. So sehr die Österreicher nach 1918 eine Vereinigung mit Deutschland wollten, so ambivalent waren sie nach 1933. Diese Volksabstimmung fand statt, nachdem die deutschen Truppen das Land besetzt hatten und die Nationalsozialisten bereits regierten.

1. Wie sollten die Wähler diesen Wahlzettel auffassen?
2. Was suggerieren die beiden Kreise?
3. Was ist die einzige Frage, die sie beantworten dürfen?
4. Was muss ein Wähler denken, wenn er diesen Wahlzettel bekommt?

E. Themen für Studentenreferate oder schriftliche Arbeiten.

1. Die Geschichte eines österreichischen Bundeslandes, z. B. Tirol, Salzburg oder Kärnten.
2. Ein österreichischer Fremdenverkehrsort und seine Attraktionen. Was sagen die Reiseprospekte?
3. Ein wichtiger Name aus der Kulturgeschichte Österreichs: Leben und Werk.
4. Eine der wichtigen Parteien Österreichs, ihre Geschichte und ihr Programm.
5. Eine größere österreichische Industriefirma, ihre Produkte und ihr Export.

17. Besuch in der Schweiz

A. Verstehen Sie diese Wörter? Erklären Sie sie und bilden Sie einen Satz damit:

1. der Urkanton
2. der Söldner
3. die Amtssprache
4. die Bundesversammlung
5. das Volksrecht
6. das Zeughaus
7. der Binnenzoll
8. die Agglomeration
9. die Weltoffenheit
10. die Überfremdung
11. die Einbürgerung
12. die Briefkastenfirma

B. Setzen Sie als *oder* wie *ein:*

1. Fußtruppen konnten stärker sein _____ Ritterheere.
2. Die Schweiz ist in mehr Länder eingeteilt _____ Deutschland.
3. Nichts ist so gut _____ das Gebirgsklima.
4. Man sieht selten so viele Soldaten _____ in der Schweiz.
5. Heute ist die Maschinenindustrie wichtiger _____ die Textilindustrie.
6. Niemand hat mehr Fernweh und Heimweh _____ ein Schweizer.
7. Die Frauen in der Schweiz wählten früher _____ die in Liechtenstein.
8. Der Fürst hat mehr Land in Texas _____ zu Hause.
9. Nichts ist so schwer _____ die Einbürgerung in der Schweiz.
10. Für die Schweiz ist die Industrie wichtiger _____ der Fremdenverkehr.

C. Bilden Sie aus dem schräggedruckten Satzteil einen Nebensatz mit einem Fragepronomen:

BEISPIEL: *Das dem Fremden Auffallende* ist die starke Verschiedenheit.
Was dem Fremden auffällt, ist die starke Verschiedenheit.

1. *Das den Krieg Entscheidende* waren die Fußtruppen.
2. *Das die Schweiz zum Reiseland Machende* war die Schönheit der Landschaft.

3. *Das die Schweizer Außenpolitik Kennzeichnende* ist die Neutralität.
4. *Der durch die Schweiz Reisende* genießt die guten Hotels.
5. *Der aus der Schweiz Auswandernde* hat selten wirtschaftliche Gründe.
6. Auch *der im Ausland Lebende* muss Militärsteuer bezahlen.
7. *Das die Firmen Anlockende* sind die niedrigen Steuern.
8. *Das die Umwelt Gefährdende* ist der starke Durchgangsverkehr.
9. *Der auf Hochdeutsch Schreibende* hat einen größeren Leserkreis
10. Selbst *der an der Vergangenheit Hängende* muss einsehen, dass die Schweiz vor großen Veränderungen steht.

D.

1. Worüber soll das Volk abstimmen?
2. Wer stimmt ab?
3. Von wem stammt das Plakat?
4. Was ist das Argument?
5. In welcher Sprache wird das Argument gegeben? Warum?
6. Wie sagt man „zämme schaffe—zämme stimme" auf Hochdeutsch?
7. Welche Arbeit wird gezeigt? Warum?
8. War die Abstimmung erfolgreich?

E. Themen für Studentenreferate oder schriftliche Arbeiten:

1. Die Geschichte eines Schweizer Kantons.
2. Die Bankgesetze der Schweiz, und die Schweizer Banken.
3. Das Schweizer „Volksrecht", seine Tradition und seine Probleme.
4. Ein Schweizer Autor, Leben und Werke.
5. Der Tourismus, seine politischen und seine Umweltprobleme.

Vokabular

For each noun, gender and plural forms are indicated, if the plural is used.

Plural endings:	die **Schule, -n**	die Schulen
	der **Abenteurer, -**	die Abenteurer (same as singular)
	der **Abiturient, -en**	die Abiturienten
	das **Abonnement, -s**	die Abonnements
	der **Abschluss, ¨-e**	die Abschlüsse
	das **Land, ¨-er**	die Länder

For strong and irregular verbs, the three forms (infinitive, past tense and past participle) are indicated.

For designation of professions, mostly masculine forms are listed. Feminine forms are generally made by adding **-in,** like **Lehrer-Lehrerin, -innen,** or **Professor, Professorin, -innen.** Adjectives used as nouns keep their adjective endings: **der Angestellte-die Angestellte.**

ab off, from

der **Abbau** mining, reduction

abbauen to work a mine; remove or demolish (a building)

abbrechen, brach ab, abgebrochen to interrupt, break off

abdanken to abdicate, resign

das **Abendgymnasium, -gymnasien** night school preparing for secondary school diploma

das **Abendland** Occident

abendländisch occidental

die **Abendrealschule, -n** evening school for the middle school diploma

abends in the evening

die **Abendschule, -n** night school for adults

die **Abendunterhaltung, -en** evening entertainment

abenteuerlich adventurous, strange, romantic

die **Abenteuerlust** quest for adventure

der **Abenteurer, -** adventurer

der **Aberglaube, -n** superstition

die **Abfahrt, -en** departure

abfassen to write, compose

die **Abfassung, -en** writing, composition, style

sich **abfinden (mit), fand ab, abgefunden** to come to terms with, put up with

abfragen to inquire, bring out by questioning, ask questions about the homework

die **Abgabe, -n** tax, tribute, fee

abgeben, gab ab, abgegeben to give, share, deliver

abgelegen remote, distant

abgenutzt worn out

der or die **Abgeordnete, -n** deputy, representative, member of parliament

das **Abgeordnetenhaus** house of representatives

der **Abgeordnetensitz, -e** seat in the house of representatives

der **Abgesandte, -n** envoy, ambassador

abhalten, hielt ab, abgehalten to hold, organize, deliver (a speech), give (lessons)

abhängen (von), hing ab, abgehangen to be dependent on

abhängig dependent on, subject to

die **Abhilfe, -n** help, solution

das **Abitur** final secondary school examination in Germany qualifying for university studies

der **Abiturient, -en** graduate of German secondary school

das **Abiturzeugnis, -se** secondary school diploma

der **Abkömmling, -e** descendant

abkürzen to abbreviate, shorten, abridge

der **Ablasshandel** selling of indulgences

ablehnen to decline, refuse

die **Ablenkung, -en** distraction, entertainment

ablösen to relieve, replace

sich **ablösen** to alternate, succeed in turn

die **Abmachung, -en** agreement, settlement, arrangement

abmontieren to take to pieces (machinery), dismantle

abnehmen, nahm ab, abgenommen to take away, decrease

das **Abonnement, -s** subscription

die **Abonnementskarte, -n** season ticket

abrechnen to settle accounts

abreißen, riss ab, abgerissen to demolish, tear down, tear off

die **Abrüstung** disarmament

abschaffen to abolish

abschalten to switch off, turn off

der **Abschied, -e** discharge, dismissal, farewell, resignation

der **Abschlag, ¨-e** advance against wages

abschließen, schloss ab, abgeschlossen to lock, seclude, sign or close an agreement

sich **abschließen (von)** to seclude oneself

der **Abschluss, ¨-e** end, conclusion, settlement, graduation

die **Abschlussprüfung, -en** final examination

abschneiden, schnitt ab, abgeschnitten to cut off, come off

der **Abschnitt, -e** segment, period of time, paragraph

abschütteln to shake off, get rid of

absehbar foreseeable, visible

abseits aside, aloof

absetzen to depose, drop, set down

die **Absicht, -en** intention

absolut absolute

der **Absolvent, -en** graduate
absolvieren to complete (studies)
sich **abspalten (von)** to separate, split
absperren to lock off, separate, isolate, barricade
sich **absperren (gegen)** to isolate oneself
sich **abspielen** to take place
absteigen, stieg ab, abgestiegen to descend, dismount; be relegated into a lower league (sport)
abstellen to put down, abolish, remedy, turn off
abstimmen to vote
die **Abstimmung, -en** voting, suffrage
abstrakt abstract
die **Abteilung, -en** division, separation, classification
abtransportieren to move, ship
die **Abtreibung, -en** abortion
die **Abtretung, -en** cession, surrender, ceding
abwählen to vote out of office
abwarten to wait (and see)
abwartend cautious, on the fence, wait-and see, skeptical
abwechselnd alternate, in turns
die **Abwechslung** change, variety, distraction
abwehren to fight off, ward off
abweisen, wies ab, abgewiesen to reject, refuse, repel
sich **abwenden (von), wandte ab, abgewandt** to turn away from
abwerten to devaluate
der **Abzug, ¨-e** departure; deduction
die **Achse, -n** axle, axis
achten (auf) to regard, esteem, pay attention to
die **Achtung** esteem, respect, attention
der **Adel** nobility
der **Adlige, -n** nobleman
adeln to raise to nobility, ennoble
das **Adelsgeschlecht, -er** noble family
der **Adelssitz, -e** residence of a noble family, castle
der **Adelstitel, -** patent, title of nobility
der **Adventskranz, ¨-e** advent wreath
der **Adventssonntag, -e** Advent Sunday
Afrika Africa
agrarwissenschaftlich agronomic
Ägypten Egypt
ähnlich similar
die **Akademie, -n** academy
akademisch academic
der **Akkordlohn, ¨-e,** piece wages
die **Aktie, -n** share
die **Aktiengesellschaft, -en** joint-stock company
die **Aktion, -en** action, drive
aktiv active
der **Aktivurlaub, -e** "active" vacation, vacation with many activities
akut acute
akzeptabel acceptable
akzeptieren to accept
der **Alkohol** alcohol, liquor
allein alone, single, only
der/die **Alleinerziehende, -n** single parent
allerdings however, indeed, rather
das **Allerheiligen** All Saints' Day, 1st of November
allgemein general, overall, universal
die **Allgemeinbildung** general education
alliiert allied
der **Alliierte, -n** ally
alljährlich annual, every year
allmählich gradual, by degrees
der **Alltag, -e** weekday, working day
die **Alltagskleidung, -en** everyday dress
das **Alltagsleben** ordinary everyday life
allzu much too
die **Alpen** *(pl.)* Alps
die **Alpenfestung, -en** fortress in the Alps, the Alps as fortress

die **Alpenkette, -n** Alpine mountain chain

die **Alpenreise, -n** trip through the Alps

das **Alpenvorland** highland plain north of the Bavarian Alps

das **Alphorn, ¨-er** alpenhorn

alt old

das **Alte** old things or ideas

die **Alternsforschung, -en** research on aging, gerontology

der **Altersgenosse, -n** person of the same age, peer

das **Altersheim, -e** home for old people

die **Altersrente, -n** old-age pension, annuities, social security payments

die **Altersversorgung** old-age pension plan, old age insurance

altertümlich ancient, antique

altfranzösisch old French

althochdeutsch old High German

die **Altlasten** *(pl.)* burden from the past, expenses to be paid by the new owner

die **Altstadt, ¨-e** city, center of town which is older than the suburbs

der **Amateursport** nonprofessional sport

die **Amateurveranstaltung, -en** show, game or match by amateurs

Amerika America

amerikanisch American

das **Amt, ¨-er** office, post, appointment, agency, public function

der **Amtsbruder, ¨-** colleague, brother clergyman

die **Amtshandlung, -en** official duty

die **Amtssprache, -n** official language used in public documents

die **Amtszeit, -en** term of office

der **Anbau** cultivation

anbauen to cultivate

anbieten, bot an, angeboten to offer, propose

anbrechen, brach an, angebrochen to dawn, begin

das **Andenken, -** memory, souvenir

ändern to change

sich **ändern** to change (oneself)

anderswo elsewhere

der **Andrang** crowd, rush, pressure

androhen to menace, threaten

die **Anekdote, -n** anecdote

anerkennen, erkannte an, anerkannt to recognize, appreciate, accept

die **Anerkennung, -en** recognition, acceptance

der **Anfang, ¨-e** beginning

anfangen, fing an, angefangen to begin, start

der **Anfänger** beginner

das **Anfangskapital, -ien** opening capital

die **Anfangszeit, -en** first period, starting time

anfertigen to make, manufacture

die **Anforderung, -en,** demand

das **Angebot, -e** offer

angehend beginning, fledgling

angehören to belong to, affiliated with

die **Angelegenheit, -en** matter, concern, business

das **Angeln** fishing

der **Angelsport** sport of fishing

angesehen respected

der **Angestellte, -n** employee

die **Angestelltenrente, -n** old-age pension for employees

angewiesen (auf), dependent on

sich **angleichen, glich an, angeglichen** to adjust, assimilate

angliedern to annex, affiliate

die **Angliederung, -en** annexation, incorporation

die **Anglistik** English studies (at university)

angreifen, griff an, angegriffen to attack, seize

der **Angreifer, -** aggressor

der **Angriff, -e** attack

die **Angst, ¨-e** fear, anxiety

ängstlich fearful, anxious

der **Anhänger, -** follower
die **Anhäufung, -en** accumulation, conglomerate
die **Anklage, -n** accusation
anknüpfen to resume, tie
die **Anlage, -n** installation, plan, layout investment
der **Anlass, ⸚e** occasion, cause
anlegen to found, plant, invest
anleiten to guide, train, instruct
der **Anlernberuf, -e** profession requiring on-the-job training
anlocken to allure, attract, entice
die **Annäherung, -en** approach
annehmen, nahm an, angenommen to accept, adopt, embrace
annektieren to annex
die **Annektion, -en** annexation
die **Anordnung, -en** directives, order, regulation, arrangement
anpassen to adjust
die **Anpassung, -en** adjustment, adaptation
das **Anrecht, -e** title, claim, privilege
die **Anregung, -en** suggestion, stimulation
der **Anreiz, -e** incentive
anrufen, rief an, angerufen to phone, call
sich **ansammeln** to accumulate, gather
der **Ansatz, ⸚e** start, trend
anschalten to turn on, switch on
die **Anschauung, -en** idea, view, perception
anschlagen, schlug an, angeschlagen to post
anschließen, schloss an, angeschlossen to add, annex
sich **anschließen (an)** to join, follow
anschließend afterwards, following
der **Anschluss, ⸚e** joining, connexion
ansehen, sah an, angesehen to regard, consider; **sich etwas ansehen** to visit, inspect something
ansehnlich considerable, good looking
ansetzen to schedule, fix
die **Ansicht, -en** view, opinion
die **Ansichtspostkarte, -n** picture postcard
der **Anspruch** claim; in **Anspruch nehmen** to claim, pretend to
anspruchsvoll pretentious, exacting
die **Anstalt, -en** institution
die **Anstellung, -en** employment, job
anstreben to aspire to
anstrengend strenuous, trying, hard
die **Anstrengung, -en** effort, strain
der **Anteil, -e** share, part
der **Anthroposoph, -en** anthroposophist, theosophist
antideutsch anti-German
antik antique, ancient
die **Antike** antiquity
antikommunistisch anticommunist
antiquiert dated, antiquated
der **Antisemit, -en** anti-Semite
antisemitisch antisemitic
der **Antrag, ⸚e** proposal, bill (legislature), application
die **Antwort, -en** answer, reply
antworten to answer, reply
anwenden, wandte an, angewandt to apply, use
die **Anwendung, -en** application, use
das **Anzeichen, -** symptom
die **Anzeige, -n** advertisement
anziehen, zog an, angezogen to attract, pull, dress
sich **anziehen** to dress
die **Anziehungskraft, ⸚e** attraction, attractive power
anzünden to light, set on fire
der **Apparat, -e** apparatus
arabisch Arabic
die **Arbeit, -en** work, job, labor
arbeiten to work
der **Arbeiter, -** laborer, worker

die **Arbeiterbewegung, -en** working-class movement
der **Arbeiterbildungsverein, -e** Workers' Educational Association
das **Arbeiterkind, -er** worker's child
die **Arbeiterklasse** working class
die **Arbeiterpartei, -en** labor party
der **Arbeiterrat, ¨-e** Workers' Council
die **Arbeitersiedlung, -en** housing project for workers
der **Arbeiterverein, -e** workmen's club
der **Arbeitgeber, -** employer
der **Arbeitnehmer, -** workman, employee
das **Arbeitsamt, ¨-er** labor office, employment bureau
der **Arbeitsausfall, ¨-e** loss of work hours
die **Arbeitsbedingungen** *(pl.)* working conditions
die **Arbeitsbeschaffungsmaßnahme -n** measure for job creation
die **Arbeitserleichterung, -en** facilities of the workplace (e.g. machines)
die **Arbeitsfront** German labor organization (1933–45)
das **Arbeitsgericht, -e** labor court
die **Arbeitsgruppe, -en** group of workers, working team
der **Arbeitskollege, -n** colleague
die **Arbeitskraft, ¨-e** manpower, workman, hand
der **Arbeitskreis, -e** work team, discussion group
arbeitslos unemployed
der **Arbeitslose, -n** unemployed
die **Arbeitslosenrate, -n** unemployment rate
die **Arbeitslosenunterstützung, -en** unemployment benefit
die **Arbeitslosigkeit** unemployment
die **Arbeitsnorm, -en** standard set for a worker's daily performance
der **Arbeitsplatz, ¨-e** job, post, place of employment
die **Arbeitsstunde, -n** man-hour
der **Arbeitstag, -e** working day
das **Arbeitstier, -e** workhorse, hard working person
das **Arbeitszimmer, -** study
der **Architekt, -en** architect
die **Architektur** architecture
argumentieren to argue, debate
der **Arier, -** Aryan
arisch Aryan
aristokratisch aristocratic
arm poor
die **Armee, -n** army
das **Armenhaus, -er** poorhouse
die **Armut** poverty
sich **arrangieren (mit)** to come to an agreement with
arrondieren to round off
die **Art, -en** kind, manner, style, species
der **Artikel,-** article, commodity
der **Arzt, ¨-e** physician
die **Arztkosten** *(pl.)* costs of medical treatment
der **Aschermittwoch** Ash Wednesday
der **Assessor, -en** assessor, associate judge
der **Ästhetiker, -** aesthete, scholar who does research in aesthetics
der **Asylbewerber, -** applicant for political asylum
das **Asylrecht** right of political asylum
der **Asylsuchende, -n** person seeking political asylum
atheistisch atheistic
die **Atmosphäre** atmosphere
das **Atomkraftwerk, -e** atomic (nuclear) power plant
die **Atomphysik** atomic physics
die **Atomtheorie, -n** atomic theory
das **Attentat, -e** assassination attempt
aufatmen to breathe again
der **Aufbau** reconstruction

aufbauen to build up, establish

aufbewahren to preserve, deposit

aufbrechen, brach auf, aufgebrochen to start, set out; break open

der **Aufbruch, ¨e** start, departure

der **Aufenthalt, -e** stay, residence

das **Aufenthaltsrecht** residence permit

auferlegen to impose

auffallen, fiel auf, aufgefallen to strike, occur to

auffällig striking

auffassen to conceive, interpret

die **Auffassung, -en** conception, view, interpretation

auffordern to invite, summon

aufführen to perform

die **Aufführung, -en** performance

die **Aufgabe, -n** task, job; abandonment

aufgeben, gab auf, aufgegeben to give up, abandon

aufgehen, ging auf, aufgegangen to rise (sun)

aufgehen (in) to be merged in, absorbed in

aufgeschlossen open-minded

aufhalten, hielt auf, aufgehalten to delay; stop

aufheben, hob auf, aufgehoben to abolish, annul, repeal; raise, keep

aufholen to catch up

aufhören to stop, cease

aufklären to enlighten

der **Aufklärer, -** enlightener

die **Aufklärung, -en** enlightenment; also: sex education

die **Auflage, -n** edition, circulation

sich **auflehnen (gegen)** to rebel, resist

auflösen to dissolve, disband

der **Aufmarsch, ¨e** parade, deployment

die **Aufmerksamkeit, -en** attention

aufnahmefähig receptive

die **Aufnahmeprüfung, -en** entrance examination

aufnehmen, nahm auf, aufgenommen to accept, admit, receive, absorb

aufpassen to watch, be attentive

aufpflanzen to set up

aufregen to excite

die **Aufreizung, -en** incitement, instigation

aufrufen, rief auf, aufgerufen to call, summon

die **Aufrüstung, -en** armament

die **Aufrüstungspolitik** armament policy

aufrütteln to rouse, stir

aufschieben, schob auf, aufgeschoben to postpone

die **Aufschrift, -en** inscription

der **Aufschwung, ¨e** boom, upward development

das **Aufsehen** sensation

die **Aufsicht, en** supervision, inspection

das **Aufsichtsgremium, -gremien** supervising authority or board

der **Aufsichtsrat, ¨e** board of directors

aufspalten to separate, divide

aufspringen, sprang auf, aufgesprungen to jump up

der **Aufstand, ¨e** revolt, insurrection

aufständisch rebellious

aufsteigen, stieg auf, aufgestiegen to rise, take off

aufstellen to set up, nominate, mount

der **Aufstieg, -e** ascent, rise

die **Aufstiegschance, -n** chance for promotion

die **Aufstiegsmöglichkeit, -en** chance for promotion

aufstrebend aspiring

aufsuchen to call on, go to

aufteilen to divide, parcel

der **Aufrag, ¨e** order, commission

der **Auftraggeber, -** customer, employer

auftreten, trat auf, aufgetreten to occur, appear; proceed das **Auftreten** behavior, appearance, occurrence

der **Auftrieb** upswing, encouragement

aufwachen to wake up

aufwachsen, wuchs auf, aufgewachsen to grow up

aufzählen to enumerate

aufzwingen, zwang auf, aufgezwungen to impose, force upon

das **Auge, -n** eye

der **Augenzeuge, -n** eyewitness

ausarbeiten to compose, draft, elaborate

der **Ausbau** extension, completion, development

ausbauen to develop, complete, expand

der **Ausbauplan, ¨e** plan for expansion, development

die **Ausbeutung, -en** exploitation

ausbilden to train, educate

die **Ausbildung, -en** training, instruction

ausbrechen, brach aus, ausgebrochen to break out, happen

ausbreiten to spread, propagate

der **Ausbruch, ¨e** outbreak; escape

ausbürgern to expatriate, deprive of citizenship

der **Ausdruck, ¨e** expression, term

ausdrücken to express; squeeze out

auseinanderbrechen, brach auseinander, auseinandergebrochen to break apart, separate

die **Auseinandersetzung, -en** confrontation, argument, discussion

ausfallen, fiel aus, ausgefallen to fail to take place; turn out

der **Ausflug, ¨e** excursion, outing

ausführen, to execute, implement; export

ausführlich detailed

der **Ausgangspunkt, -e** starting point

ausgedehnt extended

ausgehen, ging aus, ausgegangen to take a walk, end, turn out

ausgewogen balanced

ausgezeichnet excellent

der **Ausgleich, -e** compensation, compromise

ausgleichen, glich aus, ausgeglichen to balance, compensate

der **Ausgleichssport** recreational sport to balance a sedentary job

sich **auskennen, kannte aus, ausgekannt** to be an expert, be at home

auskommen (mit), kam aus, ausgekommen to make do with, get along with

das **Ausland** foreign countries

der **Ausländer, -** foreigner

die **Ausländerfeindlichkeit** hostility toward foreigners

ausländisch foreign

auslegen to lay out, display; interpret

die **Auslese, -n** selection, choice

ausliegen, lag aus, ausgelegen to be offered in a show window

auslösen to trigger, produce

ausmachen to matter; arrange; **es macht mir etwas aus** it matters to me, it makes a difference to me

das **Ausmaß, -e** extent, dimension

die **Ausnahme, -n** exception

das **Ausnahmegesetz, -e** emergency law

der **Ausnahmemensch, -en** exceptional person

ausnutzen to utilize, take advantage of

ausprobieren to sample; try out

ausrauben to rob

ausrechnen to calculate, compute

ausreichen to be sufficient, adequate

der **Ausreisewillige, -n** person willing to leave the country

ausrichten (auf) to orient toward, adjust

ausrichten (gegen) to accomplish, achieve

ausrufen, rief aus, ausgerufen to proclaim, exclaim

sich **ausruhen** to rest

ausschalten to turn off, eliminate
ausscheiden, schied aus, ausgeschieden to eliminate, withdraw, drop out, separate
der **Ausschlag (den Ausschlag geben:)** to be the decisive factor
ausschlagen, schlug aus, ausgeschlagen to turn out; to decline, refuse
ausschließlich exclusive
der **Ausschuss, ¨-e** committee
die **Ausschusssitzung, -en** committee meeting
der **Außenminister, -** foreign minister, Secretary of State
die **Außenpolitik** foreign policy
außenpolitisch referring to foreign policy
der **Außenseiter, -** outsider
außerdem besides, moreover
außerhalb outside
äußerlich external, outward
außerordentlich extraordinary
außerparlamentarisch outside of parliament
die **Aussicht, -en** prospect, view, outlook
aussichtslos hopeless, without chance of success
die **Aussöhnung, -en** reconciliation
aussprechen, sprach aus, ausgesprochen to pronounce, articulate, express
die **Ausstattung, -en** outfit, furniture, equipment
ausstellen to exhibit
die **Ausstellung, -en** exhibition
aussterben, starb aus, ausgestorben to die out, become extinct
die **Ausstoßung, -en** expulsion, rejection
ausstrahlen to radiate, emit light
aussuchen to choose, select
der **Austausch, -e** exchange, interchange, barter
austauschen to exchange, substitute
austreten, trat aus, ausgetreten to leave a group, cancel membership
ausüben to exercise, practice
die **Auswahl** choice, selection
auswählen to select, choose
der **Auswanderer, -** emigrant
auswandern to emigrate
die **Auswanderung, -en** emigration
auswärts outwards, abroad
auswechseln exchange
der **Ausweg, -e** way out, expedient
ausweisen, wies aus, ausgewiesen to expel, deport, banish
auswendig by heart; outside
auswirken to effect, result
sich **auszeichnen** to distinguish oneself
ausziehen, zog aus, ausgezogen to leave, march out, move (from)
das **Auto, -s** car
die **Autobahn, -en** expressway, superhighway
die **Autobiographie, -n** autobiography
das **Autogramm, -e** autograph
die **Autoindustrie, -n** automobile industry
automatisieren to automate
der **Automechaniker, -** mechanic
die **Autonomie, -n** autonomy, self-government
das **Autorennen, -** car race
autoritär authoritarian
die **Autorität, -en** authority
die **Autoschlange, -n** backed-up line of cars
der **Autounfall, ¨-e** car accident
das **Avantgardetheater,-** avant-garde theater (stage)
der **Azubi, -s** trainee, apprentice

backen to bake
der **Bäckermeister, -** master baker
die **Bäckerstraße** Baker Street
das **Bad, ¨-er** bath
baden to bathe
der **Badenser, Badener, -** inhabitant of Baden
die **Bahn, -en** course, path, road; railway
der **Bahnhof, ¨-e** railway station

die **Bahnhofsbuchhandlung, -en** bookstore at the railway station
das **Ballett, -e** ballet
baltisch Baltic (referring mainly to Estonia, Latvia and Lithuania)
das **Band, ¨er** ribbon, tie
die **Bank, ¨e** bench
die **Bank, -en** bank
der **Bankier, -s** banker
der **Bann, -e** excommunication, ban, curse
die **Bannandrohung, -en** threat of a papal ban
barock baroque
die **Barockkultur** culture of the period of baroque
der **Barockstil** baroque style
der **Bart, ¨e** beard
die **Basis, Basen** basis, base
die **Basisdemokratie** democracy controlled by the population at large (instead of by the establishment)
der **Bau, -ten** construction, building
der **Bauarbeiter, -** construction worker
bauen to build
der **Bauer, -n** farmer
bäuerlich rural
der **Bauernhof, ¨e** farm, farm buildings
der **Bauernkrieg, -e** Peasants' War (1524–25 in Germany)
die **Bauernmagd, ¨e** maid servant on a farm
der **Bauernsohn, ¨e** son of a farmer
der **Bauernstand, ¨e** farmers class, peasantry
das **Bauhaus** influential art school in Germany (1919–1934)
die **Baukunst, ¨e** architecture
die **Bausparkasse, -n** savings & loan for down-payments on homes
das **Bauwerk, -e** building
die **Baumwolle** cotton
der **Baustil, -e** style of architecture
Bayern Bavaria
beachten to notice, pay attention to
beachtlich noticeable, noteworthy
der **Beamte, -n** official, officer, civil servant
die **Beamtenlaufbahn** civil service career
beanspruchen to claim, pretend
beantworten to answer
bearbeiten to cultivate; handle, work on (something)
beaufsichtigen to inspect, supervise, control
bedacht sein (auf) to cherish, be intent on
bedauern to regret, deplore
bedecken to cover
das **Bedenken, -** hesitation, objection
bedeuten to mean, signify
bedeutend important, considerable
die **Bedeutung, -en** importance, signification, meaning
der **Bediente, -n** servant, lackey
die **Bedingung, -en** condition, terms
bedingungslos unconditional
bedrohen to menace, threaten
die **Bedrohung, -en** menace
das **Bedürfnis, -se** need, necessity
beeinflussen to influence
beeinträchtigen to impair, prejudice
beenden to terminate, bring to an end
beengend confining
sich **befassen (mit)** to handle, deal with, engage in
das **Befehlen** ordering, commanding
befestigen to fortify; attach
die **Befestigung, -en** fortress, fortification
der **Befestigungswall, ¨e** rampart
beflügeln to inspire, accelerate
befolgen to follow, observe, obey
die **Beförderung, -en** promotion, transport
die **Befragung, -en** poll
befreien to liberate
die **Befreiung, -en** liberation
die **Befriedigung** satisfaction

die **Befugnis, -se** authority
befürchten to fear, apprehend
der **Befürworter, -** advocate, supporter
begabt talented, smart
die **Begabung, -en** talent
begegnen to meet; happen
begehen, beging, begangen to commit (mistakes, etc.); celebrate; walk around
begehren to desire, crave
begehrt in demand
begeistern to inspire
begeistert enthusiastic
die **Begeisterung** enthusiasm
der **Beginn** beginning, origin
beginnen, begann, begonnento begin
begleiten to accompany, escort
der **Begleiter, -** companion
sich **begnügen (mit)** to be satisfied with, content oneself with
begraben, begrub, begraben to bury
das **Begräbnis, -se** burial, funeral
begreifen, begriff, begriffen to understand
begrenzen to limit; **begrenzt werden (von)** to be bordered by
begrenzt limited, narrow
der **Begriff, -e** notion, concept, idea
der **Begründer, -** founder
begrüßen to salute, welcome
begünstigen to favor, encourage
begutachten to give an opinion on, evaluate
behalten, behielt behalten to keep, retain
behandeln to treat, handle
beharren (auf) to persist, persevere stick to
behaupten to affirm, maintain, hold one's ground
behelfsmäßig makeshift
beherrschen to rule, govern
behindern to hamper, hinder
die **Behörde, -n** authority, office
behüten to shelter, protect, preserve

beibehalten, behielt bei, beibehalten to keep, retain
beibringen, brachte bei, beigebracht to forward, produce, teach
beide both
die **Beihilfe, -n** subsidy, aid
das **Beisammensein** meeting, being together
der **Beisitzer, -** assessor, committee member
das **Beispiel, -e** example
beißend biting, poignant, pungent
der **Beitrag, ¨-e** contribution
beitragen, trug bei, beigetragen to contribute
beitreten, trat bei, beigetreten to join, agree
der **Beitritt, -e** joining, becoming a member
bekämpfen to combat, fight against
bekannt well-known
der **Bekannte, -n** acquaintance
bekehren to convert
bekennen, bekannte, bekannt to confess, admit
das **Bekenntnis, -se** confession
beklagen to deplore, lament, compain
bekleiden to occupy (a position), clothe
bekommen, bekam, bekommen to get, obtain
belagern to besiege
belasten to burden, load
die **Belastung, -en** burden, load, stress
beleben to animate
belegen to sign up for, reserve, inflict
die **Belegschaft, -en** personnel
belehnen to invest with a fief, enfeoff
die **Beleidigung, -en** insult, affront
Belgien Belgium
beliebig as one likes, any
beliebt popular, favorite
bemerken to notice; observe
bemerkenswert remarkable
die **Bemerkung, -en** remark, observation

sich **bemühen** to take pains; exert oneself
die **Bemühung, -en** trouble, endeavor
benachbart neighboring
das **Benediktinerkloster, ¨-** Benedictine monastery
der **Benediktinerorden** Benedictine order
das **Benehmen** behavior, conduct
beneiden to envy
benennen, benannte, benannt to name, term
benutzen to make use of
das **Benzin** gasoline
bequem convenient, comfortable
beraten, beriet, beraten to advise, counsel
der **Berater, -** advisor, consultant
berechnen to calculate, compute
der **Bereich, -e** scope, field, range
bereichern to enrich
bereit ready, prepared
bereiten to prepare
bereits already
der **Berg, -e** mountain
das **Bergbaugebiet, -e** mining area
der **Berggipfel, -** summit of a mountain
der **Berghang, ¨-e** mountain slope
die **Berglandschaft, -en** mountain scenery
der **Bergmann, -leute** miner
der **Bergrücken, -** mountain ridge or range
der **Bergsee, -n** lake in the mountains
die **Bergspitze, -n** mountain peak
das **Bergsteigen** mountaineering
das **Bergwandern** mountain tours, hiking in the mountains
das **Bergwerk, -e** mine
die **Bergwerksindustrie, -n** mining industry
der **Bergwerksort, -e** mining town
der **Bericht, -e** report
die **Berichterstattung, -en** reporting, information
berücksichtigen to take into consideration, respect
der **Beruf, -e** job, occupation, profession
berufen, berief, berufen to appoint, call, convoke
beruflich professional, vocational
die **Berufsarbeit, -en** professional work
die **Berufsaufbauschule, -n** type of vocational school
die **Berufsausbildung** vocational training
die **Berufsaussicht, -en** career prospects
der **Berufsberater, -** vocational counselor
das **Berufsbewusstsein** pride in belonging to a particular profession
das **Berufsbild, -er** definition of the necessary skills and knowledge for a certain profession
die **Berufsfachschule, -n** type of vocational school
das **Berufsgrundbildungsjahr** a year for basic vocational preparation
die **Berufsgruppe, -n** professional group
die **Berufskunde** theoretical knowledge necessary for a trade
das **Berufsleben, -** professional life
die **Berufsmöglichkeiten** *(pl.)* opportunities, career possibilities
die **Berufsschule, -n** type of vocational school
der **Berufssport** professional sport
die **Berufssportart, -en** type of professional sport
der **Berufssportler, -** professional in sports
die **Berufstätigkeit, -en** employment, professional activities
das **Berufsverbot, -e** prohibition to enter into the civil service (for political reasons)
die **Berufswahl** choice of a profession
der **Berufszweig, -e** trade, branch of a profession
die **Berufung, -en** appointment, appeal
beruhen (auf) to be based on, depend on
beruhigen to calm, appease
berühmt famous

berühren to touch, mention
die **Berührung, -en** contact
die **Besatzung, -en** occupation, garrison
die **Besatzungsmacht, ¨-e** occupying forces
die **Besatzungszone, -n** occupation zone
beschäftigen to occupy, employ
sich **beschäftigen (mit)** to be occupied with, deal with
die **Beschäftigung, -en** occupation
beschenken to present, give presents
beschließen, beschloss, beschlossen to decide, conclude
beschränken to confine, limit
beschränkt limited, dull
die **Beschränkung, -en** restriction, limitation
beschreiben, beschrieb, beschrieben to describe
die **Beschreibung, -en** description
beschreiten, beschritt, beschritten to enter, walk on
beschützen to protect, defend
sich **beschweren** to complain
beschwören, beschwor, beschworen to swear, take an oath
beseitigen to remove
die **Beseitigung, -en** removal
der **Besen, -** broom
besetzen to occupy, staff, fill
die **Besetzung, -en** occupation (of a country)
besichtigen to visit, inspect, view
besiedeln to settle, colonize
die **Besiedelung, -en** colonization
besiegen to overcome, beat, conquer
der **Besiegte, -n** vanquished, conquered
sich **besinnen (auf), besann, besonnen** to remember, reflect
der **Besitz** possession, holding
besitzen to own, possess
der **Besitzstand** the present condition of rights and claims
die **Besitzung, -en** possession, estate
das **Besondere: etwas Besonderes** something particular, peculiar
besonders particularly, separately
besprechen, besprach, besprochen to discuss, talk over, review
bessern to improve
der **Bestand, ¨-e** stock; stability; duration
bestätigen to approve, confirm, sanction
die **Bestechung, -en** bribery
bestehen, bestand, bestanden to be, exist
bestehen (auf) to insist upon;
bestehen (aus) to consist of
das **Bestehen** existence, duration
die **Bestie, -n** beast, brute
bestimmen to define, determine, fix
die **Bestimmung, -en** regulation, definition, vocation
das **Bestreben** exertion, effort
besuchen to visit
der **Besuchsverkehr** traffic for visiting (friends and relatives)
die **Betätigung, -en** activity
sich **beteiligen (an), beteiligt sein (an)** to participate in, have a share
beteiligt participating, interested, (party) concerned
die **Beteiligung, -en** participation, partnership
beteuern to protest, assure
der **Beton** concrete
der **Betonbau, -ten** concrete building
betonen to stress, emphasize
betrachten to view, consider
beträchtlich considerable
betreffen, betraf, betroffen to concern
betreiben, betrieb, betrieben to pursue, operate
betreten, betrat, betreten to enter
der **Betrieb, -** business, plant, workshop, company

der **Betriebsausflug, ⸚e** firm's outing
die **Betriebsleitung, -en** management of a company
der **Betriebsrat ⸚e** staff committee
die **Betrügerei, -en** fraud, deceit
das **Bett, -en** bed
der **Bettler, -** beggar
sich **beugen** to submit to
beurteilen to judge, criticize
bevölkern to populate
die **Bevölkerungsdichte** density of population
der **Bevölkerungszuwachs** population growth, increase
bevor before
bevorzugt popular, favorite
bewahren to preserve, keep, protect
die **Bewährungsprobe, -n** test, occasion to prove oneself
bewaldet wooded
die **Bewältigung** surmounting, overcoming, accomplishment
beweglich movable, active, versatile
die **Bewegung, -en** movement, agitation, emotion
die **Bewegungsfreiheit, -en** freedom of movement, of action
beweisen, bewies, bewiesen to prove, demonstrate
sich **bewerben** to apply for
der **Bewerber, -** candidate, applicant
bewilligen to grant
bewirtschaften to cultivate, manage
bewohnen to inhabit
der **Bewohner, -** inhabitant
bewundern to admire
bewusst conscious, aware
das **Bewusstsein** consciousness
bezahlen to pay
die **Bezahlung, -en** pay, payment
bezaubernd enchanting
bezeichnen to designate, denote
die **Bezeichnung, -en** designation, term
bezeugen to testify, prove
die **Beziehung, -en** relation, connexion
beziehungsweise respectively
der **Bezirk, -e** district, precinct
der **Bezirksausschuss, ⸚e** precinct committee
die **Bibel, -n** bible
die **Bibelauslegung, -en** exegesis, interpretation of the Bible
die **Bibelübersetzung, -en** translation of the Bible
die **Bibliothek, -en** library
biblisch biblical
der **Bienenzüchterverein, -e** association of beekeepers
das **Bier, -e** beer
das **Bierbrauen** brewing of beer
das **Bierfest, -e** beer festival
bieten, bot, geboten to offer
das **Bild, -er** picture, image
bilden to form, shape, cultivate, educate
die **Bildergeschichte, -n** picture story
bilderreich flowery, full of images or pictures
der **Bildhauer, -** sculptor
die **Bildhauerei** sculpture
die **Bildungschance, -n** chance for education
die **Bildungseinrichtung, -en** educational institution
das **Bildungsfernsehen** educational television
das **Bildungsideal, -e** concept of education, educational ideal
die **Bildungspolitik** educational policies
die **Bildungsreise, -n** educational journey
der **Bildungsroman, -e** educational novel
der **Bildungsrückstand, ⸚e** educational "lag"
die **Bildungsstufe, -n** level of education
der **Bildungsverein, -e** association for adult education

billig cheap, fair
die **Billion, -en** trillion
der **Binnenhafen, ¨** inland port
der **Binnenmarkt, ¨e** domestic market, inner market
der **Binnenzoll, ¨e** custom duties within a country
der **Birkenzweig, -e** branch of the birchtree
der **Bischof, ¨e** bishop
die **Bischofsstadt, ¨e** episcopal see, residence of a bishop
bisher till now, so far
bisherig hitherto
das **Bistum, ¨er** bishopric
bitten, bat, gebeten to request, entreat
blasen, blies, geblasen to blow, sound
die **Blasmusik, -en** brass band
blau blue
blauäugig blue-eyed
das **Blei** lead
das **Bleigießen** casting of lead (to predict the future)
bleiben, blieb, geblieben to stay, remain
der **Blick, -e** view, look; **einen Blick werfen** to take a look
der **Blitz, -e** lightning
der **Blitzkrieg, -e** lightning war, blitzkrieg
blockieren to obstruct, blockade
bloß only; bare, naked
die **Blume, -n** flower
das **Blumenfeld, -er** field of flowers
der **Blumenkasten, ¨** flower box
der **Blumenteppich, -e** carpet of flowers
das **Blut** blood
die **Blütezeit, -en** prime, golden age, peak
der **Boden, ¨** soil, ground
die **Bodenreform, -en** land reform
die **Bodenschätze** *(pl.)* mineral resources
die **Bodenspekulation,-en** financial speculation with real estate

Böhmen Bohemia
böhmisch Bohemian
die **Bohne, -n** bean
bohren to drill, bore
das **Bollwerk, -e** bastion
der **Bombenanschlag, ¨e** bomb attack
das **Bootfahren** boating
die **Börde** fertile plain (particularly west of Magdeburg)
borgen to borrow
böse bad, evil
der **Botschafter, -** ambassador
die **Böttcherstraße** Cooper Street
das **Boulevardblatt, ¨er** tabloid
das **Boxen** boxing
boykottieren to boycott
brach unploughed, unused
das **Brachland** fallow, unploughed land
der **Brand, ¨e** fire, burning
die **Brandstiftung, -en** arson
der **Brauch, ¨e** custom, tradition, usage
brauchen to use, need
die **Braunkohle, -n** lignite, brown coal
das **Braunkohlenlager, -** layer of lignite
das **Braunkohlevorkommen, -** lignite deposit
der **Breitengrad, -e** latitude
der **Breitensport** mass sport
brennen, brannte, gebrannt to burn
brenzlig explosive, dangerous
der **Brieffreund, -e** penpal
die **Briefkastenfirma, -firmen** company registered only in name, with the production elsewhere
der **Briefroman, -e** epistolary novel, letter novel
bringen, brachte, gebracht to take, bring
die **Broschüre, -n** pamphlet, folder
das **Brot, -e** bread
das **Brotstudium, -en** study for the sole purpose of gaining a livelihood
die **Brücke, -n** bridge

der **Bruder, -̈** brother

das **Bruttoinlandsprodukt** gross domestic product

das **Buch, -̈er** book

der **Buchdruck** book printing

die **Bücherzensur** book censorship

die **Buchgemeinschaft, -en** book club

die **Buchhaltung, -en** bookkeeping

der **Buchhandel** book trade

der **Buchhändler, -** bookseller

die **Buchhändlerschule, -n** vocational school for training booksellers

die **Buchhandlung, -en** bookstore

die **Buchillustration, -en** book illustration

der **Buchladen, -̈** bookshop, bookstore

das **Büchlein, -** small book, booklet

die **Buchmalerei, -en** manuscript or book illumination

die **Buchmesse, -n** book fair

die **Bude, -n** stall, booth, room

das **Bühnenbild, -er** scenery, setting (stage)

die **Bulle, -n** bull

bummeln to loaf, cut classes

der **Bund, -̈e** alliance, league, tie, federation

die **Bundesbahn** federal railways (Federal Republic of Germany)

die **Bundesebene** federal level

das **Bundesfernsehen** television program operated by a federal agency

die **Bundeshauptstadt** capital of the federation

die **Bundeshoheit** authority of the federal government

der **Bundeskanzler, -** federal chancellor, head of government in the Federal Republic of Germany or Austria

das **Bundesland, -̈er** federal state

die **Bundesliga, -ligen** professional soccer league (Germany)

die **Bundesligamannschaft, -en** team of the professional soccer league

die **Bundespolitik** federal politics

die **Bundespost** federal post office

der **Bundespräsident, -en** president of the Federal Republic

der **Bundesrat** federal council, upper house of parliament in the Federal Republic of Germany

die **Bundesregierung, -en** federal government

die **Bundesrepublik, -en** federal republic

der **Bundesstaat, -en** federal state, state of a federation

der **Bundestag** federal diet, lower house of parliament

die **Bundestagssitzung, -en** session of parliament

die **Bundestagswahl, -en** Bundestag election

der **Bundesverband, -̈e** association, union on the federal level

das **Bundesverfassungsgericht** supreme court for constitutional questions

die **Bundesversammlung** federal parliament (Switzerland), assembly to elect a president (Federal Republic)

der **Bundesverteidigungsminister, -** Federal Minister of Defense

die **Bundeswehr** federal armed forces

der **Bundeswirtschaftsminister, -** federal minister of economy

das **Bündnis, -se** alliance

die **Burg, -en** castle

der **Bürger, -** citizen, townsman, bourgeois

der **Bürgerkrieg, -e** civil war

bürgerlich civil, bourgeois

die **Bürgerschaft, -en** citizens, citizens' council

die **Bürgerstadt, -̈e** middle class town, commercial town, town without a prince or nobility

das **Bürgertum** middle class, citizenship

die **Burgruine, -n** ruined castle

burgundisch Burgundian

das **Büro, -s** office

der **Bürodiener, -** office boy

die **Bürokratie, -n** bureaucracy, red tape

die **Burschenschaft, -en** students' association, fraternity

der **Büßer, -** penitent

das **Bußgewand, ¨er** attire of a penitent

der **Buß- und Bettag** day of atonement and prayer

die **Campingmöbel** *(pl.)* camping furniture

der **Campingplatz, ¨e** camping place

der **Campingreisende, -n** camping traveller

die **Chancengleichheit** equal opportunity, equality of chances

der **Charakter, -e** character

charakteristisch characteristic

der **Charakterzug, ¨e** characteristic feature, trait of character

der **Charme** charm

der **Chef, -s** boss, head

der **Chefredakteur, -e** chief editor

chemisch chemical

die **Chemie** chemistry

chirurgisch surgical

der **Chor, ¨e** choir, chorus

das **Chorsingen** choral singing

die **Chorvereinigung, -en** choir, choral society

das **Chorwerk, -e** composition for choir

der **Christbaum, ¨e** Christmas tree

der **Christenglaube** Christian faith

das **Christentum** Christianity

die **Christianisierung** Christianization

christlich Christian

dabei in doing so; near by

das **Dach, ¨er** roof

damalig of that time, then

daneben next to it, besides

Dänemark Denmark

dänisch Danish

dank thanks to, owing to

das **Darlehen, -** loan

darstellen to represent, perform, exhibit

darunter among them

das **Dasein** existence, life, presence

der **Datenschutz** protection of (private) data

die **Dauer** duration, permanence

der **Dauerauftrag, ¨e** standing order

der **Dauergast, ¨e** permanent guest, vacationer coming frequently to the same place

dauerhaft durable, permanent, sound

das **Dauerhafte** something solid or durable

dauern to last, continue, take (time)

definieren to define

der **Deich, -e** dike, dam

dekadent decadent, declining, corrupt

die **Deklassierung, -en** lowering of social status

die **Dekoration, -en** decoration, setting (stage)

die **Demokratie, -n** democracy

demokratisch democratic

das **Demonstrationsrecht** law concerning political demonstrations

demonstrieren to demonstrate

demontieren to dismantle, dismount

demütigend humiliating

die **Demütigung, -en** humiliation

denken, dachte, gedacht to think, guess

der **Denker, -** thinker, philosopher

das **Denkmal, ¨er** monument, memorial

die **Denkrichtung, -en** philosophical or ideological orientation

das **Denksystem, -e** philosophical system

die **Denunziation, -en** denunciation

derartig such, of such a kind, to such a degree

deuten to interpret, explain, point out

deutlich clear, distinct

deutsch German

der or die **Deutsche, -n** German

das **Deutsche Reich** German "Reich" (empire)
Deutschland Germany
das **Deutschlandbuch, ¨-er** book about Germany
deutschnational nationalistic German, term for a type of nationalist conservatism; name of a conservative party before 1933
der **Deutschösterreicher, -** German-speaking Austrian
deutschsprachig German-speaking
die **Devise, -n** motto, device; foreign currency
devot devout, subservient
diabolisch diabolic
der **Dialekt, -e** dialect
dialektisch dialectic
dicht tight, compact, dense
dichtbesiedelt densely populated
die **Dichte** density
dichten to write poetry, compose
der **Dichter, -** poet
dichterisch poetic
die **Dichterlesung, -en** reading by a poet of his own works
die **Dichtung, -en** poetry, poem, work of fiction
dick fat, big, thick
dienen to serve
der **Dienst, -e** service
der **Dienstbote, -n** domestic servant
die **Dienstleistung, -en** service (rendered)
das **Diktat, -e** dictation
die **Diktatur, -en** dictatorship
der **Dilettant, -en** dilettante, amateur
das **Ding, -e** thing, object
das **Diplom, -e** diploma, patent, (academic) degree
der **Diplomarchitekt, -en** architect with an academic degree
die **Diplomatie, -n** diplomacy
diplomatisch diplomatic
der **Diplomchemiker, -** chemist with an academic degree
der **Diplomingenieur, -e** engineer with an academic degree
der **Diplomphysiker, -** physicist with an academic degree
direkt direct
das **Direktmandat, -e** direct mandate, direct election of a candidate
der **Direktor, -en** manager, boss, director
diskriminieren to discriminate
die **Diskussion, -en** discussion
diskutieren to discuss
der **Dispositionskredit, -e** allowance to overdraw one's bank account
die **Disputation, -en** (academic) debate
disputieren to debate
die **Dissertation, -en** dissertation
die **Distanz, -en** distance
der **Doktorgrad, -e** doctor's degree, Ph.D., doctorate
der **Doktortitel, -** doctorate, title of Ph.D.
die **Doktrin, -en** doctrine
der **Dokumentarfilm, -e** documentary film
der **Dolmetscher, -** interpreter
das **Dolmetscherinstitut, -e** school for interpreters
der **Dom, -e** cathedral
dominieren to dominate
der **Dominoeffekt, -e** domino effect
donauabwärts downstream on or along the Danube
die **Doppelmonarchie** dual monarchy (Austria-Hungary)
der **Doppelname, -n** compound name
die **Doppelstadt** twin city
doppelt double
das **Dorf, ¨-er** village
die **Dorfbevölkerung, -en** village population
die **Dorfgemeinde, -n** village community
das **Dorfleben** country life
dörflich villagelike, rustic
die **Dorfschule, -n** village school

dorther from there
der **Dozent, -en** lecturer, university instructor or professor
der **Dramatiker, -** dramatist
dramatisch dramatic
dramatisieren to dramatize
die **Dramentrilogie, -n** trilogy (of plays)
drehen to turn, roll, revolve, shoot (film)
die **Dreifelderwirtschaft** three-fallow crop rotating system
dreißigjährig thirty years (old)
die **Dreiteilung, -en** partition in three parts, tripartite structure
das **Dressurreiten** dressage, type of horse show
der **Drill, -s** drill, mechanical learning, military discipline
dringen, drang, gedrungen to penetrate, reach, press forward
dringend urgent
das **Drittel, -** third
die **Drogerie, -n** drugstore
drohen to menace, threaten
der **Druck, -e** pressure, hardship, compression; print
drucken print
das **Drucken** printing
drücken to press, squeeze
sich **drücken** to get out of, avoid doing a duty
drückend heavy, oppressive
der **Dualismus, Dualismen** dualism
das **Duell, -e** duel
dulden to tolerate, endure, suffer
der **Dünger** fertilizer, manure, dung
der **Dünkel, -** arrogance, conceit
das **Dunkelwerden** nightfall
durchbringen, brachte durch, durchgebracht bring up; squander
durcheinandergehen, ging durcheinander, durcheinandergegangen to be in confusion, mixed up, in disorder
durchführen to implement, perform, carry out
das **Durchgangsland, ¨-er** country in the path of many transit routes
der **Durchgangsverkehr** through traffic, transit
durchhalten, hielt durch, durchgehalten to pull through, endure, carry on to the end
die **Durchlässigkeit** permeability
durchmachen to experience, go through
das **Durchreiseland, ¨-er** country of transit
durchreisen to travel through, pass through
durchschauen to see through, penetrate, find out
sich **durchschlagen, schlug durch, durchgeschlagen** to fight one's way through, scrape through
durchschnittlich average, on the average
durchsetzen to pull off, put into effect, succeed in
durchsuchen to search
durchweg throughout, usually
durchziehen, durchzog, durchzogen to traverse
das **Durchzugsgebiet, -e** area of passage
dürfen, durfte, gedurft to be allowed to
der **Durst** thirst
duzen to call (someone) "du" (familiar form)
die **Dynamik** dynamics, energy, dynamism
dynamisch dynamic(al)

die **Ebbe** low tide, ebb, decline
eben even; exactly
die **Ebene, -n** plain, plane
ebenfalls likewise, also
ebenso . . . (wie) likewise, just as . . .
echt genuine, true, real
die **Ecke, -n** corner; cornerkick (penalty kick from the corner in soccer)
die **Ehe, -n** marriage, matrimony, married life
die **Ehefrau, -en** wife

ehemalig former, late
der **Ehemann, ⸚er** husband
eher rather, sooner
die **Ehescheidung, -en** divorce
die **Ehre, -n** honor
ehrenamtlich honorary, without pay
das **Ehrenmitglied, -er** honorary member
die **Ehrennadel, -n** medal or pin to honor certain merits
der **Ehrenname, -n** name of honor
die **Ehrensache, -n** matter of honor, point of honor
der **Ehrgeiz** ambition
ehrgeizig ambitious
die **Ehrlichkeit** honesty, frankness, fairness, sincerity
die **Eidgenossenschaft** (Swiss) confederation
die **Eifersucht** jealousy
eifrig keen, eager, ardent
eigen own, particular, peculiar
die **Eigenart, -en** particularity, peculiarity
der **Eigenbrötler, -** eccentric person, individualist
die **Eigenheit, -en** peculiarity, oddity
der **Eigennutz** self-interest
die **Eigenschaft, -en** quality, attribute, characteristics
eigentlich exactly, really, proper
das **Eigentum, ⸚er** property
sich **eignen (für)** to be suitable for
die **Eignung, -en** aptitude, qualification
eilig hasty, urgent
einander each other, one another
der **Einband, ⸚e** binding, cover (book)
einbeziehen, bezog ein, einbezogen to include
einbringen, brachte ein, eingebracht to bring (money, profit), yield
die **Einbürgerung, -en** naturalization
einbüßen to lose
eindämmen to contain, limit, restrain
eindeutig unequivocal
eindringen, drang ein, eingedrungen to penetrate, enter into
der **Eindruck, ⸚e** impression
eindrucksvoll impressive
die **Einehe, n** monogamous marriage, monogamy
einfach simple, single
einfallen, fiel ein, eingefallen to invade, interrupt; collapse
es fällt mir ein it occurs to me
der **Einfluss, ⸚e** influence
einflussreich influential
einführen to introduce, import, initiate
die **Einführung, -en** introduction, importation
der **Einführungskurs, -e** introductory course
die **Eingliederung, -en** incorporation, adaptation
eingreifen, griff ein, eingegriffen to intervene, interfere
einhalten, hielt ein, eingehalten to observe (rules)
einheimisch local, native
der **Einheimische, -n** native
die **Einheit, -en** unit, unity
die **Einheitsgewerkschaft, -en** (politically) unified trade union
einheitlich uniform
die **Einheitsliste, -n** standard list (naming all political candidates)
die **Einheitspartei, -en** unified party, party of unity
die **Einheitsschule, -n** unified school for all children
die **Einheitssprache, -n** common language
der **Einheitsstaat, -en** unified, centralized state
einig united
einige some, a few
einigermaßen to some extent, somewhat, rather, more or less

die **Einigkeit** unity
der **Einigungsvertrag, ¨e** unification treaty (Germany 1990)
die **Einigung, -en** agreement, unification
das **Einkaufszentrum, -zentren** shopping center
einkehren to put up, enter
einklassig (Schule) village (school) with all children in one classroom and taught by one teacher
das **Einkommen, -** income
die **Einkreisung, -en** encirclement
einladend attractive, inviting
die **Einlegearbeit, -en** inlaid work
einleiten to introduce
einlenken to yield, give way
einmarschieren to enter, march in, invade
die **Einnahmequelle, -n** source of revenue
einnehmen, nahm ein, eingenommen to take (position), occupy; receive; **von sich eingenommen sein** to be conceited
einrichten to arrange, organize, regulate
die **Einrichtung, -en** establishment, arrangement; furniture
einsam lonely, solitary
einsatzbereit ready for action (army)
die **Einschaltquote, -n** TV ratings
einschlagen, schlug ein, eingeschlagen to go in a certain direction, drive in, break in
einschließen, schloss ein, eingeschlossen to enricle, surround, lock in, enclose
einschneidend drastic
einschränken to limit, restrict
sich **einschreiben (für), schrieb ein, eingeschrieben** to enroll, register
die **Einschreibung, -en** enrollment, registration
der **Einschub, ¨e** insertion
einsehen, sah ein, eingesehen to understand, perceive
einsetzen to appoint, institute, begin
sich **einsetzen (für)** to stand up for, plead for
der **Einsiedler, -** hermit
einspringen, sprang ein, eingesprungen to stand in, replace, help out
der **Einspruch, ¨e** objection
sich **einstellen (auf)** to set one's mind on
die **Einstellung, -en** attitude, mentality; engagement; suspension
einstufen to classify, place
einteilen to divide, classify
die **Einteilung, -en** classification, distribution
eintönig monotonous
eintragen, trug ein, eingetragen to register, enter
eintreten, trat ein, eingetreten to enter, join
eintreten (für) to stand up for, intercede for
das **Einvernehmen** agreement, harmony
einverstanden sein to agree
der **Einwanderer, -** immigrant
einweichen to soak
der **Einwohner, -** inhabitant
das **Einwohnermeldeamt, ¨er** residents' registration office
die **Einwohnerzahl, -en** total population
der **Einzelberg, -e** single mountain, isolated mountain
das **Einzelfaktum, -fakten** detail, single fact
der **Einzelgänger, -** individualist, loner
das **Einzelhaus, ¨er** detached house
die **Einzelheit, -en** detail, item
der **Einzelhof, ¨e** isolated farm
einzeln single, particular, individual
der **Einzelstaat, -en** single state
einziehen, zog ein, eingezogen to draft, call in; collect (taxes); move in
einzig only, sole, unique
das **Eisbein, -e** knuckle of pork
die **Eisenbahn, -en** railway
der **Eisenbahnknotenpunkt, -e** railroad junction
das **Eisenbahnnetz, -e** network of railroads
das **Eisenbahnsystem, -e** railroad system

das **Eisenerz, -e** iron ore
das **Eisenerzvorkommen, -** iron ore deposit
der **Eisengehalt, -e** amount of iron in the ore, ferruginous content
die **Eisenklammer, -n** iron clamp
das **Eisenvorkommen, -** deposit of iron (ore)
eisern iron, hard
das **Eishockey** (ice) hockey
das **Eislaufen** ice skating
der **Eisschrank, ¨-e** ice box, refrigerator
das **Eisstockschießen** curling
die **Eiszeit, -en** glacial epoch
die **Eleganz** elegance
die **Elegie, -n** elegy
elektrisch electric
die **Elektrizität** electricity
die **Elektrizitätsleitung** electric line
der **Elektroartikel, -** electric appliance, apparatus
die **Elektroindustrie, -n** electrical industry
die **Elfenbeinschnitzerei, -en** ivory carving
der **Elfmeter, -** penalty in soccer
die **Eliteschule, -n** school for the elite
Elsass-Lothringen Alsace-Lorraine
die **Eltern** *(pl.)* parents
der **Elternbeirat ¨-e** parents' advisory council (to the school)
das **Elternhaus** home; house of one's parents
die **Emanze, -n** emancipated woman (slang)
die **Emanzipation, -en** emancipation
die **Emanzipationsbewegung, -en** emancipation movement
emigrieren to emigrate
die **Empfängnisverhütung, -en** contraception
empfindlich sensible, sensitive, touchy
empirisch empirical
sich **emporarbeiten** to work one's way up
empören to anger, excite
sich **empören** to get angry, revolt, rebel
emporsteigen, stieg empor, emporgestiegen to rise, ascend
das **Ende, -n** end, conclusion
enden to end, come to an end, terminate
endgültig final, definitive
endlich final, ultimate, finite
die **Endlösung, -en** final solution (term used for the murdering of the Jews during World War II)
die **Endung, -en** ending
energisch dynamic, energetic
eng narrow, tight
sich **engagieren** to engage oneself, get involved
die **Enge** narrowness
der **Engel, -** angel
der **Engländer, -** Englishman
der **Enkel, -** grandchild, grandson, descendant
das **Ensemble, -s** cast, ensemble
entdecken to discover
die **Entdeckung, -en** discovery
die **Ente, -n** duck
die **Enteignung, -en** expropriation
die **Entfaltung, -en** unfolding, expansion, development
entfernen to remove, take out
die **Entfernung, -en** distance, removal
entflechten, entflocht, entflochten to disentangle, divide large companies into smaller units
entfliehen, entfloh, entflohen to escape, flee
die **Entfremdung, -en** alienation, estrangement
die **Entführung, -en** kidnapping, abduction
entgegenkommen, kam entgegen, entgegengekommen to meet halfway
entgegenkommend obliging
entgegensetzen to oppose
entgegentreten, trat entgegen, entgegengetreten to meet, oppose
entgehen, entging, entgangen to escape, avoid
enthaupten to decapitate
enthüllen to reveal, unveil

entlassen, entließ, entlassen to dismiss, discharge, fire
die **Entlohnung, -en** pay, wage
entmilitarisiert demilitarized
die **Entmündigung, -en** tutelage, treatment as a non-responsible person
entnehmen, entnahm, entnommen to take from
enträtseln to unriddle, decipher
entreißen, entriss, entrissen to snatch from
entschädigen to compensate, indemnify
entscheiden, entschied, entschieden to decide
sich **entscheiden** to decide, to make up one's mind
das **Entscheidende** crucial point
die **Entscheidung, -en** decision
die **Entspannung, -en** relaxation, detente
entsprechen, entsprach, entsprochen to correspond, meet
entsprechend corresponding, appropriate
entspringen, entsprang, entsprungen to spring, come from
das **Entstehen** origin, formation
entstehen, entstand, entstanden to come into being, originate
enttäuschen to disappoint
die **Enttäuschung, -en** disappointment
entvölkern to depopulate
entwässern to drain
entweder . . . oder either . . . or
entwerfen, entwarf, entworfen to devise, sketch
entwickeln to develop
die **Entwicklung, -en** development, evolution
entwürdigend degrading
der **Entwurf, ⸚e** plan, project, design, sketch
die **Entwurzelung, -en** uprooting, eradication
entziehen, entzog, entzogen to take away, withdraw, deprive
der **Epigone, -n** imitator or imitative successor
der **Epiker, -** epic writer
die **Epoche, -n** era, epoch, period
das **Epos, Epen** epic poem
der **Erbe, -n** heir
der **Erbfeind, -e** traditional, hereditary enemy
der **Erbfolgekrieg, -e** war of succession
die **Erbin, -nen** heiress
erblinden to grow blind
die **Erbschaft, -en** inheritance
die **Erbse, -n** pea
die **Erbsünde, -n** original sin
das **Erbteil** inheritance, heritage
die **Erbteilung, -en** partition of an inheritance
die **Erbuntertänigkeit, -en** hereditary subjection, serfdom
die **Erde, -n** earth, ground
das **Erdgas, -e** natural gas
das **Erdöl, -e** mineral oil
das **Ereignis, -se** event, occurrence, happening
erfahren, erfuhr, erfahren to experience, learn
die **Erfahrung, -en** experience
erfassen to comprehend, catch, express
erfinden, erfand, erfunden to invent
die **Erfindung, -en** invention
der **Erfolg, -e** success
erfolglos unsuccessful
erfolgreich successful
erforschen to investigate, do research
erfüllen to accomplish, fulfill
ergänzen to complete, supplement
ergattern to pick up, get
sich **ergeben, ergab, ergeben (aus)** to result from
das **Ergebnis, -se** result, score
ergreifen, ergriff, ergriffen to seize; choose (profession)
ergreifend touching, impressive
erhalten, erhielt, erhalten to keep, preserve, obtain

erheben, erhob, erhoben to raise
erheblich considerable
erhoffen to hope for, expect
sich **erholen** to recover, regain strength
die **Erholung, -en** recreation, recovery
sich **erinnern (an)** to remember, recollect
erkaufen to buy
erkennen, erkannte, erkannt to recognize, learn, know
erklären to declare, explain
die **Erklärung, -en** explanation, declaration
erkunden to find out, explore
sich **erkundigen (nach)** ask for, inquire
erlangen to obtain, get, reach
erlassen, erließ, erlassen to enact (laws), publish, issue; dispense with
erlauben to allow, permit
die **Erlaubnis, -se** permission, authority
erleben to see, experience, live
das **Erlebnis, -se** experience, adventure, event
erledigen to execute, dispatch
erleichtern to make easy, relieve, facilitate
erleiden, erlitt, erlitten to suffer, endure
erlernen to learn
die **Erlösung, -en** redemption, deliverance
ermahnen to exhort, admonish
ermorden to murder, assassinate
die **Ermordung, -en** assassination
ermutigt encouraged
ernennen, ernannte, ernannt to appoint, nominate
die **Ernennung, -en** appointment, nomination
erneuern to renew
die **Erneuerung, -en** renewal
erneut again, once more, renewed
ernst earnest, serious; **ernst nehmen** to take seriously
ernsthaft serious
die **Ernte, -n** harvest, crop
das **Erntedankfest, -e** harvest festival, Thanksgiving
der **Ernteeinsatz, ⸗e** required or forced work to bring in the harvest
das **Erntefest, -e** harvest festival
erobern to conquer
die **Eroberung, -en** conquest
das **Eroberungsrecht** right of conquest
eröffnen to open, inaugurate
erproben to test, try
erregen to excite, stir up
erreichbar within reach, attainable
erreichen to reach, attain
errichten to erect, establish
erringen, errang, errungen to win, achieve, gain
der **Ersatz** compensation, substitute, replacement
der **Ersatzdienst, -e** service done by a conscientious objector in substitution for military service
die **Ersatzkasse, -n** medical insurance for middle income employees
das **Ersatzteil, -e** spare part
erscheinen, erschien, erschienen to appear, come out, be published
das **Erscheinungsfest, -e** Epiphany
die **Erscheinungsform, -en** outward form, species, expression
erschrecken to terrify, frighten, to be frightened
erschüttern to shake, move
erschweren to aggravate, make more difficult
ersetzen to replace, make up for, repair
erstatten to compensate, refund
die **Erstaufführung, -n** premiere, first performance in this place
erstaunen to astonish, be astonished
erstaunlich amazing, astonishing
erstens firstly, first
der **erstere** the former
die **Erstkommunion, -en** first communion
erstreben to strive after

sich **erstrecken** to extend
der **Ertrag, ¨-e** produce, output, returns
erträumen to dream of
ertrinken, ertrank, ertrunken to drown
sich **erübrigen** to be superfluous, unnecessary
erwachen to awake
der **Erwachsene, -n** adult
erwähnen to mention
erwarten to expect, wait for
die **Erwartung, -en** expectation
erwecken to awaken, rouse
sich **erweisen (als), erwies, erwiesen** to prove, turn out
erweitern to expand, broaden
erwerben, erwarb, erworben to earn, acquire, gain
der **Erwerbstätige, -n** a (gainfully) employed person
erzählen to tell, narrate
die **Erzählung, -en** story, narration
der **Erzbischof, ¨-e** archbishop
das **Erzbistum, ¨-er** archbishopric
erzeugen to produce, generate
das **Erzeugnis, -se** product
erziehen, erzog, erzogen to bring up, educate, train
der **Erzieher, -** educator, teacher, tutor
die **Erziehung, -en** education
das **Erziehungsministerium, -ministerien** ministry or department of education
der **Erziehungsurlaub, -e** paid leave for a new parent
erzielen to obtain
erzwingen, erzwang, erzwungen to force, extort from
essen, aß, gegessen to eat
Estland Estonia
ethnisch ethnic
etliche some, a few
etwa about, around, perhaps
der **Europagedanke** idea of a unified Europe
die **Europastraße, -n** highway through and built by several European countries
evangelisch evangelical, Protestant
evangelisch-lutherisch Lutheran
evangelisch-reformiert Reformed church (Calvinistic)
das **Evangelium, Evangelien** gospel
ewig eternal
die **Exegese, -n** exegesis, bible interpretation
das **Exemplar, -e** specimen, copy (book)
das **Exil, -e** exile
die **Existenz, -en** existence
der **Existenzialismus** extentialism
exklusiv exclusive
die **Exkursion, -en** excursion
experimentieren to experiment
der **Experte, -n** expert
der **Exportüberschuss, ¨-e** export surplus
der **Expressionismus** expressionism
die **Extravaganz, -en** extravagance
extrem extreme

die **Fabel, -n** fable, tale, plot
die **Fabrik, -en** plant, factory
der **Fabrikarbeiter, -** factory worker
das **Fabriktor, -e** factory gate, entrance
die **Fabrikware, -n** machine-made article
das **Fach, ¨-er** subject (school); branch (business); drawer
der **Facharbeiter, -** skilled or specialized worker
der **Facharzt, ¨-e** medical specialist
die **Fachausbildung, -en** professional training
der **Fachbereich, -e** discipline, department
das **Fachexamen, -** (final) examination to qualify for a profession
das **Fachgymnasium, -gymnasien** technical highschool
die **Fachhochschule, -n** engineering college for students with practical experience
der **Fachidiot, -en** mindless specialist

die **Fachkenntnis, -se** competence, special knowledge

der **Fachlehrer, -** teacher qualified for teaching a particular subject

der **Fachmann, -̈er or Fachleute** *(pl.)* expert, specialist

die **Fachoberschule, -n** technical highschool

die **Fachschule, -n** professional school leading to specialization or higher qualification in one's field

das **Fachseminar, -e** seminar in a specialized field

der **Fachstudent, -en** student specializing in a certain field

die **Fachzeitschrift, -en** professional journal

fähig capable, qualified, able

die **Fähigkeit, -en** ability, capacity, skill

fahren, fuhr, gefahren to go, drive, travel

das **Fahrrad, -̈er** bicycle

der **Fahrradsport** competitive cycling sport

die **Fahrt, -en** ride, drive, trip, journey

der **Faktor, -en** factor

das **Faktum, Fakten** fact

die **Fakultät, -en** division of university, faculty

der **Fall, -̈e** case, fall

falls in case, if

fallen, fiel, gefallen to fall, drop; die in battle; **fallen lassen** to drop

das **Faltboot, -e** folding boat

die **Familie, -n** family

der **Familienangehörige, -n** family member

der **Familienanlass, -̈e** family occasion

der **Familienbetrieb, -e** family enterprise, family-owned firm

die **Familienbindung, -en** family tie

der **Familienerbe, -n** family heir

das **Familienfest, -e** family celebration

die **Familienkrise, -n** family crisis

das **Familienleben** family life

das **Familienministerium** ministry for family affairs

die **Familienpension, -en** hotel, boarding house catering mainly to families (with children)

die **Familienzulage, -n** family allocation

fanatisch fanatic

fangen, fing, gefangen to catch

die **Farbe, -n** color

der **Fasching** carnival (in Bavaria)

die **Fassade, -n** façade, front

fassen to seize, conceive, understand

die **Fasson** manner, kind

die **Fassung, -en** version (of a text), frame

die **Fastenzeit** Lent

die **Fastnacht** carnival (in the Southwest of Germany)

die **Faust, -̈e** fist

das **Faustrecht** law of the jungle

die **Faustsage, -n** legend of Dr. Faustus

fechten, focht, gefochten to fight, fence

fegen to sweep

der **Fehlschlag, -̈e** failure, miss

fehlschlagen, schlug fehl, fehlgeschlagen go wrong, fail

die **Feier, -n** celebration, ceremony, festival

feiern to celebrate

der **Feiertag, -e** holiday

der **Feind, -e** enemy

die **Feindschaft, -en** hostility, enmity, animosity

das **Feld, -er** field, ground

die **Feldarbeit, -en** agricultural labor, work in the fields

die **Felswand, -̈e** precipice, steep side of a rock

das **Fenster, -** window

die **Fensterbank, -̈e** window sill

der **Fenstersturz, -̈e** throwing a person out of the window; defenestration

die **Ferien** *(pl.)* (school) vacation

der **Ferienaufenthalt, -e** holiday, vacation stay

der **Feriengast, -̈** paying guest, tourist

das **Ferienhaus, -̈er** holiday house, vacation home

das **Ferienheim, -e** vacation home

die **Ferienreise, -n** vacation trip
fern far, distant
fernhalten, hielt fern, ferngehalten to keep away from
fernöstlich East Asian, Far Eastern
der **Fernsehbesitzer, -** owner of a television set
das **Fernsehen** television
das **Fernsehgerät, -e** television set
das **Fernsehprogramm, -e** television program or channel
das **Fernsehspiel, -e** television play
das **Fernweh** wanderlust, longing for faraway places
fertig ready, finished; **fertig werden** to get ready
der **Fertigbau** construction with prefabricated elements
fertigbringen, brachte fertig, fertiggebracht to manage to
die **Fertigkeit, -en** skill
fertigstellen to produce, achieve, complete
fest firm, solid, fixed
das **Fest, -e** festival, feast
festgefügt solidly structured, built
festgelegt fixed, settled
festhalten, hielt fest, festgehalten to hold fast, stick to
festigen to secure, establish firmly
der **Festkalender** calender of special events
festlegen to settle, fix
festlich festive, solemn
die **Festlichkeit, -en** festivity
das **Festspiel, -e** festival (theatrical)
das **Festspielhaus, ¨-er** festival theater
feststellen to establish, confirm, fix
die **Festung, -en** fortress
festungsartig like a fortress
fett fat, fertile
das **Feuer, -** fire
die **Feuerwehr, -en** fire department
das **Feuerwerk, -e** fire works
das **Feuilleton, -s** cultural section of a newspaper
der **Fichtenwald, ¨-er** pine or spruce forest
die **Figur, -en** figure, character
die **Filiale, -n** branch (office)
die **Filmakademie, -n** cinematic arts school, film academy
die **Filmfestspiele** *(pl.)* film festival
die **Filmförderung** support of film production (by the government)
das **Filmgelände, -** area of a film studio
die **Filmindustrie** film industry
die **Filmkunst** cinematographic art
die **Filmleute** *(pl.)* movie makers
der **Filmregisseur, -e** film director
der **Filmschauspieler, -** film actor
das **Filmtheater, -** movie theater, cinema
das **Finanzamt, ¨-er** internal revenue office
die **Finanzen** *(pl.)* finances
finanziell financial
finanzieren to finance
die **Finanzierung, -en** financing
der **Finanzminister, -** minister of finance, secretary of the treasury
finden, fand, gefunden to find
die **Firma, Firmen** firm, company
der **Firmenchef, -s** manager, principal, owner of the firm
die **Firmenleitung, -en** management of the firm
der **Fisch, -e** fish
die **Fischindustrie, -n** fishing industry
die **Fläche, -n** plain, surface; plane
der **Flächeninhalt, -e** area
der **Flagellant, -en** flagellant
die **Flanke, -n** flank, side; kick from the side to the middle (soccer)
das **Fleckchen, -** little place, spot
das **Fleisch** meat, flesh
fleißig hard working, industrious, assiduous
fliehen, floh, geflohen to flee, escape

die **Fließbandarbeit, -en** assembly line work
fließen, floss, geflossen to flow, run
das **Floß, ⸚e** raft, float
der **Flötenspieler, -** flutist, flute player
die **Flucht, -en** flight, escape
der **Flüchtling, -e** refugee, fugitive
die **Flüchtlingswelle, -n** wave of refugees
die **Fluchtwelle, -n** wave of flight, escape
das **Flugblatt, ⸚er** pamphlet
der **Flügel, -** wing
der **Flugplatz, ⸚e** airport
das **Flugzeug, -e** airplane
der **Fluss, ⸚e** river, stream
der **Flusshafen, ⸚** inland harbor
flüssig liquid, fluid
das **Flusstal, ⸚er** river valley
der **Flussübergang, ⸚e** place to cross a river
die **Flut, -en** flood, high tide, inundation
der **Föderalismus** federalism
die **Folge, -n** consequence, continuation, series
folgen to follow, succeed
folgenschwer momentous, weighty
foltern to torture
die **Folterung, -en** torture
forcieren to force, urge forcibly
fördern to promote, sponsor, advance, help
die **Forderung, -en** demand, claim
die **Förderung, -en** assistance, advancement, promotion
die **Formel, -n** formula
formell formal
formulieren to formulate, define
forschen to investigate, search, do research
der **Forscher, -** investigator, scholar, researcher
die **Forschung, -en** research investigation
das **Forschungsinstitut, -e** research institute
der **Förster, -** forest ranger, gamekeeper
die **Forstwirtschaft** forestry
forstwissenschaftlich referring to the science of forestry
fortgeschritten advanced
fortlaufend continuous
fortleben to live on
fortnehmen, nahm fort, fortgenommen to take away
der **Fortschritt, -e** progress
fortschrittlich progressive
fortsetzen to continue
der **Fortsetzungsroman, -e** serial novel, serialized novel
fortwährend continual
die **Fotografie, -en** photography, photograph
fotografieren to take pictures, photograph
die **Frage, -n** question
fragen to ask, question
die **Fragestellung, -en** (formulation of a) question, problem
das **Fragezeichen, -** question mark
fraglich doubtful, questionable
die **Fraktion, -en** parliamentary group (of one party)
der **Franke, -n** Franconian
Frankreich France
der **Franzose, -n** Frenchman
französisch French
französischsprachig French-speaking
die **Frau, -en** woman
der **Frauenberuf, -e** women's profession
die **Frauenbewegung, -en** women's movement
die **Frauenbildung** women's education
der **Frauenbund, ⸚e** women's league
die **Frauenemanzipation** emancipation of women, feminist movement
die **Frauenschule, -n** girl's secondary school with emphasis on home economics
die **Frauenverehrung, -en** admiration of ladies
frei free, independent, frank, vacant
das **Freibad, ⸚er** open air swimming pool
freigebig generous, liberal
die **Freiheit, -en** freedom, liberty

freiheitlich liberal, freedom loving

der **Freiheitsdrang** thirst or desire for freedom

der **Freiheitsheld, -en** hero in the fight for freedom

der **Freiheitskämpfer, -** fighter for freedom or independence

der **Freiheitskrieg, -e** war of liberation or independence

die **Freikirche, -n** free church

freilassen, ließ frei, freigelassen to set free, release

die **Freilichtspiele** *(pl.)* open-air theater

freisprechen, sprach frei, freigesprochen to absolve, acquit

freiwillig voluntary, spontaneous

der **Freiwillige, -n** volunteer

die **Freizeit, -en** spare time, leisure

die **Freizeitbeschäftigung, -en** hobby

die **Freizeitgestaltung** organization of leisure time

der **Freizeitwunsch, ¨e** wish how to spend one's leisure

freizügig open(-minded), free to move

die **Freizügigkeit** freedom of movement

fremd strange, foreign

die **Fremde** abroad, foreign countries

das **Fremdenverkehrsgebiet, -e** tourist area, resort country

das **Fremdenverkehrsland, ¨er** tourist or resort country

der **Fremdenverkehrsort, -e** tourist resort

die **Fremdsprache, -n** foreign language

die **Freske, -n** fresco

fressen, fraß, gefressen to eat, devour (by animals)

der **Freund, -e** friend

der **Freundeskreis, -e** circle or group of friends

die **Freundlichkeit, -en** friendliness

die **Freundschaft, -en** friendship

freundschaftlich friendly, amicable

das **Freundschaftsgefühl, -e** feeling of friendship

der **Freundschaftsklub, -s** friendship club

das **Freundschaftsverhältnis, -se** friendship, friendly relationship

der **Freundschaftsvertrag, ¨e** treaty of friendship

der **Friede** peace

die **Friedensbedingung, -en** terms or conditions of peace

die **Friedensbewegung, -en** peace movement

die **Friedensbestimmung, -en** terms of a peace treaty

das **Friedensdiktat, -e** dictated peace

der **Friedensschluss, ¨e** conclusion of a peace treaty

die **Friedensverhandlung, -en** peace negotiation

der **Friedensversuch, -e** attempt to make peace

der **Friedensvertrag, ¨e** peace treaty

friedlich peaceful

friedliebend peace-loving

froh happy, glad

fröhlich joyful, happy

fromm pious

die **Frömmigkeit, -en** piety

fronen to work as a vassal or serf

der **Fronleichnam** Corpus Christi (Day)

die **Fronleichnamsprozession, -en** procession at Corpus Christi Day

fruchtbar fertile, fruitful

die **Fruchtfolge, -n** sequence of rotating crops

früh early, in the morning

früher prior, former, sooner, earlier

das **Frühjahr, or der Frühling, -e** spring

frühzeitig early, in good time, premature

der **Frühzug, ¨e** early morning train

fühlen to feel, perceive

führen to lead, guide, conduct

der **Führer, -** leader, conductor, guide

die **Führung, -en** leadership, guidance, direction

die **Führungseigenschaft, -en** ability to be a leader, charisma

die **Führungskraft, ⸚e** member of the management
das **Fünftel, -** one fifth
die **Funktion, -en** function
funktionell functional
funktionieren function, work
furchtbar terrible, tremendous, formidable
fürchten to fear
furchterregend dreadful, horrifying, frightful
die **Fürsorgerin, -nen** social worker
der **Fürst, -en** sovereign, prince
die **Fürstenfamilie, -n** dynasty, princely family
das **Fürstenlob** praise of the ruler
der **Fürstenstand** princely rank
fürstlich princely
der **Fuß, ⸚e** foot, base
der **Fußball, ⸚e** soccer
die **Fußballiga, -ligen** soccer league
das **Fußballspiel, -e** soccer match, game of soccer
der **Fußballspieler, -** soccer player
das **Fußball-Toto** soccer pool
der **Fußballverein, -e** soccer club
der **Fußgänger, -** pedestrian
die **Fußgängerstraße, -n** pedestrian zone
die **Fußtruppe, -n** infantry
der **Fußweg, -e** footpath, sidewalk
die **Futterrübe, -n** feeding turnip

die **Galerie, -n** gallery, art shop
der **Gang, ⸚e** walk, motion; narrow alley; in **Gang kommen** start develop, come into operation
die **Gans, ⸚e** goose
ganz entire, whole
gar nicht not at all, by no means
garantieren to guarantee warrant
die **Garderobe, -n** cloak room
die **Garnisonsstadt, ⸚e** garrison city, city with many barracks
der **Garten, ⸚** garden
die **Gartenarbeit, -en** gardening, work in the garden
der **Gartenbau** horticulture
der **Gast, ⸚e** guest, customer, visitor
der **Gastarbeiter, -** foreign worker
der **Gasthof, ⸚e** inn, restaurant
die **Gasvergiftung, -en** gas poisoning
das **Gebäude, -** building
geben, gab, gegeben to give
das **Gebiet, -e** area, territory, district
gebildet well-educated, cultivated
gebirgig mountainous
das **Gebirgsklima, -s or, -te** mountain climate
die **Gebirgslandschaft, -en** mountain scenery
der **Gebirgszug, ⸚e** mountain range
geboren born
der **Gebrauch, ⸚e** usage, use
gebrauchen to use, employ
der **Gebrauchsgegenstand, ⸚e** commodity
die **Gebrauchsgraphik** advertising art, commercial art
die **Gebühr, -en** duty, fee, dues
gebühren to owe to, be due to
die **Gebührenerhöhung, -en** increase in fees
gebunden sein (an) to be tied, bound to
die **Geburt, -en** birth
geburtenschwach with a low birth rate
der **Geburtsadel** inherited nobility, nobility by birth
der **Geburtsfehler, -** congenital defect
das **Geburtshaus, ⸚er** birth place, house where somebody was born
die **Geburtsrate, -n** birth rate
der **Geburtstag, -e** birthday
der **Gedanke, -n** thought, idea
gedeihen, gedieh, gediehen to grow, thrive, prosper
der **Gedenktag, -e** day of commemoration
das **Gedicht, -e** poem
geeignet suitable, fit

die **Geest** dry, sandy land (Schleswig-Holstein)
die **Gefahr, -en** danger; risk
gefährlich dangerous
gefallen, gefiel, gefallen to please; **sich etwas gefallen lassen** to consent to, agree to, submit to
gefangennehmen to capture, take prisoner
das **Gefängnis, -se** prison, jail
das **geflügelte Wort** slogan, quotation
die **Gefolgschaft, -en** following, followers; personnel
die **Gefolgsleute** *(pl.)* followers
der **Gefreite, -n** lance-corporal, private first class
das **Gefühl, -e** feeling, sensation, emotion
gefühlsbetont emotional, sentimental
die **Gegend, -en** region, country
das **Gegengewicht, -e** counterbalance, counterpoise
der **Gegenkönig, -e** rival king
der **Gegenpapst, ⸗e** rival pope
die **Gegenreformation** Counter-Reformation (16th and 17th centuries)
der **Gegensatz, ⸗e** opposition, contrast, antithesis
gegenseitig reciprocal, mutual
der **Gegenstand, ⸗e** object, topic
das **Gegenstück, -e** opposite, counterpart
das **Gegenteil, -e** opposite, contrary, reverse
das **Gegentor, -e** goal for the other team (sports)
gegenüber, opposite, face to
gegenüberstehen, stand gegenüber, gegenübergestanden to contrast, be in opposition
die **Gegenwart** present time, presence
der **Gegner, -** opponent, adversary
das **Gehalt, ⸗er** salary
die **Gehaltsbedingung, -en** salary scale
die **Gehaltserhöhung, -en** salary raise or increase
die **Gehaltsforderung, -en** demand for salary raise
geheim secret, clandestine
das **Geheimnis, -se** secret, mystery
der **Geheimschreiber, -** private secretary
gehen, ging, gegangen to go, walk; **es geht** it works, it is all right
der **Gehilfe, -n** assistant; in some professions: trained workman
gehorchen to obey
gehören (zu) to belong to
der **Gehorsam** obedience
der **Geigenbauer, -** violin maker
der **Geist, -er** mind, intellect; ghost
die **Geisteswissenschaft, -en** humanities
geistig intellectual, mental, spiritual
geistlich clerical, ecclesiastic, spiritual
der **Geistliche, -n** clergyman, minister, priest
die **Geistlichkeit** clergy, church, priesthood
gelangen to get to, arrive at
geläufig customary; fluent
gelb yellow
das **Geld, -er** money
der **Geldbedarf** need for money
die **Geldentschädigung, -en** monetary compensation
die **Geldentwertung, -en** devaluation of money, inflation
der **Geldgeber, -** sponsor, financial backer
die **Geldknappheit** scarcity of money
die **Geldmünze, -n** coin
die **Geldschwierigkeit, -en** financial difficulty, lack of money
die **Geldspende, -n** donation
der **Geldumlauf** money circulation
das **Geldverdienen** earning, making money
der **Geldverdienst, -e** income, salary
die **Geldwirtschaft, -en** economy based on money
die **Gelegenheit, -en** opportunity, occasion
der **Gelehrte, -n** scholar, learned man
das **Geleit** escort; **freies Geleit** safe conduct

gelingen, gelang, gelungen to succeed
geloben to promise, vow
gelten, galt, gegolten to mean, be valid, have influence
das **Gelübde,** vow, solemn promise
das **Gemälde, -** painting, picture
gemäßigt moderate, temperate
gemein haben (mit) to have in common with
die **Gemeinde, -n** community, parish
das **Gemeindeleben** parish life, community life
das **Gemeindemitglied, -er** parishioner
die **Gemeindesteuer, -n** municipal tax
die **Gemeindevertretung, -en** city council, municipal representation
die **Gemeindeverwaltung, -en** municipal administration, local government
die **Gemeindewahl, -en** municipal election
der **Gemeinnutz** public need or utility
gemeinnützig nonprofit, for the benefit of the public
gemeinsam common, joint
die **Gemeinsamkeit, -en** communality, mutuality
die **Gemeinschaft, -en** community, association, club, team
die **Gemeinschaftsarbeit, -en** cooperation, team work
der **Gemeinschaftsbesitz** joint property (of a group)
das **Gemeinschaftshaus, ¨-er** recreation center of a village
das **Gemeinschaftsleben** community life, life in a group
die **Gemeinschaftsschule, -n** coeducational school; school for children of all religious denominations
gemischt mixed
die **Gemischtwirtschaft, -en** farm economy with both cattle-breeding and field crops
das **Gemüse, -** vegetables
der **Gemüsebau** vegetable gardening or farming
die **Gemütlichkeit, -en** comfort, comfortableness, ease
genau exact, accurate
genehmigen to grant, approve, license
geneigt inclined, disposed
der **Generalfeldmarschall, ¨-e** field marshall
der **Generalstabschef, -s** chief of general staff
der **Generalstreik, -s** general strike
das **Generationsproblem, -e** generation gap
das **Genie, -s** genius
genießen, genoss, genossen to enjoy
die **Genossenschaft, -en** cooperative
die **Genossenschftsmolkerei, -en** cooperative dairy
genug enough, sufficient
genügen to be enough
die **Geografie** geography
geografisch geographical
gerade even, straight, just (now)
geradezu straight on, downright
das **Gerät, -e** tool, set, appliance, gear
geraten, geriet, geraten to come into, get into, fall into
der **Gerber, -** tanner
die **Gerberstraße, -n** Tanners' Street
die **Gerechtigkeit, -en** justice
der **Gerettete, -n** someone saved
das **Gericht, -e** court of justice, judgment
der **Gerichtsreferendar, -e** law graduate getting practical training
gering little, small
geringfügig insignificant, trifling
der **Germane, -n** German, Teuton
germanisch Germanic, Teutonic
gern willingly, with pleasure
die **Gerste** barley
die **Gesamthochschule, -n** college offering courses in many fields, admitting students from technical high schools

die **Gesamtschule, -n** unified school combining all German school types
der **Gesandte, -n** envoy, minister
der **Gesangverein, -e** choral society
das **Geschäft, -e** shop, business, affair, transaction
die **Geschäftssitzung, -en** business meeting
die **Geschäftsverbindung, -en** business connection
geschätzt respected, estimated
geschehen, geschah, geschehen to happen, take place, occur
die **Geschichte, -n** history, story
der **Geschichtsphilosoph, -en** philosopher of history
der **Geschichtsschreiber, -** historian
geschickt skillful
das **Geschirr** china, crockery, tools
das **Geschlecht, -er** family, generation, species, sex
die **Geschlechtskrankheit, -en** venereal disease, V.D.
der **Geschmack, ⸚er** taste, flavor
das **Geschoss, -e** projectile, missile (also floor of a house)
die **Geschwindigkeit, -en** speed, velocity, quickness
die **Geschwister** *(pl.)* brothers and sisters, siblings
der **Geschworene, -n** juror
der **Geselle, -n** journeyman, skilled worker; fellow
das **Gesellenstück, -e** object made by an apprentice at completion of his training period
gesellig sociable, social
die **Geselligkeit, -en** sociability, social events
die **Gesellschaft, -en** society, company
gesellschaftlich social
die **Gesellschaftsfahrt, -en** conducted group tour
die **Gesellschaftskritik** social criticism
gesellschaftskritisch critical of (current) social conditions
die **Gesellschaftsordnung, -en** social order, social system
die **Gesellschaftsreise, -n** conducted group tour
die **Gesellschaftsschicht, -en** social class
das **Gesetz, -e** law, statute
das **Gesetzbuch, ⸚er** code, law book
gesetzgebend legislative
die **Gesichtsmaske, -n** face mask
gesinnt disposed, -minded
die **Gesinnung, -en** conviction, opinion, sentiment
gespalten divided, separated
die **Gestalt, -en** shape, form, figure
gestalten to form, shape, arrange
die **Gestaltung, -en** formation, creation
gestatten to allow, grant
das **Gestein, -e** rock, stone, ground
die **Gestik** gestures
das **Getränk, -e** drink, beverage
das **Getreide, -** grain, cereals
die **Getreideart, -en** kind of grain, cereal
die **Getreidesorte, -n** kind of grain
gewagt risky
gewähren to grant, give
die **Gewalt, -en** power, force, violence, authority
der **Gewaltakt, -e** act of violence
gewaltig powerful
gewaltsam forcible, violent
die **Gewalttat, en** act of violence
das **Gewerbe, -** trade, business
die **Gewerbefreiheit** freedom of trade
die **Gewerbekrankheit, -en** occupational disease
die **Gewerkschaft, -en** trade union
das **Gewicht, -e** weight
der **Gewinn, -e** profit, gain, prize
die **Gewinnbeteiligung, -en** profit sharing (of employees)

gewinnen, gewann, gewonnen to win gain

gewiss certain, sure

das **Gewissen, -** conscience

der **Gewissensgrund, ¨-e** reason of conscience

die **Gewissheit, -en** certainty

das **Gewitter, -** thunderstorm

sich **gewöhnen (an)** to get used, accustomed to

das **Gewohnheitsrecht** right or law stemming from customs and traditions

gewöhnlich usual, ordinary

gewohnt sein to be used to

das **Gewürz, -e** spice

das **Gift, -e** poison

gigantisch gigantic

der **Gipfel, -** summit, peak

gipfeln to culminate

die **Gitarre, -n** guitar

das **Gitter, -** iron fence, lattice

der **Glanz** brightness, splendor, brilliance

glänzend bright, brilliant, splendid

glanzvoll brilliant

die **Glanzzeit, -en** climax, most brilliant period, days of glory

das **Glas, ¨-er** glass

das **Glasblasen** glass blowing

die **Glasbläserei** art of glass blowing, workshop for glass blowing

die **Glasindustrie** glass industry

die **Glasmalerei** glass painting

der **Glaube** faith, belief

glauben to believe, guess; have faith in

der **Glaubenskrieg, -e** religious war

die **Glaubenslehre, -n** religious doctrine

die **Glaubensregel, -n** dogma

der **Glaubenszweifel, -** scruple in religious matters, scepticism

gläubig believing, faithful

der **Gläubige, -n** believer

die **Glaubwürdigkeit** credibility

gleich equal, like

gleichberechtigt having equal rights

die **Gleichberechtigung** equality of rights

gleichfalls also, likewise

gleichgesinnt like-minded, having the same convictions

das **Gleichgewicht, -e** balance, equilibrium

die **Gleichheit, -en** equality, likeness

die **Gleichschaltung** unification, coordination, uniformity

gleichsetzen to equalize; identify

die **Gleichstellung** equalization

gleichzeitig simultaneous, contemporary, at the same time

gleitend sliding, flexible

der **Gletscher, -** glacier

das **Glück** good luck, fortune, happiness

das **Glücksspiel, -e** game of hazard

die **Gnade, -n** grace, favor, mercy

die **Goethezeit** age of Goethe (1770–1830)

der **Goldschmied, -e** goldsmith

die **Goldschmiedekunst, ¨-e** art of the goldsmith or jeweler

die **Golfmeisterschaft, -en** golf championship

der **Golfplatz, ¨-e** golf course

der **Golfstrom** Gulf Stream

gotisch gothic

der **Gott, ¨-er** god, deity

Gott God

der **Gottesdienst, -e** church service

das **Grab, ¨-er** grave, tomb

der **Gradmesser, -** measurement of quality

die **Grammatik, -en** grammar

grausam cruel

die **Grausamkeit, -en** cruelty, atrocity

das **Gremium, Gremien** committee, board

der **Grenzbezirk, -e** frontier district, border land

die **Grenze, -n** frontier, border, boundary, limit

grenzen to border

die **Grenzfestung, -en** frontier fortress

das **Grenzgebiet, -e** frontier area

der **Grenzkampf, -̈e** border fight, border war
das **Grenzland, -̈er** border country
der **Grenzübergang, -̈e** border crossing point
der **Grenzwall, -̈e** rampart, border fortification
die **Greueltat, -en** atrocity, horrible deed
Griechenland Greece
griechisch Greek
groß tall, great, big, large; **im großen und ganzen** by and large, on the whole
großartig grand, grandiose, magnificent
Großdeutschland Greater Germany (including Austria)
die **Größe, -n** size, height, quantity, largeness
die **Großeltern** *(pl.)* grandparents
großenteils largely, to a great extent
die **Großfamilie** extended family
der **Großgrundbesitzer, -** owner of a large estate
das **Großherzogtum, -̈er** grand-duchy
die **Großindustrie, -n** major industry
die **Großmacht, -̈e** major power
die **Großstadt, -̈e** big city
der **Großstädter, -** big city dweller
großziehen, zog groß, großgezogen to bring up, raise
großzügig generous, liberal, broad-minded
grotesk grotesque
grün green
der **Grund, -̈e** ground, bottom; reason
der **Grundbegriff, -e** basic principle, concept
der **Grundbesitz** real estate, landed property
gründen to found, establish
die **Grundforschung, -en** basic research
das **Grundgehalt, -̈er** basic salary
das **Grundgesetz** constitution of the Federal Republic of Germany
der **Grundherr, -en** lord of the manor
der **Grundkurs, -en** basic course
die **Grundlage, -n** foundation, basis
die **Grundlagenforschung** basic research
grundlegend basic, fundamental
gründlich thorough, solid, profound
die **Gründlichkeit, -en** thoroughness, solidity
das **Grundrecht, -e** fundamental human right
der **Grundsatz, -̈e** principle, axiom
grundsätzlich on principle, fundamental
die **Grundschule, -n** elementary school (first 4 years)
die **Grundstufe, -n** beginner's level, lower grades in the school
der **Grundton** keynote, dominant factor
die **Gründung, -en** foundation, establishment
der **Grundvertrag, -̈e** basic treaty (between the FRG and the GDR)
die **Gruppe, -n** group
die **Gruppenfahrt, -en** group trip
das **Gruppengefühl** feeling of a group; being part of a group
die **Gruppenuniversität, -en** university with participatory decision making
die **Gruppenunterkunft, -̈e** group accomodation
die **Gruppierung, -en** grouping, arrangement
das **Gummi, -s** rubber, gum
günstig favorable
gut, besser, am besten good, better, best
das **Gut, -̈er** estate, property
die **Güte** goodness, kindness, quality
der **Gütertransport, -e** transport of goods, freight traffic
der **Gutsbesitzer, -** landowner, owner of a large estate, lord of the manor
der **Gutsherr, -en** lord of the manor, landowner
der **Gymnasiallehrer, -** teacher at a *Gymnasium*
das **Gymnasium, Gymnasien** secondary school, high school

haben, hatte, gehabt to have, possess
sich **habilitieren** to qualify as a lecturer or professor at a university by a thesis and an examination

der **Hafer** oats

halb half

die **Halbzeit, -en** half-time, interval

die **Hälfte, -n** half

die **Halle, -n** hall, lounge

die **Hallig, -en** small island in the North Sea not protected by dikes

haltmachen to stop, halt

haltbar durable, tenable

halten, hielt, gehalten to hold, keep, support, contain

die **Haltung, -en** attitude, poise, bearing

die **Handarbeit, -en** manual labor; handicraft, needle work

der **Handel** trade, commerce, bargain

handeln to act, trade, deal, bargain

der **Handelsartikel, -** trading goods, merchandise

die **Handelsbeziehungen** *(pl.)* commercial relations, trade between two countries

das **Handelsgut, ¨er** merchandise

der **Handelshafen, ¨** commercial port

die **Handelskammer, -n** chamber of commerce

die **Handelsschule -n** commercial school, secretarial school

die **Handelsstadt, ¨e** commercial town

die **Handelsstraße, -n** trade route

der **Handelsvertrag, ¨e** commercial treaty

das **Handelszentrum, -zentren** commercial center

die **Handfertigkeit, -en** manual skill, dexterity

der **Händler, -** dealer, trader

das **Handwerk, -e** trade, handicraft

der **Handwerker, -** craftsman, skilled worker; artisan

der **Handwerksbetrieb, -e** workshop

die **Handwerkskammer, -n** chamber of trades

der **Handwerksmeister, -** master craftsman, foreman

hängen, hing, gehangen to hang, suspend; **an etwas hängen** to cling to something, be attached to

der **Hanswurst, -e** clown, buffoon

harmlos harmless, inoffensive

hart hard

hartnäckig obstinate

die **Hartnäckigkeit** obstinacy

der **Hass** hatred

das **Hauptfach, ¨er** main or major subject

die **Hauptfigur, -en** protagonist, main character

die **Hauptidee, -n** main idea, central idea

das **Hauptportal, -e** main gate, entrance

hauptsächlich chiefly, principal

die **Hauptschule, -n** type of secondary school

der **Hauptschullehrer** teacher at a *Hauptschule*

die **Hauptstadt, ¨e** capital

das **Hauptthema, -themen** main theme, topic

das **Hauptverdienst, -e** main achievement, merit

das **Hauptwerk, -e** principal work, masterpiece

das **Hauptziel, -e** main goal

das **Haus, ¨er** house, home; **nach Hause gehen** to go home; **zu Hause** at home

die **Hausarbeit, -en** home work, chores, indoor work

der **Hausbesuch, -e** house call (doctor)

das **Häuserbauen** construction of houses

hausgemacht home-made

der **Haushalt, -e** household

die **Haushaltsmaschine, -n** household appliance

die **Haushaltsware, -n** goods for the household, esp. hardware

die **Haushaltungsschule, -n** school for home economics

der **Hausherr, -en** master of the house

das **Hausieren** the hawking

die **Hausindustrie, -n** home industry

das **Hauskonzert, -e** house concert

der **Hauslehrer, -** private tutor

häuslich domestic, home-keeping

die **Hausmacht** territorial power base (of the emperor)
die **Hausmusik** chamber music played at home
der **Hausschuh, -e** slipper
der **Haustyrann, -en** domestic tyrant
hauswirtschaftlich referring to home economics
die **Haut, ¨-e** skin, hide
die **Hecke, -n** hedge
das **Heer, -e** army, multitude
der **Heerführer, -** commander-in-chief, general
heftig violent, vehement
das **Heilbad, ¨-er** spa
heilig holy, sacred
der **Heilige, -n** saint
die **Heilquelle, -n** medicinal spring
die **Heilstätte, -n** place to get medical treatment to recover, spa
heim home
der **Heimarbeiter, -** home worker
die **Heimat** native place, homeland
das **Heimatgefühl** attachment to one's native place or country
die **Heimatgeschichte** local history
heimatgeschichtlich referring to local history
die **Heimatkunde** geography of one's home district
das **Heimatland, ¨-er** native country
die **Heimatstadt, ¨-e** birth place, home town
der **Heimatverein, -e** association, club to further interest in the native country or town
heimlich clandestine, furtive, secret
heimsuchen to afflict
das **Heimweh** homesickness
die **Heirat, -en** marriage
heiraten to marry
heiß hot
heißen, hieß, geheißen to be called, mean; command
der **Heißhunger** voracious appetite
heiter cheerful, serene
der **Hektar, -e** hectare
der **Held, -en** hero
die **Heldensage, -n** heroic legend
die **Heldentat, -en** heroic deed
das **Heldentum** heroism
helfen, half, geholfen to help, assist, aid
hell bright, light, fair
der **Hemdsärmel, -** shirt sleeve
herabdrücken to press down, suppress, keep down
herabsinken, sank herab, herabgesunken to sink down, be degraded
heranwachsen, wuchs heran, herangewachsen to grow up
sich **herausbilden** to develop, form
herausfinden, fand heraus, herausgefunden to find out, discover
herausgeben, gab heraus, herausgegeben to publish, issue, hand out
heraushauen to extricate; carve out
der **Herbst** fall, autumn
die **Herkunft, ¨-e** origin, provenance
heroisch heroic
der **Herr, -en** master, lord, gentleman
der **Herrenhof, ¨-e** manor; feudal estate
die **Herrschaft, -en** rule, government, mastery
der **Herrscher, -** ruler, sovereign
herrschsüchtig ambitious, domineering
herstellen to produce, restore
der **Hersteller, -** producer
die **Herstellung, -en** production
herumleiten to lead, conduct around
sich **herumschlagen (mit), schlug herum, herumgeschlagen** to trouble with, deal with
heruntergehen, ging herunter, heruntergegangen to lower, come down
hervorgehen (aus), ging hervor, hervorgegangen to result (from)

hervorheben, hob hervor, hervorgehoben to stress, call special attention to
hervorragend outstanding, prominent, excellent
hervorrufen, rief hervor, hervorgerufen to cause, call forth
hervorstechen, stach hervor, hervorgestochen stand out
hervortreten, trat hervor, hervorgetreten to step forward, become visible, become apparent
das **Herz, -en** heart
der **Herzog, ¨-e** duke
das **Herzogtum, ¨-er** duchy, dukedom
das **Heu** hay
heute today
heutig today's, present
heutzutage nowadays
die **Hexe, -n** witch, sorceress
die **Hierarchie, -n** hierarchy
die **Hilfe, -n** help, assistance, relief
hilflos helpless
der **Hilfsarbeiter, -** unskilled worker, assistant
der **Hilfsbibliothekar, -e** assistant librarian
das **Hilfsprogramm, -e** relief program
der **Himmel, -** heaven, sky
Himmelfahrt Ascension (Day)
hinabstoßen, stieß hinab, hinabgestoßen to throw down, push downward
hinauffahren, fuhr hinauf, hinaufgefahren to mount, drive up
hinausgehen, ging hinaus, hinausgegangen to exceed, go beyond; go out
hinausschieben, schob hinaus, hinausgeschoben to delay, postpone
hinaustanzen to dance out of a room
hinausziehen, zog hinaus, hinausgezogen to march out, go out
hindern to prevent, hinder
das **Hindernis, -se** obstacle, hindrance
die **Hinfahrt, -en** trip to a place
hingegen on the contrary
hingehören to belong to
hinnehmen, nahm hin, hingenommen to suffer, put up with, take
hinrichten to execute, put to death
die **Hinrichtung, -en** execution
sich **hinsetzen** to sit down
hintereinander one after the other
der **Hintergrund, ¨-e** background
hintergründig cryptic, subtle, obscure
die **Hintergrundsmusik** background music
der **Hinterhof, ¨-e** backyard
hinüberblicken to look across
sich **hinziehen, zog hin, hingezogen** to draw on, drag on
hinzukommen, kam hinzu, hinzugekommen to be added
der **Historiker, -** historian
historisch historical
hoch high, tall, noble
sich **hocharbeiten** to work one's way up, rise through the ranks
hochbegabt highly talented, gifted
die **Hochebene, -n** elevated plain, tableland
das **Hochgebirge, -** high mountain chain
das **Hochhaus, ¨-er** highrise, skyscraper
hochkommen, kam hoch, hochgekommen to climb, get up
der **Hochleistungssport** highly competitive sport
die **Hochschule, -n** college, university, academy
höchstens at best, at the most
die **Hochstimmung, -en** high spirits
der **Höchststand, ¨-e** maximum output, maximum level
die **Hochzeit, -en** wedding, marriage
der **Hof, ¨-e** court, courtyard, farm
der **Hofadel** courtiers, nobility at court
der **Hofbesitzer, -** farm owner, farmer, property owner

der **Hofbibliothekar, -e** court librarian
hoffähig presentable at court
der **Hofmeister, -** private tutor, steward
hoffen to hope, trust, expect
die **Hoffnung, -en** hope
die **Höflichkeit, -en** politeness, courtesy
die **Höhe, -n** height, altitude
der **Höhepunkt, -e** highest point, culmination, highlight
die **Höhere Schule** secondary school
die **Höhle, -n** cave, cavern
holen to get, go for, fetch
der **Holländer, -** Dutchman
der **Höllenrachen, -** jaws of hell
das **Holz, -̈er** wood
der **Holzschnitzer, -** wood carver
die **Holzware, -n** wooden article
das **Honorar, -e** fee, royalty
der **Hopfen** hop, hops
der **Hopfenbauer, -n** hop farmer
der **Hörer, -** listener, hearer, auditor, student (university)
das **Hörgeld, -er** (university) tuition fees
der **Hörsaal, -säle** lecture room, auditorium
das **Hörspiel, -e** radio play
hospitieren to sit in on (classes), practice (teaching)
das **Hotelgewerbe** hotel industry
der **Hotelier, -s** hotel owner
der **Hügel, -** hill
das **Huhn, -̈er** hen, chicken
humanistisch humanistic
humorlos without any sense of humor
die **Hungersnot, -̈e** famine
der **Hut, -̈e** hat
die **Hymme, -n** hymm

der **Idealismus** idealism
idealistisch idealistic
die **Idee, -n** idea, notion
sich **identifizieren (mit)** to identify (with)
die **Idylle, -n** idyl
ignorieren to ignore
ihrerseits in her turn, in their turn
illegitim illegitimate
sich **immatrikulieren** to enroll, matriculate, register
immer always, for ever
immerhin still, yet
imposant impressive, imposing
imstande able, capable
Indien India
indirekt indirect
individualistisch individualistic
individuell individual
industrialisieren to industrialize
die **Industrialisierung, -en** industrialization
die **Industrie, -n** industry
die **Industrieanlage, -n** industrial plant
der **Industriearbeiter, -** industrial laborer
die **Industrieform** industrial design
das **Industriegebiet, -e** industrial area
die **Industriegegend, -en** industrial area
die **Industriegesellschaft, -en** industrial society
der **Industriekomplex, -e** industrial complex
das **Industrieland, -̈er** industrial country
der **Industrielle, -n** manufacturer, industrialist
die **Industriemesse, -n** industrial fair, exhibition
der **Industrieort, -̈e** industrial town
die **Industriestadt, -̈e** industrial town
der **Industriestandort, -e** industrial site, country where industry is located
die **Industrieware, -n** industrial products, manufactured goods
der **Industriezweig, -e** branch of industry
informell informal
sich **informieren** to get informed
die **Infrastruktur** infrastructure
der **Ingenieur, -e** engineer
die **Ingenieursschule, -n** engineering school, type of *Fachschule*

die **Innenarchitektur** interior design, decoration
die **Innenausstattung, -en** furnishings
der **Innenhof, ⸚e** patio, courtyard
der **Innenminister, -** secretary of the interior
innenpolitisch referring to domestic politics
die **Innenstadt, ⸚e** center of town, inner city
das **Innere** interior, inside
innerhalb within, inside
innerlich inward, internal
die **Innerlichkeit** inwardness, inner life
das **Inntal** valley of the (river) Inn
die **Innung, -en** trade guild, association
die **Insel, -n** island
die **Insellage** situation corresponding or analogous to that of an island
das **Inserat, -e** ad, advertisement
insgeheim secretly
insgesamt altogether
die **Inszenierung, -en** (stage) production
sich **integrieren** to integrate
intellektuell intellectual
die **Intelligenz** intelligence
der **Intendant, -en** manager, head (theater, radio station)
intensiv intensive
interessant interesting
das **Interesse, -n** interest
die **Interessengruppe, -n** pressure group, group with common interests
sich **interessieren (für), interessiert sein (an)** to take an interest in, be interested in
die **Internatsschule, -n** boarding school
die **Interzonenstrecke, -n** route across the GDR from the FRG to Berlin (before 1989)
die **Intimsphäre, -n** area of privacy
investieren to invest
inzwischen meanwhile, in the meantime
die **Ironie, -n** irony
irreal unreal
irreführen to mislead, lead astray
der **Irrweg, -e** wrong path, wrong direction
isolieren to isolate
Italien Italy
italienisch Italian

die **Jagd, -en** hunting, shooting
die **Jagdgemeinde, -n** community with the hunting rights
das **Jagdgebiet, -e** hunting area
das **Jagen** hunting
die **Jägerprüfung, -en** examination for a hunter's license
das **Jahr, -e** year
das **Jahresfest, -e** anniversary, annual meeting, festival
der **Jahreslauf** course of the year
die **Jahrestagung, -en** annual meeting
die **Jahresveranstaltung, -en** annual convention
die **Jahresversammlung, -en** annual meeting, business meeting
der **Jahrgang, ⸚e** group of the same age, annual vintage, publication
das **Jahrhundert, -e** century
jahrhundertealt centuries old
jahrhundertelang for centuries
das **Jahrzehnt, -e** decade
jahrzehntelang for decades
der **Januar** January
japanisch Japanese
die **Jesuitenkirche, -en** Jesuit church
jetzig present, actual
jetzt now, at present
jubeln to rejoice, shout with joy
das **Jubiläum, Jubiläen** jubilee, anniversary
der **Jude, -n** Jew
die **Judengasse, -n** street where Jews live, ghetto
judenfreundlich philosemitic
der **Judenstern, -e** Star of David
die **Judentracht, -en** clothing prescribed for Jews

das **Judentum** Jewry, Judaism
die **Judenverfolgung, -en** persecution of Jews, Jew-baiting
jüdisch Jewish
die **Jugend** young people, youth
die **Jugendbewegung** youth movement
die **Jugendherberge, -n** youth hostel
der **Jugendleiter, -** youth leader, organizer of youth activities
der **Jugendliche, -n** youth, teenager
die **Jugendmannschaft, -en** junior team
die **Jugendorganisation, -en** youth organization
das **Jugendschutzgesetz, -e** law for the protection of minors
Jugoslawien Yugoslavia
jung young
der **Junge, -n** boy
die **Jungfrau, -en** maiden, virgin
das **Jüngste Gericht** Last Judgment, Doomsday
der **Jungwähler, -** young voter
der **Junker, -** squire, junker
der **Jurist, -en** lawyer
juristisch juridical, legal
Jus *or* **Jura** law (as subject of studies)
die **Justiz** justice, administration of justice
der **Juwelier, -e** jeweller

das **Kabelfernsehen** cable television
die **Kaffeebörse, -n** coffee exchange
kahl bare, naked
der **Kaiser, -** emperor
die **Kaiserhalle, -n** imperial hall
die **Kaiserkrone, -n** imperial crown
kaiserlich imperial
die **Kaiserpfalz, -en** imperial castle
das **Kaiserreich, -e** empire
die **Kaiserstadt, ¨-e** imperial city, residence of the emperor
der **Kalender, -** calendar
das **Kalisalzlager, -** potash deposit
kalkulieren to calculate, plan
kalt cold
kaltstellen to put on ice, shelve, remove from a place of power
der **Kalvinist, -en** Calvinist
kalvinistisch calvinistic
der **Kamerad, -en** comrade, fellow, buddy
der **Kämmerer, -** chamberlain
die **Kammermusik** chamber music
der **Kammermusikabend, -e** evening concert of chamber music
das **Kammerorchester, -** chamber orchestra
der **Kampf, ¨-e** fight, combat, contest, struggle
die **Kampfansage, -n** declaration of war, challenge
kämpfen to fight, struggle
das **Kampfesjahr, -e** year of struggle, revolutionary year
der **Kampfgeist** fighting spirit
der **Kanal, ¨-e** canal, channel
die **Kanalisation, -en** sewer system
das **Kanalsystem, -e** canal system
die **Kanalverbindung, -en** canal connecting two rivers
der **Kandidat, -en** candidate
der **Kanton, -e** canton (name of states in Switzerland)
der **Kantor, -en** organist, leader of a church choir
der **Kanzler, -** chancellor
die **Kanzlerschaft** chancellor's term of office
die **Kapazität, -en** capacity
der **Kapitalismus** capitalism
das **Kapitel, -** chapter
die **Kapitulation, -en** capitulation
der **Karfreitag** Good Friday
die **Karikatur, -en** caricature, cartoon
der **Karneval** carnival
die **Karnevalszeit** carnival season
die **Karotte, -n** carrot
der **Karpfen, -** carp

die **Karriere, -n** career
die **Kartoffel, -n** potato
der **Kassenpatient, -en** patient whose expenses are paid by a medical insurance
der **Kassenwart, -e** treasurer
die **Kaste, -n** caste
kastastrophal catastrophic
die **Katastrophe, -n** catastrophe
die **Kathedrale, -n** cathedral
der **Katholik, -en** (Roman) Catholic
der **Katholikentag, -e** general meeting of Catholic priests and laymen in Germany
katholisch Catholic
der **Kauf, ⸚e** purchase, buy; **in Kauf nehmen** to put up with, tolerate
kaufen to buy, purchase
der **Kaufmann, -leute** merchant
kaum hardly, scarcely
die **Kehrseite, -n** reverse (side)
keinerlei of no sort, none
keinesfalls not at all, by no means
keineswegs by no means
das **Kellertheater, -** (avant-garde) theater in a basement
keltisch Celtic
kennen, kannte, gekannt to know, be acquainted with
der **Kenner, -** expert, connoisseur
kennzeichnen to mark, earmark
der **Kern, -e** core, essence, gist, center
die **Kernwaffe, -n** nuclear weapon
die **Kerze, -n** candle
die **Kette, -n** chain
der **Ketzer, -** heretic
der **Kilometerfresser, -** driver who tries to cover long distances in a record time without any practical purpose
kilometerlang miles long
das **Kind, -er** child
die **Kindererziehung** education of children
die **Kinderfeindlichkeit** hostility towards children
kinderfeindlich hostile to children
kinderfreundlich fond of children
das **Kindergeld** child allowance
der **Kinderreichtum** large numbers of children
die **Kinderzulage, -n** family allowance according to the number of children
die **Kindheit** childhood
das **Kino, -s** cinema, movie theater
das **Kinosterben** going out of business of movie theaters (because of television)
der **Kiosk, -e** newsstand
die **Kirche, -n** church
die **Kirchenarchitektur** church architecture
der **Kirchenbesuch, -e** church attendance
der **Kirchenchor, ⸚e** church choir
das **Kirchenjahr, -e** ecclesiastical year
der **Kirchenkonflikt, -e** church conflict
die **Kirchenmusik** sacred music, music for the church service
die **Kirchenreparatur, -en** church repairs
die **Kirchenskulptur, -en** skulpture for a church
die **Kirchenspaltung, -en** schism, separation within the church
die **Kirchensteuer, -n** church tax
der **Kirchenstuhl, ⸚e** pew
der **Kirchentag, -e** annual meeting of clerical and lay representatives of the church
kirchentreu orthodox, faithful to the church
die **Kirchenverwaltung, -en** church administration
kirchlich ecclesiastical, referring to the church
klar clear, bright, pure
die **Klasse, -n** class, grade (school)
die **Klassenarbeit, -en** class work, test
das **Klassenbewusstsein** class consciousness
die **Klassengemeinschaft, -en** group identity of a school class

die **Klassengesellschaft** class society
der **Klassenlehrer, -** homeroom teacher, teacher responsible for a class
das **Klassentreffen, -** reunion (high-school classes)
die **Klassentrennung, -en** separation of (social) classes
das **Klassenzimmer, -** classroom
die **Klassik** classicism, classic art and literature
der **Klassiker, -** classic author
klassisch classic
klassizistisch classicist
kleiden to dress, clothe
die **Kleidung, -en** clothing dress
klein small, little
das **Kleinbürgertum** lower middle class, petty bourgeoisie
kleindeutsch German (excluding Austria)
die **Kleineisenindustrie, -n** hardware manufacturing, small iron industries
die **Kleinfamilie -n** nuclear family, parents and children
der **Kleingärtnerverein, -e** amateur gardening club
der **Kleinkrieg, -e** irregular warfare, guerilla warfare
der **Kleinstaat, -en** minor state
die **Kleinstadt, -̈e** small town
das **Klima, -te** *or* **-s** climate
klingen, klang, geklungen to sound, ring
klinisch clinical
klopfen to knock, rap
das **Kloster, -̈** monastery, convent, cloister
die **Klosterruine, -n** ruined building of a monastery
die **Klosterschule, -n** monastery or convent school
der **Knabe, -n** boy
der **Knabenchor, -̈e** boys' choir
knapp tight, scarce, concise
der **Knecht, -e** farm servant, agricultural laborer, farm hand
das **Knie, -e** knee
der **Knopf, -̈e** button
der **Knotenpunkt, -e** junction
die **Koalition, -en** coalition
das **Koalitionsrecht** the right to form associations, e.g. trade unions
die **Koalitionsregierung, -en** coalition government
die **Kohle, -n** coal
der **Kohlenbergbau** coal mining
das **Kohlenbergwerk, -e** coal mine
der **Kollege, -n** colleague
die **Kollegstufe, -n** last years of high-school ("college level")
die **Kollektivscham,** collective (sense of) shame
die **Kollektivschuld** collective guilt
das **Kolloquium, Kolloquien** colloquy, conference, conversation
der **Kolonialboden, -̈** colonial territory
das **Kolonialland, -̈er** colonial territory
die **Kolonie, -n** colony
die **Kolonisation, -en** colonization
die **Kolonisierung, -en** colonization
die **Kombination, -en** combination
die **Kommanditgesellschaft, -en** limited partnership company
kommen, kam, gekommen to come
der **Kommentar, -e** commentary
kommentieren to comment
der **Kommilitone, -n** fellow student
die **Kommission, -en** commission, committee
die **Kommunalbehörde, -n** municipal administration
das **Kommunikationsmittel, -** communication media, mass media
der **Kommunist, -en** communist
der **Kommunistenführer, -** communist leader
kommunistisch communist

die **Komödie, -n** comedy
kompliziert complicated
komponieren to compose
der **Komponist, -en** composer
der **Kompromiss, -e** compromise
der **Kompromisskandidat, -en** compromise candidate
sich **kompromittieren** to compromise oneself
die **Konferenz, -en** conference
die **Konfession, -en** confession, creed
konfessionell confessional
die **Konfessionsschule, -n** school divided according to religious adherences
der **Konfirmandenunterricht** confirmation class, lessons
die **Konfirmation, -en** confirmation
der **Konflikt, -e** conflict
konfliktreich full of conflicts
das **Konglomerat, -e** conglomerate
der **Kongress, -e** congress, convention
der **König, -e** king
das **Königsschloss, ¨er** royal castle
das **Konkordat, -e** concordat, treaty with the Pope on matters of the Roman Catholic church
die **Konkurrenz, -en** competition
die **Konkurrenzangst** fear of competition
der **Konkurrenzkampf, ¨e** competition
die **Konkurrenzlage** competitive condition, situation
die **Konkurrenzsituation, -en** situation leading to competition
der **Konkurs, -e** bankruptcy
können, konnte, gekonnt to be able to, can
konsequent consistent
konservativ conservative
der **Konservative, -n** conservative
konspirieren to conspire
konstitutionell constitutional
konstruieren to construct, construe
konstruktiv constructive
der **Konsul, -n** consul
der **Kontakt, -e** contact
kontinental continental
der **Kontrast, -e** contrast
kontrollieren to verify, check, control
die **Konvention, -en** convention, custom, etiquette
konventionell conventional
die **Konzentration, -en** concentration
das **Konzentrationslager, -** concentration camp
konzentrieren to concentrate
das **Konzept, -e** concept, first draft
der **Konzern, -e** trust, corporation, combine
das **Konzert, -e** concert
der **Konzertsaal, -säle** concert hall
das **Konzil, -ien** council (of the Roman Catholic church)
der **Kopf, ¨e** head, top
das **Kopfblatt, ¨er** local newspaper affiliated with and reprinting material of a newspaper chain
die **Körperschaft (des öffentlichen Rechts)** non-profit public corporation, institution
korrekt correct, conventional
die **Korrektheit, -en** correctness
der **Korrespondent, -en** correspondent, newsman
korrespondieren to correspond
kostbar valuable, precious, costly
kosten to cost; taste
die **Kosten** *(pl.)* costs
kräftig strong, vigorous
das **Kraftzentrum, -zentren** power center
krank sick, ill
das **Krankengeld, -er** sick benefit
das **Krankenhaus, ¨er** hospital
die **Krankenhauskosten** *(pl.)* costs of treatment in a hospital
die **Krankenkasse, -n** medical insurance, medicare
die **Krankenpflege** nursing

der **Krankenpfleger, -** (male) nurse
die **Krankenversicherung, -en** medical insurance
die **Krankheit, -en** disease, sickness, illness
die **Krankheitsepidemie, -n** epidemic
krass extreme, crass
der **Kredit, -e** credit
kreditfähig solvent, sound (company)
der **Kreidefelsen, -** chalk cliff
der **Kreis, -e** circle
das **Kreuz, -e** cross
der **Kreuzzug, ¨e** crusade
der **Krieg, -e** war
kriegerisch martial, warlike
der **Kriegsdienst, -e** military service
der **Kriegsdienstverweigerer, -** conscientious objector
das **Kriegsende, -n** end of war
die **Kriegsflotte, -n** navy
der **Kriegsgegner, -** enemy (in war); pacifist
der **Kriegshafen, ¨** naval port
das **Kriegshandwerk** military profession
die **Kriegskunst, ¨e** strategy, art of war
das **Kriegsmaterial, -ien** war material
das **Kriegsopfer, -** war victim
der **Kriegsschaden, ¨** war damage
das **Kriegsschiff, -e** warship, man-of-war
die **Kriegsschuld** war guilt, responsibility for the outbreak of a war
das **Kriegsspiel, -e** war game
die **Kriegssteuer, -n** war tax
die **Kriegstechnik, -en** technology of warfare
der **Kriegsteilnehmer, -** combatant, service-man
die **Kriegszeit, -en** period of war
der **Kriegszug, ¨e** campaign, expedition
die **Krise, -n** crisis
die **Kristallnacht** "crystal night," "night of broken glass" (demolition of Jewish stores by Nazis in 1938)
die **Kritik, -en** criticism
der **Kritiker, -** critic
kritisch critical
die **Krone, -n** crown
krönen to crown
die **Krönungsstadt, ¨e** place of coronation
der **Kuchen, -** cake
der **Küchenchef, -s** head cook
die **Kuckucksuhr, -en** cuckoo clock
kühl cool, fresh
der **Kühlschrank, ¨e** refrigerator
kühn bold, daring
die **Kultur, -en** culture, civilization
das **Kulturbewusstsein** awareness of one's own culture
der **Kulturbund, ¨e** cultural association (mass organization in the GDR)
kulturell cultural
das **Kulturgebiet, -e** cultural area, area of a (high or old) civilization
der **Kulturkampf** struggle of Bismarck's Prussian government against the Catholic church after 1873
die **Kulturkritik** cultural pessimism, criticism of civilization
die **Kulturlandschaft, -en** countryside extensively cultivated by man
der **Kulturpolitiker, -** politician concerned with cultural affairs
kulturpolitisch referring to politics concerned with cultural affairs
das **Kulturzentrum, -zentren** cultural center
der **Kultus** cult, religious ceremonies
der **Kultusminister, -** cabinet minister in charge of education and cultural affairs
sich **kümmern (um)** to care for, care about
der **Kunde, -n** customer, client
die **Kundgebung, -en** demonstration, manifestation
kündigen to give notice, dismiss, resign
die **Kündigungsfrist, -en** time mandated to give notice

der **Kündigungsschutz** protection against firing
die **Kunst, ¨e** art, skill
die **Kunstakademie, -n** academy of fine arts, school of fine arts
der **Kunstdünger** artificial fertilizer
die **Kunstform, -en** art form
die **Kunstgeschichte** art history
das **Kunsthandwerk, -e** arts and crafts
die **Kunsthochschule, -n** school of fine arts
das **Kunstleben** cultural life
der **Künstler, -** artist
künstlerisch artistic
die **Künstlerkolonie, -n** artists' colony
künstlich artificial
das **Kunstmuseum, -museen** art museum
die **Kunstsammlung, -en** art collection
die **Kunstschule, -n** art school
die **Kunststadt, ¨e** city which is a center for the arts
das **Kupfer** copper
das **Kupferbergwerk, -e** copper mine
das **Kupfervorkommen, -** copper deposit
die **Kur, -en** cure, treatment in a spa
der **Kurfürst, -en** elector
der **Kurfürstentitel, -** title of an elector
der **Kurort, -e** spa, health resort
der **Kurs, -e** course; class; rate of exchange
der **Kürschner, -** furrier
kurz short, brief
die **Kurzarbeit** short-shift work
das **Kurzfilmfestival, -s** festival for short films
der **Kurzstreckenläufer, -** sprinter
das **Kurzstudium** short university studies for an intermediate degree
kurzum in short

labil unstable
die **Laborübung, -en** lab course, practice in the lab
lachen to laugh
die **Lächerlichkeit, -en** ridiculousness
der **Laden, ¨** store, shop
das **Ladengeschäft, -e** retail store
die **Lage, -n** position, situation
das **Lager, -** camp; warehouse, stock
lähmen to paralyze
der **Laie, -n** layman
die **Lampe, -n** lamp
das **Land, ¨er** land, country, state
der **Landadel** landed gentry
der **Landarbeiter, -** agricultural laborer
der **Landbesitz** landed property, real estate
die **Landbevölkerung, -en** rural population
landen to land, disembark
der **Länderkampf, ¨e** competition of national teams
das **Länderparlament, -e** state parliament
die **Länderregierung, -en** state government
der **Landesausbau** clearing of more land (Middle Ages)
der **Landesfürst, -en** sovereign, ruler
die **Landeshauptstadt, ¨e** state capital
der **Landesherr, -en** ruler, sovereign
die **Landeskirche, -n** regional organization of the church (Lutheran); official church of a country
die **Landessprache, -n** native language, vernacular
der **Landesteil, -e** province, part of the country
der **Landesverrat** treason
die **Landeszentralbank, -en** state central bank (reserve bank)
die **Landflucht** migration from the country to the cities
der **Landgraf, -en** landgrave
die **Landkarte, -n** map
ländlich rural, country-style
die **Landnahme, -n** clearing of new land (Middle Ages)
die **Landschaft, -en** landscape, scenery

landschaftlich referring to scenery
die **Landschaftsform, -en** form or type of landscape
die **Landsgemeinde, -n** annual assembly (Switzerland)
der **Landsmann, -leute** compatriot, fellow countryman
die **Landsmannschaft, -en** association of people from the same region, type of fraternity
die **Landstände** *(pl.)* representation of the estates
der **Landtag, -e** state parliament, congress
die **Landtagswahl, -en** election for state congress
der **Landwirt, -e** farmer, agriculturalist
die **Landwirtschaft** agriculture, farming
landwirtschaftlich agricultural
die **Landwirtschaftsausstellung, -en** agricultural exhibition
lang long, tall
lange a long time
der **Längengrad, -e** degree of longitude, meridian
langfristig in the long run
längst long ago, long since
sich **langweilen** to be bored
lassen, ließ, gelassen to let, leave, permit, make
die **Last, -en** burden, load
der **Lastentransport, -e** transport of goods
der **Lastwagen, -** truck
das **Latein** Latin
lateinisch Latin
die **Lateinschule, -n** grammar school, Latin school
der **Laubwald, ¨-er** forest of deciduous trees
der **Lauf, ¨-e** course, run
die **Laufbahn, -en** career
laufen, lief, gelaufen to run; **auf dem Laufenden sein** to be informed (about the latest developments)
der **Läufer, -** runner, half-back (soccer)
launenhaft capricious, moody
laut loud, aloud, noisy
das **Lazarett, -e** military hospital
leben to live, be alive
das **Leben** life, existence
lebendig alive, lively, living
der **Lebensabend** old age
die **Lebensanschauung, -en** conception of life, philosophy of life
die **Lebensarbeitszeit** total of the working years of a person
die **Lebensart, -en** life style, behavior, manners
die **Lebensbedingungen** *(pl.)* conditions of life
die **Lebenserwartung** life expectancy
die **Lebensform, -en** type or way of life
die **Lebensgefahr, -en** danger to life
das **Lebensgefühl** vitality, vital consciousness
die **Lebensgewohnheit, -en** habit
die **Lebenshaltungskosten** *(pl.)* cost of living
die **Lebenskraft, ¨-e** vital energy
die **Lebenskreis, -e** surrounding, environment
die **Lebenskunst** art of living
lebenslang lifelong
die **Lebenslust** love of life
die **Lebensmittel** *(pl.)* food, groceries
das **Lebensmittelgeschäft, -e** grocery store
die **Lebensmöglichkeit, -en** possibility to exist, capacity to live
die **Lebensnotwendigkeit, -en** vital necessity, necessaries of life
der **Lebensraum, ¨-e** living space
der **Lebensrhythmus, -rhythmen** rhythm of life
der **Lebensstandard, -s** standard of living
der **Lebensstil, -e** life style
die **Lebensverhältnisse** *(pl.)* living conditions
die **Lebensweise, -n** habits, manner of living
die **Lebenszeit, -en** lifetime
lebhaft lively
lediglich merely, solely, only

leer empty
legen to lay, put, place
die **Legende, -n** legend (particularly about saints)
legitim legitimate
das **Lehen, -** fief, fee
das **Lehenssystem, -e** feudal system
das **Lehrbuch, ¨-er** textbook
die **Lehre, -n** teaching, doctrine, lesson; apprenticeship
lehren to teach, instruct
der **Lehrer, -** teacher
die **Lehr- und Lerngemeinschaft, -en** community of teachers and students (ideal of the reform movement of the early 20th century)
das **Lehrjahr, -e** year of apprenticeship, year of learning
der **Lehrling, -e** apprentice
die **Lehrlingsausbildung** training of apprentices
der **Lehrlingsvertrag, ¨-e** contract for an apprenticeship
die **Lehrlingswerkstatt, ¨-en** workshop for training apprentices
der **Lehrplan, ¨-e** curriculum
der **Lehrstuhl, ¨-e** professor's chair, professorship
das **Lehrsystem, -e** method of teaching, educational system
die **Lehrverpflichtung, -en** teaching load
die **Lehrweise, -en** teaching method
die **Lehrzeit, -en** period of apprenticeship
die **Leibwache, -n** bodyguard
leicht light, easy, slight
die **Leichtathletik** athletics, track and field sports
leichtfasslich popular, easily understood
leichtsinnig frivolous, careless
das **Leid, -en** grief, sorrow, misfortune
das **Leiden** suffering
leiden, litt, gelitten to suffer, bear; **nicht leiden können** to dislike (somebody)
die **Leidenschaft, -en** passion
leidenschaftlich passionate
die **Leihbücherei, -en** (private) lending library
leihen to lend, borrow
leisten to achieve, accomplish, perform, produce; **sich etwas leisten** to afford something
die **Leistung, -en** achievement, accomplishment
der **Leistungsdruck** pressure to achieve
die **Leistungsfähigkeit, -en** capacity, efficiency
der **Leistungskurs, -e** advanced course (high school)
der **Leistungssport** competitive sport
der **Leitartikel, -** leading article, editorial
leiten to lead, guide, run, manage
die **Leitidee, -n** main idea
die **Lektion, -en** lesson
der **Leninismus** Leninism
lenken to direct, drive, guide, rule
lernbehindert educationally handicapped
lernen to learn, study
die **Lerngemeinschaft, -en** study team (cf. *Lehr- und Lerngemeinschaft*)
der **Lesehunger** reading enthusiasm
lesen, las, gelesen to read
der **Leserbrief, -e** letter to the editor
das **Lesestück, -e** text (in a reader)
die **Lesung, -en** reading, recitation
Lettland Latvia
letzt, - last, final
leuchten to shine, beam, emit light
die **Leute** *(pl.)* people, persons
liberaldemokratisch liberal-democrat (party name in the GDR)
der **Liberale, -n** liberal
Libyen Libya
das **Licht, -er** light, candle
der **Lichteffekt, -e** light effect

der **Lichtmensch, -en** racially superior person, Aryan (Nazi Germany)

lieben to love, like

das **Liebeslied, -er** love song

der **Liebhaber, -** lover; amateur

die **Liebhaberei, -en** hobby, fancy

die **Liebhabergruppe, -n** group of amateurs, hobby club

der **Liebhaberverein, -e** club or association of amateurs

der **Lieblingsautor, -en** favorite author

das **Lieblingsstück, -e** favorite piece

das **Lieblingswort, ¨er** favorite word, saying

das **Lied, -er** song, tune

der **Liederabend, -e** *Lieder* recital evening

der **Liederdichter, -** song writer

der **Liedermacher, -** songwriter and singer

liefern to supply, furnish

liegen, lag, gelegen to lie, be situated; **es liegt mir daran** it is important for me

die **Linie, -n** line

link-, links left

linksgerichtet leftist, with leftist tendencies

linksradikal radical leftist

das **Linnen** linen (cloth)

die **List, -en** cunning, trick

die **Liste, -n** list, roll

Litauen Lithuania

literarisch literary

die **Literatur, -en** literature

der **Literaturkritiker, -** literary critic

der **Literaturpreis, -e** literary prize or award

die **Literatursprache, -n** literary language

der **Literaturtheoretiker, -** literary theorist

der **Lizentiat, -en** licentiate, graduate

das **Lob** praise, eulogy

loben to praise, commend

locken to allure, attract, bait

locker loose, light, relaxed

lockern to loosen, relax

sich **lockern** to relax

der **Lohn, ¨e** wage, reward, recompense

sich **lohnen** to be worth while

der **Lohnkampf, ¨e** struggle about wages, strike

die **Lohntüte, -n** little bag or envelope containing a week's wages

das **Lokal, -e** pub, inn; locality

der **Lokalteil, -e** local news (newspaper)

die **Lokalzeitung, -en** local newspaper

lose loose

loswerden, wurde los, losgeworden to get rid of

das **Lösegeld, -er** ransom

lösen to loosen, untie, solve

der **Lößboden, ¨** loess (fine loam)

lossprechen, sprach los, losgesprochen to absolve, free

die **Lösung, -en** solution

der **Lotse, -n** pilot (boat)

der **Löwe, -n** lion

die **Luft, ¨e** air, breeze

der **Luftangriff, -e** air raid

die **Luftbrücke** air lift (Berlin 1948–49)

die **Luftlinie, -en** airline

die **Luftschlacht, -en** air battle

die **Lüge, -n** lie, falsehood

die **Lungenkrankheit, -en** pulmonary disease

die **Lust, ¨e** pleasure, desire; **Lust haben (zu)** to have a mind to, feel like

lustig gay, merry

lutherisch Lutheran

der **Luxus** luxury

die **Luxusware, -n** fancy articles

der **Lyriker, -** lyric poet

das **Lyzeum, Lyzeen** high school of girls

machen to make, do, produce

die **Macht, ¨e** power

der **Machtblock, ¨e** power block

der **Machtfaktor, -en** power factor

mächtig powerful
machtlos powerless, weak
die **Machtübernahme** coming into power (e.g. Hitler 1933)
das **Machtvakuum** power vacuum, lack of control
das **Mädchenpensionat, -e** boarding school for girls
die **Magd, ⸚e** female farmhand
der **Magister, -** Master of Arts (M.A.)
der **Maibaum, ⸚e** maypole
majestätisch majestic
die **Majestätsbeleidigung, -en lèse** majesty, offense against the sovereign
malen to paint
das **Malen** painting
der **Maler, -** painter
die **Malerei, -en** painting, art of painting
die **Managerkrankheit** manager disease
manchmal sometimes
das **Mandat, -e** mandate
mangeln to be in want of
das **Manifest, -e** manifesto
manipulieren to manipulate
der **Mann, ⸚er** man; husband
das **Mannequin, -s** model, mannequin
der **Männerchor, ⸚e** men's choir
das **Männerheim, -e** home for single men
die **Männersache, -n** men's business
männlich masculine, male, manly
die **Mannschaft, -en** team, crew
der **Mannschaftssport** team sport
das **Manöver, -** maneuver
der **Mantel, ⸚** coat, overcoat
die **Mantelausgabe, -n** edition of a newspaper receiving major parts from the parent group
die **Mappe, -n** briefcase, portfolio, schoolbag
maritim maritime
die **Mark, -en** marches, territorial border or frontier
der **Markt, ⸚e** market (place)
der **Marktanteil, -e** share of the market
die **Marktforschung** marketing (research)
die **Marktlage, -n** market situation
der **Marktplatz, ⸚e** marketplace
das **Marktrecht, -e** market privilege, right of holding a market
die **Marktwirtschaft** market economy
Marokko Morocco
die **Marsch, -en** marsh, low grassland near the North Sea
der **Marxismus** Marxism
die **Maschine, -n** machine, engine
die **Maschinenindustrie, -n** machine industry
das **Maskenfest, -e** masked ball, costume party
das **Maß, -e** measure, proportion
die **Masse, -n** mass, multitude
die **Massendemonstration, -en** mass demonstration
die **Masseneinrichtung, -en** mass institution
die **Massenorganisation, -en** mass organization
die **Massenpartei, -en** political party for the masses; popular party
der **Massentourismus** mass tourism
die **Massenuniversität, -en** university with large numbers of students
die **Massenveranstaltung, -en** mass meeting or rally; show for the masses
die **Massenversammlung, -en** mass meeting
maßgeblich standard, decisive
die **Maßnahme, -n** measure, provision
der **Maßstab, ⸚e** measure, scale
das **Maßsystem, -e** system of measures
der **Materialismus** materialism
die **Mathematik** mathematics
der **Mathematiker, -** mathematician
der **Matrose, -n** seaman, sailor
die **Matura** final secondary school examination in Austria
die **Mauer, -n** wall
der **Maurer, -** mason, bricklayer

der **Mäzen, -e** Maecenas, donator of money, sponsor
der **Mechaniker, -** mechanic
die **Medaille, -n** medal
das **Medikament, -e** medicine, drug, medication
die **Medizin, -en** medicine, medication
der **Mediziner, -** physician, medical student
medizinisch medical
das **Medizinstudium, -studien** medical studies
das **Meer, -e** sea, ocean
die **Mehrheit, -en** majority; plurality
die **Mehrheitswahl, -en** majority vote, election
mehrsprachig multilingual
die **Mehrzahl, -en** majority; plural
die **Meile, -n** mile
die **Meinung, -en** opinion, view
meinungsbildend contributing to form public opinion
die **Meinungsbildung, -en** formation of opinion
die **Meinungsfreiheit** freedom of opinion, right to dissent
die **Meinungsverschiedenheit, -en** difference of opinion, disagreement
die **Meinungsvielfalt** multiplicity of opinion
meistens usually, mostly
der **Meister, -** master, foreman, boss; champion
der **Meisterbrief, -e** diploma of a master in the trade
meistern to master
die **Meisterprüfung, -en** examination to become a master
die **Meisterschaft, -en** championship, mastery
das **Meisterwerk, -e** masterpiece, main work
die **Melancholie** melancholy
sich **melden** to report
melken, molk, gemolken to milk
die **Melodie, -n** melody, tune
der **Mensch, -en** man, human being
das **Menschenleben, -** human life, a man's lifetime
die **Menschenliebe,** philanthropy
der **Menschentyp, -en** human type
der **Menschenverächter, -** cynic, misanthrope
die **Menschenwürde** human dignity
die **Menschheit** mankind, humanity
die **Menschheitsfrage, -n** problem concerning humanity as a whole
die **Menschlichkeit, -en** humaneness, humanity
merken to note, perceive
die **Messe,-n** mass; trade fair
messen, maß, gemessen to measure
das **Messinstrument, -e** instrument of measurement
die **Metallindustrie, -n** metallurgical industry
metaphysisch metaphysical
die **Methode, -n** method
mieten to rent, hire
die **Mietskaserne, -n** large tenement house, cheap housing for the poor
die **Mietwohnung, -en** lodging, rented apartment
der **Mietzuschuss, ⸚e** rent subsidy
die **Milchwirtschaft** dairy (industry)
das **Militär** military, army
die **Militärausrüstung, -en** military equipment
das **Militärbündnis, -se** military alliance
der **Militärdienst** military service
der **Militärgouverneur, -e** military governor
militärisch military
der **Militarismus** militarism
das **Militärlager, -** military camp
die **Militärpolitik** military policy
die **Militärregierung, -en** military government
der **Militärstaat, -en** military state
die **Militärsteuer, -n** military tax
die **Militärverwaltung, -en** military administration
der **Millionär, -e** millionaire
die **Minderheit, -en** minority
das **Minderheitenproblem, -e** minority problem
mindestens at least

die **Mindestzahl, -en** minimum number or amount
das **Minenfeld, -er** mine field
der **Minister, -** cabinet minister, secretary
das **Ministerium, Ministerien** ministry, department
der **Ministerpräsident, -en** president of the council, prime minister, head of the government, premier
der **Ministerrat** cabinet council
das **Minnelied, -er** minnesong
der **Minnesänger, -** minnesinger
die **Mischehe, -n** mixed marriage (racially or religiously)
die **Mischung, -en** mixture
missachten to disregard, neglect
die **Missachtung, -en** disregard, disrespect
missbrauchen to misuse, abuse
der **Misserfolg, -e** failure, fiasco
das **Missfallen** dislike, disapproval
misslingen, misslang, misslungen to fail, flop
das **Misstrauen** suspicion, distrust
das **Misstrauensvotum, -voten** vote of no confidence
misstrauisch suspicious, sceptical, distrustful
der **Misthaufen, -** dung hill
die **Mitarbeit** cooperation, collaboration
der **Mitbesitzer, -** joint owner, co-owner
mitbestimmen to codetermine
die **Mitbestimmung** codetermination
mitbringen, brachte mit, mitgebracht to bring along, bring
die **Mitgift** dowry
das **Mitglied, -er** member
die **Mitgliedschaft, -en** membership
der **Mitläufer, -** fellow traveler
das **Mitleid** pity, compassion
mitlesen, las mit, mitgelesen to read together with others or at the same time
mitmarschieren to march along
der **Mittagsschlaf** nap after lunch, siesta
der **Mittäter, -** accomplice
die **Mitte, -n** middle, center
das **Mittel, -** means, expedient, remedy
das **Mittelalter** Middle Ages
Mittelamerika Central America
mitteldeutsch Middle German
Mitteldeutschland Central Germany (between north and south); name used in the FRG for the GDR
Mitteleuropa Central Europe
das **Mittelgebirge, -** uplands; medium high mountain ranges of Central Germany
die **Mittelgebirgslandschaft, -en** scenery of *Mittelgebirge*
mittelgroß of medium size or height
mittelhochdeutsch Middle High German
mittelmäßig mediocre, indifferent
das **Mittelmeer** Mediterranean Sea
die **Mittelmeerküste, -n** Mediterranean coast
der **Mittelpunkt, -e** center, hub
die **Mittelpunktsschule, -n** central school for a rural district
der **Mittelschulabsolvent, -en** graduate of the *Mittelschule*
die **Mittelschule, -n** type of secondary school not leading to the *Abitur,* = Realschule
der **Mittelschullehrer, -** teacher at a *Mittelschule*
das **Mittelseminar, -e** intermediate grade seminar
die **Mittelsperson, -en** mediator, go-between
der **Mittelstand, ⸚e** middle class
der **Mittelstürmer, -** center forward (soccer)
die **Mitternacht** midnight
mittlerweile meanwhile
die **Mitverantwortung** share of the responsibility
die **Möbel** *(pl.)* furniture
die **Möbelform, -en** design of furniture

die **Möbelherstellung** manufacture or production of furniture, cabinet making
die **Mobilität** mobility
die **Mode, -n** fashion
das **Modell, -e** model
modern modern, fashionable, up to date
die **Moderne** modern culture (early 20th century)
modernisieren to modernize
die **Modernisierung, -en** modernization
die **Modeschule, -n** fashion school
modisch fashionable
die **Möglichkeit, -en** possibility
die **Monarchie, -n** monarchy
monarchistisch monarchist
der **Monat, -e** month
monatlich monthly
der **Mönch, -e** monk
der **Mönchsorden, -** monastic order
das **Monopol, -e** monopoly
das **Moor, -e** swamp, marsh
die **Moorgegend, -en** marshy or swampy region
die **Moral** morality, morals, morale
moralisch moral, ethical
das **Moratorium, Moratorien** moratorium
der **Mord, -e** murder
das **Morgengrauen** dawn
die **Moschee, -n** mosque
der **Motor, -en** engine, motor
das **Motorrad, ¨-er** motor-cycle
das **Motorradrennen, -** motor-cycle race
müde tired, weary
die **Mühe, -n** trouble, pains
mühsam troublesome, difficult
mühselig troublesome, difficult
die **Mülldeponie, -n** waste dump, landfill
die **Müllhalde, -n** garbage, waste dump
die **Mundart, -en** dialect
münden to flow into (river)
mündlich oral, verbal
die **Mündung, -en** river mouth
das **Münster, -** cathedral
die **Münze, -n** coin
das **Münzrecht** right of coinage
mürrisch sullen, in a bad mood
das **Museum, Museen** museum
der **Museumsdirektor, -en** director of a museum
die **Musik** music
musikalisch musical
die **Musikaufnahme, -n** recording of music
der **Musiker, -** musician
die **Musikgruppe, -n** group of musicians, band, ensemble
das **Musikinstrument, -e** musical instrument
der **Musikverein, -e** musical society
musisch artistically talented, art loving
das **Muster, -** model, pattern
das **Musterland, ¨-er** model country
die **Mustermesse, -n** sample fair, trade fair
mutig brave, courageous
die **Mutter, ¨-** mother
das **Mutterkreuz, -e** Nazi decoration for mothers with many children
mütterlich motherly
die **Mütze, -n** cap
das **Mysterienspiel, -e** mystery play
der **Mystiker, -** mystic

nachahmen to imitate, copy
die **Nachahmung, -en** imitation
der **Nachbar, -n** neighbor
der **Nachbarkanton, -e** neighboring canton (states in Switzerland)
die **Nachbarschaft, -en** neighborhood
die **Nachbarstadt, ¨-e** neighboring city
der **Nachbarstamm, ¨-e** neighboring tribe
nachbilden to imitate, copy
das **Nachdenken** reflection, thinking
der **Nachfolger, -** successor, follower
die **Nachfrage, -n** demand, inquiry

nachgeben, gab nach, nachgegeben to yield, give in
die **Nachgiebigkeit** yielding (too much) compliance with demands of others
nachholen to recover, make up for
die **Nachkriegsgeneration, -en** postwar generation
nachlassen, ließ nach, nachgelassen to abate, cease, diminish, let up
das **Nachrichtenmagazin, -e** news magazine
der **Nachteil, -e** disadvantage
nachteilig disadvantageous, detrimental
das **Nachtlager, -** lodging or accommodation for the night
der **Nachwuchs** young generation; new growth
der **Nadelwald, ⸚er** coniferous forest, pine forest
die **Nähe** proximity, neighborhood
nahekommen, kam nahe, nahegekommen to come near, approximate, approach
nähen to sew
nahestehen, stand nahe, nahegestanden to stand near, be closely connected with, be close to
nähren to nurse
der **Nährstoff, -e** nutrient, nourishment
die **Nahrungsmittelindustrie, -n** food industry
naiv naive, ingenuous
der **Namenstag, -e** name day
nämlich namely, that is; same
der **Narr, -en** fool, jester
der **Nationalcharakter, -e** national character
der **Nationalfeiertag, -e** national holiday
das **Nationalgefühl** patriotism, nationalism
die **Nationalhymne, -n** national anthem
der **Nationalismus** nationalism
der **Nationalitätenkampf, ⸚e** clash of nationalities living in the same country
das **Nationalitätenprinzip, -ien** right to self-determination, principle of each nationality having its own state
die **Nationalkultur, -en** national culture or civilization
der **Nationalökonom, -en** political economist
der **Nationalrat** one house of parliament (Austria, Switzerland)
der **Nationalsozialismus** National Socialism
der **Nationalsozialist, -en** National Socialist
nationalsozialistisch National Socialist
die **Nationalsprache, -n** national language
der **Nationalstaat, -en** nation state, country inhabited by one nationality
der **Nationalstolz** national pride
die **Nationalversammlung, -en** National Assembly (1848 and 1919, for drafting a constitution)
die **Natur, -en** nature
der **Naturalismus** naturalism
die **Naturalleistung, -en** wages in kind
die **Naturallieferung, -en** payment in kind
die **Naturalwirtschaft** barter economy, economy based on exchange of goods
der **Naturdünger, -** dung, natural fertilizer
das **Naturerlebnis, -se** experience of nature, experience of natural beauty
das **Naturgefühl, -e** feeling for nature
naturgemäß natural, of course
die **Naturkunde** nature study
naturkundlich referring to nature study
natürlich natural, genuine; of course
das **Naturschutzgebiet, -e** wildlife preserve
die **Naturwissenschaft, -en** (natural) science
der **Naturwissenschaftler, -** scientist (natural sciences), student of natural sciences
naturwissenschaftlich referring to natural science
nebenbei by the way, incidentally; close by
der **Nebenberuf, -e** part-time job, side line
nebeneinander side by side
der **Nebenerwerb, -e** additional income
das **Nebenfach, ⸚er** minor or subsidiary subject

der **Nebenfluss, ¨-e** tributary, affluent
der **Neffe, -n** nephew
negativ negative
nehmen, nahm, genommen to take; receive
der **Neid** envy
neidisch envious
neigen (zu) to tend to, incline to
die **Neigung, -en** inclination; slope, incline
nennen, nannte, genannt to call, name
nennenswert worth mentioning
das **Nest, -er** nest, bed
das **Netz, -e** net, network
neu new, fresh
neuartig modern, of a new kind
neuerdings recently
die **Neuerscheinung, -en** new or recent publication
die **Neuerung, -en** innovation
neugotisch neogothic
das **Neujahr** New Year
die **Neuorientierung** reorientation
der **Neureiche, -n** nouveau riche
neuromanisch neoromanesque
die **Neutralisierung** neutralization
die **Neutralität** neutrality
die **Nibelungensage** legend of the Nibelungs
die **Nichte, -n** niece
niederdeutsch Low German
die **Niederlage, -n** defeat
die **Niederlande** *(pl.)* Netherlands, Holland
sich **niederlassen, ließ nieder, niedergelassen** to set down, settle, establish oneself
die **Niederlassung, -en** settlement, establishment
der **Niederrhein** Lower Rhine (valley)
niedrig low, mean
das **Niemandsland** no man's land
nihilistisch nihilistic
der **Nikolaustag, -e** December 6, Saint Nicholas Day
nirgendwo nowhere
das **Niveau, -s** standard, level
der **Nobelpreis, -e** Nobel Prize
nominell nominal
die **Nonne, -n** nun
norddeutsch North German
der **Norddeutsche, -n** North German
Norddeutschland North Germany
der **Norden** north
nordisch northern, nordic
Norditalien Northern Italy
nördlich northern, northerly
nordöstlich north-east
der **Nordpol** North Pole
die **Nordsee** North Sea
die **Nordseeküste, -n** North Sea coast or shore
der **Nordwesten** northwest
Norwegen Norway
die **Not, ¨-e** difficulty, trouble, need, distress, danger
die **Note, -n** grade (school), note
notieren to note, make a note
nötig necessary
Notiz nehmen (von) to take notice, notice
notleidend suffering distress
die **Notverordnung, -en** emergency decree (Germany 1919–1933)
notwendig necessary
die **Notwendigkeit, -en** necessity
die **Notzeit, -en** period of distress
die **Novelle, -n** short story, novelette
nüchtern sober, calm, temperate
der **Numerus clausus** limited admission to universities
nutzen *or* **nützen** to use, utilize;
es nützt it is of use

obendrein furthermore, over and above
der **Oberbefehlshaber, -** commander-in-chief
der **Oberbürgermeister, -** burgomaster, mayor
die **Oberfläche, -n** surface

die **Oberhand gewinnen** to get the better, gain victory
das **Oberhaupt, ⸚er** chief, head
der **Oberherr, -en** sovereign, lord
oberitalienisch North Italian
die **Oberrealschule, -n** secondary school with emphasis on sciences and modern languages
oberrheinisch at or from the upper Rhine
die **Oberschicht, -en** upper class
oberschlesisch Upper Silesian
die **Oberschule, -n** secondary school
das **Oberseminar, -e** advanced seminar
die **Oberstufenreform, -en** reform of the last high school grades
das **Objekt, -e** object
die **Obrigkeit, -en** authorities, magistracy, government
der **Obrigkeitsstaat, -en** authoritarian state
der **Obstbau** fruit culture
der **Obstbauer, -n** fruit grower
der **Ochse, -n** ox
offen open, frank, outspoken
offenbar evident(ly), obvious
öffentlich public, open
die **Öffentlichkeit** public
offiziell official
der **Offizier, -e** officer (armed forces)
das **Öl, -e** oil, petrol
der **Ölfund, -e** discovery of oil
die **Ölleitung, -en** pipe line
die **Olympischen Spiele** *(pl.)* Olympic Games
die **Oper, -n** opera, opera house
die **Operette, -n** operetta
die **Opernfestspiele** *(pl.)* opera festival
das **Opfer, -** victim; sacrifice
opfern to sacrifice
sich **opfern (für)** to sacrifice oneself
opponieren to oppose, be in opposition
die **Oppositionspartei, -en** opposition party
der **Optimismus** optimism
optisch optical
das **Oratorium, Oratorien** oratorio
die **Orchestermusik** orchestra music
der **Orchestermusiker, -** musician, member of an orchestra
der **Orden, -** order; decoration
ordentlich orderly, regular, good; fairly
die **Ordnung, -en** order, arrangement
das **Organ, -e** organ, voice
die **Organisation, -en** organization
organisieren to organize
das **Orgelkonzert, -e** organ concert
der **Orient** Orient, Middle East
orientalisch oriental
sich **orientieren** to get acquainted with, find one's way about, get informed
das **Orientierungskapitel, -** orientation chapter, introductory chapter
die **Orientierungsstufe, -n** initial grades in high school (for orientation)
der **Ort, -e** place, locality, location
die **Orthographie** orthography
örtlich local, topical
die **Ortsdurchfahrt, -en** passage through a town
die **Allgemeine Ortskrankenkasse** medical insurance (for lower income groups)
der **Osten** East, Orient
das **Osterei, -er** Easter egg
der **Osterhase, -n** Easter bunny
Ostern Easter
Österreich Austria
österreichisch Austrian
Osteuropa Eastern Europe
osteuropäisch Eastern European
die **Ostfront** eastern front
das **Ostgebiet, -e** eastern part of the country, eastern part of Germany taken over by Poland and Russia in 1945
die **Ostgrenze, -n** eastern border, frontier

östlich east of, eastern
die **Ostmark** name for Austria (1938–45); East German mark (GDR)
die **Ostsee** Baltic Sea
die **Ostseeküste, -n** Baltic Sea shore or coast

die **Pacht, -en** lease, rent
der **Pädagoge, -n** pedagogue, educator
die **Pädagogik** pedagogics, methods of teaching
pädagogisch pedagogic(al)
die **Pädagogische Hochschule** teacher training college
das **Paddelboot, -e** paddling boat, kayak
das **Paket, -e** parcel, package
der **Palast, ¨e** palace
Palästina Palestine
der **Pantoffelheld, -en** henpecked husband, meek or submissive husband
das **Pantoffelkino, -s** nickname for television
die **Papptüte, -n** cardboard cone, bag
der **Papst, ¨e** pope
päpstlich papal
die **Parade, -n** parade, review of armed forces
das **Paradies, -e** paradise
die **Parahotellerie** tourist accommodations other than hotels
das **Parlament, -e** parliament
parlamentarisch parliamentary
die **Parodie, -n** parody
die **Partei, -en** (political) party
der **Parteichef, -s** party leader, party boss
der **Parteifunktionär, -e** party official, party functionary
parteigebunden owned by a party, closely connected with a party (e.g. a newspaper)
das **Parteiprogramm, -e** party program, platform
der **Parteitag, -e** annual meeting of a party
die **Parteiverdrossenheit** disenchantment with political parties (in general)
der **Partikularismus** particularism
der **Partisane, -n** guerilla, irregular
die **Partitur, -en** score (music)
passen to fit, suit
das **Passionsspiel,-e** Passion play
passiv passive
das **Passiv** passive voice
das **Patentamt, ¨er** patent office
patriarchalisch patriarchal
patriotisch patriotic
der **Patriotismus** patriotism
der **Patrizier, -** patrician
die **Patrizierfamilie, -en** patrician family
die **Paukuniversität, -en** university known for tough examinations, where students do a lot of cramming
der **Pauschalpreis, -e** flat rate, flat fee
der **Pazifik** Pacific Ocean
der **Pelz, -e** fur
die **Pelzindustrie, -n** fur industry
pendeln to commute; oscillate
das **Pendlerdorf, ¨er** commuter village
die **Pension, -en** old-age pension; guest house
die **Pensionierung, -en** retirement
die **Pergamenthandschrift, -en** manuscript on parchment
die **Periode, -n** period
das **Personal** staff, personnel
persönlich personal, in person
die **Persönlichkeit, -en** personality
die **Pest** plague, pest
der **Pfadfinder, -** boy scout
der **Pfahlbau, -ten** lake dwelling
der **Pfarrberuf** ministry
der **Pfarrer, -** priest, pastor, vicar, minister, clergyman
das **Pfarrhaus, ¨er** parsonage, rectory
die **Pfarrstelle, -n** ministry of a church
der **Pfeffer,** pepper
der **Pfeffersack, ¨e** pepper bag (nickname for merchants)

das **Pferd, -e** horse
der **Pferdebestand** number of horses
die **Pferdekutsche, -n** horse carriage
das **Pferderennen, -** horse racing
die **Pferdezucht** horse breeding
Pfingsten Whitsun, Pentecost
das **Pfingstfest** Whitsuntide
die **Pflanze, -n** plant
pflanzen to plant
pflegen to take care of, nurse, cultivate
die **Pflegeversicherung, -en** longterm care insurance
die **Pflicht, -en** duty, obligation
das **Pflichtfach, -̈er** required subject
der **Pflichtkurs, -e** required course
pflichttreu dutiful
die **Pflichttreue** dutifulness
die **Pflugschar, -en** ploughshare
die **Phantasie, -n** imagination, phantasy, fancy
der **Philosoph, -en** philosopher
die **Philosophie, -n** philosophy
philosophisch philosophic
die **Physik** physics
der **Pilger, -** pilgrim
pilgern to go on a pilgrimage
der **Pillenknick** drop in birthrate after introduction of the pill
das **Plakat, -e** poster, bill
der **Plan, -̈e** plan, project, design
planen to plan
die **Planung, -en** planning
die **Plastik, -en** sculpture
der **Platz, -̈e** place, seat
plötzlich suddenly, sudden
plündern to plunder, loot
der **Pole, -n** Pole
Polen Poland
die **Politik** politics, policy
politisch political
die **Polizei** police
die **Polizeiaktion, -en** police action
die **Polizeigewalt** police power
der **Polizeistaat, -en** police state
polnisch Polish
polytechnisch polytechnic
pompös pompous
das **Porträt, -s** portrait
das **Porzellan** china, porcelain
die **Porzellanindustrie, -n** china industry
die **Porzellanmalerei** painting on china
positiv positive
die **Post** post, mail, letters
das **Postamt, -̈er** post office
der **Posten,-** post, place, position; sentry
das **Postgeheimnis** mail secret
die **Pracht** splendor, magnificence
prächtig splendid, magnificent
die **Prachtstraße, -n** magnificent street or boulevard
prachtvoll splendid
prägen to stamp, coin
pragmatisch pragmatic
der **Praktikant, -en** trainee, assistant, probationer
das **Praktikum, Praktika** practice, training
praktisch practical
der **Präsident, -en** president
die **Praxis** practice
predigen to preach
der **Preis, -e** price; prize
preisen, pries, gepriesen to praise
das **Preistanzen** dancing competition (for a prize)
die **Presse** press
Preußen Prussia
der **Preußenkönig, -e** Prussian king, King of Prussia
preußisch Prussian
der **Priester, -** priest
die **Priesterausbildung** training for priesthood

der **Prinz, -en** prince
die **Prinzessin, -nen** princess
privat private
der **Privatdozent, -en** university lecturer without regular salary
die **Privatindustrie, -n** private industry
das **Privatinteresse, -n** private interest
privatisieren to privatize
das **Privatleben** private life
der **Privatmann, -leute** private person
der **Privatpatient, -en** patient who pays the treatment himself and not through a medical insurance
die **Privatschule, -n** private school
das **Privattheater, -** privately owned theater
die **Privatuniversität, -en** private university
der **Privatunterricht** private tutoring
das **Privileg, -ien** privilege
die **Probe, -n** rehearsal, audition, trial, sample
die **Probezeit, -en** probationary period
probieren to try out, sample, test
problematisch problematic
das **Produkt, -e** product
die **Produktion, -en** production, output
die **Produktionsplanung, -en** production planning
der **Produzent, -en** producer
produzieren to produce
die **Professur, -en** professorship
profitieren to profit
das **Programm, -e** program
der **Programmpunkt, -e** item of a program
proklamieren to proclaim
die **Promotion, -en** graduation (particularly Ph.D.)
promovieren to graduate (to Ph.D.)
der **Propagandaminister** propaganda minister (Goebbels 1933–45)
das **Propagandaplakat, -e** propaganda poster or billboard
prophezeien to prophesy
die **Prophezeiung, -en** prophecy
das **Proporzsystem, -e** proportional system
das **Proseminar, -e** proseminar, introductory course
prosit cheers, your health
der **Prospekt, -e** pamphlet, folder
protestantisch protestant
der **Protestwähler, -** voter voting against the establishment out of protest
die **Provinz, -en** province
provisorisch temporary, provisional
der **Prozentsatz, ⸚e** percentage
der **Prozess, -e** trial, process, lawsuit
die **Prozession, -en** procession
prüde prudish
die **Prüfung, -en** examination, test
die **Prüfungsanforderungen** *(pl.)* examination requirements or standard
prunkvoll splendid, gorgeous
der **Psychiater, -** psychiatrist
der **Psychologe, -n** psychologist
das **Publikum** public, audience
der **Publikumserfolg, -e** popular success
die **Publizistik** press, journalism, mass-media
der **Punkt, -e** point, period
pünktlich punctual
der **Puter, -** turkey
der **Putsch, -e** putsch, riot, coup d'état, uprising
der **Putschversuch, -e** attempt to seize the government
putzsüchtig addicted to fancy dresses

der **Quadratkilometer, -** square kilometer
die **Quadratmeile, -n** square mile
quälen to torment, torture
qualifiziert qualified
die **Qualität, -en** quality
die **Quantentheorie** quantum theory
die **Quelle, -n** spring, source, fountain

quer cross, across
der **Querschnitt, -e** cross section

der **Rabatt, -e** discount
die **Rache** revenge, vengeance
radikal radical
der **Radiohörer, -** listener (to the radio)
das **Radrennen, -** cycling race
die **Radrundfahrt, -en** bicycle road race, bicycle trip
der **Rahmen, -** frame, scope
der **Rand, ⸚er** edge, border, margin, rim
der **Ranzen, -** satchel, knapsack
der **Raps** rape
rar rare
die **Rasse, -n** race
die **Rassenideologie, -n** racist ideology
der **Rat, ⸚e** council, councillor, advice
der **Ratgeber, -** adviser, expert
das **Rathaus, ⸚er** city hall, town hall
rationalistisch rationalistic
rationieren to ration
die **Rationierung, -en** rationing
rätselhaft mysterious, puzzling
der **Rattenfänger von Hameln** Pied Piper of Hamelin
der **Raubritter, -** robber knight
der **Raubzug, ⸚e** raid, predatory expedition
rauh rough, rugged, coarse
das **Realgymnasium, -gymnasien** *Gymnasium* (secondary school) with emphasis on modern languages
realistisch realistic
realpolitisch referring to politics based on realities of power
die **Realschule, -n** cf. *Mittelschule*
der **Rebell, -en** rebel
rebellieren to rebel
die **Rechenaufgabe, -n** problem in mathematics
die **Rechenkunst, ⸚e** arithmetic

rechnen to count, calculate, reckon; **zu etwas rechnen** to rank with, count among
das **Rechnen** (simple) mathematics
recht right; **es ist recht** that is right, I agree to it
das **Recht, -e** right
rechtfertigen to justify, vindicate
rechthaberisch dogmatic, stubborn
rechts right, on the right
der **Rechtsanwalt, ⸚e** lawyer, attorney
das **Rechtsanwaltsbüro, -s** office or firm of an attorney, law firm
der **Rechtsaußen, -** outside right (soccer)
die **Rechtschreibung** spelling
rechtsgerichtet with rightist tendencies
die **Rechtsordnung, -en** legal system
die **Rechtspartei, -en** party on the right
rechtsradikal radical rightist
der **Rechtsradikale, -n** radical rightist, radical reactionary
das **Rechtssystem, -e** legal system
die **Redaktion, -en** editorial staff or offices
das **Redaktionsgebäude, -** editorial office building
die **Rede, -n** speech, discourse
die **Redekunst, ⸚e** rhetoric
reden to speak, talk, make a speech
der **Redner, -** speaker, orator
reduzieren to reduce
das **Referat, -e** oral report, paper
der **Referendar, -e** teacher or lawyer serving in professional training function
der **Reformator, -en** reformer (religion)
die **Reformbewegung, -en** reform movement
das **Reformkonzil, -ien** Reform Council (Roman Catholic Church)
die **Reformpädagogik** progressive pedagogics
der **Reformsozialismus** socialistic movement aiming at reforms within the parliamentary democracy (like German SPD)

die **Regel, -n** rule, regulation
der **Regelfall, ¨-e** normal case
regelmäßig regular
regeln to regulate, arrange
die **Regelung, -en** regulation, settlement
der **Regen, -** rain
die **Regenerierung, -en** regeneration
regieren to rule, govern
die **Regierung, -en** government
der **Regierungschef, -s** head of government
die **Regierungsform, -en** form of government
das **Regierungsjahr, -e** year of rule or government
die **Regierungskrise, -n** governmental crisis
die **Regierungspropaganda** propaganda for or of the government
die **Regierungszeit, -en** reign, period of rule
das **Regietheater** "director's" theater
die **Regionalliga, -ligen** regional league (semiprofessional league in soccer)
der **Regisseur, -e** stage or movie director
regnen to rain
regulär regular, official
reich rich
das **Reich, -e** empire, realm
reichen to reach, extend
die **Reichsacht** ban of the Reich (German empire)
die **Reichsarmee** imperial army (before 1806)
die **Reichsfreiheit** privilege of being subject only to the emperor (e.g. cities)
der **Reichsfreiherr, -en** baron of the Holy Roman Empire
der **Reichsführer, -** national leader (particularly of a Nazi organization)
der **Reichsfürst, -en** prince of the Reich, ruler of a state belonging to the Reich
die **Reichsgründung** founding, proclamation of the new Reich (1871)
das **Reichskammergericht** supreme court of the Reich (until 1806)
der **Reichskanzler, -** chancellor of the Reich, head of the federal government (1871–1945)
das **Reichsland** province administered by the empire (Alsace-Lorraine)
die **Reichsmark** German monetary unit (until 1948)
die **Reichspolitik** politics of the Reich (federal level)
der **Reichspräsident, -en** president of the Reich (1919–1934)
die **Reichsregierung, -en** government of the Reich
der **Reichsritter, -** imperial knight, knight of the empire
das **Reichsrittergeschlecht, -er** family of imperial knights
die **Reichsstadt, ¨-e** (free) imperial city
der **Reichstag, -e** imperial diet (until 1806), federal parliament (1871–1945)
die **Reichstagsfraktion, -en** parliamentary group in the Reichstag
die **Reichstagswahl, -en** election for the Reichstag
die **Reichsunmittelbarkeit** being subject only to the emperor
die **Reichsverfassung** constitution of the Reich (1919)
der **Reichsverweser, -** regent, Imperial Administrator
die **Reichswehr** German armed forces (until 1945)
der **Reichtum, ¨-er** wealth, riches
reif ripe, mature
die **Reihe, -n** row, series, file, range
die **Reihenfolge, -n** sequence, succession
rein pure, clean
reinigen to clean, cleanse
die **Reise, -n** trip, travel, journey, voyage
das **Reisebuch, ¨-er** travel book

das **Reisebüro, -s** travel agency
die **Reiseerlaubnis, -se** permission to travel (abroad)
die **Reisegesellschaft, -en** travel agency, group of travellers
die **Reisegruppe, -n** group of travelers, tourist group
die **Reiseindustrie** tourist industry
das **Reiseland, ⸗er** tourist country
reisen to travel
der **Reisende, -n** traveler, salesman
der **Reiseplan, ⸗e** plan of the journey, itinerary
das **Reiseziel, -e** destination
(an sich) reißen, riss, gerissen pull toward one, seize upon
reiten, ritt, geritten to ride, go on horseback
der **Reiter, -** horseman, rider
der **Reitsport** equestrian sport
der **Reiz, -e** attraction, charm
reizen to irritate, provoke, excite, attract
reizvoll charming, attractive
die **Reklame, -n** publicity, advertising, commercial (radio, television)
die **Reklamesendung, -en** commercial (television)
der **Rektor, -en** principal (elementary school), (elected) chancellor or president of a university
relativ relative
die **Relativitätstheorie** theory of relativity
die **Religionsausübung** worshipping
der **Religionsfriede** peace between religious parties
die **Religionsgemeinschaft, -en** religious society, community, organization
der **Religionskrieg, -e** religious war
der **Religionsstreit, -e** religious quarrel, dispute
der **Religionsunterricht** religious instruction
religiös religious
der **Renaissancestil** Renaissance style
rennen, rannte, gerannt to run, race
rentabel lucrative, profitable
die **Rentenmark** name of monetary unit in Germany (1924)
der **Rentner, -** pensioner
die **Reparationsleistung, -en** payment of reparations
die **Reparationszahlung, -en** payment of reparations
die **Reparatur, -en** repair
die **Reportage, -n** report written by a journalist, eyewitness account
repräsentativ representative
die **Republik, -en** republic
die **Residenz, -en** residential town, residence of a prince
die **Residenzstadt, ⸗e** capital, town where the ruler resides
die **Resignation** (feeling of) resignation, submission
der **Respekt** respect, esteem
respektieren to respect
das **Ressentiment, -s** resentment
der **Rest, -e** rest, remainder
die **Restaurantkette, -n** restaurant chain
retten to save, rescue, preserve
reuig repentant
die **Revanche, -n** revenge
das **Revier, -e** district, hunting ground
revolutionär revolutionary
der **Revolutionär, -e** revolutionary
der **Revolutionsversuch, -e** putsch, uprising, attempt to overthrow the government
die **Rezitation, -en** recitation
rhätoromanisch Romansch
das **Rheinland** Rhineland
die **Rheinlandschaft, -en** scenery of the Rhine valley
das **Rheinufer, -** bank of the Rhine river
sich **richten (gegen)** to be aimed at, oppose, turn against

sich **richten (nach)** to conform to, go by
der **Richter, -** judge
richtig right, correct
die **Richtlinie, -n** guideline, direction
die **Richtung, -en** direction, trend
richtunggebend pointing the way, setting the tone
das **Riesenrad, ¨-er** Ferris wheel
der **Riesenumsatz, ¨-e** giant turnover, sale
das **Rigorosum, Rigorosa** oral examination for a doctor's degree
die **Rinderzucht** cattle breeding
das **Ringen** wrestling
der **Ritter, -** knight
das **Ritterheer, -e** army of knights
ritterlich chivalrous, knightly
der **Ritterorden, -** knightly order
die **Ritterrüstung, -en** knight's armor
das **Rittertum** chivalry
rituell ritual
der **Rivale, -n** rival
rivalisieren to rival
roden to clear land
der **Roggen** rye
der **Rohstoff, -e** raw material
die **Rohstoffgrundlage, -n** natural resources
die **Rolandssäule, -n** statue of Roland symbolizing imperial freedom
die **Rolle, -n** role, part; pulley; **eine Rolle spielen** to be of some importance, play a part
der **Roman, -e** novel
romanisch Romanesque (style); Romance (language)
die **Romantik** Romanticism
der **Romantiker, -** romanticist
romantisch romantic
der **Römer, -** Roman
die **Römerzeit** era of the Roman empire
römisch Roman
römisch-katholisch Roman Catholic
der **Rosenmontag** last Monday before Lent
rotblond auburn, light reddish (hair)
das **Rote Kreuz** Red Cross
die **Rübe, -n** turnip, beetroot
der **Rückblick, -e** retrospect
die **Rückfahrt, -en** return trip
die **Rücksicht, -en** consideration, respect, regard; **Rücksicht nehmen auf** to have regard for, take into consideration
der **Rückstand, ¨-e** backwardness
rückständig backward, in arrears
der **Rückzug, ¨-e** retreat
das **Rudern** rowing
der **Ruderklub, -s** rowing club
der **Ruf, -e** reputation; call
rufen, rief, gerufen to call, shout
die **Ruhe** rest, calm, peace
die **Ruhepause, -n** lull, pause for a rest
ruhig calm, quiet
der **Ruhm** fame, glory
das **Ruhrgebiet** Ruhr district
die **Ruine, -n** ruin, ruined building
Rumänien Rumania
der **Rundfunk** radio, broadcasting
die **Rundfunkanstalt, -en** broadcasting company, radio station
das **Rundfunkgremium, -gremien** (control) board of a radio station
der **Russe, -n** Russian
russisch Russian
Russland Russia
die **Rute, -n** rod

der **Saal, Säle** hall
die **Saalschlacht, -en** indoor brawl
das **Saarstatut** statute for the Saar district
die **Sachkenntnis, -se** experience, special knowledge
Sachsen Saxony
sächsisch Saxon

sachverständig expert, knowledgeable
die **Sackgasse, -n** dead-end street
die **Sage, -n** legend, myth
die **Sagenfigur,en** legendary figure
der **Sagenstoff, -e** legend, legendary story or plot
die **Säkularisierung, -en** seculiarization
das **Salz, -e** salt
das **Salzbergwerk, -e** salt mine
salzen to salt, pickle
der **Salzfahrer, -** salt trader
die **Salzstraße, -n** route for transporting salt
der **Salztransport, -e** transport of salt
die **Sammelausstellung, -en** collective exhibition (of a group of artists)
sammeln to collect, gather
die **Sammlung, -en** collection, concentration
die **Samtjacke, -n** velvet jacket
sämtlich altogether
sandig sandy
der **Sänger, -** singer
das **Sängerfest, -e** song festival
der **Sängerkrieg, -e** bards' contest, contest of the minnesingers
der **Sängerwettkampf, ¨-e** contest of the minnesingers
sanieren to restore, reorganize, revitalize
die **Sanktion, -en** sanction
der **Sarg, ¨-e** coffin, casket
der **Sattler, -** saddler
der **Satz, ¨-e** sentence, clause; set (sport); movement (music)
der **Satzteil, -e** syntactic unit, sentence part
die **Satzung, -en** statutes
säubern clean, cleanse
die **Säuberung, -en** cleaning, purge
sauflustig fond of drinking
der **Schachzug, ¨-e** move (in chess)
der **Schaden, ¨-** damage
schädlich harmful, detrimental
schaffen, schuf, geschaffen to create, do
schaffen, schaffte, geschafft to achieve, finish, work; **sich etwas schaffen** procure
die **Schallplatte, -n** record, disk
die **Scham** shame
scharf sharp, acute, hot
scharren to shuffle (with the feet)
die **Schattenseite, -n** drawback, schady side
schätzen to value, estimate, esteem
die **Schau, -en** show, exhibition; **zur Schau stellen** to exhibit, display, show
das **Schaufenster, -** shop window
der **Schauplatz, ¨-e** scene
das **Schauspiel, -e** play, drama
der **Schauspieler, -** actor
der **Schauspielerstand** actors' profession
das **Scheibenschießen** target shooting
sich **scheiden (von), schied, geschieden** to be separated from, be distinguished from, divorce
der **Schein, -e** appearance, piece of paper, certificate
scheinen, schien, geschienen to seem, appear, shine
scheitern to fail, wreck, run aground
die **Scheu** shyness, timidity
scheuen to fear, shun
sich **scheuen (vor)** to be afraid of
die **Schicht, -en** social class; layer; shift
die **Schichtarbeit, -en** work in shifts
schicken to send
das **Schicksal, -e** destiny, fate
das **Schiefervorkommen, -** slate deposit
das **Schießpulver** gunpowder
das **Schiff, -e** ship, boat, vessel
die **Schifffahrt** navigation
der **Schiffsbau** ship building
der **Schiffsverkehr** shipping traffic
das **Schilaufen** *or* **Schifahren** skiing
schildern to describe, sketch
das **Schimpfwort, ¨-er** insult, abusive word

das **Schispringen** ski jump
die **Schiwanderung, -en** ski tour
die **Schlacht, -en** battle, fight
schlafen, schlief, geschlafen to sleep, be asleep
schlagen, schlug, geschlagen to beat, hit, strike
der **Schlager, -** hit, popular song
die **Schlagzeile, -n** headline
schlecht bad, wicked
das **Schlepptau** tow; **im Schlepptau** in tow
Schlesien Silesia
schlesisch Silesian
schlichten: einen Streit schlichten to settle a fight, restore peace
schließen, schloss, geschlossen to close, shut, conclude; **Frieden schließen** make peace
schließlich final, finally, last
schlimm bad, sore, ill
das **Schlittenfahren** sleigh riding
das **Schloss, ¨er** castle; lock
die **Schlosskirche** church connected with a castle
der **Schluss, ¨e** end, close; conclusion
die **Schlüsselgewalt** "power of the keys"
das **Schlüsselwort, ¨er** key word
der **Schlussgewinn, -e** final prize
schmeichelhaft flattering
der **Schmied, -e** blacksmith
schmieden to forge
der **Schmuck** jewelry, ornament, finery
die **Schmuckanfertigung, -en** making of jewelry
schmücken to adorn
die **Schmuckindustrie** manufacture of jewelry, jewelry industry
die **Schmucksachen** *(pl.)* jewels, ornaments
der **Schmuggel** smuggling
der **Schnaps, ¨e** liquor
die **Schnauze, -n** snout, big mouth
der **Schnee** snow
der **Schneesturm, ¨e** snowstorm
schnell fast, speedy, quick
der **Schnittpunkt, -e** intersection
das **Schnitzen** carving
die **Schokolade** chocolate
schon already
schön beautiful, pretty, handsome, fine
schonen to spare
der **Schöngeist, -er** bel esprit, wit
die **Schönheit, -en** beauty
schöpferisch creative
die **Schöpfung, -en** creation
schrecklich terrible, frightful
schreiben, schrieb, geschrieben to write
die **Schrift, -en** writing, script, publication
der **Schriftführer, -** secretary (club)
der **Schriftsteller, -** writer, author
die **Schriftstellerei** writing, authorship, literary profession
die **Schriftstellerin, -nen** authoress
der **Schritt, -e** step, pace
die **Schuhmacherstraße** Shoemaker Street
die **Schulaufführung, -en** school performance (of a play)
der **Schulbau, -ten** school building
die **Schulbildung** education, schooling
die **Schuld** guilt
die **Schulden** *(pl.)* debts
das **Schuldgefühl** feeling of guilt
schuldig guilty
die **Schule, -n** school
der **Schüler, -** student, pupil, schoolboy
das **Schulgeld** tuition
das **Schulkonzert, -e** school concert
der **Schulmeister, -** schoolmaster, teacher
die **Schulpflicht** compulsory education
die **Schulpolitik** educational policy
der **Schulrat, ¨e** school superintendent, inspector

die **Schulsachen** *(pl.)* things a student needs for school
das **Schulsystem, -e** school system
der **Schultag, -e** school day
der **Schultheiß, -en** mayor
die **Schultüte, -n** cardboard cone filled with candies, etc., given on the occasion of the first school day
der **Schultyp, -en** type of school
der **Schultyrann, -en** school tyrant, teacher who enforces a harsh discipline
das **Schulwesen** public instruction, school affairs
das **Schulzeugnis, -se** report card
der **Schutz** protection, shelter
schützen to protect, guard, shelter
der **Schützenkönig, -e** champion target shooter
der **Schützenverein, -e** rifle club
der **Schutzherr, -en** protector, patron
die **Schutzpatronin, -nen** patron saint
die **Schutzzollpolitik** protective tariff policy
schwach weak, faint, feeble
die **Schwäche, -n** weakness, faintness
der **Schwangerschaftsabbruch** abortion
schwanken to stagger, vacillate, get off balance
schwarz black
das **Schwarze Brett** bulletin board
Schweden Sweden
schwedisch Swedish
schweigen, schwieg, geschwiegen to be silent
die **Schweinezucht** hog growing
die **Schweiz** Switzerland
der **Schweizer, -** Swiss; dairyman
schweizerisch Swiss
schwer heavy, difficult, serious
schwerfällig cumbersome, heavy, slow
die **Schwerindustrie, -n** heavy industry, steel industry
das **Schwerpunktprojekt, -e** priority project
das **Schwert, -er** sword
der **Schwerverbrecher, -** felon, criminal who committed a felony
schwerwiegend weighty, important
die **Schwester, -n** sister; nurse
die **Schwesterstadt** "sister city"
die **Schwiegereltern** *(pl.)* parents-in-law
der **Schwiegersohn, ¨-e** son-in-law
schwierig difficult, hard
die **Schwierigkeit, -en** difficulty
das **Schwimmbad, ¨-er** swimming pool
das **Schwimmen** swimming
schwören, schwor, geschworen to take an oath, swear
das **Schwurgericht, -e** jury (trial)
das **Schwyzerdütsch** Swiss German (dialect)
das **Sechstagerennen, -** six-day cycling race
der **See, -n** lake
der **Seehafen, ¨-** maritime port
die **Seele, -n** soul, mind
das **Seelenheil** salvation, spiritual welfare
seelisch psychic, psychological
die **Seelsorge** ministry
der **Seemann, -leute** mariner, seaman, sailor
das **Seengebiet, -e** lake area
die **Seenplatte, -n** plain covered with lakes, lake area
der **Seeweg, -e** sea route
die **Segelfahrt, -en** sailing trip
der **Segelklub, -s** sailing club
der **Segler, -** yachtsman; sail boat
sehen, sah, gesehen to see, perceive
die **Sehenswürdigkeit, -en** sight, object of interest
sich **sehnen (nach)** to long for
die **Sehnsucht, ¨-e** desire, longing, dream
die **Seife, -n** soap
die **Seite, -n** side; page
die **Sekretärin, -nen** secretary
der **Sekt** champagne

die **Sekte, -n** sect
selbst self; even
der **Selbstbedienungsladen, ¨-** self-service store, also idiom for politicians and managers using their position for personal gains
die **Selbstbeherrschung** self-control
die **Selbstbesinnung** self-examination, reflection, meditation
die **Selbstbestimmung** self-determination
selbstbewusst self-reliant, self-confident
das **Selbstbewusstsein** self-confidence, self-consciousness
das **Selbstgefühl** self-reliance
die **Selbsthilfe** self-help
selbstkritisch self-critical
der **Selbstmord, -e** suicide
die **Selbstregierung** self-government, autonomy
das **Selbstvertrauen** self-confidence
die **Selbstverwaltung** self-government, autonomy
selig blessed, happy
selten seldom, rare, scarce
der **Senat, -e** senate (city government)
die **Sendereihe, -n** radio series
die **Sendung, -en** transmission; shipment
das **Seniorenprogramm, -e** program for senior citizens
sensationell sensational
die **Sentimentalität, -en** sentimentality
die **Separatistenbewegung, -en** separatist movement
serbisch Serbian
die **Serie, -n** series
setzen to put, set, place; **sich zur Ruhe setzen** to retire
die **Seuche, -n** plague, epidemic
sicher sure, secure, safe
die **Sicherheit, -en** security, certainty
das **Sicherheitsbedürfnis** need for security
sichern to protect, secure, guarantee
die **Sicherung, -en** protection, securing; fuse
sichtbar visible, conspicuous
siebenjährig seven-year (old)
die **Siedlung, -en** settlement, suburban colony
der **Sieg, -e** victory
siegen to be victorious, conquer, win
die **Sieger, -** victor, winner
die **Siegermacht, ¨-e** victorious power
siegreich victorious
das **Silber** silver
das **Silberbergwerk, -e** silver mine
die **Silberproduktion, -en** production or output of silver
Silvester New Year's Eve
die **Simonie** simony
singen, sang, gesungen to sing
sinken, sank, gesunken to sink, decline
der **Sinn, -e** sense, meaning, mind
sinnlos senseless, foolish
die **Sippe, -n** kin, clan
die **Sitte, -n** custom, habit, usage
der **Sitz, -e** seat, chair, residence
sitzen, saß, gesessen to sit, fit;
sitzen bleiben to have to repeat a grade in school; remain seated
die **Sitzung, -en** meeting, session
Sizilien Sicily
der **Skandal, -e** scandal
Skandinavien Scandinavia
der **Skandinavier, -** Scandinavian
die **Skepsis** scepticism
skeptisch sceptical
der **Sklave, -n** slave
die **Skulptur, -en** sculpture
slawisch Slavic
der **Slowene, -n** Slovene
der **Sohn, ¨-e** son
der **Soldat, -en** soldier
der **Soldatenrat, ¨-e** soldiers' council (1918–1919)

die **Soldatenstadt, ¨e** garrison town

der **Söldner, -** mercenary

die **Söldnertruppe, -n** army of mercenaries

solide solid

der **Solist, -en** soloist

der **Sommer, -** summer

die **Sommerferien** *(pl.)* summer vacation

die **Sommerfrische, -n** summer resort

der **Sommergast, ¨e** guest for the summer, summer tourist

das **Sommerschloss, ¨er** summer castle

die **Sonate, -n** sonata

die **Sonderschule, -n** special school for handicapped children

der **Sonderzug, ¨e** special train

die **Sonne, -n** sun

sonnenhungrig hungry for sunshine

die **Sonntagsruhe, -n** Sunday rest

die **Sonntagszeitung, -en** Sunday paper

das **Sonnwendfeuer, -** fire to celebrate solstice

der **Sorbe, -n** Sorb, Wend

sorbisch Sorbian, Wendish

die **Sorge, -n** care; problem, sorrow, concern

sorgen (für) to care for, provide for

das **Sorgenkind, -er** problem child

sorgfältig careful

sorglos carefree, careless

die **Sorte, -n** sort, kind, species

souverän sovereign

die **Souveränität, -en** sovereignty, independence

sowjetisch Soviet

die **Sowjetunion** Soviet Union

die **Sowjetzone** Soviet occupation zone (in Germany)

sozial social

die **Sozialabgaben** *(pl.)* fees for social services, salary deduction for social security and health insurance

die **Sozialarbeit, -en** social work

der **Sozialdemokrat, -en** social democrat

sozialdemokratisch social democrat

das **Sozialgesetz, -e** welfare law

die **Sozialgesetzgebung** welfare legislation

die **Sozialhilfe** public assistance, welfare

die **Sozialisierung, -en** socialization

der **Sozialismus** socialism

der **Sozialist, -en** socialist

sozialistisch socialist

die **Sozialleistungen** *(pl.)* fringe benefits; family allowance

die **Sozialpartnerschaft** social partnership

sozialpolitisch referring to social or welfare policy

der **Sozialrevolutionär, -e** social revolutionary

die **Sozialwissenschaften** *(pl.)* social sciences

sozialwissenschaftlich referring to social sciences

der **Soziologe, -n** sociologist

sozusagen so to speak

spalten to split, divide

die **Spaltung, -en** separation, splitting, division

Spanien Spain

spanisch Spanish

die **Spannung, -en** tension, strain; voltage

sparen to save, economize

die **Sparkasse, -n** savings and loan

die **Sparmaßnahme, -n** budget cut

die **Sparsamkeit, -en** economy, thriftiness

spät late

spätestens at the latest

spätrömisch referring to the later period of the Roman empire

die **Spätschicht, -en** late shift, night shift

der **Spaziergang, ¨e** walk, outing, promenade

der **Spazierweg, -e** walk, path for walking

die **Speise, -n** food, meal

sperren to blockade, barricade, close, stop

sich **spezialisieren** to specialize

spezialisiert specialized

der **Spezialist, -en** specialist, expert

sich **spiegeln** to be reflected
das **Spiel, -e** game, play
spielen to play, perform, gamble
die **Spielerreihe, -n** line of players (soccer)
der **Spielfilm, -e** feature film, movie
der **Spielmann, -leute** minstrel, street-player
der **Spielplan, ⸚e** repertory
der **Spielraum, ⸚e** scope, room for action
die **Spielstätte, -n** stage
das **Spielzeug, -e** toy, plaything
spinnen, spann, gesponnen to spin; hatch
die **Spitze, -n** lace; point, top, tip
der **Spitzensportler, -** top athlete
der **Spitzname, -n** nickname
die **Splittergruppe, -n** splinter group
die **Splitterpartei, -en** very small party
die **Sportanlage, -n** playing-ground, sports ground
die **Sportart, -en** kind of sport
sportbegeistert enthusiastic for sport
die **Sporteinrichtung, -en** sport facilities
das **Sportergebnis, -se** sports news, outcome of sporting events
der **Sportfischer, -** non-commercial fisherman
die **Sportgruppe, -n** group or team with interest in sports
der **Sportklub, -s** sport club
sportlich sportsmanlike, athletic
die **Sportnachricht, -en** sport news
der **Sportteil, -e** sports section (newspaper)
die **Sportveranstaltung, -en** sporting event
der **Sportverein, -e** sport club
der **Sportwettkampf, ⸚e** sporting match
der **Spott** mockery
die **Sprache, -n** language, tongue, speech
die **Sprachform, -en** linguistic form
das **Sprachgebiet, -e** area where a language is spoken
die **Sprachgemeinschaft, -en** all people speaking the same language
die **Sprachgrenze, -n** linguistic frontier
die **Sprachinsel, -n** language community surrounded by speakers of other languages
der **Sprachkurs, -e** language course
das **Sprachrohr** mouthpiece
die **Sprachschwierigkeiten** *(pl.)* linguistic difficulties; difficulties to communicate because of language
der **Sprachwissenschaftler, -** linguist, philologist
sprechen, sprach, gesprochen to speak, talk
der **Sprecher, -** speaker
sprichwörtlich proverbial
der **Spruch, ⸚e** saying, sentence, proverb
spüren to feel, perceive, track
der **Staat, -en** state, nation
der **Staatenbund, ⸚e** confederation of independent states
das **Staatensystem, -e** political system; group of countries
staatlich national, public, referring to a state
die **Staatsangehörigkeit, -en** nationality, citizenship
der **Staatsbetrieb, -e** state-owned enterprise
der **Staatsbürger, -** citizen
die **Staatsbürgerkunde** civics
die **Staatsbürgerschaft, -en** citizenship
der **Staatsdiener, -** civil servant
der **Staatsdienst, -e** civil service
die **Staatseinnahme, -n** public revenues
das **Staatsexamen, -** *or* **-examina** final university examination qualifying for civil service careers
der **Staatsfeind, -e** public enemy
staatsfeindlich referring to a public enemy, being against the political system
die **Staatsform, -en** political system, constitution
das **Staatsgebiet, -e** territory of a state
die **Staatsgewalt, -en** executive power, supreme power
der **Staatskanzler, -** chancellor of the state, head of the government (Austria, 19th century)

die **Staatskasse, -n** treasury
die **Staatskirche, -n** state church, official church
der **Staatsmann, ¨er** statesman, politician
der **Staatsminister, -** minister of state
das **Staatsoberhaupt, ¨er** head of the state, sovereign
die **Geheime Staatspolizei,** *short:* **Gestapo** secret police (1933–45)
die **Staatsprüfung, -en** cf. *Staatsexamen*
die **Staatsräson** reason of state, political necessity
der **Staatsrat, ¨e** privy council, council of state
staatsrechtlich referring to public or constitutional law
die **Staatssicherheit (Stasi)** secret police in the GDR
das **Staatstheater, -** state (supported) theater
staatstreu loyal to the state
der **Staatsvertrag** treaty to restore Austria's full sovereignty, 1955
die **Staatsverwaltung, -en** administration of a state
stabil stable
sich **stabilisieren** to stabilize, become stable
die **Stabilität, -en** stability
der **Stacheldraht, ¨e** barbed wire
der **Stacheldrahtzaun, ¨e** barbed wire fence
die **Stadt, ¨e** city, town
der **Stadtanlage, -n** city, plan of the city
der **Stadtbewohner, -** inhabitant of a city, city dweller, townsman
das **Stadtbild** townscape, appearance of a city
der **Städtebau** city planning, building a city
der **Städtebund, ¨e** league of cities
das **Stadtgebiet, -e** urban area, city (area)
städtisch urban, municipal
der **Stadtkern, -e** center of town
die **Stadtkultur, -en** urban civilization
das **Stadtparlament, -e** city council, city parliament
der **Stadtplan, ¨e** city map, plan according to which a city is built
die **Stadtplanung, -en** city planning
das **Stadtproletariat** urban proletariate
der **Stadtrat, ¨e** city council, city councillor
das **Stadtrecht, -e** municipal law, constitution
die **Stadtregion, -en** urban area
die **Stadtregierung, -en** city government
die **Stadtrepublik, -en** city republic, city state
das **Stadtschloss, ¨er** town palace, residence of a prince in town
der **Stadtstaat, -en** city state
das **Stadttheater, -** municipal theater
das **Stadttor, -e** city gate
das **Stadtzentrum, -zentren** center of town
die **Stahlindustrie, -n** steel industry
der **Stamm, ¨e** tribe, people, race; tree trunk
die **Stammburg, -en** family castle
stammen (von) to descend, originate from
stammen (aus) to be from
das **Stammland, ¨er** country of origin
der **Stammtisch, -e** table of regular guests
der **Stand, ¨e** social class, estate of the empire; stand, position, condition
der **Ständerat** house of parliament (Switzerland)
die **Standesschranke, -n** class barrier
der **Ständestaat, -en** corporate state
ständig permanent
das **Stapelrecht** marketing right of medieval towns
stark strong, stout, violent
stärken to strengthen
die **Stärkung, -en** strengthening, refreshment
starr stiff, inflexible, rigid
der **Statistiker, -** statistician
statt instead of
stattfinden, fand statt, stattgefunden to take place, happen
der **Statthalter, -** governor
die **Stauferzeit** era of the Hohenstaufen dynasty (12th and 13th centuries)

der **Stausee, -n** reservoir, artificial lake
die **Staustufe, -n** double lock
stehen, stand, gestanden to stand
steif rigid
steigen, stieg, gestiegen to rise, mount, climb
die **Steigerung, -en** increase, climax, intensification
steil steep
der **Steinbruch, ⸚e** quarry
die **Steinkohle, -n** pit-coal, coal
das **Steinkohlenbergwerk, -e** coal mine
das **Steinkohlenvorkommen, -** coal deposit
die **Steinplatte, -n** stone slab, table top out of stone
die **Steinzeit, -en** Stone Age
die **Stelle, -n** place, spot, position, job
stellen to place, put, set
das **Stellenangebot, -e** job offer
die **Stellung, -en** position, job, employment
der **Stellungskrieg, -e** trench warfare
die **Stellungssuche** job hunting
sterben, starb, gestorben to die
die **Steuer, -n** tax, duty
die **Steuerbehörde, -n** revenue office
die **Steuererhöhung, -en** tax increase
der **Steuerzahler, -** tax payer
das **Sticken** embroidering
sticken to embroider
die **Stiefmutter, ⸚** stepmother
stiften to donate, found
die **Stifterfigur, -en** sculpture of the founder
das **Stiftungsfest, -e** founder's day, commemoration, annual convention of fraternities
der **Stil, -e** style
die **Stilistik** stylistics
still quiet, silent, calm
stilllegen to close down
der **Stillstand** standstill, deadlock
stillvergnügt calm and serene, happy
die **Stilvorstellung, -en** idea, choice or concept of style
die **Stimme, -n** voice
stimmen to vote; tune; be correct
die **Stimmengleichheit** equal number of votes
die **Stimmenzahl, -en** number of votes
das **Stimmrecht, -e** right to vote
die **Stimmung, -en** mood, humor, atmosphere
das **Stipendium, Stipendien** fellowship, scholarship, stipend
die **Stirn, -en** forehead
der **Stoff, -e** fabric, material; subject, story
stolz proud
stören to trouble, disturb
stoßen, stieß, gestoßen to push, thrust, kick; **auf etwas stoßen** to come across, meet
strahlen to radiate, shine
stramm tight, disciplined
der **Strand, ⸚e** beach
die **Straße, -n** street, road, highway
die **Straßenbahn, -en** street car, tramway,
der **Straßenbahnwagen, -** tram car
die **Straßenbeleuchtung, -en** street lighting
der **Straßenname, -n** street name
das **Straßensystem, -e** highway system
die **Straßenverbindung, -en** road connection
der **Stratege, -n** strategist
sich **sträuben** to resist, oppose
streben (nach) to aspire, struggle for
das **Streben** striving, endeavour, effort
die **Strecke, -n** stretch, distance; line
das **Streichquartett, -e** string quartet
der **Streik, -s** strike
streiken to strike
das **Streikrecht** right to strike
der **Streit, -e** quarrel, dispute, fight
sich **streiten, stritt, gestritten** to quarrel, argue, fight
die **Streitigkeit, -en** quarrel, difference
der **Streitpunkt, -e** matter, point in dispute

die **Streitschrift, -en** polemic or controversial writing, treatise or pamphlet
streitsüchtig quarrelsome
streng severe, rigorous, stern, strict
stricken to knit
strittig disputed, controversial, at issue
die **Strumpfindustrie, -n** hosiery industry
der **Studentenausweis, -e** student identity card
die **Studentenbewegung, -en** student movement
die **Studentengemeinde, -n** community of students belonging to one church, student parish
die **Studentengeneration, -en** student generation
die **Studentengruppe, -n** student group, team, club
das **Studentenjahr, -e** college year of a student
das **Studentenleben** student life, university life
der **Studentenprotest, -e** protest or demonstration by students
das **Studententheater, -** student theater, student drama club
die **Studentenverbindung, -en** student association, fraternity
das **Studentenwohnheim, -e** dormitory
die **Studentenzahl, -en** number of students
die **Studentenzeit** college days
die **Studentin, -nen** girl student, coed
studentisch collegiate
das **Studienbuch, ⸚er** record of courses taken by a student, transcript (in form of a booklet)
das **Studienfach, ⸚er** subject of study
die **Studienfahrt, -en** excursion for studies or research
der **Studiengang, ⸚e** course of studies
das **Studienkolleg, -ien** preparatory college for foreign students qualifying for university studies
der **Studienplatz, ⸚e** admission, place for studies
der **Studienrat, ⸚e** title of a tenured teacher in a *Gymnasium*
die **Studienzeit, -en** time spent at a university, time spent to get a university degree
studieren to study, go to college
die **Studiobühne, -n** experimental theater
das **Studium, Studien** study, studies
die **Stufe, -n** step, degree, stage
das **Stufenland, ⸚er** land rising in terraces
die **Stunde, -n** hour
der **Stundenlohn, ⸚e** hourly wage
der **Stundenplan, ⸚e** schedule, time table, program (school)
der **Stürmer, -** forward (soccer)
die **Stürmerreihe, -n** line of forwards (soccer)
stürzen to fall, tumble
sich **stützen (auf)** to rely on, lean upon, be based upon
der **Stützpunkt, -e** point of support, fort
suchen to search, seek, look for
Südamerika South America
süddeutsch South German
der **Süddeutsche, -n** South German
Süddeutschland South Germany
der **Süden** south
südlich southern
der **Südosten** southeast
Südosteuropa Southeast Europe
der **Südtiroler** German speaking inhabitant of the Alto Adige (Italian part of the Tirol)
der **Südwesten** southwest
der **Suezkanal** Suez Canal
sumpfig swampy
die **Sünde, -n** sin, offence
der **Sünder, -** sinner, culprit, delinquent
der **Superlativ, -e** superlative
der **Supermarkt, ⸚e** supermarket
die **Süßigkeiten** *(pl.)* sweets, candies
symbolisieren to symbolize
die **Symphonie, -n** symphony
das **Symphonieorchester, -** symphony orchestra

die **Synagoge, -n** synagogue
der **Syndikus, -se** *or* **Syndizi** trustee, administrator, legal adviser

der **Tabak, -e** tobacco
die **Tafelmalerei, -en** painting on (wooden) panels
der **Tag, -e** day
tagen to meet, sit; dawn
der **Tagesausflug, ⸚e** one-day excursion, outing
der **Tagesaufenthalt, -e** a day's stay, stopover
die **Tagesfrage, -n** topic of the day
der **Tageslauf** a day's schedule, course of a day
das **Tageslicht** daylight
die **Tagesstätte, -n** day care center
die **Tageszeitung, -en** daily paper
täglich daily
die **Tagung, -en** meeting, convention
die **Taktik, -en** tactics
taktlos tactless
das **Tal, ⸚er** valley
das **Talent, -e** talent, gift
die **Tante, -n** aunt
die **Tantieme, -n** royalty, share in profits
tanzen to dance
die **Tanzmusik** dance music
das **Tanzorchester, -** dance orchestra, band
tapfer brave, valiant
der **Tarif, -e** tariff, wage scale
die **Tarifverhandlung, -en** negotiation of employers and union about wages and fringe benefits
das **Taschenbuch, ⸚er** paperback, memo book
das **Taschengeld** spending money, allowance
die **Taschenuhr, -en** pocket watch
die **Tat, -en** action, act, deed
tätig active
die **Tätigkeit, -en** activity
das **Tätigkeitsfeld, -er** field of activities
tatkräftig energetic, active
die **Tatsache, -n** fact, data
das **Tatsachenwissen** factual knowledge
tatsächlich in fact, actual, real
taufen to baptize
der **Taugenichts, -e** good-for-nothing
das **Tauschgeschäft, -e** exchange, barter, deal
der **Tauschhandel** barter
Tausende *(pl.)* thousands
die **Technik, -en** technique, technology, technical skill
der **Techniker, -** technician, engineer
technisch technical, technological
die **Technische Hochschule, -n** institute of technology, college of science and engineering
der **Teil, -e** part, share, portion
teilen to divide, share
teilnehmen (an), nahm teil, teilgenommen to take part in, compete, participate
der **Teilnehmer, -** participant
der **Teilstaat, -en** state being part of a greater political unit
die **Teilung, -en** division, separation, sharing
teilweise partly, partial
die **Teilzeitbeschäftigung** part-time employment
die **Teilzeitschule, -n** school for part of the week (with vocational training)
das **Telefon, -e** telephone
die **Telefonnummer, -n** telephone number
die **Telefonseelsorge, -n** ministry by telephone
die **Telegrafie** telegraphy
der **Teller, -** plate
der **Tempel, -** temple
die **Temperatur, -en** temperature
der **Temperaturunterschied, -e** difference in temperature
das **Tempo, -s** *or* **Tempi** speed, pace
die **Tendenz, -en** trend, tendancy
tendieren to be inclined, tend
das **Territorium, Territorien** territory
terrorisieren to terrorize
das **Testament, -e** testament, will

teuer dear, expensive

der **Teufel, -** devil

das **Teufelsbuch, -̈er** "devil's book," 16th century book describing devils

der **Teufelspakt, -e** pact with the devil

der **Textdichter, -** librettist, man who writes the lyrics for a song

die **Textilien** *(pl.)* textiles

die **Textilindustrie, -n** textile industry

das **Theater, -** theater, theater building

die **Theateraufführung, -en** stage performance

die **Theaterfahrt, -en** trip to see a play

die **Theaterfestspiele** *(pl.)* theater festival

die **Theaterkultur** theater culture

die **Theaterstadt, -̈e** city with many theaters, city famous for its theaters

das **Theaterstück, -e** play

die **Theatertradition, -en** theater tradition

das **Thema, Themen** topic, theme, subject

der **Theologe, -n** theologian

die **Theologie** theology

der **Theologieprofessor, -en** professor of theology

der **Theoretiker, -** theoretician, theorist

theoretisch theoretical

die **Theorie, -n** theory

die **These, -n** thesis

der **Thron, -e** throne

der **Thronfolger, -** successor to the throne

tief deep, low, profound

die **Tiefebene, -n** plain, lowland

die **Tiefenpsychologie** depth psychology

tiefgreifend far-reaching

das **Tiefland** lowland

tiefreligiös deeply religious

das **Tier, -e** animal

der **Tierarzt, -̈e** veterinarian

tierärztlich veterinary

der **Tisch, -e** table

der **Tischler, -** cabinet maker, joiner

die **Tischplatte, -n** table top

das **Tischtennis** table tennis, ping-pong

der **Titel, -** title

das **Titelblatt, -̈er** title page

die **Tochter, -̈** daughter

der **Tod, -e** death

das **Todeslager, -** death camp

der **Todfeind, -e** deadly enemy

todkrank critically ill

die **Toleranz** tolerance

tolerieren to tolerate, endure

toll mad, extravagant, great

der **Ton, -̈e** sound, note, stress (intonation)

das **Tonbandgerät, -e** tape recorder

der **Torwart, -e** goal keeper (soccer)

der **Tote, -n** dead, dead person

töten to kill

der **Totensonntag** Memorial Day, Sunday before the 1st Advent Sunday devoted to the memory of the dead

der **Totentanz, -̈e** dance of death, dance macabre

der **Totschlag, -̈e** homicide, manslaughter

die **Tracht, -en** costume, dress

traditionell traditional, customary

traditionsreich rich in tradition

der **Träger, -** holder, carrier, bearer

die **Tragödie, -n** tragedy

der **Trainer, -** coach, trainer

transportieren to transport

der **Transportweg, -e** transport route

sich **trauen lassen** to get married

die **Trauer** mourning, sorrow

der **Trauertag, -e** day of mourning

der **Traum, -̈e** dream

träumen to dream

der **Trecker -** tractor

treffen, traf, getroffen to meet, hit

treffend striking, appropriate

treiben, trieb, getrieben to practice; urge; drive

das **Treibhaus, -̈er** greenhouse

trennen to divide, separate

die **Trennung, -en** separation

die **Treppe, -n** staircase, stairs

treten, trat, getreten to step, tread; **jemandem zur Seite treten** to side with

treu faithful, true

die **Treue** faithfulness, fidelity

der **Tribut, -e** tribute

trinken, trank, getrunken to drink

das **Trinkfest, -e** drinking festival

die **Trinkzeremonie, -n** drinking ceremony (student fraternities)

trocken dry, arid

trocknen to dry

der **Trost** comfort, consolation

trotzdem in spite of, nevertheless

trübe dull, sad, muddy

der **Trumpf, ¨e** trump card, trumps

die **Truppe, -n** army, troop

Tschechien the Czech republic

tschechisch Czech

die **Tschechoslowakei** Czechoslovakia

tüchtig able, efficient

die **Tugend, -en** virtue

Tunesien Tunisia

der **Türke, -n** Turk

die **Türkei** Turkey

türkisch Turkish

der **Turm, ¨e** tower, steeple

das **Turnen** gymnastics

der **Turnerbund, ¨e** club for gymnastics

die **Turnerschaft, -en** gymnastic club, type of student fraternity

das **Turnfest, -e** gymnastic competition or festival

das **Turnier, -e** jousting, tournament

die **Turnübung, -en** gymnastic exercise

der **Turnunterricht** physical education, instruction in gymnastics

der **Turnverein, -e** athletic club

der **Typ, -en** type

typisch typical

tyrannisch tyrannical

das **Übel, -** evil, mischief

übelnehmen, nahm übel, übelgenommen to resent, be offended

üben to practice, exercise

überall everywhere, throughout

das **Überangebot** superabundance in supplies

der **Überbau** superstructure

übereinstimmen to agree, harmonize

überfallen, überfiel, überfallen to attack, hold up

überflüssig superfluous, redundant

überfremdet controlled by foreigners

die **Überfremdung** dominating influence by foreigners

überfüllen to cram, overcrowd

die **Überfüllung** overcrowding, overfilling

übergeben, übergab, übergeben to hand over, deliver

übergehen, ging über, übergegangen to change hands, pass over; proceed

der **Übergriff, -e** encroachment

überhaupt on the whole, generally

die **Überheblichkeit** presumption, arrogance

überladen, überlud, überladen to overload, overcharge

überladen *(adj.)* excessively ornate, florid, redundant

überlassen, überließ, überlassen to cede, leave (something) up to (somebody)

überleben to survive

überlegen to think over, reflect

überlegen *(adj.)* superior

überliefern to transmit, hand down

der **Übermensch, -en** superman

übernachten to pass the night

übernehmen, übernahm, übernommen to take, take over

überparteilich nonpartisan, not connected with a political party
überragend excellent, outstanding
überrascht surprised, astonished
die **Überraschung, -en** surprise
überschaubar limited, manageable
der **Überschuss, ⸚e** surplus, excess
überschwemmen to flood, inundate, overflow
übersetzen to translate
der **Übersetzer, -** translator
die **Übersetzung, -en** translation
die **Überstunde, -n** overtime
überstürzt precipitate, hasty
übertragen, übertrug, übertragen transfer, carry over, translate
die **Übertreibung, -en** exaggeration, overstatement
übertrieben exaggerated
der **Übertritt, -e** conversion
übervölkert overpopulated
überwachen to control, superintend, watch over
überwechseln to change to
überwiegen, überwog, überwogen to be preponderant
überwiegend preponderant, prevailing
überwinden, überwand, überwunden to overcome, conquer
überzeugen to convince
überzeugt convinced, ardent
die **Überzeugung, -en** conviction
überziehen, überzog, überzogen overdraw
üblich usual, customary
die **Übung, -en** exercise, practice, drill
das **Ufer, -** shore, bank
die **Uhr, -en** clock, watch; time
die **Uhrenindustrie, -n** watch industry
die **Uhrenstadt, ⸚e** city of watchmakers
umändern to change, alter
die **Umbildung, -en** transformation, restructuring
umbringen, brachte um, umgebracht to kill
der **Umbruch, ⸚e** drastic, revolutionary change; paging (newspaper)
umdenken, dachte um, umgedacht change one's thinking
der **Umfang** size, extent, circumference
umfangreich extensive, wide
umfassen to comprehend, include, embrace
umfassend extensive, comprehensive
die **Umgangsform, -en** manners
die **Umgangssprache, -n** everyday language, colloquial language
der **Umgangston** manners in daily behavior
die **Umgebung, -en** surroundings, neighborhood
umgehen (mit), ging um, umgegangen to deal with, handle, use
umgekehrt opposite, vice versa, the other way round
umgestalten to transform
umherreisen to travel around
umherziehen, zog umher, umhergezogen to gad about, wander
umkommen, kam um, umgekommen to die, perish, spoil
umliegend surrounding, adjacent
umorganisieren to reorganize
umreiten, umritt, umritten to ride around
die **Umschichtung, -en** (social) regrouping, shifting
der **Umschlag, ⸚e** sudden change; envelope
die **Umschulung, -en** retraining for a new job
umsetzen to transpose; **in die Praxis umsetzen** to carry out, realize an idea
umsiedeln to resettle
die **Umsiedlung, -en** resettlement
umsonst gratis, for nothing; in vain
der **Umstand, ⸚e** circumstance
sich **umstellen (auf)** to adapt oneself to

die **Umstellung, -en** transposition, adaptation, redistribution
umstoßen, stieß um, umgestoßen to overthrow, knock down, annul
umstritten controversial, disputed
der **Umsturz, ¨-e** overthrow, upset, revolution
der **Umsturzversuch, -e** attempt of an overthrow, revolt
umwälzend revolutionary
die **Umwälzung, -en** revolution, radical change
umweltbewußt mindful of the environment
der **Umweltschutz** environmental protection
umwerfen, warf um, umgeworfen to overturn, overthrow
umziehen, zog um, umgezogen to move, change
der **Umzug, ¨-** move (furniture); procession
unabhängig independent
die **Unabhängigkeit** independence
der **Unabhängigkeitsdrang** urge to be independent
der **Unabhängigkeitskrieg, -e** war of independence
die **Unachtsamkeit, -en** carelessness
unakademisch unacademic, nonscholarly
unangenehm disagreeable, unpleasant
unaufhaltsam irresistible
unausgesprochen implied, not expressed
unbedeutend insignificant
unbedingt absolute, absolutely, by all means
unbegrenzt unlimited
das **Unbehagen** malaise, uneasiness
unbehaglich uncomfortable, uneasy
unbekannt unknown
der **Unbekannte, -n** stranger, unknown person
unbekümmert careless, unconcerned
unbequem inconvenient
unberechenbar unpredictable
unbeschränkt absolute, unlimited
unbeschwert unburdened
unbestechlich incorruptible
unbestritten certain, uncontested
unblutig bloodless
undenkbar unthinkable, inconceivable
uneben uneven
unecht false, not genuine, artificial, phony
unehelich illegitimate
unehrlich dishonest
uneinheitlich diverse, not uniform, not clear
unerklärlich mysterious, inexplicable
unermüdlich indefatigable, incessant
unersetzlich irreplaceable, irreparable
unerträglich intolerable
unerwartet unexpected
unerwünscht unwelcome
der **Unfall, ¨-e** accident
die **Unfallversicherung, -en** accident insurance
ungarisch Hungarian
Ungarn Hungary
ungeahnt unexpected, unthought of
ungebildet uneducated
ungeduldig impatient
ungefähr approximate, about, nearly
ungeheizt not heated
das **Ungeheuer, -** monster
ungeheuer huge, enormous, monstrous
ungeklärt unsolved
ungelöst unsolved
ungerecht unjust
die **Ungerechtigkeit, -en** injustice
ungetreu unfaithful
ungezwungen easy, natural, spontaneous, unconstrained
unglaublich incredible
ungleich unequal
uniert united (church)
die **Universität, -en** university
der **Universitätsdozent, -en** university lecturer or instructor
der **Universitätsgrad, -e** academic degree

das **Universitätskrankenhaus, ¨-er** university hospital
der **Universitätsprofessor, -en** university professor
die **Universitätsreform, -en** university reform
die **Universitätsstadt, ¨-e** university town
unkündbar permanent
die **Unmenge, -n** enormous quantity
die **Unmenschlichkeit, -en** inhumanity
unmittelbar immediate, immediately, direct
unmöglich impossible
unnatürlich unnatural
unnormal not normal
die **Unordnung, -en** disorder, confusion
unparteiisch impartial, unbiased
unpraktisch impractical
unregelmäßig irregular
unreif immature
unrentabel unprofitable, unremunerative
die **Unruhe, -n** unrest, agitation
unruhig restless, uneasy
unsicher insecure, unsafe, unsteady
die **Unsicherheit, -en** insecurity, uncertainty
die **Untat, -en** crime
untätig passive, inactive, idle
untenstehend mentioned below
unterbrechen, unterbrach, unterbrochen to interrupt; stop over
unterbringen, brachte unter, untergebracht to lodge, place
unterdrücken to oppress, suppress, repress, put down
die **Unterdrückung, -en** oppression
unter(e) lower, inferior; under, below, among
untereinander among each other, mutually
der **Untergebene, -n** subordinate, underling
untergehen, ging unter, untergegangen to sink, perish; set
sich **unterhalten, unterhielt, unterhalten** to converse, talk to; enjoy oneself
die **Unterhaltungsmusik** light music, popular music
das **Unterhaltungsorchester, -** orchestra playing light music
die **Unterhaltungsseite, -n** entertainment page (newspaper)
die **Unterkunft, ¨-e** lodging, accommodation
die **Unterlassung, -en** omission, neglect
unterliegen, unterlag, unterlegen to succumb, be overcome, be defeated
der **Untermensch, -en** subhuman being
unternehmen, unternahm, unternommen to undertake
das **Unternehmen, -** expedition, enterprise, firm
der **Unternehmer, -** contractor, employer, entrepreneur
die **Unternehmerin, -nen** female entrepreneur
der **Unteroffizier, -e** corporal
der **Unterricht** instruction, lessons
unterrichten to teach, instruct, give lessons
das **Unterrichtsministerium, ministerien** department of education
unterscheiden, unterschied, unterschieden to distinguish, differ
der **Unterschied, -e** difference, distinction
unterschiedlich different, diverse
unterschiedslos without any difference, indiscriminately
der **Untersekundaner, -** 10th grade student (secondary school)
unterstehen, unterstand, unterstanden to be subordinate to, be under the command of
unterstellen to place under; subordinate
unterstützen to support, aid, back
die **Unterstützung, -en** assistance, support, relief
die **Untersuchung, -en** investigation, examination, inquiry
der **Untertan, -en** subject

die **Unterteilung, -en** classification
der **Unterton, ¨-e** undertone
unterwegs on the way
unterwerfen, unterwarf, unterworfen to subjugate
unterzeichnen to sign
unverheiratet single, unmarried
unverkennbar unmistakable
unverletzt unharmed, unhurt
unvermeidlich inevitable
unvermittelt suddenly, directly
unverwechselbar unmistakable
unvoreingenommen unbiased
unvorstellbar unimaginable, unthinkable
das **Unwetter, -** stormy weather, thunderstorm
unwichtig unimportant
unwiderruflich irrevocable
der **Unwille** indignation
unzufrieden dissatisfied, discontent
die **Unzufriedenheit, -en** dissatisfaction, discontent
unzugänglich inaccessible
unzuverlässig unreliable
die **Uraufführung, -en** first night, first performance
die **Urkantone** *(pl.)* first three Swiss cantons
der **Urlaub, -e** leave, vacation
die **Urlaubslandschaft, -en** tourist region
die **Urlaubsreise, -n** vacation trip
die **Urlaubszeit, -en** vacation, vacation period
das **Urlaubsziel, -e** destination, place to spend the vacation
der **Usprung, ¨-e** origin
ursprünglich original, primitive
das **Urteil, -e** judgment, sentence

vage vague
der **Vater, ¨-** father
das **Vaterland, ¨-er** fatherland, native country
der **Vatertag, -e** father's day
verabscheuen to detest, abhor
verabschieden to dismiss, give leave
verachten to despise
veraltet out of date, obsolete
verändern to change, vary
die **Veränderung, -en** change, alteration
veranlassen to cause
veranstalten to organize, arrange
die **Veranstaltung, -en** event, occasion
verantworten to be responsible
verantwortlich responsible
die **Verantwortung, -en** responsibility
verantwortungsvoll responsible
die **Verarbeitung, -en** manufacturing, workmanship
die **Verarbeitungsindustrie, -n** manufacture, chiefly: consumer goods industries
verarmen to become poor, impoverish
der **Verband, ¨-e** association, interest group
verbessern to improve, correct
verbieten, verbot, verboten to prohibit, forbid
verbilligt reduced (price), cheaper
verbinden, verband, verbunden to connect, join, combine
die **Verbindung, -en** connection, union, association
die **Verbindungsstraße, -n** connecting route, highway
verbittert embittered
verboten forbidden, prohibited
das **Verbrechen, -** crime
verbreiten to spread, diffuse
verbreitet widespread, common
verbrennen, verbrannte, verbrannt to burn, cremate
der **Verbrennungsmotor, -en** internal combustion engine
verbringen, verbrachte, verbracht to spend, pass (time)

verbummeln to idle away, waste time or money
sich **verbünden (mit)** to form an alliance, unite
die **Verbundenheit** tie, close connection, cohesion
der **Verbündete, -n** ally, confederate
die **Verdächtigung, -en** insinuation
der **Verdammte, -n** dammed (soul)
verdanken to owe
verderben, verdarb, verdorben to spoil, perish, corrupt
verdienen to earn, merit, deserve
der **Verdienst, -e** salary, profit
das **Verdienst, -e** merit
die **Verdienstmöglichkeit, -en** chances for earning money
sich **verdingen** to engage oneself, take a job
verdrängen to displace, push away
verehren to honor, venerate, worship
der **Verein, -e** society, association, club
vereinigen to unite, reconcile
vereinigt united
die **Vereinigung, -en** union, unification
vereinsamen to become lonely, isolate
das **Vereinsleben** social life in clubs
das **Vereinslokal, -e** restaurant or inn where a club has its regular meetings
der **Vereinsmeier, -** joiner, person active in club life
das **Vereinsregister, -** club registry
die **Vereinstradition, -en** tradition of a club; tradition of having clubs
verfahren, verfuhr, verfahren to proceed; bungle
verfallen, verfiel, verfallen to fall into disrepair, expire, become forfeited
verfassen to compose, write
die **Verfassung, -en** constitution, state, condition
verfassungsgemäß constitutional
die **Verfassungsreform, -en** constitutional reform
die **Verfassungstreue** loyalty to the constitution
verfilmen to adapt to the screen, film
die **Verfilzung, -en** entanglement
die **Verflechtung, -en** involvement, entanglement
verfolgen to pursue, follow, persecute
die **Verfolgung, -en** persecution, pursuit
der **Verfolgungseifer** eagerness to persecute
die **Verfolgungswelle, -n** wave of persecution
verfrüht premature
verfügbar available
die **Verfügung, -en** disposal; decree; availability; **zur Verfügung haben** to have at one's disposal; **zur Verfügung stellen** to place at one's disposal
verführen to seduce
verführerisch seductive
die **Vergangenheit, -en** past; past tense
vergänglich transitory, passing
die **Vergänglichkeit, -en** instability, transitoriness
vergeben, vergab, vergeben to award, confer; forgive, pardon
vergeblich in vain, fruitless
vergehen, verging, vergangen to pass away, fade
die **Vergessenheit** oblivion
vergiften to poison
die **Vergiftung, -en** poisoning
der **Vergleich, -e** comparison; agreement
vergleichen, verglich, verglichen to compare
vergleichsweise comparatively, by way of comparison
sich **vergnügen** to enjoy oneself, take pleasure
die **Vergnügungsindustrie, -n** pleasure industry
der **Vergnügungsplatz, ⸚e** amusement park, (e.g. the Prater in Vienna or Disneyland)
vergrößern to enlarge, magnify
verhaften to arrest

sich **verhalten, verhielt, verhalten** to behave, conduct oneself
das **Verhalten** behavior, conduct
das **Verhältnis, -se** relation, ratio, proportion
verhältnismäßig comparatively, in proportion
die **Verhältniswahl, -en** election by proportional representation
das **Verhältniswahlrecht** election law providing for proportional representation
das **Verhältniswahlsystem** system of election by proportional representation
verhandeln to negotiate, deliberate, discuss
die **Verhandlung, -en** negotiation, discussion, proceedings, trial
verhängnisvoll fateful, disastrous
sich **verheiraten** to marry
verheiratet sein to be married
verhelfen (zu), verhalf, verholfen to help to, procure
die **Verherrlichung, -en** glorification
verhindern to prevent
verhören to try, examine, hear
verhütten to treat (iron) ore
verkabelt connected by cable
der **Verkauf, ¨-e** sale
der **Verkehrsknotenpunkt, -e** traffic junction
die **Verkehrslage, -n** traffic situation
verkehrsreich full of traffic, busy
der **Verkehrsweg, -e** traffic route
das **Verkehrszentrum, -zentren** traffic center, junction
verkleidet in disguise
sich **verkleinern** to diminish, get smaller
verknüpfen to connect, combine
verkörpern to embody
sich **verkriechen, verkroch, verkrochen** to hide
verkrüppelt crippled
verkünden to proclaim, announce
verkürzen to shorten
der **Verlag, -e** publisher, publishing house
sich **verlagern** to shift
verlangen to demand, require, desire
verlängern to prolong, extend, lengthen, renew
verlassen, verließ, verlassen to leave, abandon
sich **verlassen (auf), verließ, verlassen** to rely upon
verlaufen, verlief, verlaufen to pass, elapse
verleihen, verlieh, verliehen to award, bestow, lend
die **Verleihfirma, -firmen** distributor (films)
verletzen to hurt, injure; violate
verlieren, verlor, verloren to lose
verlockend attractive, enticing
der **Verlust, -e** loss
vermehren to increase, augment
vermeiden, vermied, vermieden to avoid
vermindern to diminish, reduce
die **Verminderung, -en** decrease, reduction
vermischen to mix up, mingle
die **Vermischung, -en** mixture, mixing up
vermitteln to mediate, arrange, communicate
die **Vermittlerrolle, -n** role of a mediator
die **Vermittlung, -en** mediation, arrangement, telephone exchange
das **Vermögen, -** property; ability, power
vermutlich presumable
vernachlässigen to neglect
vernichten to destroy, annihilate
das **Vernichtungslager, -** death camp, extermination camp
die **Vernichtungsmethode, -n** method of extermination
die **Vernunft** reason
vernünftig reasonable, rational
veröffentlichen to publish
die **Verordnung, -en** ordinance, order, decree
verpassen to miss, lose, let slip

verpflanzen to transplant
sich **verpflichten (zu)** to engage or commit oneself
verpflichtet obliged
der **Verrat** treason
verraten, verriet, verraten to betray, give away
verrückt mad, crazy
die **Versammlungsfreiheit** freedom of assembly
verschaffen to procure
sich **verschärfen** to intensify, add to
verschieben, verschob, verschoben to shift, postpone
die **Verschiebung, -en** postponement, shift
verschieden different, several
verschiedenartig of a different kind, heterogeneous
die **Verschiedenheit, -en** difference, diversity, variation
verschlechtern to worsen, deteriorate
der **Verschleiß** wear and tear, worn-out condition
verschlossen reserved; closed
verschollen missing, presumed dead
die **Verschulung** turning (a university) into a high school-like operation
verschweigen, verschwieg, verschwiegen to conceal, keep secret
die **Verschwendung** waste, lavish consumption
verschwinden, verschwand, verschwunden to disappear, vanish
der **Verschwörer, -** conspirator
die **Verschwörergruppe, -n** group of conspirators
die **Verschwörung, -en** conspiracy
das **Versepos, -epen** verse epic
die **Verserzählung, -en** narrative in verse
versetzen to transpose, remove
versöhnen to reconcile
die **Versöhnung, -en** reconciliation
versorgen to provide, supply
verspätet tardy, belated
versperren to bar, block
verspotten to deride, mock
versprechen, versprach, versprochen to promise
das **Versprechen, -** promise
die **Verstaatlichung, -en** nationalization
der **Verstand** understanding, reason, intelligence
sich **verständigen** to communicate, come to an understanding
die **Verständigung, -en** agreement, communication
der **Verständigungsfriede** peace by arrangement, by compromise
die **Verständigungspolitik** policy of understanding, policy based on mutual agreement
verständlich comprehensible, clear
das **Verständnis, -se** comprehension, understanding
verstärken to reinforce, strengthen, amplify
verstecken to hide
verstehen, verstand, verstanden to understand, comprehend
verstopfen to constipate, obstruct
versuchen to try, attempt
vertauschen to exchange
verteidigen to defend
der **Verteidiger, -** defender; fullback (soccer); defense attorney
vertiefen to deepen, widen
sich **vertiefen** to become deeper; become absorbed in
die **Vertiefung, -en** thorough immersion, deepening
der **Vertrag, ¨-e** treaty, contract
verträglich compatible
der **Vertragsspieler, -** semiprofessional soccer player
das **Vertrauen** confidence

die **Vertrauenskrise, -n** crisis of trust, confidence
das **Vertrauensverhältnis, -se** relation of trust or mutual confidence
vertreiben, vertrieb, vertrieben to expel, banish, drive away
vertreten, vertrat, vertreten to represent, substitute, advocate
der **Vertreter, -** representative, substitute, advocate, commercial traveler
die **Vertretung, -en** representation, substitution
der **Vertriebene, -n** expellee, refugee
verursachen to cause
verurteilen to sentence, condemn
vervollständigen to complete
verwachsen deformed
verwalten to administer, manage
die **Verwaltung, -en** administration, management
der **Verwaltungsangestellte, -n** administrative employee, civil servant
der **Verwaltungsbezirk, -e** administrative district
der **Verwaltungschef, -s** head of administration
der **Verwaltungsdienst, -e** administrative service, civil service
die **Verwaltungseinheit, -en** administrative unit
die **Verwaltungsgebühr, -en** fee for administrative services
die **Verwaltungsreform, -en** reform of administration
die **Verwaltungssprache, -n** administrative language
das **Verwaltungszentrum, -en** location, center for the administration
verwandeln to transform, change
verwandt related, congenial, allied
der or die **Verwandte, -n** relative
die **Verwandtschaft, -en** relatives, relationship, affinity
die **Verwandtschaftsbeziehung, -en** kinship relation
der **Verwandtschaftsgrad, -e** degree of relationship, affinity
verweigern to refuse, deny
die **Verwendung, -en** use, employment
verwickeln to involve
verwickelt intricate, complicated
verwirklichen to implement, realize, come to pass
die **Verwirrung, -en** confusion, entanglement
verwundert astonished
verwurzelt deeply rooted
sich **verzahnen** to interlock, cling together
verzeichnen to record
verzichten (auf) to renounce, resign
verzweifeln to despair
der **Vetter, -n** cousin
das **Vieh** cattle, beast
das **Viehfutter** forage, food for cattle, fodder
die **Viehzucht** stock farming, cattle breeding
vielfach manifold
die **Vielfalt** variety, multiplicity
vielleicht perhaps
vielseitig many-sided, versatile
die **Vielseitigkeit, -en** versatility
der **Vielvölkerstaat** multiethnic state (Austria before 1918)
das **Viertel, -** quarter
die **Viertelstunde, -n** quarter of an hour
das **Visum, Visa,** *or* **Visen** visa
die **Vitalität** energy, vitality
die **Vogelkunde** ornithology
der **Vogler, -** fowler, bird-snarer
das **Volk, ¨er** people, nation
der **Völkerbund** League of Nations
der **Völkermord, -e** genocide
die **Völkerwanderungszeit** period of migration of (Germanic) peoples
die **Volksabstimmung, -en** plebiscite
der **Volksaufstand, ¨e** insurrection, popular uprising

das **Volksbildungswerk, -e** organization for adult education
der **Volksbrauch, ¨-e** popular or national custom
das **Volksbuch, ¨-er** chapbook
die **Volksbühne, -n** people's theater, popular theater
der **Volksdeutsche, -n** ethnic German, member of a German-speaking minority
die **Volksdichtung, -en** popular poetry
die **Volkserhebung, -en** popular uprising
das **Volksfest, -e** public festival, fun fair
die **Volksfront** popular front
der **Volksheld, -en** popular hero
die **Volkshochschule, -n** adult education courses
die **Volkskammer** parliament of the GDR
die **Volkskammerwahl, -en** election for the *Volkskammer*
die **Volkskirche, -n** popular church, church of the people
die **Volkskunst, ¨-e** popular art
das **Volkslied, -er** folk song
das **Volksmärchen, -** popular fairy tale
die **Volksmusik** folk music
die **Volksmusikgruppe, -n** folk music group
die **Volkspartei, -en** people's party
das **Volksrecht** the people's right to participate
die **Volksregierung, -en** democracy, popular government
die **Volksschule, -n** elementary school, type of secondary school, ct. *Hauptschule*
der **Volksschullehrer, -** elementary school teacher
die **Volksschullehrerausbildung** training of elementary school teachers
der **Volkssport** popular sport, sport for the masses
das **Volkstheater, -** popular theater
die **Volkstracht, -en** traditional costume
volkstümlich popular
der **Volkstumskampf, ¨-e** fight for one's ethnic survival
das **Volksvermögen** national wealth, assets
die **Volksvertretung, -en** representation of the people, parliament
der **Volkswirt, -e** economist
die **Volkswirtschaft, -en** economics; national economy
voll full
die **Vollbeschäftigung** full employment
vollenden to complete, finish
vollendet perfect, finished
die **Vollendung, -en** finishing, perfection
völlig entire, complete
vollkommen perfect, accomplished
die **Vollredaktion, -en** complete editorial staff
vollständig complete
vollziehen, vollzog, vollzogen to execute, perform
der **Volontär, -e** volunteer, unpaid or little paid assistant
vorantreiben, trieb voran, vorangetrieben to advance, push forward
der **Vorarbeiter, -** foreman
voraussagen to prophecy, predict
die **Voraussetzung, -en** premise, condition, presupposition
der **Vorbehalt, -e** reservation
vorbei along, past, over
vorbereiten to prepare; **sich vorbereiten (auf)** to prepare oneself for, get ready for
die **Vorbereitung, -en** preparation
der **Vorbereitungskurs, -e** preparatory course
das **Vorbild, -er** model, standard
vorbildlich model, representative
die **Vorbildung** education, preparatory training
vorbringen, brachte vor, vorgebracht to bring up, advance, utter
vorchristlich pre-Christian

vordringen, drang vor, vorgedrungen to advance, gain ground

vordringlich urgent, top priority

vorerst first of all, for the time being, so far

der **Vorfahre, -n** ancestor

vorführen to present, perform

die **Vorführung, -en** presentation, performance

der **Vorgang, ¨e** occurrence, event

der **Vorgarten, ¨** front garden

vorgehen, ging vor, vorgegangen to advance, take action, proceed

der **Vorgesetzte, -n** superior, boss

vorhanden present, existing, at hand

vorherrschen to prevail, predominate

die **Vorherrschaft, -en** predominance, hegemony

vorig former, previous

vorindustriell preindustrial

vorklinisch preclinical

vorkommen, kam vor, vorgekommen to happen, occur, to be found

das **Vorkommen, -** occurrence

vorladen, lud vor, vorgeladen to summon

die **Vorlage, -n** pattern, copy; pass (soccer)

vorläufig preliminary, provisional

vorlegen to put before, propose, produce

vorlesen, las vor, vorgelesen to read aloud to others

die **Vorlesung, -en** lecture

das **Vorlesungsverzeichnis, -se** university catalogue

die **Vorliebe, -n** predilection, preference

die **Vormacht** hegemonial power

die **Vormachtstellung** hegemony

der **Vormund, ¨er** guardian

der **Vorname, -n** first name

der **Vorort, -e** suburb

das **Vorrecht, -e** privilege, prerogative

der **Vorsatz, ¨e** design, purpose

vorschieben, schob vor, vorgeschoben to push forward

der **Vorschlag, ¨e** proposition, proposal, offer

vorschlagen, schlug vor, vorgeschlagen to propose

vorschreiben, schrieb vor, vorgeschrieben to prescribe

die **Vorschrift, -en** direction, regulation, rule

vorsehen, sah vor, vorgesehen to provide for

die **Vorsehung** providence

die **Vorsicht** caution

vorsichtig cautious

der **Vorsitz, -e** chair, presidency

der **Vorsitzende, -n** president, chairman

das **Vorstadtkino, -s** suburban movie theater

der **Vorstand, ¨e** executive committee, board of directors

vorstellen: sich etwas vorstellen to imagine

die **Vorstellung, -en** idea, notion; presentation, performance

der **Vorteil, -e** advantage

vorteilhaft advantageous

der **Vortrag, ¨e** lecture, report, recitation

vortragen, trug vor, vorgetragen to recite, lecture, report

die **Vortragsabend, -e** evening lecture, recitation

vorüber by, past, over

vorübergehend transitory, temporary

das **Vorurteil, -e** prejudice

der **Vorwand, ¨e** pretext

vorwiegend preponderant, mostly

das **Vorzeichen, -** omen, sign

vorzeitig premature

vorziehen, zog vor, vorgezogen to prefer

der **Vorzug, ¨e** preference, merit, advantage

wachsen, wuchs, gewachsen to grow, increase

der **Wachtturm, ¨e** watchtower

die **Waffe, -n** weapon, arm

wagen to dare, risk

der **Wagen, -** carriage, cart, car

die **Wahl, -en** election, choice

das **Wahlamt, ¨er** elective office, office of an elector

die **Wahlbeteiligung, -en** percentage of people voting

wählen to elect, choose, dial (telephone)

der **Wähler, -** voter

der **Wahlerfolg, -e** election success

der **Wahlgang, ¨e** ballot

das **Wahlgesetz, -e** law regulating elections

der **Wahlkampf, ¨e** contest, election campaign

der **Wahlkreis, -e** electoral district, ward, constituency

der **Wahlkurs, -e** elective (course)

der **Wahlsieg, -e** election victory

das **Wahlsystem, -e** electoral system

wahnsinnig insane, mad, lunatic

wahren to preserve, protect, take care of

etwas wahrhaben wollen to admit the truth of something

die **Wahrhaftigkeit, -en** sincerity, veracity

die **Wahrheit, -en** truth

wahrheitsgetreu in accordance with truth, truly

wahrscheinlich probable, likely

die **Währung, -en** currency

die **Währungsreform, -en** currency reform, monetary reform (particularly devaluation 1948)

das **Währungssystem, -e** monetary system or standard

der **Wald, ¨er** forest, wood

das **Waldgebirge, -** wooded mountains

das **Waldland, ¨er** woodlands, wooded countryside

der **Wallfahrtsort, -e** place of pilgrimage

die **Wand, ¨e** wall, partition

sich **wandeln** to change, turn into

die **Wanderbewegung, -en** youth movement emphasizing nature hikes

der **Wanderer, -** hiker, traveler on foot, wanderer

die **Wanderlust** desire to see the world, joy in hiking

wandern to hike, travel on foot, walk (long distances)

die **Wanderschaft** traveling, hiking, wandering as a traveling journeyman

die **Wandertruppe, -n** traveling theater troupe

die **Wanderung, -en** hike, excursion on foot

der **Wanderverein, -e** hiker's club

der **Wandervogel, ¨** migratory bird; name for members of a German youth movement (early 20th century)

der **Wanderweg, -e** hiking trail

die **Wandmalerei, -en** mural painting

die **Ware, -n** commodity, article, product

das **Warenhaus, ¨er** department store

die **Warmluftheizung, -en** hot air heating

das **Warnzeichen, -** warning sign

das **Wartburgfest** festival and student demonstration at the Wartburg (1817)

warten to wait

die **Wartezeit, -en** waiting period

die **Waschmaschine, -n** washer

das **Wasser, -** *or* **¨** water

die **Wasserkraft, ¨e** hydraulic power

das **Wasserkraftwerk, -e** hydroelectric plant

die **Wasserleitung, -en** water main, aqueduct

der **Wassersport** aquatics, water sports

die **Wasserversorgung** water supply

der **Wasserweg, -e** waterway

das **Wattenmeer, -e** shallow sea (covered only at high tide)

weben to weave

das **Weben** weaving

wechseln to change, alternate, exchange

der **Weg, -e** way, route, path, walk

wegen because of
weglassen, ließ weg, weggelassen to omit, leave out
die **Wegmarkierung, -en** marking of a trail
wegnehmen, nahm weg, weggenommen to take away, seize
sich **wehren (gegen)** to defend oneself
die **Wehrpflicht** military draft, conscription
weiblich feminine, female, womanly
die **Weiche, -n** switch (railway)
sich **weigern** to refuse
die **Weigerung, -en** refusal
weihen to consecrate, ordain, devote
der **Weihnachtsabend, -e** Christmas Eve
der **Weihnachtsbaum, ¨-e** Christmas tree
das **Weihnachtsfest, -e** Christmas
die **Weihnachtsgans, ¨-e** goose eaten at Christmas
das **Weihnachtslied, -er** Christmas carol
der **Weihnachtsmann, ¨-er** Santa Claus, Father Christmas
die **Weile** (amount of) time
der **Wein, -e** wine, vine
der **Weinbau** winegrowing, viticulture
der **Weinbauer, -n** winegrower
das **Weinbaugebiet, -e** winegrowing region
die **Weinernte, -n** vintage
das **Weinfest, -e** wine festival, festival celebrating the vintage
die **Weintraube, -n** bunch of grapes, grapes
der **Weise, -n** sage, wise man
die **Weise, -n** manner, way means
die **Weisheit, -en** wisdom
weit distant, far, wide
weitdenkend farsighted
der **Weiterbestand** continued existence
die **Weiterbildung** continuing education, development
weiterführen to carry on
weitergehen, ging weiter, weitergegangen to continue, go on, walk on
weitgehend vast, predominantly
weithin far off, over a vast area
der **Weizen** wheat
die **Welle, -n** wave
welsch speaking a Romance language, particularly French or Italian
die **Welt, -en** world
die **Weltanschauung, -en** world view, ideology, conception of life
weltbekannt world-famous
der **Weltbürger, -** cosmopolite
weltfremd ignorant of the realities of life, quixotic
der **Weltfriede** universal peace
weltgeschichtlich referring to world history or universal history
der **Welthandel** world trade, international trade
die **Weltherrschaft** world hegemony, domination over the world
der **Weltkrieg, -e** world war
weltlich secular, mundane, lay
die **Weltmacht, ¨-e** world power
der **Weltmarkt** international market
weltoffen open to new ideas (particularly to those from other countries)
die **Weltpolitik** world politics, ambitious politics of a world power
das **Weltreich, -e** universal power, empire
die **Weltreise, -n** trip around the world
der **Weltruhm** world fame
die **Wende** radical change, revolution
der **Wendehals, ¨-e** "wryneck," opportunist
der **Werbefilm, -e** commercial, film for advertising
werden, wurde, geworden to become, grow
werfen, warf, geworfen to throw, cast
die **Werft, -en** dockyard
das **Werk, -e** work; mechanism; factory, plant
die **Werkstatt, ¨-en** workshop
das **Werkstück, -e** independent piece of work

der **Werkstudent, -en** working student
die **Werkswohnung, -en** apartment (or house) owned by a firm and leased to an employee
das **Werkzeug, -e** tool, instrument
der **Wert, -e** value, worth
die **Wertschöpfung** creation of wealth
wertvoll valuable, precious
wesentlich substantial, essential
westdeutsch West-German
der **Westdeutsche, -n** West German
Westdeutschland West Germany
der **Westen** west
die **Westgenze, -n** western frontier or border
westlich western, westerly
wetten to bet, wager
der **Wettkampf, ⸚e** contest, competition
wichtig important
widerrufen, widerrief, widerrufen to repeal, revoke, retract
widersprechen, widersprach, widersprochen to contradict, oppose
der **Widerspruch, ⸚e** contradiction, opposition
der **Widerstand, ⸚e** resistance, opposition
widmen to dedicate
die **Wiederaufrüstung, -en** rearmament
der **Wiederentdecker, -** rediscoverer
wiedergeben, gab wieder, wiedergegeben to return, reproduce, reflect
wiederherstellen to restore, rehabilitate
wiederholen to repeat
die **Wiederkehr** return, recurrence
der **Wiedertäufer, -** anabaptist
wiedertreffen, traf wieder, wiedergetroffen to meet (again)
wiedervereinigen to reunite
die **Wiedervereinigung, -en** reunification
die **Wiederwahl, -en** reelection
die **Wiege, -n** cradle
der **Wienerwald** Vienna Woods
die **Wiese, -n** meadow
wieviel how much
der **Wille** will
die **Willenskraft** will power, strong will
willkürlich arbitrary
der **Winkel, -** corner, angle
die **Winterbeschäftigung, -en** occupation during the winter
die **Winterspiele** *(pl.)* Winter Games (Olympic Games)
der **Wintersport** winter sports
der **Wintersportplatz, ⸚e** winter resort, place for winter sports
wirken to work, operate, have effect
wirklich real, true, actual
die **Wirklichkeit** reality
wirksam effective, efficient
die **Wirksamkeit** efficiency
wirkungsvoll effective
die **Wirtschaft, -en** economy, housekeeping, inn, pub
wirtschaftlich economic, economical
die **Wirtschaftlichkeit** feasibility in economic terms
der **Wirtschaftsbetrieb, -e** economic unit, plant
der **Wirtschaftsblock, ⸚e** economic block
der **Wirtschaftsdirektor, -en** director of economic planning
der **Wirtschaftsexperte, -n** economic expert
der **Wirtschaftsflüchtling, -e** refugee to find better economic conditions elsewhere
das **Wirtschaftsgebiet, -e** economic region
die **Wirtschaftsgemeinschaft, -en** economic union
die **Wirtschaftskrise, -n** economic crisis
die **Wirtschaftslage** economic condition
der **Wirtschaftsminister, -** minister of economics
die **Wirtschaftsordnung, -en** economic system
der **Wirtschaftspartner, -** economic partner

die **Wirtschaftsplanung, -en** economic planning
die **Wirtschaftspolitik** economic policy
das **Wirtschaftspotential** economic potential
der **Wirtschaftsraum, ⸚e** unit of economic geography, economic district
der **Wirtschaftsstandort, -e** location for economic activities
der **Wirtschaftssystem, -e** economic system
das **Wirtschaftswunder, -** economic miracle (especially West Germany after 1948)
das **Wirtshaus, ⸚er** inn, pub
wissen, wusste, gewusst to know
das **Wissen** knowledge
die **Wissenschaft, -en** science
der **Wissenschaftler, -** scholar scientist
wissenschaftlich scientific
das **Wissensgebiet, -e** field of knowledge
die **Witwe, -n** widow
die **Woche, -n** week
das **Wochenende, -n** weekend
der **Wochenendausflug, ⸚e** weekend excursion
die **Wochenendausgabe, -n** weekend edition (newspaper)
das **Wochenendhaus, ⸚er** weekend home
wochenlang for weeks
die **Wochenzeitung, -en** weekly paper
wohl probably, perhaps, I presume; well
die **Wohlfahrt** welfare
sich **wohlfühlen** to feel well, at ease
wohlgefällig agreeable, complacent
wohlhabend wealthy, well-to-do
der **Wohlstand** prosperity, comfort
die **Wohlstandsgesellschaft** society in the state of prosperity
der **Wohnbezirk, -e** residential district
wohnen to live, reside
die **Wohngemeinschaft, -en** community of people living together
das **Wohnhaus, ⸚er** house, dwelling, apartment house
der **Wohnort, -e** residence
die **Wohnung, -en** apartment
die **Wohnungseinrichtung, -en** furniture, furnishings
die **Wohnungsmiete, -n** rent for an apartment
die **Wohnungszulage, -n** allowance for rent (in addition to a basic salary)
der **Wohnwagen, -** house trailer
das **Wohnzimmer, -** living room
wollen to want to, be willing, wish, intend
das **Wort, -e** *or* **⸚er** word, expression
die **Wortgeschichte, -n** word history, etymology
wortkarg tacitum
der **Wortschatz** vocabulary
das **Wunder, -** miracle, wonder
das **Wunderhorn, ⸚er** magic horn, enchanted horn; des **Knaben Wunderhorn** the Youth's Magic Horn (anthology of folksongs)
das **Wunderkind, -er** child prodigy
sich **wundern (über)** wonder at, be surprised at
der **Wunsch, ⸚e** wish, desire
der **Wunschzettel, -** list of wishes (for a birthday or Christmas)
die **Würde, -n** dignity, honor, propriety
die **Würdigung, -en** appreciation, eulogy
die **Wurst, ⸚e** sausage
Württemberg Wurtemberg
würzen to spice, season
die **Wüste, -n** desert, waste land

die **Zahl, -en** number, figure
zahlen to pay
der **Zahltag, -e** payday
zahlungsunfähig unable to pay, bankrupt
der **Zar, -en** czar
die **Zarin, -nen** czarina
die **Zauberflöte, -n** magic flute
der **Zaun, ⸚e** fence
das **Zehntel, -** tenth

das **Zeichen, -** sign, indication, mark
zeichnen to draw, sketch, design
das **Zeichnen** drawing
der **Zeigefinger, -** index, forefinger
zeigen to show
die **Zeit, -en** time, period, term; tense; **eine Zeitlang** for some time
das **Zeitalter, -** age, era, epoch
die **Zeitdifferenz, -en** time difference
die **Zeiteinteilung, -en** division of time
zeitgemäß opportune, modern
der **Zeitgenosse, -n** contemporary
das **Zeitgeschehen** events of the day, current events
die **Zeitschrift, -en** periodical, magazine
die **Zeitung, -en** newspaper
der **Zeitungsjunge, -n** newspaper boy, newsboy
der **Zeitungskönig, -e** newspaper king, newspaper tycoon
der **Zeitungsleser, -** newspaper reader
der **Zeitungsverleger, -** newspaper publisher
zeitweise for a certain period of time, occasionally
das **Zelt, -e** tent
zelten to stay in a tent
die **Zensur, -en** censorship; grade (school)
zentral central
zentralisieren to centralize
die **Zentralregierung, -en** central government
die **Zentralverwaltung, -en** central administration
das **Zentrum, Zentren** center
zerbrechen, zerbrach, zerbrochen to break (to pieces)
die **Zeremonie, -n** ceremony
zerfallen, zerfiel, zerfallen to decay, fall into ruin
zerreißen, zerriss, zerrissen to tear apart
die **Zerrissenheit, -en** pessimism, confusion, contradiction
zersetzen to disintegrate
zersiedeln to cut up the country into small lots for housing
zersplittern to split up, disperse
die **Zersplitterung, -en** fragmentation
zersprengen to burst, explode
zerstören to destroy
zeugen to testify, witness
das **Zeughaus, -̈er** arsenal
das **Zeugnis, -se** report card, evidence, certificate, diploma
das **Ziegeldach, -̈er** tiled roof
ziehen, zog, gezogen to pull, draw; cultivate, breed
das **Ziel, -e** aim, destination, target, goal
ziemlich tolerable, fair, rather
die **Zigarette, -n** cigarette
der **Zigeuner, -** gipsy
das **Zimmer, -** room
der **Zimmerbrand, -̈e** fire confined to a room
der **Zimmermann, -leute** carpenter
das **Zimmertheater, -** theater in a room
zittern to shake, tremble
zivil civil
die **Zivilbevölkerung, -en** civilian population
der **Zivildienst** alternate service instead of military service
die **Zivilehe, -n** civil marriage
das **Zivilleben** life as a civilian (as opposed to military life)
die **Zivilregierung, -en** civilian government
zögern to hesitate, delay
das **Zölibat** celibacy
der **Zoll, -̈e** custom, duty; inch
der **Zollbeamte, -n** customs officer
die **Zollunion, -en** customs union
der **Zollverein, -e** customs union (19th century)
der **Zopf, -̈e** tress, pigtail
der **Zorn** anger
zornig angry

züchten to breed, grow
der **Zucker** sugar
die **Zuckerrübe, -n** sugar beet
zu Ende sein finished, over
die **Zufahrtsstraße, -n** approach, road connection
der **Zufall, ⸚e** chance, accident
zufällig by chance, accidentally, incidental
die **Zuflucht** refuge, shelter, recourse
die **Zufluchtsstätte, -n** asylum, place of refuge
zufrieden content, satisfied
der **Zugang, ⸚e** access, admittance
zugänglich accessible
zugehörig belonging to
zugleich at the same time, together with
zu Grunde gehen to be ruined, be destroyed
zugunsten for the benefit of
die **Zukunft** future
zukünftig future
der **Zukunftstraum, ⸚e** dream of the future, utopia
die **Zulage, -n** raise, increase, fringe benefits
zulassen, ließ zu, zugelassen to admit, allow, license
die **Zulassungsbeschränkung** limited admission
zumuten to be exacting, to expect (something of somebody)
die **Zuneigung, -en** affection
die **Zunft, ⸚e** guild, corporation
das **Zünglein an der Waage** tongue of the balance
sich **zurechtfinden, fandzurecht, zurechtgefunden** to find one's way
zurückbleiben, blieb zurück, zurückgeblieben to remain behind
zurückerobern to reconquer
zurückgehen, ging zurück, zurückgegangen to diminish, go back
zurückgezogen retired, secluded
zurückhaltend reserved, shy
zurückkehren to return
zurücknehmen, nahm zurück, zurückgenommen to take back, revoke
zurückschneiden, schnitt zurück, zurückgeschnitten cut back, trim
zurücktreten, trat zurück, zurückgetreten to resign
sich **zurückziehen, zog zurück, zurückgezogen** to withdraw, retire
zusammen together
die **Zusammenarbeit** cooperation
zusammenbrechen, brach zusammen, zusammengebrochen to break down, collapse
zusammenbringen, brachte zusammen, zusammengebracht to collect, bring together
zusammenfassen to comprehend, collect, summarize
sich **zusammenfinden, fand zusammen, zusammengefunden** to meet, come together
zusammengehören to belong together
das **Zusammengehörigkeitsgefühl** feeling of togetherness, of belonging together
zusammenhalten, hielt zusammen zusammengehalten to cling together, hold together
der **Zusammenhang, ⸚e** connection, context
zusammenhängen, hing zusammen, zusammengehangen to be connected, cohere
zusammenkommen, kam zusammen, zusammengekommen to meet, assemble, come together
die **Zusammenkunft, ⸚e** meeting
zusammenleben to live together
das **Zusammenleben** living together, companionship, cohabitation
zusammenpferchen to crowd together

sich **zusammenschließen (zu), schloss zusammen, zusammengeschlossen** to unite, combine, join

der **Zusammenschluss, ¨-e** union, combination

zusammenstellen to put together, make up

der **Zusammenstoß, ¨-e** collision, encounter

zusammenstoßen, stieß zusammen, zusammengestoßen to collide, run into, join forces with

zusammentreffen, traf zusammen, zusammengetroffen to meet, concur, coincide

das **Zusammentreffen** meeting, coincidence

zusammentreten, trat zusammen, zusammengetreten to meet, combine

zusammenwachsen, wuchs zusammen, zusammengewachsen to grow together

der **Zusatz, ¨-e** addition, amendment

zusätzlich additional

der **Zuschauer, -** spectator

die **Zuschauerzahl, -en** number of spectators

zuschreiben, schrieb zu, zugeschrieben to ascribe, attribute to

der **Zuschuss, ¨-e** allowance, contribution, subsidy

der **Zustand, ¨-e** condition, state

zu Stande kommen, kam zu Stande, zu Stande gekommen to come about

zustehen, stand zu, zugestanden to be due to

die **Zustimmung, -en** consent

zuteilen to allot

zutrauen to credit (a person with something)

zutreffen, traf zu, zugetroffen to come true, prove right

zuverlässig reliable, dependable

der **Zuwanderer, -** immigrant

sich **zuwenden, wandte zu, zugewandt** to turn to

der **Zuzug** moving (to a place), immigration

der **Zwang, ¨-e** compulsion, constraint, force, repression

zwar indeed, no doubt

der **Zweck, -e** object, aim, purpose

zweckmäßig expedient, suitable

zweierlei of two kinds

der **Zweifel, -** doubt; **ohne Zweifel** sure, without any doubt

der **Zweifrontenkrieg, -e** war on two fronts

der **Zweig, -e** branch, twig

zweisprachig bilingual

die **Zweisprachigkeit** bilingualism, bilinguality

die **Zweiteilung, en** division into two parts, bipartition

zweitens second, in the second place

zwiespältig discrepant, divided, ambivalent

zwingen, zwang, gezwungen to force, constrain

zwischendurch in between at intervals, through

die **Zwölftonmusik** dodecaphonic or serialistic music, twelve-tone music, atonal music

das **Zweithaus, ¨-er** second home (vacation)

die **Zwischenprüfung, -en** intermediate examination (universities)

Registers

REGISTER Personennamen

Orts-. Länder- und Völkernamen

Sachregister

PHOTO CREDITS: German National Tourist Office: 1 (top/left), 218, 314. Ullstein Bilderdienst: 29, 110, 136, 155, 192, 292, 293, 333, 342, 377, 380, 392. Archiv für Kunst und Geschichte, Berlin: 30, 31, 39, 71, 72, 85, 90, 101, 105, 121, 126, 132, 134, 143, 297. Austrian National Tourist Office: 76, 395, 406. Austrian Cultural Institute: 100, 103, 399, 403, 408. Giraudon/Art Resource, NY: 87. Germantown Historical Society: 91. Foto Marburg/Art Resource, NY: 108. Interfoto Pressebild Agentur: 146, 276. Ulrike Welsch: 175. Anthony Suau/The Liaison Agency: 194. Peter Menzel/Stock Boston: 238. Stock Boston: 344. Deutsche Presse-Agentur GmbH: 350. Swiss National Tourist Office: 413, 415, 417, 418, 422, 425. Owen Franken of the German Information Center: 245, 361. All other photos courtesy of the German Information Center.

REALIA CREDITS: 47, 441, Hüthig Verlagsgemeinschaft GmbH. 441, Hüthig Verlagsgemeinschaft GmbH. 443, Holt, Rinehart, and Winston. 446, Bertelsmann Lexikon Verlag, Gütersloh. 446, Bertelsmann Lexikon Verlag, Gütersloh. 449, German Information Center, Courtesy Library Company of Philadelphia. 451, Bertelsmann Lexikon Verlag, Gütersloh. 456, Holt, Rinehart and Winston. 460, Bildarchiv Preussischer Kulturbesitz. 463, Bertelsmann Lexikon Verlag GmbH, Gütersloh. 467, Eilers and Schünemann. 471, Friedrich Basserman, Falken-Verlag GmbH. 476, Eilers and Schünemann. 488, Eilers and Schünemann. 497, Friedrich Bassermann, Falken-Verlag GmbH. 502, Verlag Heinrich Ellermann, München. 504, Hürzeler AG.